EIN JUNGE DER AUSZOG DAS FÜRCHTEN ZU VERLERNEN

Thomás Sarthi

©2017 Meine Geschichte in: J.Kamphausen Mediengruppe GmbH, Bielefeld

Autor: Thomás Sarthi
Covergestaltung: Thomás Sarthi
Coverbild: Thomás Sarthi

Printed in Germany

Verlag: Meine Geschichte in: J.Kamphausen Mediengruppe GmbH, Bielefeld ·
www.meine-geschichte.de

Bibliographische Information der Deutschen Nationalbibliothek: Die Deutsche Nationalbibliothek verzeichnet diese Publikation in der Deutschen Nationalbibliographie; detaillierte bibliographische Daten sind im Internet über http://dnb.de abrufbar.

ISBN
Paperback: 978-3-96083-030-6
Hardcover: 978-3-96083-031-3
e-Book: 978-3-96083-032-0

Das Werk, einschließlich seiner Teile, ist urheberrechtlich geschützt. Jede Verwertung ist ohne Zustimmung des Verlages und des Autors unzulässig. Dies gilt insbesondere für die elektronische oder sonstige Vervielfältigung, Übersetzung, Verbreitung und öffentliche Zugänglichmachung.

Dieses ist die Lebensgeschichte

eines pommerschen

Flüchtlingsjungen

Es begann in den dreissiger Jahren

des vergangenen Jahrhunderts.

Ein Lebenslauf ist vielseitig und durchgängig!

1. Reise: > WILLKOMMEN — 9
2. Reise: > EVAKUIERUNG — 48
3. Reise: > DIE FLUCHT und missglückte HEIMKEHR — 85
4. Reise: > AUSWEISUNG IN DEN WESTEN — 118
5. Reise: > SCHULABSCHLUSS + LEHREN IN HAMBURG — 155
6. Reise: > EINE NEUE WELT > CHILE — 224
7. Reise: > CAMPER TOUR > quer durch Las Americas — 255
8. Reise: > AUF ALTAIR > segelnd über die Meere — 286
9. Reise: > CONCIERGE IN DAVOS — 341
10. Reise: > IBIZA und die BALEAREN — 349
11. Reise: > GRIECHENLAND und die TÜRKEI — 393
12. Reise: > ZURÜCK AUFS LAND – MEINE INSEL! — 427
13. Reise: > INDIEN 1 > Bhagwan > eine ODYSSEE durch INDIEN, CEYLON, NEPAL > Aufbruch in beängstigendes Unbekanntes — 435
14. Reise: > HUMAN GROWTH – Therapien - Meditationen — 475
15. Reise: > DER BERG ATHOS „aus dem Tagebuch" — 484
16. Reise: > SANNYAS > Anand Sarthi > MONIQUE, AILARAS GEBURT, Bhagwans Festival Oregon — 500
17. Reise: > 1. REISE > NACH STETTIN > UMZUG > KARMA YOGA > CHILEREISE — 534

18. Reise: > DIE NEUE FINCA > MAUERFALL IN BERLIN >
    HEIRAT IN HAMBURG   552

19. Reise: > REBIRTHING SEMINARE - Verkauf von ALTAIR 568

20. Reise: > INDIEN 2 > BABAJI > HEIMKOMMEN SEMINAR
    > AVATAR-TRAINING > NEUES Boot   589

21. Reise: > MUTTIS und OLGAS TOD > Shamanenseminar
    > Jahrtausendwende 2000   607

22. Reise: > CHILE REISE mit AILARA   621

23. Reise: > INDIEN 3 > RAMESCH BALSEKAR - ADVAITA
    > OSHO – Ashram, Poona   627

24. Reise: > THAILAND und BIRMA > Brüderliche
    Differenzen ?   647

25. Reise: > REISE NACH ECUADOR -> grosser Familienbesuch 671

26. Reise: > CHILEREISE > Lyndas Abschied - Krebs   685

27. Reise: > GRACIAS A LA VIDA, QUE ME HA DADO
    TANTO........!!!   691

VORWORT

Vor langer Zeit fing ich an meine Geschichte aufzuschreiben, einfach so, und freute mich über die grosse Nähe alles Vergangenen, holte mir alles Geschehen ins Heute. Das war sehr spannend, ja faszinierend und berührte diesen „Jungen", der so ganz plötzlich sein Leben als Einheit erfahren durfte. Dahinter stand der Wunsch, noch einmal die Kindheit und Jugend hautnah zu erleben, o f f e n und frei, trotz der Kriegs- und Nachkriegserlebnisse, aber was da tief innen verborgen blieb, konnte sich in späteren Jahren mit Mühe und Mut zu einem beglückenden Leben erlösen.

Ich bin durch viele Länder gezogen, in West und Ost und Süd, zulande und zu Wasser, habe spirituelle Meister besucht, mich ihnen sehr nahe gefühlt, ich habe Krieg und Stürme, Landleben und Liebe erfahren und bin durch alles reicher geworden. Meine Lebens-Reisen sind ein lebendiger Querschnitt des vergangenen Jahrhunderts und der Jahrtausendwende.

Ein Wunsch „ h e i m zu kommen" ist vielen Menschen nah, mit allem Glück und allen Tränen des Unterwegs. Was uns von solchem Wunsch zum SOSEIN trennt sind die Ängste, ist unser Fürchten vor jenem Unbekannten das uns das Fürchten zu lehren scheint. Ein Ver-Lernen des Fürchtens zieht sich durch mein ganzes Leben und wenn dann kein Wunsch mehr ist und auch nie einer dagewesen ist, sondern einfach IST >WAS IST<, dann erwacht LIEBE, schliesst alles aus sich selbst heraus mit ein, ohne ein persönliches Wollen und Tun!

Um DAS in Worte zu fassen, um in den Fluss zu kommen, bedarf es der Sprache, es bedarf auch eines ständigen ICHs, die Sprache fordert es, um über m e i n Leben, vom Abstand des Alters her, aussagen zu können.

Eine Autobiografie, als geschehenes SEIN, als das allerart und allerorts Geschehende zu durchleben, zu verwirklichen und zu deuten ist von höchster Präsenz. Mein Dasein ist ein winziger Ausschnitt aus dieser seienden Ewigkeit.

Und so schreibe ich mich durch – ein Leben lang – und wenn ich nun zurückblicke ist das doch mehr als ein Dreiviertel Jahrhundert mit fast unendlichen Geschichten, die viele Seiten füllen, vielleicht nicht immer unterhaltsam sind, die die Details, nicht auslassen und die Weltbewegung mit einschliessen, so wie einem das Leben halt spielt.

1. Reise: > WILLKOMMEN

In meinen frühen Jahren empfand ich den Geburtstag wie ein grosses Dankeschön. Immer war Hochsommer, immer waren Ferien, dieses wunderbare Gefühl des totalen Freiseins; die üppige Natur, die warmen Sommertage, der laue Wind, der über die reifen Kornfelder wehte, die aufsteigenden Feldlerchen, die ausser sich vor Freude durch die Lüfte wirbelten, um sich zwitschernd kund zu tun. Roter Mohn und viele andere bunte Blumen säumen Wegesrand und Felder, und der würzige Duft nach Gras und Grün mit dem Gesurre der schwirrenden Insekten erfüllten mich mit Glück und Dabeisein.

Am Morgen dann, beim ersten Erwachen, erinnere ich mich plötzlich: heute-jetzt-hier, ja in diesem Moment bin ich schon in meinem Festtag und fühle mich wichtig und geehrt. Alles ist anders, bewusster, es ist wie ein neues Erleben, ein neues Erwachen, ein neues Geborenwerden. Ich geniesse und achte mich ganz besonders.

Mein erster Gang ist, wie immer, aufs Klo, wo ich mit Wonne mein Wasser laufen lasse und dann geht es husch zu den Eltern; ob Sie's wohl wissen?- nicht vergessen haben?- und da kommen Sie schon und drücken mich an sich. O, das tut ja so gut und ich merke wie das Besondere dieses Tages, meines und nur meines Geburtstages meine ganze Aufmerksamkeit inne hat. Der Frühstückstisch ist hübsch gedeckt mit brennenden Kerzen und einem bunten Blumenkranz um meinen Teller.

Ich erkenne sie wieder, die Blumen aus unserem Garten und verbinde mich einen kleinen Moment lang mit dieser Liebe mit welcher sie gepflegt und gehegt wurden, um dann, noch vom Morgentau benetzt, für das Geburtstagskind gepflückt, den Teller üppig umrahmen. Dieses und viele, viele andere Er-Lebnisse reihen sich nun aneinander. Sie mögen im einzelnen ganz belanglos erscheinen, werden aber durch das Besondere dieses Tages mit einer liebevollen Aufmerksamkeit bedacht, die das helle Licht des Sommers noch strahlender erscheinen lässt. Auch das Frühstück selbst ist mehr als ein Sonntagsessen, es riecht nach Kaffee, Kakao und frischen Brötchen.

Nach dieser ersten grossen Morgenaufregung ziehe ich mich ein bisschen zurück und finde mich, ganz bei mir, im Garten schlendernd wieder, Ausschau nach einer ganz besonderen Blume haltend der Blume für meinen Geburtstag. Ich rieche an ihnen, erkenne ihre so unterschiedlichen Farben und Formen, gross und klein, zierlich und kräftig, bis ich mich für eine recht Grosse mit kräftigem Stengel entscheide, breche sie ab und so soll sie mich den ganzen Tag begleiten damit auch die anderen sehen, dass dies mein Festtag ist und ich mich auch den ganzen Tag an ihn erinnern kann, um diese wundersame, besondere Energie lebendig zu halten.

Da draussen dann, in der Welt, sahen sie mich wohl, den Blumenjungen, der strahlend einfach - da - war, grüsste und gegrüsst wurde, nach dem Wohlergehen gefragt wurde, so, als ob es noch einer Bestätigung bedürfe um diese Freude wirken zu lassen. Es wirkt, ein glückliches Kind zu sehen!

Mit den anderen Kindern war das ein wenig anders. Da gab es natürlich welche, die von meinem Geburtstag wussten, mir aber wohl gerade deswegen keine Aufmerksamkeit schenkten, so als würden sie mir mit einer gewissen Scheu gegenüber stehen. Vielleicht war es ihnen einfach zuviel, vielleicht schnupperten sie meine Erwartungshaltung, die ich zwar so direkt nicht zeigen wollte und doch war sie sicherlich spürbar; denn unser Wahrnehmen ist feiner als das Denken.

Zum Mittag gab es ein Lieblingsgericht, Eierkuchen mit Marmelade oder Griesklösse mit in Butter gerösteten Brotkrumen mit Zimt und Zucker oder Hefeklösse mit Vanillesauce, halt ein richtiges Schlemmermahl und dazu noch: soviel ich wollte.

Ich weiss nicht mehr wann ich die Geburtstagsgeschenke der engeren Familie auspacken durfte, aber es war wohl am Morgen. Das ist dann sehr spannend und besonders schön wenn ein Wunsch in Erfüllung geht, was bei den elterlichen Geschenken meist der Fall ist, Überraschungen natürlich eingeschlossen.

Am Nachmittag kamen dann zu Kaffee, Kakao und Kuchen die Omis, Tanten, Onkel, Vettern, Cousinen und Kinder aus der Nachbarschaft. Das war dann der offizielle Teil des Tages, das eigentliche Fest. Der Gabentisch lag wieder voller neuer Geschenke und mittendrin stand eine hohe, brennende Kerze auf der die Jahresabschnitte hübsch farbig eingraviert waren. Mit Muttis Schubs löste ich mich aus dem herumstehenden Kreis und war von dieser feierlichen Stimmung sehr berührt und schüchtern. Es wurde dann ganz still in mir, so, als würde ich weggetragen in ein Niemandsland, wo alles so war wie es immer ist, ohne dass man etwas hinzutun oder wegnehmen müsste, es war wie ein Heimkommen. Nun lagen da aber noch die eingepackten Geschenke, die mich rasch wieder in diese aufregende Welt zurück brachten.

Ich packte Sachen aus die mir mehr und andere, die mir weniger gefielen, wohl, weil kein besonderer Wunsch von mir dahinter stand und ich deshalb auch nicht immer wusste, was damit anzufangen war. Der Dank aber galt allen für diese Fülle an Beachtung die mir zuteil wurde. Und nun fingen die Spiele mit den anderen Kindern an, da, wo es Gewinner und Verlierer gab; das Sackhüpfen, Eierlaufen, blinde Kuh, Topfschlagen und vieles mehr. Das war sehr an- und aufregend, ein kunterbuntes Treiben, Gezeter, Geschrei, Lachen, Heulen und froher Sinn. Ich spielte mit, war dabei, weder vorn, noch hinten, so mittendrin.

Es wurde später. Die Festgesellschaft verlief sich langsam. Wir sitzen am Abendbrottisch, die letzten Hochrufe auf das Geburtstagskind verhallen. Der Tag geht zur Neige. Voller Erlebnisse und sichtbarer Müdigkeit höre ich von Muttern:" .... und nun husch husch ins Bette mein Sohn"! Ich erinnere mich nicht mehr woher das Nachtgebet kam, das ich bis heute in mir trage:

> *„Herr, ich danke Dir von Herzen, dass Du mich an diesem Tag*
> *vor Gefahr, Angst, Not und Schmerzen hast behütet und bewacht*
> *dass des bösen Feindes List, mein nicht mächtig worden ist*
> *behüte mich auch diese Nacht, dass mir kein Leid geschehen mag.*
> *Amen"!*

Vielleicht von einer Omi, die noch anwesend war? Es wirkte, gerade für diesen schönen Tag sehr tief in mir.

Ja, da lag ich nun allein im dunklen Zimmer. Trotz der Müdigkeit konnte ich nicht einschlafen. Dieser Tag war so lebendig gewesen. Alles huschte noch einmal vorbei. Die Geschenke lagen auf, unter und um mein

Bett, zum Angucken und Anfassen nah. Ganz besonders hatte ich es auf den hellblauen Gummiball abgesehen, den ich in meinen Händen halte und langsam, wie verwunschen drehe.

Hier nun beginnt meine Reise, die in Worte zu fassen, mir schier unmöglich erscheint; ich es aber trotzdem wage, weil sie direkt zurück zum Ursprung führt, dahin wo Anfang und Ende verschmelzen.

Ich kann nur die Umrisse von Dunkelheit erkennen. Es ist so, als sei alles dunkel und doch ist da Licht; und auch wieder so, dass es hell erscheint inmitten von Dunkelheit. Alles beginnt vor meinen Augen zu verschwimmen. Ich tauche in eine andere Welt ein, die weder wach noch Schlaf ist.

Schwerelos schwebe ich in einem nicht enden wollenden Raum. Es herrscht Finsternis, die aber von einem lichten Schleier überzogen, sichtbar ist. Dieser Schleier bewegt sich windend durch die Unendlichkeit und formt sich langsam zu Punkten, die wie Lichtquellen den dunklen Raum förmlich übersäen. Immer mehr Lichtpunkte entstehen überall. Es ist, als gäbe es Richtungen wie vorn und hinten, oben und unten, innen und aussen und doch ist alles richtungslos in einem grossen Zusammenhang wahrnehmbar. Diese Lichtquellen sind auch in mir, so, als sei ich ein Teil von ihnen oder sie ein Teil von mir. Es ist unendlich weit und gleichzeitig so endlich nah. Ich bin mitten drin in dieser Bewegung des Immers als gäbe es nichts anderes, in vollständiger Akzeptanz, Hingabe und Gleich-Zeitigkeit. Plötzlich spüre ich eine Bewegung, einen Drang, einen Impuls und torkle in freiem Fall in alle Richtungen, nirgendwo hin.

Ich bin sehr glücklich. Die Lichtquellen werden grösser. Es bildet sich nun ein sichtbarer Raum, eine andere Art von Wahrnehmung, ein gewisses Bewusstsein und Eigenständigkeit. Die Richtungen verdichten sich in eine Richtung. Angetrieben von diesem -Sichbewegen- rase ich bewusst durch diesen, von unendlich vielen Lichtquellen durchdrungenen Raum, obwohl im selben Moment Stille ist.

Plötzlich ist alles vorbei, als sei der Film gerissen, es ist nichts mehr da. Ich erschrecke, reisse die Augen auf und sehe vor mir in überdimensionaler, majestätischer Grösse einen bläulichen von einer hellblauen Aura umgebenen runden Ball, plastisch und hellerleuchtet in der Unendlichkeit des Raumes stehend und spüre im selben Moment in mir und um mich herum den Schöpfungsvorgang von Himmel und Erde, und allem was da fleucht und kreucht. Ein Hauch von frischem Odem umweht mich.

Ich habe Gefühle, höre Geräusche und spüre den Drang hin zu Bewegung, zum Er-Leben. Nun verdichtet es sich, wird intensiver, kribbelnder und flimmert innen und aussen und überall. Da werden Formen erkennbar, und Sinne, die sich bemerkbar machen weil ich selber zu einer Form werde und Grenzen taste, die mich auch bedrängen. Es ist jetzt so, dass sich nicht nur alles um mich herum und in mir bewegt, sondern das Ganze, das dieses zu beinhalten scheint, sich auch bewegt und dieses wiederum auch, bis sich alles Bewegen in sich selbst ergiesst. Zeitabläufe machen sich durch ständige Veränderungen bemerkbar: Moment zu Moment und noch nicht einmal - das -, alles fliesst!

Ich empfinde immer mehr Enge. Es drückt da irgendwo. Da ist eine Orientierung von etwas Zusammenhängendem. Da ist eine eigene Dynamik, die sich als Ganzes immer bewusster wahrnimmt; ein Bewegen von etwas, das immer mehr zu mir gehört und das ich bestimmen kann; zugleich auch immer mehr eingrenzend, wie Anfang und Ende zusammenfallend.

Hintergründig ist die Präsenz von diesem schwerelosen Schweben in der von Lichtquellen übersäten Unendlichkeit ganz nahe, so wie immerdar. Vordergründig wächst ein Bewusstsein von körperlicher Festigkeit, von Hier und Da, von Eingrenzung, von dieser Sensation - ICH BIN -

Dieses bewusste Sein macht sich nun endgültig selbständig. Das Eingeschlossen-Sein empfinde ich als derartige Bedrängnis, dass der Körper ins Routieren gerät, anfängt zu strampeln und zu stossen und eine ungeheure Lust auf Kraft entwickelt, um diesen Zustand wohl in eine ungewusste Veränderung zu führen. Er gerät irgendwie in grosse Unruhe, das viel grössere Ausmasse annimmt, als der kleine Bereich in dem ich mich noch bewege. Alles um mich herum bewegt sich mit. Ich bekomme Unterstützung und spüre Leichtigkeit mit der wellenförmigen Bewegung, die meinen Körper knetet und ihn in eine Richtung drängt. Der Druck engt mich immer mehr ein. Ich empfinde ein Gefesseltsein, dass fast in Panik ausartet. Es geht vorwärts, so als liesse ich Gewesenes hinter mir, ohne die geringste Chance der Rückkehr, nur noch weiter und weiter in dieser einen Richtung!

Ich fühle Qualen und Ohnmacht, ohne ihnen Ausdruck verleihen zu können, und dann, auf einem Mal, war der beängstigende Druck vorbei. Ich flutsche in eine neue Welt, die huiiiii kälter und viel lauter ist, fühle mich körperlich ungeborgen und völlig getrennt. „Es ist ja so hell hier"!. Ohne diesen schmerzvollen Druck von aussen empfinde ich einen Überdruck von innen, der keinen Widerstand mehr findet und sich ausdehnen will. In mir öffnet sich mit natürlicher Bereitschaft das Tor zum Atem. Unter grosser Kraftanstrengung manifestiere ich mich mit einem befreienden Schrei, der ausdrücken will: hier bin ich!<

Erschreckt und vollkommen verschwitzt öffne ich meine Augen und finde mich wieder in meinem Bette. Das Zimmer ist hellerleuchtet. Mutter sitzt neben mir. Sie streichelt liebevoll meinen Kopf. Mir ist so als höre ich Sie sagen: „alles ist Gnade, alles ist Licht, fürchte Dich nicht"!

Damit kam eine tiefe Stille über mich. Ich bin im Vertrauen. Auch ausserhalb ihres Schosses kann ich mein Leben fortan geschehen lassen und geschehen machen, fühle diese ursprüngliche, lebendige, ewige Beziehung zu Ihr, und reise nun dort weiter wo sie meinen Körper geboren hatte, wo sie mich frei liess, im Kreisssaal des Karole-Stiftes in Stettin.

Fernab der Mutter finde ich mich in einer kleinen Wiege wieder, einfach da, allein, auf der Erde, bei mir - hilflos, unsicher und abhängig-. Doch in jenen Tagen war ich mir dessen nicht bewusst, pendelte in einer Zwischenzeit, die mich, aus sich selbst heraus, mit lichter Kraft versorgte.

Das Wissen darum ist die Rückverbindung zum Ursprung, der noch ganz gegenwärtig ist, da wo wir herkommen, aus dem Niemandsland der Unzeit, vor der Empfängnis. Dieses tiefe Vertrauen ist die allgegenwärtige Seele, Sie ist wundervoll, wahrlich, Sie hilft über die unzähligen körperlichen Engpässe und Wehwehchens leichter hinweg, Sie erfüllt schon den kleinen Körper mit der Schöpferkraft, dem Leben selbst.

Da liegt er nun, mein kleiner, beseelter Körper, ICH. Er schläft oder döst vor sich hin, in völliger Unkenntnis von dem was um ihn herum passiert, nicht mehr im Wasser frei schwebend, nein, von irdischen Kräften angezogen, hineingesogen in die Matratze seiner Wiege und ist dabei aus eigener Kraft zu atmen, zu sehen, zu hören zu tasten und zu fühlen, mit eigenem Herzen zu leben. Welch ein wundersames Abenteuer. Wieviel Spannung spüre ich überall um mich herum, wie fest hat mich dieses Leben schon im Griff, wie begrenzt ist nun mein Sein in dieser körperlichen Realität und wie heftig bedrängen mich diese irdischen Naturgesetze, die die Marterie lenken und mich zum Überleben zwingen. Meine ganze, von daher gelenkte Aufmerksamkeit richtet sich auf mein Wachsen und mein Werden, um sich langsam an die Regeln der Erdenwelt anzupassen und sie sich einzuprägen. Dieser empfindlich, zarte Körper, total entwickelt und doch hautdünn, umgeben von dieser Transparenz, die wir sonst nur den Engeln zuweisen, lullt mich nun immer mehr in die Gewohnheiten und Überzeugungen der Menschenleben ein und kann gar nicht anders.

Heute ahne ich, dass die Erinnerungen jener Zeit, an das Vorher und Woher näher sind, als an das Nachher und Wohin. Wenn ich mich recht besinne, bin ich da zu Hause wo beides zusammenfällt.

Die Zeit scheint endlos, und ich zufrieden, und doch fehlt hier etwas im Kreisssaal, in dieser immensen Einsamkeit. Es ist wohl die Mutter, die Brücke zwischen Nichtsein und Sein, als Verbindung vom Nirgendwo zum Hier und Jetzt. Die Sehnsucht ist gross. Sie macht sich bemerkbar: Ich schreie und werde zu ihr getragen. "Hier bin ich "! Du hast Dich ein bisschen von den Anstrengungen der Geburt erholt, vielleicht auch von der Enttäuschung, dass ich nun doch ein Junge bin, der zweite nun, trotz Eures Wunsches nach einem Mädchen. " Sieh´doch, sieh´nur richtig hin, ein richtiger Knabe mit allem was dazu gehört"!

Die Freude über die glückliche Geburt des Kindes wiegt bei weitem die Hoffnungen und Vorstellungen auf: Mädel oder Bub. Im Geheimen aber haben sie ihre tiefen Wirkungen im Verhalten und Umgang, Zu- und Abneigung. Was ist also zu tun, um der Liebe und Zuneigung der Eltern sicher zu sein?

Der Vater ist in der Nähe, ich kann ihn riechen. Ich liege behutsam und voller Wonne an Muttis Brust. Endlich wieder bei Ihr. Das erste Saugen, das Stillen nach Sehnsucht, nach Nahrung, Nähe und Liebe, das Glücksempfinden und die Lust, die durch den ganzen Körper prickelt.

Dann kommen alle anderen des Stammbaumes, Freunde und Bekannte. Sie beglückwünschen die Eltern. Sie grüssen mich und trösten über das hinweg, was in Ihrem Wunsche nicht in Erfüllung ging:

„Ist er nicht süss? .... und pudelgesund, ein prächtiger Junge"!
"Danke, das tut gut"!

Ich bin wie ein neues, leeres und weit offenes Fass, das sich nun, auf seinem Gang durch die Zeit, hemmungslos auffüllt mit allem was vom Anfang bis zum Ende geschieht. Das Geschehen erfüllt sich aus den Umständen von Herkunft und Geschlecht, von gut und böse, von arm und reich, überhaupt von jeglich nur möglichen Dualität, die sich anbietet und angenommen wird. Ja, es ist immer jemand da der aus dieser bunten Palette etwas für sich herauspickt, um es zu erfahren. Die Offenheit macht verletzlich!

Das Zimmer, dort wo die Mutter lag, war hell gestrichen, und trotz des grossen Fensters am Morgen schattig. Die Atmosphäre war eher kühl, so auch das Personal, das hin und wieder seine Runden drehte. Unser Zuhause war sicherlich woanders, dies hier wars jedenfalls nicht!

Ob Dedda, die treue Seele, uns im Stift besuchte, weiss ich nicht mehr. Ich glaube aber, dass unsere erste Begegnung zu Hause war, wohin wir nach einigen Tagen entlassen wurden. Mit Dedda war es Liebe vom allerersten Zusammensein an. Da Muttern eine kleine, zierliche Person war, und das dann auch körperlich eher als Opfer und Schwäche durchlitt, war die kräftige, rundliche Dedda diejenige, die Muttern neben Haus und Küche auch mit mir entlastete. Ihre Nähe ist mir in intensiver Erinnerung.

Bei jedem Bedürfnis war sie bei mir, und wenn es Muttern mal wieder nicht so gut ging, war es wohl Dedda, die mich zu Ihr zum Stillen brachte. Auf der einen Seite spürte ich eine tiefe Beziehung zur Mutter und dann die fürsorgliche, intime Liebe Deddas. Zwei starke Frauen begleiteten meine ersten Jahre. Mutti, die eher geistig-intellektuell Orientierte, neben Dedda, der Glucke, die mir fleischlich näher war.

Ja, endlich zu Hause. Den Unterschied zum Stift merkte ich wohl. Das hell durchleuchtete Haus, besonders oben in meinem Zimmer mit offenen Fenstern, einer grossen Terrasse, würzige, grüne und bunte Sommerluft, und immer wieder dieses freudige Geflimmer, das die ganze Welt zu durchfluten schien.

Im türkisgrün gekachelten Badezimmer stand in der Mitte hoch auf einem Gestell eine kleine Badewanne. Mein erstes Bad. Meine erste Begegnung mit dem Wasser. Dedda hielt mich behutsam und sicher in ihrem linken Arm, meinen Kopf in ihrem Ellbogen stützend, ihre Hand den Rücken haltend. Langsam, ganz langsam tauche ich ein in dieses wunderbare warme Nass. Das ist ja soooo aufregend und wurde sicherlich von mir als grosses Abenteuer empfunden, planschend mit den Beinchen, viel Spass am spritzenden Wasser, auch ein vorsichtiges Ahnen: Wasser hat keine Balken; dann wieder dieses liebevolle Getragenwerden, dieses erfüllte Schutzbedürfnis. Jetzt schaufelt sie mit ihrer Hand Wasser über mich, berührt meinen nackten, kleinen Körper zart und reibt mich überall, besonders zwischen den Beinen, da muss es besonders sauber sein und vielleicht auch weil es ein grosses Wonnegefühl ist. Mutti macht Fotos. Omi und der Bruder gucken auch zu; und dann, plötzlich ist es auch genug. Buh´, ist das jetzt kühl hier draussen und flugs bin ich eingelullt in weichen Tüchern auf der Wickelkommode, oh, tut das wieder gut. Dieses erste Bad bade ich mein Leben lang. Es ist nicht so, dass ich im Wasser bin, nein, das Wasser ist auch in mir, und auch so, dass ich im Leben auf der Erde bin, das Leben auf der Erde ist auch in mir. Diese wunderbaren Wahrnehmungen, unbewusst und doch gewusst, begleiten mich in meiner Erinnerung durch die ganze Kindheit und weiter.

Die Lust, körperlich berührt zu werden und zu berühren spürte ich schon in der Schwangerschaft, nämlich als Vater bisweilen kräftig in die Mutter stiess. Auch beim Geburtsvorgang selbst empfand ich Lust, als mein Körper weich, aber doch kräftig im Geburtskanal gerieben, gedrückt und geknetet wurde.

Heutzutage wissen wir natürlich, dass durch die verwundbare Offenheit jener frühen Lebensmomente, sich fröhliche, lustvolle und tief im Vertrauen ruhende, aber auch erschreckende, hilflose und panikartige Ein-Drücke eingenistet haben, denen wir gerne, so wohl als auch, lebenslange Aufmerksamkeit schenken, ja uns nachgerade verpflichtet dazu fühlen! Gerade hier ist wohl der Versuch eines Lernansatzes geboten; denn so treten wir an: ..."wohlan denn Mensch, nimm´ Abschied und gedeihe"!

Die ersten Wochen auf der Erde habe ich in glücklicher Erinnerung. Dieses Zu-frieden-s e i n strahle ich aus und es kommt als Anteilnahme zu mir zurück. Ich weiss nun schon darum und kann damit spielen.

Da sind neben der Dedda und Mutti auch der Papa anwesend, der nur ab und zu wärend des Tages an meinem Bettchen erscheint, öfters in männlicher Distanz verweilt, um dann auch wieder in liebender Zuneigung dem Sohne nahe zu sein, so von Mann zu Mann, vom Vater zum Sohne. Seine Strenge erfahre ich in seinem ständigen Anspruch auf liebevolle Autorität, die sein Tages-und Lebenslauf zu beherrschen scheint. Sein Umgang im engsten Familienkreis ist kraft- und machtvoll, was mir so manches Mal Schrecken einjagt. Diese ersten Erlebnisse mit der sogenannten väterlich- männlichen Energie sind so ganz anders als mit meinen beiden Frauen, die liebevoll rührig um mein leibliches Wohl mit mir sind und dann dieses Gegenüber der leiblich distanzierten Präsenz des Vaters, der aber, wenn er mich mal in seinen Armen hält, eine tiefe Liebe spüren lässt, die unvergleichbar ist. Ich rieche immer noch sein Pitralon-Rasierwasser und fühle seine Bartstoppeln, wenn er mich eng an sich kuschelt. Vielleicht liebt er mich als seinen zweiten Sohn, der ein Mädchen werden sollte und lässt so eine intimere von Mann zu Mann Beziehung zu.

Die Omis sind auch oft bei uns. 2 Uromis und eine Omi wohnen ganz in der Nähe. Diese Omi, Muttis Mutter, war immer sehr eng mit unserem Aufwachsen verbunden. Wohl täglich kam sie ´mal rüber, um sich helfend nützlich zu tun. Sie war ein Teil unserer Familie und auch von ihrem Alter und Erscheinung her konnte ich sie gut einordnen. Dagegen waren die beiden Uromis sooo weit weg, sozusagen am Ende ihrer Zeit, wo ich doch gerade noch am Anfang stand.

Das spürte ich wohl und konnte diese enorme Distanz nur schwerlich überbrücken. Die Liebe und Zuneigung dieser Alten lassen dann aber doch alles andere vergessen.

Ja, und dann ist da mein ständiger Begleiter, viel durch die Tage und fast immer durch die Nächte; denn ich hatte ein gemeinsames Zimmer mit meinem Bruder Klaus. Er ist derjenige, der sich aus meiner anfänglichen Zeit am wenigsten hervorhebt, da hatte ich mit dem Funktionieren meines Körpers und der Aufmerksamkeit aller Erwachsenen um mich herum genug mit mir selber zu tun. Was konnte Klaus mit seinen drei Jahren älter auch beisteuern, um seinem kleinen Baby-Bruder hilfreich und nahe zu sein. Wie weit konnte er als Erstgeborener mich überhaupt akzeptieren?

Das äussert sich dann vielleicht in einer wohl zugeneigten, aber doch hilflosen Neugier und Distanz für jemanden, der nun, mehr oder weniger gleichberechtigt, und mit viel Aufmerksamkeit bedacht, sein bisheriges Privileg - der Einzige zu sein- zu entmachten schien. Diese, seine Distanziertheit mir gegenüber blieb dann wohl auch für lange Zeit, obwohl ich staunend um die grossbrüderliche Liebe bemüht war. Er wurde mit Achtung und Bewunderung zu meinem älteren, brüderlichen Freund, der allerdings selbst eher mit anderen Dingen beschäftigt war als mit seinem kleinen Bruder. Drei Jahre sind eine lange, lange Zeit!

Klaus wurde wegen einer starken Mittelohrentzündung alleine in ein Heim, in den Schwarzwald verschickt. Zum ersten Mal in so jungen Jahren allein, fern von den Eltern, fern von Zuhause. Was war es wohl, das er nicht hören wollte, das ihn schmerzte und so tief bedrückte? Könnte es sein, dass sein noch zartes Wesen die Nähe des neuen Bruders einfach nicht ertragen konnte?

Das Nuckeln an Mutters Brust hinterliess bei mir keine nennenswerten Erinnerungen, aber es stillte den Hunger und Durst auf die angenehmste Art und fing mir wahrhaftig an zu fehlen, als Mutti plötzlich nicht mehr da war. Diese vielen Wochen ohne sie und ohne Pappi hinterliessen Spuren an die ich mich nicht zu erinnern wage; denn ich weiss nichts mehr, bin aber ganz sicher, dass sich meine Beziehung zu Dedda dermassen vertiefte und sie nun zu meiner zweiten Mutter wurde. Meine Ängste aber – von der Mutter verlassen zu werden - wurden hier mit geprägt.

Die Eltern gingen auf eine wunderbare Schiffsreise in die Karibik. Ich mit meinen 3 Monaten blieb bei Dedda, den Omis und Bruder Klaus. So einfach ist das. Das Abstillen erledigte sich kurz vor der Reise und ich bin mit einer Milchflasche und Dedda allein. Die Eltern sind unterwegs in tiefstem Vertrauen um die Versorgung ihrer Sprösslinge und alles ist gut so, nur ich ohne Mama!

Die frühe Kindheit und Jugend sind wie eine unendliche Geschichte, ein Universum für sich, und haben nichts, aber auch gar nichts gemeinsam mit unserem späteren Erwachsensein. Der Ursprung unseres persönlichen Lebens liegt in diesem ersten Anfang unseres Seins, unseres Lebens, und ist so prägend weil wir so offen und verletzlich sind. Es bleibt da nichts -vor der

Tür-; denn sie ist immer offen, was auch immer da hinein will wird eingelassen, erfahren und zur Erfahrung. Es prägt ganz langsam das Gemüt, wird zur Freude, wird zum Schrecken, wird zur Liebe und wird zum Hass.

Da ist kein Gestern, wohl in der Erfahrung, nicht in der Zeit. Da ist kein Morgen, wohl in der Hoffnung, nicht in der Erfahrung und der Zeit. Da ist nicht einmal ein Heute, weil es zu lange dauert. Da ist nur ein Jetzt, ein Hier, ohne jegliche Störung, ein Focus auf diesen einzigen, einmaligen Moment. Wie kraftvoll und stark ist doch dieser Moment, in der wir nur ein Baby sind, leiblich vollkommen unbeholfen und abhängig, seelisch klar und rein wie ein Kristall im Sonnenlicht, schlicht und einfach - erleuchtet -, ohne Ausnahme!

Ich bin ja soooo bequem, bewege mich nicht allzu viel und bin ein ganz schönes Dickerchen. Da kommt doch auf einmal so eine Tante in weiss gekleidet, legt mich auf den Tisch, draussen auf der Terrasse, nimmt mich in ihre Hände und fängt an, an mir herumzudrücken, drehen, kneten, biegen, wenden, rauf und runter, oben, unten, dass mir im wahrsten Sinne des Wortes Hören und Sehen vergeht und ich in höchster Anstrengung und Anspannung ins Schwitzen komme. Das mag ich gar nicht sehr und fange an zu brüllen! Da holen die mich doch so einfach aus meiner stillen Ruhe, nennen das vielleicht noch flegmatisch, glauben mir etwas gutes zu tun. Heute frage ich mich:" für wen haben sie es wohl getan"? Für die leicht nervöse und ungeduldige Mama? War meine Stille für sie kein Ruhepol und so engagierte sie eine Heilgymnastin, um mich von meiner Ruhe zu heilen; und langsam, ganz langsam tapse ich in ihre Fussspuren? Ja, so ist das!

An einem Ostersonntag kam Familienbesuch. Onkel, Tante, Vettern und Hund "Purzel". Der Himmel ist blau. Es ist noch früh, frisch und feucht im Garten. Das erste frische Grün schmückt jung die Birken und Blumenbüsche. Ein Festtag, es ist Ostern. Alle sind im Garten. Ich bin aufgeregt und voller Vorfreude. Irgendwo hier im Garten hat der Osterhase die Eier versteckt. Das Suchen geht los und wir durchforsten den Rasen, die Beete, Bäume und Sträucher. Einer ruft:" Ich hab´ Eines"! Ich werde unruhig, ich will auch Eines und noch mehr, kann aber noch nicht so richtig, bin noch zu klein. Wieder und wieder werden Eier gefunden, Schokoladeneier und

Osterhasen, Taler und vieles mehr. Endlich bin ich auch dabei und freue mich wie - ein kleines Kind - über jeden Schatz. Auf einmal fängt doch der Purzel an zu bellen. Er hat den Osterhasen entdeckt, der nun ganz verschreckt hinter einem Busche hockt. " Ich habe ihn gesehen "! ....gestikuliere ich mit Händen und Füssen, " ja, da ist er doch, ein richtiger Osterhase"! Purzel rast auf ihn zu, und der nichts wie weg´und Purzel hinter ihm her rundherum im grossen Garten. Ganz viel Spannung liegt in der Luft. Erstarrt stehen wir alle da. Der Onkel brüllt hinter dem Hund her, der aber in seinem Jagdeifer mit schäumendem Maul auf sein Ziel gerichtet, nicht locker lässt. Der arme Hase ist vollkommen aus der Puste, rast zuweilen gegen den Zaun, um in panischer Angst nach irgendwo hin zu entfliehen. Es endet fast fürchterlich! Kein Osterhase mehr? Niemals mehr Ostereier? Ostern ist tot, ist gestorben? Nein der Hase entwischte doch noch durch ein Loch im Zaun!! Anfangs war ich so traurig. Zum ersten Mal erlebte ich einen Todeskampf und zugleich den grossen Kampf ums Überleben.

Am Ende unserer Strasse, die eine Sackgasse war, ging es einen Hang hinunter in einen grossen Park. Im Winter war das unser Rodelberg. Mit Klaus und den Kindern aus der Nachbarschaft sausten wir da mit unseren Schlitten runter. Manchmal endete das mit blutigen Lippen unten am Ende des Hanges im Gebüsch. Eine Weile macht mir das ja einen tollen Spass. Die Geschwindigkeit mit der wir dar hinunter sausen, verschlägt mir den Atem und ich bin ganz auf die Fahrkünste vom Brüderlein Klaus angewiesen. Irgendwann kam dann aber der Moment wo alle Klamotten klatschnass waren, die Füsse kalt und die Hände natürlich auch, so dass ich kaum noch etwas anfassen konnte. Das machte mir überhaupt keinen Spass mehr, obwohl die anderen sich weiter tollten. Schliesslich muss ich ja den ganzen Berg wieder ´rauflaufen und der war inzwischen glatt und rutschig geworden durch unser vieles Rodeln. Entweder schlich ich mich nun nach Hause, oder wartete oben auf die anderen und das nicht in bester Stimmung.

Neben dem Sandkasten im Garten stand eine grosse Schaukel. Sie erschien mir sehr hoch, viel höher als die normalen. Wir schaukelten viel und hoch; „aber es kitzelt doch so im Bauch und tut richtig weh"! Einmal kam der Vater hinzu. Es war sicherlich ein Sonntagmorgen, der immer so eine freie, offene Stimmung in mir erzeugte, es lag etwas Ruhendes in der Luft. Klaus schaukelte und Pappi stiess ihn höher und höher.

Es war eine Freude, ihn da oben vorn, da oben hinten jauchzend zu sehen. Dann kam die Reihe an mich. Ich will aber nicht, habe Angst vor so viel Wucht und Höhe. Ich musste aber und flog höher und immer höher, bis ich fast keine Luft mehr bekam. Das Kitzeln im Bauch wurde mehr und mehr, es war einfach nicht mehr zum Aushalten! Ich schrie aus leibeskräften, der Vater möge endlich aufhören und je mehr ich schrie, desto höher trieb er mich an, ohne Rücksicht auf Verluste, ja, das war seine machtvolle Energie: „ein Junge muss mutig sein, ich werds Dir schon beibringen", so ungefähr wirkten hier die Kräfte. Es wurde zum Kampf, Vater der Täter, ich das Opfer. Ein Kraft akt ohnegleichen. Ich hatte keine Chance und fiel in allertiefste Ohnmacht bei vollem Bewusstsein. Der Täter war zu übermächtig und ich als Opfer zu schwach, um diese Situation für mich befreien zu können. Ich war ausser mir vor Unwohlsein, Angst, Wut und Scham, ich fühlte mich missbraucht!

Es war sicherlich auch mein erster Kontakt zu mir selbst, als eigenständiges Wesen gegenüber einer Aggression, die ich nicht mehr zulassen wollte. Ich war bereit; " nein " zu sagen, mich zu wehren, auch gegen den überstarken Vater, der mir Gewalt antat, der mich nicht achtete. Ich lernte nun, meine - weit geöffnete Tür - auch schliessen zu können. Zumindest versuchte ich es, jedoch stellte Vater - den Fuss dazwischen -! Irgendwann hörte diese Tortur auf. Vater war dermassen wütend, dass er mir nachher noch den - Arsch versohlte - und ich brüllend und total erschöpft zur Dedda lief. Dort fand ich Trost. Das war tooooo much!

Eine Tante, die zu Besuch war und aus der Ferne dieses Machtspiel sah, meinte Jahrzehnte später, immer noch triumphierend und den Vater unterstützend zu mir; " damals auf der Schaukel, hat Dein Vater Dir Deinen Willen gebrochen"!

Zu jener Zeit, als der Faschismus danach trachtete die Welt zu beherrschen, berieselten solche Energien ein ganzes Volk bis hinein in den kleinsten Familienbund. Das war ein Sieg der Ordnung, des Gesetzes, der Macht über den eigenen Willen; so muss es sein !!

"Kinder mit 'nem Will'n, krieg'n was uff die Brill'n"- Jawooohl !!!

Umgekehrt haben alte Familientraditionen, so gutwillig sie auch zu Etik und Moral des deutschen Volkes beigetragen haben mögen, diesem, politisch totalitären Machtsystem, fein ordentlich den Weg bereitet; denn heisst es nicht so, >dass jedes Volk seinen Anführer verdient<?

Bei diesem Niederschreiben greife ich zwar weit voraus in meiner Geschichte, aber die Verstrickungen werden bei so tiefen persönlichen Eindrücken, wie die mit der Schaukel, sehr klar sichtbar. Ich erinnere mich, dass in unserer Familie, die sicherlich als - aufgeschlossen - gelten konnte, die Vorsicht und Angst vor einer sichtbaren „Nestbeschmutzung", oftmals viel wichtiger war, als das Leben selbst. Getuschelte Werturteile über Fremde oder sich anbahnende Freundschaften wurden ganz schnell über die Klischees der guten Sitten und Manieren gefällt. Vorrangig war immer die Kontrolle, koste es was es wolle!

Von Vaters Seite könnte es dann vielleicht so ausgesehen haben:

>Da steht doch der stolze Vater am Sonntagmorgen im Garten an der Schaukel und hat seinen Spass mit seinen beiden Jungens. Als der Zweite an die Reihe kommt, will ihm doch dieses Bürschlein den Spass verderben, ihn zwingen aufzuhören, nur weil es ihm im Bäuchlein ein bischen kitzelt und er aus Leibeskräften brüllt, einfach seine - Schau abzieht -! Nein, ich werds ihm schon zeigen, dass er damit bei mir nicht durchkommt. Das törnt mich an zu höher und immer höher, und wenn er immer noch keine Ruhe gibt, dann werde ich jetzt anhalten und ihm eine Tracht Prügel versetzen. So, das hat er nun davon! Das ging doch einfach zu weit nichtwahr? Soll er ruhig hinlaufen zu seiner geliebten Dedda, aber hier bin ich der Herr im Haus. So weit kommts noch!<

Es wundert dann auch nicht wenn solche Überzeugungen mächtig werden, die Ordnung des Systems über die Ordnung des Menschen stellen, einem ganzen Volk den Willen brechen. Meine Beziehung zum Vater erfuhr eine Kursänderung. Diese Ohnmacht tat mir zu weh. Das hat die Zellen durchrüttelt und kehrt unbewusst als Erinnerung wieder, aus denen es laufend neue Situationen kreiert, die mich lehren -meine Türe aus eigener Kraft zu schliessen- wenn ich es so wünsche. Es ist nur so, dass auch das -Opfer- seine eigene "Qualität" hat und wohl solcher Erfahrung bedarf, einfach so, als das was es ist. Meine Erfahrung war sehr machtvoll in

Form einer unüberbrückbaren Ohnmacht, die als solche im akuten Moment absolut real ist und tiefgehende Wunden hinterlässt. Aber solche „Ohn-Macht" tut ja nur so weh, weil man glaubt die Kontrolle zu verlieren. Der Vater war von diesem Moment an eher die Autoritätsperson, gross und mächtig, als der geliebte Pappi! Solche Prägungen lassen einen nicht so leicht los!

Die Zeit vergeht. Ich wachse heran, wurde grösser und selbständiger, konnte laufen und sprechen, mir meine eigene Welt beweglicher gestalten und wurde mir bewusster mit allem was mich umgab. Wenn wir Fussball spielten, besonders der Bruder mit dem Vater, konnte ich auch schon ein bischen mit ditschen. Ich erinnere mich, wenn Vater den Ball in die Hand nahm und einen Abschuss nach oben machte, mit solcher Kraft wie die Torwarte, wenn sie nach erfolgreichem Halten voller Enthusiasmus und Stolz den Ball fast übers ganze Feld schiessen. Ja, sein Ball flog so hoch wie unser Haus war und sogar so manches mal über den Giebel hinweg. Bei diesem Staunen entdeckte ich auf einem Mal die Besonderheit unseres schönen Hauses, auch im Vergleich zu den Nachbarhäusern. Es hat einen hohen Giebel der sich in den Himmel schwingt. Die Frontseiten sind mit bunt bemaltem Holz verschalt. Die Mauern bestanden aus dunkel rotbraunem Klinker der teilweise in Mustern verziehrt gemauert war. Unter den seitlichen Terrassen des ersten Stockes war der Wintergarten und die Sitzecke, beide mit riesigen Scheiben zum Garten hin. Der Wintergarten roch würzig und feucht. Er war wie ein eingbautes Gewächshaus mit seinen grünen Ranken und Blättern in dunkler, fetter Erde. Für mich war dieser Wintergarten weit weg. Wir durften ihn alleine auch nicht betreten und so erlebte ich ihn nur als schöne Dekoration hinter Glas. Beim Versteckspielen schielte ich so manches Mal zum Wintergarten ´rüber; denn das wäre ein besonders geheimnisvolles Versteck im verbotenen Land gewesen.

Das Haus lag mit seiner Zuckerseite oben an einem bebuschten Hang zum Nord-Osten hin, zum Leidwesen meiner Mutter, die diese Tatsache als grössten Mangel des Hauses betrachtete. Für Sonnenhungrige wird der Süden gewünscht, dort war aber immerhin die grosse Terrasse im Obergeschoss. In Richtung Hang war eine zum grossen Teil überdachte Terrasse, die wir trotz der Nord-Ost-Lage viel benutzten. Da gingen dann Türen zur Küche, Anrichte und ins Esszimmer. Weiter nach vorn war dann der grosse Durchgang zum Herrenzimmer mit der Sitzecke, das eigentliche Wohnzimmer. Unten war dann noch der Eingangsflur, etwas dunkel mit Holztäfelung, Familienwappen, einer Tür zum Klo, Kellertreppe, Küchentür und den beiden, nach oben gotisch zulaufenden Türen zum Wohnbereich, und das Treppenhaus nach oben. Dort war es sehr freundlich und hell mit grossem weiten Flur, 3 Schlafzimmern und 2 Bädern. Von dort ging dann noch eine weitere Treppe in den höheren Giebel, über die das Mädchenzimmer vorn, und hinten über den Dachboden das Fremdenzimmer zu erreichen war. Der Keller war gross und düster, wie die Keller nun mal sind. Dort war die grosse Garage, Waschküche, Weinkeller, Heizungskeller mit dem Koks und noch zwei weitere Räume, von dem in späteren Zeiten einer zum Luftschutzkeller umfunktioniert wurde. Das Haus lag verhältnismässig nahe an der Strasse, so dass der grosse Garten terrassenförmig abfallend nach hinten angelegt war. Überall gab es Natursteinmauern, die die unterschiedlichen Garten-Ebenen abstützten. In der Mitte war eine grosse Rasenfläche mit dem geliebten Planschbecken, alles eingerahmt mit Kieswegen und Blumenbeeten.

Weiter unten, eine Terrasse tiefer, war der Obst- und Gemüsegarten, abgetrennt mit einem hohen Maschendrahtzaun zum Buschwald hin.

Das grosse, parkähnliche Grundstück unseres Nachbarn war für uns nicht einzusehen. Eine hohe Betonplattenwand versperrte uns den Blick, weshalb es uns Burschen besonders reizte da mal einen Einblick zu tun. Unsere Nachbarsfreunde Horst mit Bruder Fritz, und der Frechste von allen mit dem tollen Namen Jörg Stubenrauch, liess in der Tat die Stuben rauchen. Nun denn, es kam so, dass eines Tages die Nachbarn hinter der hohen Mauer auf Reise gingen, was wir wohl beobachteten. Wir hatten uns nämlich in unserem Garten eine Höhle gebaut und es fehlte nun natürlich an Sachen, um die Höhle einzurichten auch Streichhölzer um Feuer zu machen. Feuer war strengstens verboten für uns Kinder, also mussten wir sehen, wie wir an Streichhölzer kamen. Als wir nun wieder 'mal beisammen waren, wollten wir über die hohe Mauer klettern, erinnerten uns aber, dass da unten am Buschwald auch ein Machendrahtzaun sogar mit einer Pforte war. Das war geschafft und mit pochendem Herzen bewegten wir uns fast tastend vorwärts in diesem fremden, verbotenen Land. Wir schlichen unter der Abdeckung der Bäume, so dass man uns vom Haus nicht sehen konnte; denn man kann ja nie wissen ob nicht doch noch jemand da war. Allen voran unser Jörg. Die Neugier und Spannung machte mir Mut und ich war bestimmt nicht der letzte. Der Garten war riesig mit vielen Bäumen, Sträuchern und Rasen.

Ich glaube, die Besitzer hiessen Plambeck. Ihr Haus war quadratisch, eckig und ganz aus Klinker. Es war genau das Gegenteil von unserem und lag direkt an der Strasse. Die Strassenfront des Hauses verlängerte sich als Gartenmauer ein gutes Stück die Strasse entlang. Am unteren Ende gab es in einen runden Torbogen eine grüne Tür, die mich von draussen immer irgendwie reizte ´mal hineinzusehen. Sie war aber immer verschlossen. Als wir nun so durch den Garten schlichen entdeckte ich diese Mauer und die grüne Tür von innen und hatte grosse Freude daran, dass mein Wunsch, einzutreten, nun auf diese Weise in Erfüllung ging. Gleich daneben erblickten wir zu unserem grossen Erstaunen ein hübsches, kleines, verglastes Gartenhaus, von dessen Existenz wir noch nie etwas erfahren hatten. Nun wusste ich, dass die grüne Tür im Torbogen der Eingang zu diesem Häuschen war. Sprachlos standen wir alle da; denn das war genau das richtige für uns. Vorsichtig näherten wir uns und was wir durch die grossen Verandascheiben auf einem Tisch liegen sahen, war genau das was wir schon lange suchten: eine Schachtel Welt-Streichhölzer. Jedoch, das Haus war verschlossen. Wir versuchten es von allen Seiten, keine Tür, kein Fenster boten uns Einlass, wir wollten ja nur die Streichhölzer und die waren für uns der grösste Schatz.

Eine Scheibe an dem Fenster, genau neben dem Türgriff musste dran glauben. Das war nun gefährlich, ich wusste es, auch als kleiner Bursche schon. Das war Einbruch, Missachtung fremden Besitzes. Nicht das ich von den Gesetzen wusste, aber die innere Uhr kam ins Stocken und erkannte: das ist nicht gut. Diese leisen Zweifel waren schnell vergessen. Jörg ging als erster hinein, öffnete die Tür von innen und wie in einem Krimi machten wir uns nun über das Haus her. Es war tatsächlich so, dass die Streichhölzer neben so vielen anderen, erreichbaren Dingen, die uns ansahen, fast schon unwichtig wurden. Ich fühlte mich wie Teil einer Meute, die sich nun mit fletschenden Zähnen über die Beute des gesamten Hausinventars hermachte. Wir waren nicht mehr zu bremsen. Es war wohl mein erstes eigenes Abenteuer überhaupt, dass ich unabhängig von den Eltern, den Erwachsenen erlebte. Gerade deshalb wurde es zu diesem besonderen Erlebnis, das aber auch alles in den Schatten meines bisher Erlebten stellte. Mein Eifer und meine Begeisterung waren ungewöhnlich gross.

Das Haus war voll eingerichtet. Wir standen davor und wussten gar nicht was mit all dieser Fülle wohl anzufangen sei und wie all dies in unsere Höhle zu schaffen war. Nun ja, was nicht so wichtig wie beispielsweise das Geschirr war, liessen wir einfach aus lauter Übermut auf den Boden fallen und so langsam wurde alles was nicht niet- und nagelfest war irgendwie zerstört oder abgeschleppt durch die Pforte im Zaun hinein in unsere Höhle, die bald aus ihren Nähten platzte. Da ich der Kleinste war, zogen sie mich mit in einen Gerätestall, den wir noch weiter unten im Garten, in der Nähe der Betonwand entdeckten. Das war wohl einmal ein Hühnerstall und ich kam nur durch die Hühnerluke knapp hinein. Drinnen war es voll mit dem unterschiedlichsten Gartengerät, wunderbares Werkzeug für unsere Höhle und so reichte ich so Einiges durch die Luke nach draussen. Unsere Beute war ein Bombenerfolg. Langsam zog sich die "Meute" zurück, aufgewühlt bis zum letzten, stolz und voller Kraft über diese Beute. Mir war so, als ob wir mit all diesen wunderbaren Sachen gemeinsam mit den Freunden selbständig eine Ewigkeit überleben könnten. Wir waren überkomplett eingerichtet und wussten gar nicht wohin mit Pött und Pan, Geschirr und Besteck, Messer, Streichhölzer, Spaten, Schippen, Beilen, Harken, Decken und Kissen. Urkräfte schienen sich unser zu bemächtigen. Räuber und Piraten, Jäger und Abenteurer krochen aus allen Winkeln unseres menschlichen Ursprungs und genossen mit grosser Lust, Freude und Spannung die Grenzelosigkeit dieses Erlebens.

Das hielt natürlich nicht sehr lange an. Die Tage darauf wurden manchmal zur Hölle; denn unser " Einbruch " wurde schnell entdeckt und erschreckt über die Verwüstungen machte sich der betroffene Nachbar mit Hilfe der Polizei auf die Suche nach den "Verbrechern"! Sie wunderten sich bestimmt über die Schlagkraft der kleinen Kinder, als wir schliesslich erwischt wurden. Den Eltern war das äusserst unangenehm. Erstaunlicherweise kann ich mich nicht daran erinnern, deswegen vom Vater verprügelt worden zu sein, was wieder einen Pluspunkt in meiner Beziehung zu ihm ergab! Aber ganz sicherlich wurden wir schwer getadelt und bestraft; denn das war mehr als nur ein Kinderstreich.

Tage darauf wurden alle beteiligten Kinder mit Eltern beim Gericht vorgeladen. Zum ersten Mal war ich "amtlich" in der Stadt in einem öffentlichen Gebäude, dem ich damals so wenig Charme abgewinnen konnte wie im allgemeinen noch heute. Das war eine düstere Stimmung für mich; denn da lag ausgebreitet und wohl geordnet auf grossen Tischen vor mir unsere ganze Beute, die jeder Einzelne von uns als solche wiedererkennen sollte und musste. Dabei drückten die dunklen Gänge des hohen Gewölbes noch tiefer in den Schmerz meiner Schuldgefühle, die nicht nur aus meinem Gewissen kamen, nein sie wurden mir auch von den Eltern und Amtsautoritäten aufgedrängt. Das war die grösste Strafe, da blieb mehr "hängen" als das Ausgehverbot oder andere typische Strafvollzüge aus der Kindheit. Ich erwischte mich sogar dabei, all unserer Beute auf diesem "Gabentisch" nachzutrauern. Die Strafen waren "gerecht" (oder vielleicht so?.......:gerächt ???) innerhalb unseres Systems; sie konnten in mir aber nicht das Erlebnis dieser einmaligen Erfahrung unseres Abenteuers abtöten. Fortan war der Freund und Lausbub Jörg für uns erst einmal nicht mehr erreichbar!

Ganz selten einmal wurde ich mit in die Stadt genommen, was immer eine grosse Freude war. Bei Pappi in der Firma roch es so köstlich nach Colonialwaren aus aller Welt, nach Kaffee und Getreide, nach Gewürzen, nach Zucker und Zimt und vielem anderen mehr. Alles stand in Säcken oder gestapelt auf den verschiedenen Speicherböden, die vorn ein grosses Tor hatten, das, wenn es offen stand, mit einer Kette gesichert war. Rechts innen, neben dem Tor, zog sich ein dickes Seil durch alle Speicherstockwerke. Wenn man an ihm zog bewegte sich das Drahtseil mit der dicken Eisenkugel und dem Haken am Kran hoch und runter. Ja, ich zog daran und die freundlichen Männer mit den grossen Lederschürzen karrten mit ihren Sack-Karren die Säcke heran um sie in den Haken zu pieksen, " nu zieh´mal min Jung" und schon gleiteten sie sanft hinab in den Hof, um auf die Lastwagen verladen zu werden. Das machte Spass!

Erstaunlich ist es wohl, wie in so jungen Jahren schon soviel erforscht wird, soviel Ur-Wissen vorhanden ist und das meine Neugier und Wissensdrang seine ganze Aufmerksamkeit auf das Räderwerk der Welt richtete. Es gab soviel Erlebnisse, wie Momente im Hier und Jetzt präsent waren, und das sind in diesen frühen Jahren fast unendliche. Unbelastet existiert da für mich eine grenzenlose Welt, von der ich bewusst erst wenig weiss, in der ich nur bin.

Ein ander Mal nahm mich Dedda mit ans Bollwerk im Hafen. Wir fuhren mit der Strassenbahn Linie 1 hin und gingen dann zufuss bis auf den Fischmarkt an den Kaimauern, um Aale zu kaufen. Die Fischfrauen standen direkt am Hafen mit ihren grossen Körben voll der köstlichsten Aale. Sie trugen lange, dunkle, weite Kleider mit einer kleinen weissen Schürze und manchmal eine dunkle Kopfbedeckung. Da so einige der Kunden die Aale anfassten und sich genüsslich daran festzuhalten schienen, ganz zum Leidwesen der Aalfrauen,so meinte eine von ihnen: "hörnsemal, hörnsemal, Aalekens, Aalekens sünd keene Nüllekins, die wärn´s von´s anfassen nüch dicker"!

Dedda lachte schallend, ich hatte keine Ahnung worüber. Nun denn, wir brachten leckere Aale nach Hause, gingen aber vorher noch an ihrem Haus vorbei, dort wo sie wohnte, wenn sie ihren freien Tag hatte. Da mussten wir erst durch einen Torbogen, kamen dann in einen Hinterhof, der kühl und dunkel war und stiegen eine knarrende Holztreppe hinauf in ihre Wohnung. Das war sehr interessant für mich, weil ich in solchen Stadthäusern noch niemals gewesen war, fühlte mich aber sehr wohl in Deddas Heim.

Der Gemüsemarkt war näher an unserem Haus und wir konnten ihn zufuss erreichen. Ich liebte es, mit Dedda dorthin zu gehen. Die Bauern waren mit ihren Ständen dort und boten alles feil was ihr Land so hergab. Ein bunter ambiente, gestandene Energie aus der kräftigen Erde. Da war auch ein Käsestand mit einer ganz freundlichen Frau, die mich wohl sehr liebte. Wenn sie uns ankommen sah, strahlte sie schon von weitem übers ganze Gesicht und immer schenkte sie mir ein Stückchen Käse, manchmal vom

Schweizer, meistens jedoch vom Tilsiter, weshalb sie von mir den Namen Tante Tilsiter bekam. Vollbeladen mit Obst und Gemüse, Butter und Käse, Brot und Milch zogen wir heim.

Es blieb natürlich nicht verborgen, dass Vater so manches Mal am Radio sass und mit Spannung die Nachrichten hörte, die mächtig durch den Äther drangen. Ich erinnere noch an das grüne magische Auge am Rundfunkgerät, das meistens seitlich im Radiostoff eingelassen war und dazu diente, den Sender exakt einzustellen. Es bewegten sich dann die grünen Farben ineinander und machten auf mich den Eindruck, dass solche Magie nicht fassbar, mit den Händen nicht greifbar war, so liess ich mich in eine andere Welt entführen, als es plötzlich aus dem Lautsprecher dröhnte und sich schrecklich dramatisch anfühlte.

Mir war so, als ob Ungeheuerliches da draussen irgendwo ablief. Es lag etwas beängstigendes, triumphierendes, hektisches in der Luft, was sich überall unter den Menschen vermischte und genauso klang es aus dem Radio, alles durchdringend und überdreht. Als ich einmal auf unserem Dachboden war und neugierig in einer Kleidertruhe wühlte, die oben neben dem Fremdenzimmer stand, fand ich eine braune Uniform mit braunen Langschäfterstiefeln. Komisch dachte ich, als hätte ich ein Geheimnis entdeckt, den Pappi habe ich nie in dieser Uniform gesehen?

Ja, die Säbel fingen an zu rasseln und begannen gen Osten zu schwingen. In aller Lande war siegreiche Aufbruchstimmung, die viele Menschen begeistert mitriss. Überall wehten rote Fahnen mit einem weissen Punkt und schwarzem, krummen Kreuz. Ich sah uniformierte Menschen singend marschieren und grosse eiserne Maschinen über die Pflaster rollen. Jubelnde Menschen die ihnen enthusiastisch zuriefen. Das war der Tag der Wehrmacht, unten am Bollwerk im Hafen, wo wir alle hindurften, um die wunderbaren stählernen Geräte und Fahrzeuge aus der Nähe, ja sogar von drinnen anzusehen. Pappi und Mutti, Klaus und ich feierten mit und waren in diesem Jubel, in dieser Freude gemeinsam mit den anderen Menschen. Im Wasser lag ein langes, rundes, komisches Schiff mit einem hohen Turm in der Mitte. Wir durften hineinklettern und staunten über dieses Wirrwarr von Rohren und Uhren, Hebeln und Schaltern, mit denen das ganze Boot von innen dekoriert war. Es war ziemlich eng da drinnen, "ich will hier raus"!

Eines Tages kam der Papa mit einer freudigen Nachricht nach Hause: er habe sich ein Segelboot gekauft, es wird nach seiner Überführung im Yachtclub liegen. Für mich begann mit diesem Boot ein neuer Lebensabschnitt. Wir durften noch nicht mit, aber immerhin begleiteten wir die Eltern mit unseren Omis in den Yachtclub, um sie auf ihren Törns zu verabschieden. Während die Eltern einmal im Clubhaus waren, kletterten Klaus und ich unbeobachtet in das hölzerne kleine Ruderboot, banden die Leine los und ruderten so gut wir konnten im kleinen Hafen herum und weiter, und weiter auf den breiten Fluss hinaus, der uns mitnahm, mit seiner Strömung in Richtung ferner Ostsee. Da war dann nichts zu machen, wir kamen nicht mehr zurück. Unsere Ruderkünste waren nicht gut genug, sie waren fast null, um gegen die Oderströmung anzukommen und so schrien wir aus Leibeskräften, man möge uns doch retten! Die Omis gestikulierten, in der Ferne schon, mit ihren Armen und dann sahen wir wie ein braver Mann ins Wasser sprang, uns nachschwamm so gut er konnte, uns schliesslich einholte, sich ins Bötchen schwang und uns zurückruderte. Ja, das war echte Panik, da war wieder diese Ohnmacht, die mir wie beim Hochschaukeln damals mit Vatern, das Blut in den Adern erstarren liess. Ich konnte nichts mehr tun, war dem Opfersein total ausgeliefert und sooo dankbar, dass dieser liebe, brave Mann mich aus solch schlimmer Situation gerettet hat. Die Aufregung am Kai war natürlich gross. Menschen liefen zusammen, unsere Eltern und Omis mittenmang, da war Stimmung „ im Laden ", nur nicht gerade die beste für uns zwei Brüder.

Es kam endlich der Tag, an dem wir beiden Jungens auch aufs Boot und mit auf die Reise durften. Eine spannende, heitere Vorfreude durchdrang mich, ich konnte es kaum glauben. Zu Hause liefen die Vorbereitungen auf Hochtouren, obwohl ich an dem Praktischen so direkt nicht beteiligt war. Da lag aber etwas in der Luft wie wohl vor allen Reisen, der Duft der weiten Welt und dazu noch auf dem Boot. Das Boot hat im Sommer unser Familienleben verändert, wir erlebten nun alle ein gemeinsames Abenteuer auf engstem Raum und grosser Nähe zueinander.

Im Yachtclub, der flussabwärts schon ausserhalb der Stadt lag, sah es für mich nun anders aus, als zu jener Zeit in der ich nur hinfuhr mit den Omis, um Abschied von den Eltern und dem Boot zu nehmen; nein jetzt war ich auch dabei in diesem neuen Reiseabenteuer und sah die ganze Umgebung nun mit anderen Augen an.

Das Hafenbecken war eingefügt in die flache Uferlandschaft und abgestützt mit dunklen, dicken Holzbohlen, die auch die Einfahrt säumten und sogar draussen noch ein bischen das Flussufer befestigten.

Es riecht nach Teer. Überall dümpeln kleine und grosse Boote. Eine leichte Brise kräuselt das Hafenwasser. Wellen klatschen an die hölzernen Rümpfe. Leinen zurren an den quietschenden Eisenringen und klappern an den Masten. Hier und da ist reger Betrieb. Unser Boot ist rund und fett, hat 2 Masten und liegt ganz vorn neben der Ausfahrt. Über ein breites Brett mit Querleisten und einer Handleine gehe ich vorsichtig hinüber. Doch, ja, das bewegt sich alles ein bischen. Um die Vorbereitungen nicht zu stören verkriechen wir uns besser in eine Ecke. Ich bin neugierig und wage einen Blick durch die Dachfenster hinein ins Boot. Das riecht ja so ganz anders als zu Hause; " Klaus, sieh´ doch ´mal, das ist ja wie ein kleines Haus"!....und schon huschen wir nach unten, einfach um dabei zu sein. Links und rechts sind zwei eingebaute Betten, eine Kühlkiste und ein kleiner Tisch. Ich gehe weiter nach vorn und entdecke eine dunkelgrüne Zieharmonikatür, die den Salon abtrennt, ich ziehe sie auf und zu, das ist lustig. In diesem Raum gibt es links und rechts ein Sofa und dahinter jeweils zwei eingebaute Betten. Mutti bringt die Klamotten rein." Zur Seite Jungs, ich muss hier durch". Draussen fallen Konservendosen aus einem Karton auf´s Boot, das knallt fürchterlich hier unten. Es riecht so richtig nach Boot. Ein bischen muffig, nach Farben und Lack, nach Holz und Teer. Weiter vorn links entdecke ich die Küche und rechts davon ist das Klo. Beide sind ziemlich klein. Ich gehe durch die Küche und komme vorn in einen weiteren Raum, der dunkel ist und noch mehr nach Boot riecht. Langsam gewöhne ich mich an die Dunkelheit. Da sind noch zwei weitere Betten, die man wohl hochklappen kann, auf denen liegen Säcke mit Segeln, Leinen und anderem Gerümpel.

Pappi ruft;" Klaus, Thomás kommt nach achtern"! " Was? Wohin"? " Ja hier doch, nach hinten zu Euren Kojen"! " Was ist denn das"? rufen wir zurück. " Na doch, Eure Betten. Klaus, Du pennst an Steuerbord und Du Thomás an Backbord. Hier nehmt Eure Klamotten und richtet Euch ein. Vorwärts, macht schon los"!

Ich merke, dass hier alles schneller geht und das ich "spuren" muss! Das ist sehr aufregend und im Vergleich zu unserem Haus ganz schön eng! Das Brett, das uns mit dem Kai verbindet wird aufs Boot gezogen. Der Motor läuft; " Leinen los " brüllt einer, und sie fliegen aufs Boot. Ich sitze draussen im Kockpit. Das ist eine grosse Sofaecke unter freiem Himmel, bevor man ´runter in die Kajüte geht. Pappi, der Onkel und noch jemand gestikulieren mit langen Bootshaken herum. Sie schieben das schwere Schiff langsam rückwärts in das Hafenbecken hinein, indem sie sich von den dicken Holzbohlen des Kais und den seitlich stehenden Pollern abdrücken. Mutti und die Tante laufen mit so komischen Kissen herum, die sie Fender nennen und passen auf, dass das Boot nicht irgendwo längsschrammt. Nun ists geschafft. Der Motor tuckert uns langsam durch die Hafeneinfahrt auf den breiten Fluss hinaus. Auf der kleinen Mole stehen Dedda und die Omi. Sie winken, wir winken. Ich bin traurig, dass sie nun da bleiben müssen und nicht mit uns sind, aber auch sehr stolz darauf, dass ich nun wirklich dabei sein darf.

Hier draussen auf dem Fluss riechts so richtig nach viel Wasser. Ein frischer Wind weht aus einer günstigen Richtung. Es tönt wie ein Kommando: „ Segel setzen "! Alle eilen an den Mast, wärend der Steuermann den Kurs ändert, und ziehen an einem Seil das Segel hoch, das hintere und das vordere auch. Nun sieht das Boot wieder ganz anders aus. Grosse, weisse Tücher füllen sich mit Wind. Der Motor wird abgestellt.

Langsam verschwindet der Club hinter uns. Rechts ist flaches Land mit grünen Wiesen, links ein hoher Hang mit einzelnen Häusern. Wir segeln flussabwärts. Dort drüben erscheinen grosse rauchende Schornsteine und eine Fabrik. Langsam bewegt sich das Boot in den seichten Wellen hoch und runter, nach rechts und nach links. Es ist wunderbar wie es vor dem Wind dahingleitet, ohne Motor, ohne schieben zu müssen, einfach so, fast von allein. Auf dem Deck hat sich nun alles beruhigt nach der anfänglichen

Aufregung und dem Durcheinander sitzen sie nun alle ruhig da, trinken ein Schnäpschen, wie sie es nennen und stöhnen vor Lust am Geschehen. Wir sind auf der Reise, - Törn - nennen sie es und loben mit erhobenen Gläsern das schöne Wetter und den Wind. Sie werden immer lustiger, erzählen sich Geschichten, die ich nicht so mitkriege und trinken noch einen.

Ich sitze vorn und gucke ins Wasser, dahin wo das Boot durchs Wasser rauscht und vorn am Bug eine richtige Welle macht. Es sieht so aus, als seien wir ganz schnell.

Langsam öffnet sich der Fluss zu einem grossen See, dessen Ende ich gar nicht sehen kann. Überall ist Wasser da vorn´. Nur seitlich entschwindet hinter uns grünes, flaches Land mit einigen Bäumen. Der Wind weht immer stärker. Die Kommandos werden wieder lauter. Sie brauchen eine Sprache die ich noch weniger kenne als die, die wir immer sprechen, also verstehe ich nicht allzuviel und kann nur zugucken, was sie alles tun, um die Segel kleiner zu machen. Ich werde nach hinten, nach - achtern- ins Kokpit gerufen, weil es vorne schon ganz schön nass wird. Auf einem mal brüllt der Onkel ganz laut:" seht´nur da drüben, ein kleines Faltboot mit zwei Menschen drin, die können nicht mehr, die Wellen sind schon zu hoch!" Inzwischen hat der Wind noch mehr zugenommen. Das Wetter und die Sicht sind trübe geworden und tatsächlich entdecken wir ganz in der Náhe ein kleines Faltboot, das in Seenot war! Pappi sitzt am Ruder, ändert den Kurs und nun steuern wir direkt auf das kleine Boot zu und lassen es längsseits kommen. Sie helfen der Frau und dem Mann zu uns aufs Boot. Die beiden wirken erschöpft und nehmen dankbar unsere Hilfe an. Langsam weicht der Schrecken aus ihren Gesichtern. Sie ezählen uns von dem plötzlich einbrechenden schlechten Wetter, worauf sie nicht vorbereitet waren, was wir selbst ja miterlebt hatten, obwohl es auf unserem "Dickschiff" mit Gelassenheit genommen werden konnte im Vergleich zu ihrem kleinen Paddelboot. Wir suchten den Schutz eines naheliegenden Hafens. Unsere Passagiere gingen dankbar von Bord. Sie überlebten und wir waren die Retter. Das ist ein schönes Gefühl. Wir huschten alle übermüdet in die Kojen, meine erste Nacht auf dem Boot. Nach diesen Erlebnissen konnte ich nicht gleich einschlafen, ich erinnerte mich noch an viele Einzelheiten und bewegte sie im leichten Rytmus zusammen mit dem Dümpeln des

Bootes im Hafen. Hier und da knarrte es, roch ein bischen muffig und in solcher Koje liegt man ja sehr eingeschlossen, so ganz anders als zu Hause, ja, vielleicht ein bischen wie in einer Höhle, aber viel schöner und gemütlicher.

Der nächste Morgen brachte Sonnenschein. Wo waren wir denn? Ach ja, hier in einem kleinen Hafen. Es war so, als ob die Nacht alle Erinnerung löschen würde und jeder Morgen ein ganz neuer Anfang ist. Alles ist fremd. Die Häuser, Wege, Menschen, Bäume und andere Schiffe um uns herum. Ich rieb mir erst einmal die verschlafenen und leicht verklebten Augen, um das alles einigermassen klar aufnehmen zu können, nachdem ich mich aus der gemütlich warmen Koje etwas umständlich " herausgepult" hatte. Ich setzte mich aufs Kajütdach und sah mich langsam forschend um. Der Onkel war schon an Land. Die Tante wusch sich vorn auf dem Boot mit kaltem Wasser aus einem Blecheimer, den sie -Pütz- nannten. Wir mussten uns nun auch waschen, mit Widerwillen da draussen mit solch kaltem Wasser, igitt! Danach aber fühlte ich mich sehr wohl, wach, stark und stolz, dass ich dieses rustikale Waschritual erfolgreich hinter mich gebracht hatte und einer von ihnen war. Das kalte Wasser prickelt so richtig.

Ich erahnte ganz heimlich dieses wunderbare Gefühl des Frei-Seins, nachdem der „Wider-Wille" gegen das Waschritual überwunden wurde, es ist als würde man die Bremsen lösen und das Fahrzeug " Energie " käme so richtig ins Rollen. Eine kalte Dusche machts möglich, so einfach ist das. Die Mutti half natürlich dabei. Ich erhaschte einen Zipfel ihrer Weisheit!

Die Erfahrung auf dem Boot war viel direkter mit allen Menschen um mich herum. Auch erlebte ich Pappi den ganzen Tag zusammen mit uns als Kapitän auf seinem Schiff. Wenn es um Angelegenheiten mit den Hafenmeistern und Behörden ging war meistens der Onkel vorne weg, der konnte so gut quatschen. Draussen im Kockpit frühstückten wir alle gemeinsam. Mutti und die Tante hatten alles prima vorbereitet. Es schmeckte köstlich, wir hatten so richtig Hunger.

Dann brachen wir alle zu einem langen Spaziergang auf, der uns durchs Dorf und die nähere Umgebung führte.. Mit viel Neugier und Aufmerksamkeit sah ich diese neue fremde Welt und fühlte mich im "Pulk" unserer

Schiffsmannschaft sicher, beschützt und ausgelassen. Das waren richtige Ferien.

Die Erfahrungen dieser Seglreisen prägten mich fürs Leben. Immer wieder ertappe ich mich dabei, diese ursprünglichen Erlebnisse der Kindheit zu wiederholen, was mich zweifellos in diese "lichten Landschaften" einer "anderen Welt" transportiert! So erschuf ich mir die Heiterkeit des Kind-Seins als treuen Weggefährten eines intensiven Erlebens.

Wir kamen an einer Aalräucherei vorbei. Den Erwachsenen lief wohl das Wasser im Munde zusammen. Frische Brötchen aus der Dorfbäckerei waren eh auf dem Frühstückstisch, Als wir zurück kamen lag unser Boot als einziges Segelboot stolz am hölzernen Kai. Seine beiden Masten waren schon von weitem zu sehen. Es war wie ein Nachhausekommen, an unseren Platz, obwohl wir doch hier in der Fremde waren, so wie ein fahrendes Haus, wie eine Schnecke, die ihr Häuschen immer mit sich nimmt.

Nachdem man auf- und eingeräumt hatte, sie nennen es -verstauen- hiess es:" Leinen los "! Da war überhaupt kein Wind, also wurde der Motor angelassen und ganz langsam verliessen wir diesen schönen, kleinen Ort und tuckerten auf den See hinaus, einem neuen Abenteuer entgegen. Ich nahm wieder meinen geliebten Stammplatz ganz vorn am Bug ein und träumte mit dem Wasser, dem Boot und den Wellen.

Als wir irgendwann nach diesen wunderschönen Segeltagen heimkamen, ging es von neuem los, mich nun wieder an unser Haus zu gewöhnen. Es war riesig gross, alles war neu, obwohl es das Alte war, Dedda begrüsste uns rührend und schloss, ganz besonders mich, ganz fest in ihre herrlichen Arme.

Der Onkel und seine Mutter, die meine Omi war, hatten gemeinsam ein grosses Hotel mitten in der Stadt, ganz in der Nähe des Bahnhofs und fast am Ufer des Flusses. Dort lebten auch meine beiden Vettern. Des öfteren, von klein auf an, besuchten wir sie, genauso wie auch sie zu uns hinaus kamen.

Das Hotel war ein hohes Eckhaus mit einem Turm oben drauf. Der Haupteingang war das Eckportal mit einem grossen, geschmiedeten Tor, das fast immer offen stand. Dahinter ging es einige Stufen hinauf in die Empfangshalle. Alles hier im Portal war aus Marmor, der Fussboden, die

Wände und oben in der Halle war auch viel Marmor, dort wo der Empfang an einer Seite den Gast willkommen hiess. Der Marmor machte auf mich den Eindruck eines Palastes. Dies alles war eine andere, fremde Welt für mich. Hier war immer ein Kommen und Gehen. Hastig eilte das Personal so manches Mal durch die Hallen im Dienste für die Gäste. Vor mir war die grosse geschwungene Treppe, die in die erste Etage führte, sie war auch aus Marmor und direkt vor ihr, sie ein bischen verdeckend, ging der durchsichtige eiserne Fahrstuhl bis hoch hinauf ins vierte Stockwerk. Links vom Eingang war das Restaurant, indem sich der Onkel eine hölzerne Schiffskajüte einbauen liess. Dort speiste die Familie, ein bischen abgetrennt vom emsigen Restaurantbetrieb. Irgendwo auf halber Höhe in der Empfangshalle lag das Büro des Onkels, der hier ja Chef war. Dort war immer seine sehr nette Sekretärin. Weiter hinten drin, durch Türen und über Treppen kam man in die Küche, den Ballsaal und zu den Garagen.

Wir gingen in die Wohnung des Onkels, um uns mit den Vettern und der Tante zu treffen, die im dritten Stock lag. Wehe, werden sie losgelassen, diese vier Rabauken, dann war das ganze Hotel unser Spielplatz. Mit Dreirädern, Rollern, Bällen und allem anderen was irgendwie Räder hatte, rasten wir so schnell wir konnten über die langen Flure, die sich im Kreis schlossen, so dass wir immer an den Ausgangspunkt zurückkamen. Nur nicht dort auf dem Flur wo ihre Wohnung war, weshalb wir uns immer ganz schnell, wenn möglich mit dem Fahrstuhl, in die beiden unteren Stockwerke begaben. Vieles von dem was wir anstellten war uns nicht erlaubt. Der Onkel aber war ein vielbeschäftigter Mann und ein bischen hippelig; es war nicht so schwer seiner Aufmerksameit zu entgehen und selbst die Zimmermädchen waren uns meistens wohlgesonnen, so dass wir von ihnen nichts zu befürchten hatten. Wenn unser Spiel dann zunahm überschritten wir leicht die Grenzen einer grundlegenden Ordnung, was sicherlich unbewusst auch unser Ziel war. Wir rasten kreischend im Kreisverkehr durch die Flure und konnten nicht davon lassen, bis schliesslich irgendjemand uns zur Ordnung rief. War es vielleicht 'mal ein Hotelgast, dann allerdings wurden wir muksmäuschenstill, besannen uns und fühlten uns schuldig. Waren es die Mütter, dann mussten wir meistens zurück in die Wohnung, war es der Onkel, dann scheuchte er uns, aber wir lachten über ihn.

Wenn dann die Zeit des Kaffeetrinkens und Kuchenessens kam, es Sommer war und schönes Wetter, ja dann nahmen sie uns mit an einen ganz besonderen Ort im Hotel, der nur für sie da war; der wunderschöne Dachgarten in dem schon meine Mutter gross geworden war. So gingen wir also alle ins vierte Stockwerk von dort durch eine kleine Tür eine hölzerne Stiege hinauf und standen dann auf dem hohen, grossen Dach mit kleinen Bäumen, Sträuchern, Rasen und Blumenbeeten, sogar einer grünumrankten Gartenlaube.

Von hier aus konnte man ein Grossteil der unteren Stadt überblicken mit dem Fluss, den Brücken und dem Hafen. Hier oben wehte eine andere, frischere Luft, es war wie eine Paradiesinsel mitten im Himmel. Hier schmeckte, nach so viel Toberei, der Kuchen und der Kakao ganz besonders gut. Da gab es auch ein Wasserbecken, Wasserhähne und Schläuche zum Spritzen. Ein feinmaschiger, stabiler hoher Zaun umgab dieses Kleinod, um jeglicher Gefahr vorzubeugen.

So wohl ich mich bei uns zu Hause fühlte, waren mir doch diese Ausflüge und Besuche bei Verwandten und Freunden der Eltern immer wie ein grosses Geschenk. Das bedeutet viel Abwechselung und neue, frische Energie für uns alle.

In der Sommerfrische gingen wir so manches Mal in ein Freibad, ein wenig ausserhalb der Stadt an einem See gelegen. Soweit ich mich erinnere kamen wir dort mit der Strassenbahn Linie -1 hin, die ja bei uns in der Nähe vorbei fuhr und am See ihre Endstation hatte. Die Fahrt dahin war mir ein bischen ungewöhnlich, weil wir normlerweise mit derselben Bahn in die andere Richtung fuhren, um in die Stadt zu kommen, weshalb ich nun mit besonderem Interesse aufpasste, um nichts zu übersehen. Dort, wo unsere Strasse in die Hauptstrasse mündete lag ein grosses Werk, die neben Maschinen auch Autos bauten. Dort also fuhr die Strassenbahn vorbei, an grossen Hallen aus Backsteinen und langen Mauern. Ein bisschen weiter draussen kam das sogenannte Enddepot der Strassenbahn, was mir irgendwie immer unheimlich erschien. Da war nämlich ein Gewirr von Schienen und Weichen, von Masten die oben elektrische Drähte trugen, die gleichzeitig ein Spiegelbild der Gleise waren. Alles verlor sich dann in dunklen, langen Hallen, wo die stehenden Strassenbahnzüge zu sehen waren. Irgendeinem Fahrgast war auch schlecht geworden. Den musste der Schaffner im Depot abliefern, damit er dort Hilfe bekam. Das alles wirkte sonderbar auf mich, weil ich die Strassenbahn sonst immer so emsig beim Fahren, Anhalten, Klingeln und in den Kurven quietschend erlebte. Dort war natürlich auch eine Haltestelle, weshalb ich Zeit hatte diese ganze Situation in mich aufzunehmen. Wir fuhren weiter und kamen an Soldatenkasernen vorbei, die auch sehr regen Betrieb hatten. Ja doch, ich hatte es schon ganz vergessen, wir waren ja im Krieg. Diese Kasernen bekamen einige Zeit später noch eine ganz andere Bedeutung für mich. Von der Endtation der Linie -1- waren es nur wenige Schritte zum Freibad. Dort tobten wir uns im Wasser aus. Dedda war oft mit von der Partie, wie auch Vettern oder Kinder aus der Nachbarschaft.

Unsere Sommerferien verbrachten wir immer gemeinsam an der Ostsee. Entweder in einem Hotel oder einer Pension in einem dieser wunderschönen Badeorte an der pommerschen Ostsee. Seit meinem ersten, genüsslichen Bad in der Babybadewanne ging mein "Badefieber" auch im Meer weiter. Sommer, Sonne, Meer, Wellen, Wind, Dünen, Wälder, Seen, Steilküsten und schier unendliche Sandstrände, soweit das Auge schauen konnte auf denen wir lange wanderten und Bernsteine suchten.

Das war meine Ferienwelt. Mit Schiffchen spielen, baden und nochmals baden, Burgen bauen, sich einbuddeln lassen und die tollen Tannen, die Mutti und Pappi aus flüssigem Sand übereinanderträufelnd entstehen liessen. Zu Mittag liefen wir über die Holzbohlenstiege durch die Dünen zurück zu unserem Feriendomizil, zum Essen und anschliessendem Schläfchen. Alles roch nach Sommer, Seeluft, Dünengras und Teer von den Fischerbooten und Netzen, die natürlich auch ihren Platz am Strand hatten. Pfeife rauchend sassen sie im Sand, die Alten und flickten ihre Netze oder repariertren irgendetwas an ihren Booten. Ich sah ihnen zu. Ab und zu drehten sie sich um, schauten mich streng oder freundlich an, gerade so wie ihnen zumute war. Ich hatte grossen Respekt vor ihnen und bewunderte einfach ihr Dasein.

Wenn sie aufs Meer hinausfuhren, mussten sie ihre schweren Schiffe über hölzerne Rollen durch den weichen Sand ins Wasser schieben. Sie halfen sich gegenseitig. Manchmal gab es auch eine grosse Drahtwinde, die ihnen nach ihrer Rückkehr das Anlandholen erleichterte. War das geschafft, luden sie ihren Fang aus, indem sie die silbrigen, oftmals noch lebenden Fische, aus den Netzen pulten. Das Fischen war ihr Leben, ihre Arbeit und ihr Brot. Jeder Fang bestimmt, wie gut oder schlecht es ihnen heute geht.

Da gab es hölzerne Seebrücken, die ein gutes Stück hinaus aufs Meer gingen mit ihren verblichenen Planken und weiss gestrichenen Geländern. Manchmal sahen sie aus wie Märchenschlösser mit ihren vielen Spitzen und Türmchen.

Wenn der Bäderdampfer kam, der die Stadt mit den Bädern und die Bäder unter sich verband, legte er dort an, lud seine Passagiere aus und Neue gingen an Bord. Nach einer Weile gab er wieder Dampf aus seinem hohen Schornstein ab und setzte seine Reise, die weite Küste entlang, fort.

Gegen Abend lustwandelten stolz die braungebrannten und schick gekleideten Kurgäste auf der breiten, mit Blumen bepflanzten sehr gepflegten Strandpromenade, bis weit hinaus auf die Seebrücke. Manche hatten Brotkrumen dabei, um die Möven zu füttern, die schon ungeduldig ja gierig auf solchen Nachtisch warteten und im fliegenden Spiele versuchten diese Leckerbissen schon in der Luft zu erhaschen. Das Ende der Seebrücke war auch gleichzeitig der Anfang des Meeres, was ich hier spüren konnte; denn es war tief und nur noch der ferne Horizont lag vor mir.

Für Musikkonzerte gab es eine Kapelle. So nannte man einen halbkugelförmigen Bau, der auf einem Podium stand. Dort wurden oft am Abend Kurkonzerte gegeben, mit Pauken und Trompeten, mit Flöten und Geigen, mit Flügel und Gesang. Wir waren immer mit von der Partie. Frisch gewaschen, fein gekämmt, schick angezogen schlenderten wir mit den Eltern dahin, uns genüsslich zeigend, aufmerksam die anderen beobachtend, ihnen zulächelnd, sie grüssend, oder auch ignorierend und sie einfach ziehen lassend. Ein für mich sehr seltsames Spiel, was so gar nichts Gemeinsames mit unserem ausgelassenen Spiel und Spass tagsüber am Strand hatte. Das war eine andere Welt, voller Achtung und Schein, voller

Steifheit und Ignoranz; es hatte so etwas theatralisch-puppenhaftes an sich. Ich merkte wie diese Schau den meisten von uns schwerfiel und trotzdem war da etwas das uns tagtäglich erneut in dieses Spektakel trieb, ja, ich immer mehr Spass daran empfand, jedoch verstanden wir Kinder es, die aufgesetzte Würde in ausgelassenes Spiel, auf der so feinen Kurpromenade, zu verwandeln.

Wenn tagsüber das Wetter nicht so schön war, oder der Wind blies heftig am Strand, dann sassen wir in unseren Strandkorb, der in solchen Momenten besonders heimelig war; denn er schützte uns vor dem kühlen Wind und dem fliegenden Sand. Aber auch sonst bei schönem Wetter war er immer unser Platz, unsere Orientierung am Strand, einfach unser Nest. Wenn er nach hinten gekippt war und die Eltern vorne sassen, kroch ich immer hinter sie und kuschelte mich an ihre Rücken. Wir Kinder waren den ganzen Sommer meistens nackend am Strand. Das prägte mich wohltuend fürs Leben!

Einen anderen Sommerurlaub verbrachten wir auf der Insel Usedom, die westlicher lag, in einem grossen Hotel direkt am Strand. Dort gab es keine Steilküste mit anschliessenden Wäldern, es war alles weiter, freier und offener in meiner Erinnerung. Eines morgens stand ich mit Klaus unten in der Hotelhalle, als ich einen Mann im Bademantel die Treppe herunterkommen sah. Sein Bademantel war vorne leicht offen, sodass ich seine Nacktheit erkennen konnte.

Das war nun sehr seltsam und ungewöhnlich, ein so grosses "Teil" zwischen seinen Beinen zu entdecken, hatte ich doch so etwas noch nie' gesehen und ein Vergleich zu uns Jungens kam mir überhaupt nicht in den Sinn, wie sollte ich auch! Vater zeigte sich nie nackend, und die Mutti hatte so wunderschöne weiche, runde Formen und eben kein solches Teil sondern nur einen dunklen Urwald, wie ich es zu jener Zeit wohl nannte. Wir mussten erstmal tief Luft holen, dann sahen wir Brüder uns verschmitzt an und kicherten, etwas verschämt, mit leicht gesenktem Kopf, in uns hinein.

Nun war da noch ein Platz meiner Kindheit, den ich bisher noch nicht erwähnt habe; es ist der Gutshof, der auf halbem Wege zwischen unserer Stadt und dem Meer liegt, in einem kleinen Dorf auf dem platten Land. Der

Onkel und die Tante, die Besitzer, waren schon ein bischen älter; denn deren einzige Tochter war die Cousine meines Vaters. Das Gutshaus lag etwas nach hinten mit einem eingezäunten Vorgarten zwischen zwei riesigen mit Reet bedeckten Scheunen, die unten die Ställe beherbergten und oben voller Stroh und Heu waren. Das war natürlich immer ein toller Spass, wenn wir dort sein durften. Es gab überall Tiere; Katzen, Hunde, Hühner, Enten, Gänse und Schweine, viele Kühe und Pferde. Da waren die verschiedensten Landmaschinen und sogar ein grosser Trecker. Seitlich neben dem Hof schloss sich eine Gärtnerei an mit beheiztem Gewächshaus und einem regen Kundenverkehr. Hier war was los, hier gab es immer viel zu tun.

Zu diesen Besuchen, die wir hier und da einmal für einen Tag von unserer Stadt aus machten, gab es neben der Vielfalt der Tiere, der vielen Arbeit keine besonderen Erlebnisse an die ich mich erinnern kann, die kommen später; denn die Zeiten ändern sich!!

Siegreich stürmen die deutschen Soldaten anfangs gen Osten, nun auch gen Westen und überschwemmen förmlich mit ihrer Macht den ganzen Kontinent. Die Stimmung im Land ist immer noch berauschend. Der Wehrmachtsbericht, eingeleitet mit der Prelude von Franz Liszt, dröhnt stündlich aus den Radios. Manchmal spricht der Führer, dann hocken sie alle vor den Radios und hören mit Spannung zu, was dieser Mann, im Siegestaumel schwelgend, ihnen zu sagen hat. All das liess doch eine höchst seltsame Atmosphäre entstehen, denn ohne Zweifel spürte man da fanatisches Getue, dass einer Götzenanbetung nahe kam. Nun war ich in meinen jungen Jahren keineswegs zu einer realen Einschätzung der Lage fähig, weil ich nichts verstand, doch gerade deshalb ein guter Beobachter kleiner Äusserlichkeiten war, die in mir eine verworrene Stimmung hervorriefen. Ich kannte aber nichts anderes, weil mein bisheriges Leben vor diesem politischen Ehrgeiz und Fanatismus ablief und von mir wohl deshalb auch als normal eingestuft werden musste. Meine ganze Umwelt war davon betroffen, nein ein ganzes Volk schwebte quasi in dieser "Blase", die sich anfangs als sehr stark, mächtig und stabil aufblies, sich immer unverschämter ausdehnte, vielleicht ähnlich unserem kindlichen Gespiele wenn wir aus Spass und Tollerei Grenzen überschreiten und die Achtung verlieren.

Dieser Krieg war die grösste Missachtung und Verrücktheit des Jahrhunderts und vielleicht noch viel mehr. Ein solches Phänomen trifft immer alle Beteiligten.

Plötzlich fand ich über dem Bett meines Bruders Klaus farbige Postkarten deutscher Kriegshelden an die tapizierte Wand gepinnt. Es waren keine Fotografien, es waren Farbdrucke von heldenhaften Ölgemälden. Sie sahen so kühn, draufgängerisch und sympatisch aus, dass ich nicht umhin kam meinen Bruder um solcher Schätze zu beneiden. Ja, das waren wirkliche Helden.

Meine Eltern liessen sich in Öl porträtieren nämlich genau von einem jener Künstler, die auch die Ranghöchsten derzeitiger deutscher Machthaber malten. In diese allgemeine Stimmung fiel auch, dass ich auf dem Fensterbrett des elterlichen Schlafzimmers, neben der sonderbaren Installation einer Türklingel, einen Revolver entdeckte, der mir gehörige Angst einjagte. Mein Vater ertappte mich bei dieser Entdeckung und erzählte mir, dass sie seit Jahren versuchen einen Obstdieb zu stellen, der sich immer wieder, jahrein jahraus aufs neue, speziell an einem unserer besten Obstbäume, zu schaffen machte und das ganze Obst klaute, indem er sich immer wieder von neuem ein grosses rundes Loch in unseren Zaun schnitt, um Zugang in unseren Obstgarten zu bekommen. Vater hatte eine geheime Leine legen lassen, damit der Obstdieb darüber stolpern sollte , um dann einen Klingelkontakt oben an seinem Schlafzimmer auszulösen. Die Pistole sollte zur Abschreckung dienen, ausserdem weiss man natürlich nie was solch ein professioneller Dieb mit einem anstellen kann, wenn man versucht ihn zu erwischen. Zum Glück funktionierte das nicht. Ich erwischte mich auch selbst dabei, dass mir dieser Obstdieb total unheimlich war, Ich mich alleine nicht mehr in den Obstgarten wagte und einfach dieses Gefühl nicht mehr los wurde, dass dieser Krieg nun auch nicht mehr vor unserem eigenen Haus halt machte!

Manchmal gab es Militärparaden. Dann war die ganze Stadt mit diesen Fahnen geschmückt und:

"Wenn die Soldaten durch die Stadt marschieren,

öffnen die Mädchen Fenster und die Türen,
ei warum, ei darum,
ei nur wegen der Schingderassa, Bumderassa ja"!

Tücher winkten, Blumen flogen in die Menge, das Volk jubelte und hatte sein Fest.

Was war mit den Müttern, den Frauen, deren Söhne, deren Männer an die Front zogen um für Grossdeutschland zu siegen. Ob sie wohl mitfeierten?

In dieser Zeit wurde uns ein Schwesterlein geboren, Anke, mein blondes Kind. Endlich ging Vaters Wunsch in Erfüllung und er spielte auf seinem Schifferklavier. Dankbar über die gückliche Geburt kullertem ihm die Tränen über die Tastatur:

„Anke, Anke,
hörst Du nicht von Ferne das Schifferklavier
Anke, Anke,
Dein Herz soll Dich grüssen von mir"!

Sie war ein süsses Schwesterchen, wieder einer mehr in unserer Kinderschar.

Vielleicht erlitt ich ähnliche Schmerzen wie seinerzeit Brüderlein Klaus bei meinem Erscheinen? Nein, ich glaube das nicht, war ich doch schon fünf Jahre alt und der Abstand zu einem fünf Jahre jüngeren Baby ist doch recht gross. Da die Aufmerksamkeit nun mehr auf Anke gerichtet wurde fühlte ich mich freier und wurde selbständiger. Ich war zwar nicht der grosse Bruder, aber doch der grössere Bruder und das reichte mir vollkommen. Würdevoll nahm ich meinen neuen Platz in der Familienhierarchie ein. Das spürt man schon und verhält sich dementsprechend.

So geht alles seinen Gang und reiht sich ein in diese Ordnung, die uns in Grenzen weist, wenn wir darum wissen; und wenn nicht, dann auch! Es kehrt viel Freude ein wenn ein Kind geboren wird. Alles wird so erquickend frisch und sprudelnd und erinnert an die Unschuld, an die Spontanität, an unseren Ursprung. So nah und rein ist es nach fünf gelebten Jahren nicht mehr.

Dedda hatte inzwischen auch ihren eigenen Sohn Eckhardt. Sie nahm mich mit in ihre Wohnung. Ich durfte mit ihm spielen. Ich kann heute nicht umhin zu ahnen, dass unsere gemeinsame, innige Zeit in ihr den Wunsch nach einem eigenen Kind weckte. Irgendwie waren wir drei ein Clan für sich!

Der Pappi liebte die Autos, so wie ich auch. Wenn ich nur konnte sass ich am Steuerrad, versuchte es zu drehen und miemte brummend den Motor nach. Neben einem Adler Cabriolet, einem kleinen Fiat Topolino war sein tollstes Auto ein Horch Cabriolet. Als wir mit dem 'mal ins Grüne fuhren meinte ein staunendes Kind zu seinem Vater:

"Kiek 'mal Papa, nen Jraf"! Das freute natürlich meinen Papa, hatte er doch vorne auf dem rechten Kotflügel eine grüne Standarte seines Onkels, des Kreisjägermeisters, positioniert. Da dieser Horch einen sehr langen Kühler hatte, um seinen 8 Zylinder langen Reihenmotor unterzubringen, musste man unsere Hauseinfahrt gut abzirkeln. Das gelang dem Pappi nicht immer, obwohl er ein guter Autofahrer war. Manchmal, vielleicht mit einem Schnäpschen zuviel, drückte sein Übermut einen, aus dunklem Klinker gemauerten Eckpfleiler, ein. Unser Herr „Schreiberlein", die liebe Seele im Geschäft, im Haus und im Garten richtete immer wieder alles zurecht.

Als die deutschen Soldaten gen Osten marschierten, brauchte das Heer viele Fahrzeuge die sie sich einfach vom Volke holten. Ein Auto wie unser Horch war für die Generäle ein gefundenes Fressen und so dauerte es nach der Veröffentlichung dieses neuen Dekrets gar nicht mehr lange, bis sie dem Pappi sein liebstes Spielzeug nahmen. Ich trauerte mit ihm und empfand die Beschlagnahmung als tiefen Eingriff in unser Leben. Ich erinnere mich noch genau daran, wie sie den Horch bei uns abholten und einfach mitnahmen. Zum Trost sagten sie dem Pappi, dass sein Auto zum Sieg verhelfen wird. Danach hatten wir einen DKW Meisterklasse, der so richtig nach Auto roch, weil sich der Geruch des Zweitaktgemisches aus dem ewig leckenden Benzinhahn in den Polstern festsetzte.

Pappi wurde auch nicht eingezogen, weil er einen lebenswichtigen Betrieb hatte, der die Bevölkerung mit Lebensmitteln versorgte. Seine Firma belieferte mit grossen Lastwagen ganz Pommern mit Lebensmitteln und Kolonialwaren. Überall auf den Dörfern und in den Städten zählten die Krämerläden und Lebensmittelgeschäfte zu seinen Kunden. Jede Provinz hatte seinen Vertreter, der die Kunden betreute und die Warenbestellungen entgegennahm, die dann regelmässig mit den LKWs angeliefert wurden. Dadurch kam auch die Landbevölkerung in den Genuss eines üppigeren Lebensmittelangebotes, das auch viele exotische Kolonialwaren enthielt.

Auch der Onkel mit seinem Hotel war freigestellt und so ging es wohl den meisten selbständigen Unternehmern. Das sind natürlich Privilegien, die man zu nutzen wusste. Viele junge Männer gingen gerne an die Front. Der ehrenvolle Dienst am Vaterland wurde ihnen genügend schmackhaft gemacht, so dass sie kaum eine andere Wahl hatten. Doch auch in der Heimat brauchte man Männer, die die Maschinerie in Gang hielten.

Das Kriegsgeschehen zog inzwischen alle Aufmerksamkeit auf sich. Da war keiner mehr, der sich da 'raushalten konnte. Siege wurden gefeiert. Die Propaganda feuerte das Volk zu neuen Heldentaten an. Die Kriegsproduktion lief auf Hochtouren. Gefangene Soldaten arbeiteten in der deutschen Rüstung und auf dem Lande, wie auch schon viele deutsche Frauen mit höchstem Einsatz, neben der Kinder-und Altenversorgung, an der Produktion für Sieg und Vaterland teilnahmen.

Neben dem täglichen Einerlei, dem Überleben an sich, stand der Krieg doch im Mittelpunkt des öffentlichen und privaten Lebens; denn jede Familie, jeder Mensch überhaupt, war in irgendeiner Form mit diesem unheilvollen Geschehen verwoben und verbunden. In den ersten Jahren der Siege gab es viel Euforie und damit auch Vertrauen in die Führung. Sicherlich gab es auch schon kritische Stimmen, die einen grösseren Weitblick hatten und dieses lustvolle Machtspielchen von einer anderen Warte aus durchschauten, aber das waren sicherlich die Ausnahmen. Es war sehr gefährlich in diesem Sinne laut zu werden, denn der Machtdruck von oben wurde immer grösser, der absolute Krieg immer verheerender. Das Machtsystem hatte überall seine Zuflüsterer, das Vertrauen zum Nächsten hatte keine sichere Basis mehr, die Angst vor riguroser Gewalt aus den eigenen Reihen lähmte das ganze Miteinander. Man wusste nicht wo der Nächste stand und konnte dem besten Freund nicht mehr mit Offenheit beggnen. Einer zog vor dem anderen den „Schwanz" ein, besonders natürlich was die politische Führungslinie anging. Diejenigen aber, die das alles gutheissen konnten, schwammen mit der grossen Menge auf derselben Welle, durften lauthals ihrer Begeisterung für den Führer Ausdruck verleihen und rührten auch weiterhin die Trommeln für den Sieg, obwohl sich die ersten Anzeichen einer Wende anbahnten. Der Krieg an so vielen Fronten überstieg die realen Möglichkeiten. Der Machthunger des tausendjährigen Reiches begann sich als unheilbares Krebsgeschwür zu entpuppen.

2. Reise: > EVAKUIERUNG

In diese Zeit fiel mein erster Schultag. Das war eine grosse Wende für mich. Aus dem häuslichen, wohlbehüteten Nest hinaus in die Welt, eine für mich fremde Welt; denn die Meine hörte in der näheren Nachbarschaft auf. So viele neue Kinder in gleichem Alter, die ich noch nie vorher gesehen hatte, von denen sicherlich einige schon mehr an diese grössere und weitere Welt gewöhnt waren. Da sass ich nun auf einer Schulbank neben einem anderen, fremden Knaben. Es roch nach dunkel geöltem Holzfussboden und vor mir stand ein Lehrer an einer grossen schwarzen Wandtafel. Die Eltern waren gegangen. Da war ich, und nur noch ich allein mit so vielen Anderen, die alle in einer ähnlichen Situation waren. Ich fühlte mich einsam und verlassen im ersten Moment, doch war da auch etwas anderes, das langsam Besitz von mir ergriff. Es war, so wie ich es in diesem Moment erfassen konnte, aufregend und abenteuerlich zugleich, ungewohnt und irgendwie eigenständig, das nur ich allein erfahren durfte. Da war neben dem Lehrer kein anderer, der auf mich aufpasste, ich war ganz auf mich selbst gestellt. Diese Situation, nun alleine in dieser grossen Welt zu bestehen wurde immer stärker, gab mir mehr und mehr Kraft, um die Zweifel und Ängste, die am Anfang noch stärker waren, immer mehr zu besiegen. Ich war - Wer -. Dieses bewusstere Sein erzeugte auch einen gewissen Abstand von alle dem was vorher war. Die Schule und die grössere Weite und Freiheit, die ich durch sie erfuhr, begann mir Spass zu machen und unterstützte das Selbstbewusstsein.

Ich erfüllte diese meine neue Aufgabe und versuchte sie so gut wie möglich zu machen. Das war schon eine Anstrengung die Buchstaben richtig zu malen. Die ganzen langen Morgen waren ausgefüllt mit dieser neuen Beschäftigung. Am Nachmittag dann sass ich auf der überdachten Terrasse zuhause an meinem Schreibpult und übte mich weiter im Malen der Buchstaben.

Der erste Schultag war natürlich auch mit dem Geschenk einer Schultüte verbunden, an die ich mich erst jetzt erinnere und die wir alle stolz, mit viel Schleckereien gefüllt, nach Hause trugen.

Schwesterchen Anke lag noch quietschfidel in den Windeln, während Bruder Klaus mit mir die gleiche Wilhelm-Busch-Schule besuchte, nur einige Klassen über mir, sodass wir unseren Schulweg oft gemeinsam machten.

Beide Eltern hatten sehr geschätzte Freunde, die sie noch aus ihren Kindheits- und Jugendjahren her kannten. Sie standen uns so nahe mit ihren Familien, dass ich keinen Unterschied zu unserer eigenen Verwandtschaft erkennen konnte. Auch sie wurden von uns Onkel und Tanten genannt und deren Kinder standen uns genauso nah wie unsere Vettern und Cousinen, manchmal sogar unkomplizierter und näher. Das mag auch so sein, weil bei der Verwandtschaft noch andere Verstrickungen hineinspielen, die vielleicht nicht immer das nötige Mass an Achtung zuliessen; Freundschaften dagegen sind im allgemeinen frei gewählt und werden mit viel Aufmerksamkeit gepflegt. Die Verwandtschaft hingegen ist ein Hineingeborenwerden in eine Hierarchie, die Grenzen setzt und Ordnungen fordert zu denen wir nicht immer bereit sind. Das Blut verbindet und fordert zugleich. Es ist oft entschieden schwieriger mit der Verwandtschaft als mit den Freunden umzugehen, obwohl das bei uns eher ausgeglichen war.

So wurde in Freundes- und Familienkreisen schon hier und da mal diskutiert was zu tun sei bei fortschreitendem Kriege und den immer stärker werdenden Luftangriffen auf die deutschen Städte; denn das wurde nun wirklich zur Gefahr für die gesamte Zivilbevölkerung. Die Fronten waren nun nicht mehr nur im Osten, im Westen oder in Afrika, nein sie begannen nun auch über uns, mit ihrer tödlichen Bombenlast, hereinzubrechen, die Millionen von Menschen, Frauen, Kinder und die Alten in die Keller trieben, um Schutz vor dem unberechenbaren Bombenhagel zu finden. Die Evakuierung der Frauen und Kinder aus den Städten begann, und jeder, der es irgendwie konnte, suchte sich ein Plätzchen für seine Familie weit ausserhalb der Städte. So füllten sich die Dörfer und die Dorfschulen mit Kindern aus der Stadt.

Die Reihe kam auch an uns, wenn auch ein bisschen später als andere, weil wir ja schon ausserhalb der Stadt wohnten. Die Lösung, die meine Eltern für uns fanden, habe ich als sehr glücklich in der Erinnerung und bin ihnen bis heute dankbar.

Eines Tages fanden wir uns wieder am Bollwerk des Oderhafens mit Pött und Pan, mit Kartons und Koffern beladen, um auf einem dieser Bäderdampfer flussabwärts in Richtung Ostsee zu dampfen. Das Schiff durchkreuzte das Haff und bog am äussersten Zipfel in eine tiefe Bucht ein, an deren Ende wir einen hölzernen Kai mit einer Wellblechhalle als Dampfer-Anlege-Station erkennen konnten. Die Halle stand auf verschnörkelten Eisensäulen und war teilweise offen. Es war wie eine Wartehalle, die nun zu unserer Endstation geworden war. Eine ganz neue Welt tat sich auf. Das ganze Ambiente schien mich zu umarmen, und als ich dann auch noch, ein bisschen weiter hinten, fast schon im Schilf gelegen, unser schönes Segelboot entdeckte, auf dem wir nun leben sollten, war die Freude überschwenglich gross. Man hatte es uns mit allen Tricks verheimlicht und freute sich nun mit uns endlich am Ziel unserer Odysse angekommen zu sein. Die Flucht aus der Stadt war ein voller Erfolg.

Mit von der Partie waren Mutti und Tante Emmy, eine Grosstante, die in Bayern lebte und sich bei und mit uns sehr wohl fühlte. Dedda war von uns gegangen, auch um sich mehr um ihren Sohn Eckhardt kümmern zu können. Dafür kam Hanna aus dem Rheinland zu uns in die Stadt, eine liebe Seele, die genau wusste wo es lang ging und echten Köllner Humor in unser Haus brachte. Sie blieb allerdings bei Vatern in der Stadt, da er ja seinen geschäftlichen Verpflichtungen nachkommen musste.

Ja, und dann zogen wir mit unserem Gepäck von der kleinen Dampferanlegestelle hin zu unserem Boot. Alles musste gut organisiert werden, um unsere Habseligkeiten einigermassen auf dem Boot unterbringen (verstauen) zu können. Wir nahmen Besitz von unserem schwimmenden Sommerhäuschen, das nun durch die Umstände des Krieges eine ganz neue Bedeutung für uns bekommen hatte. Wir richteten uns gemütlich ein, was ja auf einem hölzernen Boot keine Umstände verursacht, weil es eh schon schnuckelig ist. Ausserdem war es durch die vielen Segeltörns ein Teil von uns geworden und wir fühlten uns zuhause. Nun lebten wir auf dem Wasser. Zur Landseite, dem Ufer, das mit dicken Holzbohlen wie ein Kai befestigt war und an denen das Boot in den Tauen „hing", war ein weiter, freier Platz voller gefällter Baumstämme, an dessen oberen Ende eine Strasse entlang lief. Es waren meistens Kiefernstämme die mit grossen, Holzgas betriebenen Lastwagen dorthin gebracht wurden. Auf einmal fühlte ich mich mitten drin in dieser neuen Welt, in der gearbeitet wurde, gelacht und gezankt wurde, in der die Kieferstämme mit Getöse von den Lastwagen auf den Boden rollten, nachdem die Eisenstangen entsichert wurden, nach unten klappten und so dem schweren Druck der Stämme nachgaben. Unter der Borke pulten wir uns die dicken, fetten Borkenkäfer heraus, mit denen wir Plötze und Barsche angelten. Gegen Abend, der besten Angelzeit, kamen die Mücken und piesackten uns! Zur anderen Seite des Bootes schloss sich ein riesiges, undurchdringliches Schilfgebiet an.

Oben an der Strasse lebte die Familie Bartels, die uns sehr wohlgesonnen war. Herr Bartels war wohl der Chef von diesem Holzablageplatz und dirigierte mit viel Freundlichkeit und Humor die ganzen Arbeiten. Wenn es an der Zeit war, wurden die Stämme hinter unserem Boot ins Wasser gerollt und mit dicken Drahtseilen zu Flössen verbunden. Auf diesen Flössen tobten wir herum, es waren unsere besten Angelplätze. Nachdem sie genug Flösse zusammengestellt hatten, die dann eine ansehnliche Oberfläche des Gewässers ausfüllten, kam ein Schlepper und zog sie, aneinander gereiht, hinter sich her aufs offene Haff hinaus, irgendwo hin, um dort dann weiter verarbeitet zu werden.

Die Bartels hatten auch einen Sohn, er war ein bisschen älter als ich, trug eine runde Nickelbrille und war immer rührend besorgt um uns. Von ihm lernten wir auch die Tricks mit dem Angeln, er zeigte uns die nähere Umgebung und nahm uns ein bischen unter seine Fittiche.

Da die Kleidung immer knapper wurde, und wir hier draussen auf dem Land, am Wasser, sowieso nicht allzuviel brauchten, liess Vater für uns aus den Lederschürzen seiner Lagerarbeiter, Lederhosen schneidern, die wir stolz und gerne trugen. Leider war das Leder ziemlich dick und hart und so war es immer eine Qual den Pipimatz von unten aus der Hose zu fummeln und nach dem Pînkeln wieder nach oben zu schieben; ein Tropfen blieb wohl meistens hängen, sodass sich im Laufe der Zeit da unten ein kleines Löchlein einätzte. Klaus hänselte mich damit; denn seine Hose war perfekt in Ordnung. Lederhosen haben aber auch den Vorteil, dass man vorne beidseitig hinter den zugeknöpften Latz mit den Händen greifen kann, um so manches mal von da oben aus den Pimmel wieder in eine bequeme Position zu hieven. Abgesehen davon war –er- als geliebtes Spielzeug eines heranwachsenden Knaben immer leicht erreichbar. Ohne Unterhosen übrigens war das ein ziemlich gruseliges Unterfangen; denn er verklemmte sich häufiger und es zwickte arg! All´ diese Erfahrungen erweckten meine Aufmerksamkeit und so wurde es zu einem freundlichen hin und her meiner lustvollen Gefühle.

Diese wonnigen Sensationen gingen weit in meine Kindheit zurück. So habe ich eine vage Erinnerung an ein älteres Mädchen aus der Nachbarschaft, die uns oftmals besuchte und gerne mit mir spielte. Ich mag vielleicht vier Jahre alt gewesen sein, als sie mich einmal mit zu sich nach Hause nahm. Im Garten fand ich mich auf dem Rücken liegend wieder. Sie streichelte mich genussvoll von oben bis unten, was mir ungeahnte Wonne-Gefühle bescherte und meinen ganzen Körper in wunderbare Schwingungen versetzte. Mit anderen Frauen mag ich ähnliche Erfahrungen gehabt haben, die ich im einzelnen nicht einordnen kann, die mir aber klar signalisierten, dass an vielen Stellen meines Körpers die wunderbarsten Lustgefühle verborgen lagen.

Die Lederhosen also trugen das ihre dazu bei, mir selbst diese gewissen tiefgehenden, aber kaum fassbaren Lüste zu verschaffen. Mögen auch kindliche Wunschvorstellungen da mit hinein spielen, die Erinnerungen bringen die Lust ans Licht!

Wenn wir erfolgreich von einer Angeltour zurückkamen, steckten wir unsere Beute in die Lederhosentaschen, sodass sie obendrein auch noch nach Fisch rochen und mit der Zeit so richtig speckig wurden.

Unsere einzigen Fahrzeuge waren Muttis und Klausens Fahrräder, sowie natürlich unser holzgeklinkertes Beiboot mit dem wir nun schon recht seemännisch umgehen konnten und wir benutzten es viel. Klaus wriggte es mit viel Geschick, was mir nicht so leicht gelingen wollte. Das Wriggen muss gelernt sein. Da legt man einen Ruderiehmen hinten in eine Ausbuchtung am Spiegel und macht drehende Bewegungen in der Form, dass die Wirkung einer sich drehenden Schiffsschraube entsteht und so das Beiboot ohne Ruderschläge vorangetrieben wird.

Trotz der grossen Freiheiten, die ich hier geniessen konnte, kam ich natürlich nicht um die Schule herum. So wurden Klaus und ich in der Baltenschule in Misdroy eingeschult, an die ein grosses Internat angeschlossen war, man sagte; es wurde von den Sprösslingen der pommerschen Junker besucht.. Auf dem Schulhof lagen geschälte Baumstämme pyramidengleich aufeinander gestapelt, auf denen wir Schulkinder wärend der Pause herumtoben durften. Ich hatte durch unsere Flösser-Erfahrung viel Geschick entwickelt und machte den anderen schon etwas vor. Da die Schule in Misdroy 3 Km von unserem Bootsliegeplatz entfernt war und ich noch kein Fahrrad hatte, brachte mich Mutti jeden morgen mit ihrem Rad dorthin. An der Strasse standen grosse Kastanienbäume, die Schatten boten und rechts vom Weg war ein mit hohen Buchen bestandener Hang an dem, auf halbem Wege, ein Försterhaus lag. Es reizte mich immer, mir dieses Haus einmal näher anzuschauen. Später ergab sich auch die Möglichkeit, weil des Försters Kinder mit uns auf die Schule gingen.

So sass ich also jeden morgen hinten auf dem Radgepäckträger, auf den wir Gott sei Dank ein Kissen legten, geschultert mit einem ledernen Schulranzen. Mutti trat fleissig in die Pedale ihres heiss geliebten Rades, das eine Naben-Gangschaltung und eine robuste dicke Gummibereifung hatte. Ich beobachtete, nach unten schauend wie sich das Hinterrad immer aufs neue durch die Gabel des Rahmens drehte und die Reifen satt über den feinen Aschenschotter des Radweges walzten. Mutti bewegte ihren Po kräftig bei jedem Tritt von links nach rechts und von rechts nach links, während wir langsam aber stetig uns'rem Ziel, der Schule in Misdroy, näher kamen. Mir wurde das zu einem richtigen Morgenritual. Ich genoss diese Nähe zur Mutter, ganz alleine mit ihr, wir waren ein gutes Gespann. Am Mittag dann nach Schulschluss wurde ich manchmal abgeholt, lief aber auch oft zufuss nach Hause aufs Boot. Als die Kinder aus der Klasse erfuhren, dass ich auf einem Segelboot lebte, schenkten sie mir noch mehr Aufmerksamkeit! Der Lehrer war so begeistert, dass unser nächster Schulausflug zur Laatziger Ablage führte, so hiess der Platz wo die Inghello, unser Boot, lag. Ich war ganz aus dem Häuschen und natürlich voller Freude, als ich ihnen Allen mein sicherlich aussergewöhnliches Zuhause zeigen konnte. Viele Fragen wurden gestellt, die ich mit Tante Emmys und Muttis

Unterstützung zu beantworten versuchte. Anschliessend spielten und tobten wir uns auf dem weiten Holzplatz. Als der Ausflug beendet war, durfte ich daheim bleiben und brauchte nicht wieder mit zurück in die Schule. Das ehrte mich und öffnete noch mehr unser freundliches Miteinander.

Es gab Tage, die sehr geschäftig auf dem Holzplatz waren. Den ganzen Tag lang luden die grossen Lastwagen ihre Baumstämme ab, die dann von Hand mit Brechstangen ordentlich in Reih und Glied getrimmt wurden, bis ihre Zeit zur Flössung kam. Inzwischen hatte ich mich auch mit den Lastwagenfahrern angefreundet und durfte manchmal ein kleines Stückchen mit ihnen fahren. Das waren für mich riesige, schwere Autos, die so richtig nach Öl, Schmiere und Holzgas rochen. Ich kam kaum alleine da hinauf in diese hohen Fahrerhäuser, wo dann mit kräftigen Armen gelenkt und geschaltet wurde. Die Motoren machten ein enormen Krach und der lange Kühler, so nannte man damals die weit nach vorn ragenden Motorhauben, verriet eine kräftige Maschine. Ganz langsam setzte sich so ein Koloss in Bewegung. Es musste viel geschaltet werden. Seitlich hinter dem Führerhaus war der Ofen, in dem das Holzgas entstand. Er sah aus wie ein hoher, eiserner Zylinder der seitlich unten ein kleines Zugloch hatte mit einer Ventilklappe, die immer in Bewegung war und ein ganz bestimmtes Geräusch machte.

Durch sie hindurch sah man die rote Glut des Feuers. Benzin-und Diesel Kraftstoff gab es nur noch für den Krieg und kriegswichtige Unternehmen, sodass die Entdeckung des Holzgases zu einer guten Alternative wurde. Nicht nur die Lastwagen, auch immer mehr Autos fuhren praktisch gesehen mit Holz. Da stand dann hinten auf dem Laster neben dem Ofen ein Kasten voll klein gewürfeltem Holz, das hin und wieder mit einer Schaufel von oben in den Holzgasofen gegeben werden musste, um das Feuer in Gang zu halten.

Wir hatten mit unserem Bootsliegeplatz an der Laatziger Ablage sicherlich einen wunderschönen Schlupfwinkel vor dem grauenvollen Krieg gefunden. Da gabs keine Bombenangriffe mehr, wir hörten keine Nachrichten und hatten kein Telefon. Wir lebten mit Kerzenlicht, Petroleumlampen und kochten mit Propangasflaschen und doch waren auch wir nicht frei von der Kriegsmaschinerie; entdeckten wir doch einige Zeit später am steilen Buchenwaldhang nach Lubbin hin, eine Abschussrampe als Versuchsstation für V-2 Raketen, praktisch gesehen neben uns. Es war natürlich nicht so, dass wir diese Versuchstation am Waldeshang entdeckten, wie man Ostereier nach langem Suchen findet. Dafür war die ganze Anlage viel zu geheim, getarnt und streng bewacht. Nein, eines Tages kam unser lieber Herr Bartels zu uns und bereitete uns auf den ersten Probeabschuss vor, der dann jede Woche einmal stattfinden sollte und zu dem alle Zivilisten aus der näheren Umgebung für den Tag evakuiert werden müssten.

Von offizieller, uniformierter Seite wurde uns das dann auch noch zackig mitgeteilt, unter strengster Einhaltung der gegebenen Vorschriften. Das jagte uns ein bischen Angst ein. Nicht unbedingt der Tatbestand der Evakuierung selbst, da ein solcher Abschuss ja auch eine Gefahr für uns und unser Boot bedeutete, sondern mehr der Ton, die Art und Weise wie die Autorität uns das vermittelte.

Mutti und T´Emmy regelten diesen Muss-Ausflug ideal: Wir brauchten nicht in die Schule zu gehen und so zogen wir alle Fünf beladen mit Körben, Bechern, Wasser und Butterstullen in den näheren Wald, dorthin wo uns keiner mehr sah, und sammelten den ganzen Tag über Blaubeeren, Preiselbeeren oder Walderd-beeren. Wir folgten damit den Vorschriften, indem wir nicht mehr auf dem Boot waren, machten uns unsichtbar, blieben aber in der Nähe. Anfangs war das ja ganz lustig, aber mit der Zeit wurden mir diese Tage viel zu lang; da draussen im Wald, in sommerlicher Hitze, mit viel Mücken, Fliegen, surrenden Insekten und dem Druck nach noch mehr gesammelten Waldbeeren in meinem Becher, den sie mir mit einem Bindfanden um den Hals gehängt haben. Ich schwitzte, war müde und hatte einfach keine Lust mehr. Gegen Abend wurde es frischer und wir machten uns mit vollen Beerenkörben auf den Heimweg. Obwohl ich tagsüber auf den Raketenabschuss mit Spannung gewartet hatte, hörten wir überhaupt gar nichts! Am nächsten Tag wurden die Beeren in der kleinen Bootsküche zu leckerer Waldbeerenmarmelade eingekocht. Die Küche, die in der Bootssprache Pentry heisst, war für solche Mengen viel zu klein und so begannen Mutti und T´Emmy, die Fleissige, sich an Land irgendetwas zu organisieren, um besser arbeiten zu können. Gern wurden dann die fertigen Marmeladengläser hier und da verschenkt und mit Freuden selber gegessen.

Diese Tagesevakuierungen hatten strengen, militärischen Charakter und flössten mir schon beim Auftauchen dieser uniformierten Offiziere und Soldaten gehörigen Respekt ein. Es fühlte sich so für mich an, dass ich wohl sterben könnte, wenn ich dem Befehl, das Boot zu räumen, nicht stattgeben würde. Diese tiefen Eingriffe von der Obrigkeit her waren mir tiefst zuwider. So geschah es eines Tages, als wieder eine Evakuierung für den nächsten Tag angesagt war, dass ich mit hohem Fieber in Muttis Koje lag und es für uns beide unmöglich war, unter diesen Umständen das Boot zu verlassen. T´Emmy mit Anke und Klaus zogen in den Wald und wir beide verschlossen unsere dunkelgrüne Zieharmonikatür von innen und warteten angespannt auf das was da nun kommen möge. Muss ich vielleicht sterben? Könnte es sein, dass die Rakete wie eine riesige Bombe explodiert und unsere ganze Gegend in Schutt und Asche legt? Werden wir verhaftet, falls man uns finden wird? Die Angstpsychose vor dem brutalen Totalitarismus des Regimes lag wohl in der Luft und konnte auf geheimnisvolle Weise von mir eingefangen werden.

Da war überhaupt keine Freundlichkeit, sondern nur Unberechenbarkeit und Befehl. Aber, so dachte ich in meinem Fieberwahn, kommen die ja gar nicht her, um uns zu kontrollieren und es ist halb so schlimm, als auch schon benagelte Knobelbecher aufs Deck knallten und uns beide schier erzittern liessen. Wir wagten nicht zu atmen und kuschelten uns ganz eng aneinander. Die Stiefel bewegten sich zum Kokpit hin, stiegen wirsch hinab, kamen ins Boot, als plötzlich kräftig an der von innen verriegelten Falttür gerüttelt wurde. Ich war in Todesangst und zitterte am ganzen Körper. Dann aber gab er Ruhe und zog von dannen. Die Kontrolle war überstanden, doch der ganze, für uns verbotene Abschusstag, lag noch vor uns. Glücklicherweise passierte gar nichts und wir händelten den Tag, nach diesem ersten anstrengenden Vorfall, verhältnismässig ruhig. „Ich lebe und bin frei"! Die Freude darüber liess mich schnell gesunden.

Zig´Jahre sind vergangen. Hier und jetzt liege ich auf einem Korbsofabett und kuriere eine fiebrige Erkältung aus, die mir in den letzten Tagen zu schaffen machte. Morgen ist mein 65-zigster Geburtstag. Es ist Hochsommer auf einer Insel im Mittelmeer und es regnet Hitze vom Himmel. Viele Menschen sind um uns und nehmen an einem Ausbildungsseminar für alternative Therapien teil. Mir kommt gerade in den Sinn, dass die Leichtigkeit mit der ich in meinen Erinnerungen bin, vielleicht daher kommt, dass ich mit 7 Jahren entschieden mehr Leben vor mir hatte, als ich es jetzt mit 65 noch habe, und das die Fülle der wachen und bedingungslosen Kindheit nun zur Fülle einer „erwachsenen" Erfahrung wird.

Dieses verbotene Erlebnis auf unserem Boot hinterliess Spuren bei mir, die meinen Argwohn, meine Angst und meine Ohnmacht vor so massloser Obrigkeit noch mehr schürten. Ich spürte förmlich welche Mächte unser Land beherrschten. Zwar war es, in der Tat, für mich nichts aussergewöhnliches. Es war einfach das, was es zu jenem Moment geschah. Ich kannte nichts anderes, aber heute noch kommt so einiges in Bewegung, wenn ich mich heute, nach Jahrzehnten nun, in solche Situationen zurückversetze. Da wirken unberechenbare Kräfte, die man vielleicht - deutsch - nennen könnte und die diesem Volke heftig zu schaffen machen. Ohne Zweifel waren jene Kriegsjahre wohl die dunkelsten, die sich ein ganzes Volk erschaffen hat, aber das, was aus der Tiefe der deutschen Seele wirkt, ist gut und wunderbar, wenn es in seiner „Ordnung" ist, aber wehe dem, wenn es sich verliert, dann wirken die wunderbaren, ordnenden Kräfte wie eine Sturmflut, die uferlos das Land hemmungslos überschwemmen.

Auch weiterhin kamen die Holzlaster, wurde geflösst, wurden Probeschüsse mit der Wunderwaffe abgegeben, Beeren gesammelt, Barschen und Plötzen gefischt und auf dem Boot gelebt. In den Sommerferien sollte ich schwimmen lernen. Obwohl Muttern gar nicht ängstlich war, drängte sie nun doch darauf, denn wir lebten auf und um das Wasser und Klaus fiel beim Herumtoben auf einem der Flösse ins Wasser, kam unter die Stämme und konnte sich nur schwimmend retten. Das Risiko, nicht schwimmen zu können, passte einfach nicht mehr zu unserem Lebensstil !

In Misdroy auf der Seebrücke gab es einen Schwimmlehrer. Der stand da trotzig, dickbäuchig mit seiner weissen Skippermütze hoch oben auf der Brücke und hatte mich da unten, schon in tiefem Wasser, an seiner - Angel - hängen . Das war eine lange, runde Holzrute, an der unten ein Baumwollgurt hing, mit dem ich um meinen Brustkorb angeschnallt wurde. Von hoch oben gab er brüllend seine Anweisungen, die in mir, wie kann es anders sein, grossen Widerstand erzeugten, natürlich in Erinnerung an die Autorität meines Vaters. Er da oben merkte das wohl, liess die Rute nach unten, so dass ich unters Wasser kam, um sie gleich wieder anzuziehen und mir klar zu sagen, wer hier der Chef ist. Das alles empfand ich als keine günstige Ausgangsposition, um das Schwimmen zu lernen. Das war eher ein Kampf zwischen dem Lehrer und mir, der nicht sein Schüler sein wollte. Das Schwimmen selbst wurde zweitrangig. Gut, was nun; ich hing nur das eine Mal an seiner Angel und Mutti selbst beschloss mir das Schwimmen beizubringen. Und da waren sie schon am Nähen. T´Emmy und Mutti machten aus dickem, rohem Nesseltuch zwei Schwimmkissen, die sie in der Mitte mit zwei Stoffstreifen verbanden. Ich war gespannt, wie das wohl funktionieren wird. Dann radelten wir an den Strand nach Misdroy. Im Meerwasser wurden die Kissen nass gemacht und dann blies Muttern sie doch tatsächlich durch die Naht mit Luft auf, während die Feuchtigkeit den Stoff immer mehr blähte, der dann so dicht wurde, dass die Luft nicht mehr entweichen konnte! Nun musste ich mich auf die Verbindungsstreifen legen, so dass rechts und links von meinem Brustkorb die Kissen wie Luftblasen schwammen und mich genug trugen, um ohne Ängste meine Schwimmübungen machen zu können. Ich war überglücklich über unsere Fortschritte. Bald konnte ich schwimmen. Ab und zu warf ich einen kühlen, siegreichen Blick hinauf zu meinem Ex-Meister hochoben auf der Seebrücke.

Die Kinder des Försters, die ja am Waldhang auf meinem Schulweg im Forsthaus wohnten, luden mich einmal auf unserem gemeinsamen Heimweg, in ihr Haus ein. Oh, das war etwas ganz besonderes für mich und ich war sehr glücklich dort sein zu dürfen; denn der Förster ist ja der Herr des Waldes und er war trotz seiner dunkelgrünen Uniform ein sehr lieber und freundlicher Mann. Ich wurde so nett behandelt, dass ich oft und gerne einen solchen Besuch wiederholte. Mutti war manchmal auch mit von der Partie und so hatten wir neue Freunde gefunden.

Die Tage wurden kürzer, die Nächte kühler und feuchter. Ich kuschelte mich immer tiefer in meine Koje ein. Diese Frische tat auch sehr gut und man konnte sie leicht mit mehr Klamotten regulieren.

Manches Wochenende kam der Pappi von Stettin mit dem kleinen Bäderdampfer zu Besuch, der nur ein bischen weiter von uns anlegte. Ich erinnere mich wenig an seine Präsenz in jenen Tagen. Mutti, T'Emmy, Klaus, Anke, vielleicht noch Bartels und die Försters waren meine Welt , die ich als sehr eng verbunden wahrnahm.

Vater lebte ja in unserem Haus mit Freunden zusammen, deren Familien allesamt evakuiert waren; sozusagen die Männer unter sich. Hanna, unsere liebe Haus-Seele, die Dedda ablöste, verköstigte sie alle und ich nehme an, dass sie eine schöne Zeit hatten. Nun mussten auch die Männer, die in der Heimat blieben, ihren Frontdienst bei der Heimatflack oder anderen Einsätzen leisten. So hockten sie des Nachts mit Flackgeschützen und Scheinwerfern auf den Dächern der Stadt, um die hässlichen, metallenen Vögel der bösen Feinde abzuknallen. Die Bombenangriffe wurden immer heftiger, die Flackeinsätze immer häufiger.

Es war Herbst. Eines Tages stand ein mit Holzgas betriebener Lastwagen von Vaters Firma längsseits am Boot und wir luden unsere Kartons und Koffer auf. Nun ging es aufs Land, einem neuen Ziel entgegen, dem Gut in Pribbernow wo Onkel Werner, Tante Grete und Olga wohnten und herrschten. Der Hof lag am Dorfausgang und auf halbem Wege nach Stettin. Dort trudelten wir Fünf dann, nachdem wir Abschied von unserem Bootsabenteuer genommen hatten, ein. Wir hatten wahrlich einen wunderschönen Sommer verbracht, aber hier nun auf dem Lande mit vielen Kühen, Pferden, Schweinen, Hühnern, Enten und Gänsen, mit Landmaschinen, Scheunen und Ställen, mit Gärten, Feldern, Wald und Seen, erwartete uns in der Tat ein neues, grosses Abenteuer.

Das Gutshaus war gross und doppelstöckig. Von der Diele unten führte eine breite hölzerne Treppe nach oben, wo wir in zwei nebeneinander liegenden Zimmern einquartiert wurden. Neben der Treppe oben in einer Ecke auf dem Flur war das Klo in einem hölzernen Kabuff, in dem ich später ein erstes intimes Abenteuer mit mir selbst erlebte.

T'Emmy, nahm Abschied und fuhr zurück nach München. Nur schwerlich konnte ihre Lücke gefüllt werden, denn ich habe sie liebevoll, ausgeglichen und tüchtig in meiner Erinnerung.

Aber nun waren viele neue Menschen um uns herum, besonders Tante Grete, die Gutsherrin und ihre Tochter Olga, die eine viel jüngere Cousine von Pappi war. Onkel Werner war Kreisjägermeister und wohl sehr mit dem Krieg und dem System ansich engagiert, so dass wir ihn selten zu Gesicht bekamen. Tante Grete hatte das Zepter in der Hand und musste nun, neben der grossen Hofwirtschaft, die evakuierten Stadtfamilien mit betreuen; denn nicht nur wir waren dort sondern auch Tante Ruth, Vaters jüngere Schwester mit ihren drei Sprösslingen Eckhart, Achim und Marlis. Da ging es natürlich hoch her. Als erstes wurden wir in die Dorfschule eingeschult. Die Schule war klein, einfach und leicht für mich. Wir wurden geachtet, weil wir auf dem Gut lebten, das wohl der grösste Hof im Dorfe war. Es kam da noch hinzu, dass dem Gut eine Gärtnerei angeschlossen war und viele Dorfbewohner dort ihr Gemüse, Gartenplflanzen und Blumen kauften. Oft schickten die Mütter ihre Kinder zum Einkaufen dorthin, die aber grosse Angst vor Dolf dem Hofhund hatten. Das war eine grosse tigerfarbene deutsche Dogge, die nicht ungefährlich aussah. Wir Hofbewohner waren natürlich gut Freund mit allen Tieren und wenn Mitschüler während der Schulzeit schon von ihrem Einkaufsgang in die Gärtnerei wussten, kamen sie gerne zu mir, um sie nach Schulschluss dahin zu begleiten und vor dem Hund zu beschützen. Ich tat das gerne und erhielt als Dank dafür auch ihre Bewunderung; wie ich kleiner Knirps mit dieser riesigen Dogge so spielerisch umgehen konnte. In der Gärtnerei war Olga in der Tat die Chefin. Sie hatte eine gute Hand fürs Obst und Gemüse, für die Blumen und besonders auch für den Spargel. Immer war sie da und wirkte fleissig in ihren Beeten, im Gewächshaus und im Verkauf. Sie war ein blondes, kräftiges pommersches Mädel und so um die achtzehn Jahre alt, uns Kindern schon noch näher als die Älteren.

Eines morgens wurde ein riesiges Scheunentor geöffnet, in der ein grosser, hölzener Dreschkasten stand. Es war schon Herbst. Das geerntete Getreide lag in der Scheune und wurde nun zum Dreschen bereitet. Ich hatte so etwas noch nie gesehen. Nach vorne, aus dem Scheunentor hinaus, bauten sie noch eine Rampe an den Dreschkasten. Unter dem Ende der Rampe stand ein Anhänger. Dann wurde dieses Ungestüm angestellt. Es war kaum vorzustellen was da alles in Bewegung kam.

Es ratterte und schepperte mit Getöse. Unzählige Ketten,Treibriehmen, Räder und Rollen drehten, hoben und senkten sich, rückten vor und zurück in den unterschiedlichsten Ebenen und aus dem anfänglich empfundenen Chaos ergab sich irgendwie ein harmonisches Ganzes, ein Zusammenspiel der verschiedensten Bewegungen. Als dann noch hoch oben die erste Garbe hineingeschoben wurde änderte sich das Geräusch ein bischen, man spürte, wie der "Klapperkasten" anfing zu arbeiten. Seitlich, an Rohre angeklemmte Säcke, füllten sich langsam mit dem Korn, wärend vorn, wie aus einem riesigen Maul, die schon gebundenen Strohballen ruckweise herausgedrückt wurden, langsam die Rampe hinauf rutschten um schliesslich am Ende in den Hänger zu fallen.

Ich stehe daneben und staune. Im Innern der Scheune wirbelt der Staub, wirbeln die Geräusche. Zwischendurch brüllen die Arbeiter, um langsam in eine fliessende Arbeitsweise zu kommen, damit der Dreschmeister immer eine Garbe Getreide zur Hand hat. Am Anfang scheint es noch einfacher, weil zuerst die vorderen Garben ´rankommen, später aber müssen die weiter hinten in der grossen Scheune liegenden über eine Kette von Arbeitern mit Ihren Forken zum Dreschkasten transportiert werden. Das bedeutete natürlich auch, dass an solchem Tag alle auf dem Hof Hand anlegen mussten. "Heute ist Dreschtag, da läuft nichts anderes, und basta", wetterte Tante Grete, wenn sich irgendetwas dazwischenschieben wollte. Weiter rutschten die fertig gebundenen Strohballen aus der Maschine. Ich möchte da ja ´draufsitzen, auf diesen Ballen, lässt sich eine feine Stimme irgendwo da drinnen bei mir vernehmen, doch wage ich es nicht so richtig, als plötzlich Vetter Eckhart neben mir steht und frech wie er ist wohl meine Gedanken liest und schwupps klettern wir beide etwas schwerfällig die stählerne Rampe hinauf und fahren auf den Strohballen mit hinaus aus der Scheune und.......fast hinein in den Hänger. O Schreck, da kommt auch schon die Tante Grete wütend wie noch nie, lässt den Dreschkasten anhalten und uns beide von den Arbeitern von da oben herunter holen. Sie war ausser sich, weil es gefährlich war; denn wir könnten rücklings herunterpurzeln und in die Mechanik des Dreschkastens kommen.

Auch das war wieder ein Erlebnis, das hängen blieb. Auf der einen Seite; die von uns nicht erkannte Gefahr, auf der anderen Seite diese Panik der Tante, die durch sich selbst Gefahr heraufbeschwor, so als wäre ein Unfall schon passiert, und ich Schmerzen spüren solle, um in die Erfahrung zu kommen, es niemals wieder zu tun. Das war sozusagen eine Schockerziehung, die natürlich zu Ängstlichkeiten führen kann. Die Tante konnte gar nicht anders weil sie selbst bei unserem Anblick einen grossen Schrecken erfuhr. Aus ihrer Verantwortung heraus leitete sie ihre Ängste sogleich an uns beide weiter. Die Gefahr ist ja erst da, wenn ihr Aufmerksamkeit geschenkt wird, wenn sie bewusst wird und das ist manchmal von Nöten! Der Tante war das wohl klar, uns Knaben aber nicht. Im Nachhinein ist wohl das bei mir hängen geblieben, dass meine Angst vor der Tante nun grösser war, als die mögliche Gefahr des Dreschkastens selbst; denn es war ihre Angst, die mir eine Gefahr bewusst machte. Ich passte schon auf, um nicht rücklings in die Maschine zu fallen. Als Junge von über sieben Jahren bin ich sehr wach und könnte einen solchen Verweis, tief drinnen, auch als Missachtung meiner eigenen Fähigkeiten und Glaubwürdigkeit wahr nehmen, allerdings wohlwissend, dass wir etwas Unerlaubtes getan haben! Das Niederschreiben solcher Erlebnisse vertieft natürlich das Erinnern und damit auch die Erfahrung, die sie hinterlassen haben.

Ein anderes mal zogen wir vier Vettern die Aufmerksamkeit der Tante auf uns. Schon lange suchten wir nach einem, für alle anderen unauffälligen Platz, um uns eine Höhle zu bauen und fanden ihn schliesslich weit hinten in der äussersten Ecke des Obst- und Gemüsegartens, der seitlich hinten am Haus anschloss. Wir gruben uns ein tiefes Loch, zum Leidwesen der Tante mittendrin in ihren geliebten Himbeeren. In der Tat, sie war eine gute Gutsherrin, ihr entging nichts, sie kontrollierte Land und Leute, wie es für einen grossen Betrieb auch notwendig war. Unsere Höhle in den Himbeeren, die erst noch eine werden sollte, hatte sie schnell gefunden und fühlte sich tief getroffen.

Sie war ein gutherzige Frau und musste in diesen Kriegsjahren alleine mit ihrer Tochter Olga, uns Verwandten, ihren Arbeitern, Tagelöhnern und Kriegsgefangenen, vielen Morgen Land, 120 Kühen, 20 Pferden, Schweinen, Unmengen von Geflügel und der Gärtnerei fertig werden. Dazu fuhr sie noch öfters in der Woche nach Gollnow in ihren Gemüseladen, um Obst und Gemüse zu verkaufen.

Am Abend stand sie am grossen mit Holz befeuertem Herd in der Küche und brutzelte ihre wunderbaren pommerschen Bratkartoffeln in Schweineschmalz mit Zwiebeln, Speck und Äpfeln für uns alle Hausbewohner. Dazu gab es manchmal Sülzfleisch, Blut-oder Metwurst, oder einfach nur eine Butterstulle. Tante Grete war eine grosszügige und gerechte Chefin. Sie duldete keine „Fisimatenten" und griff, wenn es sein musste, mit Stränge durch. Sie musste zwischen all den arbeitenden Männern um sich herum, ihren Mann stehen und das tat sie gut.

Zwischen der einen grossen Scheune, in der das Heu, Stroh, der Dreschkasten, die Garage für den DKW-Meisterklasse, dem Pferdeschlitten und der Hühnerstall waren und dem aus Granitstein gebauten Schweinestall, stand ein kleineres Haus für die Arbeiter, in dem aber nun die Kriegsgefangenen untergebracht waren. Soweit ich mich erinnere waren es alle Franzosen, oder zumindest spielten sie dort die Hauptrolle. Vor dem Haus war ein kleiner von hohem Stacheldraht eingezäunter Hof, der nachts von der Tante persönlich verschlossen werden musste, um die Regeln im Umgang mit den Kriegsgefangenen zu erfüllen, und weniger weil eine Flucht zu befürchten war, die sie eh hätten durchführen können, aber es ging ihnen bestimmt besser hier als an der Front irgendwo. Die Tante hatte viel Spass mit ihnen, ein Witzchen, ein Lachen, Entgegenkommen und gute Arbeit.

Einer dieser Franzosen, sein Name liegt mir fast noch auf der Zunge vielleicht hiess er Jerome, war der Fahrer des Treckers. Mit ihm freundete ich mich an, obwohl das generell nicht gerne gesehen wurde, dass wir Kinder mit den Gefangenen, die ja unsere Feinde waren, näheren Kontakt hatten. Ja, soweit ging das! Unsere Freundschaft begann so: eines morgens traf ich diesen Franzosen, als er versuchte den Bulldog-Trecker anzuwerfen, was ihm nicht so recht gelingen wollte; denn es war schon kalt draussen und man musste unter dem Glühkopf, vorn am Trecker ein Feuer machen, um ihn vorzuwärmen. Der Franzose war wütend und schimpfte laut und ungehalten weil er nicht anspringen wollte. Ich stand in der Nähe und war fasziniert von diesem Spektakel. Da ich Autos, Motoren und Maschinen liebte konnte ich gar nicht genug kriegen und als mich der Franzose entdeckte, holte er mich zu sich, so als ob ich ihm bei der Lösung seines Problems behilflich sein könnte. Dieses Vertrauen und seine Nähe kitzelten meinen Bauch und sogleich wurde er mein Freund. Schliesslich sprang auch der Traktor an und blies schwarze Rauchwolken wie Ringe aus seinem Schornstein in den klaren Herbsthimmel, bewegte sich rüttelnd von vorn nach hinten, wippte schwer in seinen dicken, aufgeblasenen Hinterreifen, wärend das seitlich angebrachte riesige Schwungrad sich verhältnismässig langsam drehte.

Da ich nun einen guten Draht zu seinem Fahrer hatte, dauerte es auch nicht mehr lange, dass er mich zum Pflügen mit aufs Feld nahm. Das machte mir natürlich einen dollen Spass. Ich wollte meinen neuen Freund nun auch öfters sehen und schlich mich von aussen, um den Stacheldrahtverhau herum, in sein Haus. Zu meiner grossen Freude waren sie dabei ihr Abendessen zu bereiten und das waren Pommes Frites, also Bratkartoffeln auf französische Art, völlig anders als unsere Pommerschen und doch ein Hochgenuss, sie luden mich ein bei ihnen mit zu essen.

Mit der Zeit wurde auch diese Freundschaft mit dem Franzosen entdeckt und mir von der Tante untersagt. Damit war zwar der Hausbesuch mit den köstlichen Pommes Frites vorbei, aber nicht mein Umgang mit ihm auf dem Trecker und ausserhalb des Drahtverhaus.

Mittags und abends wurden die Essenspausen und der Feierabend durch wohlklingende, glockenähnliche Klänge mit einer Eisenstange gegen eine freihängende, stählerne Pflugschare eingeläutet und wenn ich mir einen Hocker besorgen konnte, durfte ich auch mal die Schare erklingen lassen.

Die Tagelöhnerhäuser lagen gegenüber des Hofes an der anderen Strassenseite. Dort hielten wir uns oft auf, spielten und tobten mit den Kindern und waren bei den Familien gern gesehen. Die Mütter der Kinder waren einfache, robuste und meistens ganz liebe Frauen, dagegen kamen deren Väter schon wirscher und düsterer nach des Tages langer und harter Landarbeit heim, sofern sie nicht auch schon an der Front waren. Wir verzogen uns dann; denn ohnehin war es spät genug.

Die Spielchen, die wir mit diesen Kindern trieben, waren manchmal schon ein wenig anders, als wir es unter uns gewohnt waren. Hier und da waren Ansätze von intimerer, körperlicher Nähe zu spüren, die das Zusammensein mit ihnen schon spannender und lustvoller machten. Da lag etwas in der Luft, was fremdartig und gleichzeitig anziehend war. Da waren Mädchen und Buben auch etwas älter als ich. Mit Bruder Klaus und den beiden Vettern waren wir allesamt schon ein kleiner Haufen voller frecher Ideen, wobei natürlich die Nachbarskinder uns haushoch überlegen waren. Ihre Spontanität und hemmungslose Ausgelassenheit spornten mich an, ich machte mit so gut ich konnte und lernte über die Grenzen gewisser Tabus hinauszugehen, wohl Grenzen, die uns unsere Erziehung stetzte. Wir entdeckten die Welt der „Straßenkinder". Sie erklärten mir, wenn ein Hahn auf eine Henne steigt, ein Hund auf eine Hündin, ein Bulle auf eine Kuh, dann ist das zum Junge kriegen. Der Papa macht das auch mit der Mama und das sei eine ganz geile Sache.

Fortan beobachtete ich nun mit mehr Aufmerksamkeit wenn die Tiere so etwas machten und konnte besonders bei den Hunden sehen, wie ihr sonst unsichtbarer Pimmel riesig gross wurde und wie die Tiere damit nachher zusammenklebten. Manchmal spürte ich bei mir selbst in solchen Augenblicken ähnliche Regungen und das fühlte sich gut und aufregend an. Wenn Nachbarn ihre Hunde so zusammengeklebt fanden, überschütteten sie sie mit einem Kübel kalten Wassers. Im nu waren sie wieder auseinander.

Eines morgens, ich war noch oben im Zimmer, hörte und sah ich wie der Schweizer mit einigen Knechten unten auf dem Hof, vorne am Strassenzaun, sich mit einer Kuh und einem Bullen zu schaffen machten. Irgendetwas hatten sie vor, was anscheinend nicht klappen wollte. Ich ahnte schon nach neuesten Erkenntnissen etwas lustvolles, schlang meinen Frühstücksbrei 'runter, nahm meinen Schulranzen, eilte die Treppe hinunter auf den Hof. Der Bulle hatte einen Ring durch die Nase und wurde von dort an einem Stock geführt. Ein Knecht war dabei ein noch tieferes Loch zu schaufeln, denn das Problem war wohl, dass die Kuh zu gross oder der Bulle zu klein waren. In einigem Abstand, etwas schüchtern, sah ich zu und konnte gar nicht genug davon kriegen. So etwas hatte ich noch nie gesehen. Wieder versuchte der Schweizer, dass der Bulle auf die Kuh doch endlich springen möge, aber die Kuh war immer noch zu hoch, oder vielleicht hatte der Bulle gar keinen Spass daran? Wer weiss das schon, ich jedenfalls verstand noch gar nichts davon und wie funktioniert das alles überhaupt wohl? Ich müsste mich auf den Schulweg machen, konnte aber nicht davon lassen und stand wie angewurzelt bis es nun endlich klappte. Der Bulle sprang auf den Hintern der Kuh wärend unter seinem Bauch ein langer, roter, steifer und spitzer Pimmel zum Vorschein kam, den der Schweizer einfach so in die Hand nahm, um ihn der Kuh da irgendwo hinten hineinzustecken. Dann bewegt sich der Bulle ein bischen hin und her und glitt dann wieder rücklings ab. Das war aber was zum angucken, ein geiles Erlebnis. Der Schweizer war zufrieden und blinzelte zu mir herüber," na Thomás, so geht das wenn eine Kuh gedeckt wird"! Ich lächelte verlegen, schulterte meinen Ranzen und raste in die Schule. Natürlich kam ich zu spät und das auch noch wegen einer Sache, die für mich ganz im Geheimen war. Ich stand vor dem Lehrer, vor der ganzen Klasse und konnte einfach nichts sagen. Meine Verlegenheit war so gross, dass sie mich total blockierte und so manches mal wiederholte sich solche Situation in meinem späteren Leben. Es war wie eine totale Ohnmacht der ich mich ausgeliefert fühlte, die mich handlungsunfähig machte. Da war etwas, das grösser war als ich und mich schier zu erdrücken schien. Als ich dann auf meinem Platz sass erholte ich mich langsam von diesem tiefen Schrecken der Ausweglosigkeit. Es war ganz einfach ein totaler Kontroll-Verlust, der mich nicht mehr ICH sein liess und das jagd einem Angst ein!

Dieses Geheimnis -Sexualität- erschien mir als etwas Verbotenes, das, worüber und wenn überhaupt, nur wir Kinder unter uns tuscheln durften. Das fing mit den Tagelöhnerkindern an zu spriessen und erblühte dann ganz langsam und allmählich in mir und mit mir selbst.

Weihnachten stand vor der Tür. Pappi besuchte uns meistens an den Wochenenden. Diesmal erzählte er uns, dass wir die Festtage zu Hause verbringen werden. Wir freuten uns sehr, endlich mal wieder nach Hause. Wir eroberten unsere alte Heimat wie neu geboren. Ich war ganz aus dem Häuschen als uns Hanna strahlend empfing und uns hoch in unsere Zimmer brachte.

Wir waren ausgelassen, tobten herum und spielten mit unseren alten Spielsachen, jedoch eher aus der Erinnerung heraus, wir waren grösser geworden.

Unten im Herrenzimmer wurde der Weihnachtsbaum vorbereitet. Die Fenster wurden über Nacht mit einem schwarzen, kartonartigem Rollo verdunkelt. Die Stimmung auf den Strassen war mir fremd und fast unheimlich. Es war überhaupt nicht mehr so wie früher. Die Nachbarskinder waren wo anders evakuiert, aber teilweise zum Fest auch heimgekommen. Unser Haus, das ja wärend unser Abwesenheit vom Vater alleine und später auch mit Freunden bewohnt und von Hanna gepflegt und behütet wurde, hatte sich auch in vielem verändert. Aber was wohl am meisten zu dieser neuen Sensation beitrug, war natürlich meine eigene Entwicklung, die da draussen auf dem Boot, auf dem Land eine ganz andere Richtung genommen hatte. Ich war gross geworden und empfand mein Leben wie ein spannendes Abenteuer.

Der Krieg, der sich hier auf Schritt und Tritt bemerkbar machte kreierte sicherlich diese etwas düstere Atmosphäre. Die Stadt wirkte leerer und ohne grossen Lebensimpuls. Der Tod hielt überall Einzug. Durch den Rundfunk kamen nicht mehr die euphorischen Siegesmeldungen. Viele Soldaten, Männer, Väter, Jungens fielen an der Front, die überall um uns und über uns war. In der Heimat zerstörten Bomben die Städte und Industrien, die Häfen, Brücken und alles andere was lebenswichtig war.

Unser Land fing an innen wie aussen auszubluten; genau diese Stimmung empfand ängstlich das Herz eines Siebenjährigen.

Hautnah kamen dann die fast täglichen Luftangriffe hinzu, die durch das Geheule der Sirenen avisiert wurden. Der Voralarm war ein eher sanftes, vorbereitendes Auf und Ab des Tones, so als wolle es sagen: ...nun sputet euch aber schnell in den Schutz der Luftschutzkeller, die Gefahr ist im Anrollen, es wird höchste Zeit für eure Sicherheit . Wenn dann der Hauptalarm, ein hektsches Auf und Ab durch die Lüfte heulte, verriegelten wir die schweren, grauen Stahltüren von innen mit ihren schwarzen Verschlusshebeln und warteten, und warteten ängstlich, dass der Angriff bald vorübergehen möge. Die ganze Erde wackelte, wenn die Bomben explodierten. Obwohl wir weiter draussen lebten konnte man nie sicher sein, ob die nächste Bombe nicht uns treffen wird, denn ganz in unserer Nähe waren die Stoewer-Werke, die sicherlich neben Autos auch Kriegsgerät herstellten, nur ahnte ich damals nichts von diesem zusätzlichen Risiko.

Aber irgendwann war der Angriff auch vorbei. Wir hatten überlebt, das Haus ist heil geblieben, die Sirenen schmetterten das erleichternde Signal der Entwarnung in den Äther, ein langanhaltender, beruhigender Ton. Alle Menschen krochen vorsichtig aus ihren Kellerlöchern und beurteilten ihre Lage und die Lage überhaupt. Es gab auch viele, die das nicht mehr konnten, weil sie verschüttet waren, andere die es gar nicht mehr konnten, weil sie getötet wurden. Ja, sie sassen genauso in ihren Kellern wie wir, hoffend, dass es vorübergehen möge, bis die Bombe sie erwischte, ihre tödliche Explosion alles zerfetzte.

Wir kamen´raus. Es roch nach Feuer und abgebrannten Häusern. Unsere Strasse war leer, bis nach und nach die Nachbarn auch auftauchten. Das Ausmass der Verwüstung war immer gross, obwohl wir es nur aus der Ferne erahnten.

Wir Kinder erfanden ein neues Spiel: das Suchen und Sammeln von Granatsplittern. Der ganze Schrecken des Angriffs war vorüber nun ging es raus auf die Strasse, auf die Strassen unter dem Motto: wer findet die meisten, grössten und farbigsten Granatsplitter. Das waren Stahlreste der dickwandigen Bomben und Luftminen, die bei ihrer Detonation zerrissen wurden und weit in die Umgebung wie Geschosse flogen. Die Splitter waren meistens schmal wie zerfetzter Stahl, der durch die Wucht und Hitze der Explosion blau und bunt angelaufen war. Das Sammeln waren wir gewöhnt, denn an den Ostseestränden liefen wir stundenlang mit Pappi um Bernsteine zu suchen. Im Herbst gings in die Wälder zu den Pilzen und mit der gleichen Sammlerlust suchten wir aufgeregt und mit viel Spannung nach den Granatsplittern, die mir wie ein Schatz erschienen. An einem Morgen, nachdem wir im Keller einen nächtlichen Angriff überstanden hatten, sah ich aus dem Fenster unseres Zimmers vorn über das Erkerdach auf die Strasse und entdeckte in der Dachrinne einen riesigen Granatsplitter. Flugs kroch ich aufs Dach und holte mir meinen Schatz aus der Rinne. Der Splitter war an Grösse, Form der Zerrissenheit und Farbe ein Prachtexemplar. Mit diesem Fund war ich natürlich der grösste Finder für diesen Angriff und dazu auch noch auf unserem Haus!

Das Unglück wollte es, dass in dieser, unserer Weihnachtsferienzeit, aber schon nach dem Fest, der bisher schwerste Luftangriff auf unsere Stadt geflogen wurde. Es war schlimm. Es gab eine Explosion, während wir im Keller sassen, die so heftig war, dass viele Scheiben nur so klirrten, unser Haus dermassen erzitterte, dass wir glaubten unsere Stunde hätte nun geschlagen. Nach stundenlanger Bombardierung kam endlich die heiss ersehnte Entwarnung. Zitternd krochen wir aus unserem Keller, stiegen vorsichtig die Kellertreppe hinauf und freuten uns, dass unser Haus auch diesen Angriff überstanden hatte. Es war immer noch Nacht. Der Himmel war orangerot. Alles brannte. Überall ertönte das Tati-Tata der Feuerwehren. Alle waren aufgeregt, die Lage ernst und beängstigend. Die Luft war mit Rauch, Feuer und Zerstörung geschwängert. Kurzentschlossen holte Vater seinen mit einer Plane überspannten Pritschenwagen aus der Garage, lud uns alle mit Gepäck auf die Pritsche und nun fuhren wir, man stelle sich das einmal vor, durch die fürchterlich brennende chaotische Innenstadt zurück aufs Land.

Es war schon so, dass wir viele Monate fern von zu Hause auf dem Boot, und auf dem Land lebten, gerade um diesen heftigen Luftangriffen zu entgehen und da erwischt es uns in der Nachweihnachtszeit am schlimmsten. Vater reagierte prompt, nur war die Fahrt durch die brennende Stadt höchst gefährlich. Neben der Polizei, den Krankenwagen, der Feuerwehr, dem Notdienst gab es kaum Fahrzeuge die unterwegs waren. Ich sass hinten auf der Pritsche unter der Plane und beobachtete dieses totale Chaos da draussen, obwohl ich mittendrin war. Menschen rannten zwischen den brennenden Häusern hilfesuchend umher. Brennende Dachstühle stürzten lodernd zusammen, Mauern kippten um und versperrten die Strasse. Oft mussten wir anhalten, weil ein Weiterfahren unmöglich wurde. Feuerwehrschläuche lagen kreuz und quer auf dem Pflaster, Menschen brüllten durch die Gegend um irgendwelche Anweisungen zu geben. Pappi wurde nicht verschont, er brüllte genauso zurück wie er selber – angemacht- wurde. Wir mussten hier einfach durch, um über die Hansabrücke an das andere Oderufer zu kommen. Keiner war sich sicher ob diese Brücke überhaupt noch intakt war. Mir war so, als ob diese Höllenfahrt niemals enden würde. Die Hitze in den Strassen und der Rauch waren trotz der Winterzeit und im Freien kaum zu ertragen. Endlich gelangten wir über die Oder. Die Brücke war beschädigt worden, aber befahrbar. Die Kontrollen liessen uns passieren, weil Vaters Geschäft, das Merkur-Haus gerade auf der anderen Oderseite lag und vom Angriff verschont geblieben war.

Am frühen Morgen endete unsere Weihnachtsodysse auf dem Gut der Tante Grete in Pribbernow. Verrusst, übermüdet, abgespannt und auch froh endlich diesem Inferno entkommen zu sein, sanken wir in unsere dicken, warmen, gewohnten Bauernbetten. Die Eltern waren froh uns alle wieder in Sicherheit zu wissen. Ich liebte unsere Geborgenheit hier, weit draussen auf dem Land mehr denn je. Hier brauchte ich nicht mehr zu zittern, konnte es kaum fassen, dass wir hier keine Angriffe hatten, noch in Luftschutzkeller mussten, die es hier gar nicht gab. Wohl aber war ich nun viel aufmerksamer mit den Flugzeugen, die uns auch hier manchmal überflogen. Wir meinten an den Motorgeräuschen zu erkennen, ob es sich um deutsche oder feindliche Flugzeuge handelte. Das war dann so, dass die feindlichen Flugzeuge in starken Intervallen brummten, die deutschen sich dagegen viel gleichmässiger anhörten. Wir glaubten daran und nahmen so spielerisch am Kriegsgeschehen teil, obwohl feindliche Flugzeuge uns hier kaum überflogen, es sei denn ihr Anflug auf Stettin geschah von der Ostsee aus.

Jedenfalls waren wir wieder zurück auf dem Land, mit den üblichen Bratkartoffeln von der Tante am Abend, den gackernden Hühnern, dem Hundegekläffe, den amüsanten Franzosen, grunzenden Schweinen, dem dumpfen, hohlem Gebulle des Bulldog-Treckers, dem Muhn der Kühe, der klingenden Pflugschare und dem Lümmeln der Kinder. In der Tat ging uns der Krieg hier wenig an und so verging meine Zeit.

Der kalte, lange Winter verging. Irgendwann in dieser Zeit starb mein Grossonkel Werner, Tante Gretes Mann an einem körperlichen Leiden. Das war wohl der erste bewusstere Todesfall in meiner Familie. Ich erinnere mich noch an den rötlichen Granit, aus dem sein Grabstein auf dem Friedhof war.

Im späteren Frühjahr gingen wir wieder aufs Boot. Langsam gewöhnte ich mich wieder an unser Bootsleben, die Umschulung nach Misdroy und meinen langen Schulweg, den ich nun mit meinem eigenen Fahrrad abkutschieren konnte. Den Sommer 1944 verbrachten wir ähnlich wie den vorherigen, nur das ich grösser war und die Lust auf mehr Bewegungsfreiheit spürte. Ich konnte Schwimmen, viel besser Fahradfahren und erfolgreicher Fischen, mehr Schreiben, Lesen, Rechnen und Mahlen. Ich fühlte mich mündiger und aufgewachter.

T´Emmy welch´ Freude, war auch wieder da, nur hätte sie gerne eine grössere Küche gehabt. Pappi wusste schon lange um diesen dringlichen Wunsch. Bald kam dann auch mit dem Bäderdampfer ein ordentlicher Ballen von Holzplatten und Balken an, die im nu zu einem kleinen Holzhäuschen aufgebaut wurden. Zum Kochen wurde eine kleine Kochhexe installiert. Das Ofenrohr ging durch ein Blech im Dach nach aussen. Da hatten die beiden Frauen nun viel mehr Platz, um uns fünf gut versorgen zu können. Ich glaube, die Mutti fühlte sich hier auf dem Boot viel wohler, weil sie in ihrem eigenen Reich war und gemeinsam mit T´Emmy so richtig zugreifen konnte. Das Landleben war ihr fremder.

Das Einmachen der Waldbeeren wurde nun viel leichter, allerdings war es im Sommer bei brennender Kochhexe heftig warm. Schwitzend, fast nur noch mit einer Schürze bekleidet wedelte sich T´Emmy draussen vor der Tür frische Luft an ihren Körper. Sie war sehr frei und wusch sich, wie wir auch, meisten nackend an Deck. Ihre Haut war trocken und sie hatte nur eine Brust was mich neugierig machte. Von der anderen war nur noch die Narbe zu sehen. Wenn sie ihre langen Kleider trug war an der Stelle der fehlenden Brust ein Stoffpolster eingenäht und dann stimmte es wieder. T´Emmy lebte in München. Sie erzählte uns immer Geschichten von ihrer Verwandtschaft und von ihrem Sohn. Er war auf einer Kadetten-Schule und die Jungens wurden so gedrillt, dass sie bei Tisch einen Stock, hinter dem Rücken durch die Ellbogen gesteckt, halten mussten, um beim Essen gerade zu sitzen. Ich versuchte das nachzumachen, aber es war mir nicht möglich so zu essen, jedoch erreichte sie damit bei uns etwas bessere Tischmanieren, die zu jenen Zeiten, jedenfalls bei uns zu Hause, eines der dringlichsten Forderungen nach Anstand und gutem Benehmen war. Andere Familien, Nachbarn, Freunde und Fremde wurden stets nach ihren Ess-und Umgangsmanieren beurteilt, geduldet oder abgelehnt, eingereiht in die Hierarchie der Gesellschaft und auf diese Art bewertet. T´Emmy war gar nicht streng, Ihr Beitrag zu unserer Erziehung war sehr spielerisch und leicht.

Die Raketenversuche von der nahegelegenen Abschussrampe waren nicht mehr so intensiv und hörten schliesslich ganz auf, so dass wir aus diesem Grunde nicht mehr so viel in den Wald mussten, um Beeren zu sammeln, und wenn, dann nur noch für einige Stunden und nicht den ganzen Tag wie früher, eine grosse Freude für mich!

Die Lastwagenfahrer und Holzarbeiter, die oft auch Kriegsgefangene waren, arbeiteten ja direkt vor unserer "Tür" auf dem Holzplatz, obwohl wir, schon etwas geschützt hinter dem Buschwerk und einem aufgestapelten Backsteinhaufen, mit dem Boot lagen. Viele von ihnen kannten uns und wenn sie die dicken, fetten weissen Borkenkäferlarven fanden, riefen sie uns weil wir sie zum Angeln brauchten.

Da wir mit unserem Boot am letzten Ende einer langen Bucht lagen, ging vor uns ein kleiner Fluss weiter. Mit dem Beiboot ging ich immer wieder auf Entdeckungsreise flussaufwärts, der aber schnell immer enger wurde, weil das Schilf dermassen wucherte und ein Weiterfahren erschwerte bis ich schliesslich völlig festsass. Die Mücken stürzten sich auf mich. Ich hatte mein Tun rückwärts aus diesem Dschungel wieder herauszukommen. Das ganze Gebiet gegenüber unseres Liegeplatzes war ein grosses, undurchdringliches Schilfsumpfgebiet, sodass wir lernen mussten mit der Mückenplage umzugehen.

Mein Hotel-Onkel aus Stettin hatte einen Jollenkreuzer und war öfters an den Wochenenden mit ihm unterwegs. Pappi und er meldeten sich bei uns an, dass sie mit seinem Boot zu uns kommen wollten. Am Ankunftstag warteten wir mit Spannung auf sie und standen vorn am Kai der Dampferanlegestelle, um mit dem Fernglas Ausschauh nach ihnen zu halten, in der Hoffnung fern am Horizont ein kleines weisses Segel entdecken zu können. Endlich, nach langer Warterei, tauchte es auf, kam aber kaum näher, sondern kreuzte da draussen hin und her. Klaus und ich wurden ungeduldig; flugs sprangen wir ins Beiboot, um den Seglern als Überraschung entgegen zu rudern, was uns auch bestens gelang, das Rudern fühlte sich so leicht an. Als wir die Segler ziemlich weit draussen, aber natürlich immer noch in der grossen, weiten Bucht endlich erreichten, wurden wir von beiden Seemännern ordentlich getadelt, nachdem wir sie gefragt hatten, weshalb sie denn so lange da draussen ´rumgeschippert wären und nicht gleich zu uns kamen. "Da draussen war Flaute und ohne Wind kommt ein Segelboot nun ´mal nicht voran", antworteten sie uns. Inzwischen hatte es aber ordentlich aufgefrischt, weshalb wir beiden Bengels in unserem Beiboot mit Rückenwind so leicht und schnell vorankamen, sie aber gegenan kreuzen mussten, deshalb das Hin und Her. In der Tat hatte ich keinerlei Seglererfahrung und konnte die Lage überhaupt nicht einschätzen, weshalb die beiden Segler unsere Situation im Beiboot als riskant ansahen und uns sogleich in ihr Boot nahmen. Mit unserem Beiboot im Schlepp kamen wir vier Seemänner strahlend an unserem Boot an und machten vor der Ingehello fest. Trotz der anfänglichen Aufregung war es ein herzliches und begeistertes Wiedersehen von uns " Seeleuten "und den Frauen. Wir erlebten gemeinsam prächtige Tage.

Ohne Frage waren die Sorgen um unsere Zukunft vordringlich. Die Kriegslage war für das anfänglich ja so siegreiche Vaterland schon ins andere Extrem gekippt. Grösste Verluste an den Fronten und in der Heimat selbst, waren nicht mehr zu vertuschen. Die Lage war sehr ernst und wurde immer ernster. Pappi, der Onkel und überhaupt alle Männer, die zu Hause geblieben waren, wurden zu jeglich notwendigem militärischen Heimateinsatz verpflichtet. Vater landete bei der Heimatflak, der Onkel bei der Wasserschutzpolizei, andere beim technischen Hilfsdienst, bei der Feuerwehr oder in den Krankenhäusern. Pappi sass also des nachts auf den Dächern über Stettin mit Flaggeschützen und riesigen Scheinwerfern. Bei den Luftangriffen versuchten sie mit ihren Scheinwerfen den ganzen Himmel abzuleuchten um ein feindliches Flugzeug zu erhaschen und es dann mit der Flag abzuschiessen. Es war sehr typisch für die Zeit dass der nächtliche Himmel durch die vielen Lichtkegel der Scheinwerfer erleuchtet war,die sich in der unendlichen Finsternis langsam verloren. Weh´dem Flugzeug, das in seinem meist getarnten Aluminiumkleid in einen solchen Lichtkegel geriet, fast wie ein Stern aufblinkte, um dann zum Ziel der Flakgeschosse zu werden. Ich konnte die Freude bei einem Abschuss nachempfinden, sass doch der Pappi nun nicht mehr als Opfer wartend im Keller hockte, sondern wurde durch seine aktive Teilnahme zum tätigen Verteidiger der feindlichen Agressionen, die riguros das ganze Land zerstörten. Die getroffenen Flugzeuge stürzten dann mit ihrer Bombenlast heulend und feuerlodernd aus dem dunklen Himmel auf die Stadt. Die Explosionen waren so heftig, dass sie ein riesiges Loch wie einen Krater in die Erde rissen, wo immer sie auch aufschlugen. In diesen Kratern wirkte die Energie der totalen Zerstörung, denn nichts, aber auch gar nichts blieb da übrig.

Es war nicht mehr eine sommerliche Segeltour wie zu anderen Zeiten, als man friedlich, entspannt die frische Brise, die Sonne und das blaue Meer genüßlich erleben durfte, nein es war für die Männer, die Väter von Familien ein sorgenvolles, undurchsichtiges Morgen, das aus der Angst und Unsicherheit heraus schon heute, hier und jetzt gelebt wurde. So schön und lieb Vaters Nähe auch war, konnte ich doch diese Last des Krieges, der Verantwortung an ihm spüren. Er und der Onkel brachten uns die Sorgen aus der zerbombten Stadt mit, wo von wir hier, abseits auf dem Boot nur wenig Ahnung hatten und zu spüren bekamen. Unsere Evakuierung war sehr gelungen. Wir Kinder lebten in dieser Zeit wie in einem spielerischen Abenteuer. Immer gab es Neues zu entdecken.

Bekamen wir einen Hauch von Krieg ab, dann war es halt :Krieg; aber im nächsten Moment waren es vielleicht die Schularbeiten, ein bisschen Hunger, Durst, das Angeln, Toben, die Schule, Schmerzen, Weinen und Lachen, Beeren suchen im Wald, meine Hand in der Lederhose, Lust und Freude, das Fahrrad und was auch immer ein kindliches Gemüt von Moment zu Moment in Bewegung hält. O, welche spontanen und glücklichen Zeiten, das absolute Hier und Jetzt, waren doch diese Kindheitsjahre.

Da natürlich die Eltern, Omis, Onkel, Tanten, Freunde, Lehrer und Fremde mein Leben mitbestimmten, mir Vorbild waren, mich liebten, lehrten und manchmal tadelten, sowie auch die nähere und fernere Umwelt immer neue Eindrücke hinterliessen, sind diese alle zusammen mein Leben, meine Erfahrungen, meine Prägungen, die ich aus dem Gestern erinnere, heute erlebe und morgen erhoffe. Im Moment des kindlichen

Erlebens hat solches, als Gedanke, keinen Platz, jedoch als erinnerte Erfahrung, als Gespür und Erahnen, als Glaube, Vertrauen und Zuversicht trägt es das Wunder des Erkennens in sich: das Alles Eins ist!

Die Nähe des Vaters tat mir gut. Ich wuchs ihm nun mehr entgegen und ahnte bei soviel weiblicher Fürsorge und Obhut, die mir durch Mutti und T´Emmy zuteil wurde, dass da noch etwas anderes, männliches, starkes war, zudem ich nun hinstrebte, ich wurde mir dessen bewusster.

In diesem Sonmer feierte ich meinen achten Geburtstag. Das war doch schon was. Wenn auch immer noch ein Kind, so doch ein grösseres Kind und genau diese Bedeutung trug ich in mir. So ging es weiter und immer weiter. Neu, begeistert, offen, freundlich, traurig, schüchtern, lieb, folgsam, unternehmungslustig, eigenwillig, und auch ängstlich erlebte ich meine Zeit.

Was mich beeindruckte waren die kleinen Sportflugzeuge, wir nannten sie >Fieseler Storch<, die oftmals, wenn wir in Misdroy am Strand waren, ganz nah und flach übers Meer flogen und hinter sich her an einem langen fast unsichtbaren Kabel ein längliches, weiss-rot gestreiftes rundes Objekt zogen, dass als Übungsschiessscheibe den im Wald versteckt stehenden Kanonen diente. Es war mir unheimlich, wenn ich diese Dinger vorbeifliegen sah, dann das Donnern der Geschütze hörte und irgendwann die runde Zielscheibe ins Meer glitt, abgeschossen war. Meine Gedanken kreisten dann um dieses abgeschossene Teil im Wasser:"das kann man doch nicht einfach da so absaufen lassen"!.... oder:"Das ist ein gefährliches Ungetüm"!

Im Herbst übersiedelten wir wieder aufs Gut in Pribbernow. Wir lebten nun schon wie die Zigeuner. Wieder eine neue, alte Schule, wieder der Hof mit den Knechten, Mägden, Kühen, Pferden dem Federvieh. der Gärtnerei mit Olga und Tante Grete. Trotz der knappen Zeiten, war unser Tisch immer reich gedeckt. Fast alles kam vom Hof selbst und andere Nahrungsmittel wurden aus der Firma von den durchfahrenden Lastwagen bei uns abgeliefert. Und wenn mal Not am Mann war, schickte mich die Tante zur Frau Böse in den Krämerladen um die Ecke.

Die üblichen Bratkartoffeln assen wir alle gemeinsam am Abend. Andere Leckerein, die von Mutti und T´Emmy auf einem Kocher im Zimmer zubereitet wurden, waren die von mir heiss geliebten Eierkuchen, Hefeklösse, Griessklösse, Kartoffelpuffer oder Obstkuchen. Ich lebte mich wieder ein in den neuen Landrythmus. Die Pflugschare wurde klingend geschlagen: Mittagszeit-Feierabend! Ja, hier war ich auch zu Hause, fühlte mich gut, tobte ausgelassen mit Bruder Klaus, Anke, den Vettern, wenn sie noch da waren, den Tagelöhnerkindern und Schulkameraden, wenn solche schönen Momente angesagt waren.

Nach der Schule begleitete ich manchmal die Knechte mit den schweren Ackerwagen aufs Feld, um Rüben, Kartoffeln oder Heu einzufahren., Wir sassen vorn auf der Bank des Wagens, der von zwei Pferden gezogen wurde. Die hölzernen Speichenräder klapperten dumpf in den Naben auf der Achse, während sich ihre Eisenringe durch die weichen Furchen des Feldweges walzten, die schon andere Wagen vorher in den Grund gedrückt hatten. So folgten sie ihrer Bahn mit den ruhigen Tritten der Pferde,die mit Ledergurten, dem Geschirr an der mittleren Deichsel und den Zugbalken befestigt waren. Ab und zu wedelten sie mit dem Schwanz und vertrieben sich die Fliegen. Wenn sie -gross- machen mussten blieben sie eher stehen, dann weitete sich das Po-Loch und die Pferdeäpfel fielen auf den Boden. Das roch sehr stark, besonders auch, wenn sie - klein- machten. Bei den Stuten kam das hinten ´raus. Nachdem sie fertig waren, bewegte sich das Pipi-Loch hoch und runter. Das war komisch, so, als ob es zum Abtropfen diente, genau das was man mir auch immer riet, den letzten Tropfen abzuschütteln, damit er nicht in die Hose geht. Bei den männlichen Pferden war das wieder ganz anders. Die machten - klein - nach unten weg, was vom Kutscherbock aus nicht sichtbar war, wohl aber, wenn man daneben stand und der Hengst oder Wallach seinen riesigen Pimmel zum Pinkeln ausfuhr. "Wo kommt denn blos ein solch grosses, langes Teil auf einmal her"? ... fragte ich mich, weil vor und nachher nichts mehr davon zu sehen war!

Eines Tages fragte mich der Kutscher, ob ich Lust zum Aufsitzen hätte, einfach so mit den eingespannten Pferden. Ich wollte und schon sass ich auf einem Gaul, fühlte mich aber gar nicht sicher und ein Weilchen später lag ich auch schon am Boden. Der Wagen wurde gebremst und ich kletterte lieber wieder auf den Kutschbock.

Manchmal kamen wir auch am Jeseritz vorbei, ein kleiner See, der am Waldesrand zwischen den Äckern lag. Es war für mich ein schönes Gefühl wieder am Wasser zu sein, zu planschen, zu angeln, wenn das Wetter es zuliess.

Die Kartoffelmiete wurde angelegt. Damit die Kartoffeln gut über den langen Winter kamen, wurden sie in einer Miete eingelagert. Man hob ein längliches, rechteckiges nicht so tiefes Loch aus, legte es mit viel Stroh aus, dann kamen die Kartoffeln angehäuft in dieses Bett und wurden wieder mit Stroh und der ausgehobenen Erde dick zugedeckt. Da hatten sie es mollig, genau das was sie wohl brauchten. So entstand ein langer Hügel und wann immer wir wollten holten wir von der einen Seite Kartoffeln heraus, fürs Haus, die Gärtnerei und den Laden in Gollnow.

Hinter dem Schweinestall, dort wo es auf den Feldweg ging, standen hohe Kastanien. Seitlich davon war ein rundes aus Backsteinen gemachtes Mauerwerk mit einer Kuppel. "Wat is denn dat"? Der Eiskeller! Seitlich war eine Tür und dann gings tief und dunkel hinunter wie in einen Brunnen mit einer langen Leiter, die da stand. Im Winter wurden dicke Eisblöcke aus dem See gesägt und in diesem Eiskellerturm gelagert. Eine Schicht über die andere. Da es tief in der Erde war hielt es sich bis weit in den Sommer hinein. Die Kühlschränke damals auf dem Land waren aus Eichenholz und drinnen mit verzinktem Blech ausgekleidet. Man legte die Eisblocks hinein die dann den Schrank kühlten. Um von der teuren Eisfabrick unabhängig zu sein die ohnehin erst in der nächsten Kleinstadt zu finden war. So hatten die grossen Höfe auf diese Weise ihre eigene Eisproduktion.

Etwa in diese Zeit, eher wohl im späteren Sommer, fiel eine Reise, die Mutti, Klaus und ich ganz unverhofft machten. Ich glaube es hiess: Kinder-Land-Verschickung. Wir drei fuhren nach St. Peter Ording an die Nordsee. Klaus und ich blieben, Muttern fuhr wieder heim. Der Abschied von ihr fiel mir sehr schwer. Da waren wir zwei nun, alleingelassen im -Haus zur Sonne-, ein Kinderheim direkt hinter den Dünen an der See. Ich konnte die Trauer um den Verlust der Mama kaum ertragen, die wieder heimwärts dampfte mit dem Zug nach Stettin. Wochenlang sollten wir hier bleiben, einem völlig unbekannten Ort, fremde Kinder und einer eher kühlen, nicht so zimperlichen Heimleitung.

Das war also die Fremde, die mir so zu schaffen machte, war ich doch so an die Geborgenheit unseres Heimes, wo immer das auch war, gewöhnt. Das Essen war knapp und völlig anders als zu Hause. Ich hatte zum ersten Mal in meinem Leben Hunger, der nicht gestillt werden konnte. Ich wurde nicht satt und erinnere mich der Schwarzbrotstullen, die so spärlich mit Butter oder Butterschmalz bestrichen waren, dass man ihren Geschmack nur ganz fein erahnen konnte, und gerade deshalb bei dem Hunger ein Hochgenuss waren. Es war so, als würden die Eltern unseren Hunger erahnen, es mag auch ein Telefongespräch gewesen sein, dass auf einmal ein grosses Paket für uns ankam mit wunderbaren Leckereien, damit wir endlich satt würden. Wir durften das Paket zwar auspacken, aber dann wurde es uns von der Heimleitung, unter dem Vorwand des Aufteilens unter allen, weggenommen. Da mag man in solcher Situation ganz anderer Meinung sein, aber es nützte nichts. Ich kann mich auch nicht erinnern, dass wir nun deshalb alle, zumindest an diesem Tag, mehr zu Essen bekamen. Von da ab stand ich noch mehr auf Kriegsfuss mit meinen Erziehern. Ich spürte förmlich meinen Widerstand gegen sie, was mir den Aufenthalt dort natürlich nicht leichter machte. Es war auch so, dass wir beiden Brüder gar nicht verschickt zu werden brauchten; denn es ging uns ja im Vergleich zu vielen anderen Kindern, die in den zerbombten Städten mit Angst und Schrecken überlebten, hundertmal besser. Nachdem ich die Verlustängste überwunden hatte, entwickelte ich mich eher zu einem kleinen Rebellen, der sein Unwohlsein dem Heim und seinen Erziehern in die Schuhe schob. Das merkten sie natürlich und entsprechend kam es auf mich zurück. - Lernzeit -.

Ein starkes Erlebnis änderte dann abrupt in positivem Sinne diese Situation. Wir waren alle am Strand und spielten. Zum Baden war es schon viel zu kühl, als oben am Himmel Motorengeräusche zu hören waren. Es wurde immer lauter, immer heulender bis wir die schwarzen Punkte als Flugzeuge erkennen konnten, die hoch oben, aber auch tiefer und immer sichtbarer herumflogen, um sich selber kreisten, überall weisse Wölkchen entstehen liessen, die wohl von einer Schiesserei unter ihnen herrührten. Es wurde immer spannender, kam immer näher, immer lauter und immer gefährlicher. Das ahnten wir, obwohl wir ja am Strand waren und die da oben über dem Meer.

Es war ein Luftkampf, der sich da oben über unseren Köpfen zwischen der Luftwaffe und den Tommies abspielte. Plötzlich wurde ein Flugzeug getroffen und stürzte heulend und brennnend ins Meer. Woooooooaaaauuuuu, mir klopfte das Herz, allen klopfte das Herz und plötzlich spürte ich zum ersten Mal eine liebende Führsorge unserer Erzieher für ihre Schützlinge. Sie sammelten uns in Eile aber mit Freundlichkeit am Strand ein und hielten uns an, zurück ins Heim zu gehen. Ich sah so gebannt diesem Luftkampf zu, dass sie mich nur schwerlich vom Strand weg kriegten. Wieder stürzte ein Flugzeug in die Fluten. An weissen runden „Wolken", die langsam zur Erde sanken, hingen Menschen, die sich aus den brennenden Flugzeugen mit ihren Fallschirmen gerettet hatten und uns nun näher kamen, manche über dem Strand, andere über dem Meer. Als wir sie näher erkennen konnten, entdeckten wir, dass sie vielleicht eine Waffe haben könnten und die bösen Tommy-Feinde uns alle totschiessen würden. Es hätten ja auch deutsche Piloten sein können, aber auf die Idee kam ich nicht, ist es doch immer der Feind, der verliert und abstürzt! Diejenigen von ihnen, die mit Sicherheit auf dem Strand landen würden versetzten mich in Todesangst. Ich rannte, was das Zeug nur hielt, als einer der letzten durch die Dünen zum Heim zurück, mich immer wieder umdrehend, damit mir bloss nichts von diesem Spektakel verloren ging. Diejenigen von den Fallschirmspringern jedoch, die im Meer landen würden, waren keine direkte Gefahr für uns, taten mir aber offensichtlich leid, weil ich erahnen konnte, dass sie wohl ertrinken würden.

Meine Wahrnehmung des Feindes war so extrem, dass sie natürlich keine Menschen, sondern die gefährlichsten Ungeheuer überhaupt waren; denn sie überschütteten uns mit den tödlichen Bomben, machten uns allen das Leben zur Hölle. Ein ähnliches Feindbild hatte ich auch später mit den Russen und der roten Armee.

Dieses Erlebnis schweisste uns alle mehr zusammen. Es war auch die Zeit, dass sich unser Heimaufenthalt dem Ende näherte und die Heimleitung mit uns Kindern ein Märchen als Theaterstück einstudierte. Die Wahl fiel auf den Froschkönig. Ich war der Page, der auf einem samtenen roten Kissen eine goldene Krone trug, um sie einem Edlen zu überreichen, diese aber, im selben Moment wo er sie übernehmen wollte, ich sie zu Boden fallen lassen sollte. Ich nahm meine Rolle dermassen ernst, dass wenn irgendetwas im präzisen Moment des Fallenlassens dazwischen kommen sollte, mich dermassen blamieren würde, dass ich sterben müsse! Die Angst vor Blamage berührte mich zutiefst und hielt mich fest. Obwohl ich mir diese Situation nur vorgestellt hatte, reichte das vollkommen aus, um sich wie ein tatsächliches Erleben zu manifestieren. Hinter diesem Verhalten verbarg sich eine Ängstlichkeit, der ich mich auf Biegen und Brechen ausgeliefert fühlte, ich war das Opfer und tat nun alles, um zukünftig solche Situationen zu vermeiden. Heute kann ich es bewusst erfassen, damals war es instinktiver Schutz.

Meistens waren es die Mütter, die angereist kamen, um ihre Sprösslinge wieder abzuholen. Väter waren sehr rar, kaum noch zu sehen, weit fort in den „Schlachten", gefallen, als Gefangene verschleppt an den Fronten, aufgestanden von den Verletzungen in den Lazaretten, als Kriegsversehrte zurück in die Heimat beordert und wenn möglich in Zivil wieder eingegliedert in die Maschinerie des Krieges und Überlebens.

Wir führten unseren Froschkönig auf. Die Krone fiel -fast- im richtigen Moment. Dieses -fast- ging auf das Konto meiner zu grossen Aufregung. Nachher war ich glücklich, alles halb so schlimm, die Mütter klatschten und wir fuhren heim, einer grossen Erfahrung reicher geworden, irgendwo in dem Bewusstsein meinem " so Sein " näher gekommen zu sein.

Wir blieben noch einige Tage in unserem Haus in Stettin. Immer war Veränderung angesagt: vom Haus aufs Boot, aufs Land, ins Haus, aufs Land, aufs Boot, aufs Land, ins Heim, und übers Haus zurück aufs Land und das ganz schnell, weil wir wieder in so einen Grossangriff kamen, der diesmal sogar die riesigen, ich nannte sie immer die Schaufensterscheiben unseres Hauses, klirren liess. Sie wurden mit Sperrholz und kleinen Gucklöchern provisorisch verschlossen.

So langsam hatte ich mich an das Kriegsgeschehen über uns gewöhnt. Das erste was wir Burschen taten, war nach der Entwarnung ins Freie zu eilen, um Granatsplitter zu suchen. Diesmal fand ich sogar die Hülle einer

Brandbombe. Sie war wie ein sechseckiger hohler Stab, der, wenn ich mich nicht irre, mit flüssigem Phosphor gefüllt war und sich brennend über seine Opfer ergoss, eine feine Art, eine andere Variante, das Töten noch effektiver, noch ausgetrixter zu machen.

Am nächsten Tag nach dem Grossangriff, ging die Kunde durch die Stadt, dass die Eisenbahnbrücke so heftig getroffen worden sei, dass ein Teil ihrer Trägerkonstruktion hoch oben im Dach des nahegelegenen Rathauses gefunden wurde, ganz in der Nähe des Hotels. Vaters Geschäftshaus wie auch das Hotel hatten bis jetzt alle Angriffe überstanden.

Nach diesen Schreckenstagen in der Stadt und dem leicht düsteren Heimaufenthalt an der Nordsee, konnte ich auf dem Lande bei Tante Grete und Olga wieder so richtig durchatmen. Ich fühlte mich dazugehörig, unser Alltag verlief ohne Angst und Schrecken. Ich war frei von solchen äusserlichen Spannungen, die ich mir dann, aber auf eine andere Art, selbst erzeugte.

Es war so, dass ich begann meinen Körper selbst zu entdecken, mir bewusster wurde was in und an ihm war. Besonders die Krankheiten, von denen ich weitgehendst verschont blieb, liessen mich aufhorchen. Das Fieber machte mir dann zu schaffen, es klammerte mich ans Bett und erdrückte meinen freien Willen -tun und lassen zu wollen was mir Spass machte-. Alle schenkten mir mehr Aufmerksamkeit, und das tut gut.

Im Bette gibts auch nichts anderes zu tun, als einfach da zu liegen, ruhig zu sein, die Zeit verstreichen zu lassen. Bei hohem Fieber ist es ohne jegliche Anstrengung, ein Dahindösen, ein sich Fallenlassen, ein Egalseinlassen, ein Plattsein. Es ist ein Zwischenzustand zwischen hier und anderswo. Fantasien schleichen sich ein, die oft mit grossen unbewussten Ängsten, Albträume entstehen lassen, die ein eigenes Kapitel füllen können. Der Appetit ist gering. Wenn dann von Muttern irgendeine Diät angeboten und mit Nachdruck gegessen werden sollte, sträubte sich alles in mir, manchmal bis zum Reiz des Erbrechens. Geriebene Äpfel auf der gläsernen Reibe, Haferschleim, Lebertran gehörten dazu, wobei die geriebenen Äpfel immerhin noch leichter zu schlucken waren, sie sind erfrischend, solange ihr Geriebenes nicht durch allzulanges Stehenbleiben braun geworden ist. Bei Haferschleim und gar dem Lebertran wurde es beim Schlucken so kritisch, dass mein Körper nicht mehr wusste, nicht wissen wollte, ob der Magen das Ziel des Schluckens war, oder ob die Kraft desselben Schluckens anders-herum, zurück nach oben, zu wirken begann. Dieser Pattzustand, zu schlucken oder zu kotzen war höchst widerlich, fast noch widerlicher als das Schlucken selbst und so rutschte es schliesslich doch die Speiseröhre hinunter in den Magen. Es kam auch hinzu, dass ich artig sein wollte, dem gut gemeinten Rat der Mutter folgend.

Nachdem mit den Tagen das Fieber nachliess, ich mich zwar noch schwach, aber im Bette liegend entschieden frischer und munterer fühlte, entdeckte ich, mit meinen Händen spielend, die Haare auf dem Kopf, Popel in der Nase, meine Arme, Bauch und Beine und, natürlich auch, meinen Po und Pimmel. Beileibe nicht, dass er neu für mich war, aber immer bewusster, zumal er des morgens immer so richtig steif war und ich eine grosse Lust verspürte ihn anzufassen, ihn zu reiben, mit ihm zu spielen. Der Blasendruck wurde immer grösser und unterbrach dann diesen Rausch. Da ich immer noch nicht aufstehen durfte wurde es mir langweilig im Bett und so spielte ich weiter und weiter, berührte meinen ganzen Körper zärtlich und packte auch kräftig zu, um mir dieses Wonnegefühl zu erhalten.

Ich begriff, dass ich derjenige war, der das alles mit seinem Körper erfahren konnte und liess fortan solche lustvollen Spielerein nicht mehr los. Es war nun nicht mehr da draussen, bei den Kühen, Bullen, Hühnern, Hähnen, Hunden und Schweinen, es war bei und an mir selbst wohin ich die Wonne übertragen konnte.

Und so geschah es, dass ich mich eines Tages auf dem Klo in der ersten Etage neben der Treppe im Pribbernower Gutshaus wiederfand und begann an mir 'rum zu fummeln, so dass der Pimmel ganz steif wurde, ich anfing ihn hin und her zu bewegen, ihn rieb, fest anpackte und wieder locker liess, was auch immer mich antrieb dieses Lustgefühl zu steigern. Ich konnte einfach nicht mehr aufhören und steigerte mich da dermassen hinein, dass ich ganz aus der Puste kam und mich blind darauf konzentrierte. Dieser wollüstige Rausch wurde immer intensiver, immer mehr, immer höher, ohne zu ahnen wohin diese anstrengende und wunderschöne Reise wohl gehen mag.

Dann, plötzlich durchschauerts mich. Der ganze Körper vibriert, zittert und breitet sich unendlich weit aus, er zerfliesst, so als würde er sich in leuchtenden Funken versprühen...... wo bin ich? ..... was ist passiert? .... was habe ich angestellt? .....Tiefe Entspannung und Schlappheit breiten sich aus..........

Ein aufregendes Geheimnis hat sich mir offenbart, ein tiefer Wunsch ist in Erfüllung gegangen, eine ungewusste Neugier hat sich befriedigt, ganz für mich allein, ganz intim. Dieses erste Erwachen, das weit über körperliches Empfinden hinausgeht, als Erlebnis nahezu unfassbar ist, verzaubert natürlich die Seele eines Achtjährigen, schwingt als erste Erfahrung mit durch ein ganzes Leben. Vielleicht entstand hier eine Fixierung; denn wohin sonst kann sich solch lustvolle Begierde in so frühen Jahren wenden? Dieses Erlebnis bewahrte sich in mir wie ein Schatz, der allein und in Gemeinsamkeit immer als ganz besonderer Schöpfungsakt empfunden wurde.

Weihnachten 1944 rückte näher. Trotz unserer miesen Bombenerfahrungen der letzten beiden Besuche in der Stadt, wagten wir es noch einmal Weihnachten zu Hause in Stettin zu feiern. Gottlob hatten wir ein ruhiges, friedliches Fest, es war das letzte Mal in unserem Haus, nur wussten wir noch nichts davon!

Am Abend, wenn die schwarzen Verdunklungsrollos alle heruntergelassen waren und kaum elektrisches Licht brannte, leuchteten die Lichtschalter phosphorisierend. Damit man sie im Dunklen finden konnte, wurden sie alle mit einer grüngelblichen Leuchtfarbe gezeichnet. Wir Kinder ereiferten uns an einem makabren Spielchen, das zu spielen sich in dieser Finsternis einfach einlud: Da ging der Geist eines verwundeten Soldaten, dessen Bein amputiert worden war, durchs Haus und er wimmerte aus den tiefsten Tiefen seines und unser aller Unheil heraus: " Maiiin Baiiin, maiiin Baiiin"! .. .. er suchte es in alle Ecken aber er konnte es einfach nicht mehr finden. Wir wimmerten das mit so viel Mitleid, es wurde so grausam echt, dass es mir heiss und kalt über den Rücken lief, es uns schier unheimlich wurde und wir schliesslich aufhören mussten, um uns aus diesem Trauma zu befreien.

Es gab natürlich einen Weihnachtsbaum, ein paar einfache Geschenke und brennende Kerzen. Für mich war das Weihnachtsfest immer besonders heilig, es sprengte alle Fesseln , war grenzenlos, ja, es war fast noch mehr, noch grösser als mein Geburtstag, es war der Geburtstag Jesus!

In diesem Jahr kam ich nun an die Reihe am heiligen Abend unter dem brennenden Christbaum ein Weihnachtsgedicht aufzusagen. Da stand ich nun, rettete mich über die ersten Zeilen mit viel Herzklopfen hinweg, brach dann, überwältigt von der andächtig festlichen Stimmung in Schluchzen aus und konnte nicht mehr weiterreden. Wieder hatte ich dieses Gefühl von einer übermächtigen Ohnmacht, die mich total blockierte. Vater drängte zum weiter machen, was die Angelegenheit nur noch zuspitzte, bis die Mama mich endlich erlöste und ich ruhiger wurde.

„Die Zeiten wurden knapp".... wie wir uns damals auszudrücken pflegten. Es gab nur noch das Notdürftigste zu kaufen. An allen Fronten wurde mit letzter Kraft, schon auf dem Rückzug, gekämpft. Die Russen hatten im Osten schon deutsches Reichsgebiet erreicht. Die Gefahren, die nun auf uns zu rollten waren nicht nur die Fliegerangriffe aus der Luft, nein auch das Näherkommen der roten Armee, die lange Flüchtlingstrecks aus Ost- und Westpreußen vor sich hertrieb.

Wir gingen wieder zurück aufs Gut, obwohl wir wussten, dass wir bei weiterem Vormarsch hier nicht länger bleiben konnten. Das Landleben nahm seinen gewohnten Gang und trotzdem hing da etwas in der Luft, das alles bisher Dagewesene, von mir Erfahrene, aus den Angeln hob und uns ein Grossteil unser Sicherheit beraubte: „ Wie wird´s wohl weitergehen? Was wird passieren wenn der Krieg verloren geht? Wo sollen wir bloss hin und wo werden wir bleiben können"? Die Städte waren ausgebombt, lagen grösstenteils in Schutt und Asche und das Land wurde überrollt und geplündert.

3. Reise: > DIE FLUCHT und missglückte HEIMKEHR

Die Angst vor der roten Armee geisterte durchs Land. Alle lebten in der Furcht, der russischen Armee schutzlos ausgeliefert zu sein. Sie werden sich rächen! Die Sorgen der Eltern in dieser heiklen Situation waren natürlich nicht die meinen; denn was wusste ich schon von diesen komplizierten Zusammenhängen in der Welt der Älteren. Ich war ein Kind, lebte spontan und jeder Moment war meine Welt. Wohl doch nahm ich die sorgenvolle Stimmung der Eltern und Älteren wahr. Das drückte ungeheuerlich aufs Ambiente. Ich nahm es als das, was es war. Dieser Druck war ja schon Bestandteil unseres alltäglichen Lebens, jetzt wurde er allerdings noch grösser, aber ich empfand keine Last, keine direkte Verantwortung, mein kindlich-jugendliches Gemüt lebt, lacht und weint wie gerade der Moment sich ergibt. Ich lebte eifrig meine Zeit, zu der alles das dazu gehörte was gerade war.

Eines Tages nun, es war tiefster Winter, dunkel und kalt, kam nachts einer von Vaters Lastwagen auf den Hof gefahren und es hiess: „ Klamotten packen, wir hauen ab "! Das war so ähnlich wie bei den Luftangriffen, man lag gerade im ersten tiefen Schlaf, da heulten die Sirenen und wir mussten, ob wir wollten oder nicht, in den Luftschutzkeller. Ein bischen anders war es hier schon, zwar keine Bomben von oben, aber doch war eine grosse Veränderung im Anzug.

Als der erste Schreck überstanden war, konnten wir weiterschlafen; denn die Abfahrt war für den nächsten Tag geplant. Ich wachte fröhlich und voller Vorfreude auf. Eine Reise stand bevor wo keiner wusste, wann und wie sie enden würde. Ab heute brauchte ich nicht mehr in die Schule zu gehen!

Ein grosses Abenteuer stand vor uns. Es wurde unruhig im Haus. Schon früh begann man mit den Vorbereitungen. Koffer, Säcke und Kartons füllten sich mit unseren wenigen Habseligkeiten: ein Paar Aluminiumkochtöpfe, dergleichen Emailleteller und Becher, Besteck. Das wichtigste neben unseren Sachen zum Anziehen waren natürlich die Federbetten und wenn möglich auch kleine Matratzen und Wolldecken. Das wars dann auch schon. So lebten wir ja die letzten Jahre, es war nichts Neues. Alles lief mit viel Übung ab und flutschte. Die Ängste, die dahinter standen, wurden für uns Kinder durch die Vorfreude auf die Reise abgepuffert. Ich empfand alles wie eine Eroberung. Die Eltern hielten natürlich negative Schwingungen von uns fern wo sie nur konnten, doch zuweilen wurden auch sie nervös und hecktisch, wenn irgendetwas nicht so klappen wollte wie sie es sich wünschten. Ja, dann spürte ich wohl die Spannung die in der Luft lag und nach irgendwohin ausbrechen wollte.

Alle unsere Sachen landeten nun wieder auf dem Büssing-Nag Lastkraftwagen und ab juchhe ging die Fahrt über Stettin, das wir schnell hinter uns liessen, weiter über Anklam nach Greifswald, dort hin wo Vaters Geschäft inzwischen auch evakuiert war. Unsere Endstation war Stralsund. Dort quartierten wir uns im Haus von Tante Karla ein, das direkt am Stadtwald lag. Wir bezogen ein Zimmer in der ersten Etage, in dem vorher eine Krankenschwester wohnte, die wohl in der Frauenklinik meines Patenonkels Martin tätig war. Als ich den Wandschrank öffnete kam mir ein verwester Geruch entgegen und wir fanden ein totes Hühnchen, dass wohl trotz der knappen Zeiten für einen Moment in Vergessenheit geraten war. Bei mir blieb da ein Ekel hängen, den ich fortan mit jüngeren Krankenschwestern und Mädels verband, die nicht so ganz sauber waren; denn wie war dieser Vorfall mit einer schneeweiss gekleideten Krankenschwester, für deren hilfreiches, engelgleiches Wesen ich Hochachtung empfand, zu vereinbaren? Onkel Martin war ein vielbeschäftigter Arzt. Wir sahen ihn nicht so oft in seinem Haus bei seiner Frau mit ihren drei Kindern, meinem Vetter und Cousinen bei denen wir nun zu Gast waren, harrend wie sich der Vormarsch der roten Armee wohl gestalten würde. Die Gespräche der Älteren drehten sich um den Krieg, um die Feinde, die immer mehr zu Siegern wurden und um unser Essen, warme Klamotten, Holz und Kohlen für den Ofen. Wir Flüchtlingskinder gingen nicht mehr in die Schule und erfreuten uns unserer Freiheit.

Als ich beim Herumstrolchen in Nachbars Garten manches mal Hühnereier fand, die eine freundliche Henne ins Gebüsch legte, lief ich stolz mit dieser wertvollen Beute heim. So ein Ei in freier „Wildbahn" zu finden war für mich zu jener Zeit wie ein Wunder. Da es Winterszeit war, hielten sie sich frisch und wir konnten sie gleich essen. Ich fühlte mich wie ein Jäger der auf die Jagd ging, um seine Familie zu versorgen.

Greifswald lag in der Nähe, so dass wir den Papa nun häufiger sahen, der auch gerne seine jüngste Schwester Karla besuchte. Das Haus hatte einen kleinen Vorgarten mit Kieswegen die mit Buchsbaumhecken eingerahmt waren. Dort spielten wir oft mit Vetter Karsten. Eines Tages tauchte ein Freund auf, der uns drei Jungens mit tollen Modellpanzern beschenkte. Das war ein grossartiges Geschenk in dieser Zeit, zumal die Panzer fast zu schade waren, um mit ihnen da draussen auf den Kieswegen zu spielen. Für mich waren es eher Austellungsstücke, so genau und sorgfältig waren sie gebaut, wohl eine massstabgetreue Nachbildung von einem Tiger-Panzer, wenn ich mich recht erinnere. Sie hatten eine beige Tarnfarbe und es endete natürlich damit, dass wir gegenseitig Krieg spielten, uns beschossen und viel Spass daran hatten. Wir wurden aber auch wütend aufeinander, fingen an uns zu „kloppen", wobei ich ein feines Gespür dafür entwickelte, inwieweit ein Streit noch spielerisch war, oder sich in blinder Wut verlor, wo dann alles möglich war. Bei mir passierte das nur, wenn der Gegner zu übermächtig, schonungslos und ohne jede Achtung war. Offensichtlich rutschte ich dann in eine Art „Stop", war wie gelähmt, und es konnte in eine Art Panik ausarten! Es geht dann wohl ums nackte Überleben. Ich fühle mich als Opfer übermächtiger Kräfte . Da Bruder Klaus und ich beim Spielen mit anderen uns als mehr zusammengehörig empfanden, kann das leicht bei dem Gegner, in diesem Falle dem Vetter, eine Übermacht-reaktion ausgelöst haben, er wurde jähzornig, was ich als unangenehm und gefährlich empfand, wo doch von meiner Sicht aus überhaupt kein Grund für solch heftiges Verhalten zu erkennen war. Daraus zog ich die Erkenntnis: „so bin ich nicht und so will ich auch nie sein"! Trotzdem erwischte ich mich selbst dabei, meistens im Streit mit Klaus, wenn er seine Übermacht schonungslos an mir ausliess, wie ich spontan in diese Panik rutschte und anfing mich blind zu verteidigen. Nun konnte ich anderen in ähnlichen Situationen mehr Verständnis entgegenbringen und ihnen sogar beistehen.

Heute übertrage ich diese Art von Mitgefühl auf die gesamte Weltsituation und sehe Lösungen, nicht nur in direkten Hilfen was ja vielerorts geschieht, sondern besonders auch in einer mitfühlenden Verhaltensänderung für die schonungslos agierenden Übermächtigen. Von daher gesehen steckt unser Bewusstsein seit Jahrtausenden in den Kinderschhuhen. Vielleicht gelingt es uns ja eines Tages >in die Puschen zu kommen!<

Aber zurück nach Stralsund, am Rande des Stadtwaldes. Die Sonne schien an einem glasklaren, klirrenden Wintermorgen, als ich plötzlich das beängstigende Geräusch eines heulenden, unregelmässig knatternden Flugzeugmotors über mir vernahm. Da sah ich auch schon einen Stuka mit einer Rauchfahne im Sturzflug in den Stadtwald stürzen, nicht unweit unseres Hauses. Die Explosion war so gross, dass manche Scheiben klirrten und der Luftdruck der Explosion die ganze Luft erzittern liess.

Solche Erlebnisse sind dermassen heftig, dass sie unseren Körper rütteln, in den Zellen als Vibration haften bleiben, um später, in ähnlichen Situationen, wieder zum Vorschein zu kommen, so als warteten sie in ihrer versteckten Angst darauf uns erneut wie ein wildes Tier anzuspringen, uns wieder und wieder zu rütteln, zu erinnern. Da legt sich dann eine Erfahrung über die nächste, wird immer tiefer vergraben unter dem unbewussten Motto; „ bloss vergessen "! ...wobei das Gesamtbild dann eine Folge von diesen und von allen anderen Erlebnissen und Erfahrungen sind, ohne dass wir oftmals eine Chance haben oder erkennen wollen, dass diese äusserlichen Erlebnisse zwar körperorientiert und greifbar erfahren wurden, aber mit unserer wahren Essenz nichts zu tun haben. Da ist eben auch dieses tiefe Vertrauen, dieses Stillesein, was hintergründig unser Leben bestimmt. Alles andere ist vordergründig und offensichtlich ein Spiel, eine Aus- ein- ander-setzung, wie eine Meisterschaft, um mit den Naturgesetzen unseres körperlichen Daseins auf diesem Planeten umgehen zu lernen, des ewig anmutenden Hin und Hers, das von uns, als Herausforderung, vielleicht bewusst gesteuert werden kann, aber nur in der Hinsicht, dass wir uns DEM öffnen was sowieso und unausweichlich geschieht.

Der Stadtwald wurde von der Polizei und Feuerwehr abgeriegelt. Die Nachbarn waren auf den Strassen, der Schrecken noch in allen Gesichtern. Kartons wurden in die kaputten Fenster gedrückt, damit die kostbare Wärme nicht von der eisigen Winterkälte aufgesogen wird. Holz, Kohle und Briketts waren knapp, es durfte kein Häufchen Energie verloren gehen. So überlebten wir die immer enger werdenden Zeiten.

Meine Neugier war gross zum Absturzplatz des Stukas zu kommen und so schlichen wir uns durch verbotenes Waldgebiet hin zur Absturzstelle, die dann doch weiter entfernt war als von uns Jungens angenommen. Endlich standen wir vor einem riesengrossen Kraterloch. Die Baumgipfel waren zerfetzt, wie auch die Stämme und das Buschwerk rundherum. Die grossen Flugzeugteile waren schon beiseite geschafft, trotzdem fanden wir Aluminiumreste und ich sogar ein Stückchen Plexiglas, das von der Kanzel stammen musste. Stolz auf diesen Fund reihte ich ihn ein in meine Granatsplittersammlung. Die Absturzstelle selbst war ein Ort des Grauens und prägte sich bei mir ein als Symbol der totalen Zerstörung. Hinzukamen die Gedanken an den Piloten, von dem kaum noch Sichtbares übrig geblieben war und der doch irgendwie hier präsent war.

Der Stadtwald hatte aber viel angenehmere Seiten; denn wir spielten und tobten uns so richtig in ihm aus. Wir fingen auch an in die weiche Borke der Buchenstämme mit unseren Taschenmessern Herzchen mit Pfeil zu schnitzen und wenn kein Herzensbedürfnis vorhanden war, dann halt nur die Anfangs-buchstaben unserer Namen. Das Messer musste schon scharf sein, um einen klaren Schnitt durch die saftige Borke bis hinunter ins Stammholz zu schneiden. Nachher dann pulten wir die eingeritzte Borke heraus, die sich gut ablöste und schon strahlte mein Kunstwerk am Buchenstamm bis - fast - in alle Ewigkeit!

Im Hier und Jetzt der Kindheit und frühen Jugend gibt es Zeiteinteilung ja nur durch das Wahrnehmen der fühlbaren Naturerscheinungen, Tag und Nacht, Sonne und Regen, wie Essen und Trinken, Wachen und Schlafen, Frieren und Schwitzen........dann wenn Ferien sind; denn sonst ist natürlich die Schule der Zeitmacher, als grosser Einbruch in die Unzeit des Kindseins, als unausweichliche Vorbereitung auf kultivierte, anpassungsfähige und eingegrenzte Zivilisation; denn wahrlich, ohne sie tendierten wir sicherlich mit Leichtigkeit mehr hin zum Wilden.

Die Ostfront ist schon längst im eigenen Land und nähert sich der Oder. Kilometerlange Flüchtlingstrecks, mit ihren von Pferden gezogenen Planwagen, versuchen in Swinemünde über die Oder zu kommen. Feindliche

Jäger greifen selbst diese armseligen Kolonnen aus der Luft an. Die Nachrichten, die zu uns durchsickern sind verheerend.

Auch Tante Grete und Olga sind unterwegs, mussten ihren herrlichen Hof verlassen, dort wo wir fast zwei Winter so schön verbrachten. Was ist wohl geworden aus all den Menschen von dort, den Kindern, Lehrern, Knechten, Mägden, Nachbarn und den Kriegsgefangenen? An einem Nachmittag rollte ein schwerer Ackerwagen mit 2 starken Pferden auf der Strasse hin zu unserem Haus in Stralsund. Ja, es waren die Beiden, sie habens geschafft! Tränen rollten. Wir waren alle sehr glücklich uns gesund wiederzusehen.

Doch die Zeit drängte, sie war knapp, will man mit Pferd und Wagen noch weiter nach Westen kommen, um der so gefürchteten roten Armee zu entkommen.

Tante Karla hing sich mit ihrem Borgward Hansa , der seit Jahren ungenutzt und versteckt in der Garage stand, hinten an Tante Gretes Plan-Ackerwagen mit einer langen Eisenstange an, packte die drei Kinder und ihr wichtigstes Hab und Gut mit ein, so dass der Hansa fast aus den Nähten platzte und schon ging deren Reise nur wenige Tage später weiter. Etwas traurig sah ich ihnen nach und war erstaunt, wie gut diese beiden Pferde dieses zwar leicht rollende, aber schwere und vollgepackte Auto als Anhängsel noch mitzogen.

Es hiess nun, dass Stettin bereits unter Artilleriebeschuss stand und die russische Front kurz vor der Stadt war. So entschloss sich Pappi, quasi in letzter Minute, seine nach Greifswald evakuierte Firma hinter sich zu lassen. Er belud einen Lastwagen mit Anhänger voll mit noch in Säcken lagernden Lebensmitteln wie Zucker, Mehl, Haferflocken, Speiseöl in Fässern usw., holte uns in Stralsund ab, wo wir schon mit unseren verpackten Klamotten, Bettzeug und Kochutensilien auf ihn warteten, alles oben drauf luden und ab ging die Fahrt mit dem Holzgasbetriebenen Büssing Nag gen Westen. Ein russischer Kriegsgefangener, eine ganz treue Seele im väterlichen Betrieb, chauffierte den Lastwagen.

Leider kamen wir nicht allzuweit; denn deutsche Truppen hatten überall Panzersperren errichtet und so war auch unsere Landstrasse vollkommen blockiert, so dass es uns unmöglich war mit dem LKW weiter voran zu kommen. Unsere Flucht gen Westen wurde aussichtslos; denn auch alle Nebenstrassen und Landwege waren zu und durch tiefe Aushebungen unpassierbar geworden, was ohnehin mit dem grossen Lastwagen unmöglich gewesen wäre. Wir waren zu spät dran, vielleicht um Tage, vielleicht nur um Stunden. Das war urplötzlich unsere knallharte Realität. Unsere eigenen Leute versperrten uns den Weg und so landeten wir, ein wenig rückwärts fahrend auf dem Innenhof einer Waldgaststätte und mieteten uns dort in ein Zimmer ein, tagelang harrend auf das was da nun wohl kommen mag.

Gegenüber, tief hinten im Wald lag ein deutscher Fliegerhorst. Ganz in seiner Nähe ein Internierungslager von ausgehungerten Menschen, die im Gegensatz zu uns auf ihre Befreiung durch die rote Armee warteten.

Die Russen hatten die Oder überschritten. Ihr Weg war frei in Richtung Westen. Sie stürmten voran, um sich ein grosses Stück des deutschen Kuchens zu sichern, wussten sie doch, dass die Amerikaner, Engländer und Franzosen auch schon über den Rhein waren und gen Osten marschierten. All diese Nachrichten schlugen bei uns wie Bomben ein und veränderten von Moment zu Moment die Situation im allgemeinen, unsere im speziellen so dass man gar nicht mehr wusste, wem zu glauben, was zu fürchten und wo zu hoffen war. Ein gewaltiger Umsturz war im Gange wo keiner wusste wie, wann und wo es enden würde. Dieser Lage entsprechend war es recht ruhig um und in uns. Es war ein gewisses Ergeben, ein Loslassen, ein Abwarten; denn anderes zu tun war nicht mehr möglich.

Es dauerte nicht mehr lange und die Stunde - 0 - hatte geschlagen. Mit Angst, aber auch mit Neugier und einer gewissen Ruhe sahen wir die russischen Panzer, Kampfwagen und Soldaten die Strasse entlang kommen. Oben am offenen Fenster unseres Zimmers hörten wir mit Herzklopfen das Rasseln der Ketten auf dem Strassenpflaster. Es kam immer näher, wurde immer lauter, der Einmarsch des Feindes war unausweichlich und da schob sich auch schon der erste Panzer in unser Blickfeld. Irgendwie entspannte sich etwas in mir, als wolle ich schreien: "Hurra, die Russen die sind da"! Endlich war diese Angst, diese Unsicherheit, dieses unheimliche Warten vorbei. Ihre Präsenz jetzt und hier, vor meinen eigenen Augen selbst hat all diesem langen Unbehagen ein Ende gesetzt.

Als wir ihnen dann direkt gegenüberstanden musste ich mit grosser Freude feststellen: das sind ja auch Menschen wie du und ich, keine Ausserirdischen wie ich sie mir als Feindbild grausam und totbringend vorgestellt hatte. Sie mochten die Kinder, sie lachten sie wurden aber auch gefährlich und wütend, wenn ihre Anordnungen nicht befolgt wurden.

Vorher hatten sie wohl schon das Interniergslager befreit; denn wir sahen wie die befreiten Gefangenen in Scharen ausströmten. Der Fliegerhorst war ihr erstes Ziel, wo sie sich mit Uniformen, Stiefeln usw. freizügigst eindeckten. Sie erstürmten nun alles was ihnen in den Weg kam und landeten bald auf dem Innenhof der Waldgaststätte. In den Tagen vorher entdeckte ich Vatern und den russischen Chauffeur dabei, wie sie versuchten mit Steinen und Sand den Firmennamen von den Pritschenklappen abzukratzen der dort, schön geschrieben in grossen schwarzen Lettern mit rotem Schlagschatten, überall aufgemalt war. Vielleicht erhofften sie sich dadurch eine Tarnung für die wertvolle Ladung, die sich hinter den Planen verbarg. Aber das hielt vielleicht die hungrigen Angreifer einige Sekunden zurück, man konnte nicht gleich erkennen was sich auf dem Laster wohl verbergen mag. Schliesslich öffneten sie die Ladeklappen, die laut gegen das Chassis schlugen und erstürmten wie eine Meute hungriger Tiere den beladenen Lastwagen. Da war nichts mehr für uns zu retten! .... oder doch?

Vater war schon unten und wir sahen ihn gestikulierend mit Armen und Händen, sein Hab und Gut verteidigen. Wir rasten runter auf den Hof und standen ihm bei, als einer der Angreifer versuchte, ihm die Federbetten, die noch auf dem Fahrzeug waren, zu entreissen. Der Mann zog eine Pistole, bedrohte Pappi damit:" wenn Du das Bett nicht loslässt, erschiesse ich Dich"! Pappi hielt sein Federbett noch fester und brüllte ihn an: " Schiess doch Du Feigling, auf was wartest Du noch"! Mir schlotterten die Knie aus Angst meinen Pappi zu verlieren, aber ich verlor ihn nicht; denn er zog mit dem Bett, das er von seinem eigenen Lastwagen sozusagen den anderen vorweg gestohlen hatte hoch ins Zimmer. Das machte uns Kindern Mut und wir stiegen nun auch hoch auf den Laster und besorgten uns was wir nur konnten, mittendrin im Gewühl des Plünderns, so, als ob es nicht uns gehören würde. Dieses Mitplündern war sehr spannend. Jedes

Teil, das wir retteten war für mich wie ein Geschenk. Durch unser Mitmachen, Hand anlegen, wurden die Dinge wertvoller und dadurch mehr geachtet. Ich war beteiligt an den momentanen Erfordernissen unseres Überlebens, konnte mitmachen und dazu beitragen Dinge zu erhalten und Werte zu schaffen.

Die Russen standen abseits, beobachteten und duldeten das Geschehen, plünderten aber selbst nicht mit, sie waren korrekt, sie waren Waisenknaben neben den plündernden Lagerinsassen. Die Ankunft der roten Armee, die Befreiung des Lagers machten uns flüchtende Deutsche zu Opfern der Sieger. Unsere Situation hatte sich innerhalb weniger Stunden vom sogenannten " herrenrassigen Deutschen" des tausendjährigen Reiches zum Spielball der siegreichen Mächte degradiert, vom erfolgreichen, selbständigen Unternehmer zum ärmelnden Flüchtling mit einigen Bündeln seiner Habe unterm Arm und wenn er Glück hatte, ein Stück Brot zwischen den Zähnen. Dieser Wechsel war in unserem Fall so abrupt, so total, das es keinen anderen Ausweg gab als nur den, diese neue Realität als das was sie war zu akzeptieren.

Das erlebten wir hautnah und mit beiden Beinen auf der Erde. Das machte aus mir Knaben aber auch einen mutigen Jungen, der diese Realität als Herausforderung annahm. Natürlich nicht in dem Bewusstsein eines Erwachsenen, wohl aber als aktive und wache Lebensenergie, die solche Situation des nakten Überlebens einfach forderte.

Es begann nun, dass eine gewisse Gesetzeslosigkeit Einzug hielt, was einem, eher mehr als weniger wohlerzogenen Jungen, Tür und Tore in ungeahnte Freiheiten öffnete, die natürlich mit Ängsten und Gefahren verbunden waren und oftmals haarscharf an die Grenzen des Überlebens gingen, aber kaum als solche empfunden wurden. So passierte es beispielsweise, dass Bruder Klaus und ich die Gleise der Zingster Eisenbahn entlang gingen, die nicht unweit unserer Gaststätte durch den Wald führte. Bald kamen wir an einen kleinen Bahnhof, der menschenleer am Waldesrand lag. Die Eingangstür war aufgebrochen. Sicherlich hatten die russischen Soldaten auch dieses Häuschen erobert und geschaut was mitzunehmen war. Wir konnten es kaum glauben, dass uns beiden Bengels nun ein ganzer Bahnhof zur Verfügung stand, der vollständig einsatzfähig war und sicherlich noch gestern oder vorgestern den letzten Zug gesehen hatte. Am meisten beeindruckte mich der grosse Schrank, in dem die kleinen Bahnkarten aus festem Karton wohlgeordnet aufbewahrt waren. In unterschiedlichen Farben mit bunten, dicken Querstrichen und den Namen aller nahen und ferneren Fahrziele. Wir zogen sie heraus und spielten Kartenverkauf. Dann waren da die grossen Hebel, die die Signalzeichen, die Weichen und Hinweise auf dem Bahnsteig bedienten. Alles funktionierte bestens. Wir deckten uns mit allem ein was wir als wertvoll zum Mitnehmen ansahen.

Ich ahnte nun, dass eine neue Zeit, eine neue Ordnung für uns angebrochen war. Ich fühlte stark, dass der innere Druck der übermächtigen, faschistischen Ordnung des deutschen Nazi-Parteiapparates von uns genommen war, obwohl der Krieg ja noch nicht so ganz beendet war und wir der Ungewissheit und Willkür der Sieger ausgeliefert waren. Wir gingen auch zum Fliegerhorst, fanden aber leider keine dieser schwarzledernen Pelz-Fliegerstiefel oder Fliegerjacken mehr, die uns so an den plündernden Internierten gefallen hatten.

Wohl aber fanden wir einen Raum voller brauner Schaftstiefel, die aus ledergerahmtem Filz gefertigt waren und deckten uns reichlich mit ihnen ein, obwohl sie uns Jungens ja viel zu gross waren.

Unser Freund, der russische Lastwagenchauffeur, hatte sich schon vor dem Einmarsch seiner Landsleute aus dem Staub gemacht. Er wollte nicht zurück in seine kommunistische, russische Heimat und hatte auch Befürchtungen, von seinen eigenen Leuten wegen seiner Gefangenschaft und Dienst bei den Deutschen verurteilt zu werden.

Ja, da stand er nun, unser Büssing Nag, Holzgas betrieben, leer geplündert, seines Firmennamens beraubt im Hof unserer Waldgaststätte und wartete auf sein Schicksal. Nach wenigen Tagen kamen russische Soldaten und beschlagnahmten ihn, wussten aber nicht, wie sie ihn abtransportieren sollten, da er ohne Kenntnisse über seinen Holzgasbetrieb nicht fahrbereit war, einfach nicht anspringen wollte. Nach langem Gejuckel und leerer Batterie gaben Sie es auf. Wir dachten schon, das wars wohl, nun bleibt er unser. Aber "Pustekuchen" sagte Vatern, als wenig später ein kräftiges Militär-Fahrzeug im Hof auftauchte und unseren schönen Laster samt Anhänger auf Nimmerwiedersehen abschleppte.

Damit war auch das erledigt und wir sassen auf unseren übrig gebliebenen Klamotten in einem kleinen Zimmer der Waldgaststätte und warteten ab, was uns die Zukunft wohl bringen mag. Und sie brachte uns natürlich was: Im Mai 1945 war der Krieg verloren und beendet und wir Deutschen das Nazi-Regime los. Zu uns drang die Nachricht, dass Stettin Freistaat werden solle, ähnlich wie Danzig nach dem ersten Weltkrieg und alle flüchtenden Stettiner könnten heimkehren. Die Militärveraltung der Siegermächte würden Oderkähne mit Schleppern, für die Heimreise von Stralsund aus, zur Verfügung stellen, die die Menschen übers Haff und Oder aufwärts nach Stettin zurück bringen würden. Das war eine frohe Botschaft und ohne jeden Zweifel waren die Eltern bereit zurückzukehren. Da uns die Nachricht spät erreichte schafften wir trotz grosser Mühe nicht mehr, den ersten Schleppzug zu erreichen; denn unsere Anreise nach Stralsund musste erst organisiert werden, weil es überhaupt keine Verkehrsmittel gab.

Mit der Hilfe von Herrn von Bülow schifften wir uns dann in den zweiten Schleppzug ein, der einige Zeit später auslief. Unter unseren geretteten Sachen besassen wir tatsächlich noch ein 200-Liter-Fass mit Speiseöl, einen Sack Mehl und auch noch Zucker. Das waren wichtige Grundnahrungsmittel, die wir , Gott sei Dank, mit uns bis ans Ziel durchbekamen.

In Stralsund angekommen rollten wir das schwere Ölfass durch die Strassen hinunter zum Hafen. Eine kostbare Sackkarre half uns das Mehl und vieles andere mehr zu befördern. Wir quartierten uns mit anderen Flüchtlingen unter einer Ladeluke im Oderkahn ein. Das Ölfass blieb oben an Deck stehen, was für uns sehr auffällig war, den anderen aber völlig belanglos erschien. Als die Kähne dann voll waren, setzte sich der Schleppzug, gezogen von einem Oderschlepper in Richtung Stettin in Bewegung.

Wir waren alle guter Dinge, dass es nun zurück in die Heimat ging und natürlich auch gespannt darauf wie es dort wohl weitergehen wird. Mitten auf dem Haff kommt ein russisches Militärboot längsseits, stoppt den Schleppzug, Soldaten springen auf unseren Kahn, kontrollieren unsere Papiere und suchen nach Uhren und Schmuck. Wurden sie fündig, dann liessen sie alles mitgehen was tickte und glänzte. Als ihnen unser Fass auffiel und sie von Vatern die lässige Antwort; .. ist Benzina!.. bekamen, waren sie zufrieden und bohrten nicht weiter nach. Uns fiel ein Stein vom Herzen.

Nach dieser Visite hörten wir von Mitfahrenden, dass russische Soldaten Schiffskompasse zerschlagen hätten, um an den hochprozentigen Alkohol zu kommen in dem die Kompassrose schwamm. Sie tranken ihn und als sie dann wärend des Rausches einmal schwankend pinkeln mussten, bepissten sie ihren Schuh, der sofort ein Loch bekam! Vielleicht eine etwas übertriebene Realität aber nicht so weit weg wie man annehmen könnte. Alles war und ist möglich, so auch das, wenn die Russen auf ihrer Suche nach Uhren und Schmuck nicht so fundig wurden wie sie sich´s erhofften, schauten sie ihren Opfern ins Maul und wenn sie einen Goldzahn entdeckten würde auch der in ihren Taschen verschwinden.

Der Onkel Bülow, ein lieber, älterer Herr fand Spass an uns Jungens und schnitzte mir aus einem Stück Kiefernborke ein Schiffchen, dass ich an einem langen Faden ins Wasser liess und neben dem fahrenden Kahn her zog. So verträumt- dösend über die Bordwand gelehnt, wohl in alten Erinnerungen an unser Segelboot schwelgend, sah ich plötzlich tote, aufgedunsene bekleidete menschliche Körper im Wasser schwimmen und schlug Alarm. Alle sahen nun die vielen Leichen im Fahrwasser. Vom Schlepperkapitän wurde uns die Nachricht durchgegeben, die alle in Angst und Schrecken versetzte: Der erste Schleppzug sei auf eine Miene gelaufen, explodiert und gesunken, es war derjenige, den wir unbedingt kriegen wollten. Später erfuhren wir, dass sich einige Passagiere nach Ziegenort schwimmend retten konnten, darunter war auch Onkel Kakutsch, ein alter Freund der Familie.

Wir hatten Glück und legten nach langer, zum Schluss erdrükkender Fahrt am Kai der Hakenterrasse in Stettin an. Der erste Eindruck der Stadt war erschütternd, eine menschenleere Ruinenlandschaft, besser könnte man sich die Szenerie einer Apokalypse kaum vorstellen. Keine Fahrzeuge, kein Strom, kein Wasser, keinerlei Versorgung, kein Hund und keine Katze, alles irgendwie tot, in Schutt und Asche. Trümmerhaufen in den Strassen, kein Baum, kein Strauch und keine Blume.

So zog nun jeder los, beklommen, verängstigt auf der Suche nach seinen Erinnerungen; denn so lange war es doch gar nicht her und was sich über die Bombenangriffe hin noch retten konnte wurde dann wohl von dem Artelleriebeschuss zertrümmert und schliesslich von den nachrückenden Soldaten total geplündert und zerstört. Es lag kaum ein Stein auf dem anderen, so jedenfalls war mein erster Eindruck unten an der Oder, dem Hafen und der Altstadt.

Das Ölfass vor uns her rollend, es war so ein stabiles, verzinktes Eisenfass mit zwei kräftigen Eisenringen um seinen Bauch, was das Rollen verhältnismässig einfach machte, der Sack-Karre und dem Rest irgendwie huckepack, machten wir uns auf den Weg nach irgendeiner Bleibe. Das Nächste, an das sich die Eltern erinnerten, war Kakutschens Wohnung in der Kaiser-Wilhelm-Strasse, die war nicht allzuweit weg. Und tatsächlich kamen wir auch dort an. Der ganze Strassenzug schien einigermassen intakt zu sein. Wir fanden die vollkommen ausgeplünderte Wohnung mit offener Tür, zerstörten Möbeln und überall vollgeschissenem Fussboden.

So lange es noch hell war, machten wir notdürftig sauber, um zumindest in einem Zimmer auf dem Fussboden übernachten zu können. Rundherum kein Menschlein. Da sassen wir bei Kerzenlicht in einer gespenstischen Ruinenstadt, waren froh ein Dach über dem Kopf zu haben und schliefen schliesslich, eng aneinander gekuschelt uns gegenseitig beschützend, übermüdet ein.

Der nächste Tag war voller Sonne und Licht, er war voller Freude und Zuversicht. Vater zog vorsichtig und alleine los, um auszukundschaften, wie es um unser Haus und seinem Geschäftsgebäude stand. Die Strasse im Westend, dort wo unser Haus stand, war von einem Schlagbaum abgesperrt mit einem russischen Wachposten, es gab momentan keine Möglichkeit für uns dort zu wohnen. Hier in der Wohnung wollten wir auch nicht länger bleiben. So zogen wir wieder aus in westliche Richtung , um in der Nähe unseres Hauses etwas zu finden was uns auch in einem älteren Mietshaus, in der Eckerberger Strasse glückte, gegenüber einer russischen Militärkommandatur und den Kückenmühlern Anstalten; früher für geistig Behinderte bekannt als die Verrückten-Anstalt und heute belegt von Soldaten der russischen Truppen.

Unser Ölfass fand endlich seinen Ruheplatz in einer versteckten Ecke des Balkons. Wir richteten uns häuslich ein. Die Stadt hatte aber auch gar nichts mehr von dem wie wir sie vor einigen Jahren verlassen hatten und auch ich hatte nur noch wenig gemeinsames mit demjenigen der ich vor Jahren war! Meine Wahrnehmung hatte einen ganz neuen Ursprung. Ich musste in der Tat sehr wach sein, um zu überleben, natürlich in innigster Verbindung mit den Eltern und Geschwistern. Da war viel Achtung und Miteinander, da war viel Liebe, Zuneigung und Geborgenheit, da waren viele Ängste, Gefahren und Unberechenbarkeiten.

Man wusste nie was im nächsten Moment passieren könnte. Anfangs sahen wir in erster Linie russische Soldaten, so als gäbe es gar nichts anderes mehr, aber nach einigen Tagen tauchten hier und da immer mehr deutsche Zivilisten auf, die überall unterkrochen, wo sie noch eine einigermassen erhaltene Bleibe finden konnten. Alles schien gesetzlos und willkürlich. Es gab keinen Besitz, jeder nahm sich was er irgendwo fand und gebrauchen konnte. Wir Jungens fanden natürlich viel. Wenn wir nun durch die verlassenen, geplünderten Häuser zogen gab es immer irgendetwas zum Mit nehmen. Langsam richteten wir unsere Wohnung ein, fanden Spielsachen und strömerten den ganzen Tag herum.

Ich genoss eine wundersame Freiheit inmitten des Chaos, was für mich ja gar keines war; denn was wusste ich schon von der Wichtigkeit eines funktionierenden Systems, erfuhr ich doch immer den Schutz und die grösstmögliche elterliche Sicherheit, eben die Nestwärme, die uns den Rückhalt für unsere abenteuerlichen und manchmal auch sehr gewagten Streifzüge durch die nähere und weitere Umgebung gab.

Die Vororte waren nicht ausgebombt und so schlichen wir uns in die Wohnungen und Häuser, die allesamt leer standen und ohne Ausnahme ausgeplündert und verwahrlost waren, immer auf der Suche nach etwas brauchbarem und heilem. Da finde ich doch so ein rundes drehbares Tablett mit tortenstückartigen Kristallschalen, sie dienten wohl dafür, um den Gästen die verschiedensten Leckereien drehbar anzubieten, jedoch die Kristall-Schalen waren nicht vollständig!

Was sollte ich nur tun, denn ich möchte alle Schalen haben, um das vollständige Tablett den Eltern zu schenken. Es waren aber keine mehr zu finden und so suchte ich nun tagelang in vielen Häusern nach solchen

Schalen und als ich schliesslich ähnliche im Muster finde ist das wie ein Schatz, endlich mein wunderbares Geschenk komplett zu haben.

Wir fanden die tollsten Dinge und alles stand uns irgendwie frei zur Verfügung. So schleppten wir heran, was nicht niet- und nagelfest war, uns brauchbar und wertvoll erschien. Inzwischen häuften sich die unterschiedlichsten Spielsachen. Was mir aber besonders gefiel, war mein kleinergrosser hölzerner Lastwagen, den ich an einer Leine auf allen Streifzügen hinter mir herzog und oftmals das Motorengeräusch brummte. Das Problem allerdings war, dass es kein „Benzin" gab und so baute ich ihn auf Holzgas um, wie wir es ja gewohnt waren! Fortan schmückte nun der schwarze, runde Holzgasofen meinen kleinen Laster, es gab kein Kraftstoffproblem mehr, denn Holz gab es ja überall!

Eines Tages kamen wir von einem Streifzug zurück und entdeckten im Quistorp-Park eine Lore auf Schienen. Im Nu setzten wir das Gefährt in Gang und gondelten leicht abschüssig dahin. Das war ein immenser Spass. Auf unserer Weiterfahrt, dann wieder mit unseren Lastwagen, kamen wir an Schutzhügeln vorbei, die in der Mitte eine tiefe Mulde hatten in die sich die Soldaten als Schutz und Tarnung zurückzogen. Da huschten wir hinein und fanden richtige Waffen und grüne Holzkästen voller kleiner, runder, weisser Beutel.

Spannend öffneten wir sie und entdeckten ein grobes, schwarzes Granulat, dass für die grösse unserer Holzlastwagen wie Kohle aussah und so füllten wir die Pritschen mit diesem Zeugs. Ich fühlte mich wie ein richtiger Kohletransporter. Zuhause angekommen, mahnten uns Kriegsveteranen, unsere Kohle sei Schiesspulver und sehr gefährlich. Wir verabschiedeten uns trauernd von unserer "Kohlenbeute", schütteten alle vollen Lastwagen in eine verzinkte Waschschüssel, stellten sie im Hof an unsere Hauswand und zündeten sie an!

Der Schrecken war riesengross! Eine zigmeterhohe Stichflamme schoss förmlich in den Himmel und kohlte den hölzernen Dachvorsprung unseres mehrstöckigen Hauses an, ohne- Gott sei Dank- in Brand zu geraten. Ich wusste nicht wohin vor Angst, zumal schräg gegenüber auf der anderen Strassenseite ein russischer Militärposten seinen Sitz hatte, aber unserem Streich nicht gewahr wurde. Die Hauswand war heiss und so schnell und gewaltig das Pulver sich entfachte, war auch schon wieder alles vorbei. Ich erschrak sehr über die Wucht des Feuers, was in solchen Momenten unmöglich zu bannen schien. Da ich wohl der eifrigste "Kohlenhändler " war, fühlte ich mich wohl auch am schuldigsten und wusste nun sehr genau, dass ein solches Spiel mit dem Feuer absolut an Grenzen stösst. So ist, mein Leben lang, grösste Vorsicht vor dem Feuer geboten und ich komme geradezu in Panik, wenn mir irgendwo auf dem Lande ein Feuerchen - scheinbar- aus der Kontrolle gerät!

In der Tat kann es mit solcher Wucht aus den "Angeln " geraten, dass jeder Eimer Wasser, Gartenschlauch oder Laubzweig vollkommen nutzlos erscheint. – Immer wieder schielte ich durch das Gebüsch zu den Russen ´rüber, aber es kam keine Reaktion, sie hatten es tatsächlich nicht bemerkt, es hätte ja für sie eine Bedrohung bedeuten können!

Inzwischen hatten Klaus und ich einen Leiterwagen, mit dem wir Holz, Wasser und alles andere, was täglich anfiel, heran karrten. Nebenan war eine grosse Laubenkolonie. Die kleinen Holzhäuschen auf jeder Parzelle waren natürlich auch ausgeplündert und teilweise kaputt geschlagen, so gab es viel Brennholz. Wir luden die Bretter auf den Leiterwagen und häuften sie im Hinterhof auf. Die Arbeit, die mir dann nicht so gefiel, war das Kleinhacken der Bretter, die ich mit einer Seite auf einen flachen Holzbock legte, sodass ein Hohlraum zum Boden entstand und das Brett beim Schlag mit dem Beil nach unten hin Platz zum Brechen hatte. Das waren alte, trockene Bretter, die leicht zersplitterten und immer noch würzig nach Harz rochen. Sie brannten natürlich im Küchenherd schnell weg, es knisterte, die Funken sprühten und das Essen kochte schnell gar, so dass ständiger Nachschub vonnöten war. Nun holten wir aus den Laubengärten nicht nur Holz. Das Land war ja bestellt, wenn auch sehr verunkrautet fanden wir doch allerlei Gemüse und Obst an den vielen Bäumen.

Bevor die Menschen ihrer Stadt entflohen, vergruben viele ihre Habseligkeiten, die sie nicht mitnehmen konnten, in den Gärten. Die Russen wussten darum und durchstocherten mit ihren langen Säbeln die Erde in der Hoffnung auf einen Wiederstand zu stossen und einen Schatz zu finden. So manchem gelang das, was ihnen immer wieder Ansporn zu neuem Suchen gab. Erwischte man sie dabei, war grosse Vorsicht geboten, sie konnten sehr wütend und unberechenbar werden, war es doch ihr Schatz den sie suchten, keiner durfte davon wissen! Da wir keine Säbel hatten, machten wir ihnen das mit einer Eisenstange nach. Ich kann mich aber nicht erinnern, jemals etwas gefunden zu haben.

Direkt vor der Militär-Kommendatur, uns schräg gegenüber, war ein grosser Vorgarten in dem wunderbare, rote Tomaten wuchsen. Sie zu klauen war mir zu riskant, aber sie täglich ansehen zu müssen, als unerreichbare Früchte, wurde zunehmlich unerträglich, so dass ich schliesslich den Entschluss traf, direkt zu den Russen zu gehen, um sie zu fragen. Klopfenden Herzens stand ich vor ihnen versuchte mich zu erklären und war so erleichtert über ihre freundliche Zubilligung meines Tomatenwunsches: " hol Dir mein Junge so viel und wann immer du willst "! " DANKE "! .... unsere Tomaten waren für die nächste Zeit gesichert!

Die Kückenmühler Anstalten waren mit vielen russischen Soldaten belegt, die natürlich neben ihrem Dienst auch ihre freie Zeit hatten und ähnlich wie wir in dieser gespenstischen Stadt ihre Streifzüge machten.

Andere wiederum nuckelten fleissig an ihrer Wodkaflasche und stromerten im näheren Umfeld herum, um irgendwie zu agieren, Radau zu machen, zu belästigen und natürlich immer auf der Suche nach einer Frau.

So geschah es nicht selten, dass sie in die bewohnten Häuser kamen und Krawall machten. Wir Einwohner verbarrikadierten unsere Haustüren von innen, Bretter und alte Nägel hatten wir ja genug, um uns vor den trunkenen Eindringlingen zu schützen, aber das erste Mal waren wir nicht so gut vorbereitet und es gelang ihnen tatsächlich in unsere Wohnung einzudringen. Mit viel Geschick und äusserster Vorsicht gelang es Tante Emmy sie abzuwimmeln, denn weder Vater noch Mutter durften sich blicken lassen, waren doch beide auf unterschiedliche Weise Opfer und Ziel ihrer angetrunkenen Streifzüge.

In erster Linie suchten sie die Frau, um sie zu vergewaltigen. Dieses Wort war damals bei uns Kindern sehr geläufig, eigentlich wussten wir auch irgendwie worum es dabei geht, da ich aber keinerlei Erfahrung damit hatte, wohl ein bischen mit meiner eigenen Sexualität, aber nicht als etwas Gemeinsames, nicht als ein Miteinander, wohl aber als Vorahnung die eigene Lust mit anderen zu teilen, nahm ich es einfach hin als das was es war: als gefährliche Bedrohung der Frauen durch die Russen, die natürlich im Suff mutiger waren, sich weiter vorwagten, um ihren " Druck " los zu werden.

In zweiter Linie suchten sie den Mann, um ihn nach Sibirien zu verschleppen, vielleicht bekamen sie Kopfgeld! Das war der Grund weshalb vornehmlich Klaus und ich das Ranschaffen draussen auf der Strasse besorgten, wärend die Frauen das Haus hüteten und sich der Vater nur unter grösster Vorsicht nach draussen wagte.

Zuhause gab es viel zu tun, denn das Essen, Wasser und Licht, Feuer, Gesundheit, Körper und Geist, die Vorbereitung auf den Winter mit Kleidung und dem Einmachen mussten in solch primitiven Umständen bestens organisiert werden. All´das wurde zu einer Beschäftigung rund um die Uhr; denn es gab immer noch keinen Strom, kein fliessendes Wasser, keinen Bäcker, Fleischer oder Krämer. Es gab überhaupt keinen Laden wo man irgendetwas kaufen könnte, keine Strassenbahn oder Bus, kein Auto, aber hier und da mal ein Fahrrad. Nur die Russen bewegten sich mit ihren Militärfahrzeugen für den eigenen Gebrauch. Besonders in Erinnerung blieben mir die riesigen doppelachsigen olivgrünen Lastkraftwagen.

Nun, nach unserer ersten Erfahrung mit angetrunkenen, randalierenden Russen sicherten wir unsere Haustüre wie ein Festungstor. Wir Brüder besorgten dickere Balken, die wir auf unserem Leiterwagen heran karrten, während der Pappi sich mit rostigen Eisenwinkeln und gerade gehämmerten Nägeln, aus unseren Feuerholzreserven, an der Haustür herumwerkelte und so entstand ein praktisches und starkes Verriegelungssystem, das wir verhältnismässig schnell an- und abbauen konnten.

Bei späteren Versuchen der Russen, in unsere Wohnung einzudringen, gab es keine Chance mehr für sie, wohl aber stieg ihr Zorn und ihre Wut fast ins Unermessliche, wenn es Ihnen als Helden und Sieger nicht gelang, den Verlierern und Opfern eines verlorenen Krieges, mit ihren Launen zu demütigen. Manchmal waren die Situationen so haarig, dass wir fast gewillt waren zu öffnen, wenn sie nicht von sich aus in genau diesen Momenten, abgezogen wären. Der psychische Druck in solchen Situationen ist oft schmerzvoller, als ein körperliches Leid, das einem beim öffnen der Tür vielleicht angetan worden wäre.

Während wir drinnen standen und den Spektakel da draussen über uns ergehen lassen mussten, bibbernd vor Angst, dass unsere Verbarrikatierung wohl halten möge, aber auch abseits von der Tür, um möglichen Schiessübungen aus dem Wege zu gehen und in absoluter Stille, damit sie meinen könnten - es sei gar keiner zu Hause -, verbrachten wir Momente der Ohnmacht und des Schreckens, so, als ob unser Überleben am seidenen Faden hinge. In der Tat, so war es!

Solche Erlebnisse dringen tief in die Zellen; eines über das andere und wieder über das nächste, dass ich mir später oft die Frage stellen musste: " Wo bin ich eigentlich ? Ist - DAS- die wirklich wahre Welt? Ist dieses - System - unseres Miteinanders, das wohl schon seit Jahrtausenden auf ähnliche Art und Weise funktioniert, unsere einzige Wahrheit"?

War da nicht jemand, damals vor 2000 Jahren, der diese unsere Wirklichkeit tief auslotete und den mutigsten Versuch unternahm, den je ein MENSCH überhaupt unternommen hat, um unser Miteinander in eine menschlich- evolutionärere Bahn zu leiten, einfach Klarheit zu schaffen über das wahre Wesen des SEINS ? Ist dies dann die 2000 jährige Geschichte die als Leiderfahrungen am Kreuze millionenfach in den Kirchen und Tempeln, über den Betten oder um die Hälse hängend symbolisch wiederholt wird, um die Essenz seiner Botschaft auch weiterhin zu ignorieren und immer wieder aufs neue zu kreuzigen ?

Steht das Kreuz nicht für Einheit, als Treffpunkt wo das SEIN und erlittene „NICHT"-sein sich im Unaussprechlichen verschmelzen? Geht es nicht ganz einfach darum diese frohe Botschaft umzusetzen, sie zu leben, endlich unsere Köpfe durch die Blase der Ignoranz zu stecken, tief Luft zu holen, zu staunen wie wunderbar diese- andere Welt - sich anfühlt; dann sind wir wie ein erwachendes Kind, das nun ohne die Tradition der alten Kreuze neu erblüht ! Das ist ein Quantensprung, eine Mutation (eine Mut-Aktion)! Es braucht Mut, viel mehr als den alltäglichen, aber er ist ein anderer, er ist ohne Angst. Das zu erkennen geschieht nur Dir ALL-EIN, ohne Dich !"

Da ich in diese 2000-jährige Tradition hineingeboren wurde, griff ich mir diesen wunderbaren Menschen als Ersten heraus, aus dieser weiten Palette der vielen Anderen, die auch über die Grenzen der traditionellen

Systeme hinausgewachsen sind, sie weit hinter sich gelassen haben, präsent waren, präsent sind und präsent sein werden wie ein Leuchtturm in der dunklen, stürmischen Nacht! Sie alle sind es; die die Essenz im Bewusstsein halten. Sie sind der Wecker des neuen Morgens und helfen so, den Ursprung zu wahren, der so – wie – so in Allem wirkt, in uns allen ist.

Damals jedenfalls war das Zittern um mein Leben meine nackte Wirklichkeit; erst ganz, ganz langsam erwuchs mir eine andere, für mich neue Wirklichkeit, und heute meine ich, dass jedes Zittern ein Stolperstein, ja eine Einladung zum Sprung in diese " andere Welt " ist, wenn wir es nur kapieren würden!

Im Anschluss an unseren Hinterhof gab es eine Gartenpforte, die auf ein nächstes Grundstück führte, auf dem ein flaches Holzhaus stand. Dort wohnten unsere Gespielen, 2 Jungens und ein Mädchen. Sier waren unsere Kumpels, wir bildeten eine Clique, eine Bande, eine Gang würde man heute sagen; denn die beiden Burschen waren nicht " von schlechten Eltern ", sie waren Draufgänger, mutige Beschützer, wir mochten uns und waren zusammen ein machtvolles Gespann, was uns allen in jenen Zeiten das Leben erleichterte.

Wir lernten uns wohl über den Gartenzaun kennen. Als ich beim Holzhacken war, erzählte mir der Ältere, dass er eine Essensquelle bei den Russen angezapft hätte und er uns einlud einmal mitzugehen.

So geschah es dann. Ein langer Weg führte uns durch Parks, Grünanlagen über Wiesen und Felder hin zu den Kasernen, die weit ausserhalb im Westend lagen, dort wo früher die Strassenbahn Linie -1- vorbeifuhr wenn wir mit Dedda ins Schwimmbad gingen. Jeder von uns hatte eine Milchkanne mit Deckel und mit ihr schlichen wir uns in die Kasernen, mit Tricks an den Wachposten vorbei, geisterten durch die langen Korridore bis hin zum Speisesaal, wurden hier und da im guten wie auch im bösen angemacht, aber gelangten doch schliesslich an die grossen hölzernen Esstische. Teilweise wurde noch gegessen, oder standen Teller mit Resten herum, wie auch noch Essensreste auf dem Tisch lagen. Das war also unsere neue Essensquelle! Wir schnurrten von den noch essenden Soldaten. Manchmal kippten sie uns ihren ganzen Teller in die Kanne und holten sich eine neue Portion. Das war dann -paradiesisch-; denn im allgemeinen begnügten wir uns mit Teller- und Tischresten und schoben mit unseren Händen alles in die Kannen was nach Nahrungsresten aussah, solange bis sie voll waren, oder aber, was auch manchmal geschah, kam ein Wachhabener und schickte uns zum Teufel. Wir flohen, er hinter uns her, versuchte uns zu erreichen, zu treten und einmal flog ich hin, die Suppe war futsch an einem solchen Tag.

Vollbeladen zogen wir meistens durch die Wildnis heim, damit uns bloss keiner das köstliche Essen abspenstig machen konnte. Man wusste ja nie! Die Eltern freuten sich und wir alle genossen die meistens prima zubereiteten Gemüsesuppen, sehr selten mit einem Stückchen Fleisch, was zu der Zeit eine köstliche Seltenheit war. Wir hatten auch keinerlei Abneigung gegen das Essen, bedenkt man seine Herkunft, die Art und Weise wie wir da rangekommen sind, es stimmte einfach und stillte unseren Hunger als grosse Abwechslung, sicherlich auch vor dem Hintergrund der üppigeren Siegerverpflegung!

Diesen weiten Weg machten wir so einige Male. Das schweisste unsere Truppe mehr und mehr zusammen, so, als würden wir uns unbewusst auf eine noch grössere Herausforderung vorbereiten, die langsam auf uns zu driftete.

An einem Abend waren wir wieder einmal bei unseren Freunden den Nachbarskindern; spielten und alberten herum während deren Schwester wohl ein Auge auf mich geworfen hatte und auf ganz besondere Weise mir immer näher rückte. Einer von uns beiden sass auf einer Tischkante, der andere stand nah vor ihm. Irgendwie überwältigt von dem Moment, sich magisch anziehend, küsste sie mir auf den Mund, während ihre Zunge sich langsam vortastete, ganz in meinem Mund verschwand. Mir blieb die Luft weg! Alles endete so plötzlich und schnell wie es begonnen hatte.

Da sass ich, ein bisschen "verdattert "und sie lachte, schelmisch, siegreich und strahlte mich an. Klar, sie hatte sicherlich schon Erfahrung mit dem Küssen, sie war einige Jahre älter als ich. Ich reagierte sehr überrascht. Es war eine Initiation, ganz spontan und sehr bewegend für mich. Das war also mein erster Zungenkuss; er blieb unvergesslich, aber er machte mich nicht " heiss", es war eher sonderbar zum ersten Mal eine fremde Zunge in meinem Mund zu spüren und doch entstand Intimität, ein

Vertrauen, das von nun an nur wir beide teilten. Es war eher wie eine Bruder- Schwesterschaft. Es war etwas ganz Grosses, eine Union, ein tieferes Öffnen einem anderen Menschen gegenüber. Grenzen fielen, Nähe geschah. Das alles zusammen war vielleicht ein bisschen viel und brauchte seine Zeit, um in mir zu wachsen. Ihr Name liegt mir auf der Zunge und da lasse ich ihn auch!

In all´diesen ersten Wochen war unser grosses Ziel, zurück in unser Haus zu kommen. Als wir uns gerade in diese Wohnung eingenistet hatten, machten wir den ersten Ausflug als Beobachterposten, gingen durch die Laubenkolonien, den Park, auf den unteren Schotterweg, der eingerahmt von Kastanienbäumen unterhalb der hohen Böschung, auf der unser Haus stand, vorbeiführte. Dann schlugen wir uns durchs Dickicht, mussten noch ein bischen nach rechts, Ja, und da stand unser schönes Haus, hinter dem hohen Maschendrahtzaun. Genau durch das Loch im Zaune, durch das früher unser Obstdieb schlüpfte, krochen wir nun in unseren Garten, ganz vorsichtig und mit pochendem Herzen!

Wir wussten ja, dass unser Haus von einem hohen Militär bewohnt und bewacht war. Die Eltern und wir beiden Jungens wagten nun diesen kleinen, privaten Stosstrupp hoch zum Haus, der ganz wichtig für uns war, für unser Wohlbefinden endlich heimzukommen. Mutig schlichen wir uns, geduckt hinter Bäumen und Sträuchern, durch den ungepflegten Garten zum Haus und gelangten durch die nicht verschlossene Waschküchentür in den Keller. Hier unten war ein heilloses Durcheinander. Während man oben die Stimmen hörte zitterten mir vor Angst die Knie, was aber schnell verging; denn wir fanden immer mehr von unseren Spielsachen, die alte Erinnerungen wach riefen. Die hölzerne Kellertreppe, o Schreck, benutzten die Russen als Müllkippe, so dass sich der Müll schon fast bis oben an die Flurtür angehäuft hatte. Zwischen ihrem Abfall warfen sie auch die Einrichtungsgegenstände mit denen sie nichts anzufangen wussten, die Kellertreppe hinunter. Dazwischen lag auch unser Küchenherd, Möbelreste und Gardinen. In diesem Moment gab uns die Müllblockade nach oben hin eine gewisse Sicherheit; denn von dort her war nicht zu erwarten, dass jemand in den Keller kommt; die Gefahr hier unten erwischt zu werden war nicht mehr so gross. Wir packten zusammen was uns erst einmal am liebsten war und hofften auf spätere Stosstrupps, um aus unserem Haus noch mehr unserer Sachen zu klauen!

Der Heizungskeller lag noch voller Koks, in der Weinkammer unter der Kellertreppe gab es natürlich keinen köstlichen Tropfen mehr. Die Garage und der Luftschutzkeller stanken nach Abfall und Scheisse. Das tollste was wir Kinder vollkommen intakt wiederfanden, war unser Ziehroller, ein kleines Gefährt, vielleicht einer Seifenkiste ähnlich, das man, auf ihm sitzend und mit den Füssen die Vorderachse lenkend, an einem Band mit Holzklöbel ziehend, welches sich über eine Freilauftrommel an der Hinterachse auf und ab wickelte, fort bewegte. Der war auf unserem ersten Streifzug nun als Beute mit dabei und so zogen wir, - fast- unbemerkt, wie Diebe mit dem Besten beladen wieder durch das Diebesloch kriechend heim in unsere Wohnung. Ich erinnere mich noch schwach, dass uns irgend jemand von oben sah und anfing Theater zu machen, während wir aber schon – fast – verschwunden waren!

Und dann kam die grosse Wende! Wir sahen auf einmal Soldaten in anderen Uniformen und 4 zackigen Mützen und mussten nun erfahren, dass unsere Stadt nun doch nicht mehr dazu auserkoren war Freistaat zu werden, sondern unter polnische Verwaltung kommen würde. Das schnürte uns die Kehle zu ! Der Wachwechsel ging verhältnismässig schnell voran wobei die Russen wohl noch die Macht und militärische Führung behielten, aber die zivile Verwaltung, insofern überhaupt eine bisher vorhanden war, der heran-strömenden polnischen Bevölkerung überliess.

Auf einmal waren die Russen unsere Verbündeten und die Polen unsere Feinde; denn sie verhielten sich sehr präpotent und liessen an uns Deutschen ihre ganze Wut, ihren ganzen Hass aus, was uns aber auch stark machte und wir sie fortan die Pollacken nannten.

Wohl begann nun eine Neuorganisation der Stadtverwaltung, man kümmerte sich um Strom und Wasser, um Aufräumarbeiten und die ersten Lebensmittelgeschäfte, Bäckereien und Fleischereien wurden aufgemacht, aber das galt natürlich nicht für uns Deutsche. Wir wurden von den Polen dermassen diskriminiert, dass uns die Russen gerne zur Hilfe kamen.

Aus Befürchtungen vor Einbruch, Gewalt und Diebstahl entschlossen sich die Eltern und T-Emmy unser restliches Speiseöl aus dem Fass in Flaschen abzufüllen, die wir Jungens zusammensuchten, um sie dann mit Korken und flüssigem Kerzenwachs luftdicht zu verschliessen. Mit Pappi zogen wir dann los in den Eckerberger Wald, um nach geeigneten Stellen für die Flaschen zu suchen, die wir genau nach Plan an den verschiedensten Stellen eingruben; denn ohne diese Aufzeichnungen würden wir die Stellen nur schwerlich wiederfinden, wenn der Bedarf danach war und so verschwand unsere letzte Reserve schon leicht ranzigen Öles während der frühen Morgenstunden im feuchten und würzigen Humusboden des Waldes.

Mit Macht besiedelten die Polen unsere Stadt. Wo sie nur konnten nahmen sie Besitz. Alles gehörte nun ihnen, uns gar nichts mehr und das ohne jegliches Pardon.

Wir fühlten uns rechtloser als jemals zuvor und wir Jungens taten nun gut daran nur noch gemeinsam mit unseren Kumpels unterwegs zu sein. Die Polenjungens traten nur in Banden auf. Sie fühlten sich als die Herren, und scharrten sich in grossen Gruppen zusammen.

In der Tat machten sie uns das Leben schwer; denn sie griffen uns mit Messern und Waffen an zu denen wir keinen Zugang hatten und versuchten in jedem Moment uns aus unserem Revier, unserer Nachbarschaft zu vertreiben. Es entbrannte ein richtiger und teil weise gefährlicher Krieg. Da wir uns anfangs hier noch mehr zu Hause fühlten hatten wir einige Vorteile, aber als sie täglich mehr wurden und von ihren Eltern auf jegliche Art gegen die immer mehr zur Minderheit werdenden Deutschen unterstützt wurden, materiell viel besser dastanden als wir, konnten wir uns mit der Zeit immer weniger behaupten, zogen uns mehr und mehr zurück, was ja auch politisch so gewollt war.

Deutsche Freunde, Verwandte und Bekannte, von denen auch viele wieder zurückgekommen waren, versuchten gemeinsam irgendetwas wieder auf die Beine zu stellen. Onkel Fritz war Chemiker und versuchte sich in seinem Haus, das er wieder bewohnen konnte, mit Schuhcreme, die er dann an die Russen verkaufte. Pappi half ihm dabei, aber eines Tages kam er heim und sagte; " der Onkel sei verschwunden "! Wir mussten befürchten, dass die Russen oder Polen ihn verschleppt hatten.

So war es denn auch, doch tauchte er nach einigen Tagen genauso plötzlich wieder auf, wie er verschwunden war. Es war ihm tatsächlich gelungen, seiner Verschleppung zu entfliehen. Ein grosses, dankbares Aufatmen ging durch unsere Kreise. Fortan machte er keine Schuhcreme mehr, aber da den Russen die Seife ausgegangen war, zogen Fritz und Vatern nun los auf die Suche nach toten Tieren, von denen so einige, besonders Pferde hier und da herumlagen und verfaulten. Mit grossen Messern gingen die beiden Männer daran aus en stinkenden Kadavern die Knochen herauszupulen, die dann mit Schubkarren nach Hause gebracht wurden, um im Waschkessel in der Waschküche ausgekocht zu werden. Später schütteten sie den heissen Sud in eine Badewanne, wo es zu einer Art Schmierseife gelierte. Der gar nicht so unangenehme Geruch nach echter Knochen-Kernseife durchdrang das ganze Haus. Die Russen waren dankbar und wuschen sich sauberer.

Gegenüber von Onkels Haus in einer Kellerwohnung wohnte eine Lehrerin und man schickte uns zu ihr in den Unterricht ein paar Stunden in der Woche. Die Geschichten mit den Hottentotten, wo immer wieder ein Wort an das nächste gereiht wird und schliesslich in: Hottentottenstottertrottelmutterattentäterlattengitterbeutelrattefangpremie endet, vergesse ich wohl nie.

Fast täglich stromerten wir um unser Haus herum, und wenn wir uns nicht von hinten durchs Dickicht näherten, dann versuchten wir es von vorn, allerdings nur bis zum Schlagbaum am Strassenanfang.

So wussten wir um jede Änderung, die unsere Hoffnungen unterstützten, oder aber enttäuschten. Einmal gingen wir den Kastanienweg unterhalb des Hauses weiter nach hinten und gelangten von unten an unseren Rodelberg. Aber was war denn hier los? Ein grosses, tiefes Loch starrte uns an, mit seitlich in den festen, lehmigen Boden eingearbeiteten Stufen, die nach unten führten. Wir sahen einen roten, runden Ball da unten liegen, wagten uns aber nicht hinunter, weil genau daneben ein toter Mann lag. Er war mit bräunlichen Hosen und einem grauen Pullover bekleidet. Sein Kopf war schon eher ein Schädel ohne Gesicht mit tiefen Augenhöhlen. Wir erschraken natürlich bei diesem Anblick und liessen diesmal den Ball da unten liegen. Der Anreiz, den Ball zu bekommen war aber so gross, dass wir uns gleich am nächsten Tag mit unseren Freunden wieder hier mit etwas mehr Mut einfanden. Zu jenen Zeiten war ein richtiger Ball für uns Jungens das höchste Gut und schliesslich fand einer den Mut und wagte sich da hinunter, vorsichtig an der Leiche vorbei und hin zum Ball, als er je aufschrie und uns einen kaputten Ball nach oben hielt! War das eine Enttäuschung! Trotz so viel Mut ein so grosses Pech!

Ein älterer Mann kam des Weges. Wir fragten ihn nach der Bedeutung dieses Loches? " Ja, " meinte er, es sei der Stollen der Stoewer Werke, der wohl den Arbeitern als Luftschutzbunker und Notausgang diente und genau tief unter unserer Strasse hindurchführte!

Der tote Mann sei ein Nachbar von uns gewesen, der sein Haus nicht verlassen wollte als die Russen unsere Strasse zum Wohnsitz eines ihrer Kommandanten erklärten und wohl von ihnen getötet worden war. Tage später war die Leiche nicht mehr da, und der Schlagbaum war auch verschwunden. Wir konnten uns vor Freude kaum einkriegen und rannten mit dieser frohen Botschaft schnell nach Hause. Allesamt gingen wir nun zum ersten mal wieder in unsere Strasse hinein, an den Nachbarhäusern vorbei und blieben sichtlich gerührt vor unserem Haus stehen. Möglicherweise war es noch nicht so ganz unbewohnt, aber der Kommandant war ganz bestimmt nicht mehr da. Wir machten uns nun Pläne in der Hoffnung bald wieder einziehen zu können. Was scherten uns die Russen oder die neue polnische Verwaltung; das ist doch unser Haus und dort werden wir auch wieder wohnen!

Täglich beobachteten wir nun die weitere Entwicklung um unser Haus. Mit Mutti stromerten wir auch einmal durch alte Villen der näheren Umgebung. Mutti, Klaus und ich verteilten uns in den verschiedenen ausgeplünderten Zimmern, als sie plötzlich aufschrie, so, als müsse sie sich verteidigen. Ich raste runter und fand einen russischen Soldaten, der sich mit runtergelassener Hose über sie hermachte. Als er uns Jungens kommen sah fing er an zu fluchen. Sein mongolisches Gesicht sah fürchterlich böse aus.

Was er dann in Eile in seine Hose steckte wirkte auf mich kleinen Butschke riesengross, es war wie eine graue Waffe, die sich entladen musste und das kann gefährlich werden und Schaden anrichten in seiner unbändigen Wildheit. Die Angst um die Mutti zeigte meine tiefe Bindung an Sie und wir alle waren froh, mit dem Schrecken davon gekommen zu sein. Dieses Erlebnis hinterliess mal wieder tiefe Eindrücke, so, als ob ein Urwissen sich meiner bemächtigte und etwas wachrütteln wollte, was noch schlief.

Es dauerte nicht mehr lange und wieder klingelte die erste Strassenbahn – Linie 1 – vom Westend hin durch die aufgeräumten Strassen der Innenstadt. Wohlbemerkt wurde das alles von den Polen für die Polen in Gang gesetzt und aufgebaut. Wir Deutschen mussten sehr vorsichtig sein und uns am besten als solche nicht mehr zu erkennen geben.

Es kam der Tag, an dem unser Haus nun endlich leer stand. Wir betraten es wie einen heiligen Tempel und bereiteten uns vor die erste Nacht dort auf dem Fussboden zu schlafen. Um schneller in unsere Wohnung zurückzukommen huschten wir alle hinten durch unser Loch im Zaun.

Zu Hause angekommen wurde ich sehr müde und schlapp. Ich bekam hohes Fieber und musste ins Bett und überliess so die erste Nacht im eigenen Haus dem Vater und Bruder, die dann auch bald los zogen mit Decken und Sachen für die Nacht beladen. Diese Nacht war verhängnisvoll für alle.

Das Fieber stieg über 40º und ich hatte meine ersten, schlimmen Alpträume im Fieberwahn. Auch bei späteren Krankheiten mit hohem Fieber wiederholten sich die markantesten Stellen dieser Träume auf sehr ähnliche Art, so dass ich immer schweissgebadet, fantasierend aufwachte und oftmals im wachen Zustand nicht erkennen konnte, dass der Schrecken ja nun vorbei war. Mutti war immer tröstend zur Seite, streichelte mir den Kopf, der auf ihrem Schoss lag.

In meinem Traum befand ich mich in absoluter Dunkelheit. Es war ein endloser schwarzer Raum, ein absolutes Nichts. Ich war sehr bewusst, dort zu sein,und da es unendlich dunkel und grenzenlos war, erkannte ich keinen Ausweg, um mich aus dieser Situation zu befreien. Dass ich nicht hier sein wollte bereitete mir die Angst! Ich tastete in alle Richtungen, die gar nicht vorhanden waren, wollte mich orientieren, wo es gar keine Orientierung gab und tapste im Nichts, das sich als Dunkelheit zu erkennen gab.

Dann fing ich an mich zu bewegen und ging zwar, aber es gab gar keinen Raum, in dem man gehen könnte, geschweige denn überhaupt einen Weg zurückzulegen. Meine Anstrengung wurde immer stärker, meine

Panik immer grösser, aber alles blieb ohne ein Ergebnis, ohne eine Veränderung. Alles war unendlich unnütz, ohne jegliche Möglichkeit, da jemals herauszukommen.

In dieser unendlichen Enge fing ich an zu schreien und zu rennen, so schnell ich konnte und mir wurde gewahr, dass ich irgendwo eingeschlossen war, als im selben Moment in nicht greifbarer Ferne sich ein Licht auftat dem ich nun entgegeneilte, aber ohne jede Chance dort jemals anzukommen. Dann kam ein Moment, wo ich dieses Licht als Fenster, als eine Öffnung in einem Felsen erkennen konnte; als ich jedoch bemerkte, dass es mit dicken Eisen vergittert war, brüllte es dermassen ohmächtig aus mir heraus, dass ich schweissgebadet erwachte und gar nicht fassen konnte, dass dieser schreckliche Spuk nun ein Ende hatte. Zitternd erkannte ich mein tiefes Glück, dem entronnen zu sein, und wollte partout nicht wieder einschlafen, bis die Schlappheit und Müdigkeit mich einholten und mitnahmen in einen tiefen, erholsamen Schlaf.

Spät, in der gleichen Nacht, eher wohl am frühen Morgen, rüttelte es an unserer abgesicherten Haustür. Es waren unsere beiden Männer, die ganz aus der Puste plötzlich wieder in unserer Wohnung standen. Ihre Geschichte hörte sich sehr spannend an. Der Schrecken stand ihnen noch in den Gesichtern.

Voller Freude waren sie in unserem Haus, machten ein bisschen sauber, zumindest dort wo sie schlafen wollten, bauten ihre Schlafstatt, assen ein bischen und legten sich zu Bett, als sie plötzlich je aus ihrem Schlaf gerissen wurden, denn mit viel Getöse kamen russische Soldaten zurück und wollten wohl hier im Haus ihr Fest weiterfeiern, während Vater und Klaus in äusserster Eile versuchten sich zu verstecken und schliesslich zu fliehen, ohne daran denken zu können, ihre Sachen mitzunehmen.

So standen sie nun notdürftigst bekleidet in unserer Wohnung und die Lust auf unser eigenes Haus schwand mehr und mehr.

Es schien wieder einmal alles so aussichtslos für uns und vielleicht war der Ursprung meines Fieberwahns eine heftige Projektion all unserer Lebensumstände, die in solchen Momenten völlig ohnmächtig erschien.

Aber es gab auch Lichtzeichen! Wir fanden zwischen den Brettern unserer Türverbarrikatierung einen Brief, an uns adressiert. Ich glaube er kam von unserer Omi oder Uromi und war seit langer Zeit ein erstes Lebenszeichen unserer engsten Familie. Bis heute bleibt es ein Rätsel, wie dieser Brief zu uns gelangen konnte, funktionierte doch überhaupt kein Post- oder Telefondienst, keiner konnte über unsere Bleibe wissen. Es mag sein, dass die Eltern später mehr über den Briefboten erfuhren, heute kann ich sie nicht mehr fragen und so bleibt es für mich ein Wunder!

Der Schwarzmarkt blühte, seitdem die Polen da waren. Eines Tages kam Pappi mit einem Polen zu uns nach Hause. Das verwunderte mich sehr; denn die Polen sind ja böse, sind ja Feinde und so einer nun bei uns zu Hause, den man mit Handschlag auch noch freundlich begrüssen musste, der uns zulächelte und zärtlich über den Kopf strich.

Ah, dachte ich, das sind ja auch Menschen und konnte mich mit dem Gedanken gut anfreunden, brachte es doch eine kleine Entlastung meines angespannten Verhältnisses zu diesem Volke, das uns nicht nur mit seinem Hass und Abneigung überschüttete, sondern auch noch dabei waren uns unsere Heimat wegzunehmen!

Nun, dieser freundliche Pole wollte zusammen mit Pappi Schnaps bei uns zu Hause in der Wohnung brennen. Sie hatten sich irgendwo auf dem schwarzen Markt kennengelernt und da Vatern ja unter anderem eine Spirituosenfabrik besass, also Ahnung von diesem Metier hatte und der polnische Onkel gut über den schwarzen Markt informiert war, sowie das nötige Zubehör heranschaffen konnte. Schnapsbrennen war natürlich verboten, weshalb der Pole das nicht bei sich zu Hause machen wollte.

Bald fanden wir uns in unserer Wohnung wieder mit grossen, glucksenden Korbflaschen, die oben im Korken ein gebogenes Reagenzglas hatten, aus dem die Gährung des Flascheninhaltes blubberte. Die Flaschen standen natürlich leicht verdeckt hinter Gardinen, Tüchern oder unter den Tischen. Ein leichter Gährungsgeruch machte sich in der ganzen Wohnung bemerkbar. Die beiden Produzenten schienen sichtlich angetan von ihrem Erfolg und vielleicht war es auch gar kein Schnaps den sie brannten, aber sicherlich etwas mit Früchten, aus denen Alkohol zu brennen war; denn das war ja wohl die Droge, die soviel Freude, Glück und Unheil anrichtete. Nun hiess es ; " Flaschen her Jungens, " um abfüllen zu können.

Vatern war mit von der Partie. Wir wagten uns zufuss durch die ganze Stadt hin zur Oberwieck zur alten Schnapsfabrik, die in einem alten Backsteingemäuer direkt an der Oder lag und nicht ausgebombt war. Wir drangen in die Kellergewölbe ein und fanden tatsächlich noch brauchbares Material, Flaschen und Korken zuhauf, sogar noch eine Korkmaschine und alte Etiketten " Stettiner Schlossmarke ". Also schleppten wir heim, was wir tragen konnten. Mit von der Partie war unserer Ziehroller, der uns aber leider vollbeladen auf der Rücktour von Polen abgenommen wurde!

Wir konnten machen was wir wollten, neben dem nackten Überleben blieb uns kaum Zeit zum Luft holen. Alles musste unter grössten Anstrengungen erkämpft werden. Das hinterlässt Spuren, ob man will oder nicht!

Da wir nicht mehr so viel Mut hatten, nun unbedingt in unser Haus zurückzukommen und unsere Wohnung immer unsicherer für uns wurde, liessen uns die Russen der Kückenmühler Anstalten näher zu sich ziehen, in ein Doppelhaus in der Bernhardstrasse, direkt neben den Gleisen der Eisenbahn, die nicht mehr fuhr. Zum Schutz durften wir eine rote Fahne raushängen, die uns vor den Polen als Russen ausgab. Mutti und T- Emmy nähten uns aus oliv grünen russischen Militärdecken Russenanzüge, die wie die Uniformen der russischen Soldaten aussahen. Der Höhepunkt unserer Tarnungsversuche war unsere B- Sprache, es war genau das was uns noch fehlte, um vollends in eine neue Identität zu schlüpfen. Mit etwas Übung ging das recht gut, indem wir zwischen jede Wortsilbe ein –B- einfügten:

Ich bin ein Russe: Ibich bibin ebein Rubuski und das dann auch noch so gut es ging in russischem Dialekt.- Manche Polen sahen uns schief an und wussten nicht so recht was mit uns anzufangen war. So konnten Klaus und ich öfters einmal mit der Strassenbahn Linie -1- fahren. Als Russenkinder wurden wir völlig anders behandelt. Ein Wohlbefinden schlich sich in solchen Momenten in unseren Alltag.

Vaters Seifenproduktion lief so gut, dass unsere Badewanne in der Bernhardstrasse immer voll dieser kernigen, gelatierenden Masse war. Neben den Russen, die er als unsere Beschützer belieferte, verkaufte er auch an die Polen. Mit dem Schapsbrennen war es vorbei, weil es zu gefährlich wurde. Der polnische Schnapsonkel hielt so manches Gelage mit

Vatern ab, mit den vollen Gläsern aus eigener Produktion selbstverständlich. So freundeten sie sich immer mehr an, aber ein bisschen im Geheimen, damit der Pole vor seinen Landsleuten nicht sein Gesicht verlor.

Auch weiterhin beobachteten wir unser Haus und wollten es wieder einmal in Besitz nehmen, diesmal definitiv; dachten wir, fanden aber einen grossen Zettel an der Haustür; auf polnisch stand darauf: dieses Haus gehört uns! Damit war unsere letzte, grosse Hoffnung – auf ein freies Stettin – im Winde verweht. Alle einst zurückgekommenen Deutschen erlebten diesen Alptraum, aus dem es kein Erwachen mehr gab, der nun zu unserer Wirklichkeit wurde.

Genau hier, an diesem Punkt, beginnt meine Heimatlosigkeit, genau hier ensteht ein Bruch, eine Missachtung der Seele, ist es doch sie, die Heimat erschafft, ist es doch Gewalt, jedweder Art, die Heimat zerstört. Heimat ist ein Anspruch der Seele auf den Ort ihrer Wahl. Wenn das in der Tiefe wirkt, kann ich die enge Verbindung des heimatlichen Platzes mit der Körperwerdung eines neuen Geschöpfes erkennen. Dort, wo sich Seele und Körper treffen, dort wo die Seele sich im Fleisch manifestiert, dort wo sich der Himmel (Seele) und die Erde (Körper) im Moment der Geburt im Schoss der Mutter vereinen, ist der angestammte Platz des Menschen. Wie die Geburt selbst, prägt der Ort, die Umgebung, der Stamm den Menschen, dort ist sein Hier und Jetzt, dort ist seine Schöpfung, sein Ursprung, es wirkt ein Leben lang. –Geschieht ein unfreiwilliger, gewalttätiger Bruch, ist das ein "Stolperstein" in die " Hölle ", der –kleinen- verlorenen Heimat, oder in den „Himmel" in die –grosse- All Eine Heimat, wo immer sie ist. Die verlorene Heimat ist sehr schmerzvoll. Es ist ein Opfergang, ein Verlorensein. Das ist zu tiefst traurig, das ist Wut, Zorn und Hass, das sind lebenslange Projektionen und Schuldzuschreibungen, Depressionen, Krankheiten, das ist Leid, das sind Tränen des Unglücklichseins.

Der Weg in die –grosse- Heimat, ist der Weg des Herzens! Hier ist die bewusste, für mich damals noch ungewusste Geburtsstunde des Heim-Kommens. Es ist die Geschichte:

>VON EINEM JUNGEN DER AUSZOG DAS FÜRCHTEN ZU VERLERNEN<

Die Tragik der Heimatlosigkeit existiert in Wirklichkeit nur dort, wo der Körper seine Seele vergessen hat, wenn er getrennt ist von seinem Ursprung, wenn das Körperliche die einzige Realität zu sein scheint; wenn die Zweifel kein Vertrauen mehr zulassen; o weh! ... welche Welt der möglichen Verstrickungen tut sich da auf. Dann schreit der Körper nach Überleben, nach Hunger und Durst, nach Kalt und Heiss, nach Süss und Sauer, nach Liebe und Hass, nach Wohl und Wehe und weiss nicht , ob er dem Kopf, dem Denken von Ursache und Wirkung noch trauen kann. In dieser Unsicherheit verkrampft er sich zum Kämpfer, benutzt all seine wunderbaren schöpferischen Möglichkeiten in konkurrierendem Tun, um als entwurzelter Macher zu beweisen, dass der Ursprung unseres Glückes in der lauten Welt der grossartigen materiellen Schöpfungen zu erhaschen ist! Immer mehr, immer verführerischer, konfortabler, aufwendiger und komplizierter wird unser Konstrukt; ..... und wenn wir dann im Fieber träumen, wird die Ausweglosigkeit zur Unendlichkeit, selbst das ferne Licht ist noch vergittert!

Ja, das war wohl meine und unsere Wirklichkeit. Das nackte Überleben kann ein grausames Spiel sein, wenn wir uns als Opfer der Umstände wahrnehmen.

Unser Onkel vom Hotel war auch zurückgekommen. Er lebte in Polchow, weiter im Westen der Stadt. Wir gingen hin, um ihn zu besuchen.

Als wir vor seiner Bleibe standen, es war ein kleines Holzhaus in einem Schrebergarten, lasen wir auf einem Zettel, der an seine Tür geheftet war, den eigenartigen Spruch, den ich bis heute nicht verstanden habe: "Wer haben will das Titel-Schwein, der tritt in unsre Wohnung ein "! Nun war es so, dass er nicht mehr mit seiner Familie, meiner Tante und den drei Söhnen zusammen war, diese lebten in einem anderen Schrebergartenhäuschen ganz in der Nähe, sondern mit einer neuen Freundin, seiner ehemaligen Hotelsekretärin. Das roch alles nach einem heillosen Durcheinander und törnte uns nicht so richtig an noch länger bei ihnen zu sein. Als wir dann wieder zurückfuhren fühlte sich dieser Besuch für uns so an: Wir überlassen euch eurem Schicksal und halten uns da raus.

Langsam, aber überall spürbar, ging uns unsere Heimat verloren. Auch die nächtelangen Schlangen vor den ersten polnischen Bäckerein, um am nächsten morgen zumindest ein Laib Brot zu ergattern, täuschten nicht darüber hinweg, dass Stettin polnisch wurde; denn, wenn wir Pech hatten, bekam das letzte Brot der Pole, der weit hinter uns stand. Aber immerhin wurde Brot gebacken, wenn auch fast unerreichbar für uns. Mit dem Schlangestehen fing es am Abend an. Die Menschen übernachteten mit Decken auf der Strasse, oder auf Klappstühlen, um dann am nächsten Morgen einen frischen, wunderbar riechenden Laib Brot in der Hand zu haben, wenn man Glück hatte. Ich war einmal dabei, erwischte am nächsten morgen aber kein Brot mehr, es war alle, ausverkauft!

4. Reise: > AUSWEISUNG IN DEN WESTEN

Eine neue Nachricht machte sich breit in der deutschen Minderheit: Alle Deutschen werden aufgerufen die Stadt zu verlassen, um in den Westen ausgesiedelt zu werden. Diejenigen, die bleiben wollen müssten sich der polnischen Hoheit unterordnen.

Eine neue Flucht begann, ein von den Allierten organisierter Exodus. Wir durften nur das mitnehmen, was wir an und mit unserem Körper tragen konnten. Wir sollten mit einem Dampfer über die vermiente Ostsee von Stettin nach Travemünde gebracht werden und hatten noch etwas Zeit für unsere Vorbereitungen.

Wir waren bereit! Unsere Hoffnungen auf eine bessere Zukunft im Westen, ohne Polen, ohne Russen, ohne Kommunismus, aber auch ohne Heimat, ohne Haus und Geschäft, waren stärker! Die Vorbereitungen auf unseren Exodus liefen auf Hochtouren. Aus decken oder Gardinen wurde jedem, persönlich angepasst, ein Rucksack genäht. Schwester Anke, Klaus und ich mussten im Wohnzimmer Probelaufen. Jeden Tag wurden die Rucksäcke mit etwas mehr Gewicht gefüllt, und wieder liefen wir unsere Runden, um uns an das immer grösser werdende Gewicht zu gewöhnen. Ich fand in einem Haus einen damals üblichen Einkaufswagen, den die Omis benutzten. Es war ein Krückstock mit zwei Rädern, den man steuern konnte und der links und rechts am Stock Haken hatte, um dort die Einkaufstaschen aufzuhängen.

Wie immer waren das wichtigste unsere persönlichen, warmen Klamotten, die Federbetten, übrig gebliebene Wertsachen und einiges Koch- und Essensgeschirr. Die Eltern hatten noch Goldmünzen als letzte, stille Reserve und überall gern anerkanntes Zahlungsmittel . Aber wie konnten wir die unterbringen, ohne Gefahr zu laufen, dass man sie uns bei den Untersuchungen im Auffanglager wegnehmen könnte? Muttis Schmuck wurde in einem Topfkuchen bei wenig Hitze verbacken. T - Emmys langes, braunes Kleid mit einer Knopfleiste vorn von oben bis unten, wurde zu unserem Goldmünzentresor. Aus dem unteren Kleidersaum nahm sie den Stoff, um jedes einzelne Goldstück mit ihm zu umnähen und so ihre lange

Knopfleiste mit neuen, getarnten Goldmünzen- knöpfen zu versehen. Aber, o Schreck als sie das Kleid zur Probe anzog, waren die Goldstücke so schwer, dass sie das ganze Kleid vorne in tiefen Falten nach unten zogen. Ein Gürtel und einige innen vernähte Trägerbänder hielten das Gewicht dann viel besser und ein Rest des unfreiwilligen Faltenwurfs war dann die neueste Mode einer alten Dame.!

Wir waren gut vorbereitet und jibberten dem Tag X förmlich entgegen. Ein grosser Treck begann zuerst auf den Hauptstrassen der Aussenbezirke. Wir waren eine der ersten dran und mischten uns unter die Menge, die sich ganz bei uns in der Nähe versammelt hatte. Alle Sachen, die uns noch wertvoll erschienen, die wir aber nicht mehr mitnehmen konnten, unter anderen alte Gutenberg-Bibeln, Silberbesteck und unsere Spielsachen, vergruben wir in einer Hausruine auf dem Nachbargrundstück.

Langsam setzte sich unser Treck in Richtung Innenstadt, hin zum Auffanglager, in einem gegenüberliegenden Stadtteil, in Bewegung. Jeder war mit dem wichtigsten seiner Habe übervoll beladen. Ich tummelte mich mittendrin mit meiner klugen Krückstock-Karre, an dem Ankes und mein Rucksack hingen. Endlich gab es etwas neues, es war spannend für mich und ich freute mich auf die Reise. Der Abschied fiel mir gar nicht schwer; denn die ehemalige Heimkehr in den " Freistaat Stettin " erwies sich als Finte und hoffnungslos mussten wir das Feld räumen, das uns inzwischen zur Bürde geworden war. Erst gegen Abend erreichten wir das Lager, ein mit hohem Zaun umringtes Gelände, auf dem eine verlassene Reihenhaussiedlung stand, die uns als Unterkunft dienen sollte. Unser Treck zog den ganzen Tag durch die Strassen, er wurde immer dichter und beengter. Aus allen Nebenstrassen stiessen die beladenen Menschen zu unserem Zug, beileibe, es war ein elender Haufen von Heimatlosen und ich wunderte mich, wieviele Deutsche doch nach der Kapitulation schon wieder in der Stadt waren, und wir waren nicht der einzige Zug, da kamen auch noch andere aus verschiedenen Richtungen und fanden sich schliesslich im Lager ein.

Wir kamen durch das grosse, aus Brettern und Maschendraht zusammengenagelte Zauntor ins Lager und mussten uns, zum Entlausen, in einem Gebäude einfinden, das eine Drehtüre hatte, in der ich mir ganz fürchterlich einen Finger einklemmte und mit den Schmerzen so mein Tun hatte. Nachdem wir diese Prozedur über uns ergehen liessen, sollten wir uns irgendwo in den Reihenhäusern einen Platz zum übernachten suchen; aber wohin bloß, denn alles schien schon belegt zu sein.

Wir fanden schliesslich in einem ersten Stock einen leeren Raum. Es war schon dunkel und ohne Licht legten wir uns müde auf den Fussboden. Wir waren abgespannt und kaputt, der Tagesmarsch war zu viel des Guten; als plötzlich einer von uns aufschrie: " Hier ist ja alles voller Scheisse "! Mühselig kramten wir eine Kerze aus dem Gepäck und als wir die Beschehrung sahen zogen wir lieber weiter und fanden schliesslich auch etwas besseres.

Der nächste morgen war ein wunderschöner Tag. Wir waren ausgeschlafen und die Sonne strahlte vom blauen Himmel. Wir konnten in einer notdürftig eingerichteten Kantine unser Frühstück abholen, welch ein Wunder für uns, wir wurden verpflegt und hatten zum ersten mal nach so langer Zeit das Gefühl, dass wir nicht mehr so ganz alleine und verlassen waren, es kümmerte sich jemand um uns alle. Dieses Auffanglager und überhaupt dieser Exodus aus den ehemaligen deutschen Ostgebieten stand unter alliiertem Schutz. Wir waren unterwegs in den Westen! Was uns damals mit unserem Lastwagen nicht mehr gelang, erfüllte sich nun auf dem Schiff!

Neben der umfangreichen Siedlung, gab es auch ein grosses, freies Gelände, das miteingezäunt war. Dort spielten die Kinder und wir schlossen uns etwas zurückhaltend an, als plötzlich eine starke Explosion die Luft erzittern liess gefolgt von Wehgeschrei weiter hinten. Nach der ersten Schreckensstille begannen alle unruhig hin und her zu laufen. Sanitäter eilten herbei. Das traurige Resultat war, dass eine Mine einen Jungen zerrissen hat. Man trug ihn, auf einer Bahre mit einem weissen Tuch verdeckt, nahe an uns vorei. Ich trauerte und weinte; so kurz vor der Freiheit und nun das!

Es war uns strengstens verboten das Lager zu verlassen, aber es fehlte ein Rucksack, den wir nicht mehr tragen konnten, und ihn, einige Tage vor dem Treck durch die Stadt, den polnischen Freunden übergaben, damit sie ihn uns in der Nähe des Lagers zuspielen sollten. Aber das passierte nicht.

Wir entdeckten im Maschendrahtzaun ein Loch und konnten beobachten, dass es von Kindern zum Durchschlüpfen benutzt wurde. Schweren Herzens entschlossen sich die Eltern uns Jungens den Rucksack holen zu lassen. Es war natürlich immer ein Risiko, das eine mögliche Trennung hervorrufen könnte. Wir flutschten schliesslich durchs Loch, suchten die Wohnung der Polen auf, die erstaunt und sprachlos über unseren Mut waren. Ihre Ausreden; es sei zu gefährlich für sie gewesen als Polen uns Deutschen im Treck den Rucksack zu übergeben, konnten mich nicht überzeugen. Mein Misstrauen den Polen gegenüber war einfach zu gross, um von ihnen etwas Gutes zu erwarten.Der Rucksack wurde uns übergeben. Wir machten uns auf den Rückweg ins Lager, huschten wieder ungesehen durch das Loch und freudestrahlend übergaben wir ihn unseren Eltern. Vater äusserte auch Bedenken an der Ehrlichkeit seines polnischen Freundes.

In wenigen Tagen sollte das Schiff kommen. So verbrachten wir die Zeit im Lager, richteten uns ein, wurden verpflegt, für uns wurde gesorgt und das tat gut. Wir Kinder spielten ausgelassen mit den vielen anderen hier im Lager, es war ein besonderer Moment, ein hoffnungsvolles Abwarten dessen, was da wohl kommen mag.

An einem Morgen, der Himmel war bedeckt, man spürte den Herbst, stand eine Kolonne von olivgrünen Militärlastwagen im Lager was für uns Abreise bedeutete. Wir packten ein, bestiegen einen Lastwagen und die Kolonne stetzte sich langsam zum Hafen in Bewegung. Dort angekommen lag ein grosser, grauer Dampfer die ISA, ein ehemaliger Truppentransporter am Kai. Die Seeleute waren Engländer. Sie waren dermassen freundlich zu uns, dass ich kaum glauben konnte, das es so etwas noch gibt. An Bord angekommen wurden die Familien in den Laderäumen, die mit grossen Etagenbetten und Strohsäcken ausgestattet waren, verstaut. Jede Sippe bekam ihr Etagenbett, auf denen alle gemeinsam schlafen und sich mitsamt Gepäck aufhalten konnten.

Nachdem wir uns hier etabliert hatten gingen wir an Deck. Die Leinen wurden losgemacht. Unten an der Pier stand ein Blasorchester, das uns das Deutschlandlied spielte. Die Tränen kullerten überall, das war der letzte Gruss, der Abschied von unserer Heimat, LIEB HEIMATLAND ADE !!!!!

Erst 40 Jahre später stand ich wieder vor meinem Geburtshaus. Überwältigt von diesem Moment kullerten die gleichen Tränen wieder. Aber es war vollbracht, musste noch einmal erlebt werden, um uralte Wunden zu heilen und als ich dann zaghaft an die Haustür klopfte, sie mir geöffnet wurde, empfand ich mit tiefer Dankbarkeit und Freude die Einladung der beiden dort lebenden polnischen Familien, eintreten zu dürfen! Aber das ist weit vorausgegriffen, dazwischen liegen fast Unendlichkeiten der steten Übung zu mir selbst, um wieder HEIM zu kommen.

Langsam setzte sich das Schiff in Bewegung und dampfte Oder abwärts in Richtung Haff und Ostsee. Die Engländer behandelten uns wie Ihresgleichen, man spürte nichts von Siegerallüren, sie waren froh, dass der Krieg beendet war und verstanden uns in unserer Trauer um die nun verlorene Heimat. Sie schimpften auf die Russen und auf die Polen und spürten wohl mit welcher Erleichterung wir auf den Planken der ISA westliches Territorium betraten.

Als wir durch Swinemünde fuhren lag da kieloben ein riesiger Dampfer direkt in der Fahrrinne, sodass die ISA ihr Tun hatte, da noch hindurch zu kommen. Pappi erfuhr, dass es die CORDILLERA war, die dort versenkt lag. Es war genau der Passagierdampfer von der Hapag Lloyd mit dem die Eltern in meinem Geburtsjahr ihre grosse Reise in die Karibik machten. So ein grosses Schiff kieloben zu sehen ist sehr bewegend,

völlig unnormal und falschherum, ein schwimmendes Wrack. Vielleicht erfuhr ich einen symbolischen Tod, wie damals, als Mutti mich, knapp 3 Monate alt, verliess um genau mit diesem Dampfer auf ferne Reise zu gehen, vielleicht auch weil hier in Swinemünde Pommern und die Heimat geographisch aufhörten und sich das Meer öffnete.

Es war nachts als wir auf die Ostsee kamen und in Richtung Westen nach Travemünde dampften. Wir schliefen alle wunderbar. Wie Sippen zusammengepfercht kuschelten wir uns auf den riesigen Strohsäcken in unserer Bettetage aneinander. Mir war so, als ginge ein grosses Aufatmen durchs ganze Schiff. Ich fühlte mich geborgen, wir waren beschützt und konnten von der grossen Anspannung der letzten Jahre ein bisschen loslassen, obwohl wir keine Ahnung hatten was nun auf uns zukam, als wir am nächsten Tag in Travemünde anlegten.

Unser Exodus war gut organisiert. Als wir westlichen Boden betraten, kam ich mir vor wie in einer anderen Welt; denn alles schien unter deutscher Führung zu sein und funktionierte reibungslos. Ganz zu meinem Erstaunen lief da ein deutscher Schutzmann, ein Schupo mit seinem üblichen Helm herum, der sogar einen Karabiner geschultert hatte. Es gab Strom, Telefon, es gab Busse und saubere Strassen und ich sah kein einziges zerstörtes Haus.

Es war kaum zu glauben und alles erschien mir wie im tiefsten Frieden, so als ob es nie einen Krieg gegeben hätte. Ich dachte: welch Glück hatten doch diese Menschen hier, die von ihrem Hab und Gut nichts verloren hatten und nicht fliehen mussten!

Wir wurden in Busse verfrachtet und kamen wieder in ein Auffanglager in Löhndorf. Das waren Wellblechbarakken, Nissenhütten wurden sie auch genannt, in denen es tagsüber noch sehr warm wurde jedoch des nachts fingen wir vor Kälte an zu bibbern.

In unserer neuen westlichen Umgebung waren wir ziemlich abgewrackte, ärmliche Flüchtlinge aus dem Osten, die keiner haben wollte. Die Einheimischen mieden uns wo sie nur konnten. Nur wenige waren offener und kamen uns ein wenig entgegen. Es gab kein Willkommen und schon sassen wir wieder zwischen den Stühlen. Einige Tage später packte man uns alle in einen Zug, der kreuz und quer durchs holsteiner Land fuhr, hier und da anhielt, um einige Flüchtlinge abzuladen. Wenn ich mich recht erinnere, ging das einige Tage so und wir waren der langen Herumkutscherei müde. Schliesslich waren auch wir als eine der letzten dran. Das mag vielleicht daran gelegen haben, dass unser Name im Alphabet ganz hinten steht.

In Wankendorf war dann unsere Bahnfahrt zu ende. Wir zogen mit Sack und Pack in die Dorfschule, wo man uns erst einmal auf Strohsäcken in den Klassenzimmern unterbrachte.

Der Schuldirektor, Herr Röpke, sei ein Kommunist hörten wir. Mit seinem dicken Schnauzer und viel Autorität dirigierte er nun unsere Verteilung auf die einheimischen Familien und deren Häuser. Keiner wollte jemanden Fremden bei sich zu Hause haben und doch mussten alle ihre Pflicht erfüllen, die ihnen von der Obrigkeit auferlegt wurde! Für Herrn Röpke war das sicherlich kein Zuckerschlecken und auf Vatern hatte er es abgesehen, wie auch umgekehrt. Die beiden machten es sich nicht leicht.

Die ganze Zeit über wurden wir verpflegt. Das waren dann keine Care-Pakete, aber wohl Care- Essen. Ich erinnere mich noch sehr genau daran als zum ersten mal frische Brötchen, dick mit Butter beschmiert und fettem Käse üppig belegt, verteilt wurden. Welch ein genussvoller Biss in diese saftigen wohlschmeckenden Brötchen! Wenn ich heute den Goudakäse esse, erinnere ich mich jedesmal an dieses Geschenk; er war es wohl, mit dem unsere Brötchen belegt waren.

Wir schliefen auf Strohsäcken in den Klassenzimmern. Es roch nach dunklen, fetten Holzfussböden und nach frischem Stroh. Dann kam Röpke zu uns und meinte zum Vater: " Du hast Glück gehabt Mann. Kommst in eine Villa, benimm Dich anständig dort. So haste noch nie gelebt"! Ich weiss nicht, ob Vater reagiert hat, und wenn nicht, dann hat er bestimmt schlucken müssen.

Wir landeten also unterm Dach juchhe in der Villa eines Mühlenbesitzers, jedenfalls das, was sich Röpke unter einer Villa vorgestellt hatte. Es war ein moderneres, doppelstöckiges Backsteinhaus mit einem Pyramidendach. Dort oben lagen zwei Mansardenzimmer, eines mit einem kleinen Erkerfenster, unser Wohn-Ess-und Schlafzimmer der Eltern, das andere noch kleiner mit Dachluke, unser Küchenschlafzimmer mit fliessendem Wasser, wo T-Emmy und Anke schliefen, sowie eine der vier Dachschrägen, unsre Rumpelkammer und Schlafzimmer von uns beiden Jungens. Als Begrüssungsgeschenk fanden wir auf dem Fenstersims 6 tiefe Teller mit 6 Löffeln, eine Suppenterrine mit Schöpfkelle und einer salzigen Getreidemilchsuppe. Wir freuten uns sehr über diesen üppigen Empfang. Hoffnungen regten sich, dass wir es gut getroffen haben. Das war dann neben der Unterkunft und 6 Äpfeln alles, was wir wärend der nächsten Jahre erwarten durften!

Gleich nebenan lag nur von einer Wiese getrennt der grosse Mühlenbetrieb, der aus der weiteren Umgebung das Getreide aufkaufte, verarbeitete und vermarktete. Rund ums Dorf gab es neben einigen grossen Gütern auch viele Bauernhöfe. Unser neues Zuhause war vorne von einem Ziergarten umgeben. Nach hinten raus kam man über einen Hof in den Keller, wo wir unser Klo neben der Waschküche hatten und wir Kinder auch meistens von dort durch den Keller ins Haus kamen.

Weiter nach hinten hinaus gab es einen grossen Obst- und Gemüsegarten und nach vorne auf der gegenüberliegenden Strassenseite noch einmal einen grossen Obstgarten. Im Parterre hatten die Besitzer ihr Wohn-Ess-Zimmer mit Küche, Flur, Treppenhaus und Klo. Im ersten Stock ihre drei Schlafzimmer, für sich selber, Tochter, Sohn und das Badezimmer. Da mussten wir ueberall durch und vorbei, um über die Bodentreppe dann in unsere Behausung zu kommen, wo wir wohl von allen am ungestörtesten sein durften. Bettgestelle, Matratzen, Tisch, Stühle, organisierten wir uns mit der Zeit. Pappi bekam in Stolpe, einem Nachbardorf, bei den Tommies eine Anstellung in einem Materiallager. Er musste jeden Tag zufuss neben den Gleisen der Kleinbahnstrecke Bornhöved- Kiel zu seiner Arbeit gehen. Er besorgte uns Feldbetten, Matratzen, einen Kleiderschrank, Marmorplatten mit Löchern drin, und Holzkisten, die wir zu Schränken und Regalen umbauten. Bald zierte auch eine Kochhexe unsere Küche und ein Ofen das Wohnzimmer. Wir waren für den kommenden Winter so gut es ging gerüstet.

Das Bahnhofsviertel war unsere nähere Umgebung und das lag ein gutes Stück Weges vom Dorfkern entfernt. Neben dem Bahnhofsgebäude selbst gab es in erster Linie die ganzen Gebäude und Speicher des Mühlenbetriebes, eine grosse Holzsägerei, ein Lebensmittelladen mit einer Bahnhofsgaststätte, einer Spar- und Darlehnskasse und einige andere grosse Villen, die noch aus einer älteren Zeit stammen mussten, sowie noch einige kleinere Einfamilienhäuser.

Die lange Strasse zum Dorf hin wurde von den Eisenbahngleisen gekreuzt. Zwei grosse rot-weisse Schranken schlossen sich bimmelnd, wenn ein Zug sich näherte. Das war für die nächsten Jahre unser Tummelplatz.

Als dann alle Flüchtlinge untergebracht waren, wurde die Schule wieder für den Schulbetrieb hergerichtet. Eines morgens läutete auch für uns die Glocke, die an einem grossen Kastanienbaum hing und über eine Eisenstange geläutet wurde. Es gab 4 Klassenzimmer mit den langen hölzernen Schulbänken, auf denen nun die alten und neuen Schüler Platz nahmen und ganz Ohr waren, um den Lehrern zu zuhören. Wir beschnupperten uns, sagten brav unsere Namen und hörten aufmerksam hin wie die anderen wohl hiessen, besonders diejenigen, auf die ich ein Auge geworfen hatte, denen ich mich näher fühlte, die mir sympatisch waren. Auf dem Heimweg dann erkannten wir uns wieder, diejenigen, die am Bahnhof wohnten fingen vorsichtig an sich zu zeigen.

Einige Male am Tag gingen die Schranken an der Bahnhofsstrasse runter und wir mussten warten, bis die Lokomotive mit ihren alten Personen- und Güterwagen langsam vorbeigedampft war, um gleich anschliessend am Bahnhof zu halten, oder anzuziehen und sich in entgegengesetzer Richtung mit viel Rauch und tschu, tschu auf den Weg zu machen. Neben den Schranken lag das Sägewerk, auf dessen eigenen Gleisanschluss einige Personenwagen abgestellt waren und vor sich hingammelten. Es dauerte gar nicht lange und wir nahmen diese Wagen in unseren Besitz. Erst einmal kletterten wir hoch auf die hölzerne Stiege des Trittbrettes, um an den Türgriff zu kommen. Gott sei Dank waren nicht alle Türen von innen verriegelt, aber wir hatten Mühe, diese eine offene Tür zu finden, dann aber war das Hallo gross. Wir stürmten durch die Waggons, setzten uns auf die Bänke, schoben die Fenster hoch und runter und fummelten an den Hähnen und Pedalen der schmuddeligen Klos herum. Ein ganzer Zug für uns! Alte Erinnerungen stiegen in mir auf, als Klaus und ich im Bahnhof in der Nähe der Waldgaststätte Kartenausgabe spielten und die Signale mit langen Hebeln verstellen konnten. Diesmal waren wir drinnen im Zug und obwohl er still stand, war es mir als führe ich spielerisch durch eine Welt der Erwachsenen, die nur für uns da war. Natürlich kam auch der Moment der Demontage und Zerstörung was in uns Kindern haltlos wurde und doch ein ganz natürliches Fliessen dahin war; es ging uns nicht mehr um das pure Ansehen all der Dinge in den Wagen, es kam der Moment des Habenwollens und so fingen wir an auszubauen was für uns erreichbar war. Leider war das nicht allzuviel weil so ein Personenwagen sehr feste und stabile Einbauten hatte. Wir begnügten uns mit dem wenigen und zogen vor, fortan diese Waggons als unsere Spielwiese zu benutzen mit Zimmern, Fluren und Klos. Das war natürlich ideal für Papa-Mama- Kinder und Doktorspielchen, was wir voll auskosteten, bis eines Tages die Wagen abgeholt wurden.

Da wir inzwischen wussten, um welche Urzeiten die Züge durch unser Dorf kamen erfreuten wir uns noch eines anderen Spieles. Wir legten Pfennigstücke auf die Gleise, kurz bevor der Zug kam. Um die Ankunft des Zuges zu erkennen, legten wir den Kopf auf die Gleise, um den herannahenden Zug in den Schienen zu hören. Das machte uns einen riesigen Spass und dann ratterten auch schon die schweren eisernen Räder über unsere Pfennigstücke und walzten sie vollkommen platt, sodass nur eine glatte, noch warme Metallplatte übrig blieb. Wir sammelten sie wie Talismane, es waren Beutestücke unserer Abenteuer; denn mit immer mehr Mut warteten wir immer länger, um die Geldstücke kurz vor der schnaufenden Lok auf die Schiene zu legen.

Klaus Dieter lernten wir bei all diesen Spielen kennen. Er war auch ein Flüchtlingskind, der oben unterm Dach im Haus von Helga und Inge untergebracht war, das zum Sägewerrk gehörte. Helga mochte ich sehr und sie mich. Sie war auch meine Frau bei unseren Mann- und Frau- Spielen. Mit bunten Porzellanstückchen zerbrochener Teller und Tassen spielten wir auf ganz innige Weise -Haushalt-, kreierten auf dem Sandboden Häuser, Zimmer und sogar die Kinder in unserer Fantasie. Vorsichtige fast zufällige Berührungen liess uns manchmal den Atem stocken, ja Helga, so ein bisschen Spiel kann uns doch mit ganz viel mehr verbinden. Aber so ganz dahinter konnte ich noch nicht schauen.

Dagegen, wenn wir Bahnhofskinder, inzwischen heimischer geworden, zwischen den Speichern Räuber und Gendarme, oder Versteck spielten und ich irgendwo im Versteck mit einem anderen Knaben unter Sträuchern ausharren musste, bis sie uns schliesslich fanden, waren fast keine Berührungsängste da und wir fummelten lustvoll gegenseitig an uns herum. Da ich mich der Lust leicht öffnen konnte, wenn andere Lust hatten, geschah eine Berührung zwischen einigen Jungens fast von selbst und auch gleichzeitig, wenn sich die Gelegenheit dazu ergab, die Lust war erkenn- und spürbar. Die Knaben waren wie ich, wir hatten nichts zu verbergen, wir hatten den gleichen Körper, das gleiche Geschlecht und den gleichen Spass an der Sache. Die Lust auf ein Mädchen fühlte sich für mich ganz anders an. Da war etwas sehr geheimnisvolles, anderes, wibrierendes, nicht fassbares. Mir schien, dass die Initiative ausschliesslich bei mir lag und es brauchte mehr Mut das Fremde zu überbrücken in diesen frühen Anfängen meiner Pubertät. Das Hecheln aber hin zum Mädchen, diesem Geheimnisvollen endlich zu begegnen, war deshalb auch viel stärker, komplizierter und aufweniger, dem ich mich noch nicht so leicht stellen konnte.

Zwischen all den Kindern, Knaben und Mädchen konnte ich recht wohl charakterliche Unterschiede erkennen. Es gab von allem etwas und ich selbst bemühte mich zu keinem der Extreme zu gehören, wie beispielsweise >Angeber oder Feigling, Anführer oder Muttersöhnchen< oder dergleichen mehr. Ich fühlte mich durchweg gut mit allen und wusste mich so zu geben, kam gut an, ohne mein Gesicht zu verlieren. Ich hasste brutalen Streit, Missachtung und Hinterhältigkeit und war immer eher dem Guten, Schönen und Verbindendem zugetan; dagegen, wenn ich dieses Ziel erreichte, besonders auch in Beziehung zu einem anderen Menschen, verlor alles an Spannung, und mein Interesse an dieser Beziehung liess nach.

Horst ein anderer Flüchtlingsknabe aus Elbing, der mir näher stand, fuhr zu seinen Verwandten in die Schweiz. Das war natürlich ein grosses Ereignis für uns: ...in die SCHWEIZ!!!... welch eine Reise in dieses Wunderland, ohne Krieg dort unten im Süden mit den hohen Bergen. Als er wieder heimkam, sah ich seine neuen schweizer Halbschuhe und erblasste fast vor Neid, als ich dieses edle Schuhwerk berühren durfte, das fühlte sich nach bester Qualität an. Im Geheimen erzählte er mir alle Neuigkeiten über seine sexuellen Erfahrungen, die er mit einem etwas älteren schweizer Burschen hatte:" Bei dem kam dann vorne so eine milchigtrübe Flüssigkeit heraus," was bei uns einfach noch nicht klappen wollte!

Unser „Mal", derjenige Platz, der uns beim Versteckspielen als neutraler Zielpunkt diente, lag unter einer grossen Kastanie auf dem dicken, hölzernen Deckel eines runden Brunnens. Dort war auch unser Treff nachmittags, nach der Schule und dem Mittagessen, den Schularbeiten und, wenn es sein musste, dem Mittagsschläfchen. Helga, Inge, Irmgard, Rosemarie und Hans Joachim, Horst, Hans, Werner, Klaus-Dieter, Klaus und manchmal auch Bruder Klaus waren meine Spielgefährten. Es ging immer hoch her bei uns. Wir hatten viel Spass am Spielen und tobten uns so richtig aus. Eine hohe Garage für die Lastwagen und Maschinen des Mühlenbetriebes hatte vorne drei hohe Holztore, die uns beim Fussballspielen als Tor dienten. Zur Dämmerung dann, bestimmt nicht viel später als neun Uhr am Abend, öffnete Mutti ihr Erkerfenster oben im Dach unserer " Villa " und rief:" Klaus, Thomás, Anke reinkommen"! Damit war unser Tag da draussen gelaufen und wir fielen meistens müde ins Bett.

Die Sandstrasse, die vor unserem Haus vorbeiführte ging zu einem grossen Gutshof, dessen Felder bis an die Beek reichten, einem üppigen Bach, der ganz in unserer Nähe vorbei floss. Wenn Erntezeit war, gingen wir auf die Stoppelfelder, um hinter dem Rechen, die noch übriggebliebenen Ähren nachzusammeln. Unser Schuhwerk war so armselig, dass wir im Sommer fast immer barfuss liefen, aber auf den Stoppelfeldern unsere Holzpantinen trugen. Das waren Sandalen mit Holzsohle, die vorne geteilt war, um beim Gehen einen weicheren Fussablauf zu haben. Als Scharnier oder Verbindung zwischen den beiden Holzteilen diente ein Stück Leder, dass oben beidseitig festgenagelt wurde. Bequem waren diese Latschen eh nicht, drückten sie doch überall, aber immerhin waren sie auf den Stoppeln besser als barfuss zu laufen. Um den Bauch wurde uns eine selbstgemachte Schürze gebunden, die dann mit Sicherheitsnadeln hoch gesteckt wurde, so dass sich ein Beutel formte in den wir die pieksenden Ähren legten. Das war eine mühselige Arbeit, denn die Burschen, die die Pferderechen lenkten, wollten uns armen Flüchtlingen, manch mal auch als Zigeuner aus dem Osten beschimpft, im wahrsten Sinne des Wortes schon zeigen was eine -Harke- ist, und liessen uns erst dann aufs Feld, wenn kaum noch eine Ähre übrig war. Aber nicht alle waren so. Zuweilen hatten wir auch Glück und durften auch da nachlesen wo noch mehr Ähren lagen. Das geschah öfters dann, wenn nicht mehrere Burschen auf mehreren Rechen zusammenarbeiteten, die dann gegenseitig in Konkurrenz gerieten, wer wohl am saubersten seinen Feldabschnitt rechen würde, sondern wenn nur einer, ein netterer Bursche gemächlich vor uns hin arbeitete und manchmal sogar den Rechen anhob und so, das Zusammengeharkte, an uns verschenkte. Wenn wir dann am Ende der Ernte viele Säcke voll hatten, tauschte sie uns der Müller gegen Mehl ein. Dieses Nachlesen ging immer über den ganzen Sommer. Dort wo geerntet wurde waren wir dabei, des öfteren auch als Sammel- und Pflückhilfe, wo man uns dann jeweils mit dem Erntegut bezahlte. Im Herbst waren die Bucheckern dran, die gegen Öl eingetauscht wurden.

So organisierten wir uns durch den neuen Alltag und hatten inzwischen viel Übung darin, unser täglich Brot heranzuschaffen.

Die Kniks sind mit Büschen und Bäumen bewachsene Erdhügel, die in diesem Landstrich teilweise die Felder abgrenzen. Dort entdeckten wir Brombeer- und Himbeerbüsche, unsere bevorzugten Marmeladenfrüchte, die dann von T-Emmy und Mutti auf unserer Kochhexe zu wunderbarer Mermelade verkocht wurden, eingemacht für den Winter. Da kam dann ein ganz schönes Lager an selbstgemachten Konserven und Gläsern zusammen, die uns doch das Gefühl gaben genug getan zu haben, um über den langen Winter zu kommen.

Die Tagelöhnerkinder vom nahen Gutshof bildeten eine richtige Gang, die mir gefährlich erschien. Da sie nicht zu unserer Dorfgemeinde gehörten und im nächsten Ort zur Schule gingen, hatten weder wir Kontakt zu ihnen noch sie zu uns, weshalb sie immer in einer grösseren Gruppe auftauchten, wenn sie mal durch unser Dorf zogen und das war meistens äusserst unangenehm, weil sie sich wohl als die Grössten vorkamen, sich in ihrer Gang stark fühlten und jeden anmachten, der ihnen in den Weg kam und ihnen schwächer erschien. Ich ging ihnen aus dem Weg wo ich nur konnte; das war mit einer gehörigen Portion Angst verbunden, die ich nicht abschütteln konnte. Es war so, dass ich mich in keinem Fall mit ihnen konfrontieren wollte wenn ich alleine war, weil ich befürchtete von ihnen ganz schlimm und grundlos verprügelt zu werden. So rettete ich mich jedesmal fast panisch vor ihnen, weil sie immer an unserem Haus vorbeikamen, es war das erste in unserem Dorf; denn die Beek war die Gemeindegrenze. Wenn ich aus irgendeinem Grunde 'mal aufs Gut musste, was selten vorkam, musste ich all meinen Mut zusammen nehmen und wagte mich in die Höhle des Löwen. Das waren echte Herausforderungen, die ich glücklicherweise alle gut überstand. Sie halfen mir auch ein bisschen, um mehr in meine eigene Kraft zu kommen. Ich freundete mich sogar mit einem freundlichen Knecht an, der mich einmal zum Abendbrot in die Gutskantine mitnahm.. Es gab Milchsuppe aus fetter Vollmilch und Haferflocken. Das war ein Hochgenuss, nur wurde sie nicht süss, sondern salzig serviert, ein Brauch der mir fremd war. Der Freund war von meinem guten Appetit so angetan, dass er mich nun häufiger einlud, wenn ich Lust auf die Suppe hatte, was ich öfters in Anspruch nahm und lief dabei auch einmal einigen Jungens der Gang über den Weg, die mich auf einmal auf eine ganz andere Art akzeptieren konnten, sie liessen mich gewähren vielleicht imponierte ihnen mein Mut, mich alleine in ihrem Revier anzutreffen; das Eis war wohl gebrochen und fortan konnte ich mit ihren Streifzügen in unserem Dorf anders umgehen.

Wir lebten alle mit den Lebensmittelkarten. Jedes Familienmitglied hatte seine eigene Karte, die Erwachsenen sicherlich eine andere als die Kinder, auf der in kleinen Abschnitten die monatlichen Rationen an Fleisch, Milchprodukten, Zucker, Brot, Getreide, Gemüse, Obst usw. aufgedruckt waren, um dann beim Kauf jeweils abgeschnitten zu werden.

Die Verkäuferinnen schnippelten dann mit viel Geschick die jeweiligen Abschnitte heraus, die nicht immer vom äusseren Rand der Karte her so leicht erreichbar waren. Sie fädelte sich mit der Schere um andere Abschnitte herum, um den 125 g. Zuckercoupon zu erreichen, der ganz in der Mitte war.

Die Karten versorgten ein ganzes Volk mit den notwendigsten Grundnahrungsmitteln und man konnte sicher sein, dass sich keiner überfütterte. Im Gegenteil waren die Rationen eher knapp ausgelegt weshalb wir ja auch auf die Felder, Wälder und Wiesen zogen, um zu sammeln, was essbar war, und um einige Reserven zu haben.

Am Monatsende war von den Karten nur noch das Mittelstück übrig, dort wo der Name drauf stand. Diese Karten waren natürlich sehr wertvoll und wurden streng behütet; denn ohne sie gab es nichts zu kaufen!

Vater und Klaus hatten erhöhten Urinzucker. Es gelang ihnen als Diabetiker eingestuft zu werden, was eine andere Lebensmittelkarte mit weniger Zucker, aber mehr Fleisch zur Folge hatte zum Wohle der ganzen Familie. In gewissen Zeitabständen fuhren beide mit der Kleinbahn nach Kiel zur Untersuchung. Wärend der Bahnfahrt assen sie eine ganze Tüte unserer heiss geliebten Himmbeerbonbons, um bei der Untersuchung einen hohen Urin-zucker zu haben und erneut in den Genuss der besseren Lebensmittelkarten zu kommen.

Unser wohlhabender Hauswirt hatte doch zwei Obstgärten, von deren Früchten wir nur beim Einzug eine kleine Probe als Willkommensgeschenk erhielten. Klaus und ich heckten uns einen Plan aus, um an ihr Obst zu kommen. Da wir uns des Nachts nicht durchs Treppenhaus wagten, organisierten wir uns eine Leiter über die wir in der Nacht oben aus dem Fenster stiegen um uns über den üppigen Obstgarten her zu machen, bis unsere Taschen und Beutel voll der schönsten Früchte waren. Ungesehen verschwanden wir mit unserer Beute wieder über die Leiter oben ins Zimmer, um frühmorgens, noch bevor die Hähne krähten, die Leiter wegzuschaffen und ganz gemächlich durchs Treppenhaus zurück in unsere Betten huschten. Das war ein grosser Erfolg. Das geklaute Obst war ein doppelter Genuss und unser Zimmer roch nach frischen Birnen und Äpfeln. Endlich war ich zufrieden und empfand vollkommen schuldlos einen Ausgleich zwischen dem Vielen der Einen und dem Wenigen der Anderen, ohne das ein sichtbarer Schaden enstanden wäre.

Der erste Winter im Westen bescherte uns viel Kälte, Eis und Schnee. Die Schneeverwehungen waren teilweise meterhoch. Es war schwierig auf den Strassen überhaupt vorwärts zu kommen. Die Temperaturen sanken oft weit unter 20 Grad minus, wärend Klaus und ich auf den Feldbetten der Tommies, dort wo Vatern arbeitete, direkt unter den Ziegeln der Dachschräge schliefen. Hier drinnen war es so kalt wie draussen und so hatten wir raureif oben an unseren dicken Federbetten, dort wo unser Atem gegengeblasen wurde. Die Dachziegel über unseren Köpfen waren vereist. Ein kleiner Eisenofen stand in unserem kleinen Wohnzimmer, dort wo die Eltern schliefen. T´ Emmy und Antje hatten ihr Nachtlager in der Küche, die so klein war, dass sie fast mit ihren Füssen in der Butter hingen, die auf dem Regal stand, das aus dem Holz einer Wehrmachtskiste zusammengenagelt war. Da stand auch eine kleine Kochhexe, ähnlich wie damals auf dem Boot, und es gab fliessendes Wasser mit einem Becken in dem wir uns alle wuschen. Aufs Klo mussten wir in den Keller. Da der Weg uns nachts zu lang war, hatten wir genug Töpfe, die wir dann am Morgen in den Keller trugen.

Nur eine von den vier Dachschrägen durften wir benutzen. Die anderen waren voller geordnetem Gerümpel der Hausbesitzer, was meine Neugier entfachte. So manches mal machte ich mich dort zu schaffen und entdeckte wunderbare Spielsachen, denen der Sohn des Hauses längst entwachsen war und die noch aus Friedenszeiten stammen mussten.

Ich erinnere mich an ein DUX-Kino. Das war ein kleiner, batteriebetriebener Projektor mit einem kurzen Zelluloidstreifen, den man langsam durchzog und man dann an einer weissen Wand, sich bewegende Komikfiguren sehen konnte. Da ich mich in verbotenem Revier befand, klopfte mir das Herz bis an den Hals und so behielt ich diese Entdeckung als mein Geheimnis vor den Eltern, nicht aber vor dem besten Freund, bis ich ihn auch eines Tages mit nach oben schleuste und wir beide mit viel Tricks, um nicht entdeckt zu werden, uns über die Spielsachen und das Dux-Kino hermachten.

Solcherart von Gradwanderung zwischen Erlaubtem und Verbotenem forderten mich förmlich heraus. Ich spürte bei solchen Vorhaben viel Spannung und Lebendigkeit die mein Leben unvergleichlich zu bereichern schienen.

Hinter der Bodentreppe neben dem Gerümpel gab es einen riesigen Holzkasten, den wir als Arbeitstisch und Ablage benutzen durften. Pappi baute sich auf einem kleinen Fleckchen Erde, dass uns Flüchtlingen von der Gemeinde direkt am Bahndamm zur Verfügung gestellt wurde, neben Gemüse auch seinen Tabak an, hing ihn gereift zum Trocknen unter unsere Dachschräge, um ihn später auf diesem Holzkasten in feine Fäden zu schneiden. In einem speziellen Ritual würzte er dann mit Honig und anderen, fast geheimen Zutaten, den frischen Schnitt, der angenehm durch unsere ganze Behausung duftete. Genussvoll drehte er sich seine Zigaretten und blies den bläulichen Rauch in die Gegend.

Ganz langsam fingen die Deutschen wieder an, Geräte herzustellen und nichts lag mehr auf der Hand, dass sie gut verkauft werden konnten, so als einfachste Dinge für den täglichen Gebrauch jener Zeit. So war es nicht verwunderlich, dass Pappi eines Tages mit einer kleinen Tabak-Schneidemaschine nach Hause kam, die ihm den besten Schnitt überhaupt lieferte. Es war ein Genuss ihm zuzusehen, wie unten die feinen, langen

Tabackfäden heraus kamen. Um das Zigarettendrehen einfacher zu machen gab es ja schon die kleinen Geräte mit zwei Walzen und einem Stück Tuch dazwischen. Das Neueste aber waren Zigarettenspitzen mit eingebauten Nikotinfiltern, und um es noch aktueller zu machen verkaufte eine Firma leere Hüllen aus Zigarettenpapier mit angeklebtem Nikotin-Filter, die mittels eines aufklappbaren Blechrohres mit Tapack gefüllt wurden und so eine fast schon perfekte Filterzigarette entstehen liessen. Die Raucher hatten wohl ihre helle Freude an diesen neuen " Spielsachen ".

Die Sommer habe ich mit schönem, warmen Wetter in Erinnerung. Sooft wir konnten, gingen wir Kinder der Bahnhofsgegend an den Schierensee, ich immer barfuss und froher Dinge. Wir mussten unter der Brücke der Kleinbahn hindurch, die etwa auf halbem Weg lag und wir freuten uns ganz besonders, wenn wir es abpassen konnten, dass der Kleinbahnzug mit der niedlichen Dampflock, die übrigens in der Vulkanwerft- Stettin gebaut wurde, über uns hinwegdonnerte.

Ich war wohl einer der wenigen von denen, die schwimmen konnten und natürlich stolz darauf, alleine weit auf den See hinaus schwimmen zu können. Ich hatte immer handgestrickte, wollene Badehosen, die mit der Zeit immer enger und verfilzter wurden; einmal weil sie einliefen und zum anderen auch, weil das was drinnen war langsam grösser wurde. Wir fischten auch und machten Spaziergänge auf meist schattigen Wegen am Seeufer entlang, die den nackten Füssen auf dem weichen, dunklen und feuchten Boden sehr wohl taten. Die Seeufer waren dicht mit Schilf zugewachsen, in dem sich die Frösche und Wasservögel tümmelten. Es gab noch zwei andere, schmale Einschnitte wo der See ohne Schilf vom Ufer aus zu erreichen war, aber keine dieser Stellen war so schön wie unsere grosse Badebucht selbst, wo sogar feiner, grauer Sand war und weiter hinten grosse Schattenbäume standen, die uns Schutz boten wenn die Sonne zu heiss wurde.

Die Anwesenheit der Flüchtlinge im Dorf machte sich schon bemerkbar; denn jeder brachte doch einen Teil seiner heimatlichen Bräuche mit und besonders merkte man das am jeweiligen Dialekt. Das wirkte natürlich auf das Einheimische ein und machte aus dem Dorf ein Tummelplatz ostwestlicher Beziehungen, die sich hier und da langsam anbahnten. So lernten wir nette Wankendorfer kennen, die in einer alten Bauern-Kate an der Bahnhofsstrasse wohnten. Sie boten uns an, in ihrem Stall ein Schwein zu halten und übernahmen im grossen und ganzen auch die Pflege, nur das Futter mussten wir heranschaffen.

Mittlerweile hatten wir auch Nachrichten von unseren Angehörigen bekommen, das tat gut, sie lebten noch, und so wussten wir nun, wo sie alle hängengeblieben waren. Omi landete mit unserer Uromi in Lübeck und bald auch reiste Mutti dort hin. Das war sicherlich ein schönes und bewegendes Wiedersehen, nach so langer Zeit der Trennung, Entbehrungen und Ungewissheit. Omi war eine besonne, kluge Frau und wohl die Einzige aus unserer Familie, die rechtzeitig mit 50 Kisten vollgepackt mit dem Wichtigsten ihres Hotelhaushaltes in den Westen ging. Vielleicht war es einer der letzten Züge, der sie über lange Umwege von Stettin nach Lübeck brachte, wo sie noch vor der Währungsreform zwei Mietshäuser kaufte und so aus dem Schneider war. Omi unterstützte uns fortan wo sie nur konnte. Sie war uns eine grosse Hilfe und, wie immer, uns sehr zugetan.

Unser Schwein wuchs und gedieh. Als es gross genug war, um geschlachtet zu werden besuchte uns Olga, die Gutstochter und Vaters Cousine, um uns beim Schlachten behilflich zu sein. Dieses Schlachtfest war so bedeutungsvoll für uns, dass ich nicht zur Schule ging und so konnte ich von Anfang an alles miterleben und tüchtig mitanpacken. Nach dem Töten wurde das Schwein mit heissem Wasser übergossen, was einen ganz besonderen Geruch hervorrief und dann mit metallenen Schabern die aufgeweichten Borsten abgeschabt.

Dann band man das tote Schwein an eine kräftige Leiter, um sie anschliessend mit äusserster Kraftanstrengung von allen Anwesenden hoch an die Wand zu stellen mit dem Kopf nach unten. Ein scharfes Messer schlitze dann den Bauch auf, aus dem die Därme und Organe weich hervorquollen, herausgeschnitten wurden und .....platsch unten in einen Blechzober fielen. Das ging alles verhältnismässig schnell und profesionell vor sich und wurde von unserem Freund, derjenige der das Schwein mit aufzog, erledigt. Er zerlegte dann auch die verschiedenen Stücke nach einem ganz bestimmten Ritual und nun waren Olga und wir an der Reihe, die für uns riesigen Fleischmengen zu verarbeiten. Die enorm langen Därme mussten von der Scheisse gereinigt werden, um sie anschliessend gründlichst zu waschen; denn sie wurden später als Wurstsack verwendet, was mir gar nicht appetitlich erschien. Das meiste Fleisch wurde in der Waschüche im Waschzober gekocht und eingemacht, oder zu Wurst verarbeitet, hatten wir doch damals noch keine Kühlung, um es anders zu konservieren. Olga war die fleissige Chefin. Sie machte ihre Arbeit so gut, dass ich mir heute noch die Finger danach lecke, wenn ich an ihre pommerschen Würste denke, die kräftig gewürzt mit Majoran und Tymian, Pfeffer und Salz für uns damals ein Hochgenuss waren. Das Fett wurde zu Schweineschmalz mit Zwiebeln, Äpfeln und Gewürzen zerlassen und kam in grosse Schmalztöpfe. Da sich die Beigaben unten am Boden absetzten, wärend das Schmalz abkühlte und fester wurde, bohrten wir tiefe Löcher hinein, um an die Zwiebeln und Äpfel zu kommen, wenn wir uns die leckeren Schwarzbrotstullen schmierten.

 Weckgläser waren knapp, oder zu teuer, Dosen mit Deckel billiger. Der Krämerladen um die Ecke hatte eine Dosenschliessmaschine. Wir borgten uns irgendwo einen zweirädrigen Karren, stellten oben auf die Wagenplattform die gerade mit Fleisch und Wurst gefüllten offenen Dosen, bedeckten alles mit einem sauberen, weissen Tuch und schoben den Wagen zum Krämer. Ich war sehr interessiert dabei, reichte ihm vorsichtig die vollen Dosen rüber, die er auf die Maschine stellte. Ein handbetriebenes Rad bewegte eine Walze, die den oberen Rand der Dose erfasste auf dem lose der Blechdeckel lag und börtelte dann ganz sauber den Deckel mit dem nach aussen gebogenen Dosenrand um. Im Nu war die Dose zu und die Konserve fertig. Unser geschlachtetes Schwein veränderte entschieden unsere bescheidene Essensqualität. Täglich genossen wir das sparsam verwaltete " Zubrot ". In der Schule hatte ich es leicht. Unser Klassenlehrer Herr Schiebe war ganz in Ordnung, nur wenn er wütend war, wurde er unberechenbar. Wir sassen auf den langen, hölzernen Schulbänken, die nur durch den Mittelgang getrennt waren. Einmal ärgerte ihn ein Schüler dermassen, dass ihm das Blut zu Kopfe stieg. Um den Burschen zu erreichen, sprang er vorne auf das Pult der ersten Reihe, stieg schäumend von Bank zu Bank über uns alle hinweg, zog den armen Knaben am Kragen von seinem Platz, hielt ihn hoch, schüttelte ihn in seiner Wut, brüllte ihn an, wobei ihm seine Zähne auf den Fussboden zwischen die Bankreihen fielen. Mit einem Schlag wurde er ruhig, weil ihm die fehlenden Zähne sichtlich höchst peinlich waren, liess den zappelnden Jungen los und bat seinen Lieblingsschüler Werner, ihm doch seine Zähne da unten irgendwo zu suchen. Das ganze Drama endete dann mit einer Freistunde. Unser Lehrer war wie verändert und selten so lieb und freundlich zu uns.

Dank seiner verlorenen Zähne konnte er seine Wut so plötzlich loslassen, was mir zu denken gab; denn wie schnell ist man imstande eine negativ besetzte und geballte Energie in eine andere Richtung zu lenken und Frieden mit sich selbst zu schliessen. Was muss passieren, um uns dadurch glücklicher zu machen ? Es ist nicht unbedingt gesagt, dass eine solche Peinlichkeit, wie die unseres Lehrers, eine Richtungsänderung verursacht, aber immerhin ist er in sich gegangen, hat in dem Moment Verantwortung übernommen und sich doch irgendwie in Vergebung geübt. Heute, meine ich, kann ich das auch einfacher haben, um von Anfang an eine aufsteigende Wut mit mir selbst abzumachen, es ist meine Wut, auch wenn sie von einem anderen angekitzelt wurde, sollte sie bei mir bleiben und nicht projiziert werden. Das allerdings bedarf eines gesunden und aufmerksamen Bewusstseins.

Werner war mein Nachbar auf der Schulbank. Er war ein intelligenter einheimischer Bursche. Wir mochten uns und da er immer mehr des Lehrers Liebling wurde, der sogar dessen prägnante Handschrift zum Verwechseln ähnlich kopierte, war er der Mächtigere. Wir freundeten uns an und luden uns zuweilen gegenseitig nach Hause ein. Mit der Zeit spürte ich seine Macht mir gegenüber. Er fing an,diese gegen mich auszunutzen und dann passierte genau das Gegenteil unserer ersten Freundschaft, ganz langsam entwickelte sie sich zu einer immer grösser werdenden Feindschaft, in der auch er der Mächtigere war. Ich fand nicht den Mut diesen Teufelskreis zu durchbrechen und kam wieder, wie schon öfters früher, in tiefe Blockaden und wusste keinen Ausweg. Eine unbekannte Angst lähmte meine eigene Kraft mich selbst zur Wehr zu setzen und so wurde ich zum Spielball des Mächtigeren. Das ging dann so lange bis es sich tot lief. Ich kämpfte mit mir, nicht gegen ihn, weil ich ihn auch weiterhin als den

Besseren und Mächtigerin anerkannte. So lange meine Zuneigung anhielt, spürte ich viel Schmerz, bis ich in einem Moment seine Missachtung mir gegenüber erkennen konnte und sich sein Gesicht für mich zu einer giftigen Fratze verzog. In diesem Moment starb unsere Beziehung in mir, der Bann war gebrochen, ich fühlte mich frei und wieder bei mir. Er merkte das. Obwohl er nun Versuche unternahm, mich respektvoller wieder mehr an ihn zu binden, blieb ich bei mir und konnte fortan auf diese und ähnliche Beziehungen gut verzichten. Später erkannte ich, dass ich ihn doch irgendwie sehr mochte, was wiederum das Bild veränderte und dieses Kräftemessen, nun in einem anderen, ja gleichwertigen Licht erscheinen liess, es gab keinen wirklichen Verlierer mehr, was sich später in ähnlichen Situationen wiederholte, denn wie heisst es doch so schön: >gegen Zuneigung ist kein Kraut gewachsen< und das wiegt bei solchen ersten pubertären Erfahrungen besonders schwer, doch tastete ich mich nun vorsichtiger vor, um allzuviel Schmerzliches zu vermeiden und in meiner Kraft zu bleiben! Im Sommer war das Schützenfest. Da war immer ganz viel los. Hoch an einer langen Stange war ein weisser, hölzener Vogel befestigt, den man mit der Armbrust abschiessen musste. Alle Schüler durften schiessen. Einmal schoss ich eine hölzerne Feder ab. Das war eine grosse Sache für mich. Derjenige wurde Schützenkönig, der schliesslich den Rumpf des Vogels, oder was von ihm noch übrig geblieben war, runterschoss. Es gab viele bunte Buden, wo man für ein paar Pfennige mit Bällen, Ringen oder sogar Luftgewehren Preise ergattern konnte. Die meisten Stände wurden von uns Schülern bedient. Mit selbst genähten Stoffbällen musste man auf Flaschen, Dosen oder Gläser werfen. Ich stellte Flaschen wieder auf und gab die Bälle aus.

    Das tollste aber war der Schützenball im -Deutschen Haus-, eine Gaststätte mit grossem Ballsaal. Zum ersten Mal war ich auf solchem Fest, dass mich in seiner Magie vollkommen in den Bann zog. Eine Musikkapelle spielte den Kindertanz:

" Go von mi, go von mi, ick mog di nich seeein
komm tou me, komm tou me, ick bün so alleeein
fiderallalala, fiderallalala
komm tou mi komm tou mi ick bin so alleeein"!

Ich tanzte mit Helga und schmolz dahin, bis sich der Tanz, die Musik und die Nähe zu ihr inmitten der grossen Kinderschar sich in einen verhaltenen Jubelschrei ergoss. Diese Nähe fühlte sich an wie Sympathie, Vertraulichkeit, es war einfach ein Glücklichsein. Der Tanz selbst war ein Auseinandergehen, ein Ablehnen- go von mi, go von mi, ick mog die nich see- ein- so etwa wie: ich brauch dich nicht, wobei mein Stolz die Zuneigung verdeckt, ich schieb dich fort von mir und das tut ja so weh!..... aber dann kam das Näher- kommen: > komm tou mi , komm tou mi, ick bün so allee-ein< wir liessen uns fallen, da war keine Mauer mehr zwischen uns, wir breiteten die Arme immer weiter aus, öffneten unser Herz, freuten uns über die Nähe und wirbelten im > fiderallalala, fiderallalala< kräftig herum. Dieser Ball war das Fest für den Schützenkönig.

Das Deutsche Haus hatte im gleichen Saal auch manchmal ein Kino. Mein erster Film hiess Tom Mix der Feuervogel, ein Cowboy-Film, der mich tief beeindruckte, war es doch mein erster Einblick in die > Neue Welt <. Ein Hauch vom amerikanischen Traum blieb an mir hängen, ich war wie verzaubert und bewunderte fortan alles, was mit Amerika zu tun hatte.

Wir Flüchtlinge und Heimatvertriebene organisierten uns. Es wurde in Schlüters Gasthof ein Fest gegeben wo jede Flüchtlingsgruppe auf unterschiedlichste Art ihre Heimat darstellte. Zu diesem Anlass dichtete ich einen Vers und spürte dabei, wie sehr ich doch an meiner Heimat und Herkunft hing und in diesem Verlorensein trauerte:

" In Gotzlow ja der Weinberg liegt
der Aussichtsturm -wieso-
Im Yachtclub liegt die Ingehello
ein weisser Wasserfloh
Wie gerne möcht´ich nach Stettin
über Hamburg, Leipzig und Berlin
Dann bin ich endlich dort
in meinem Heimatort
Da sehen wir die Hansabrück´
und noch viel andere mehr
Jenseits der Oder
das Haus Merkur

In der Oberwieck den Wein
Dann wir im Gerhard Hauptmann Weg
die Villa sein.
Stettin Du bist so wunderschön
Stettin wie bist Du schön "!

Das Fest ging sehr erfolgreich zu Ende. Wir alle konnten den Einheimischen ein bisschen unserer Heimat näher bringen. Das tat gut und wurde freudig aufgenommen.

Zu Weihnachten bereitete unsere Schule die Aufführung eines Märchens vor. Ich war der Zwerg Schleck und erinnere mich noch gut daran mit welcher Aufregung ich klopfenden Herzens auf die Bühne kam, vor mir der bis an den Rand gefüllte Saal mit Eltern, Familie und Mitschülern und wie leicht es mir wurde, als mein erster Dialog etwas zittrig über die Lippen kam, dann aber fast euphorisch aus mir hervorsprudelte. Ich war ganz im Schauspiel, da war kein Thomas mehr und kein Publikum, da war nur noch der Zwerg Schleck! Am Beifall spürte ich meinen und unseren Erfolg, um im nächsten Jahr für die Hauptrolle ausgesucht zu werden. Das war mir aber zu viel des Auswendiglernens und ich lehnte zögerlich im letzten Moment ab, was nicht so gut ankam, aber sie fanden in Walter einen prima Schauspieler.

Als das Stück dann zur Aufführung kam und ich als Zuschauer im Publikum sass, musste ich schon schlucken, dieser schönen Rolle entsagt zu haben, trotzdem klatschte ich kräftig und dankte ihm im stillen , dass er mir diese Arbeit abgenommen hatte.

Vater erhielt ein Angebot im Hamburger Büro eines Onkels als Herings- und Fischmakler zu arbeiten und akzeptierte, dieweil sich auch die Arbeit bei den Engländern ihrem Ende näherte. Fortan lebte er nicht mehr bei uns und kam nur an den Wochenenden mit dem Zug zu uns aufs Dorf. Es dauerte auch gar nicht lange und er kaufte sich wieder sein erstes Auto nach dem Krieg, ein DKW- Reichsklasse, es war der Eckigere und wohl das erste Modell dieser Vorkriegsserie, gefolgt von der Meisterklasse.

Die Karosserie dieses Vehikels war noch grösstenteils vom Stellmacher aus Holz gefertigt und mit einem wasserdichten Werktuch sauber und glatt überzogen. Dagegen waren der Kühler, die Kotflügel und Stossstangen aus Blech gestanzt. Diese Autos rochen immer so schön nach Zweitaktbenzin, dieweil der Benzinhahn direkt über den Pedalen angebracht war, mit dem runden Tank unter der Kühlerhaube gerade darüber. Der Anlasser war ein Druckknopf über dem Gaspedal, sodass man mit dem gleichen Fuss am Gas spielen konnte bis man schliesslich das Glück hatte, dass er ansprang. Der Wagen hatte eine Revolverschaltung, oben in den Mitte des Armaturenbrettes. Unser DKW hatte schon viele Jahre auf dem Buckel. Die Fussbodenbretter waren teilweise durchgefault, wie auch die senkrechten Türholme, sodass es überall hineinzog und sich die ganze Karosserie auf den schlechten Wegen hin und her schob.

Aber trotz allem, wir hatten unser Auto, machten an Wochenenden einige Ausflüge in den Wald zum Pilze suchen und in die nähere Umgebung; besuchten zuweilen auch alte Freunde und Familie. Vater benutzte sein Auto natürlich um nach Hamburg zu fahren. Im Winter mussten wir den Motor in Säcke hüllen, am Abend das Kühlwasser ablassen, um es am nächsten Morgen vorgewärmt auf unserer Kochhexe wieder in den Kühler zu giessen. Mit ein bischen Glück und ausgeklügelten Tricks sprang er dann an bevor die Batterie alle war. Ich war immer mit viel Enthusiasmus dabei. Später durfte ich auch den Motor selber anlassen, um ganz im Geheimen ein Stückchen vor- und rückwärts zu fahren. Njen, njen, njen, njen,njen......... rumdumdumderum, derum, derum, dum derum, dumdumdumderum

und er lief und lief....

Die 'ter Hatzeburgs hatten einen grossen Hof in der Umgebung. Brigitte und Hatto gingen auf unsere Schule. Wir mochten uns. Um auf ihren Hof zu kommen musste ich an der alten Kate vorbei wo Meves, ein lustiger Klassenkamerad zu Hause war. Leider zogen Hatto und Brigitte wo anders hin und so verloren wir uns aus den Augen.

Bruder Klaus kam auf die Oberschule in Plön. Anfangs fuhr er jeden Morgen auf der Pritsche eines überplanten Lastwagens dorthin, um am Abend wieder heimzukommen. Das wurde aber auf die Dauer zu anstrengend, so dass er später aufs Schloss ins Internat ging. Dort lebte er seinen Freiheitsdrang so richtig aus, soweit es ihm die strengen Regeln des Internats erlaubten, die er wohl so manches Mal gut zu umgehen wusste. Rosmarie und Hans Joachim zogen auch mit der Familie nach Plön und so wurde mein Freundeskreis ein bischen kleiner.

Klaus und ich gingen nun einmal in der Woche zum Konfirmantenunterricht in das Pastorenhaus direkt neben der Kirche, die ausserhalb des Dorfes in Richtung Stolpe lag. Beim Bau der Kirche hatten sich die beiden Dörfer wohl auf den Platz zwischendrin geeinigt, und da unseres ein bischen grösser war stand sie uns ein bischen näher und die Stolper mussten weiter laufen.

Axel war ein Stolper Junge, der mit uns im gleichen Unterricht war. Wir beide waren uns näher , wie ich überhaupt keine Probleme mit vielen anderen Jungens und Mädchen hatte. Klar waren da immer welche dazwischen, denen ich mehr oder weniger zugetan war; das war einfach so und ich dachte auch gar nicht weiter darüber nach. Man spürte das einfach und es kam freundlich zurück, wobei ich anderen keine oder weniger Aufmerksamkeit schenkte, und so war das Echo denn auch; weil bei ihnen von mir nichts ankam, konnte auch von ihnen zu mir nichts zurückkommen. Eines Tages, es war wohl früher Nachmittag im Sommer, traf ich den Axel bei uns draussen im Bahnhofsviertel, was ganz ungewöhnlich war; denn was macht ein Stolper Knabe so fern der Heimat? Wir grüssten uns freundlich von weitem. Ich fragte:" Wohin des Weges"? " Mit dem Zug nach Neumünster zu einer Untersuchung ins Krankenhaus" antwortete er. Beim nächsten Konfirmanden- Unterricht teilte uns Pastor Hauser mit:" Ich habe eine traurige Nachricht für euch, der Axel ist tot!" Mir blieb der Atem stehen! "Wie ist so etwas möglich"? durchzuckte es mich, gerade habe ich ihn doch noch gesehen! Guter Dinge schien er zu sein und nun tot?... nicht mehr da?...nicht mehr bei uns? Ich war auf seiner Beerdigung und weinte um den Verlust seiner freundlichen Präsenz. Er war wohl so alt wie ich und im Moment war es mir nicht möglich, einen solchen jungen Tod einzuordnen. Ich trauerte und spürte wie tief diese Trauer in mich eindrang und wie sie mich aufwühlte. Es war der erste Tod den ich so nah erlebte, der irgendwie zu mir gehörte, den ich spüren konnte.

Wir hatten einen tollen Biologielehrer, Herrn Petersen. Er war jünger als die anderen Pauker, nicht ganz so weit weg von uns. Mit ihm legten wir hinter dem Schulhof Gemüse- und Kräuterbeete an, so dass wir Schüler den ganzen Prozess vom Umgraben, Säen, Giessen, Unkraut jäten und Hacken bis hin zur Ernte bewusst miterleben konnten und dann hielten wir die Möhren, Kohlrabies, Radieschen, Kartoffeln, Tomaten, Gurken und Salat ganz anders in unseren Händen, als die im Laden gekauften. Es war unsere Aufmerksamkeit, unser Einsatz und Begeisterung, die die Früchte in Zusammenarbeit mit der Natur gedeihen und reifen liessen.

Das Jungen-Pissoir war eine einzig stinkende Kloake. Ein halbwegs offener Raum mit schwarz geteerter Wand, wo wir in unseren Pausen pinkeln gingen, um dann in einer Reihe stehend gegen die schwarze Wand zu pissen, die unten in ein schräg laufendes Rinnsahl ohne jegliche Wasserspühlung überging. Mit von innen zugedrückter Nase wagte ich mich da nur ungern hinein, zumal unweigerlich der Moment kam wo ich tief Luft holen musste und das ausgerechnet beim Pinkeln selbst. Mit zunehmendem Alter fiel es mir immer schwerer in öffentlichen Toiletten pinkeln zu gehen; der üble Geruch, trotz Wasserspülung und die fremden Männer rundherum, machten es mir nicht leicht den Pimmel aus dem Hosenlatz zu fummeln und dabei auch noch entspannt zu sein.

Pappi lud mich in den Ferien ein, mit ihm nach Hamburg zu kommen. Eines Montagmorgens tuckerten wir beiden mit dem DKW in die ferne grosse Stadt. Es dauerte seine Zeit, bis wir die Randbezirke der Stadt erreichten. Zum ersten Mal in meinem Leben hielt ich Einzug in eine richtige Grossstadt. Stolz bewunderte ich meinen Pappi, wie er sich in diesem Strassen- und Verkehrsgewirr zurechtfand, das damals im zerbombten und langsam im Neuaufbau befindlichen Hamburg noch unvergleichlich ruhig war, für mich aber schon wahnsinnig aufregend. Schliesslich parkten wir direkt vor dem Mühlenhof unten an den Hafenfleeten. Es war ein dunkel geklinkerter Bürobau, und wenn ich mich nicht irre gab es einen aussergewöhnlichen Fahrstuhl, den man „Paternoster" nannte. Er bereitete mir grosse Freude und mutig sprang ich in einen dieser offenen Holzkästen, der wie am Fliessband rechts nach oben und links nach unten durch die Stockwerke juckelte, gefolgt von so vielen Kästen wie Platz am Fliessband war. Kam dann die gewünschte Etage zum Aussteigen, so sprang man aus dem Kasten auf den Flur.

Nachdem wir uns in Pappis Büro eingerichtet hatten, was ja auch gleichzeitig sein Zuhause war, fand ich mich schon wieder auf dem Flur und im Paternoster. Nun wollte ich es aber genau wissen, sprang rein, sprang raus und als ich ganz oben ankam, war meine Neugier > wie geht es wohl weiter < viel grösser als vermutliche Ängste, vielleicht zermalmt zu werden, würde ich es wagen in den unerlaubten Fahrbereich über den Boden im Kasten zu bleiben? Nun stand da aber auch auf einem weissen Emailleschild, dass die Weiterfahrt zwar untersagt sei, aber es sei auch nicht gefährlich, sollte man das letzte Stockwerk verpasst haben.Das machte mir Mut und bangen Herzens blieb ich im Kasten, wurde höher und höher gehoben, bis wir an ein riesiges, eisernes Kettenrad kamen, das sich genau im Tempo des Paternosters drehte, die Kabine ruckend packte, sie umlenkte um nun wieder langsam abwärts zu gleiten. Ich konnte da oben in das Innerste der Fahrstuhlmechanik blicken und war überrascht wie verhältnismässig einfach das funktionierte, obwohl mich dieses riesige eingefettete Kettenrad und die ruckenden, groben Bewegungen der Kabine schon beeindruckten. Ich wagte mich dann auch durch den tiefen, dunklen Keller und stieg gar nicht mehr aus, um so etliche Runden begeistert durch die Etagen zu gondeln, bis Vaters Stimme durch den Schacht drang, mich aus diesem Abenteuer entliess, und zum Essen rief. Vaters Büro war mit Schreibtisch, Telefon, Aktenschränken und Sitzecke komplett ausgestattet. In einer Ecke war das Klo mit Waschbecken, hinter einem Vorhang in einer Nische die Kochecke und das Sofa wurde zum Bett umfunktioniert. Das war sein zu Hause in Hamburg und meines nun auch für eine Woche.

    Welch andere Welt stürmte auf mich ein. Da gab es in jedem Moment unendlich viel Neues zu sehen. Ich war ganz offen und liess alle Eindrücke tief in mich hineinsinken.

    Wir fuhren mit der Strassenbahn, der U- und S- Bahn, besuchten Hagenbecks Tierpark, wo ich zum ersten mal Elefanten, Löwen, Affen und Nilpferde, Zebras, Papageien, Kängurus, Tiger und Giraffen sah. Überall staunte ich mit offenem Mund und hörte manches mal den Pappi sagen:" Thomas, mach den Mund zu "!

Einmal nahm er mich mit in den Freihafen, ein streng abgeschottetes Zollgebiet, wo die Waren noch zollfrei lagerten, bevor sie ins Land eingeführt wurden und man kam nur mit einem besonderen Pass hinein, den Pappi hatte, ich aber nicht und so mussten wir auf die Behörde um für mich Butschke einen Tagespassierschein zu beantragen was recht langwierig und umständlich war. Vater nervte das. Ich fühlte mich in diesem Moment als Last für ihn. Vielleicht war das eine weitere Erfahrung, neben der Gerichtsverhandlung vor vielen Jahren, um den Behörden, wo es irgendwie ging, aus dem Wege zu gehen!

In der Tat braucht man die Gesetzes-Wächter nur selten, wenn man zu sich selbst steht, im Vertrauen ist und von daher die öffentliche Ordnung achtet. Heute, würde ich sagen, dass solche Ordnung in jedem von uns schlummert, wenn wir bereit sind Verantwortung zu übernehmen und mit unserer „Mitte" verbunden sind.

Hier im Freihafen liess Vater einige Heringsfässer öffnen. Um die Qualität der Salzheringe zu prüfen, holte der Arbeiter einen heraus, bog ihn ein bischen, und hielt ihn Vater, zum Biss in die Filets des Heringrückens, hin. Ich durfte auch hineinbeissen. Sie waren salzig, aber sie schmeckten lecker nach fettem Hering. Pappi sah mich an, ich ihn, ein Augenzwinkern und die Partie wurde gekauft. Es machte mir Spass den Pappi alleine für mich zu haben, sozusagen die Männer unter sich. Wir verstanden uns, es gab keinerlei Komplkationen und ich fühlte mich an seiner Seite schon wie ein Grossstadtbürger. Er gab mir Geld für Schleckereien und Bahnfahrkarten. Am dritten Tag wagte ich mich alleine los.Mit dem U-Bahnfahrplan in der Tasche gondelte ich den ganzen Tag mit der U-Bahn kreuz und quer durch Hamburg. Als Hochbahn über genietete Eisenbrücken, die sich kilometerlang zwischen Wohnblocks hinziehen, im Zentrum durch lange Tunnel im Untergrund und weiter ausserhalb auf Bahndämmen entlang bis zur Endstation im Grünen.

Ich suchte mir meinen Platz vorn neben der Fahrerkabine auf dem Klappsitz des Zugbegleiters, der nicht immer dabei war, oder sich in der Fahrerkabine aufhielt. So hatte ich genauso wie der Fahrer die Gleise vor mir, konnte auch gleichzeitig durch ein kleines Seitenfenster in die Kabine sehen, und den Fahrer mit seinen Knöpfen und Hebeln, die er bediente, beobachten. Ich war in Hochstimmung, kam mir vor wie ein Zugführer und konnte gar nicht genug davon kriegen. Am Abend dann fand Vater seinen strahlenden Sohn heimkommen, der ihm mit leuchtenden Augen seine Abenteuer erzählte. Die Tage waren ausgefüllt.

In den letzten Jahren, eher zu einem Bauern-Jungen geworden, betrachtete ich das Treiben einer Grossstadt mit Kulleraugen und war erfüllt von all'den wunderbaren neuen Sachen. Allerdings sah ich auch die schlimmen Auswirkungen des Krieges, der Bombenangriffe, die unzähligen Ruinen, die zwar schon aufgeräumt waren und für die Einheimischen zum gewohnten Strassenbild gehörten. Was blieb einem auch anderes übrig. Dagegen waren wir auf dem Dorf von solchen Anblicken und anderen Unbequemlichkeiten verschont, konnten wir doch selber Hand anlegen, um zu säen und zu ernten, um zu sammeln und zu pflücken, was immer die Natur und Landwirtschaft zur jeweiligen Jahreszeit uns anbot.

Die wunderbaren Tage beim Papa in Hamburg gingen vorüber. Wir tuckerten mit unserem DKW-Reichsklasse wieder heim aufs Dorf. Bei mir hatte sich so einiges verändert. Ein Hauch von der grossen, weiten Welt überflog mich, besonders auch dann als ich den zurückgebliebenen Freunden vom Hamburger Hafen er-zählte, wo grosse Dampfer aus allen Herrenländern ein und ausliefen, Rohstoffe, Südfrüchte und exotische Waren löschten, um Maschinen, Autos und technischen Schnickschnack wieder über die weiten Meere mitzunehmen. Das alles und vieles mehr erzählte ich ihnen mit Begeisterung , jedoch war da auch einer, dem das nicht so gefiel, das war zu viel für ihn, meistens ein Einheimischer und echter Dorfjunge. Vielleicht machte ihn der Neid angriffslustig und er schickte mich als lausigen Flüchtlingsjungen in die Hölle! "Ihr aus dem Osten wisst immer alles besser. Alle waren wohlhabend, hatten Güter, grosse Häuser und Geschäfte"!

Ich hielt inne und brauchte so einige Tage um diese Anmache zu verkraften, konnte ich in solchen Momenten überhaupt nicht reagieren, das war nun wieder zuviel für mich!

Ich erinnerte mich, zwischen Vaters Papieren einmal ein Rechnugsformular seiner verlorenen Firma gesehen zu haben. Ich suchte es mir heimlich heraus und versteckte es ganz klein zusammengefaltet in der Buchsbaumhecke, die den kleinen Vorgarten des Mühlenbüros einrahmte, direkt gegenüber unserem „Mal" unter der Kastanie, um es bei nächster Gelegenheit, die ich kaum erwarten konnte, den zweifelnden Freunden unter die Nase zu halten. Der Moment kam. Ich erzählte ihnen, dass wir alle, die aus dem Osten kamen, ja irgendwo gewohnt haben mussten, die Väter gearbeitet haben, es grosse Städte gab mit vielen Häusern,Geschäften, Parks und breiten Strassen, dass viele viele Höfe und Güter und Dörfer über weites Land verteilt waren und das Leben ganz ähnlich funktionierte wie hier bei Euch jetzt. Manche mögen übertrieben haben, weil sie sich hier so arm vorkamen, andere jedoch haben schon grössere Werte verloren und ich holte die verknitterte Rechnung aus den Büschen, um sie ihnen zu zeigen.

Das machte mir natürlich Spass. Zum ersten Mal zeigte ich etwas aus unserer Vergangenheit. Oben links war das Geschäftshaus ganz fein eingraviert. Der Firmenschriftzug, wie handgeschrieben in grossen Lettern, stand oben rechts und sogar ein kleiner Lastwagen, der vorne am Haus vorbeifuhr, war mit drauf. Alles schien mir so, als würde es lebendig werden, als hätte ich ein Bilderbuch aufgeschlagen und gemeinsam mit den Freunden einen Blick zurück gewagt. Alle hörten zu und waren still, ich dann auch.

Ein Teil unserer Möbel aus unserem Haus in Stettin wurden von den Eltern, als die Russen schon im Vormarsch waren, evakuiert. Deutschland wurde ja nach Kriegsende in 4 Besatzungszonen aufgeteilt, von denen je einer der Siegermächte ihren Teil bekam und die Verwaltung übernahm. Unsere Möbel lagerten irgendwo in der russischen Zone, die westlich an die Oder-Neisse-Linie anschloss und bis an den Harz reichte. Obwohl die vier Alliierten zwar Nazi-Deutschland gemeinsam bekämpften und schliesslich besiegten, die Nazis endlich ablösten, waren die drei kapitalistischen Westalliierten dem kommunistischem Russland gegenüber nicht sehr wohlgesonnen, wie auch umgekehrt. Nun ging die Botschaft um, dass die russische Besatzungszone sich von dem Westen abtrennen wollte und es angebracht sei, noch Sachen zu retten bevor der "Vorhang" fiel.

Wie immer war Mutti die schnellentschlossene, mietete sich über eine Speditionsfirma einen Lastwagen mit Fahrer und machte sich auf die Reise.

Einige Tage später stand sie, zwar müde aber mit voll beladenem Laster überglücklich vor unserem Haus. Nun lebten wir wieder in unserem alten Ambiente. In unseren zwei Stübchen lagen die Teppiche natürlich übereinander, hingen an der Wand und lagen auf dem Bett als Sofa und auf dem Tisch als Decke. Das Ölgemälde von Otto Lang mit einer „Pommerschen Hafflandschaft im Winter" hing gross und fast zu üppig an einer kleinen Wand. Silberbesteck, Kerzenleuchter, Krüge und anderer wertvoller Schnickschnak standen überall herum, um es zu geniessen als Rückverbindung in die Zeit davor. Tische, Sessel und vieles andere mussten wir auf dem Boden unterstellen, wofür uns der Hauswirt freundlicherweise mehr Dachschräge zur Verfügung stellte. Wir waren besonders glücklich über die geretteten Fotoalben, die Mutti für jeden ihrer drei Sprösslinge sorgfältig und liebevoll angelegt hatte, wobei jedes Foto ein treffendes Sprüchlein in weisser Tinte von ihr bekam. Unsere Flüchtlingsarmut wurde wie von einem Zauberstab berührt. Ein leichter -touch- von Wohlhabenheit erblühte in unserer nächsten Umgebung und das tat uns allen gut.

Dagegen hatten wir ein andermal ein fürchterliches Erlebnis. Es war eine kalte Winternacht, als sich plötzlich dicker Qualm oben unterm Dach ausbreitete. Schon hörte ich Muttis Stimme : " Feuer, Feuer, es brennt"!!! Die Luft war schon so qualmgeschwängert, dass mir das Atmen schwer fiel, als ich fast panisch aus dem Bett unter der Dachschräge sprang.

Die Bodentreppe mit ihrer Holztäfelung brannte schon lichterloh und selbst der Fussboden oben, noch vor der Treppe, hatte schon Feuer gefangen und mit Schrecken brüllte es aus mir : " da komm´ ich nicht mehr ´runter"!..als von unten eine mutige und vertrauensvolle Männerstimme nach oben rief: " Spring´ Junge, spring´ durchs Feuer ich fange dich auf. Ohne zu zögern sprang ich wie ein Zirkuslöwe durch den Feuerschacht und landete wohlbehalten in Marlows sicheren Armen, dem Guten, er war mein Retter. Zum Glück wohnte er als Volontär des Mühlenbetriebs im gleichen Haus. Marlow fuhr im Krieg auf einem U Boot, hatte einen Tag nach mir Geburtstag und nun erst recht hatte ich allen Grund, ihn anzuhimmeln.

Mutti und Anke waren immer noch oben und hatten sich in der Stube verschanzt, dort war weniger Qualm, was ich aber anfangs nicht wahrnehmen konnte, glaubte ich doch der Letzte da oben zu sein. Nun sprang sie mit Anke in ihren Armen durch das Feuer, wobei sie sich den Arm verletzte und später ins Krankenhaus nach Neumünster musste, was mir tiefen Kummer bereitete. Das Feuer konnte dann aber schnell gelöscht werden, sodass kein grösserer Schaden entstand. Die Ursache des Brandes war ein schon angeglühtes Brikett, den Mutti am Abend noch aus dem Ofen nahm, um zu sparen, sich aber der Glut nicht bewusst war und das Brikett draussen hinter die Tür auf die Bodentreppe legte.

Beim Zurückerinnern wurden wir nachdenklich; denn trotz der heissen Kriegsjahre mit den Bomenangriffen blieb uns ein solcher Hausbrand erspart und nun hatten wir auch das erlebt! Es war ein Überlebensmoment, der mir Angst eingejagt hatte und mich gleichzeitig mutiger machte.

Eine neue Herausforderung wehte uns ins Haus. Die Währungsreform näherte sich und es hiess, dass die Aktien der einst grossen Industrie- und Wirtschaftsunternehmen 1:1 aufgewertet werden würden. Die Eltern hatten einiges davon, aber die Aktienpapiere vergruben wir doch fein eingewickelt in Zinkkästen in einem Park in Stettin, bevor wir ausgewiesen wurden, immer in der stillen Hoffnung wieder zurückzukommen! Was nun ?

Omi hatte die Idee mit mir nach Stettin zu reisen, um die Aktien zu holen. Eine alte Frau mit ihrem Enkel könne keinen grossen Verdacht schüren! Nur war eine Reise dahin zu jener Zeit zwar nicht verboten, aber es galt inzwischen 2 Grenzen zu überqueren und das schien schwirig zu werden und voller Risiko. Wir trimmten uns hin auf dieses Abenteuer; denn neben den Reiseschwierigkeiten mussten die Kästen nach den vergangenen Jahren auch wieder gefunden werden,sie waren im Wald vergraben.

Nun denn, wir waren vorbereitet, aber die Eltern machten im letzten Moment einen Rückzieher und meinten, dass sich das Risiko für uns beide nicht lohnen würde für einen Gegenwert in Aktien, der allerdings für uns nicht unerheblich war.

Grossartig war ihre Entscheidung; denn es stellte sich heraus, dass es Namensaktien gewesen waren und man die entsprechenden Namenslisten zur Verfügung hatte, um jeden Aktionär bestimmen zu können. Das half dem Vater schliesslich mit diesem aufgewerteten Aktienkapital und seinem neuen Teilhaber eine eigene Firma in Hamburg zu gründen. Am Lämmermarkt bauten sie sich in der ersten Etage einer ausgebrannten aber intakten Handelsschulruine mehrere Räume als Firmensitz aus und fingen nach der Währungsreform an, Rohkaffee einzukaufen, um ihn daselbst zu rösten, zu verlesen, zu mischen, verpacken und unter der Marke Adler-Kaffee zu verkaufen. Es lief gut an; denn Kaffee, des Deutschen liebstes Getränk, abgesehen natürlich vom Bier, war zu jener Zeit ein Luxusartikel und fand nach den Kriegsentbehrungen grossen Zuspruch. Sie kauften andere Autos, einen Opel P 4 Lieferwagen und einen grauen P4 Pritschenwagen, mit dem Vater manchmal an den Wochenenden auch heim kam.

Überhaupt hatte die Währungsreform die deutsche Lage entschieden verbessert, bald gefolgt im nächsten Jahr mit der ersten deutschen Bundesregierung. Deutschland, mit seinem fleissigen und grossen Arbeitspotential, fing wieder an zu dampfen.

Unsere Uromi Elise landete nach ihrer Flucht mit Neffen Carl und treuer Haushälterin Anna im Holsteinischen Schönwalde, feierte ihren 90 sten Geburtstag und alle alle kamen. Es war das erste grosse Familientreffen väterlicherseits nach unserer Evakuierung und Flucht.

An den Wochenenden herrschte für Lieferwagen Fahrverbot. Pappi aber lud uns alle hinten auf die überplante Pritsche seines neuen, alten Opel P4´s und los fuhren wir frühmorgens über Bornhöved, Ascheberg, Plön und Eutin zur Uromi. Die Ängstlichkeit vor der Obrigkeit, weil wir etwas Verbotenes taten, rührte sich in mir und deckte alte Wunden unschöner Erlebnisse der Kriegs- und Nach-kriegsjahre wieder auf. Es war kalt dahinten drauf und obwohl wir die Plane locker geschlossen hielten, damit man uns nicht sehen konnte, krochen uns die Auspuffgase in den Körper. Dick angezogen litt ich still vor mich hin und war froh als wir endlich mit grossem Bahnhof vom Onkel Carl und all den anderen, die schon da waren, empfangen wurden. Uromi war bester Stimmung und mit ihren 90 Jahren sehr fit. Jeden Tag trank sie eine Flasche Rotwein und so waren unsere Geschenke immer klar. Sie strahlte Dankbarkeit aus, waren doch ihre Weinreserven für lange Zeit gesichert. Selbst vom Bürgermeister bekam sie zum Neunzigsten 90 Flaschen Rotwein spendiert aus der Gemeindekasse, als Geschenk. Anna bekochte und bemutterte uns alle dermassen üppig, als wären wir im tiefsten Frieden. Sie lebten in einem barackenähnlichen Gebäude am Rande des Dorfes. Es war sehr klein, einfach, aber urgemütlich und immens gastfreundlich und offenherzig was uns allen sehr sehr gut tat.

Onkel Carl, der Junggeselle, war ein Unikum, immer gut aufgelegt erzählte er uns schmunzelnd seine vielen Geschichten. Er war ein grosser Jäger, vor dem Herrn, und selbst der preussische Kronprinz ging mit ihm im fernen Hinterpommern und Ostpreussen auf die Jagd. Als wir unter Männern waren, alt und jung beisammen, flüsterte er uns lüstern sein neuestes Erlebnis ins Ohr: " Als ich jüngst im Walde meinen täglichen Spaziergang machte, und mich als Jäger so ganz in meinem Element fühlte, beobachtete ich eine Nachbarstochter ganz in meiner Nähe, die schüchtern mir entgegen trat und mich bat, sie ein wenig aufzuklären; wie denn das so ginge mit der Liebe, mit den Männern und den Frauen und dann den Kindern! Ich meinte: " .... liebstes Kind, das Reden darüber fällt mir gar zu schwer, aber ausprobieren können wirs doch mal, wenn es dir lieb ist"! .... und sein Schmunzeln liess viel Freude in seinem Gesicht erkennen die sich auf die älteren Männer fröhlich übertrug, ihrer Fantasie waren wohl keine Grenzen gesetzt. Wir Jüngeren jedoch, die das wohl verstanden, aber ohne Erfahrung das nicht so spontan nachvollziehen konnten, kamen uns etwas verloren vor zwischen den lachenden alten Hasen! Onkel Carl merkte das wohl und meinte zu uns Jungens; " ... ich gönne es euch von Herzen wenn eure Zeit gekommen ist"!

Wir übernachteten dort überall auf dem Fussboden, und hatten bei soviel Tuchfühlung mit der Sippe, viel Spass!

Diese Geburtstagsbesuche erleuchteten den gewöhnlichen Alltag, wie überhaupt auch spätere Familienfeste bei uns oder zu Besuch bei Omis, Tanten, Onkels und anderen Anverwandten.

Es ging bergauf mit uns. Unsere ganze Familie machte Urlaub in Tante Gretes Reetdachhaus in List auf Sylt. Ich fuhr mit dem Fahrrad hin und machte mich über Meldorf auf den Weg; denn dort lebte meine geliebte Dedda mit ihrem Sohn Eberhardt, die ich endlich, nach so langer Zeit, einmal wieder sehen wollte. Welche Überraschung war das auch für sie und mit welcher Innigkeit und Liebe empfing sie mich. Ich blieb natürlich über Nacht und wir drei pennten alle zusammen in einem Bett. Ich fühlte mich immer noch so wohl in ihrer Nähe, so als wäre die Zeit kaum verstrichen. Am übernächsten Tag regnete es in Strömen. Ich entschloss mich mit der Eisenbahn weiterzufahren und das Fahrrad aufzugeben, was wegen der Extraausgaben den Vater nicht sonderbar erfreute als ich frisch und munter, aufgetankt mit Deddas liebevoller Zuneigung, in List eintrudelte.

Sylt und List, Tante Grete und ihr Haus, das Wattenmeer und die Dünen, der Weststrand mit dem Ellenbogen; oh köstlicher Sommer, unvergessliche Ferien mit viel Freude und Harmonie zwischen uns allen und unter den Fittichen der glücklichen Eltern. Es war eine familiäre Wiedergeburt, es war aber auch der letzte Versuch ihre Gemeinsamkeit neu aufzumuntern! Wir liefen nackend durch die Dünen und machten kilometerlange Wanderungen über die endlos weissen Strände. Wir besuchten Keitum, wo wir eine ganz grüne Landschaft, im Vergleich zum wüstenähnlichen, sandigen List, vorfanden. Da war auch die Marsch, dort wo die Feldlerchen, zwitschernd und vor Freude jubelnd in den Himmel flogen, die Kühe und Schafe auf den fetten Marschwiesen weideten und ich mit Stolz Vaters Junghans-Meister Uhr tragen durfte. Wir suchten in Wennigstedt unser Kronprinzen-Hotel, dort wo wir in besseren Zeiten einmal von Stettin aus Urlaub gemacht hatten. Dedda war auch dabei gewesen. Die ferne Vergangenheit verband sich mit dem Heute, so als sei die Zeit stehen geblieben, und mittendrin fühlte ich mich pudelwohl.

Übrigens, soweit ich mich erinnern kann, stand das Hotel zum Kronprinzen schon sehr nahe am roten Kliff, in dass sich das stürmische Meer immer mehr hineingefressen hatte und ein Abstrurz des Gebäudes zu befürchten war.

Im Hafen von List wurden die frisch gefangenen Makrelen auf Drähten aufgespiesst und in einer Blechtonne geräuchert. Wir leckten uns die Finger danach, als sie endlich fertig waren für unser köstliches Abendbrot, gemeinsam draussen auf der Terrasse, mit weitem Blick aufs Wattenmeer.

Nun, die Ferien gingen zuende und mit den schönsten Erinnerungen landeten wir wieder auf unserem Dorf. Da wir noch Schulferien hatten flogen alle aus, sodass ich plötzlich für viele Tage ganz alleine unsere Dachwohnung und die Tiere hüten musste.

    Es war wohl mein erstes Alleinesein. Die ersten Tage fiel ich in tiefste Trauer und wusste gar nichts mit mir anzufangen. Ich vermisste meine Mama. Es schien mir so als sei sie endlos verschollen. Die Einsamkeit übermannte mich dermassen, dass ich stundenlang schluchzend vor mich hin döste. Besonders nach der Geborgenheit unserer gemeinsamen Sommerferien spürte ich Ihren Verlust so stark, als sei er nun für immer. So – häkelte- ich mich durch uralte Muster, als würden unbekannte Kräfte mich rütteln und schütteln. Ich fühlte mich als Opfer, so gewaltig war der Schmerz. Ich hatte so verheulte Augen, dass ich mich nicht mehr auf die Strasse wagte. Ganz tief drinnen verband ich mich wohl mit einem Verlassensein aus frühester Kindheit, als die Eltern in die Karibik reisten und ich drei Monate alt war. Das wollte ich nicht noch einmal erleben, alles sträubte sich in mir, rebellierte und da kam durch die vielen Tränen meine ganze Trauer zum Vorschein. Langsam gewöhnte ich mich an diese Situation, ich kam >zu mir< und fing an, meine Kraft zu entdecken, auch alleine zu überleben. Aus dieser Erfahrung heraus tat ich einen grossen Schritt hin zu mir, ein Versuch zur Abnabelung von der starken Bindung an die grossen, mächtigen, alles wissenden, geliebten Eltern.

    Da unser Hauswirt seine Autoeinfahrt nicht benutzte, durften wir den hinteren Teil neben der Garage und Laube benutzen. Wir bauten uns schon von Anfang an einen Hühnerauslauf mit Stall und Kaninchenställe mittendrin.

    Die Aufgabe des Hauseinhütens bezog natürlich auch das Füttern der Tiere mit ein, was mir viel Spass machte, sperrte ich doch den Kanickelbock zu einem Weibchen und beobachtete lüstern wie er es mit affenartiger Geschwindigkeit rammelte und nach getaner Arbeit rücklings wegkippte. Vielleicht versuchte ich sogar ihm nachzueifern. So rappelte ich mich durch gelle körperliche Lustgefühle, aus der Hölle der traurigen Gedanken, des Verlassen-seins, wieder hoch in die „normale Welt", die ich als sehr freundlich empfand. Wenn ich die Eier aus dem Nest nahm war das immer wie Ostern, ein richtiges Glücksgefühl, von den Hühnern so beschenkt zu werden.

Das Geschäft in Hamburg lief gut, nur stellte ich fest, dass Vatern sich veränderte, sein Abstand zur Familie wurde grösser und was er in seiner abendlichen Freihzeit in Hamburg so anstellte half ihm nicht immer zum guten, weshalb er immer häufiger zur Flasche griff, um seinen Kummer, wie auch immer der ausgesehen haben mag, 'runter zu spülen. Mutti merkte das natürlich und begann, ihn darin zu bremsen, was ihn wiederum zum " Kochen " brachte. Das waren keine guten Vorzeichen, der interne Krieg begann heftiger zu werden. Trotz alledem bemühten sie sich und loteten Möglichkeiten aus, uns alle nach Hamburg zu holen. Das zog sich eine ganze Weile hin, aber schliesslich fanden sie in einem nördlichen Vorort Hamburgs eine zur Wohnung ausgebaute Tischler werkstatt in einem alleinstehenden Gebäude mit eigenem Garten, Zentralheizung, Badezimmer und voll unterkellert. Einen solchen Luxus für uns, konnte ich kaum fassen.

5. Reise: > SCHULABSCHLUSS + LEHREN IN HAMBURG

So zogen wir 1950 nach Hamburg um. Im Keller gab es ein abgetrenntes Zimmer, das uns beiden Jungens zugeteilt wurde. Die Eltern schliefen im Wohn-Esszimmer im Wandbett oder auf der Couch. Anke hatte ihr eigenes Zimmer.

Die Umschulung wurde problematisch, weil Schleswig-Holstein ein 6 Jahre-Grundschulsystem hatte, das ich gerade abschloss, Hamburg dagegen nur 4 Jahre, sodass ich direkt von der Dorfschule in die 2. Oberschulklasse, die Quinta, eingeschult wurde, die natürlich ein ganz anderes Pensum absolvierte als ich es gewohnt war. Hinzukam die Tatsache, das Hamburg, ein durch den Krieg verlorenes Schuljahr nun nachholen wollte und so packte man 2 Jahre in eines, was die Anforderung an die Schüler noch erhöhte. Mein -Sturz- vom guten Volksschul-Schüler zum schlechtesten Oberschul-Schüler meiner neuen Klasse war sehr heftig und mit der Zeit unüberbrückbar. Ich hielt es ein halbes Jahr durch und dankte dann ab. Diese Oberschulzeit war aber mein Einstieg in die neue Umgebung. Ich lernte viele neue Menschen kennen. Jeden Tag fuhr ich mit dem Fahrrad durch das Alstertal über die Mellingburger Schleuse nach Poppenbüttel, wo oben am Alsterhang noch die behelfsmässigen, barackenähnlichen Gebäude der Oberschule standen. Mein Wegbegleiter war Fröbi, seinen Spitznahmen erhielt er, weil er immer so fröhlich war. Er entpuppte sich immer mehr zu meinem neuen und bald besten Freund.

Wir beide waren uns sehr sympatisch, halfen und unterstützten uns gegenseitig, wobei ich meistens bei ihm zu Hause war. Er wohnte mit seinen Eltern und Geschwistern in einem schönen Haus hoch am Hang des Alstertals. Ihr Grundstück ging bis an die Alster, wo sie an einen kleinen Steg Kanus liegen hatten.

Eine gemeinsame Klassenreise auf die Insel Amrum verband uns noch mehr, wobei Fröbi mich in die Vogelwelt einwies, die ihm sehr am Herzen lag. Gemeinsam machten wir dann unsere Klassenarbeit mit dem Titel: - Die Vogelwelt auf Amrum -, mit der er sich entschieden ernsthafter einliess, als ich es tat; denn es fiel mir leicht, die Aufmerksamkeit auf verspieltere, lockere Sachen im Hier und Jetzt zu lenken, als stundenlang zu büffeln. Doch schliesslich klappte es und alle waren mit unserer gemeinsamen Arbeit zufrieden. Dem Fröbi mögen jetzt die Ohren klingen, ist er doch der Einzige aus dieser fernen Vergangenheit, der immer wieder einmal auftaucht, um uns gegenseitig –auszusabbeln-.(Heute, jetzt bin ich sehr mit ihm verbunden, liegt er doch im hohen Alter sehr krank zu Bette und ist dann auch gegangen, befreit von seinem Körper)

Gerade in Hamburg, in unserem neuen Haus angekommen, wurden Klaus und ich in einer alten Landkirche konfirmiert. Ich ein bisschen früh, Klaus ein bisschen spät, aber es war praktisch und wie man sagte: ein Abwaschen mit gleichzeitiger Hauseinweihung und grossem Familienfest, denn alle, alle kamen. Wir beide wurden neben einigen Geldscheinen mit je einem Fahrrad beschenkt. Es waren aufgemöbelte alte Räder, neu überholt und gestrichen, mit einem flammigen Strahlenkopf vorne am Rahmen.

Fortan sass ich nur noch auf meinem neuen Drahtesel. Es war ja auch die einizige Möglichkeit beweglich zu sein; denn die Schule war ja einige Kilometer entfernt, wie auch einige Freunde das Kino, die Eisdiele und die Endstation der S- Bahn in Poppenbüttel.

Nun ja, Hamburg war für mich ein grosser Wechsel. Irgendwie konnte ich die mühselige Nachkriegszeit auf dem Dorf vergessen, obwohl auch sie mir schöne Erlebnisse beschehrt hatte. Unser neuer Platz war zwar nicht viel anders als ein Dorf, insofern konnte ich mich schnell heimisch fühlen. Fröbi gab mir viel Kraft und Mut. Nicht umsonst trägt er diesen Namen.

Schnell fand ich neue Freunde in unserer nächsten Nachbar schaft. In Nati verliebte ich mich sofort. Mit ihr war es ein sehr spannendes Spiel. Obwohl ich mir in der Tiefe eine engere Freundschaft mit ihr erwünschte, hatte ich nur selten den Mut ihr das zu zeigen. Wie oft stand ich an ihrem Fenster, um anzuklopfen, mit ihr zu sprechen, sie sehen zu dürfen, einfach in ihrer Nähe zu sein, ich mochte sie sehr und das Herz klopfte mir bis zum Hals, so dass ich wohl kaum hätte sprechen können, wenn sie geöffnet hätte. Sie war stolz und wollte erobert werden und so zog es sich über eine lange Zeit hin, obwohl die liebevolle Spannung nicht verloren ging.

Oben über Natis Wohnung im gleichen Haus wohnte Frau Harms mit ihren beiden Töchtern Gundula und Rosmarie, die auch zur Clique unserer

Spielkameraden gehörten. Ich erinnere beide als sehr fröhlich und offenherzig, genauso wie ihre Mutter, die meinem Vater als Buchhalterin sehr zur Seite stand. Ihr Mann war im Krieg gefallen und sie musste, wie so viele Frauen nach dem Krieg, ihre Familie alleine durchbringen. Nebenbei versorgte sie ihre kranke Mutter.

Im Haus nebenan wohnten auch viele Kinder in meinem Alter und auch älter, so dass fuer Bruder Klaus und für mich genügend Auswahl bestand, mit Gleichaltrigen zusammen zu sein. Ich freundete mich sehr mit Ditmar und seinem jüngeren Bruder Johannes an, die noch drei ältere Schwestern hatten und deren Eltern mit Maschinenstrickerei im Hause ihr Geld verdienten.

In einem Schrebergarten nebenan betrieben die Naumanns in ihrem zusammengebastelten schiefen Schreberhäuschen einen Tante Emma - Laden, so wie sie in der noch ärmlichen Nachkriegszeit üblich waren. Es gab ein bischen von allem, aber in erster Linie Süssigkeiten und alkoholische Getränke. Wie man hörte war er Kommunist, eher ein bischen raubeinig, aber er versorgte uns mit Lakritzen, Brausepulver, Himmbeerbonbons, Eisschokolade und Vatern natürlich mit Schnaps.

Oft war ich oben bei Ditmar. Hinter ihrem Haus musste man eine steile, überdachte Holztreppe nach oben gehen, um ihre Wohnung zu erreichen. Der Geruch von Küche und den ständig geölten Strickmaschinen war ganz typisch und oft, am frühen Abend, räkelten wir Jugens uns auf der Bettcouch im Wohnzimmer vor dem grossen Radio und lauschten spannenden Hörspielen. Das war sehr kuschelig und gemütlich. Wir fühlten uns wohl.

Bei uns zu Hause war solcherlei Leichtigkeit und Ungezwungenheit nicht so möglich. Auch hatten wir nur einen kleinen schwarzen Volksempfänger, dem man nicht allzuviel entlocken konnte. So lebten wir in enger Nachbarschaft nun in unserem neuen Heim in Hamburg und kamen bestens miteinander aus. Natis Vater machte uns manchmal Schwierigkeiten. Wenn wir auf der Strasse Ball oder Verstecken spielten, mochte er es gar nicht gern, wenn der Ball in seinen heissgeliebten Vorgarten fiel, oder wir es gar wagten uns dort zu verstecken.Er war immer dort am werkeln, ohne sich überhaupt umzusehen oder Notiz zu nehmen, wodurch auch meine Beziehung zu Nati mit der Zeit in Mitleidenschaft gezogen wurde. Ihre

Mutti war sehr schön und freundlich, der Bruder eher zurückhaltend. Es war eine Familie, die für mein Empfinden ein wenig Abseits vom nachbarlichen Geschehen stand, was unser kindlich- jugendliches Miteinander betraf. Weder mein Vater noch Mutter waren mit den Nachbarn auf irgendeine Art enger verbunden, aber sie achteten sich alle freundlich.

Einige Häuser weiter wohnte in einem Wohnwagen, der in der Autoeinfahrt eines typischen Einfamilienhauses stand, der Werner, der auch Kind einer Flüchtlingsfamilie aus dem Osten war. Er sah prima aus, ich fühlte mich wohl in seiner Nähe, obwohl wir uns als Freunde irgendwie nicht näher kamen. Später als ich umgeschult wurde waren wir in einer Klasse und fuhren oft gemeinsam mit dem Rad nach Hause.

Auf meinem Schulweg nach Poppenbüttel kam ich an einem Gutshof vorbei. Dort lebte Tante Feld, die mit den Gutsbesitzern verwandt war und uns wohl auch half unser neues Haus zu finden. Da es dort keine Kinder gab, die später den Hof übernehmen könnten, tauchte eines Tages Klaus-Dieter, ein Neffe auf, um dort mit seinem Onkel und Tante zu leben. Tante Feld bemühte sich um ihn und so kam es, dass wir ein Weilchen gemeinsam in der gleichen Klasse auf der Oberschule waren. Ich habe ihn in bester Erinnerung und so plötzlich er auftauchte, war er auch wieder verschwunden. Seitdem haben wir uns nie wieder gesehen.

Ich verliess die Oberschule und kam auf die Mittelschule. Diesen Schritt empfand ich als abwärts und obwohl es nun leichter wurde, waren beide Schulwechsel eine Last für mich und ich trug schwer daran. Seit der Dorfschule konnte ich mich nun in Hamburg in schulischer Hinsicht nicht so gut orientieren und fiel in ein Loch, das einen Namen trug: „Ich schaffe es nicht !" Auch an den Lehrern konnte ich keinen Gefallen finden, musss aber ehrlich gestehen, dass es hier und da mal welche gab, die mich mochten und sehr vorzogen, mir Arbeiten übergaben, so dass man klar sehen konnte, dass ich der Liebling war. Aber das gefiel mir nun auch nicht. Ich wollte vor der Klasse keine Extrawurst spielen und boykottierte des Lehrers freundliche Energie, so dass ich mit der Zeit genau das Gegenteil erreichte, die Lehrer waren mir nicht mehr so zugetan, worunter meine Leistungen noch mehr litten. Mir war ein gutes, kameradschaftliches Verhältnis zur Klasse wichtiger, als der Bevorzugte des Lehrers zu sein. Mein

Platz war bei den Mitschülern, nicht bei dem Lehrer, der ja eine andere Stellung in der Schulhierarchie einnahm. Ich wollte vor der Klasse nicht als Sonderling da stehen und fühlte auch nicht so!

Jedenfalls war diese ganze Restschulzeit ein Krampf für mich, meine Leistungen liessen immer mehr nach, obwohl die schulischen Anforderungen ja stiegen. Ich hatte keine Lust, und so kam ich aus meinem Loch nicht heraus, richtete mich aber dort ein, so gut es ging. Ich machte keine Schularbeiten mehr. Jeden morgen fuhr ich angespannt schon früher in die Schule, um von den Frühen und Besseren die Hausaufgaben abschreiben zu können. Dadurch konnte ich den Lehrstoff nicht vollends integrieren und besuchte die Schule nur noch, um der Obrigkeit und den Eltern zu genügen. Die Mitschüler gewährten mir immer meinen Wunsch, abschreiben zu dürfen, aber gerade auch dadurch wurde mein Opferdasein : " Du Armer, Du schaffst das doch nie !" immer intensiver und komplizierter. Die Lehrer merkten das natürlich, und wer mag schon einen Schüler, der keine Lust zum Lernen hat und dadurch das ganze System boykottiert. So kreierte ich mir in gewisser Form die Hölle; denn weglaufen konnte und durfte ich auch nicht. Der Druck der Eltern war zu gross. Mein unerschütterlicher Gehorsam liess das nicht zu. Dieses Dilemma blockierte meine Energie, aber es kam noch mehr hinzu:

Vater guckte immer tiefer in die Flasche und Mutti fing an zu verzweifeln. Es schien mir so, dass sie beide durch die Mühen und Sorgen der Flucht viel Kraft aufbringen mussten, weil es zum nackten Überleben einfach notwendig war, und das mobilisiert viel Energie. Aber nun, da das Schlimmste überstanden war und wir anfingen in eine gewisse Normalität zurückzukehren, schien so langsam die Luft ´raus zu gehen. Natürlich war das alles nicht mit unserer Vorkriegssituation zu vergleichen, aber doch mussten wir ganz schlicht und einfach unsere momentanen Chancen nutzen. Vater konnte den Verlust seiner Heimat, seines Geschäftes, seiner traditionellen Wurzeln nur schlecht verkraften; denn mit jedem weiteren Tag wurde es unwahrscheinlicher, jemals nach Stettin zurückkehren zu können, so dass unsere heutige Realität immer mehr zur Gewissheit wurde. Eines Tages stand er vor unserer Haustür und sagte:" Mein Teilhaber hat mich betrogen, ich bin gegangen."! Die Decke fiel uns allen auf den

Kopf. Nun fing wieder alles von vorne an, was so mühsam aufgebaut worden war und mit Verlusten einherging. Da er inzwischen gute Verbindungen und Kunden in Hamburg und Schleswig Holstein hatte, gründete er nun seine eigene Firma mit dem alten Firmennamen und Markenzeichen aus Stettin.

Anke musste aus ihrem Zimmer ziehen und Pappi installierte sich erst einmal dort mit seiner neuen Firma, auf vielleicht 12 m2 Fläche. Schliesslich verglich er sich mit Herrn Meller, seinem alten Kompagnon und nahm seinen Teil mit. Ihm folgten auch die beiden besten Vertreter mit Autos, eine Kaffeeverlesemaschine, Büromaschinen und Einrichtungen, um ohne grössere Unkosten seinen eigenen Betrieb in Gang zu bringen. Statt einer eigenen Röstmaschine liess er Lohnrösten und brachte uns den köstlichen Geruch frisch gerösteten Kaffees 2 mal wöchentlich aus Hamburgs Innenstadt hinaus aufs Vorortdorf zu uns ins Haus wo er verlesen und nach alten, geheimen Rezepten gemischt, probiert und verpackt wurde. So besuchten nun die ehemaligen Vertreter von ADLER KAFFEE ihre alten Kunden unter der neuen Marke GREIF KAFFEE mit den gleichen Mischungen wie vorher, so dass sich das Geschäft relativ gut und schnell anliess.

Natürlich konnte er all diese Arbeit nicht alleine schaffen und so kam seine Cousine, Tante Olga zu uns und half in der neuen Firma. Das war sicherlich für den Zusammenhalt unserer Familie nicht die beste Lösung; denn was Mutti an Alkohol für Vatern vermeiden wollte, holte nun Olga für ihn unter der Schürze versteckt aus Naumanns Krämerbude. Damit begann zwischen den beiden Frauen Geheimnistuerei und Rivalität, die Familienordnung fiel noch mehr aus dem Gleichgewicht.

Über die Zeit spitzte sich das zu. Beide Elternteile wurden immer unglücklicher, was sich natürlich auf unser Zusammenleben in negativster Form auswirkte. Das war ein Grund mehr für meinen schlechten Allgemeinzustand. Der Druck der Schule und der Eltern lastete auf mir, und anstatt diese Widerstände, die sich mir gegen Alles aufbauten, zu überwinden , gewannen sie immer mehr Macht über mich. Jetzt, beim Schreiben, hoert sich das alles nicht so gut an, war es auch nicht, aber mein jugendlicher Elan liess auch Freude zu, die sehr ausgleichend wirkte! Trotz allem spürte ich viel Kraft in mir, auch um alle diese Umstände händeln zu können!

Meine sexuellen Bedürfnisse wurden intensiver, suchten Befriedigung, die ich im Moment nur bei mir finden konnte. Das machte mir „vorher" viel Spass, wobei „nachher" Schuldgefühle hochkamen; >das tut man doch nicht, das schädigt die Gesundheit< und da es auch immer im Verborgenen geschah, war es etwas Verbotenes, um sich bloss nicht dabei erwischen zu lassen.

In früher Jugend war ich damit unbefangener umgegangen und fand hier und da Gespielen, wo sich ein Moment der gemeinsamen Lust einfach so ergab und ohne Hemmungen ausgelebt wurde. Jetzt waren die Buben und Mädchen mit mir grösser geworden. Das Schamgefühl nistete sich mit zunehmender Bewusstheit überall ein und machte es mir schwierig, Partner für die gemeinsame Lust zu finden, obwohl ich danach begehrte und so genoss ich meine Zuneigung auf platonische Art. Das ganze sexuelle Geschehen machte mich nicht unglücklich, es war immer sehr spannend, es war ein Ventil, um im weitesten Sinne des Wortes, Druck abzulassen, der sich fast täglich anstaute und immer fantasievoller befreit werden konnte. Später stellte ich fest, dass sich auch psychische Blockaden nach einem Orgasmus entschieden freier anfühlten. Ich nannte meine Befriedigung: überkurbeln, und entdeckte dieses Wort schon früh, einfach so aus der Praxis heraus.

Jetzt, im Moment des Niederschreibens, tauchte dieses Wort aus alter Erinnerung durch Jahrzehnte wieder auf und verbindet mich mit der Energie jener Tage, als läge keine Zeit dazwischen, und so ist es mit allen Erinnerungen während ich in meiner Zeit zurückwandere. Erstaunlicherweise ist sie wie ein Film, bei dem Kamera, Leinwand und Celluloidstreifen ich selber bin; jede Zelle meines Körpers ist daran beteiligt, so, als würde sich mein Leben überall, als Erinnerung in Körper, Geist und Seele neu manifestieren!

Eine klärende und heilende Kraft liegt darin verborgen, es ist wie eine Reise durch die Un-Zeit des Lebens. Ich schreibe mir die Vergangenheit aus dem Körper und aus dem Sinn, nicht, dass sie verloren geht, die Prägung bleibt, aber sie erfährt sich heute anders als damals, weil die dazwischen liegende Erfahrung einen erwacht und erwachsen sein lässt. Was früher, während der so verwundbaren Kindheitstage, als traumatisch erlebt wurde, kann heute, mit ein wenig Glück, erlöster wahrgenommen werden, und dann verspüre ich viel Dankbarkeit für alles was war und wie es war, für alles was ist und was sein wird.

„Panta Rhei": alles ist im Fluss, oder wie ich es selbst später in Griechenland erfuhr: „die Bewegung des IMMERS"! ....des S E I N S !

Es ist selbst heute oftmals noch schwierig mit den hervorquellenden Erinnerungen fertig zu werden, da gehört ein offener Geist dazu, um diese alten Prägungen, als Botschaften wiedererleben zu können, um durch ein gleichzeitiges Verrücken ins Heute, in einem anderen Licht erfahren zu werden.

Ich erwache aus einem Traum und entlasse die geträumte Welt ins Hier und Jetzt, und wenn der Traum dramatisch war, haben wir alle die Erfahrung gemacht, mit welcher Dankbarkeit dann das Erwachen empfunden wird. Das ist ja auch im religiösen Sinne mit dem Erwachen gemeint: das Trennende in der persönlichen Geschichte zu erkennen, anzunehmen und dem nun nicht mehr diese wallende Aufmerksamkeit zu schenken. Das fällt dann nicht mehr so schwer, weil dieses Erkennen schon selbst die Freiheit ist und als ursprüngliches Sein erfahren wird.

Das Aufschreiben meiner Lebensgeschichte ist mir aus diesem Grunde ganz wichtig, besonders auch für jene Momente, die in mir, als besonders schwierig, aus der Vergangenheit auftauchen. Es ist ein Verwandlungsprozess an sich, der in diesem Geschriebenen -live- abläuft.

Die Pubertät an sich ist schwer zu packen. Ich erfuhr sie als ein heilloses Durcheinander, ein chaotischer Prozess, der von Rebellion, Ungehorsam, Angst, Schuld, Unschuld, Schüchternheit, blinden Draufgängertums, Wut, Ohnmacht, Besserwisserei und Opferbereitschaft begleitet war.

Es ist wie ein Erwachen ins Menschsein, wo alles Gute und Böse auf die kurioseste Art in den Ausdruck drängt, und das vollkommen unkontrolliert, ohne jegliche Ordnung. Es ist so, als strömten alle menschlichen Möglichkeiten mit einem Mal auf mich ein und ich empfinde es wie ein Neu-Geboren-Werden, wie ein Er-Wachsen.

Eine Geburt ist immer so leicht oder so schwer, wie Ängste sich in unserem Umfeld manifestieren, durch welche Überzeugungen sie auch immer hervorgerufen wurden.

Meine Neugier und Offentheit war gross und weit, so, wie das Leben selbst. Ich war mitten drin in dieser -neuen Welt-, was die Pubertät so erlebnisreich, spannend, lebendig, aber auch schwankend und zweifelnd macht. Alle Gegensätze scheinen ganz eng beieinander zu liegen und man meint, trotzdem grösste Spagate machen zu müssen, jedoch falle ich meistens dazwischen und tapse wie ein Wiederaufstehmännchen recht unbewusst und unbeholfen in einer Leere herum.

Die grosse, weite Welt stürzt auf mich herab. Staunend und hilflos, spontan und furchtsam versuche ich ihr zu folgen, sie zu begreifen, um gleichzeitig den reifen Jüngling zu mimen und den Älteren zu zeigen wo es wirklich lang geht?!

Trotz dieser heiteren Erkenntnisse meines Heute tauche ich jetzt wieder ein in die direkte Erlebniswelt jener spannenden Zeiten, in Momente in denen es mir nicht so gut ging. Der ständige Streit zu Hause, die enorme Spannung, das in jedem Moment ein Wutausbruch des Vaters den Hausfrieden arg stören könnte, was meistens von seinem Alkoholspiegel abhängig war. Hinzu kamen auch immer schwerer wiegende körperliche Probleme, die ich mir einbildete und die mich in die Enge trieben.

Mit der Zeit merkte ich, dass mir viele meiner Mitschüler ziemlich schnell über den Kopf wuchsen und ich als kleiner, krummbeiniger, dummer und armer Pimpf zurück blieb und überhaupt keine Chance mehr hatte jemals einen Anschluss zu finden.

Das Mass war nun voll. Ich wusste nicht mehr ein noch aus, nicht mehr wohin ich mich wenden sollte. Selbst die Sexualität brachte mir keine Erleichterung mehr, obwohl ich mich sehr damit anstrengte.

Doch dann kam, wie aus heiterm Himmel, ein Blitz der Erkenntnis, der mich urplötzlich in eine tiefe Stille versetzte, der alle Zweifel und Bedenken, alle Ängste und jede Trauer in Nichts auflöste, der mich mit meinem Ursprung verband, so dass ich ganz friedlich mit mir wurde und aus dieser Ruhe heraus sagen konnte: " *Es ist völlig egal, ob ich gross oder klein, schön oder hässlich, krumm oder gerade, dumm oder schlau, arm oder* reich oder was auch immer bin, das einzig Wirkliche und Wichtige für mich ist; in jedem Moment glücklich zu sein"! Huiiiiii, was für ein Erlebnis. Das gab mir Kraft und Mut, das katapultierte mich in ein Vertrauen hinein, das ich so bewusst noch nie erlebt hatte.

Was auch immer von nun an auf mich zu kam, konnte ich aus eigener Kraft so gestalten, wie ich es wollte. Der unendliche Hintergrund des Glücklichseins ertrug jede Last und mochte sie noch so schwer sein, mit der grösstmöglichen Leichtigkeit, die wiederum abhängig war von meiner Hingabefähigkeit an dieses Glücklichsein!

Dieser Zustand stärkte meine Talente und liess mich mein Leben anders geniessen. Natürlich brachte mir der Alltag ständige Versuchungen und Prüfungen, die so manches Mal stärker waren als alle Vorgaben, und das zieht sich durch mein ganzes Leben; denn der kleinste Vertrauensbruch mir selbst gegenüber beförderte meine eigene Kraft in etwas hinein, das man als Opfer der Umstände bezeichnen könnte.

Mir wurde klar, dass das Leben ja immer schon so glücklich abgelaufen war, hätte ich es nur so sehen können. Ich bin es, der die Freiheit hat das so zu gestalten, so zu formen, oder noch besser, ES so geschehen zu lassen. Dem Himmel sei Dank, Gott sei Dank, diesem weiten Schöpfungswillen dienen zu dürfen.

Wir machten eine Klassenreise ins Weserbergland und wandelten auf den Spuren Karls des Grossen. Das war sehr beeindruckend für mich. Auf einer Wanderung durch einen Märchenwald lernten wir einen Rutengänger kennen. Ich bewunderte ihn als Magier, als seine Weidenrute sich zu drehen begann. Sie wurde wie von unsichtbaren Kräften bewegt und tatsächlich entdeckten wir das Wasser. Später, als wir über eine Brücke gingen, bat ich ihn, mir seine Rute mal auszuleihen, ich wollte es selber probieren. Er zeigte mir, wie man sie in beiden Händen halten müsse, und als ich losging waren die Wasserkräfte des Flusses unter mir tatsächlich so stark, dass die Rute sich zu drehen begann, ohne dass ich eine Chance gehabt hätte sie anzuhalten. Als ich von der Brücke runter war, kam die Rute zur Ruhe, um nachher bei erneuter Brückenüberquerung wieder heftig auszuschlagen. Mein Glaube an die Wünschelrute und überhaupt an das Phänomen unsichtbarer Kräfte war durch diese Erfahrung total gefestigt.

Wir schliefen in den Schlafsälen der Jugendherbergen. Mein Schlafsack wurde durch ein Laaken ergänzt, das Muttern mir mitgab. Eines morgens wurde ich von meinen Mitschülern als Dieb bezeichnet was mich sehr verletzte. Ich hatte keine Ahnung woher sie das nahmen. Jedenfalls hatten sie einen ganz wunden Punkt an mir getroffen. Ich erinnere mich an Momente in der Schule, als hier und da mal Sachen abhanden gekommen waren und ich mich dermassen schuldig fühlte, so als sei ich der Dieb gewesen und immer einen knall roten Kopf bekommen hatte, obwohl ich damit gar nichts zu tun hatte. Das waren für mich sehr peinliche Momente die ich mir wohl mit anderen Schuldgefühlen kreierte, die damit gar nicht in Verbindung gebracht werden konnten. Schliesslich wiesen die Klassenkameraden auf mein Laaken hin, auf dem in roten Lettern der Name des Hotels in Stettin eingestickt war. Vielleicht hatte ich das Laaken bewusst mitgenommen, um den Mitschülern zu zeigen, wie wohlhabend wir einmal waren und nun bekam ich es doppelt zurück. Schliesslich aber erklärte ich es ihnen, sie waren zufrieden und mir ging es doppelt gut.

Eine nächste Klassenreise führte uns in den Harz. Als wir in der Jugendherberge Torfhaus ankamen hiess es: „hier sei alles belegt, man wüsste von einer Reservierung unserer Hamburger Schulklasse nichts"! Unser Klassenlehrer, der rein zufällig den gleichen Namen trug wie unsere Schule hiess, weshalb er wohl da auch ein Lehramt angenommen hatte, möchte ich mal so annehmen, war ganz aus dem Häuschen und kippte sich seinen Kummer mit einem Schnäpschen nach dem anderen ′runter, was ihn anscheinend ruhiger machte, uns aber noch keine Unterkunft bescherte. So harrten wir der Dinge, die da kommen sollten, während unser Lehrer versuchte, mit seinen Lieblingsschülern die Lage zu besprechen, um sie hier und da auch einmal an seiner Flasche nippen zu lassen. Wir alle konnten schnell erkennen, dass unser Lehrer nicht sehr kompetent in der Organisation einer Klassenreise war, worauf wir Schüler unsere prekäre Lage selber in die Hand nahmen und mit der Heimleitung übereinkamen, die zu überbrückenden Tage provisorisch in 2 Zimmern und auf den Fluren verbringen zu dürfen, wärend man die anderen Gruppen zusammenpferchte. Wir

165

Schüler gewannen Macht über unseren Lehrer und kosteten das auch ordentlich aus. Die Nächte waren ein lustiges, unkontrollierbares Durcheinander, wärend wir in Gruppen als Gespenster durchs Heim zogen und alle anderen an diesem Gaudi teilnehmen liessen. Wir Jungens und die Mädchen waren begeistert von solcher Freiheit und genossen das Durcheinander!

Unser Lehrer liess es geschehen und versteckte sich hinter seinem leichten Rausch; nicht so die Heimleitung und die Lehrer der anderen Gruppen, die uns schliesslich in unsere Schlafsäcke verwiesen. Als wir dann unsere normale Unterkunft bezogen, kam auch die Ordnung zurück, die mir gut tat, allerdings in dem Bewusstsein, unserem Lehrer das Misstrauen auszusprechen. Als das geschehen war, tat er uns leid, aber wir blieben dabei.

Der Harz war ein wunderbares Erlebnis für mich. Zum ersten mal sah ich die Berge, Felsen, Moos, Farn, viel Nebel und Talsperren und frisch plätschernde Gebirgsbäche. Viele Wanderungen erfreuten das Herz. Das Problem mit unserem Lehrer war vergessen. Er entpuppte sich als richtiger Kumpel.

Wieder heim gekommen in Hamburg wurde der Torfhaus-Fall von der Schuldirektion aufgegriffen, möglicherweise beschwerten sich einige Eltern der Mitschüler; denn von uns aus wollten wir in dieser Richtung nichts mehr gegen unseren Klassenlehrer-Kumpel unternehmen. Nach einer Weile wurde unser Lehrer versetzt, was wir ziemlich neutral zur Kenntnis nahmen; denn es war wohl schwierig, nun zurück in der Klasse, zu unserem Lehrer den gebührenden Abstand wieder zu finden.

Jetzt bekamen wir Frau Thule als Klassenlehrerin, die erste Lehrerin in meiner Schulzeit. Ich fühlte mich von Anfang an gut mit ihr und empfand sie als sehr kompetent, einfühlsam, klar, konsequent und fair.

Eine gewisse Rivalität, Autorität und Gehorsam, die ich den Lehrern gegenüber empfand fiel bei Frau Thule ganz weg. Ich reagierte auf Frauen entschieden offener, liebevoller und Mutter-orientierter. So entstand eine neue Beziehung zur Schule. Die mütterliche Energie war mir näher. Ich begann die Frauen in Schutz zu nehmen, ihnen beizustehen, sie führen zu wollen.

Es ist nun nicht so, wie ich es schon öfters erwähnte, dass meine damaligen Gedanken solcher Art waren. Damals erlebte ich all das unerfahren, unbewusst im Jetzt. Diese spontane Erlebniswelt war vordergründig, wird aber vor dem Hintergrund all meiner Prägungen erfahren.

Bruder Klaus ging auch auf die Oberschule in Poppenbüttel. Da er ja schon von der Oberschule in Plön kam, war der Schulwechsel für ihn einfacher. So blieb er auch dort, bis er auf die Handelsschule umsattelte. Er begann mit seinem ersten Job; das Hamburger Abendblatt auszutragen, was eine ca. 2 stündige Fahrradrundfahrt durchs Dorf und Umgebung bedeutete. Es war gar nicht so leicht solch eine Zeitungstour zu ergattern; denn dieser Nebenjob war damals sehr beliebt, aber es gelang ihm und ich folgte einige Zeit später nach. Mit ca. DM 25.- - 35.- monatlich war mein Taschengeld 6-7 Mal so hoch, wie ich es vom Vater bekam, der es sofort absetzte, nachdem er von unserem Nebenverdienst erfahren hatte. Das bedeutete für mich bis spätestens 18 Uhr bei der Verteilerstelle zu sein, die von unserem Haus recht weit entfernt war, um die Zeitungen in Empfang zu nehmen, sie auf einer ziemlich ausgedehnten Radtour an ca. 30 Kunden zu verteilen, im Sommer und Winter, im Frühjahr und Herbst, bei Sonne und Regen, bei Frost und Schnee. Es durfte kein einziger Tag ausfallen. Als Dankeschön vieler Kunden für den pünktlichen und treuen Dienst, war mir dann ein gutes Trinkgeld sicher bei der Zahlung der monatlichen Abrechnung. Das war ein Schaffen aus eigener Entscheidung. Dieser kräftige Impuls hielt mich 3 Jahre, 3 Monate und 3 Tage in dieser Pflicht.

Da wir abwechselnd wöchentlich morgens und nachmittags Schulunterricht hatten, kam ich alle zweite Woche erst um 17.45 Uhr aus der Schule und dann begann eine ganz schöne Hetzerei für mich. Ich konnte die Schulglocke kaum abwarten, raste 'raus, schwang mich aufs Rad, und ab gings durch Poppenbüttel, dann hinunter ins breite Alstertal am Fussballplatz vorbei und Hohen-Buchen, wieder bergauf mit dem Kinderheim und weiter an Hellas Gaststätte, dem Gutshof, dem Gasthaus Quelle vorbei, dort wo der Alsterwanderweg begann an dem Matthias Claudius die schönen Verse zum Lied - der Mond ist aufgegangen - gedichtet hatte, und dann war ich bald zu Hause, schmiss meine Schultasche in die Ecke, klemmte die Zeitungstasche hinten auf den Gepäckträger und raste aussen ums ganze Dorf herum, um da ganz hinten, fast das letzte Haus eines langen Landweges, die Verteilerstelle, einigermassen pünktlich zu erreichen.

Einige Häuser vorher, in einem Klinkerbungalow, wohnte mein Freund Hardy Krüger, mit dem ich persönlich nie zu sprechen wagte, war er doch mein grosses Schauhspieleridol, heute sagt man Fan. Jeden Tag schielte ich zu ihm rein, aber nur ganz selten konnte ich ihn sehen. Einmal im Sommer hatte er Besuch von Adrian Hoven, das war auch ein toller Typ und beide zusammen drehten einen Film, eine typische Schnulze jener Tage. Sie waren draussen auf der Terrasse und alberten herum...... und ich. als eher bescheidener Zeitungsjunge, fühlte mich meilenweit von ihnen entfernt, trotzdem törnte mich ihre distanzierte Gegenwart an, das ist die Freude der Fans, die fröhliche Energien mobilisiert.

Endlich bei Frau Schnieder angekommen, die schon auf die Uhr deutete und mich freundlich, kritisch ansah, nahm ich mein Zeitungspacket in Empfang und trat kräftig in die Pedale, um verlorene Zeit wieder aufzuholen. Manchmal standen die Kunden schon ungeduldig an ihrer Gartenpforte, um endlich nach Feierabend ihr ersehntes Blatt zu lesen. Quer durchs Dorf und hoch zum Buchenhof bis hinten zum Moor, dort wohnte der letzte Kunde. Nach 20.00 Uhr war ich dann wieder mit viel Hunger zu Hause.

Einige Söhne meiner Kunden wurden Freunde. Dieters Eltern hatten eine Bäckerei. Am Wochende ging ich öfters hin und er zeigte mir die Maschinen, Säcke voller getrocknetem Eiweiss, welches wie Gelierwürfel aussah und aus denen Bizés gemacht wurden die mir dann eher unappetitlich waren.

Über eine Leiter stiegen wir auf den Dachboden, der voller Mehlsäcke stand. Da war auch ein Zimmer, in dem ein Geselle schlief, der aber meistens an den Wochenenden nicht da war, so dass wir sturmfreie Bude hatten und uns da oben so richtig austoben konnten. Wenn noch Kuchen vom letzten Backtag übrig war, genossen wir den in vollen Zügen; denn Konditorkuchen gab es bei uns zu Hause nie. Unten in der Backstube hatten sie eine Dusche mit warmem Wasser, die ich benutzen durfte, dieweil unser Bad zu Hause noch keine Badewanne mit Dusche hatte. So zog ich mir nach der Toberei die Klamotten aus und ging genüsslich unter die wunderbare, warme Dusche. Manchmal hatte Dieter auch Lust und wir duschten gemeinsam. Für eine Zeit war es mein Treffpunkt sonnabends und wir hatten unseren Spass.

Ich drängte zu Hause auf eine eigene Dusche mit Badewanne und versuchte mein Wohlgefühl den Eltern zu vermitteln. Endlich nach Jahren der Entbehrung, bekamen wir wieder unsere eigene Dusche und Badewanne mit einem Warmwasserboiler, welch ein Hochgenuss, das war ein weiterer Schritt zu mehr Lebensqualität für uns.

Gegenüber von unserem Haus, auf der anderen Strassenseite, lag ein kleiner Bauernhof. Flüchtlinge aus Köslin in Pommern hatten sich dort nach ihrer Flucht eingekauft und betrieben neben ihrer kleinen Viehwirtschaft auch eine Gärtnerei und ein Blumengeschäft. Den Laden hatten sie an ihr Wohnhaus angebaut. Diese Familie berührte mich auf eine ganz besondere Art und wir Brüder freundeten uns ein bischen mit deren Söhnen Hans und Hartwig an. Hans war schon älter, Hartwig in unserem Alter. Die Eltern hatten in Köslin eine Gärtnerei und wurschtelten auf ihre ganz eigene, kreative und ur-ländliche Art auf ihrem Hof herum. Beide Söhne waren auffallend wach und intelligent. Die Mutter wusste genau wo es lang ging. Ihr Blumenladen war ein liebevolles Durcheinander der unterschiedlichsten Pflanzen, Dekorationen und Fummel. Hier im Laden musste ich meinen anerzogenen Ordnungssinn loslassen, um mich in einer anderen, mir fremden Welt, wieder zu finden mit der freundlichen Frau mittendrin, immer am Tun, am Giessen, am Zupfen, am Pflanzen und Hacken. Ihr Ältester, der Hans, bearbeitete die Felder, versorgte die Tiere und fuhr auf die abgelegenen Felder und Wiesen, um die Kühe zu melken. Bald kauften sie sich einen neuen Traktor, einen Porsche-Allgaier. Für den schwärmte ich auch, als er nagelneu, orange leuchtend auf den Hof fuhr. So kam ich dem Hans näher, bewunderte ihn, wenn er mit wenigen gezielten Handgriffen seine einfachen Landmaschinen in Gang brachte, sie reparierte, verbesserte und schmierte wo es nur ging. Es war nicht so ganz leicht, mit ihm umzugehen. Er hatte nicht diese aufgeschlossene Freundlichkeit, die mich normalerweise bei den Menschen so anzog.

Er war eher verschlossen und eigenbrötlerisch, obwohl er gegenüber seinen Eltern den grossen Mann spielte und teilweise häftig dazwischenfunkte, wenn er nicht einverstanden war, weshalb auch ich mich ihm mit vorsichtiger Zurückhaltung näherte, was er zu schätzen wusste. Ich respektierte sein Ältersein, seine Kenntnisse und seine Kraft, sich zu behaupten. Er akzeptierte mich wie einen jungen Freund und so durfte ich ihm bei seiner Arbeit mit helfen, wann und wo ich auch immer wollte. Der Traktor natürlich strahlte mich an und ich strahlte zurück, was dem Hans nicht entgehen konnte und bald durfte ich auf den kleinen Bänkchen, die neben dem Fahrersitz auf den Kotflügeln montiert waren, mitfahren.

Noch vor der Schule morgens um halbfünf fuhr ich manchmal mit zu den Kühen und wärend er melkte, durfte ich hier und da mal alleine mit dem Trecker auf der Wiese meine Runden drehen. Das machte mich glücklich und stolz. Fortan bekam ich mehr und mehr Möglichkeiten, den Trecker selbst zu fahren, so dass die Schule und die Probleme der Eltern immer mehr an Bedeutung verloren. Das Zeitungsaustragen und der Bauernhof füllten meine freie Zeit wunderbar aus. Ich wurde selbständiger und fühlte mich so mittendrin im praktischen Leben sehr wohl.

Die Jungens aus der Nachbarschaft, Bruder Klaus und ich gründeten einen Skatclub. Besonders die älteren Drei kloppten Skat," dass es nur so krachte," manchmal bis in den frühen Morgen, das war sehr spannend und ein lebendiger Zeitvertreib. Ich hielt das so lange nicht aus, zog mich meistens nach wenigen Stunden zurück und musste die anderen wegen ihrer enormen Ausdauer bewundern, ohne mich dabei schlecht zu fühlen. Die Freude am Kartenspielen hörte bei mir einfach auf, es gab keine Spannung mehr, weil es zur Gewohnheit wurde und trotz der unzähligen Möglichkeiten keinen Reiz mehr auf mich ausübte. Das ständige Wiederholen des gleichen Musters schwächte meine Aufmerksamkeit. Wie man in solchem Falle so schön sagt: .... hatte ich kein Sitzfleisch und in der Tat habe ich bis heute keines.

In unserer Familie ergab sich eine sehr aufschlussreiche und fast schon komische Situation. Der Vater verstauchte sich den Ringfinger, der ganz dick wurde und blau anlief, weil der Ehering ihn abzuschnüren drohte, sodass wir auf der Stelle nur den einen Ausweg fanden, den Ring, auf welche Art auch immer, zu entfernen. Es war nicht mehr möglich ihn abzustreifen. Wir versuchten, ihn mit einer Nagelfeile durchzufeilen. Das war

ein mühsames und für den Vater schmerzvolles Unterfangen. Nachdem wir alle schon vorsichtig gefeilt hatten übernahm Olga die restliche Arbeit, öffnete schliesslich den goldenen Ehering und streifte ihn von seinem angestammten Platz an Pappis Ringfinger ab.
Der Finger erholte sich schnell, die Ehe aber nicht mehr. Die Entfernung des Eheringes führte zu Veränderungen für den Rest ihres Lebens; wir hatten alle eine ungute Vorahnung; denn der Ring war gesprengt und fand nie wieder seinen Platz zurück an Vaters Finger. Auf mich wirkte der aufgebrochene Ring wie ein schmerz-volles Symbol: ... „unsere gemeinsame Familienzeit ist abgelaufen".

" Immer wenn Du denkst es geht nicht mehr
kommt von irgendwo ein Lichtlein her.
dass Du Dich noch einmal zwingst
und von Sonnenschein und Freude singst
leichter trägst des Alltags harte Last
und wieder frischen Mut und Freud´und Glauben hast.

Diesen Spruch brachte sich Mutti mit, als sie wieder einmal von einer Reise nach Bad Soden zurückkam. Sie versuchte mit all ihrer Kraft, die Ehe zu retten, aber mit jedem neuen Versuch vertiefte sich die Trennung, weil Vater sich immer mehr verschloss. Seine neue Nähe zu Olga, die ihm verständnisvoll entgegenkam und die ihm Kraft gab, um sich selbst mit seinen Gewohnheiten und Lebenseinstellungen bestätigt zu fühlen. Dagegen plädierte Muttern gegen zu viel Alkohol, hin zu harmonischer, partnerschaftlicher Nähe die nach ihrem Bedürfnis gerne auch geistig-spirituell angehaucht sein könnte. Und gerade bei diesem Thema blockte Vater total ab." Hätts´te Pastor werden sollen"! ... war dann seine giftige Gegenreaktion. Nun ja, sie wollte sich und ihn nach ihrem Ermessen, er wollte sich und sie nach seinem Ermessen. Mag es mir so scheinen, dass Mutters Ermessen mir näher war und im Grunde genommen hätte ein kleines Einlenken und Verstehen gereicht um die Ehe wieder flott zu kriegen, aber die Trennung war schon zu tief, der Stolz und die Angst etwas verlieren zu können zu gross, um sich in erneuertes Altes fallen zu lassen. In der väterlichen Familie war die Angst vor Religiosität und Spiritualität irgendwie gross, da herrschte eher die Macher-Macho- Energie vor, die traditionell für Ordnung, Autorität, aber auch für Weib, Wein und Gesang stand, und das alles war wiederum nicht Muttis Ding.

Nun denn; der Hausfrieden war gestört, die Ehe zerrüttet. Für Mutti war es klar, dass Olga unser Haus verlassen musste. Da das Geschäftszimmer, das als ausschliesslicher Firmensitz diente, aus den Nähten platzte, zogen sie in Kellerräume am Lattenkamp um. Das tat uns gut. Olga wohnte dort. Vater kam meistens zu uns nach Hause, aber oftmals angetrunken und ungeniessbar. Jede Fliege an der Wand war Anlass zu den grössten Meckereien und Schimpfkampagnen. Manchmal flogen die Teller durch die Wohnung.Bruder Klaus bekam das nicht mehr so mit weil er schon in der Lehre war und nicht mehr bei uns wohnte, wärend Schwester Anke bei mir unten im Kellerzimmer schlief.

Es war teilweise erschütternd für uns Kinder, die elterlichen Auseinandersetzungen mitzuerleben, die zuweilen dermassen laut, zornig und hasserfüllt über die Bühne unseres Zuhause gingen, dass wir Kinder aufgelöst dazwischen fuhren, um zu schlichten und unsere passive Angst los zu werden. Manchmal " haute " Vater nachts wieder ab und liess sich über Tage nicht mehr blicken, um bei Olga zu sein und auch dort zu wohnen. Die Streitereien spitzten sich zu. Sicherlich litten beide Eltern zusammen mit ihren Kindern enorm unter dieser unerträglichen Spannung.

Nach vielem Hin und Her entschloss sich Mutti die Scheidung einzureichen. Ich empfand diesen Schritt als grosse Erleichterung, weil Vater nun auszog und ganz in seinen Geschäftsräumen zusammen mit Olga wohnte; jedoch konnte er die Scheidung nicht verkraften. Er war wohl in einem solch fatalen Zustand, dass alles was Mutter auch tat, falsch für ihn war und ihn wütend machte. Sein Mannesstolz war gebrochen, die Hetzkampagnen gegen Mutti und ihre Familie gingen jetzt erst richtig los, besonders dann, wenn wir Kinder ihn besuchten.

Zuhause wurde es entschieden ruhiger und friedlicher, aber der Pappi fehlte mir schon. Als die Scheidung dann besiegelt war, hatte ich als einziger Mann nun im Hause meine Rolle zu übernehmen. Dieser Moment war mir sehr bewusst und wurde durch eine Bemerkung von Mutti auch noch bekräftigt; "nun bist du unser Mann im Haus"! Im ersten Moment tat es mir gut, später aber zog ich es oftmals vor wieder Junge sein zu dürfen; denn die vielen Dinge im und ums Haus herum, die gewöhnlich Männerarbeit waren, betrafen nun mich. So wurde mir nun eine ständige Einsatzbereitschaft abverlangt, zu der ich nicht immer Lust hatte.

Thomas mach'mal hier, mach'mal da........Türen und Schlösser ölen, Rasen schneiden, im Garten helfen, abwaschen, Tiere füttern, Kohlen nachschippen, Keller aufräumen, Nägel einschlagen, Stecker reparieren machten mich mürbe. Der Macher im Haus zu sein war ein gutes Gefühl, aber die Verantwortung dafür zu übernehmen, um zu tun was offensichtlich notwendig war, baute Widerstände in mir auf. Dazu kam Muttis Druck, meine Schularbeiten zu machen, so dass ich manchmal in Situationen kam, die mir über den Kopf wuchsen. Die Wut, die dann in mir hoch kam, konnte ich nun auch nicht mehr an Vaters Verhalten und seiner Trinkerei auslassen, alles fiel auf mich zurück und engte mich noch mehr ein, weil ich nicht wahr haben wollte, dass ich selbst es war, der sich diese Situationen erschuf. Ich wollte Lust an Allem haben, ohne den entsprechenden Einsatz dafür zu bringen und verwechselte Faulheit mit Geniessen. Sicherlich trug die familäre Spannung mit dazu bei, dass ich durcheinander war, aber sie lenkte mich doch von meinen eigenen Problemen ab, die sich nun wieder deutlicher zeigten.

Wir gewöhnten uns so langsam an das Neue. Das Schlimme des Vergangenen versank in der Tiefe, das frisch-fröhliche jeden Momentes hielt wieder Einzug in unseren Alltag. Wir hatten normale Familienverhältnisse fast schon vergessen und nährten uns nun wieder mit mehr Harmonie einem liebevollem Miteinander. Nun kam unsere Omi wieder zu Besuch, die sich ja mit Pappi und Olga in ihrer Lübecker Wohnung überworfen hatte. Sie orfeigte Olga, weil sie von dem Familiendrama wusste und Olgas Intrige durchschaute. Übrigens wurde durch dieses Vorkommnis und Olgas anschliessender Auszug aus unserem Haus klar, dass Vater mehr zu Olga als zu seiner Frau hielt. So verhalf diese Ohrfeige dazu eine Klärung in unser verschwommenes Familienleben zu bringen.

Erst Jahrzehnte später wurde mir klar was da bei Vatern so ganz unbewusst ablief. Er war als Erstgeborener gerade zweijährig, als seine Mutter am Kindbettfieber nach der Geburt seiner Schwester starb. Sein Vater heiratete dann die Schwester seiner verstorbenen Frau, die dann auch einige Jahre später starb. Olga ist die Nichte beider mütterlichen Frauen und stand Vater wohl sehr nah. Er holte sich bei Olga, was er als kleines Kind so vermisst hatte, und das war wohl stärker als die Bindung an seine Frau. Mutti konnte ihm das nicht geben, sie war nicht der Muttertyp, sie war nicht vom gleichen Blute. Sein Frust sollte im Alkohol Erleichterung finden, den Mutter ihm verweigerte. So litt er ständig unter Muttis Missbilligung für seinen Versuch, durch die Trinkerei seine innere Not zu lindern. Olga aber, als sein Mutterersatz, unterstützte ihn. Was wissen wir schon von dem was in jedem Einzelnen wirklich vor sich geht, wissen wir es doch noch nicht einmal von uns selbst? Wären wir bewusster, würde unser Herz leichter sein.

Täglich drehte ich meine Zeitungsrunden nach der Schule. Wenn ich Zeit hatte, war ich bei Hans auf dem Bauernhof. Im Sommer hatten wir den Kupferteich zum Schwimmen. Wenn wir zum Schuster mussten, bot ich mich immer an hinzugehen. Er war Hellas Opa, der hinter deren Gasthof seine Schuhmacherwerkstatt hatte und auch gleichzeitig Imker war. Ich setzte mich dann zu ihm und bewunderte seine Handfertigkeit wie er die Schuhe reparierte, sie nähte, besohlte, die schief gelaufenen Absätze kunstvoll anpasste und zum Schluss die Kanten des neuen Leders mit gut riechendem Pech bestrich, um die fertigen Schuhe, die wie neu aussahen, ins Regal zu stellen. Immer schmökte er an seinem Pfeifchen wärend ihm hier und da mal ein Tropfen aus der Nase über seinen dicken Schnauzbart lief und mit der Zeit dort seine Spuren hinterliess. Er war ein ruhiger, freundlicher Mann, schien sehr zufrieden mit sich, plauderte ein bisschen mit mir und war dann wieder still in seiner Arbeit. Seine Werkstatt hatte zwei grosse Fenster nach Süden und man sah in den üppigen Garten mit Blumen und Gemüsebeeten. Unten am Ende standen die Bienenkästen.

An den Wänden, direkt über der flachen Werkbank, hingen an alten Holzleisten viele unterschiedliche Werkzeuge, die vollkommen verstaubt waren und wohl noch aus jener Zeit stammten, als er selber noch die Schuhe machte. " Heutzutage reparieren wir nur noch," meinte er ein wenig nachdenklich und er mag sich an die Zeiten erinnert haben wo er noch Schuhmacher gewesen war. Ich genoss die Zeit bei ihm sehr und erwischte mich damals schon bei dem Gedanken ..... und was wird wohl nach ihm aus diesem stillen Plätzchen werden? Stolz trug ich die reparierten Schuhe nach Hause; sie gefielen mir wohl besser als Neue, die es für uns damals nur ganz selten gab.

Am Kino in Poppenbüttel gab es eine kleine Eisbude, die für uns Jungens und Mädchen zum Treffpunkt wurde. Ab und zu gingen wir auch ins Kino und amüsierten uns über die lustigen Filme. Manchmal gab es aber auch Filme die tiefsinniger waren. Ich mochte solche viel mehr; besonders dann, wenn es sich um religiöse Themen handelte, konnte ich mich mit ihnen ganz schnell identifizieren. Das war dann so intensiv, dass es tagelang anhielt und ich nur noch daran dachte. Im gewissen Sinne veränderten solche Filme mein Leben. Ich konnte Zusammenhänge viel besser erkennen und mich so mit einem Wissen verbinden, das ich nicht zu lernen brauchte, das ich einfach in mir fühlte und das jeder Zeit abrufbar war, wenn ich es so wünschte. Es machte mich sehr glücklich und gab mir Kraft und Sicherheit. Allerdings musste ich auch erkennen, dass die Inhalte solcher Filme nur wenig mit meinem Alltag zu tun hatten und ich es vorzog solche tiefen Gefühle für mich zu behalten.

Dagegen waren die üblichen Filme eher äusserlicher Art. Sie brachten uns zum Lachen und ich indentifizierte mich mehr mit den Schauspielern selbst als mit den Inhalten. Da solche Filme ja eher von attraktiven Frauen und Männern gespielt wurden, konnte ich mich hier und da mal in jemanden verlieben, sie anhimmeln und Bilder von ihnen in meinem Zimmer an die Wand heften. So konnte mir das Kino die normale Welt mit ihrem lustigen Tingel-Tangel vermitteln, aber auch eine andere Welt mit ihren tieferen Empfindungen. An beides konnte ich ehrlich glauben. In gewisser Hinsicht wurde das Kino zu meinem Tempel, dessen Leinwand zur lebendigen Projektion meiner Wünsche und Träume wurde.

Am Anfang unserer Strasse in einem kleinen, geklinkerten Spitzdachhaus lebte eine sympathische, junge Familie mit einer kleinen, blonden Tochter. Ganz plötzlich brach Unheil über sie ein, wovon das ganze Dorf erfuhr. Es berührte jeden der sich seiner Sexualität bewusst war; denn man erwischte den netten Mann dabei, als er eine Kuh wie ein Bulle besteigen wollte. Er arbeitete auf einem Hof. Dieses Vorkommnis erschien recht sonderbar und bewegte die Gemüter. Solche sexuellen Praktiken sind ungewöhnlich und liessen den Mann in einem Licht erscheinen, als käme er von einem anderen Stern. Die Älteren bewegten dieses Thema hinter vorgehaltener Hand und wir Jugendlichen tuschelten in unseren Kreisen und so meinten die Einen, dass die Anderen blos nichts erfahren sollten. Das offene Geheimnis brachte Leben in den Dorfklatsch. Der Mann liess sich nicht mehr sehen, seine Frau wurde bedauert und schliesslich machte sich die ganze Familie aus dem Staub, ward nicht mehr gesehen und befreite sich so vor der üblen Nachrede.

Gedanken die ich in diesem Zusammenhang über die Sexualität hatte waren nicht nur ablehnend sondern auch staunend und neugierig über den weiten Bereich sexueller Möglichkeiten, Tabus, die wir Jugendlichen ja nur erahnen konnten.

Bruder Klaus hatte seine Handelsschule längst erfolgreich beendet und ging in eine kaufmännische Lehre. Ich wollte ihm nacheifern und bewarb mich um eine Aufnahmeprüfung auf der Handelsschule. Unser Mathelehrer hatte einen "Kicker" auf mich und tat alles um mich anzumachen. Als er von meinem Plan hörte, dass ich auf die Handelsschule überwechseln wollte,wurde er wütend und meinte;" geh´nur, aber glaube nicht, dass du an diese Schule zurückkommst, solltest du nicht angenommen werden". Das war ein dolles Ding und versetzte mich unter noch mehr Prüfungsdruck. Da sass ich nun in der Prüfung und wusste vor lauter Aufregung gar nichts mehr. Diese Blockade erlöste ich durch Überkurbeln ganz vorsichtig auf der Schulbank. Danach war ich leer und offen, aber die Zeit war zu knapp, um das Pensum noch zu erfüllen, ich hatte zu lange gewartet und fiel durch. Ich blieb also bis zum Schluss auf der Mittelschule in Poppenbüttel. Der Mathelehrer hatte verloren, ich aber auch meine Handelsschule, jedoch nicht meine weitere Zugehörigkeit zu meiner alten Klasse. Fortan funktionierten wir besser miteinander, vielleicht wollte er mich in seiner Nähe behalten weshalb er unwirsch wurde als ich gehen wollte?

Mir verhalf dieser versuchte Schulwechsel auch zu mehr Ernsthaftigkeit, ich wusste wo ich hin gehörte; denn obwohl es für das letzte Schuljahr einen blauen Brief gab, gelang mir schliesslich der Abschluss.

Für den letzten Sommer plante ich alleine eine grosse Fahrradtour durch Deutschland. Vaters Unterstützung sah so aus: " Wat soll dat, wat willste da unten, is auch nich anners als hier"?

Um finanziell besser über die Runden zu kommen, vermietete Mutti Ankes Zimmer an einen netten jungen Mann, der bald zu unserem Conny wurde. Sein Vater fuhr einen grossen Laster. Seine nächste Tour führte übers Sauerland in Richtung Köln. Ich durfte mitfahren. Wir verstauten mein neues Fahrrad ausgerüstet mit Seitentaschen und Rucksack, blitzblank poliert hinten auf dem Laster und bald ging es los.

Die Fahrt war "kernig". Ich sass vorn im Führerhaus zwischen dem Fahrer und seinem Beifahrer. Mit dem grossen Kühler vor uns waren wir hoch über der Strasse und hatten eine herrliche Übersicht. Über einem langen Schalthebel wurden die Gänge mit Zwischengas langsam eingelegt. In den Kurven drehte sich der ausladende Kühler behebig in die neue Richtung, wärend der Fahrer sich kräftig ins Zeug legte, um das grosse Steuerrad drehen zu können. Der Motor brummte vor sich hin und hatte sein Tun die schwere Last über die Landstrassen zu schleppen. Hinter den Sitzen gabs zwei Kojen, in denen man " pennen " konnte. Nachts machten wir Halt und schliefen so gut es ging.

Am nächsten Morgen räkelte ich meine "verbogenen" Glieder. Die Morgenwäsche fand draussen neben dem Laster statt, dort wo ein Wasserfass mit Hahn unter der Pritsche am Chassis angebracht war. Die Sonne schien und ich war sehr glücklich unterwegs auf meiner grossen Reise zu sein.

Irgendwo im Rheintal, südlich von Köln setzten sie mich ab. Ich bepackte mein Rad, schwang mich auf den Sattel, sagte mit ein bischen Abschiedsschmerz den beiden lieben Männern adieu, trat in die Pedalen und war urplötzlich ganz allein in dieser grossen, weiten Welt. Der Rhein mit seinen Kähnen und Schiffen, den bewaldeten Höhen, Weingärten und lieblichen Ortschaften war ein grosses Erlebnis und ich kam aus dem Staunen gar nicht mehr raus. Ich konnte kaum fassen, dass ich nun endlich unterwegs in Richtung Frankfurt und Bad Soden war, wo die Grosstante Else, Omis Schwester wohnte, dort wo Omi auch ursprünglich herkam, bevor sie nach Stettin heiratete.

Zuerst war natürlich Bonn an der Reihe; denn ganz in der Nähe verliess ich den Lastwagen. Die Hauptstadt mit den Ministerien und Regierungsgebäuden, die man sonst ja nur aus Fotos und Zeitungsberichten oder der Wochenschau her kannte, lag nun lebendig vor mir; ich war mitten drin im politischen Geschehen, dort wo alle Macht des Staates zusammen kam. Da radelte ich quietschfidel herum, vielleicht ein bischen eingeschüchtert wohl ob der Mächtigsten, die ich zwar nicht sehen konnte, die aber überall irgendwo sassen und ihres Amtes walteten. Jedoch hatte ich noch eine lange Fahrt vor mir und machte erst wieder in Koblenz am Deutschen Eck eine Pause. Dann kam die Loreley und weiter strampelte und strampelte ich, bis ich spät am Abend bei Tante Else vor der Tür stand. Vorher streifte ich Wiesbaden und bog vor Frankfurt bei Höchst nach links ab in Richtung Taunus. Ich war müde und doch voller Eifer. Es sprudelte nur so aus mir heraus, die ganzen Erlebnisse des ersten langen Tages alleine auf meinem Fahrrad. Die Fahrt war leicht, weil sie die ganze Zeit durch das Rheintal führte und es keine Steigungen gab, so weit ich mich erinnere. Der Autoverkehr war damals noch so angenehm, dass ein Radler seine Fahrt auf der Landstrasse geniessen konnte. Bei Tante Else fühlte ich mich schon als ein Abenteurer und wurde herzlich empfangen. Wir kannten uns nur wenig, da wir weit auseinander wohnten und der Krieg dazwischen lag. Muttern hatte noch aus ihrer Kindheit eine sehr gute Beziehung zu ihr. Sie war es auch, die Mutti in ihren schweren Zeiten unterstützte und sie herzlich bei sich aufnahm, wenn Muttern Abstand von ihrem konfliktreichen Eheleben haben wollte.

In ihrem blauen Salon schlief ich in der ersten Nacht auf einer eleganten Couch. Solchen Raum hatte ich noch nie gesehen. Es war wohl ihr Wohnzimmer, wurde aber als solches nur benutzt, wenn sie Besuch hatte. Sie selbst lebte in ihrem grosszügigen Schlafzimmer, dass über eine erhöhte Terrasse mit ihrem parkähnlichem Garten verbunden war.

Der blaue Salon sah aus wie das Zimmer in einem Schloss und erinnerte mich eher an ein Museum, als an ein normales Wohnzimmer, obwohl es sehr elegant und vom Feinsten eingerichtet war. Tante Else war eine elegante sehr gepflegte ältere Dame und wirkte auf mich kühler als ihre Schwester, meiner Omi. Es waren mehr die Familienbande, das Blut, das uns beiden mehr Nähe bescherte. Bei ihr in Bad Soden war es der einzige traditionelle Familiesitz, der duch das Kriegsgeschehen erhalten geblieben ist, was ich wohl in dem grossen Haus spürte. Mutti Else und ihr Bruder Emil erhielten beide ihre Vornamen von der Tante und ihrem verstorbenen Mann. Tante Else überstand den Krieg ohne grosse Vorkommnisse, hatte aber sehr leidvolle familiäre Erfahrungen gemacht; denn ihre einzige Tochter erblindete langsam. Sie nahm sich das Leben zusammen mit ihrer kleinen Tochter. Danach starb ihr Mann Emil.

Im grossen Garten stand das Borkenhäuschen, in dem Mutti schon als Kind spielte und zu dem ich mich sehr hingezogen fühlte. Mit Tantes Erlaubnis räumte ich dort ordentlich auf und richtete mich im Häuschen ein, auch um dort zu schlafen; denn ich hatte ja vor, einige Tage zu bleiben.

Ich lernte einen Enkel ihres Bruders, meines Grossonkels Horst kennen, der wohl ein entfernter Vetter von mir war. Wir waren gleichaltrig und freundeten uns schnell an.

Soweit ich mich an ihn erinnere, war er entschieden draufgängerischer und frecher als ich. Wir beide erlebten ein ausgefallenes Abenteuer. Auf einer gemeinsamen Fahrradtour in Richtung Frankfurt standen wir hoch oben auf einer Brücke, dösten vor uns hin und beobachteten den Schiffverkehr, als unten ein fescher Mann in seinem Schnellboot uns zurief; " hey Jungens, habt ihr Lust mitzufahren"? Ich alleine hätte das nie gewagt, der Vetter aber war begeistert und schon rannten wir die Böschung hinunter, um ins Boot zu springen und stundenlang mit diesem freundlichen Typen herumzufahren. Es wurde dunkel, er lud uns zum Essen und später in seine Wohnung zum Schlafen ein. Ich hatte meine grossen Bedenken, einmal meine Tante Else nicht benachrichtigen zu können; denn ich war ja ihr Besuch und zum anderen ging mir das alles viel zu schnell, ich fühlte mich ungemütlich. Aber der Vetter willigte ein und so blieb mir nichts anderes übrig als einfach mitzumachen. Es gab nur ein grosses Bett, in dem wir nun alle gemeinsam schliefen. Ich verkroch mich ans Fussende und wachte bei jeder Bewegung auf. Die ganze Situation war sehr ungewöhnlich für mich, so als müsse ich auf der Hut sein, dass dieser nette, mir aber fremde Mann mir vielleicht zu nahe kommen könnte. Schliesslich schlief ich fest ein. Am nächsten morgen erwachte ich mit einem starken

Schuldgefühl; " wie sag ichs der Tante"? Wir schwangen uns auf unsere Räder und fuhren heim. Die Tante war ausser sich und hatte wohl in letzter Zeit kaum eine solche Aufregung erlebt, fühlte sie sich doch für mich verantwortlich mit meinen 16 Jahren. Sie konnte sich überhaupt nicht vorstellen, wo wir abgeblieben waren. Da der Vetter als Lausbub bekannt war, wurde die Tante von seinen Eltern ein bischen beruhigt; denn sie war schon bereit die Polizei anzurufen. Ich brauchte dann Tage, um mit der Tante wieder in Einklang zu kommen und versprach ihr, nicht weiter mit dem Vetter zusammen zu sein. Monate später, wieder zu Hause in Hamburg, erfuhren wir über die Tante, dass der nette Mann mit dem Schnellboot Lust auf Jungens hatte. Na, dachte ich im stillen, waren meine Ängste damals doch nicht so unbegründet.

Einige Tage später ging meine Fahrt weiter nach Darmstadt, wo ich Gundula, eine Freundin aus der Nachbarschaft besuchte, um am nächsten Tag in Heidelberg bei Tante Lola, der ehemaligen Frau meines Onkels Emil, halt zu machen. Heidelberg am Neckar war ein wichtiges Ziel meiner Reise. Ich fühlte mich so wohl, nun bei der Tante und meinen drei Vettern in dieser schönen und bekannten Stadt sein zu dürfen. Sie zeigten mir die Altstadt mit den vielen Studentenkneipen, das Schloss, die Tingstätte und alle Sehenswürdigkeiten, die es sonst noch gab. Tante Lola trennte sich während des Nachkriegsjahres unter den Polen in Stettin vom Onkel Emil und flüchtete mit ihren drei Söhnen nach Heidelberg, dorthin wo sie geboren wurde. Sie wohnten im Grünen am Neckarhang gegenüber dem Schloss.

Der Tag rückte näher, an dem ich mich in Karlsruhe auf dem Hauptbahnhof mit meinem Freund Ditmar aus der Nachbarschaft treffen wollte, um gemeinsam weiter gen Süden zu radeln. Da er schon in die Lehre ging, hatte er nur 14 Tage Urlaub. Wir trafen uns pünktlich und glücklich zuammen radelten wir durch den Schwarzwald, den Titi-See entlang, durch den Hirschsprung über Freiburg nach Mainau am Bodensee. Es ging bergauf und ging bergab. Ich pinkelte auf die Freilaufnabe, die so heiss von der Rücktrittbremse geworden war, dass es zischte. Die Fahrt war sehr anstrengend; denn mit jeder juchzenden Abfahrt ins Tal tauchte dann wieder der nächste Berg auf, der bezwungen werden wollte. Wir traten in die

Pedale, und wenn es gar nicht mehr ging mussten wir schieben. Zum Schluss waren wir froh, als wir weiter südlich in flachere Landschaften kamen und schliesslich den Bodensee erreichten, der bei wunderschönem, sonnigen Wetter ganz ruhig vor uns lag. Im Nu fanden wir einen Badeplatz und sprangen ins geliebte Wasser, was mir als Junge von der Waterkant schon ein Bedürfnis war. Uns überkam das zufriedene Gefühl den tiefsten Süden unseres Landes erreicht zu haben.

Aus einem Reisebericht jener Tage zitiere ich: " Am Vormittag des nächsten Tages fuhren wir entlang dem Bodensee bis Friedrichshafen. Diese Fahrt war unbeschreiblich schön. Zur linken Seite steil ansteigende Sandsteinwände, zur rechten Seite den weiten Bodensee. Mit der Fähre liessen wir uns nach Konstanz übersetzen und hielten uns den ganzen Nachmittag auf der Insel Mainau auf. Wundervolle, riesige Zedern und Tannen boten Schutz gegen die sengende Sonne und überwarfen den ganzen Park mit kühlendem Schatten. Blicke durch Palmenblätter auf den weiten, blauen Bodensee, dazu die tropische Hitze machten auf mich den Eindruck, auf einer Südseeinsel zu sein.

Gegen Abend erreichten wir die schweizer Grenze, besorgten uns einen Pass, der für drei Tage Gültigkeit hatte und passierten die Grenze. Zum ersten Mal in meinem Leben war ich im Ausland. Das erste was mir auffiel, waren die ganz anderen Reklameschilder für Zigarretten, Schokolade, Getränke und Lebensmittel. Andere Marken und Farben. Die Landschaft war hügelig und man fand viele Laubwälder. Die Verkehrsschilder sind ja international und waren deshalb auch die gleichen. An den Fahrradwegen fand man schon die blauen, runden Schilder mit einem weissen Fahrrad, die erst jetzt bei uns in Deutschland eingeführt wurden. Die Form des Verkehrsschildes und der Ständer waren ein zusammenhängendes Zementstück, in das das Verkehrsschild eingelassen wurde."

...und weiter schrieb ich:" Die Strasse nach Zürich war sehr gut. Sie glich grösstenteils einer Fahrbahn unserer Autobahn, oder war eine wunderschön breite Teerchaussee. Auffallend teuer waren Lebensmittel und Fahrräder und andere Maschinen. Wie ich mir aber erzählen liess, ist der Verdienst eines gewöhnlichen Arbeiters etwa 800.- Franken. Das entspricht auch ungefähr 810.- D-Mark. Mit diesem hohen Lohn liessen sich die hohen Preise der Lebensmittel vom Arbeiter besser bewältigen als bei uns in Deutschland. Und wenn man dann noch als Deutscher in der Schweiz kaufen muss, ist es für uns natürlich sehr teuer.

Das Wetter war trübe, als wir in Zürich ankamen; aber trotzdem machte die Stadt auf mich einen sehr guten Eindruck. Den ganzen Nachmittag schlenderten wir durch Zürich. Ich stillte meinen Hunger mit Schokolade. Da auch hier Deutsch gesprochen wurde, konnte man an dieser Stadt keinen Unterschied gegenüber einer deutschen erkennen. Wir besuchten grosse Kaufhäuser und man hätte denken können in einem Kaufhaus Hamburgs zu sein."

Weiter erlaubte ich mir in diesem Reisebericht ein Urteil zu fällen, ein Vergleich zwischen den Menschen im Süden und denen im Norden und schrieb: ".... viel freundlicher und hilfsbereiter sind die Menschen im Süden was mir überall auffiel. Steht man unentschlossen irgednwo an einer Strassenkreuzung, so kommen sie an und weisen uns in die richtige Richtung. Der Südländer ist gemütlich und hilfsbereit in jeder Situation, der Nordländer dagegen stur und kalt."

Da dieser Reisebericht auch gleichzeitig meine Abschlussarbeit für die Schule war, wurden von der Klassenlehrerin solche Vergleiche als - besser vermeidbar - in ihrem abschliessenden Bericht beurteilt, denn an anderer Stelle schrieb ich:

"Übermüdet kroch ich mit letzter Kraft in die Koje des Lastwagens. Ich hatte einen herrlichen Schlaf und wachte erst wieder auf als wir uns schon auf der Autobahn Bielefeld-Köln befanden. Plötzlich durchdrang das Führerhaus ein eigenartiger, russiger Geruch. Und dort waren auch schon die ersten Fördertürme und die riesigen Halden zu sehen. Die Autobahn wurde immer belebter. Zur linken und rechten Seite immer mehr Fabriken, Fördertürme und Halden. Rauchende Schornsteine, grosse Steinkohlehaufen und tief hängende, dunkelgraue Wolken; das ist das Ruhrgebiet. Ein Gebiet voller Arbeit. Vielleicht wird gerade unter uns gearbeitet, es wird gemeisselt, gebohrt und gesprengt. Dort unten ist das Reich des Bergmanns, des Kumpels, der Tag für Tag Kohle bricht. Ist die Arbeit des Bergmanns nicht die schwerste Arbeit die ein Mensch vollbringen kann? Stundenlang tief unter Tage zu arbeiten ohne Licht, ohne Sonne. Ihre Arbeit ist nicht nur schwer, sondern auch sehr gefährlich. Besteht nicht bei jeder Sprengung die Gefahr eines Einbruchs? Wieviele Kumpels haben schon ihr Leben lassen müssen, sind lebendig begraben worden, oder abgeschnitten worden und erstickt, oder einem Grubenbrand zum Opfer gefallen. Wieviele müssen noch ihr Leben lassen? Ist diese Arbeit nicht unmenschlich, ist sie überhaupt zu bezahlen? Den Nutzen aus der Kohle zieht doch der Geschäfsmann und nicht der Kumpel! Das Ruhrgebiet ist wohl das reichste Land Deutschlands. Die Strassen sind voll vom -Volkswagen des Ruhrgebiets-, dem Mercedes 300. Aber ist es nicht auch das ärmste Land? Es gibt doch keine herrlichen Landschaften, keine saubere Luft. Es fehlt ganz die Natur. Man kann hier beinahe sagen, die Technik hat die Natur besiegt. Aber was ist schon Natur, wenn Geld da ist. Friedrich Schiller hat diesen Fehler der Menschen erkannt; in einem Zitat aus seiner Glocke:" .... jedoch das Schrecklichste der Schrecken, das ist der Mensch in seinem Wahn." In seinem Wahn nach Geld, Reichtum und Macht."!

Und zum Schluss dieser Arbeit schrieb ich:" Das schönste dieser Reise war die ganz andere Landschaft. Diese Sommerreise wird für mich nicht nur ein herrliches Jugenderlebnis bleiben, sondern sie hat mich befähigt, frei zu denken, selbständig zu handeln und mir den Blick geöffnet für andere Menschen und andere Sitten und mich gelehrt, die Natur als das Höchste und Wunderbarste zu betrachten."!

Diese lebendige Affirmation gestaltete mein späteres Leben mit. Im letzten Schuljahr hatten Gerd, ein Schulkamerad, und ich noch einmal viel Spass: Er besuchte mich nach der Schule zu Hause. Ich war alleine. Wir beide waren in einem sehr ausgelassenen und albernen Moment. Voller Übermut öffneten wir Muttis Kleiderschrank, sahen uns ihre Kleider an, zogen unsere Hosen aus und probierten die Kleider an bis jeder eines fand indem er sich wohl fühlte. Die Brüste stopften wir mit Äpfeln aus, setzten uns Hüte auf, zogen uns Damenschuhe an, wagten uns schliesslich unkenntlich verkleidet auf die Strasse, lachten uns halb tot und gingen sogar in die Kneipe – zur Quelle - wo wir unerkannt unsere Limonade tranken. Wir waren ausser uns vor Freude, Lust und Mut. Auf dem Nachhauseweg kamen zwei Männer auf ihrem Fahrrad an uns vorbei und pfiffen uns anerkennend nach. Das war denn auch genug Bestätigung für uns, dass unser Spielchen gelungen war.

Hans, mein Freund vom Bauernhof, wanderte nach Amerika aus. Nun fuhr ich seine Mutter regelmässig frühmorgens, noch vor der Schule mit dem Porsche-Trecker auf die Kuhwiesen, die weit vom Hof entfernt lagen. Da regte sich schon tief in mir die Lust auf Bauernarbeit, auf das Mittendrin-Sein, da draussen in den Gärten, auf den Feldern und Wäldern in der Natur. Hans schrieb glücklich aus Amerika, dem Superland weit hinter dem grossen Meer. Meine Augen strahlten und sehnsüchtig konnte ich nur erahnen wie er in seinem neuen Superauto - Nash - über die High-Ways in die Freiheit sauste.

Auch meine erste Freiheit kam näher; der langersehnte Schulabschluss mit der mittleren Reife, Hallelujah! Etwas Wehmut ereilte mich dann doch noch auf der Abschiedsfeier, als wir alle gemeinsam ein Lied sangen, von dem ich nur noch einige Strofen erinnere:

" Von der Schule geht´s ins Leben

in die weite Welt hinaus

in das Leben in das Streben

fort von meinem Elternhaus."

Aber das wars denn auch schon und ich jammerte der Schulzeit keinen Deut nach.

Die Frage nach meiner beruflichen Ausbildung stellte sich natürlich schon längst vorher und das war recht einfach. Was war es wohl, das mir viel Spass machte und ständig meine Aufmerksamkeit erregte?...... die Autos, Maschinen und Motoren. >Ich hätte meine Hände am rechten Platz< pflegte man doch zu sagen, wenn eine manuelle Begabung erkannt wurde. Daraus wurde dann ein Handwerk mit den Autos. Vaters Unterstützung war mir sicher. Er meinte:" Handwerk hat goldenen Boden und sollte uns noch einmal ein Missgeschick wie einen Krieg, die Flucht oder überhaupt schlechte Zeiten ereilen, dann wirst du es leichter haben als ich es hatte, kannst anders zupacken, um dir die Kohlen aus dem Feuer zu holen"!

Meine erste Halbjahresarbeit in der Schule lag ein Jahr zurück und wurde von mir unter dem Titel " Die Geschichte des Volkswagens und seines Erfinders " geschrieben. Alle waren begeistert, besonders auch deswegen, weil ich die Arbeit sehr dekorativ und verlagsmässig präsentierte. Ich schickte sie an das Porsche-Werk zu Händen Ferdinand Porsches mit der Bitte um Kenntnisnahme und Weiterempfehlung wegen einer Lehrstelle. Seine freundliche und anerkennende Antwort enthielt den Hinweis, dass sie meine Arbeit direkt an das Volkswagenwerk in Wolfsburg weiterleiten würden.

Aus Wolfsburg kam eine mehrtägige Einladung: Reise, Aufenthalt und ausführliche Werkbesichtigung inklusive. Das war eine grosse Freude und nicht ohne Stolz setzte ich mich Tage später in den Zug nach Wolfsburg. Dort angekommen behandelte man mich wie einen VIP und dankbar wusste ich diesen Moment zu schätzen.

Sie überliessen mir die Entscheidung eine Lehrstelle direkt im Werk anzunehmen, allerdings dann nicht als Autoschlosser, sondern eher im Maschinenbaubereich; oder aber sie würden mich gerne an ihren Generalvertreter in Hamburg weiter empfehlen, wo ich dann als Autoschlosser meine Lehre beginnen würde. Ich war hin und her gerissen; denn die Lehrstelle im Werk selbst war eine grosse Herausforderung, obgleich ich dann in einem Lehrlingsheim weit weg von Hamburg untergebracht werden würde und in einem anderen Fachgebiet eine Ausbildung erhielt.

Schliesslich entschied ich mich für Hamburg und bekam auch bald ein Schreiben, auf Empfehlung des Volkswagenwerkes, mich bei dem VW-Vertreter vorzustellen. Hurra! ...... es klappte. Ich unterschrieb meinen dreieinhalbjährigen Lehrvertrag.

Nun, so zurückblickend muss ich feststellen, dass ich mir das Suchen und Finden der Lehrstelle prima eingefädelt hatte und erinnere mich des Spruches Jesu:

„Suchet, so werdet ihr finden,
Klopfet an, so wird euch aufgetan,
Bittet, so wird Euch gegeben" !
das scheint zu klappen!

Mit 28 weiteren Lehrlingen traten wir eines Morgens um 8^{00} Uhr im April 1954 in der Lehrwerkstatt des Betriebes die Autoschlosserlehre an. Mit Herzklopfen sass ich im Schulungssaal, oben über der Lehrwerkstatt und lauschte den ersten Anweisungen unseres gestrengen Lehrmeisters. ...... eine Sirene heulte, es war Frühstückspause, ich kaute meine Stulle von zu Hause. Es gab die ersten Kontakte mit den anderen Burschen. Der Sohn einer Schulfreundin meiner Mutter war auch ganz überraschend mit von der Partie. Wir kannten uns kaum. Allerdings waren wir sehr unterschiedlich: er hatte den Mund voll und am rechten Fleck. Ich verkroch mich eher hinter einer Schüchternheit, nicht, dass ich mich schwach fühlte, denn ich wusste schon was ich wollte. Jedoch mit den Anderen zu diskutieren über Gut oder Böse, oder was richtig oder falsch sei, war überhaupt nicht mein Ding. Ich fand immer, dass das nichts brachte und oft in Streitereien endete bei denen jeder Recht haben wollte wie zum Beispiel beim Fussball, wer gewinnt und wer verliert. Mir war wichtig dabeizusein, mitzumachen, um in die Spannung des Wettkampfes zu kommen und Energien für den Sieg zu mobilisieren, das war lebendig, das törnte an und man gab sein Letztes. Ob es dann schliesslich ausreichte, entschieden die Stoppuhren und es reichte immer, trotz des eher schwachen Trainings, um die geforderten Punktzahlen für die Sportscheine, die man so machte, zu erreichen.

Unsere Lehrlingsschar war ein bunt durcheinander gewürfelter Haufen, gross und klein, stark und schwach, fleissig und faul. Jeder stand zu dem was er war, und konnte auch gar nicht anders.

Wir feilten stunden-, tage- und wochenlang an Eisenstücken herum und mussten sehr darauf achten die Flächen gleichmässig eben und die Kanten rechtwinklig zu machen, um später auch die Passtücke zehntelmillimetergenau beweglich einzupassen. Danach lernten wir das Drehen, Fräsen, Hobeln, Löten, Nieten und Schweissen.

Nur zwei von uns hatten bereits den Führerschein. Vater spendierte mir meinen schon mit 17 Jahren, das war vor der üblichen Zeit, aber irgendwie konnte er eine Sondererlaubnis für mich bekommen. Der Lehrkollege und ich machten schnell ausfindig, dass unten im Kundendienst am Abend immer Autos an die Kunden zu überführen waren. Jeden Tag schrieb ich mich in das Buch ein, um ein Auto überführen zu dürfen. Oft klappte das nicht, weil auch andere Lehrlinge der älteren Jahrgänge schon längst am Ball waren. Aber einmal, ich wagte es kaum zu glauben, durfte ich einen silbernen Porsche nach Wellingsbüttel überführen, quer durch Hamburg und fast bis nach Hause.

Überglücklich setzte ich mich hinters Lenkrad, startete den Motor, der satt vor sich hin blubberte, gab vorsichtig Gas und genoss den Blick nach vorn auf die Kotflügel und die Motorhaube eines Porsches. Innen roch es nach Leder und das ganze Ambiente war etwas Besonderes. Nach kurzer Zeit der Gewöhnung trat ich schon kräftiger aufs Gaspedal und schoss förmlich durch die Strassen, holte Conny aus seinem Schwimmbad ab, wo er gerade Trainingsstunden absolvierte, drehte mit ihm eine schnelle Runde, sodass wir vor Kraft in die Sitze gedrückt wurden und fuhr weiter nach Hause, um Mutter und den Nachbarn, wenn sie es nur sahen, meinen Porsche zu zeigen. In gewissem Sinne war ich wie in Trance und musste höllisch aufpassen, um den Wagen heil und sicher in einer Villa im Alstertal abzuliefern. Ein Wunsch ging in Erfüllung. Erst viele Jahre später konnte ich ähnliche Erlebnisse im eigenen Porsche wiederholen.

Nach der dreimonatigen Grundausbildung wurde ich in eine der vielen Werkstätten versetzt, wo ich auch bis zum Ende der Lehrzeit als Lehrling tätig war.

Die hierarchische Ordnung innerhalb eines solchen Handwerkbetriebes fiel mir auf und gab mir zu denken. Ganz unten stand der Lehrling im ersten Lehrjahr. Die Arbeitsaufgaben und der Umgang waren dementsprechend. Ich konnte mich dem System gut unterordnen. Jedoch die Art und Weise wie manche Gesellen mit den Lehrlingen umgingen und die Lehrlinge höherer Jahrgänge unter sich nun auch schon, war teilweise haarsträubend. Ich ertappte mich bei dem Gedanken, dass besonders diejenigen Lehrlinge und Gesellen, die in ihren ersten Lehrjahren gelitten hatten, es nun besonders hart ihren Schützlingen zurückgaben. Ein Ende einer solchen negativen Spirale war so natürlich nur schwerlich zu erkennen. Sie benutzten ihr altes, schmerzvolles Erlebnis, um es bei nächster Gelegenheit machtvoll auf die Rangniedrigeren zu projizieren. So wirkten sie als Täter, um die Rangnachfolgenden als Opfer zu benutzen. Ich wagte natürlich nicht, solche stillen Beobachtungen kund zu tun, das würde vielleicht einer Rebellion gleichkommen, wenn man es wagen sollte, das System anzuzweifeln. Später aber sprachen wir Lehrlinge hier und da mal darüber. Es tat gut, uns mitzuteilen.

Mein Geselle war prima in Ordnung. Es gab in dieser Hinsicht keine Probleme. Wir achteten einander, und ich konnte viel bei ihm lernen. Unser Betriebsleiter war ein Graf, bei dem ich wohl ein Stein im Brett hatte; so wurde ich bald aus der Werkstatthalle in den Schnellreparaturdienst draussen auf dem Hof versetzt, um dort in direktem Kundenkontakt mit eigenem Werkzeugkasten, gemeinsam mit einem Meister und Gesellen die Kunden direkt für Kleinreparaturen zu bedienen. Das war ein sehr guter Job fürs erste Lehrjahr. Ich empfand ihn als Auszeichnung und hatte viel Spass mit der Arbeit.

Einmal in der Woche gingen wir auf die Berufsschule. Da unser innerbetriebliches Lehrjahr eine ganze Klasse füllte, waren wir VW-Lehrlinge des Generalvertreters wieder beisammen, und büffelten nun gemeinsam an dem theoretischen Stoff unserer Ausbildung der recht umfangreich war. Ich sass ganz hinten in der letzten Reihe am Fenster und blinzelte oft nach draussen, um den Kontakt zu der Natur nicht zu verlieren. Neben mir sass Reiner, der draussen in Othmarschen in der Nähe der Elbe wohnte. Genau hier auf der Schulbank träumten wir beide zum ersten Mal von Booten, vom Segeln, von Flüssen und den Meeren. Unsere Sehnsucht ging nach draussen in die Welt, raus aus den muffigen Studierzimmern und schmierigen Werkstätten. So manches Mal funkte uns der Lehrer dazwischen, durchkreuzte unsere Fantasiereisen mit einem scharfen Rückruf in die Realität unserer Berufsschule. Ein ander Mal sass Reiner mit funkelnden Augen neben mir und erzählte von einem alten Fischerboot, das er an der Elbe ausfindig gemacht hatte. Das Problem war, dass das Boot Löcher im Rumpf hatte, die dazu dienten die gefangenen Fische lebendig zu halten, die nun in einem abgeschotteten Teil innerhalb des Bootes schwimmen konnten und konstant mit frischem Wasser durch die Löcher versorgt wurden. Um dieses Fischerboot nun für den Freizeitbedarf umfunktionieren zu können, mussten diese Löcher natürlich dicht gemacht werden, um den Wasserschacht ganz zu entfernen, oder ihn als trockenen Stauraum benutzen zu können. Dieses Boot beschäftigte uns mehr als irgendein Klassenthema. Danke Reiner für den enthusiastischen Anstoss!

Ich fing Feuer und malte mir aus, wie wir beide mit dem Boot unsere Reisen auf der Elbe machten. Leider klappte das nicht, weil auch die Bootsplanken teilweise schon faul waren. Mein Feuer für Boote aber war entfacht und fortan begann ich mich für Boote und fürs Segeln zu interessieren, träumte von grossen Reisen in ferne Länder über die weiten Meere mit meinem eigenen Boot.

Als ich später einmal, schon lange nach der Lehre, meinen Kumpel Reiner in der Werkstatt besuchen wollte, erfuhr ich voll- kommen überrascht, dass er gestorben war, was mich tief berührte. Ich konnte mir nicht vorstellen, dass dieser lustige Bursche nicht mehr unter uns war.

Meine Arbeit in der Schnellreparatur machte mir auch weiterhin viel Spass. Ich lernte schnell im Beisein des Kunden einen Schaden zu diagnostizieren und zu beheben, wenn das als schnelle Reparatur möglich war, andernfalls wurde der Kunde an den normalen Kundendienst weitergeleitet. Die Dankbarkeit vieler Kunden für schnelle und technisch präzise Problemlösungen ihrer geliebten Autos, sowie eine klare und freundliche Bedienung liess so manches Trinkgeld springen. Damals war es auch sehr üblich eine Zigarette zu verschenken, sodass sich bei mir als Nichtraucher in einer Zigarrenkiste viele Zigaretten aller Marken anhäuften, die ich wie einen Schatz hütete, aber auch gerne an Lehrlinge und Gesellen verschenkte wenn sie 'mal keine hatten.

Die Deutschen durften wieder fliegen! Die Lufthansa wurde neu gegründet. Bald sah man die ersten Flugzeuge, wie sie blank poliert mit blaugelbem Kranich ihre ersten Probeflüge über Hamburg machten, als auf einmal eine Superconstellation mit ihrem elegant geschwungenen Rumpf und den tropfenförmigen Tragflächentanks direkt über unserem Werstatthof kurvte. Da standen dann viele von uns und staunten ergriffen. Meine Gefühle hingen an diesem Silbervogel und trugen mich weit fort, ahnte ich wohl schon, dass ich später meine erste grosse Reise mit der gleichen Maschine übers weite Meer machen würde? In solchen Momenten hatte ich Tränen in den Augen.

Vaters Kaffeerösterei und Süsswarengrosshandel lag in der Nähe der Werkstatt, so dass ich öfters Kontakt mit ihm hatte. Irgendwann einmal schaute er mich ganz besonders an und fand Gefallen an mir. Früher schon kam ihm manchmal in den Sinn mich " Söhnlein Rheingold " zu nennen. Gegen solche Liebkosungen wehrte ich mich und konnte auch nicht verstehen weshalb er das tat. Vielleicht spürte er eine ganz speziell liebende Zuneigung zu mir, der er einen Namen geben wollte.

So kam es dazu, dass er mir eines Tages anbot, meine abstehenden Ohren durch eine spezielle Operation, die er ausfindig gemacht hatte, anlegen zu lassen. Er empfand das wohl als Mangel an meinem Äusseren. Auf meinen Widerstand hin, dass ich das nicht als störend empfand und mir auch komisch vorkam als heranwachsender Mann mich einer solchen Operation zu unterziehen, erzählte er mir, dass er als Kind und besonders als junger Mann sehr unter seinen abstehenden Ohren gelitten hätte und deswegen gehänselt worden wäre. Er würde mir das Ganze gerne ersparen . Nun waren seine Ohren beileibe nicht die Meinen. Wenn ich alte Fotos von ihm sah, konnte ich seinen Kummer schon eher verstehen.

Ich liess mich überreden, kam in eine Privatklinik am Hirschpark in Hamburg. Der Arzt studierte lange an meinen "Löffeln" herum, zeichnete mit dem Stift Linien auf, dort wo er meinte, Schnitte machen zu müssen, um das Wachstum des Knorpels so zu beeinflussen, dass das Ohr sich nach Wochen des Verbandes in der neuen Position selbst halten würde. Er war ein bekannter Spezialist auf diesem Gebiet. Vaters Wunsch, diese Operation für viel Geld machen zu lassen, zeigte mir doch wie wichtig ihm diese Angelegenheit war; denn es ging ihm finanziell immer noch nicht gut genug, um solche Ausgaben zusätzlich machen zu können. Ich spürte da viel Liebe und Mitgefühl, die er so zum Ausdruck bringen wollte, und gab eher dem nach, als meinem eigenen Gefühl zu folgen und diese Operation nicht machen zu lassen. Wie sags ich meinen Freunden und Mitmenschen, meinem Meister, dem Betrieb und der Schule? In keinem Fall war ich bereit, klaren Wein einzuschenken und mahlte mir schon Strategien aus.

Nun denn. Ich kam in einen hellen, grünen Operationssaal. Es war nach meiner Geburt mein erster Krankenhausaufenthalt. Beruhigungsspritzen lullten mich ein und nahmen mich mit in eine andere, angenehme Welt.

Dann hörte ich nur noch die kratzenden Schnitte an meinen Ohrlappen. Bei lokaler Betäubung erlebte ich die dreistündige Operation in einem tranceähnlichen Zustand mit. Ich empfand es als beglückend und freute mich auch darüber, wie intensiv sich so viele Menschen um mich und meine Ohren kümmerten. Aber> das dicke Ende < kam später. Nach einigen Tagen wurde mir der Verband abgenommen, um die Fäden zu ziehen und sich das erste Ergebnis anzusehen. Als mir der Spiegel vorgehalten wurde, wagte ich vorsichtig einen ersten Blick. Die Veränderung empfand ich als sehr heftig und war nicht glücklich über mein neues Aussehen, das ja nun nicht mehr rückgängig zu machen war. Ich merkte, wie tief ein solcher Eingriff in mein Äusserliches mein Identitätsbild veränderte, und wie abhängig ich mich von meiner alten Fixierung fühlte, die ich nun abrupt loslassen musste weil sie einfach nicht mehr da war. Vielleicht war es wie eine Neugeburt, die ich erlebte, ohne sie erleben zu wollen. Vaters gut gemeinter Eingriff, aus seinen eigenen Ängsten hervorgegangen, wirkte nun auf entgegengesetzte Weise, sozusagen als Projektion, die ich nun potenziert am eigenen Leibe erfahren musste. Nun gut, der erste Moment war wie eine Spaltung, aber verhältnismässig schnell versöhnte ich mich mit meinem neuen Gesicht, das ich ja wegen des neuerlichen Verbandes nur alle paar Tage zu sehen bekam. Gleichzeitig wurden durch den Verband die Spuren meiner neuen Erscheinung verdeckt, sodass die Konfrontation mit der Umwelt ganz langsam vor sich ging und ich Zeit gewann, mich zu bekobern. Im Krankenzimmer besuchte mich ein Pastor, mit dem ich anfangs gar nichts anfangen konnte. Irgendwie fühlte ich mich schuldig gegenüber Gott, solchen Eingriff an mir gemacht zu haben und konnte ihm nur stotternd erklären, dass mein Aufenthalt hier im Krankenhaus nichts ernsthaftes sei, weshalb mir seine Präsenz als unnötig erschien und ich ihm seine kostbare Zeit nicht stehlen wolle. Er merkte wohl sehr rasch, dass ich ein Problem hatte und ging tiefer auf mich ein, so dass ich ihm meine Zweifel und Bedenken schildern konnte, und sie damit los wurde. Ich fühlte mich besser, weil sich Schuldgedanken aufgelöst hatten.

    Wovor hatte ich eigentlich Angst? Was war wohl diese Peinlichkeit die ich spüren konnte? In jenen jungen Jahren empfand ich natürlich Unsicherheit gegenüber Älteren, aber auch gegenüber Gleichaltrigen. Ich hatte das Gefühl wehrlos zu sein, wenn ich angegriffen wurde; und sich als Junge einer Schönheitsoperation zu unterziehen passte nach meiner Meinung nun gar nicht in ein normales Alltagsbewusstsein; so dass ich Angriffe und Hänselein zu erwarten hatte, die mich sicherlich gekränkt hätten. So litt ich nun an dem gleichen Phänomen wie mein Vater früher auch, der durch diese Operation an mir genau das Gegenteil erreichen wollte. Ich versuchte nun mit allen Mitteln Angriffe zu vermeiden und verheimlichte die wahren Gründe meines Krankseins; es war eben eine Lungenentzündung, die bekanntlich mehrere Wochen andauern konnte.

Ich trug eine Wollmütze, die beide Ohren bedeckte und da es Winter war, fiel das nicht weiter auf. So lief auch mein erster Arbeitstag reibungslos ab. Keiner nahm Notiz von meiner Veränderung, von der ja nur ich wusste, wobei ich unwillkürlich feststellen musste, dass ich mir ja durch meine eigenen Gedanken solchen Stress machte und die Anderen gar nichts damit zu tun hatten. Dieses Erkennen half mir entschieden weiter, mit meinen mir selber vorgegaukelten Ängsten leichter umzugehen.

Am ersten Schultag musste ich mich der Klasse ohne Mütze präsentieren. Alle begrüssten mich und waren erfreut mich nach so langer Krankheit wiederzusehen. Als ich mich bei dem Klassenlehrer zurückmeldete, erkannte er wohl eine Veränderung an mir und meinte; " Du bist schmal geworden, die Krankheit hat Dich mitgenommen"! In der Tat, mein Gesicht war entschieden schmaler geworden. Hans Jürgen, ein lieber Lehrkollege aus der Werkstatt war der Einzige, der meine wahre Veränderung erkannte und mir seine Entdeckung ins Ohr flüsterte. Anfangs bekam ich einen Schrecken, ich nickte ihm zu und bestätigte so seinen>Treffer<. Für mich empfand ich es als Erleichterung, war doch nun das Eis gebrochen und zumindest einer der Kollegen wusste mehr über mich. Es blieb aber unter uns beiden, das Vertrauen tat gut!

Mit der Zeit konnte ich feststellen, dass die Ohren wieder langsam nach draussen wanderten und ich über die Jahre fast wieder mein ursprüngliches Aussehen erlangte. Der Glaube an meinen Ursprung, so wie ich einst angetreten war, versetzt Berge und Ohren!

Die Lehrjahre waren in körperlicher Hinsicht anstrengender als die Schulzeit. 8 Stunden angestrengte Arbeit und fast drei Stunden tägliche

Fahrzeit liessen mich am Abend müde ins Bett fallen. Die volle S-Bahn im Berufsverkehr machte mir Zahnschmerzen. Jedes Mal, wenn ich am Abend einstieg, um nach Hause zu fahren, begannen sie mich scheusslich zu quälen. Der Zahnarzt konnte nichts finden. Ich musste wieder einmal erkennen, dass ich mir unbewusst solche Schmerzen kreierte, weil ich mich total unwohl in der überfüllten und übelriechenden Bahn fühlte.

Mein grosser Wunsch war, einen eigenen Motorroller zu haben. Ich fing an zu sparen. Die Monatskarte für die U oder S- Bahn ersetzte ich durch mein Fahrrad. Jeden morgen fuhr ich 20 bis 25 km von zu Hause, noch hinter Poppenbüttel nach Winterhude oder nach Altona mit dem Fahrrad und am Abend dann zurück. Im Sommer wie im Winter, sodass die Fahrten dann nur im Dunkeln stattfanden. Heute kann ich mir einen solchen Einsatz kaum noch vorstellen, musste wohl der Wunsch in mir auf einen eigenen Motorroller, grosse Energien mobilisiert haben. Eines Tages hatte ich dann meine gebrauchte NSU- Lambretta, liess sie neu spritzen und fuhr fortan mit ihr zur Arbeit. Ich war glücklich!

Rolf, ein Lehrlingskumpel, fuhr schon sein eigenes Auto, einen Opel Super 6. Seine Eltern hatten ein gut gehendes Feinkostgeschäft. Er liebte die Feste. Wo er nur konnte nutze er jede Gelegenheit für eine Fete, die er mit allerlei Leckereien zum Essen und Trinken üppig versorgte. Bei sich zu Hause hatte er keine Möglichkeit und wenn Muttern verreist war hatten wir sturmfreie Bude bei uns. Ich sehe ihn noch ankommen mit seinem schweren Super 6 die kleine Kofferklappe hinten am Wagen öffnend, um Speis´und Trank ins Haus zu schleppen. Freunde von uns waren immer dabei. Wenn es spät wurde pennten wir alle zusammen in den Betten und auf dem Fussboden.

Rolf hatte schon seine feste Freundin, die immer mit von der Partie war. Ihr Zusammensein machte mich enorm an, auch eine Freundin zu haben. Nati war weit weg; da wir beruflich unserer Wege gingen, hatten wir den Kontakt verloren. Da war aber eine Freundin von einer Freundin aus der Schulzeit, die sich nun öfters in unserer Nachbarschaft sehen liess und sehr attraktiv war. Sie hatte dunkle Haare, eine sympatische braune Haut und blaue, klare Augen. Sie war sehr offen und ging ganz locker mit uns Jungens um. Das Herz fing mir an zu hüpfen wenn ich sie sah. Es war so, als würden wir uns schon lange kennen, da war nichts dazwischen, was uns bremsen könnte. Die Leichtigkeit und Selbstverständlichkeit unseres Zusammenseins, die ich sonst nur unter unseres Gleichen empfand, machte mich neugierig und heiss; ich wusste nicht wohin, mit der pochenden Hitze in der Hose. Alles kam zusammen. In den nächsten Tagen " spielten " wir immer mehr, bis ich es nicht mehr aushalten konnte. Ich arrangierte ein neues Treffen so, dass ich allein im Haus war und sie in mein Kellerstübchen, das ich wie eine Schiffskajüte mit Positionslampen, Seekarten, Fischernetzen und Kugeln dekoriert hatte, einlud. Ich konnte es kaum glauben, nun mit meinem heiss begehrten und geliebten Mädchen alleine im Zimmer zu sein. Vorher tobten wir uns auf der Strasse aus, neckten uns, berührten uns eher ein bischen grob, wobei ich vorsichtig versuchte sie in die Richtung meines Hauses zu drängen, dabei kamen wir uns näher, als ich bemerkte, dass sie ein bischen nach Alkohol roch, was mich verwunderte. Ich reagierte sehr empfindlich auf diesen Geruch wegen des Vaters, aber es hielt mich in keinster Weise von unserem Zusammensein ab.

Die Positionslampen brannten und die Seekarten, die oben auf dem an der Decke hängenden Fischernetz lagen wurden von hinten von vielen Weihnachtsbaumlichtern indirekt beleuchtet, was dem Zimmer ein sehr gemütliches Ambiente gab.

Wir mussten ein bischen verschnaufen; waren aus der Puste nach so viel Toberei. Es schlich sich auch der Moment ein; wie geht´s nun wohl weiter? Unser Hecheln war ja nicht nur die fehlnde Luft in den Lungen sondern auch die Aufregung die unsere Lust mit sich brachte. Meine Geilheit wurde für einen Moment von Zweifeln und Unsicherheit eingeholt. Sie spürte das, setzte sich keck aufs Bett, zog sich Schuhe und Strümpfe aus und lud mich ein es ihr nachzumachen. Ich zitterte vor Aufregung als ich mich neben sie setzte, sie vorsichtig berührte, streichelte, umarmte und küsste. Es war anfangs wie ein leicht verhaltener Sturm, der in mir brauste und zur innigsten Vereinigung drang, ohne dass ich mich noch wehren konnte. Wir entkleideten uns gemeinsam und dann lag ich zum ersten mal in meinem Leben, nackend neben einem schönen Mädchen. Meine Erregung war so gross und steif wie noch nie, ich wusste im ersten Moment nicht wohin mit ihr, so als ob trotz aller Lust immer noch eine erste Scheu dazwischen stand. Der Pimmel vibrierte förmlich, ich konnte ihn nicht mehr verstecken und nahm die Situation einfach so an, wie sie war. In diesem Loslassen schmiegen sich unsere jungen Körper in einer Woge der Wonne an- und ineinander; jedoch kurz vorher fragte ich sie noch in meiner unerfahrenen Naivität, ob ich einen Präser benutzen solle, aber dafür gab es keine Zeit mehr. Ihr erfahrenes Lächeln zeigte mir, dass sie gut damit umgehen konnte. Dann ging alles sehr schnell und wir beide explodierten hinein in eine paradiesische Erfahrung. Ein Weilchen danach wurde es dann sehr ruhig um uns beide und wir gaben uns der „Erschoepfung" einfach hin!

Nun endlich nach 17 Jahren des Reifens, der versteckten pubertären Spielchen, des lüsternen Überlaufens kam –es, das Glied- zum Ziel, zur Erfüllung seiner ursprünglichen Bedeutung. Vorher wars sehr heftig, um nachher in ein Spannungstief zu fallen. Ich empfand, das zwischen uns nicht wirklich Liebe war, aber grosses Begehren. Es fehlte uns die Brücke, das Vertrautsein, die das Vorher mit dem Nachher verband. Als wir gingen, zog sie eine Flasche Gin aus ihrer Tasche und nahm einen kräftigen Schluck. Später erfuhr ich von ihrer Freundin, dass sie eine Flasche Gin pro Tag trinken würde, weil ihre Mutter so dick sei, und sie befürchten müsse genauso zu werden. Da sie fest daran glaubte, spühlte sie so ihren Kummer hinunter und törnte sich gleichzeitig an, um ihre schlanke, frische und sympatische Jugend noch voll ausleben zu können bevor es zu spät sein könnte; deshalb wohl auch ihre Lockerheit und Bereitschaft sich mit Jungens einzulassen. Sie sprach dann wohl auch mit ihren engsten Freundinnen über ihr Abenteuer mit Thomás und wegen des Präsers, worüber sie dann lachen mussten, das fand ich nicht so gut. Soweit ich mich erinnere blieb es bei diesem einmaligen Beisammensein mit ihr. Ich hatte wohl gelernt, meine Geilheit etwas mehr zu zügeln und eine tiefere Beziehung anders anzufangen.

Ein anderes Frauenerlebnis mit einer FreundInn meines Onkels kommt mir wieder in den Sinn. Ich mag vielleicht 14 Jahre alt gewesen sein, als ich ihrer Einladung folgte. Ich war zu Besuch bei der Omi in Lübeck und die Freundin wohnte alleine. Ich hatte Lust zu ihr zu gehen. Mit grosser Freundlichkeit empfing sie mich, war sie doch in gewisser Hinsicht eher eine Tante. Ihre Wohnung war in einem Altbau und erschien mir sehr klein. Zumindest hielten wir uns in einem Raum auf , der Wohn- und Schlafzimmer zugleich war, denn neben einer Sitzecke stand ein grosses Bett auf dem sie nun sass. Ihr lächelndes Gesicht strahlte ganz viel Zuneigung aus, fast mehr als ich verkraften konnte, sodass ich eher wieder in meine Schüchternheit rutschte was sie dann noch mehr animierte. Sie lobte meine Haut, mein Lachen, meine schönen weissen Zähne, eben alles was zur Luststeigerung diente, wärend sie immer mehr auf ihr Bett rutschte und irgendwie dahin schmolz. Langsam begriff ich, dass hier etwas ganz Besonderes am Wachsen war und wusste nicht so richtig wohin ich mich wenden sollte. Sie hatte grosses Verlangen und begehrte mich. Je stärker das wurde umso mehr zog ich mich zurück. Im nachhinein möchte ich wohl sagen, dass ich mich hätte einlullen lassen können, aber der Bammel vor solch einschneidendem Abenteuer war grösser als der Mut mich einzulassen, das war noch zu weit weg für mich.

In meinem späteren Leben wiederholten sich ähnliche Erlebnisse mit lieben Frauen häufiger. Ich genoss diese Art von Hingabe, die ohne grosses Macho-Gehabe sich fast von selbst ergab. Es war eher ein sich öffnen, ein Geben und Nehmen, begleitet von viel zärtlicher Sympathie und Bereitschaft. Wenn dann dieses vertraute Umfeld bereitet war, ja, dann stand ich meinen Mann!

Es war Sommer. Mutti reiste umher. Wir hatten wieder einmal sturmfreie Bude und fingen an -kriegen- zu spielen. Einer rannte hinter den anderen her, um sie mit der Hand oder sonstwie zu berühren, um damit das Spiel an den Getroffenen weiter zu geben. Wir wurden dabei sehr ausgelassen und schlossen das ganze Haus in unser Spiel mit ein wobei wir natürlich alles auf den Kopf stellten. Es endete damit, dass wir uns mit dem Gartenschlauch bespritzten und in unserem Übermut sogar mit dem spritzenden Gartenschlauch durchs Haus liefen, um die anderen nass zu spritzen! Nacher war viel zu tun, um diesen Streich weitgehenst unsichtbar zu machen.

Diese Momente der totalen Ausgelassenheit habe ich in bester Erinnerung, vermitteln sie einem doch ein enormes Freiheitsgefühl, das weit über die Grenzen unserer Erziehung und des guten Benehmens hinausgeht, uns in eine Welt versetzen, in der wir uns hemmungslos und ungeniert ausagieren können, was normalerweise nicht erlaubt ist. Solche Grenzenüberschreitungen sind ja so spannend, eben weil es Grenzen gibt und deshalb sind sie auch wichtig, um den Sinn oder Unsinn einer Ordnung zu verstehen. Wenn dann dieses Freiheitsgefühl über den Lausbubenstreich, der uns vielleicht Schuldgefühle macht, hinausgeht, und wir uns vollkommen frei und unbelastet innerhalb und ausserhalb dieser „Grenzen" bewegen, dann leuchtet unser Licht auch ohne die Sonne! Wenn man dann zum "Ernst" der Alltagsordnung zurückkehrt, von ihr wieder eingeholt wird, dann krempelt man die Ärmel hoch, um den äusseren Schaden, als Achtung an die Ordnung, wieder gut zumachen, ist aber gleichzeitig bemüht, das erfahrene Licht möglichst nicht mehr ausgehen zu lassen! Ich wusste damals schon darum. Das lag daran, dass ich keinen Spass am Leiden hatte und mich immer rechtzeitig an das Licht erinnerte, bevor es auszugehen drohte. Vielleicht ist das auch ein Talent, welches den Gang durchs Leben heller macht; und ein Talent ist doch nichts anderes, als sich in jedem Moment dem Licht gewahr zu sein, was einem leicht zufällt und das „Tun" fliessen lässt!

Was nun für mich zum Lernen anstand war: diese freifliessende, vitale Energie nicht in begrenzenden Ordnungen zu ersticken aber auch nicht durch chaotische Unordnung, sich in einer Grenzenlosigkeit, zu verlieren. Das ist die Meisterschaft des „Grenzgängers". Allerdings sind Grenzen dazu da sie als solche zu erkennen und dann zu entscheiden, ob sie für den Moment hilfreich sind oder nicht.

In diesem Jahr hatten wir eine Zwischenprüfung in der grossen Werkstatt der KFZ-Innung. Vorher holte uns der Lehrmeister aus den unterschiedlichen Reparaturwerkstätten des Betriebes, zur Vorbereitung zurück in die Lehrwerkstatt. Bei der Innungsprüfung mussten wir an einem Tag das jeweils dem Lehrjahr entsprechende Pensum erfüllen. Ich empfand das als zuviel, aber wohl auch deshalb, weil ich grossen Prüfungsdruck verspurte. Wir mussten Eisenstücke sägen, auf Fläche feilen, bohren und passgerecht auf ein zehntel Millimeter genau einfügen. Zwischendurch kamen wir zum Schmieden, Löten und Drehen. Das autogene Schweissen war besonders schwierig, weil ich ein 0,6 mm dickes mit einem 1,5 mm starken

Blech zusammenschweissen musste. Die Gefahr, im dünneren Blech ein Loch zu brennen, war sehr gross und dann ging meistens eine schlimme Flickarbeit los, die kaum wieder gut zu machen war. Diese Aufgabe mussten wir in der Endprüfung erfüllen. Ich hatte Glück und konnte das erste Loch recht sauber vertuschen, und habe trotzdem eine gute Schweissnaht geschafft.

Die Lehre näherte sich ihrem Ende. Unser Lehrmeister hatte gewechselt. Ich hatte bei dem Neuen kein Stein im Brett. Seine beiden Lieblinge waren wohl auch die Besten aus unserem Lehrjahr und er trimmte sie speziell für die Abschlussprüfung. Das geschah auch deshalb, um als grösster Lehrbetrieb vor der Innung und der Konkurrenz als Bester dazustehen. Nun ja, sie schlossen prima ab, aber doch nicht so gut, wie der Meister es sich wünschte. Überraschenderweise bestand mein Freund -Opel Super 6 Rolf – und ich die Prüfung genauso gut wie seine beiden Favoriten, so dass unsere Firma gut da stand und der Meister uns die besten Noten in den Gesellenbrief schrieb. Er war fast zu Tränen gerührt über unser, von ihm vollkommen unerwartetem, Ergebnis. Zur Abschiedsfeier machten wir eine Zeitung, wo jeder seinen " Senf " ab bekam. Wir zogen Lose mit jeweils einem Namen des Lehrlings über denjenigen wir etwas zum Besten geben sollten. Ich schrieb über Werner, unserem grössten Streber.

"Der Werner so lang und dünn er ist,
Sein Streben immer nach oben ist,
Auch beim Essen, jede Menge
fällt er auf im grössten Gedränge
Mit Streberei und kratzen ganz leise,
versaut er uns so oft die Preise.
Er arbeitet und strebt für gute Tugend
ist das der wirkliche Sinn der Jugend?"

Der Witz dabei war, was wir beide erst später erfuhren, das ausgerechnet auch er mich als Los gezogen hatte, was mir beim Vorlesen der Zeitung, vor der ganzen Versammlung, meine Peinlichkeit hochrot zu Kopfe steigen liess:

„Wenn überhaupt ein Mensch auf Erden

Filmschauhspieler könnte werden,
so könnte ein vernünftger Mensch
nur den Thomás wählen , wer ihn kennt.
Er sieht gut aus, er treibt viel Sport,
er hat für jeden ein gutes Wort,
er segelt gern und ist bei Jedermann
beliebt als vollendeter Gentleman."

Das Mass war dann voll, als jeder Einzelne beim Vorlesen seines Textes auch noch aufstehen musste! Aber was war es, dass mich so beschämt gemacht hat? Konnte ich den so gut gemeinten Text über mich nicht akzeptieren, weil er mir peinlich war? Wäre ich vielleicht genauso beschämt gewesen, wenn ein gegenteiliger Vers über mich geschrieben worden wäre? Im tiefsten Innern freute ich mich darüber, konnte es aber, in jenem Moment vor versammelter Menge, mir fast nicht zumuten. Ehrlich gesagt war ich vollommen überrascht über den unerwarteten Vers. In der Tat gab er mir Mut und Kraft meinen Weg zu gehen. Danke Werner für Deinen freundlichen Nachtisch!

Mit dem Lehrabschluss verliess ich auch meine Lehrfirma. Was nun? Autoschlosser wollte ich nicht bleiben. Ich sehnte mich nach sauberer Arbeit und nach einem Umfeld, dass mehr meinen kreativen Talenten entsprach, von denen ich allerdings nicht viel wusste, sie aber oft spürte. Da war unten, im gleichen Gebäude unserer Berufsschule, die einzige Wagenbauschule Deutschlands, in der Karosseriebauer ausgebidet wurden. Mit dem guten Zeugnis meines Lehrabschlusses als Geselle wurde ich sogar ohne Aufnahmeprüfung aufgenommen. Ich hatte grosse Lust dort weiter zu machen; denn ich spürte, dass ich mich dort gut weiterentwickeln konnte. Aber es gab keine freien Plätze, ich hätte eineinhalb Jahre warten müssen. Bis heute verfolgt mich diese Möglichkeit. Ich war sicher, dass das Entwerfen und Formen von Auto-Karosserien mir viel Spass gemacht hätte. Gut, ich hätte eineinhalb Jahre als KFZ-Geselle arbeiten können und spielte alle nur erdenklichen Möglichkeiten durch, aber ich wollte mein Vorwärtsstreben nicht mit Kompromissen einengen und entschied mich für eine Aussenhandelskaufmannslehre bei einer einflussreichen

Exportfirma für Autoteile, Maschinen und Boschartikeln im Chilehaus. Dort trat ich an und wechselte von meinen blauen Overall mit dem VW-Zeichen auf der linken Brusttasche in einen Anzug mit Hemd und Schlips.

Wieder einmal etwas ganz Neues. Wie ich auf der einen Seite die Schmiere und Kälte einer Autowerkstatt ablehnte, konnte ich allerdings den warmen Büroräumen, neonbeleuchtet, mit verbrauchter und von Zigarettenqualm geschwängerter Luft, auch nichts abgewinnen. Gott sei Dank sollte das nur zwei Jahre dauern, die ich, so gut es ging, absolvierte. Zu schaffen machten mir die vielen Nummernlisten, Rechnungen, die Buchführung in der neuen Berufsschule und die Arroganz der beiden Inhaber der Exportfirma und einiger Prokuristen. Im grossen und ganzen gewöhnte ich mich daran und spielte mit.

Schon in der ersten Lehre, als ich mit Reiner von Segelbooten und grossen Reisen träumte, erinnerte ich mich daran, dass wir ja auch ein Boot hatten, darauf lebten und ich also, was Boote anging tief geprägt war. Einmal verbrachte ich meinen Sommerurlaub in Magdeburg in der Ostzone bei Verwandten mütterlicherseits. Der Onkel war Zahnarzt und tat sein bestes mich überall hinzuführen. Sie hatten eine Segeljolle und ich segelte nun zum ersten mal alleine auf einem Fluss ganz in der Nähe. Dieses Gefühl der Stille wenn das Boot bei lauen Winden ganz sachte dahin glitt, angetrieben vom Wind der die Segel füllte, hinterliess Spuren in mir. Ein Feuer war entfacht.

Ich wurde aktiv und trat mit Vaters Hilfe als Jugendmitglied in den Stettiner Yachtclub ein, der sich nach dem Krieg in Lübeck-Travemünde und Hamburg neu etabliert hatte. An einem Bootssteg an der Aussenalster hatten sie eine Piraten-Jolle liegen. Dort lernten wir mit dem Jugendwart segeln. Ich machte den A-Schein und durfte nun auch alleine mir der Jolle auf der Aussenalster umherschippern. Welches Glücksgefühl überkam mich, wenn ich unter Segeln auf der Alster dahinglitt, mitten in der Stadt und doch ganz für mich. Das Segelrevier war durch die vielen Strassenzüge sehr bölig und man musste höllisch aufpassen, um nicht zu kentern. Ein Schnack machte seine Runde: „Wenn im Shell-Haus ein Fenster geöffnet wird, gibts eine Bö"! Eines Tages, bei stärkerem Wind, erwischte mich eine, ich liess die Segel killen und bei allem Geflatter verlor ich die Segellatten. Das trug ich ordnungsgemäss ins Logbuch ein und erntete später eine Rüge vom neuen Jugendwart Justus, als ich seine Eintragung im Logbuch las:"Dem Thomás fehlt die sittliche Reife, um den Piraten alleine zu segeln"! Das ging mir arg an die Nerven, hatte ich doch mit Erich, unserem vorherigen Jugendwart, ein freundschaftliches Verhältnis mit dem solche Missgeschicke anders erledigt worden wären. Justus regelte seine neue Aufgabe natürlich auf seine Art. Da war immer ein bischen giftige Ironie beigemischt,> man muss der Jugend doch Zucht und Anstand beibringen<, jedoch erfüllte er seinen Job mit viel Einsatz und guten Kenntnissen. Ich konnte nicht so richtig verstehen was wohl > unsittlich < an meinem Pech war. Ehrlich gesagt verstand ich dieses Wort überhaupt nicht.

Mit Erich, seiner Tochter und Conny unserem Untermieter charterten wir uns auf der Ostsee die SEDINA das Clubschiff von ca. 10 m Länge und liefen von Travemünde, auf einen 14 tägigen Törn, nach Dänemark aus. Die Segel, Schoten, und Festmacherleinen waren aus Baumwolle. Dementsprechend schwer waren sie wenn sie nass wurden. Hier wurde noch echte Seemannschaft gefordert und wir mussten ordentlich zupacken, wenn es stärker blies. Der Motor war uralt, und das ganze Schiff auch. Ich als KFZ-Mechaniker hatte mein Tun und musste mein Können unter Beweis stellen, was mir nicht immer gelang; denn manchmal sprang der Motor einfach nicht an. Wir legten in kleinen, sauberen und romantischen Fischerhäfen an und versuchten uns mit den Dänen zu verstehen. Der Schrecken des vergangenen Krieges war noch nicht überwunden. Sie hielten eher Abstand von uns und waren nicht sehr erfreut, wenn eine deutsche Flagge in ihren Gewässern und Häfen auftauchte. Sonst war es für mich eine Sensation auf eigenen Planken über das Meer zu segeln, angetrieben vom Wind und in fremden Ländern anzulegen. Mein Traum eines Segeltörns ging in Erfüllung und die Lust nach mehr bewegte meine Gedanken.

Wir verstanden uns prima. Es ging uns gut miteinander. Erich musste auf seine süsse Tochter aufpassen, weil Conny und ich doch sehr ausgelassen und prickelnd mit ihr herum tobten. Das Leben an Bord bringt natürlich auch kleinere Reiberein mit sich; denn der Platz ist sehr begrenzt und es können Situationen auftreten, wie stürmische See, enge Fahrwasser oder sogar Grundberührungen, wo schnelle Entscheidungen erforderlich sind, die aber nicht immer funktionieren, so entstehen Unsicherheit und Nervosität, die nicht immer harmonisch enden. Dann war da natürlich das tägliche Zusammenleben mit dem Einkaufen, Kochen, Abwaschen und: der Ordnung an Bord. Das alles erfordert Aufmerksamkeit, gegenseitige Achtung, was unter Freunden normalerweise kein Problem ist; denn irgendwo ist immer ein bischen „Liebe" mit dabei, die das Miteinander so freundlich macht.

Normalerweise sitzt einer an der Pinne und steuert das Boot, hält es auf Kurs wobei er gleichzeitig die Segel überwacht, so dass der Rest der Mannschaft Freiwache hat bis ein Mannöver ansteht oder der Rudergänger abgelöst wird. Mit dem Nichtstun muss man auch fertig werden, das kann leicht zur Seekrankheit führen und es ist gut zu beobachten und zu lernen wie man sich selbst physisch und psychisch am besten einstellt, um sich gut zu fühlen. Meer, Wetter und Boot zusammen sind ein guter Lehrmeister , es gibt manchmal keinen Ausweg, man kann nicht fliehen: Wasser hat keine Balken! Das waren so meine ersten Hochseeerfahrungen.

Wenn der Wind dann aber stärker bläst und die Böen peitschen die Gischt übers Meer und Boot, die Segel müssen gerefft, die Vorsegel gewechselt werden und dazu wird in engen, unbekannten und flachen Gewässern gesegelt, dann ist voller Einsatz für alle angesagt. Das ist spannend, der Teamgeist erfreut die Herzen. Am Abend dann, im sicheren Hafen, fällt man totmüde in die feuchten Kojen.

Einmal liefen wir mit starkem achterlichen Wind unter Grosssegel in einen uns fremden Hafen ein. Der Motor lief nicht und im Hafen war wegen Baggerarbeiten kein Platz für eine Wende, um in den Wind zu schiessen und das Grosssegel zu bergen, so dass wir mit voller Fahrt auf die Kaimauer zu rasten, im letzten Moment entdeckten wir rechts noch einen Seitenarm, der zu einer Slipanlage führte, darauf hielten wir zu. Unser Kiel bohrte sich in den Hafenschlick. Das Boot bremste rechtzeitig ab, es war fast eine Totalbremsung, so dass wir alle nach vorne flogen. Nun sassen wir zwar fest, aber die Angstpartie war heil überstanden.

Ein ander Mal liefen wir draussen zwischen den Inseln auf Grund. Die Sandbänke verschoben sich bei jedem Sturm, so dass die schon engen Fahrrinnen, die mit eingesteckten Reisigzweigen markiert waren, keinen

Spielraum für grosse Segelmannöver zuliessen. Der Wind war auflandig und die kleinen Wellen hoben uns immer ein bischen höher auf den Grund. Unsere Lage wurde immer aussichtsloser. Wir sprangen über Bord, gingen aufrecht über den Grund, um tieferes Wasser ausfindig zu machen, brachten Anker aus, um den Rumpf über Taljen in eine andere Richtung zu drehen, bargen die Segel und hingen uns vom Wasser aus ans Grosssegelfall, um den Rumpf zu kränken und dadurch den Tiefgang zu verringern. Tatsächlich gelang es uns nach stundenlanger, harter Arbeit langsam aber sicher unser Schiff wieder flott zu bekommen. Erleichtert und glücklich waren wir um einige Erfahrungen reicher geworden.

Während meiner ganzen kaufmännischen Lehrzeit war das Segeln meine grosse Freihzeitbeschäftgung. Manchmal schwänzte ich die Berufsschule und zog es vor auf der Aussenalster einen Törn zu segeln. Grosse Freiheitsempfindungen, aber auch begleitet von Schuldgefühlen, waren angesagt. Diesmal fand ich meine Mitte nicht. 6 Wochen lang ging ich nicht mehr zur Schule und kreierte mir so meine verbotene Freihzeit fürs Segeln. Das ging so weit, dass ich mich gar nicht mehr in die Schule wagte, hatte schon schlechte Träume, die Abschlussprüfung so nicht bestehen zu können! Es war auch so, dass ich diese zweite Ausbildung in zwei, anstelle von den normalen drei LehrJahren, absolvieren konnte, ohne an eine Bestnote als Ergebnis gebunden zu sein. Diesen Vorteil errang ich durch meine vorangegangene Lehrzeit. So sprang ich im zweiten Lehrjahr bereits in der Berufsschule in das dritte Schuljahr, was aber auch bedeutete, dass ich das Dreijahrespensum in zwei Jahren absolvieren musste und das gab mir natürlich bei meiner Schwänzerei noch grösseren Druck.

Ich spürte damals natürlich nicht, dass ich den gleichen Trip meiner vergangenen Schulzeit wiederholte und anscheinend einen unbewussten Drang empfand, meine Schulverpflichtungen zu boykottieren; denn was ich glaubte, an „Freiheit" zu gewinnen, war in gewisser Hinsicht immer mit Illegalität verbunden, was die so angestrebte Freiheitswonne durch Schuldgefühle wieder deftig in den Keller zog. Vielleicht war es so, dass mein verbotenes Tun in mir eine Spannung erzeugte, die mich so lebendiger fühlen liess?

Es dauerte dann auch gar nicht mehr lange bis ein blauer Brief von der Schule beim Personalchef der Lehrfirma einging. Ich wurde vorgeladen und auf die Frage: " wo ich denn über die ganze Zeit geblieben wäre"? ......ich die klare Antwort hatte, dass mir das Segeln mehr Spass macht als die Schule! Worauf ich ein fast heiteres Schmunzeln auf den sonst so strengen Gesichtszügen des Personalchefs erhaschen konnte. Damit war das Problem gelöst und er forderte mich nun mit ernster Miene auf, umgehend in die Schule zurückzukehren.

Diese Erfahrung war in jeder Hinsicht wichtig für mich: einmal den Mut zu haben, wieder einmal aus der Ordnung ins Grenzenlose auszubrechen, nicht mehr alleine zurückzufinden, dann aber vom blauen Brief und dem Personalchef zurückgerufen zu werden und ehrlich dazu zu stehen, so kam ich wieder in meine Mitte, intensivierte nun entschieden mehr die Schulpflichten und hatte mehr Spass an meiner Lehre. Ich engagierte mich mehr in der Firma worauf ich schnell neue Kontakte mit zwei anderen Lehrjungens eines höheren Lehrjahres bekam. Der sympatische Hans-Peter fiel mir schon von Anfang an auf, wagte aber nie mich ihm zu nähern, weil er viel Arroganz und Versnobtheit ausstrahlte, besonders auch dann, wenn er mit seinem Freund Urs immer sehr albern herum blödelte. So dauerte es noch seine Zeit ihnen beiden näher zu kommen; denn irgendetwas zog mich an. Anfangs arbeitete ich in der äusserst langweiligen Bosch- Abteilung, die am anderen langen Ende des Firmenflures ange-siedelt war, wärend Hans Peter und Urs genau entgegengesetzt in der Radioabteilung ihren Arbeitsplatz hatten. Aber dann wechselte ich in eine viel interessantere und dynamischere Exportabteilung, die fast am Eingang, also in der Mitte des Flures ihr Büro hatte. Da fühlte ich mich entschieden besser, was mir auch, meinen neuen Freunden gegenüber, entgegen kam. So begegneten wir uns nun viel freundlicher, wenn wir uns trafen und ich erahnte tief drinnen eine neue besondere Erfahrung, ohne vordergründig zu wissen was wirklich geschah, denn diese sympathischen Schwingungen wurden immer intensiver. Schliesslich luden sie mich ein mit ihnen an einen günstigen Mittagstisch zu gehen, den ich noch gar nicht kannte. So kamen wir nun mehr in Berührung.

Hans Peters Vater hatte einen VW- Export, denjenigen mit Chromstossstangen, Zierleisten und hydraulischer Bremse. Wir drei arrangierten eine gemeinsame Wochenendfahrt an die Ostsee mit noch einem Kumpel von ihnen; denn Hans Peter durfte seines Vaters Auto benutzen. Ich freute mich sehr. Es lief nun aber darauf hinaus, dass der Kumpel und später auch Urs kurzfristig absagten und so nur noch Hans Peter und ich übrig blieben. Wir sahen uns verschmitzt-verlegen an und jeder fragte sich wohl, ob solch eine Fahrt zu zweien noch einen Sinn mache. Schliesslich stimmten wir beide zu. Das konnte auch gar nicht anders sein und wir stürzten uns in dieses Abenteuer. Wir beide kannten uns so gut wie gar nicht. Hans Peter war noch nie alleine unterwegs gewesen.

Nun denn, die Fahrt ging los. Ich war sehr aufgeregt. Da bewegte sich etwas Unbekanntes in mir, das ich vorher noch nie so stark gespürt hatte. Hans Peter war eher ein feiner, gebildeter Typ, seine beiden Eltern waren Lehrer. Er liebte die klassische Musik über alles, besonders die barokke Kirchenmusik hatte es ihm angetan. Wenn auch ein bischen schhleppend kamen wir uns näher gewannen Vertrauen, bis wir schliesslich an dem Punkt ankamen, wo es nur noch so aus uns herausblubberte, als wir die Ostsee erreichten. Das Eis war gebrochen und wir fühlten uns so, als würden wir uns schon ewig kennen. Wir badeten und sonnten uns am Strand. Gegen Abend ging es irgendwo in eine Kneipe. Leicht angedudelt kribbelten Schmetterlinge im Bauch. Wir waren zu faul das Zelt aufzubauen. Das Auto musste reichen, und dementsprechend krabbelten wir am naechsten Morgen aus dem engen, unbequemen Käfer, etwas befremdend und fern und auch wieder nah und wundersam überrascht! Die Welt war hell und wie umgepolt. Nach einem aufgewühlten Tag an verschiedenen Stränden mit Badefreuden und „Umhergegurke" mit dem VW; denn das war schon etwas besonderes, zu jener Zeit ein Auto zur Verfügung zu haben, landeten wir gegen Abend in Travemünde auf dem Priwall wo wir unter Bäumen auf dem Clubgelände zelteten.

Am Montag trafen wir uns wieder in der Firma. Ich fühlte mich wie neu geboren, die Welt sah anders aus! Wir spielten mit unseren Wochenenderlebnissen, von denen nur wir beide wussten. Fortan war ich der Dritte in der Clique und da Hans Peter und Urs schon mehr Erfahrungen als Lehrlinge in der Firma hatten, weihten sie mich behutsam in viele Tricks und Vorteile ein. Es machte uns enormen Spass, den ganzen ernsthaften Arbeitsambiente >auf die Schippe zu nehmen<. Urs verstand es wunderbar die Chefs und Vorgesetzten in ihrer autoritären Eigenart nach zu äffen, so dass wir oft schallend lachen mussten und keiner der Anwesenden wusste warum? Oftmals reichte schon ein Wort, um mit unserer heiteren Albernheit in Kontaklt zu kommen.

Alle 4 Wochen hatten zwei Lehrlinge Sonnabend-Dienst im Empfang in der Telefonzentrale und dem Fernschreiber. Als Urs mit Hans Peter ihren Dienst hatten, war ich auch freiwillig mit von der Partie; denn wir wollten im Büro unseres Personalchefs unsere Personalakten durchforschen. Urs war sehr mutig und riss uns mit! Hans Peter hielt Wache in der Zentrale, wärend Urs und ich nach unseren Akten suchten und sie in eine stille Ecke mitnahmen, um alles in Ruhe durchzustöbern. Es war sehr interessant und ich erinnere mich noch an ein graphologisches Gutachten, dass sie über meine Handschrift machen liessen, weil sie sich nicht sicher waren, ob ich meinen Lebenslauf selber geschrieben hätte. Zum ersten Mal las ich solch ein Gutachten über mich. Das ist sehr spannend und natürlich kommen auch negative Seiten zum Vorschein, bei denen ich schlucken musste und die ich nicht so einfach akzeptieren wollte. Es stand da so etwas wie aalglatt in gewissen Situationen, was mir total fremd war, ich mich dagegen wehrte und nun mit einem ungutem Gefühl den Versuch unternahm, das für mich zu deuten. Später meinte ich, das in der Hinsicht verstehen zu können, dass ich Auseinandersetzungen geschickt ausweichen konnte, wenn sie mir sinnlos erschienen, aber auch eine gewisse Schüchternheit mag da mit im Spiele sein! Aber vielleicht wich ich manchmal auch Situationen aus in denen ich besser kontra gegeben hätte und das tut dann dem Selbstwertgefühl nicht so besonders gut.

Nicht umsonst war ich also an besagtem Sonnabend freiwillig im Firmendienst, um mehr über mich zu erfahren. Es gab in diesem Gutachten auch viel Positives, dass ich dankbar zur Kenntnis nahm und mich anspornte: „mit voller Kraft voraus" weiterzumachen. So bekam jeder von uns Freunden genau das ab was er sich suchte, ein professionelles feedback!

Auch fanden wir von anderen Mitarbeitern, die ins Ausland gingen, die entsprechenden Verträge, von denen wir uns Kopien machten, um in unserem eigenen Interesse vorbereitet zu sein für einen eventuellen zukünftigen Auslandsvertrag mit unserer Firma. Ich jedenfalls steuerte direkt darauf zu, fand aber diese Verträge sehr unvorteilhaft für uns Angestellte und fing nun so langsam an meine ersten Fühler auch andersweitig auszustrecken.

Ich erinnere noch an meinen Abteilungsleiter Herrn Scholl, unsere Sekretärin Fräulein Wrunge mit denen ich ein sehr nettes Arbeitsverhältnis hatte. Herr Westermeier, Chef der Postabteilung und gleichzeitig Chauffeur des Firmenwagens, einem Mercedes 300, dem deutschen Rolls Royce der Nachkriegsjahre, war ein freundlicher Mann. Ich bot mich an, wenn er Hilfe für seine Limousine brauchte und tatsächlich bat er mich eines Tages ans Steuer, um meine Fahrkünste unter Beweis zu stellen. Nun durfte ich hier und da mal den Wagen irgendwo hin bringen oder abholen. Wie damals schon beim Porsche kam ich wieder in einen gewissen Rausch, nur diesmal nicht wegen sportlicher Schnelligkeit, sondern genau dem Gegenteil, eher einer erhabenen Versnobdheit. Auch das bereitete mir grosses Vergnügen und ich konnte verstehen wie mich diese äusserlichen Luxusartikel zum Mitspielen antörnten. Im Mercedes 300 identifizierte ich mich mit Geld, Wohlstand und Macht. Als ich zurückkam und im Paternoster in den zweiten Stock der Firmenetage fuhr, war ich wieder der Lehrling im ersten Lehrjahr, wohl das letzte Glied in der Kette der Unternehmenshierarchie. So schnell ging das, alles sind Illusionen, dachte ich bei mir, es war doch nichts anderes, als ein Auto von einem Ort zum anderen zu bringen. Der Rest war meine eigene Phantasie, die mir die hohe Würde brachte und gleich danach den „Absturz" in die Realität. Aber ehrlich gesagt konnte ich das gut händeln, war mir meiner Spielchen bewusst und nutzte solche Gelegenheiten um Erfahrungen zu sammeln, und immer zu wissen, was ich wirklich für mich wollte!

Nun kam die Zeit, wo wir abends und nachts durch die Hamburger Innenstadt zogen, um uns zu amüsieren. Meistens landeten wir auf der Hungertreppe in den Jazzclubs. Hans Peter, Urs, Willie und ich waren besonders an den Wochenenden unterwegs. Da ich so weit draussen wohnte und die letzte S- Bahn kurz nach 02 Uhr fuhr, kam ich immer unter Druck. Zwischendurch aber schlief ich bei Urs, oder bei Hans Peter zu Hause, um länger in die Nächte hinein feiern zu können und mit den Freunden mehr zusammen zu sein. Seine Eltern kümmerten sich rührend um uns und da ich auf dem unbequemen Sofa im Wohnzimmer schlief, dachte ich an ein molligeres Bett gleich nebenan. So hatten wir einen herrlichen Abschluss unser nächtlichen Ausflüge. Sehr ähnlich ging es mir mit Urs Eltern, wenn ich oder wir alle dort auf dem Fussboden schliefen.

Die Jahresfeste des Stettiner Yachtclubs waren grosse Bälle im Clubhaus des Ruderclubs Favorit Harmonia an der Aussenalster oder manchmal auch in der Schiffergesellschaft in Lübek. Ich fühlte mich so wohl wie ein Salonlöwe in meinem neuen masskonfektionierten dunklen Anzug, den älteren Damen die Hand küssend und den jungen Mädchen sehr zugetan. Wir tanzten, lachten, tranken, assen und waren sehr ausgelassen. Etwas abseits in einer Ecke der Bar sass Graf Luckner. Vor sich auf einem runden Tischchen standen etliche gefüllte Coñacgläser. Er begrüsste jeden der an seinem Platz vorbei kam und wer wollte konnte sich zu ihm setzten und einen kleinen Schnak halten und natürlich einen mit ihm süffeln. Er fand viel Gefallen an dem jungen Nachwuchs des Stettiner Yachtclubs und so blieb ich länger sitzen als mir lieb war; denn es blieb bei Leibe nicht bei einem Schnäpschen. Ich war so stolz als junger Pimpf mit diesem bekannten Seefahrts-Guru per Du einen Schnak zu halten, doch hat mich dieser alte Seebär total unter den Tisch gesoffen. Ich kippte aus den Latschen, zog mich heimlich aufs Klo zurück und kotzte mir die Seele aus dem Leibe. Noch niemals in meinem Leben hatte ich soviel getrunken, aber auch noch nie war ich mit einem grossen alten Mann so freundschaftlich und eng zusammen gewesen. Die Clubfreunde beunruhigten sich meinetwegen und versuchten mich aus dem Klo zu holen. Ich war in meinem jämmerlichen Zustand nicht bereit die Klotür zu öffnen. Ich schwor mir, solch einen Zustand nie mehr zu wiederholen. Das stellte sich jedoch im Laufe der nächsten Jahrzehnte als grober Meineid heraus. Ich hatte viel Spass mit dem Alkohol, wenn auch in gemässigteren Mengen, soweit es mir gelang das einzuhalten. Ich fand schnell heraus: einmal ein bischen angetört verliere ich die Kontrolle ,was ja einerseits auch ein Grund des Trinkens ist, sich lockerer und freier zu fühlen, jedoch kommt andererseits die richtige Dosierung abhanden. Nur allzu leicht schiesst man übers Ziel hinaus! Die Droge holt sich alle Macht! Ich Thomás, werde immer weniger! Ganz sachte schleichend krümmt sich mein Körper mehr und mehr in Unwohlsein und meine Seele krümmt sich mit. Unwillkürlich tapste ich in Vaters Spuren, obwohl mir sein Vorbild half, entschieden vorsichtiger zu sein.

Über Pfingsten machten Dithmar und ich eine Tour mit seinem neuen Heinkel-Roller nach Dänemark und Schweden. Wir wurden so richtig durchgeblasen. Es war ein ermüdendes Gaudi so weite Strecken auf dem Roller zu sitzen, aber wir spürten das Wetter, die Landschaften, das Meer, die frische Luft des jungen Frühlings und die Ortschaften auf ganz andere Weise. Verbunden mit den Gerüchen, Geräuschen, dem Wind, der Sonne und dem Regen war es ein Verschmelzen mit allem.

Im Hochsommer dann fuhr ich mit Hans Peter und seinem VW auf mein geliebtes Sylt. Wir suchten uns einen versteckten Dünenweg und schlugen am Ende, fast in Meernähe unser Zelt auf. Dort blieben wir die ersten Tage. Wir fühlten uns sauwohl und wussten nicht wohin mit dieser Freude und ungestümer Freiheit! Bald merkten wir, dass es vielleicht zu unsicher sei, unser Zelt immer alleine zu lassen, wärend wir unterwegs waren. Wir bauten es ab und lebten von nun an im Auto oder anderswo im Zelt. Das Meer und die kilometerlangen Strände luden uns zum Baden und zum Wandern ein. Wir waren den ganzen Tag lang nackend und hatten für die normalen Kurstrände eine dieser dreieckigen Schwimmerbadehosen, die leicht in der Hand oder um den Hals getragen werden konnte.

Ich empfand Sylt als ein Nackedeiparadies, man nannte es damals Abessinien und nur an den Kurstränden in der Nähe der Ortschaften waren Badehosen angesagt.

Inzwischen fühlten wir uns als Strandläufer so frei und vertraut, dass wir uns überhaupt keine Badehose mehr anzogen. Frech und mutig durchkreuzten wir lachend die Kurstrände, machten uns ein Spiel daraus und fühlten uns noch freier auf unserer längsten Wanderung von Hörnum bis hoch zum Ellenbogen.

In Westerland sassen wir am Abend auch brav und ordentlich auf der Kurpromenade, hörten uns das Kurkonzert an und beobachteten die promenierenden Damen und Herren, alleine, mit Kindern oder Hunden. So wie das Hundchen, so war sein Frauchen. Der Gang, der Blick der ganze Ausdruck waren identisch. Wir amüsierten uns über die unterschiedlichsten Darstellungen der Feriengäste, während Pauken und Trompeten aus der offenen Kuppel hallten. Unten rauschte das Meer und vereinzelte Gäste genossen das Kurkonzert in den Strandkörben. Oben auf der Promenade schob sich die Menge stolzierend von rechts nach links, von links nach rechts. Dann kam ein Tusch, der letzte für diesen Tag. Wir klatschten und langsam drifteten alle auseinander.

In Hörnum entdeckten wir das Touborg Porta, ein dunkles Starkbier, dass in schönen hohen Kelchen serviert wurde und uns lieblich berauschte.

Einmal traf sich eine Gruppe netter junger Leute am Strand von Westerland. Einige musizierten. Unter anderen spielte jemand ein Tenorsaxophon, das mich sehr begeisterte. Wir setzten uns dazu und freuten uns am Beisammensein. Wochen später brachte uns jemand eine Zeitschrift. Auf einem bunten Foto waren Hans Peter und ich. Welche Überraschung; denn wir hatten keine Ahnung, wer uns fotografiert haben könnte. Schliesslich tippten wir auf den Moment unseres Zusammenseins mit den Musikern.

Die Ferien gingen zu Ende. Der VW wurde wieder auf den Zug geladen und heim gings über den Hindenburgdamm. Unterwegs besuchten wir Schwester Anke in St. Peter Ording wo sie in einem Kinderheim ihr Praktikum absolvierte, und dem Hans Peter schöne Augen machte. Vielleicht war sie im gleichen Kinderheim „ Haus zur Sonne" dort wo Klaus und ich wärend des Krieges Kinderlandverschickt waren?

Ich lernte es, mit unserer Freundschaft ganz locker umzugehen. Ehrlich gesagt fing es an, uns Spass zu machen, es war einfach DAS was in jedem Moment geschah und liess uns weit über den Alltag des normalen Daseins hinaus noch „flügger" werden, wir erkannten ein neues Potential von Kraft! In jenen jungen Jahren des langsamen Erwachsenwerdens gibt es viele Strömungen, die erfahren werden wollen, um sich orientieren zu können. Die Lust, einfach nur im Moment zu s e i n, ist riesig gross und überrumpelt meistens vernunftsbezogene Vorstellungen der fixierten Erwachsenenwelt, des Systhems ansich! Die gesamte Sexualität ist ein sehr brisantes Thema, dass uns alle viel tiefer bewegt, als wir uns dessen bewusst sind. Sie verfolgt uns auf Schritt und Tritt, bereichert unseren Lebensentusiamus und wirkt wie eine urige Wurzel-Energie. Die Ängste, die dieses Thema umgarnen sind Schuldgefühle, die auf jeder Ebene unterdrückt werden: (S.Freud lässt grüssen!) Woher kommen sie? Vielleicht natürliche Schamgefühle, aber ganz sicherlich haben die christlichen Kirchen der Sexualität die Sünde anghängt! Es gäbe sicherlich weniger Exzesse, wenn wir „Inocencia" in der Sexualität spürten! Es gäbe dann keine Schubläden mehr, die vollgestopft sind mit negativen Vorurteilen. Das „System", das sich über Generationen durch ewige Zeiten selber erschuf, lässt kein höheres Bewusstsein erkennen, das ja bewusstes Sein ist. Der notgedrungene Anspruch, wie ein Hilferuf: >die Kunst, persönliches Überleben im „Chaos des Systhems", meistern zu können< ist ja das Vordergründige unseres täglichen Tuns und so empfinden wir, und erscheint uns diese unsere Welt, als eine Realität die NICHT WIRKLICH ist, die wir aber als die einzige Wahrheit auslegen und zu kennen glauben!

Dieses bewusst SEIENDE ist die Geburt „del otro mundo", der anderen Welt, des „neuen Menschen", der wir alle in Wirklichkeit sind und der wir schon immer waren. Es geht nur darum unsere fixierten Denk-Vorgänge zu befreien, die nichts anderes sind als eben Denk-Vorgänge und als solche von einem neutralen Beobachter jederzeit als solche erkannt werden können! Unsere Fixierungen sind -not-wendiger-weise- zu Regeln geworden, weil wir meinen nur das zu kennen. Da das dann von Generation zu Generation ständig weiter genährt und getragen wird, erkennen wir natürlich solche Regeln als gerechtfertigt an, weil sie versuchen eine gewisse Ordnung in das Chaos zu bringen. Die Gesetze sind geboren aus diesem Chaos, sie organisieren es, um in diesem Tohuwabohu irgendwie „kontrollierter" überleben zu können!

Nichts von alle dem berührt und existiert „en el otro mundo". Alles ist ohne Urteil und in der Achtung, als DAS WAS ES IST, in jedem gegenwärtigen Moment!

Im letzten Sommer meiner kaufmännischen Lehre sprach mich Onklel Emil an, ob ich Lust hätte mit ihm und Captain Schrader und dessen Segelboot –Lorellei- einen Segeltörn nach Norwegen zu machen, ein Focksel-Gast wurde noch gesucht, d.h. ein Schiffsjunge, der vorn im Bug, in der Vorpiek seine Koje hatte. Das war der Platz für die Mannschaft. Ich sagte zu. Wir machten eine wunderschöne Reise von Travemünde in Richtung Norden. Im südlichen Teil Norwegens segelten wir tagelang bei schönstem Wetter, nur mit der Genua und achterlichen Winden, durch die Schären. Das Essen war vom Besten und die Stimmung prima, bis zu dem Moment, an dem ich mal von Bord wollte. Solchen Wunsch hatte ich am Abend häufiger; denn ein Landgang, mal ohne die Alten hätte mir gut getan. Captain Schrader war da anderer Meinung. Solche Einschränkungen meiner Freiheit gefielen mir gar nicht, auch deshalb nicht weil ich mir solch ein abruptes - Nein - nicht erklären konnte

Die Situation in den Seglerkreisen war oftmals die, dass junge Segler sehr willkommen waren, weil die Frauen nicht immer mitsegeln wollten, wenn man sie überhaupt zum Mitsegeln bewegen konnte. So gab es gute Mitseglergelegenheiten - eine Hand fürs Boot gegen Koje und Verpflegung.- Der Nachteil zuweilen für den Schiffsjungen war der, dass er sich total den Gewohnheiten des Eigners und Captains unterordnen musste, also eher ein Vater-Sohn Verhältnis geschaffen wurde, was von mir aus, als in diesem Moment unerwünchst angenommener Sohn, nicht immer passte.

Zum Herbst lud mich ein älterer Segler aus unserem Club ein, mit ihm seinen schnellen Kreuzer von Travemünde nach Labö ins Winterlager zu überführen. Das war ein schönes Boot mit nur einer kleinen Kajüte, die wir zum Schlafen benutzten. Als wir spät abends, nach einem guten Abendessen, vom Steg aufs Boot sprangen, rutschte ich auf dem feuchten Deck aus und schabte mir den Oberschenkel an der scharfen Heckkante auf. Das brannte ganz schön. Dem Mitgefühl meines Kaptains konnte ich sicher sein. Er schmierte mir eine Wundcreme drauf und ich hatte trotz alledem eine gute Nacht.

Am nächsten morgen streichelte er mir den Oberschenkel, es war mehr als ein -heile, heile, Segen-, wobei er zufällig mit viel Zärtlichkeit meine Morgenlatte berührte und mir immer näher kam. Nanu dachte ich, was ist hier los, das ist gar nicht mein Ding!
Meine Gefühle und Gedanken rasten durcheinander. Es war nicht das was ich wollte und konnte. Ich spürte keinerlei Zuneigung, obwohl die Situation spannend war. Er wurde aufdringlicher und ich wies ihn zurück, zog mich an und wollte zurück nach Hamburg fahren. Flehend versuchte er mich zum Bleiben zu bewegen, denn er müsse das Boot überführen. Er bat mich wegen des Vorfalls um Entschuldigung. Nun tat er mir Leid, er wollte ja nichts anderes als mich lieb haben.
Ich segelte mit ihm nach Labö. Er überliess mir sein Boot, verzog sich in seine Koje oder schlief im Kokpit. Sein Gesicht bedeckte er mit einer Hose von mir und so träumten wir beide, ein jeder auf seine Art, von unseren Wünschen! Ich genoss den Tag aus vollen Zügen, und segelte dieses Boot alleine, in eigener Verantwortung die ganze Küste entlang, bei allerschönstem Wetter und günstigem Wind.
Eine Woche später lud er mich in eines der bekanntesten Restaurants ausserhalb Hamburgs zum teuren Abendessen ein, um mir die Fotos von unserem Törn zu zeigen und zu schenken. Ich hatte mein Tun seiner Einladung zu folgen und quälte mich durch viele Gedanken bis ich schliesslich doch zusagte. Da ist immer ein Reiz, eine Spannung, ein neues Erleben. Es war ein angenehmer Abend. Ich bereute es nicht und dankte für seine Einladung in dieses exclusive Restaurant. Er verhielt sich sehr zurückhaltend, war freundlich und achtsam mit mir. Ich spürte viel Zuneigung.
Ich erwähnte diese Geschichte später mit meinem Onkel, um über dieses Thema mit einem erwachsenen Mann, zumindest andeutungsweise, ins Gespräch zu kommen. Er war erstaunt und zeigte sich interessiert mehr zu erfahren. Ich erzählte ihm keine Einzelheiten aber in ganz groben Zügen was vorgefallen war. Die Sexualität, wie auch immer empfunden, ist doch immer prickelnd; wir lassen uns mit der Schöpferenergie ein! Er meinte dann, dass solche Männergeschichten überall vorkämen, das es im Club auch ein Paar älterer Herren gäbe die wie ein Paar zusammenleben würden. Einer von ihnen sei sogar der Comodore, was mich nun wieder in

Erstaunen versetzte, hatte ich doch keine Ahnung, was in der Erwachsenenwelt so vor sich ging!

Willi, unser Freund und Mitlehrling wohnte weit ausserhalb Hamburgs und erzählte uns, dass sein Vater einen Opel P4 mit Rolldach seit den Vorkriegsjahren, fast neu, in seiner Garage stehen hätte. Er verheimlichte gegenüber der deutschen Wehrmacht die Existenz seines Autos, sodass es nicht für den Kriegsdienst eingezogen wurde und bis zu jenem Moment unberührt in seinem Besitz geblieben war. Diese Nachricht törnte mich an das Auto wieder flott zu machen.

Als ich die Zündkerzen gewechselt hatte, den Vergaser gereinigt und eine gute Baterie eingebaut war, sprang das Auto freudig an zu unser aller Erstaunen nach 20 Jahren des Stillstandes. Unsere Begeisterung war grenzenlos und wir schmiedeten Pläne eine Reise nach Paris zu machen.

Wir planten lange. Es wurde Frühjahr. Wir wollten die Osterfeiertage für diese Reise nutzen. Das Auto lief so gut, dass wir es wagen konnten uns auf die Fahrt zu begeben ohne weitere Reparaturen durchführen zu müssen. Ich erinnerte mich, dass meine Omi in Lübeck auf ihrem Dachboden noch einen alten Autokoffer stehen hatte und ihn uns leihen könnte. Wir starteten unsere erste, längere Probefahrt zur Omi nach Lübeck. Vielleicht war der Koffer ein bisschen zu gross für den kleinen P 4, aber er passte genau auf den Gepäckträger, der original hinten am Wagen angebaut war. Wir ergatterten auch noch Ledermützen und eine alte Autobrille, so dass wir nicht besser und origineller ausgerüstet sein konnten.

So fuhren wir los. Hans Peter, Willi mit seinem jüngeren Bruder und ich. Es war zwar noch recht kühl um offen zu fahren, aber wir zogen es grösstenteils vor und kriegten blaue Nasen. Der Opel war innen so klein, dass gerade wir vier Personen Platz hatten und jeder sein Gepäck hinten im Autokoffer verstaute. Das hatte natürlich zur Folge, dass der P 4 hinten ganz schön in die Knie ging und dadurch in den Kurven die Tendenz hatte hinten auszubrechen. Wir gewöhnten uns daran. Schnelles Fahren war ohnehin nicht drin! So tuckerten wir dahin, durchquerten einen Teil von Holland, um schliesslich nach vielen Stunden Fahrt an der belgisch-französischen Grenze halt zu machen. Genau im Moment des Anhaltens fiel uns der Handbremshebel nach unten und blieb mit seinem Griff im

Schlitz des hölzernen Bodenbrettes hängen. Das war uns wegen der Grenzkontrolle gar nicht angenehm, könnten uns die Franzosen ja eine Weiterfahrt in ihr Land mit einem alten, kaputten Auto verweigern. Ich kletterte schnell aus der Karosse, legte mich unter das Auto und konnte dieses Wunder kaum glauben; lagen doch die beiden Schrauben fein säuberlich genau unter dem Handbremshebel auf der Strasse, mit denen er festgeschraubt war. Im nu war der Schaden behoben. Das war unser doppeltes Glück: erst einmal hatten wir freie Fahrt durch Frankreich und zweitens diente uns nun die Handbremse auch als Entlastung für die mechanische Fussbremse, die immer schlechter funktionierte.

Wir vier jungen Burschen fielen natürlich in unserer offenen Cabrio-Limousine und klassischer Bekleidung überall auf, wenn wir durch die Ortschaften kamen. Als wir in Paris einfuhren jubelten uns die Pariser von den offenen Plattformen ihrer Autobusse zu. Das war ein toller Empfang in der Weltstadt Paris. Wir hatten es geschafft, wir waren in Paris! Der Verkehr war ziemlich verrückt, ich hatte noch nie in einer grossen, fremden Stadt, mit einem völlig anderen Verkehrsverhalten, am Steuer gesessen. Unsere Bremsen waren inzwischen so schlecht, dass ich Hans Peter neben mir immer zurufen musste: " Hans Peter bremse"! Er umfasste mit beiden Händen den Handbremshebel und tat sein Bestes um den Wagen zum Halten zu bringen. Wir waren dermassen auf unser Vehikel inmitten des Feierabendverkehrs fixiert, dass wir kaum Zeit hatten den Jubel der Busse zu erwidern. Schliesslich kamen wir über die Seine und fanden eine Bleibe in der Rue Cuchard oder so ähnlich! Oben im letzten Stock über unzählige winklige Stiegen erreichbar, bezogen wir Quartier. Als unsere Gepäckstücke endlich oben waren, versuchten wir auch unseren grossen Autokoffer dort oben unterzubringen, konnten wir ihn ja nicht auf der Strasse am Auto lassen. Das war allerdings Millimeterarbeit und als wir denn endlich mit ihm oben waren, schlugen die Wirtsleute die Hände überm Kopf zusammen, sie waren erstaunt über so viel Gepäck, das ja gar keines war! Unsere Zimmer hatten Dachschrägen ich empfand sie als so typisch für alte französische Stadthäuser. Aus unserem Erkerfenster hatten wir einen weiten Blick auf die Dächer der Stadt. Es war ein tolles Gefühl, auf eigenen alten Rädern in Paris angekommen zu sein, ein Zimmer, ein Bett zu haben und zu wissen, wo man in dieser grossen fremden Stadt, ohne ein Wort französisch zu sprechen, hingehört. Wir genossen das sehr. Gewaschen und umgezogen in bester Laune assen wir einen Imbiss in einem typischen Strassenrestaurant und genehmigten uns einen Pernot als Aperitif. Wir erkundigten uns so gut es ging nach Nachtlokalen, kamen aber an dem Abend nicht mehr so weit; denn die Müdigkeit nach so langer Anreise überkam uns alle mit Macht!

Es war ein schönes Erwachen. Ausgeschlafen überblickte ich die Dächer von Paris. Die Sonne strahlte und eilig machten wir uns auf, Paris kennenzulernen. Die Seine, der Nôtre Dame, Arc de Triumph, der Eifelturm, auf dem ich mir fast in die Hosen machte, als der Fahrstuhl immer höher raste und das Eisengerüst des Turmes immer enger und dünner wurde. Es erschien mir -haltlos- und so klammerte ich mich fester an die Haltegriffe, wärend es im ganzen Körper kitzelte. Wir staunten überall und amüsierten uns köstlich als wir uns gegen Abend auf dem Montmatre und um die Sacré Coeur aufhielten. Zur Nacht dann kam das grosse Erlebnis in einer heissen Nachtbar, in der Náhe unseres Quartiers. Eine schmale, unscheinbare Tür war der Eingang. Die lange, lange Steintreppe führte uns ganz tief unter Paris bis wir die Kellergewölbe, die mir wie Katakomben vorkamen, erreichten, wo es mit Jazzmusik, viel Qualm und lustigem Gelächter hoch her ging. Als sie uns ankamen sahen jubelten einige und freuten sich über die deutschen Touristenbubis. Wir wurden an die Tische gebeten und eingeladen und staunten nicht wenig über diesen Trubel und diese Offenheit. Ich war aber auch achtsam; denn alles war neu für mich, vielleicht zu plötzlich, um mich total einzulassen. Einige bildhübsche Mulattinnen fingen an auf den Tischen zu tanzen, zogen sich dabei ein bischen mehr aus und heizten uns an mitzumachen, was wir dann auch immer mehr taten, nachdem so manche drinks durch unsere Kehlen gelaufen waren. Die Luft stand da unten und der Schweiss lief uns nur so vom Körper. Die Mädchen machten uns an, machten uns geil, bestellten natürlich auch drinks auf unsere Rechnung. Wir mussten nun aufpassen wo es in dieser Nacht für uns lang ging und dachten an unsere knappe Reisekasse. Ein bischen ruhiger geworden, besannen wir uns, den Spass hier zu beenden, obwohl uns das sehr schwer fiel. Im wahrsten Sinne des Wortes kniffen wir vorsichtshalber den Schwanz ein. Alle vier waren einverstanden und so zogen wir uns freundlich aber bestimmt zurück, erkletterten die unzähligen Stufen dem Himmel entgegen und fanden uns oben wieder in klarer, frischer Nacht. Als ich dann endlich im Bette lag erinnerte ich mich der hautsympathischen, leckeren Mulattinnen, wärend Hans Peter schon schnarchte.

Wir schliefen lange in den Morgen hinein und waren froh über unsere vielseitigen Erfahrungen der letzten Tage, begeistert von der Sensation, nichts verpasst zu haben.

Einige Tage später sassen wir wieder pünktlich in unseren Büros im Chilehaus und erzählten mit strahlenden Augen von unserem Osterabenteuer.

Mein Vater lebte nach der Scheidung mit Olga in seinen Geschäftsräumen in Winterhude. Später bezogen sie eine schöne helle Wohnung direkt an der Wandsbecker Chaussee und bald danach wechselten sie mit der Firma in grössere Geschäftsräume ganz in der Nähe ihrer neuen Wohnung. Es schien ihm geschäftlich besser zu gehen. Er übernahm Gebietsvertretungen für Süsswaren bekannter Marken, die sich heute noch grosser Beliebtheit erfreuen. Seine Wohnung richtete er sich, der Zeit entsprechend modern und solide ein, und kaufte sich wieder seinen geliebten Flügel, den er seit Stettin wohl sehr vermisste und auf dem er nun wieder in stillen Stunden, sehr in sich gekehrt, spielte. Sein Innerstes wurde angesprochen und oft erlebte ich ihn weinend am Flügel sitzen. Die Tränen kullerten ihm auf die Tasten, wenn eine schöne Melodie seine Seele berührte, sie in Schwingungen versetzte. Er war ein sehr sensibler und musischer Mann, der seine künstlerische Ader nicht so zeigen konnte und durch seine fast mutterlose frühe Kindheit, in Zeiten eines aufbrechenden neuen Kapitalismus der Gründerjahre geprägt wurde und seinen Mann stehen musste!

Die Scheidungsrichter verurteilten ihn als schuldig . Er konnte keine Schuld erkennen und so machte er das Beste aus seinem Leben, obwohl ihn die Trennung sicherlich mehr berührte als er zugeben wollte. Da wir Kinder nur noch einzeln mit ihm hier und da Mal zusammen kamen, entfernten sich unsere Wege. Diese engeren familiären Bande wie früher waren natürlich nicht mehr vorhanden, obwohl auch damals schon, seit unserer Evakuierung, dieses intimere, familiäre Nest seine Löcher bekommen hatte, was unserer Entwicklung ja nicht unbedingt zum Schaden gereichte; konnten wir Kinder doch durch diese Löcher schlüpfen und waren der väterlichen Autorität nicht mehr so ausgesetzt. Seit der Zeit empfand ich auch das Vater sein selbständiges Leben führte in das ich kaum Einblick hatte. Das Vertrauen und die Verbindung zur Mutter war umso stärker.

Über die eine oder andere Woche schaute ich mal vorbei in der Wandsbecker Wohnung. Wenn solcher Besuch mit irgendeinem Wunsch finanzieller Art verbunden war, wurde es sehr schwierig mit ihm. Er lebte sein Leben in grosszügiger Art, was mir sehr gefiel und entgegen kam, hatte doch die Mutter nur ein höchst limitiertes Budget mit dem sie uns Kinder plus Hausmiete usw. durchbringen musste; denn sie hatte keine weiteren Einnahmen, neben Vaters obligatorischer Unterstützung von DM 150.- Essensgeld im Momat. Dementsprechend sparsam und knapp war unser Alltag, was mir nicht allzuviel Spass machte. So genoss ich also Vaters Grosszügigkeit was seinen Lebensstil anging, wenn ich bei ihm war, jedoch zeigte er keinerlei Bereitschaft, diese Lockerheit über einen Besuch hinaus auf seine Kinder auszudehnen. So war jede Bitte in dieser Hinsicht ein echter Krampf! Manchmal blieb ich über Nacht. Meistens zogen wir drei dann los, um uns -catch as catch can- oder so ähnlich anzusehen; denn das waren ihre Freuden ab und zu nach Feierabend. Das erste Mal dabei, musste ich mich schon wundern über so volle Arenen, soviel Geschrei in einem bunt gemischten Publikum, dass gebannt auf den hell erleuchteten Ring inmitten der riesigen Halle starrte. Was da vor sich ging empfand ich als ungeheuerlich. Diese, meistens riesigen Kolosse von Männern, die in den ulkigsten Kostümen auftraten und eher wie wilde Tiere ihre Show abzogen. Ich erinnere mich noch an den Würger, der in einer Art Leopardenfell auftrat. Er war nicht so gross und massig wie viele andere, sondern eher drahtig und flink. Er agierte wie eine Wildkatze, war verhältnismässig fair und wurde zu Vaters und Olgas Liebling erkoren. Dementsprechend wurde auch mitgegröhlt, wenn er im Ring stand. Bei späteren Besuchen verstand ich die Spielregeln schon besser und feuerte den Würger auch mit an. Das alles war mit viel Bier, Schnaps und Zigarettenqualm geschwängert und hinterliess bei mir immer einen bitteren Beigeschmack. Da kämpften sie im Ring, besprangen sich mit bewundernswerter Leichtigkeit und versetzten das Publikum in Rage und Begeisterung. Ich empfand ihre gegenseitigen Tricks als höchste akrobatische Leistung aber es blieb meistens bei einer Show, nur selten führte es zu einem wirklichen Kampfduell.

Ein anderes Mal zog der Vater mit dem Sohne alleine los. Solche nächtlichen Ausflüge wurden fast immer unter Alkoholeinfluss vollzogen und so endeten wir beide schliesslich im Puff. Vielleicht war es auch Absicht von ihm, seinen Sohn Thomás mit reifen, erfahrenen Frauen zusammen zu bringen; denn er hatte ja bisher noch keine Gelegenheit, mich mit einer festen Freundin oder überhaupt Frauengeschichten erlebt zu haben. Nun reden wir Jungens im Allgemeinen ja auch nicht mit den Eltern über unser Intimleben und schon gar nicht, wenn es sich um diese schüchternen und süssen ersten Erlebnisse handelt. Also, im Puff war ich schon öfters, d.h. dass ich, noch minderjährig aus Neugier, mit Freunden durchgelaufen war wobei mir die Älteren oder älter Aussehenden unter uns ihre Klamotten liehen, damit ich Knabe nicht draussen bleiben musste.

Nun, mit Vatern trat ich zum ersten Mal über die Schwelle. Es ging aufs Ganze und Pappi sparte nicht, sodass uns zwei Mädchen erst einmal einen Akt vorführten, indem sich die Eine einen riesigen Gummipimmel umband und mit viel Gestöne die Andere bumste. Mein Wundern über alles was ich hier zum ersten Mal sah und dann noch im Zusammensein mit dem Vater, machte mich eher verhalten als heiss. Die nächste Show war, dass sich eines der Mädchen an die Tischkante stellte, um mit ihrer Muschi ein Geldstück aufzufangen, dass Vater über die Tischplatte gleiten liess. Nun ja, das gelang beiden mehrere Male sehr gut. Ich wunderte mich über Vaters Grosszügigkeit. Beim dritten Akt war ich nun an der Reihe mit einer dieser beiden Blondinen Liebe zu machen. Wir zogen uns auf ein Zimmer zurück. Mir war das alles nicht sehr appetitlich. Ich versuchte alle meine Bedenken hinter mir zu lassen und vollbrachte den Akt so gut es ging, ohne Liebe, Zuneigung oder irgendeine Sympathie. Meine bisherigen intimeren Erfahrungen mit den lieben Frauen waren wohl spannend und voller Neugier konnte sie aber nicht als ein besonderes Verliebtsein betrachten. Ich war zufrieden mit meiner Freiheit, die ich mir diesbezüglich kreierte!

Während eines anderen Besuches bei Vatern war auch eine Nichte von ihm, eine Cousine von mir, anwesend. Mein Herz fing an zu pochen. Ich freute mich sehr und spürte, wie stark diese Zuneigung eine grosse Lust nach MEHR aufsteigen liess! Ihr Mittagsschläfchen hielt sie nebenan im Schlafzimmer, wärend ich im Wohnzimmer, Wand an Wand auf dem Sofa döste, von ihr träumte und mich so heiss machte, dass ich am liebsten zu ihr rüber geeilt wäre. Ich spürte meine Passion für die Frauen besonders dann, wenn nichts „Fremdes" dazwischen lag und die Zuneigung spontan erlebt werden konnte.

Wenn all diese Erinnerungen eines Lebens nach Jahrzehnten so hautnah wieder erlebt werden können, ist wohl kein Zweifel daran, welche Wirkungen sie zu jener Zeit auf die Seele eines jungen Menschen gehabt haben. Das Niederschreiben des Vergangenen ist so, als würden mich die alten Bilder meines Lebensfilmes wieder einholen, die mit Lichtgeschwindigkeit durchs All rasen. Aber in Wirklichkeit ist da gar kein Einholen; denn selbst die Geschwindigkeit, die ja Zeit und Raum in sich trägt, ist eine Illusion. Vergangenheit und Zukunft, wenn sie überhaupt erwähnenswert sind, treffen sich im Hier und Jetzt. Alles ist immer gleichzeitig gegenwärtig. Das ist die Fülle des Gewahrseins.

Und meine Reise durchs Leben geht weiter und weiter, wohl bis nichts mehr zu erinnern noch aufzuschreiben wäre, weil irgendwann und irgendwo der Anfang und das Ende im Nirgendwo zusammenfallen und was dazwischen liegt, ja schon beschrieben wurde!

Nachdem ich auf meinen damaligen Zeitungstouren wärend meiner Schulzeit immer an Hardy Krügers Haus vorbei kam, war ich dem Schauspielerberuf oder auch dem Künstlerischen im Allgemeinen gar nicht so abgeneigt. Manchmal machte ich mich mit dem Fahrrad auf den Weg, um an den Filmateliers vorbei zu kommen. Ich schmiss mich vorher in Schale, um vielleicht entdeckt zu werden. Es blieben schöne Illusionen eines 15 Jährigen. Nun, wärend des letzten halben Jahres der kaufmännischen Lehre nahm mich ein Lehrkollege mit in die Staatsoper, um als Statist Bühnenluft zu schnuppern. Schon die Sensation durch den Bühneneingang die

Staatsoper betreten zu dürfen erweckte grosse Hoffnungen in mir und als ich gar hinter der Bühne auf einer Bank wartete, um vielleicht als Statist ausgewählt zu werden, pochte mir das Herz vor Freude. Hier warteten natürlich viele auf einen Job. Ich als Neuling bekam erst beim dritten Anlauf ein Angebot: als Gefangener, in Säcken gekleidet, bei Aida aufzutreten. Soweit ich mich erinnere schlurfte ich müde über die Bühne, wärend der gewaltige Gefangenenchor seinen Gesang in den Saal schmetterte. Dabei blieb es dann für mich. Das war sehr aufregend, reichte aber nicht, um in dem Milieu heimisch zu werden.

Familiär gab es bei uns keinerlei Vorgaben für solch eine Berufung. Der Apfel fällt nicht weit vom Stamm und so blieb der „Schuster Thomás" bei seinen Leisten. Nun ja, nach meinem ersten Opern-Auftritt begaben sich einige von uns Statisten in die Kneipe, die auch von den grossen Stars nach der Aufführung frequentiert wurde, so dass ich mich im Getümmel der Grossen wiederfand und stolz mein Bier genoss. Die Leute waren sehr nett. Den grossen Unterschied, den ich zwischen ihnen und mir empfand, natürlich abgesehen von ihren beruflichen Fähigkeiten, erschuf ich mir nur im „Kopfe" und was das, mit dem Verstand so auf sich hatte, erfuhr ich erst viel später und musste mich nun mit dem begnügen, was ich glaubte zu sein! Dieser Glaube an mich im kleinen wie im grossen unterlag schon grossen Schwankungen und es war gut so, mich in dieser Kneipe unter den Grossen klein zu fühlen; denn auch hier war ich der Lehrling, wenn ich mich auch als Zauberlehrling fühlte!

Die Lehrzeit näherte sich dem Ende. Der Personalchef rief mich in sein Büro. Er wollte wissen, ob ich nach der Lehrzeit der Firma auch weiterhin treu bleiben wolle. Mein Focus war auf einen Auslandsaufenthalt gerichtet und er übergab mir zur Einsicht die für jedes Land unterschiedlichen Auslandsverträge, die ich ja schon von unserem geheimen Vorstoss in die Personalakten her kannte. Nach einigen Tagen der Einsicht lehnte ich ab; denn 5 Jahresverträge mit einem einhalbjährigen bezahlten Deutschlandaufenthalt, von dem höchstens 6 Wochen privater Urlaub übrig blieb, war absolut nicht mein Ding. Ich fühlte mich benutzt und in meiner Freiheit beschnitten, sodass meine Lehrfirma nach dem Lehrabschluss nicht mehr mit mir rechnen konnte. Ehrlich gesagt reichten mir diese zwei Lehrjahre auch; denn das Betriebsklima entsprach nicht meinen Vorstellungen. Ich spürte wohl von Anfang an woher der Wind wehte. Das ganze ambiente war altbacken und hatte für mich nicht diese Frische, um sich in einem Betrieb wohl zu fühlen. Fünfeinhalb Lehrjahre und zwölf Schuljahre waren für mich mehr als genug an Ausbildung!Jetzt wollte ich aus eigener Kraft mein berufliches Leben selber gestalten, wollte in die Welt hinaus, Spass an der Arbeit haben und genug Geld verdienen, um auf eigenen Beinen zu stehen. Hans Peter und Urs hatten im Frühjahr 1959 ihre Lehre beendet und suchten sich auch wo anders eine neue Arbeit. Hans Peter landete beim Bodenpersonal einer Fluggesellschaft am Flughafen in Hamburg. Braungebrannt sah er in seiner blauen Uniform prima aus und wurde dementsprechend umschwärmt. Da wir nicht mehr zusammen arbeiteten verloren wir natürlich auch diesen ständigen Kontakt.

Da sich meine beiden Ausbildungen um Autos drehten, suchte ich nun in diesem Umfeld die Möglichkeit eines Auslandsaufenthaltes. Der Autobauer Borgward war mir als Familienbetrieb sympathisch. Er hatte viele Ideen und probierte mutig Neues aus. Ich schrieb eine Bewerbung an die Exportabteilung des Werkes und bekam prompt eine Einladung zwecks Vorstellung. Man beurlaubte mich für zwei Tage und schon sass ich im Zug nach Bremen. Allerdings wurde meine Vorstellung beim Kundendienst-Inland erwünscht. Dank meiner doppelten Lehre bot man mir gleich einen guten Job an, als Kundendienstleiter für Norddeutschland, was die technische und organisatorische Information und Überwachung von Ersatzteilelagern, Werkstätten und Kundendienst anging. Diese Stelle setzte natürlich Kenntnisse voraus, die ich mir im Werk in einer mehrwöchigen Ausbildungszeit noch erwerben musste. Nicht schlecht, dachte ich und fühlte mich auf Anhieb in meiner beruflichen Laufbahn bestätigt was mir gut tat. Aber es war bei aller Anerkennung und Freude nicht das was ich wollte! Sie taten sich schwer, mich auf mein Drängen hin, an ihre Exportabteilung weiter zu reichen. Dort sass ich dem Exportchef Herrn Diderich gegenüber und erzählte ihm meinen Wunsch, für Borgward im Ausland tätig zu sein. Leider unterhielt das Werk keine eigenen Auslandsvertretungen sondern nur selbständige Auslandsvertreter, auf die das Bremer Werk in Personalfragen keinerlei Einfluss hatte. Tja, was nun? Ich bat ihn um die Liste dieser

Generalvertreter, worauf er zu blättern begann uind ganz am Anfang bei dem Land CHILE innehielt. „Stop mal ", meinte er, „da ist doch gerade der Herr Auwärther von unserer neuen und sehr dynamischen Vertretung aus Chile auf Geschäftsreise in Deutschland und suchte doch auch deutsches Fachpersonal für seinen Betrieb in Chile"!

Ich war ihm sehr dankbar. Borgward zahlte mir die Reisekosten und ermöglichte mir noch eine kurze Werksbesichtigung. Wir verblieben so, dass mich der chilenische Herr von seinem Hotel aus in meiner Lehrfirma anrufen würde, sobald er sich in Hamburg aufhielte.

Einige Tage später klingelte das Telefon für Herrn Thomás Junge. Am anderen Ende der Leitung meldete sich das Hotel Vierjahreszeiten:" Herr Auwärter aus Chile möchte Sie sprechen. Ich verbinde"!

6. Reise: > EINE NEUE WELT > CHILE

Der volle Lufthansa- Jumbo hat uns aus dem nächtlichen Deutschland hoch in den Himmel gehoben. Es ist der 21. Januar Neben mir sitzt meine Tochter Ailara. Wir sind auf dem Wege nach Südamerika, nach Chile, meiner zweiten Heimat. Hinter dem nördlichen Horizont verschwindet Europa. Unter uns der grosse Atlantik. Ein noch heller, abnehmender Mond begleitet uns und beleuchtet die Dunkelheit. Tief unter uns sind Umrisse von Wolken zu erkennen, die sachte über dem Meer schweben. Ab und zu blinkt das Wasser.

Eingepfercht in ein Minimum an Sitzfläche lassen sich mehr als 400 Körper in ein fernes Land fliegen. Es gibt keinen Millimeter zu viel und jeder einzelne Mensch zieht sich in sich zurück, um diesen gewaltigen Sprung von über 15 000 km gut zu überstehen. Freundliches Kabinenpersonal, ein Kissen, eine Decke, genug zu essen, genug zu trinken, Kopfhörer, Musik und ein Film helfen, um die langen Stunden zu erleben. Der schwere Jumbo hängt ruhig und erhaben an der Luft. Das gleichmässige Rauschen der Geschwindigkeit, der Triebwerke und der Belüftung sind wie ein Wiegenlied und lullen mich ein...........

......halb wach, halb im Schlaf döse ich vor mich hin. Die Vibrationen und der Krach der vier Sternmotoren unserer elegant geschwungenen Superconstellation bereiten mir fast Kopfschmerzen. Unten, auf dem Hamburger Flughafen winkt eine weinende Mutti. Wenn ich an sie denke laufen mir die Tränen.

Das war einmal, vor 44 Jahren im November 1959. Die Lehrzeit lag hinter mir, den Zwei-Jahresvertrag mit meinem ersten Arbeitgeber in Chile hatte ich unterschrieben in meiner Tasche. Mein Gepäck mit den ausgeklügelten Klamotten für die ersten Wochen in sommerlicher Hitze lag im Frachtraum und der grosse Spahnplatten-Überseekoffer von der Grosstante Else war mit Hapag-Lloyd unterwegs von Hamburg nach Valparaiso. Meine Reise in die neue Welt hatte begonnen. Familie, Freunde, lieb gewonnene Orte und Dinge lagen hinter mir, aber auch die Schwere, des Krieges und der Nachkriegszeit. Tief verhangener Himmel, der graue Alltag der Deutschen mit seinem gemütsbeladenen, tiefsinnigen, anspruchvollen, fleissigem und pflichtbewussten Perfektionismus. Ich ahnte etwas ganz Neues, Leichteres, Fröhlicheres mit viel Sonne, Licht und Wärme, sowohl im Draussen wie im Drinnen. Ich ahnte es nicht nur, ich wollte, das es so sei, und so war es denn auch!

Nachdem wir im Senegal, Brasilien und Argentinien zwischengelandet waren endete schliesslich der fast 48-stündige Flug hinter der hohen Cordillere de los Andes in Santiago de Chile. Freundlich empfangen von einem meiner neuen Chefs landete ich in meinem Mietzimmer im Bungalow einer lieben Deutsch-Chilenin.

Tief blauer, sonnenüberfluteter Himmel, sehr angenehme Frühjahrstemperatur und blühende Gärten wirkten geradezu paradiesisch auf mich. Sehr liebe und freundliche Menschen kümmerten sich gerne um den neu gebackenen Gringo Thomás. Ich richtete mich gemütlich ein in meinem möblierten Zimmer und wurde von meiner Wirtin mit Frühstück und sauberer Wäsche versorgt.

Spannend begann mein erster Arbeitstag in einem Grossraumbüro im Zentrum Santiagos. Mein neuer Schreibtisch stand bereit. Nach der Begrüssung aller Mitarbeiter, nahm ich Platz und fing schon an die Ersatzteilekataloge zu studieren, die ich mir aus Bremen mitgebracht hatte, nachdem ich dort, bei Borgward, noch vor meiner Abreise einen Schulungskurs absolviert hatte.

Es stand nun an ein Ersatzteilelager neu aufzubauen, um das bereits von der Vorgängerfirma existierende, mit zu integrieren. Mit diesen alt eingefahrenen Borgwardvertretern, die ihren Betrieb an die neue Vertretung verkauften und gleichzeitig Mitteilhaber wurden, bekam ich, als ein Neuling im Land, in der Firma, mit meinen professionellen Kenntnissen, Probleme. Nun denn, ich tat meinen Job mit Elan und hatte viel Spass an der Arbeit. Meine Spanischkenntnisse waren minimal. Mit den Deutsch-Chilenen, die das Gros der Mitarbeiter in den Büros bildeten, konnte ich deutsch sprechen, mit den Chilenen half hier und da mein Englisch und mit dem Rest ging es mit Händen, Füssen und den ulkigsten Gesten hoch her.

Es war hier leicht sich mit den Menschen anzufreunden. Überall empfand ich grosses Entgegenkommen. Gerade jetzt im Frühling begann das

Blühen und Erwachen, nicht nur der Blumen und zwitschernden Vögel, auch der Menschen die überall zum Feiern einluden.

Ulrike, ein strahlendes, blauäugiges, blondes Mädchen lud mich über Weihnachten auf das elterliche Gut im mittleren Süden ein. Ich kaufte eine Bahnkarte, zog mir meinen neuen, hellbeigen Tropenanzug an, den ich mir in Hamburg bei Ladage und Oelke im Sonderangebot erwarb und juckelte in einem uralten, wunder- schön in Holz getäfelten Schlafwagen in den Süden. Das Holz ächzte, als der Waggon über die schlingernden alten Gleise von einer Dampflock gezogen wurde.. Es war schon heiss. Ich öffnete die Dachluke in meinem Schlafabteil und fand mich am nächsten Morgen mit schwarzen, schmierigen Russflocken der Lokomotive übersät wieder. Ja, das ist auch Chile und mein schöner Anzug war schmutzig.

Die Bahnstation stand einsam in der sandigen, von Pinienwäldern geprägten Landschaft. Ulrike wingte; ich war der einzige Passagier, der hier ausstieg. Ich erlebte abenteuerliche Tage zusammen mit ihren Eltern auf dem Gutshof, die in Chile - Fundos- genannt werden. Die Kerzen am Weihnachtsbaum bogen sich in der Hitze. Wir ritten zusammen und kutschierten mit der alten Chevrolet Camioneta in die entlegensten Ecken ihres Hofes. Ich erlebte das alles wie " im Film " und empfand mich selbst eher wie ein träumender Junge; denn als erwachsener junger Mann. Ich war dermassen beindruckt von dieser „neuen Welt", es war so vieles das mich emotionell mitnahm, dass ich Ulrikes, spürbar intimeren Wünschen vollkommen übersah.

Ich hatte überhaupt kein Problem, mich in diesem Land wohl zu fühlen. Alles kam mir entgegen und auf jedem Gebiet fand meine Begeisterung kein Ende. Einer der Chefs, mir nicht der sympathischte, lud mich ein mit ihm und einer Gruppe von seinen Freunden einen Campingausflug über mehrere Tage in die Sierra de Bellavista zu machen. Das war sehr nett, wenn auch ein bischen prüde mit den Deutsch- Chilenen, die doch innerhalb des chilenischen Volkes eine besondere Position einnehmen,wie ich mit der Zeit herausfand. Mit ihnen war es nicht so sehr chilenisch, aber auch nicht mehr deutsch, so dass ich manchmal in dieser Hinsicht desorientiert war. Auf diesem Ausflug zelteten wir an einem See. Um mit mir allein zu sein, was zwischendurch durchaus für mich nötig war, machte ich einen langen Spaziergang durch einen Pinienwald und traf einen jungen Reitersmann, der mich sehr freundlich begrüsste, mich >wohin des Weges< fragte, mir sein Pferd zum Reiten anbot und mich schliesslich zu sich nach Hause einlud. Seine Eltern hatten ein wunderschönes Wochenendhaus und waren gerade dabei einen Spiessbraten zu machen. Da sie alle Deutsch-Chilenen waren konnten wir uns gut verstehen. Zum ersten mal ass ich einen richtigen Spiessbraten, eine junge Ziege die man aufgespiesst über dem Feuer drehte, gewürzt mit Kräutern, war er wahrhaftig ein saftig, zarter Hochgenuss. Dazu gab es Alcachofas, eine gekochte mir unbekannte Diestelknospe. Die grünen, dicken Knospenblätter wurden in eine leckere Tunke getaucht und dann der weichere Teil mit den Zähnen abgescharbt. An den Geschmack musste ich mich gewöhnen und im Vergleich zu dem mir gewohnten deutschen Essen musste ich an Pellkartoffeln denken. Dann wurde alles mit Pisco Sour tüchtig begossen, der mich schnell ins Trudeln brachte, weil er so lecker schmeckte. Pisco ist ein Schnaps, der aus Weintrauben gebrannt wird, gemixt mit Zitronensaft und Zucker geht er sehr leicht über die Zunge. Mit seinen 30º-40º Alkoholanteil ist ein schneller, und wenn man so will heftiger Schwips, fast schon garantiert!

So kam ich satt und glücklich angetörnt zu meiner Gruppe zurück, die sich schon Sorgen um mich gemacht hatten. Unwillkürliche Schuldgefühle stiegen in mir auf, meine Gruppe nicht gebührend geachtet zu haben, waren sie es doch, die mich eingeladen und mitgenommen hatten.

Als dann auch noch mein neuer Freund mit einer Flasche hochprozentigen Aguadiente in unserem Camp auftauchte, um alle zum Drink einzuladen, meine Gruppe aber gar nicht begeistert davon war, und ich wieder einmal nicht > nein < sagen konnte, war wohl das Mass voll. Ich zog mich mit Gerald zurück und wir machten die Flasche leer, wobei wir uns köstlich amüsierten! Ich fiel in den schlimmsten Rausch meines Lebens.

Auf allen Vieren kroch ich des Nachts zurück ins Camp, suchte mir meinen Schlafsack, um mich irgendwo im Wald deftigst auszukotzen und meinen Rausch auszuschlafen. Ich war „ausser" mir, stiess in der Dunkelheit mit den Bäumen zusammen und machte am nächsten Morgen vor meiner Gruppe beileibe nicht den besten Eindruck. Von diesem Moment an war mein Verhältnis diesem Chef gegenüber leicht angeschlagen und mir gelang es auch nicht, das im Laufe der nächsten Jahre wieder gut zu machen, vielleicht wollten wir beide es auch nicht und hielten uns so auf einer natürlichen Distanz. Er war als Vorgesetzter eher streng und anspruchsvoll und deshalb auch gefürchtet. Ich wollte ihm natürlich auch beweisen, dass ich trotz meines lockeren Privatlebens im Betrieb ganz meinen Mann stand und schuf so einen Ausgleich.

Fast an jedem Wochenende gab es irgendwo einen Malon, ein Überraschungsfest für den Gastgeber, der aber nichts von seinem „Glück" wusste. Jeder brachte etwas zum essen und trinken mit und so wurde ich herumgereicht, lernte schnell immer mehr Menschen kennen und konnte kaum glauben, dass diese Lebensart nun Wirklichkeit für mich war. Alles wirkte sehr grosszügig und herzlich auf mich. In keinem Moment bereute ich meine Entscheidung nach Chile gekommen zu sein.

Es war wie ein ständiges Fest im Äusseren, jedoch spürte ich auch schnell eine gewisse Leere im Innern, die mir zu Denken gab und die ich nicht richtig in den Griff bekam. Die Leichtigkeit des Miteinander stiess in meiner deutschen Seele auf unbewussten Zweifel. Es war kein Misstrauen, aber es war da eine Furcht, dass diese tiefe Verbindung zu mir selbst, zu meinem Glücklichsein, nun an der Oberfläche versprudelt, obwohl dieser Sprudel so heiter und herzlich war. Es war mir manchmal so, als würde ich etwas verstecken oder vermeiden wollen, weil ich immer weniger Aufmerksamkeit dem Tiefgründigen schenkte, ich alle Kraft im Vordergründigen bündelte! Ehrlich gesagt wusste ich nicht wo es für mich lang ging und machte einfach so weiter, um das zu geniessen, was ich glaubte durch das Kriegs- und Nachkriegsgeschehen verpasst zu haben. Hier konnte ich loslassen, konnte rauslassen, mich auf den Festen mit Pisco Sour auslassen. Das war angesagt und da schlidderte ich immer mehr hinein!

Meine Ersatzteileabteilung im Betrieb wuchs. Ich brauchte Hilfe. Franz stellte sich vor, ein junger Deutscher, unerfahren im Autofach, aber willig um anzupacken. Wir freundeten uns schnell an. Ich merkte aber auch, dass solche freundschaftliche Offenheit beim Arbeiten nicht immer das Beste war. Ich musste lernen Chef zu werden und lernte schnell Privates vom Geschäftlichen zu trennen, ohne dass das freundliche Miteinander darunter litt. Bei zukünftigen Einstellungen wurde ich vorsichtiger in diesem Sinne, was unsere Zusammenarbeit entschieden leichter machte. Ich wurde von der hierarchischen Ordnung förmlich in diese Rolle gedrängt und begann zu verstehen, wie wir Menschen funktionieren, und wie es Sinn machte dieser Ordnung zu folgen, wenn wir uns gegenseitig achteten. Das war mir allerdings damals nicht so bewusst, aber ich achtete trotzdem, wohl aus einem natürlichen Bedürnis heraus, es ist eine gesunde Basis zum glücklichen Sein!

Als Vorteil empfand ich die Freiheit in der Firma, meine Mitarbeiter selber aussuchen zu können, um so in die direkte Position des Arbeit-Gebers zu kommen, was Dankbarkeit, Verantwortung und Respekt mit sich brachte. Ich setzte Franz, der schon besser Spanisch sprechen konnte, als Vorhut im Ersatzteilelager ein und konnte so noch weiterhin im Hauptbüro bleiben, um die Organisation einer ganz neuen Lagerhaltung und die Ersatzteilebestellungen durchführen zu können. Die Firma baute sich ein neues Geschäftsgebäude im „barrio alto" und bald zogen wir um.

Inzwischen war auch Bruder Klaus in Chile eingetrudelt und arbeitete im gleichen Betrieb. Man bot uns beiden an, Teilhaber zu werden, was uns schmunzelte, wir mussten uns aber das Kapital besorgen und pumpten Muttern und einen Freund in Chile an. Die Zinsen zahlten wir von unserem Gehalt. Ich konnte mich nun noch mehr mit der Firma identifizieren und war so richtig stolz auf „unseren" Betrieb.

In der nördlichsten chilenischen Stadt Arica wurden Autos vieler Marken zusammengebaut, um sich den hohen Zollabgaben, durch einen nationalen Anteil von Teilen und deren Montage, zu entziehen und so die Autos in Chile erschwinglicher zu machen. Borgward war auch dabei. Die Nachfrage nach den Isabella-Autos war gross. Das Geschäft florierte. Allerdings war der Import wegen kronischen Dollarmangels immer recht schwierig. Die Importbedingungen wechselten ständig. Der Diebstahl aus den Kisten der im Freihafen lagernden Waren war gross. Es gab eine organisierte Mafia, die genau wusste, welche Waren knapp waren; denn es gab auf dem Ersatzteilemarkt immer Engpässe zum Leidwesen der wartenden Kunden. Diese geklauten Teile wurden dann über versteckte Adressen verhökert und das ging manchmal so weit, dass wir selbst über Strohmänner dort unsere gestohlenen Teile zu günstigen Preisen zurückkauften. Da wir alle noch keine Erfahrung mit diesen Fahrzeugen in Chile hatten, kam die Schwierigkeit der richtigen Vorausplanung hinzu.

In jenen Zeiten waren Autos in Chile fast unerschwinglich teuer. Eine gute Limousine kostete soviel wie ein kleines Privatflugzeug, das allerdings zollfrei ins Land eingeführt werden konnte, um in eventuellen Notzeiten zum Einsatz verpflichtet zu werden; denn Chiles verrückte Geografie erstreckt sich ja über 5000 km Länge, von der trockensten Wüste im hohen Norden bis in die Eiseskälte der Antarktis, dazu ist es schmal, was eine aufwendige Verwaltung für eine einigermassen funktionierende Infrastruktur bedeutet.

Ich erinnere mich noch wie Bruder Klaus und ich wärend unserer Mittagspausen auf dem Cerro Santa Lucia, einem grünen Park gleich neben dem Büro, versuchten Zukunftspläne zu schmieden, um an den geschäftlichen Möglichkeiten dieses doch wohlhabenden Landes teilhaben zu können. Dabei stand ein Auto und ein Haus an erster Stelle. Um das zu realisieren mussten wir natürlich gute Ideen haben; denn Angestellter zu sein, wenn das für uns vom Gehalt her auch üppig war, reichte zu einem guten Überleben. Ich wollte mehr, weshalb dann die spätere Teilhaberschaft ein erster Schritt in diese Richtung war.

Bald tauschte ich mein Mietzimmer in ein Zimmer einer alten, grossen Villa ein, in der wir dann zu Vieren mit noch zwei anderen deutschen Freunden wohnten und feierten. Solche Wohngemeinschaften mit eigenem Dienstmädchen sind gar nicht so einfach zu realisieren. Bei grundsätzlichen Entscheidungen gibt es vier Meinungen, die unter einen Hut gebracht werden müssen. Eine Ordnung, die allen mehr oder weniger gerecht wird, muss sich erst einschaukeln. Im grossen und ganzen kreierten wir uns mit der Zeit ein angenehmes Nest.

Ganz zu Anfang meiner Chilezeit luden mich Daisy und Luco zu einem Ausflug an die Küste ein. Wir besuchten Freunde von ihnen, die in Quisco, einem Badeort am Pazifik, ein gemütliches Holzhaus mit grossem wildem Gartengrundstück, direkt auf einer kleinen Anhöhe am Meer gelegen, gemietet hatten. Das Gefühl am grössten Meer unserer Erde zu stehen, das Rauschen der hohen Brandung zu hören und den kräftigen, jodhaltigen Geruch des schäumenden Wassers genüsslich in mich aufzunehmen, trieb mir die Tränen in die Augen. Dieses erste grosse Erlebnis mit dem Pazifik führte dann dazu, dass wir später, über viele Sommer, dieses Haus für unsere Urlaube mieteten und es sehr genossen. Bevor Klaus nach Chile kam wurde seine erste Ehe in Deutschland geschieden; denn nicht lange nach seiner Hochzeit unternahm er eine mehrmonatige Radtour mit einem Freund nach Spanien und fand natürlich nach seiner Rückkehr nicht die gleiche Hella vor, wie er sich das vorgestellt hatte. Dieses, und andere mir nicht bekannte Umstände, führten dann schliesslich zur Trennung.

Es verging nicht allzuviel Zeit bis er sich mit Lynda anfreundete. Seine intensive Suche wurde belohnt, sie verliebten sich und mussten nun noch einige Zeit warten, bis auch Lynda nach Chile zu uns kam. Wir alle zusammen mieteten uns einen Bungalow und bildeten eine neue Wohngemeinschaft die immer familiärer wurde. Arndt, unser Kapitalgeber, war auch mit von der Partie. Auch hier mussten wir wieder neu anfangen, was das Zusammenleben anbetraf, denn durch Lyndas Präsenz änderte sich so einiges unter uns, dieweil Klaus nun mit seiner Partnerin zusammenlebte und Erwartungen an Lynda stellte indem sie seine anteilige Hausarbeit mit übernehmen sollte, was sie wohl auch gerne tat und darüber hinaus auch Arndt und mir unter die Arme griff, was Klaus wiederum nicht gerne zulassen wollte. Ich empfand das als nicht stimmig und rebellierte. Klaus aber war der Ansicht, dass nur er Anspruch auf die Hilfe seiner Partnerin hätte, dieweil er meinte, die so gewonne Zeit für seine philosofischen Studien dringend nutzen zu müssen. In mir bauten sich langsam Widerstände gegen den Bruder auf, der meiner Ansicht nach zwar über das Leben ernsthaft nachdachte, es aber nicht wirklich lebte! Es gab sehr viele Diskussionen darüber. Wir zerfleischten uns gegenseitig und jeder blieb seinem Standpunkt treu. Ich meinte: alles frei leben zu dürfen, was Essen, Trinken, Arbeiten, Feiern, Freude und einfach Spass an Allem haben, für mich bedeutete. Er versuchte, mit seinen philosofischen Gedanken die Welt verstehen und verändern zu wollen und tat sich im Alltag immer schwerer, so dass wir beide zu dem Schluss kamen, eine grundsätzlich unterschiedliche Lebensauffassung zu haben. Trotz dieses Hickhacks liebten wir uns als Brüder und brauchten wohl gegensätzliche Standpunkte, um uns zu profelieren und voneinander abzugrenzen. Was unsere gemeinsamen

Zukunftspläne anging änderte sich nichts. Ich konnte ihn in meine Phantasievolle, begeisterte Welt mit-nehmen so wie er mich in das Bewusstsein eines tieferen Verständnisses philosophischer Gedanken einführte. Bei uns beiden blieb schon etwas hängen, nur konnte ich schwerlich eine Verbindung erkennen, zwischen dem einfachen Glücklichsein hier und jetzt und einem intellektuellen Verständnis des Glückes an sich, so als sei es ein Objekt und kein Seins-Zustand! Lynda lavierte sich zwischen uns und ihrem geliebten Klaus mit viel Hingabe hindurch. Es war nicht immer leicht für sie in diesem Männerclub. Arndt, der mit seinen Möbeln teilweise unseren gemeinsamen Bungalow einrichtete verhielt sich neutral und liebevoll. Wir teilten uns die Hausarbeit so ein, dass immer einer pro Woche den Einkauf und die Hauskontrolle übernehmen musste. Unser Dienstmädchen Rita kochte, wusch und machte den Hausputz.

Einmal, beim gemeinsamen Essen, spitzte sich die Spannung in der Hausgemeinschaft dermassen zu, dass ich total ausrastete, wie wohl noch nie in meinem Leben und meinem Bruder fast den Teekessel an den Kopf warf. Er hatte Hausdienst und kontrollierte die Speisekammer. Es " fehlte " eine Apfelsine, die ich wohl zu viel gegessen hatte. Da der Hausfrieden mal wieder auf der Kippe stand, war das der Tropfen, der das Fass zum Überlaufen brachte. Ich fühlte mich wohl schuldig und konnte diesen Pranger wegen einer Apfelsine vor allen Anderen schwerlich ertragen und dazu von dem „Richter " Klaus, der ja immer alles genau unter die Lupe nahm, beobachtete und kontrollierte, selber aber den „ Herren " miemte (vielleicht ohne dass er das wirklich für sich wollte) und sich bedienen liess. Thomás der Löwe hatte gebrüllt. Das war eine richtige Kartasis. Danach wurde es ruhiger am Tisch und überhaupt im Haus. Vielleicht wurden wir vorsichtiger und gingen achtungsvoller miteinander um. Ich ass beileibe keine Frucht mehr zu viel und Klaus passte sich dem Leben in der Hausgemeinschaft ein wenig mehr an, so dass sich keine Spannungen mehr aufbauten. Ich lernte für mich auch, das es wohl besser sei sich rechtzeitig mitzuteilen, wenn irgendetwas im Argen war, als damit allzulange zu warten, um durch übergrosse Spannungen solche Explosionen zu vermeiden. Man braucht dann aber seine Zeit, um solche bewussteren Vorgaben auch zu integrieren und diese „Zeit" ist sehr dehnbar. Es kommt immer darauf an wie stark solches Erleben war, um aus dieser Erkenntnis heraus eine „Besserung " folgen lassen zu können. Wir führten dann wieder endlose Gespräche, krämpelten unser Innerstes nach aussen und waren uns einer brüderlichen Rivalität nicht so bewusst.

Ich kaufte mir Leinwand, Pinsel und Ölfarben, fing an zu mahlen und indentifizierte mich dermassen mit dieser Kunst, dass ich mich vom Getümmel der Grosstadt und dem Stress des Arbeitsplatzes völlig zurückzog, einige Tage nicht mehr zur Arbeit ging, um mich diesem wunderbaren Zustand des hier und jetzt ganz zu widmen. Ehrlich gesagt konnte ich gar nicht anders und war stolz über meinen Mut, sowie dankbar für die Kraft, die mir dieser Moment gab. Ich erlaubte mir, beiseite zu treten. Meine Bilder waren eher düster, sie symbolisierten Gefangenschaft und Tod, wohl die Seite, die ich durch meinen Lebensstil zu überwinden versuchte und nun, in meiner Stille, nach aussen drang. Ich empfand die Mahlerei wie eine tiefe Meditation, die mich frei machte und mit demjenigen verband, der ich wirklich bin!

Die Omi aus Lübek kam zu Besuch. Wir wollten sie im eigenen Auto vom Flughafen abholen und kauften uns den billigsten Wagen, den es überhaupt nur gab, einen alten Goliath Pik-up mit einem 2 Takt-Einspritzmotor, der einer von Borgwards Pionierleistungen sein sollte, was ihm aber nicht so gut gelingen wollte, weil er selten gut funktionierte. Mit solchem Vehikel begaben wir uns in Chile natürlich in ein Abenteuer, aber es war das einzige Vehikel welches für uns erschwinglich war und dazu noch von der Borgwardgruppe! Wir machten unserem Stammhaus alle Ehre, waren aber unzufrieden. Omi landete in Chile und wir tuckerten mit ihr nach Hause. Der Auspuff qualmte, aber wir schafften es. Das war noch in der alten Villa mit uns 4 Junggesellen und vielen Freunden, die ständig vorbeischauten. Omi packte zu, stellte das Haus auf den Kopf, bekochte uns und wies unser Dienstmädchen an, gründlichst sauber zu machen. Erst einmal fühlte sie sich wohl, bis ihr der viele unangemeldete Besuch, der auch mitass oder eigenwillig aus dem Kühlschrank naschte, einfach zu viel wurde. „Man könne ja überhaupt nicht planen! Das ist mir einfach zu viel Durcheinander"! Ja, so lebten wir Vier nun einmal und obwohl wir in unserer Freizeit viel und gerne mit ihr zusammen waren, Ausflüge mit unserem Goliath in die allernächste Umgebung machten, mehr konnten wir nicht wagen und sogar einmal zusammen mit Arndts Firmenwagen Valparaiso und Viña del Mar besuchten und sie an den grossen Pazifik führten, war bei ihr das Fass voll. Die Landschaft war zu trocken, das Klima zu heiss, die Strukturen der alten Dame fingen an zu wackeln und sie zog es vor eher nach Deutschland zurückzukehren.

Meine Mutter wusste davon, die andere Familie in Deutschland aber nicht. Da Omi kurz vor Weihnachten in Deutschland eintrudelte, steckte Mutti sie in einen grossen Karton, der unterm Weihnachtsbaum vom Onkel Emil, ihrem Sohn, geöffnet wurde. Muttis Überraschung schlug alles bisher Dagewesene. Es war fast zu viel für den Emil, hatte er manches grosse Geschenk erwartet, aber nicht das, wähnte er seine Mama doch im fernen Chile!

Klaus heiratete seine Lynda. Wir anderen fingen so langsam an auszuziehen. Ich fand endlich eines der von mir so heiss geliebten kleinen Gartenhäuschen.

Wir alle waren Mitglied im deutschen Sportverein und waren sehr oft dort, um das herrliche Schwimmbad zu nutzen. Es gab auch Feste und einmal besuchte uns der deutsche Bundespräsident Herr Lübke. Wir schüttelten uns die Hände. Er brachte in seiner Rede einiges durcheinander, aber er war sympathisch mit seinen spontanen Bemerkungen, die nicht immer so genau stimmten.

Mit unserem Goliath hatten wir mehr Probleme, als wir mit ihm fahren konnten und liebäugelten nun mit einem neuen Willys Jeep Typ Military, der aber nur Heckantieb hatte, weshalb er preisgünstig auf den Markt kam. Wir kauften ihn zum Entsetzen unserer Chefs, denn sie hatten erwartet, dass wir uns ein Auto aus eigener Produktion kaufen würden. Wir waren sehr glücklich mit unserem flotten, kleinen Jeep, der ja nur ein halber war, aber immerhin toll aussah. Er war wendig und sehr praktisch für unsere langen Wochenend-Touren . Wenn wir nur konnten waren wir unterwegs. Endlich lernten wir auf unseren eigenen vier Rädern die weitere Umgebung Santiagos kennen und fühlten uns in dem offenen Jeep sauwohl. Sonntagabends kehrten wir, vollgetankt der herrlichsten Energien, müde und vollkommen verstaubt wieder heim und freuten uns schon auf das nächste Wochenende. Das sommerliche Wetter in Santiago ist mit ziemlicher Sicherheit einfach nur Sonnenschein!

Die Lenkung fing immer mehr an zu flattern, so dass ich einen Lenkungsdämpfer von der Borgward Isabella einbaute; denn der Jeep-Vertreter fand keine Lösung. Das klappte prima und wir begannen unseren geliebten Jeep für eine grosse Reise vorzubereiten. Nach hinten verlängerten wir ihn mit einem Kasten und Holzdeckel, um innen mehr Platz zum Schlafen zu haben, was ohnehin schwierig war. Ich zimmerte Holzkisten, die die Hohlräume unter den Sitzen genau ausfüllten, um dort das Essen und den Kocher zu verstauen und bald machten wir beide uns auf die grosse vierwöchige Reise. Diese Urlaubszeit stand uns vertraglich zu, wurde aber von der Firmenleitung nicht gerne gesehen. Sie meinten, dass der Betrieb sich gerade im Aufbau befände und keiner sich einen solch langen Urlaub wirklich leisten könne; denn sie hätten wärend der letzten Jahre überhaupt keinen Urlaub gehabt. So bereitete ich meine Ersatzteileabteilung bestens vor, damit die Firma wärend meiner Abwesenheit keinen Schaden nehmen würde und ich mich nicht schuldig fühlen müsse.

Schliesslich fuhren wir beide in Richtung Norden los. Ich konnte wieder feststellen, dass meine Reisevorbereitungen in Bezug auf die Arbeit im Betrieb sehr intensiv und voraussichtig waren, um das Bestmögliche zu hinterlassen und niemanden, durch meine Abwesenheit, mehr zu belasten. Allerdings von dem Moment an, da wir unsere Fahrt angetreten hatten, verschwand alles Bedenken hinter dem Horizont und ich fühlte mich frei und vollkommen unbelastet, mir kam nicht einmal die Idee ans Gestern; jetzt bin ich hier unterwegs und das wars dann auch!

Gegen einen Elektrorasierer hatte ich mir einen Revolver ein- getauscht, ein edles Stück den ich mit auf die Reise nahm. Ich meinte, mich damit sicherer zu fühlen und damit kamen unweigerlich Cowboygeschichten aus Western-Filmen in der Erinnerung hoch. So ist das mit unseren Vorstellungen, die, wie wir meinen, Wirklichkeit werden, uns manchmal nach -oben- schaukeln, oder wenn wir Pech haben, nach -unten- in das Dunkle zerren.

Freudig und zufrieden fuhren wir auf der grossen Carretera Panamericana, die ja von Alaska durch das weite Amerika bis hin nach Feuerland führt, in unseren heiss ersehnten Urlaub. Die Landschaft ist weit, hügelig und sehr trocken. Im östlichen Hintergrund sieht man ab und zu einmal die hohen Anden, wärend die Strasse mehr in Küstennähe gen Norden führt. Unser Ziel war erst einmal die Atacama-Wüste und anschliessend Peru. Die Landschaften waren mir vollkommen neu; und unter tief blauem Himmel flimmerte es in der Hitze und strahlte Einsamkeit, Stille und Frieden aus. In diesem ambiente konnte ich leichter zu mir finden, Einheit spüren und All-Ein sein! Dankbar sogen wir diese Erfahrung auf. Wenn wir draussen in der Wüste unter freiem Himmel schliefen, waren die Sterne so greifbar nah, das Firmament so unendlich weit und tief, die Luft so sauber und klar, dass ich vor Freude kaum einschlafen konnte.

Auf der anderen Seite empfand ich anfangs auch Unsicherheit, fühlte mich schutzbedürftig in dieser immensen Weite von Himmel und Erde. Diese Grenzenlosigkeit im Äusseren übertug sich auf die Seele und beides verband sich ohne ein Tun!

Schon hoch oben im nördlichen Teil der Atacama-Wüste beobachteten wir hinter uns einen dieser grossen, chrombeladenen amerikanischen Autos, den „Strassenkreuzern", der uns seit geraumer Zeit auf den Fersen war und immer den gleichen Abstand hielt, obwohl es uns doch mit seinen hunderten von PS längst hätte überholen können. Plötzlich hatte ich den Gedanken > die wollen was von uns <. Ich band mir meinen Revolver um die Hüften, wir hielten an, ich stieg aus und stellte mich so neben den Jeep, dass sie mich samt meiner Bewaffnung sehen konnten. Es war mir so als ob sie stutzen würden, aber dann doch näher kamen und an uns vorbeifuhren. Es passierte nichts und ich fühlte mich erleichtert!

Wir waren in der Gegend der alten Salpeterminen, die schon seit Jahrzehnten verlassen vor sich hin schliefen. Unsere Abenteuerlust kannte keine Grenzen in diesen verrosteten Fabrikanlagen herumzustöbern. Keine Menschenseele war in der Nähe, dort wo einst reger Betrieb herrschte. Das waren grosse Lebensgemeinschaften, disziplinierte Arbeitskommunen, die sogar mit eigenem Geld ihr Machtgefüge bildeten und ausbeuteten. Mit eigenen Eisenbahnlinien, die still gelegt, heute noch hier und da die Wüste durchkreuzen, karrten sie ihr wertvolles Salpeter an die Pazifikküste, um dort über Schuten in die Grossegler verladen zu werden, die es dann um Kap Horn nach Europa segelten. Das Geschäft blühte; denn neben dem Nitrat-Dünger > NITRATO DE CHILE < war das Salpeter wohl auch noch eine wichtige Zutat um Schiesspulver herzustellen - wenn das kein blühendes Geschäft gewesen war, um die Kanonen donnern zu lassen - ! Wohlan, da die Deutschen im erten Weltkrieg den sicheren Zugang zu den fernen Salpeterminen in Chile verloren, gelang ihnen die künstliche Herstellung dieses Düngers , was dann, anfangs teilweise, später immer mehr, das Ende der Minen in Chile bedeutete. Bis heute gibt es noch einige die funktionieren. Der natürliche Abbau erweist sich vorteilhafter als der Kunstdünger, immer wenn er profitabel ist. Es waren ganze Ortschaften, teilweise mit tausenden von Einwohnern, die mitten in der kahlen Wüste entstanden, mit Wasser und Strom versorgt werden mussten. Neben dem Produktionsbetrieb lag der eigentliche Ort mit seiner meistens spärlich begrünten plaza. Selbst Theater fehlten nicht und es war uns eine Wonne sich in die verstaubten Stühle zu setzen, auf die leere Bühne zu schauen, bis eine spontane Erscheinung mich forttrug. Da sass ich nun, und schien die Vergangenheit zu überholen. Bilder tauchten auf und verloren sich wieder. Alleine mit mir, lauschte ich der Stille. Hin und wieder klapperte altes Wellblech im Wind - der nächste Akt-!.....plötzlich fand ich mich klatschend im Sessel wieder. Klaus sah mich von der Seite an und fragte:„was ist los mit dir"? Die Wüste vermittelte mir Zeitlosigkeit und da kamen mir solche Fabrikruinen gerade recht, um die Unzeit zu erleben, so als läge nichts zwischen mir und der Unendlichkeit!

    Manchmal fanden wir kleine Gegenstände , die wir uns zur Erinnerung mitnahmen und sie dienen uns immer noch, um uns in die Vergangenheit jener erlebnisreichen Reisen, wieder zurückführen zu lassen.

    Die Atacama-Wüste, ein weites Meer von Sand, Geröll, Steinen, Salzseen und Trockenheit ist unendlich weit weg von dem Deutschland, in dem ich aufgewachsen war. Ich fühlte mich eher auf dem Mond, als auf der Erde, auf der ich gewohnt war zu leben. So waren meine Empfindungen, in dieser wunderbar trostlosen Einsamkeit, entsprechend reduziert auf das, was in diesem Moment für mich die Wirklichkeit war. Das berührte mich sehr, wenn ich mir dessen bewusst wurde, es machte mich glücklich und dankbar.

Antofagasta lag hinter uns und wir kamen nach Iquique, einer Stadt an der Küste, die wohl das Zentrum der Chile-Salpeter-Epoche gewesen war. Noch viele Gebäude aus Holz im Western-Stil, gaben der Stadt ihren typischen Charakter und in der Tat waren viele dieser Häuser aus Nordamerika importiert worden, denn was es in der Wüste absolut nicht gab war Holz und dazu noch Oregon Pine.

Inzwischen lagen schon über 2000 km hinter uns als wir Arica den nördlichsten Ort Chiles, direkt an der peruanischen Grenze, erreichten. Es ist auch dort wo unsere Autos zusammengebaut wurden und wir beide natürlich die Anlagen besuchten. Unwillkürlich erinnerten wir uns an unsere Arbeit in Santiago und so wurde unser Wüstenabenteuer erst einmal unterbrochen. Da Arica zollfreies Gebiet ist, mussten wir alle Wertgegenstände registrieren lassen, um nachher, bei der Rückkehr, nicht in Schwierigkeiten mit dem Zoll zu kommen.

Zu jener Zeit war in Chile alles was mit Importwaren zu tun hatte, besonders gebräuchliche technische und optische Geräte, sehr gefragt und beliebt, so dass der Zoll genauestens hinsah, um den Schmuggel zu unterbinden. Bevor wir nach Arica kamen, fanden wir draussen vor der Stadt, direkt neben der Panamericana verstreute Haufen alter Schuhe. Wir hielten an und machten das Spiel Schuhpaare zu finden und nebeneinander zu stellen. Weshalb hier die Schuhe lagen konnten wir uns nicht erklären, später aber erfuhren wir in den Läden der Stadt, dass Busse voller Leute aus dem Süden kämen, um hier Importware billiger einzukaufen. Die Besucher kamen barfuss an, um so Importbestimmungen zu umgehen und zollfrei mehr mitnehmen zu können, nämlich auch das was sie am Körper trugen!

Hier in Arica wurden also Autos der unterschiedlichsten Marken zusammengebaut. Der chilenische Staat verlangte einen sich steigenden Anteil nationaler Produktion von 30-40%. Das sollte die nationale Industrie unterstützen und so die hohen Zollkosten drücken. Das war sehr aufwendig, zumal man Arica als Montageplatz wählte, um der fernen Region einen wirtschaftlichen Aufschwung zu ermöglichen. So wurden die meistens in Santiago produzierten nationalen Anteile über 2000 km in den Norden gekarrt, um dann, nach der Endmontage, als fertiges Automobil wieder nach Santiago gebracht zu werden.

Wir setzten uns wieder in unseren kleinen Jeep, überschritten bei Tacna die Grenze nach Peru und fuhren flott durch die peruanische Wüste bis Lima. Auch dort hielten wir uns nicht lange auf und jeepten hoch in die Cordillere. Auf 5000 m Höhe sah ich meinen Bruder an, der blaue Lippen und eine ganz blasse Haut hatte. Die Puna hatte ihn erwischt, die Höhenkrankheit, bei der man sich schlapp und kotzübel fühlt. Der Anstieg war zu schnell. Wir stiegen aus und taumelten beide ein bischen, konnten uns aber wacker halten. Danach ging es auch gleich wieder tiefer und auf ca. 3700 m krochen wir in unsere Schlafsäcke. Diese Nacht war für mich sehr unangenehm, da ich plötzlich mit grosser Atemnot aus dem Schlaf hochschreckte, gar nicht wusste wo ich war und im Halbschlaf wohl glaubte, ich müsse sterben, dieweil die Atemnot ja anhielt. Ganz wach geworden wagte ich nicht mehr einzuschlafen; denn solchen Schrecken wollte ich nicht zum zweiten Mal erleben!

In den nächsten Tagen hielten wir uns in diesem Höhenbereich auf und gewöhnten uns schnell daran. Im Vergaser unseres Jeeps musste ich eine Düse wechseln; wegen der dünneren Luft musste auch ein dünnere Düse eingebaut werden, damit das Gemisch wieder stimmte, allerding verlor der Motor erheblich von seiner ursprünglichen Kraft.

Wir kamen über Ayacucho und Huancayo nach Cusco. In Huancayo freundeten wir uns mit einer Gruppe junger Männer an, die uns einluden und am liebsten da behalten hätten, nachdem sie er- fuhren, dass wir Deutsche waren. Sie meinten die Deutschen können gut organisieren, was sie im Moment gerade gebrauchen konnten für ihr Vorhaben einer politischen Rebellion gegen die Regierung in Lima. Da wir Brüder wohl eine politische Meinung hatten, uns aber mit keiner Partei wirklich identifizieren konnten, liessen wir dieses Abenteuer hinter uns!

In Cusco ging ich zum ersten Mal in meinem Leben zu einem Barbero, um meinen wachsenden Bart abrasieren zu lassen. Ich liess es geschehen im Altiplano von Peru, dass der Peluquero das schärfste Messer an meine Kehle setzte und dort fleissig herumhantierte, bis der Bart schliesslich ab war, nachdem er mir lange den fetten Schaum einmassiert hatte. Wie neu geboren streifte ich anschliessend durch die Strassen Cuscos und bewunderte die Steinmauern, bei denen die schiefen und vieleckigen Felsbrocken fast millimetergenau passend ineinandergefügt waren. Dann ging es mit einem Zügli, durch ein tropisches Tal in Richtung Machu Picchu, dem Sitz des mächtigen Inkageschlechts. Es ist ein vielbesuchter, geschichtsträchtiger Platz, der terrassenförmig im tropischen Bergland angelegt ist. Als ich dort, ein wenig träumend, vor mich hin schlenderte, begegnete ich einem der vielen Guanacos, die dort frei herumliefen und die grünen Terrassen abweideten. Ich bekam ein bischen Angst , was dem Tier wohl signalisierte : "da ist ein feiger Tourist mit dem ich mein Spielchen treiben kann", mit schäumendem Maul kam das Tier auf mich zu, es wollte mich anspucken, beissen oder gar auffressen! Was wusste ich schon von diesen Tieren und ahnte Böses. Ich floh über die Terrassen. Das Guanaco hinter mir her. Keiner war da der mir helfen konnte. Panik und Atemprobleme überkamen mich in dieser dünnen Luft. Vollkommen ausgepumpt und am Ende meiner Kräfte traf ich schliesslich auf Klaus , der meine Ausweglosigkeit gar nicht begreifen konnte, aber durch seine Präsenz das wütend schnaufende Tier stutzig machte, so dass es von mir liess. Das war die Machu- Picchu Erfahrung, die am stärksten bei mir hängen geblieben ist und nun in meinen Erinnerungen den ersten Platz einnimmt.

    Unsere Menschheits-Geschichte hatte bei mir immer einen hohen emotionalen Stellenwert, den ich in dem Moment spürte, wenn ich am Ort des geschichtlichen Geschehens präsent war. Ich war weniger an ausschweifenden historischen Fakten interessiert, die vordergründig natürlich eine Rolle spielen, jedoch das unmittelbare Gespür und Eintauchen ins Hier und Jetzt jener uralten Zeiten brachten mein Innerstes in Bewegung.

    Und weiter jeepten wir über das peruanische Hochland nach Bolivien, streiften den Titicaca-See mit dem alten Kultort Tiahuanaco, dem Sonnentor und den Fischern, die immer noch mit ihren schönen Schilfbooten über den See schipperten.

    Dann lag, ganz plötzlich, weit in einem Hochtal vor uns; La Paz! Welch ein Name für die Hauptstadt Boliviens, den ich erst jetzt seinem Sinn nach verstand; war doch im Erdkundeunterricht kein Gedanke an seine spanische Herkunft: >DER FRIEDE !<

Unseren Rückweg nach Chile wählten wir über kleine, sandige Nebenstrassen im Länderdreieck Bolivien-Chile-Peru. Das war ein sehr unsicheres Unterfangen. Es gab keine Hinweisschilder und der Abbiegungen und Kreuzungen gab es viele, die nicht selten ins Nichts führten. Als wir dann in der trockenen, sanft hügeligen Hochlandwüste eine uralte Hängebrücke entdeckten, die ein tiefes ausgetrocknetes Flussbett überquerte, nahmen wir natürlich an, auf dem rechten Weg zu sein und begannen sehr vorsichtig sie zu überfahren. Plötzlich knallte es und die Hinterrräder hatten eine Holzbohle weggedrückt, so dass unser Jeep nun auf dem Chassis auflag und die Räder frei in der Luft über dem Abgrung hingen. Wir mussten feststellen, dass bei weitem nicht alle Holzbohlen , die quer auf den Stahlseilen lagen mit diesen fest verschraubt waren und sich leicht verschieben konnten, ja mehr noch, sie hätten sogar ins Flussbett fallen können, wenn nicht doch noch irgendwo ein einfacher Draht oder Seil sie so einigermassen in ihrer Position gehalten hätte. Wir kamen arg in Bedrängnis und versuchten immer wieder aufs neue mit vielen Tricks unser Vehikel frei zu bekommen, um anschliessend wieder in die nächste Falle zu rutschen. Wir suchten uns nun vier ganz lose Bohlen und legten diese in Fahrt-richtung über die anderen und so gelang es uns schliesslich dieses Hindernis hinter uns zu bringen. Inzwischen war es dunkel geworden und noch bevor wir frei waren erschien am gegenüberliegenden Brückentor ein altes, wütendes Weib und gestikulierte mit Armen und Beinen in ihrer einheimischen Sprache , von der wir kein Wort verstanden.

Das war so eindrucksvoll dramatisch wie in einem Ur-Theater, dass es mir schaudernd über den Rücken lief. Es war mir so, als würde der ewige Wächter sein Revier verteidigen wollen, oder uns auch warnen, vor der Gefährlichkeit der Hängebrücke und als wir nun die Scheinwerfer anmachten, um unseren letzten Ausweg zu finden, konnten wir die alte Frau mit ihren langen, grauen Haaren und ponchoartigen, weiten- bunten Gewändern erst richtig erkennen. Da stand sie nun, hell angestrahlt, im alten, hochgeschwungenem Brückentor und brüllte kreischend ihre Botschaft zu uns hinüber. Ein magisches Theater, das keines war; denn es schien mir so, als würde diese Wirklichkeit mit den unendlich vielen Wirklichkeiten früherer Zeiten verschmelzen, so, als sei alles eins und es gäbe keine Zeit, die etwas trennen könnte.

In letzter Konsequents stimmt das ja auch; unser Bewusstsein ist grenzenlos und schliesst nichts aus, scheinbar zu erschaffen was uns beliebt, wenn wir uns nur an das erinnern, was wir wirklich und immer sind, uns dessen gewahr sind!

Bueno, unser Jeep rollte knirschend durchs Tor, die Alte war verschwunden und unsere Knüppelbrücke lag endlich hinter uns, sie war wahrlich nicht mehr fuer Autos bestimmt! Wir fuhren noch ein Stückchen weiter, um unser Nachtlager, in einem respektvollen Abstand zur Brücke, aufzuschlagen. Am nächsten Morgen ent-schlossen wir uns nun doch möglichst schnell eine bekanntere Strasse zu erreichen, die uns dann über Ariquipa und Tacna nach Chile zurück führte.

Nach fast 4 Wochen und 8000 KM Jeepreise landeten wir wieder in Santiago. Das Ärgernis über unsere lange Ferienreise war in der Firma noch nicht abgeklungen. Wir packten wieder tüchtig zu, hatten viel Kraft getankt und dieser neue Elan wirkte im ganzen Betrieb.

Es stand nicht so gut mit dem Borgward- Werk in Bremen. Der Familienbetrieb hatte sich wohl mit seinen vielen dynamischen und modernen Konstruktionen übernommen. Das Produktionsprogramm war breit gestreut und enthielt neben drei verschiedenen Automarken und Klassen auch Lkw´s, Militärfahrzeuge und sogar den Hubschrauber Kolibri. Die Konkurrenz lag auf der Lauer; sie tat ihr bestes um Rivalen aus dem Geschäft zu drängen und so geschah es eines Tages, nach langem Bangen, dass uns die tödliche Nachricht von der Pleite Borgwards erreichte; denn unser Betrieb war neben einigen Vertretungen landwirtschaftlicher Maschinen total abhängig vom Bremer Werk! Wir waren alle erschüttert und über uns hing die bange Frage: was nun ?

Gründlich und professionell, wie wir Deutschen ja nun ´mal sind, setzten sich Bruder Klaus und Thomás 24 Stunden lang hin, grübelten bis ins letzte Detail alles nur Mögliche aus und schrieben es nieder, wie sich unsere Firma wohl am besten aus diesem Dilemma retten könnte. Unser Manifest, das viele Seiten umfasste, übergaben wir dem Chef in dem tiefen und ehrlichen Glauben einen positiven Beitrag als Teilhaber geleistet zu haben.

Aber - hustekuchen-, genau das Gegenteil trat ein! Der Chef berief eine Betriebs-Versammlung ein und das in einem Moment an dem wir beide nicht anwesend waren, so dass wir nicht daran teilnahmen und auch nichts davon wussten. Am nächsten Tag schlug mir eine Welle von Unbehagen entgegen, die ich anfangs nicht einordnen konnte. Ein Kontakt war abgebrochen, Blicke wichen aus, Gespräche wurden vermieden, ich fühlte mich wie ein Aussätziger und das war gar nicht so einfach zu verkraften, weil wir beide ahnungslos waren. Natürlich näherten sich schnell, aber vorsichtig die Freunde und gaben uns Nachricht von der Versammlung und ihrem Ausgang gegen uns „schwarze Schafe", die nicht mehr im Vertrauen der Firmenleitung stünden; wir würden das Betriebsklima vergiften. Das wühlte mich natürlich auf. Ich wusste nicht wohin mit meiner Sprachlosigkeit; denn nun kam neben der Borgwardpleite auch noch meine persönliche Pleite mit der Firma hinzu, in der ich als führender Angestellter arbeitete und Teilhaber war und keinerlei Begründung finden konnte, weshalb mir das geschah, war doch unser Vorschlag zur Betriebssanierung im ehrlichsten Masse gut gemeint, von unserer Sicht aus!

Erst jetzt, beim späten Niederschreiben dieser damals unschönen Begebenheit, versuche ich nachzuvollziehen, was wohl den Chef veranlasst haben mag uns gegenüber so zu reagieren und komme zu dem Schluss, uns Brüder als Projektion seiner Ohnmacht benutzt zu haben, indem ihm unser Manifest der strengen Rationalisierung und Neuorientierung grosses Unbehagen bereitete. Er manöverierte sich so in eine Position, die eine Rettung seines Betriebes sorgloser und leichter erscheinen lassen konnte, gegenüber unserer strengeren Rationalität, was dem zweifelslos latainischeren Charakter, auch des Deutsch- Chilenen, natürlich näher kam. Unser Vorschlag könnte also dazu benutzt worden sein ein Feindbild aufzubauen, um Verantwortung durch eine solche Projektion abzugeben, zudem dann auch noch an uns "Reichsdeutsche", die auf irgendeine Art nun schuldig geworden waren an der Misere der „reichsdeutschen Pleite in Bremen". Das menschliche Miteinander kann dermassen viel Kreativität entwickeln, um mit seinen unbewussten Strömungen überleben zu können, wie wir meinen, das es oftmals sehr kompliziert und komplex erscheint, überhaupt noch eine Lösung, ein Verständnis zu finden, die dann zur „Heilung" führen könnte, weil sonst der Stachel zu tief sitzt, sich entzündet und ständig piekst!

Das Niederschreiben meiner Lebensreise ist ja der Versuch eines Heilungsprozesses, weshalb solche tiefbewegenden Erlebnisse zu Verständnis und Vergebung führen. Allerdings war mir damals die Wut viel näher als eine Vergebung, was uns beiden Brüdern auch die Kraft gab unmittelbar mit dem Chef und der oberen Firmenleitung zu sprechen, um uns Klarheit zu verschaffen, was umgehend mit der fristlosen Kündigung endete!

Da mein 2 Jahresvertrag sowieso bald auslief, verkürzte sich mein Arbeitsverhältnis um 6 Wochen. Der Kontrast innerhalb von knapp zwei Tagen vom vollwertig anerkannten Abteilungsleiter ins Niemandsland gestossen zu werden ist eine grosse Erfahrung und Herausforderung zugleich. Bei mir konnte sich ein Opfersein nur ganz am Anfang der Ungewissheit einschleichen; denn das Ausweichen und Missachten der anderen, machten mir zu schaffen, nachher konnte ich schnell die Unsinnigkeit dieses Geschehens erkennen, was sich dann noch vertiefte,

als nach einer Teilhaberversammlung, natürlich ohne uns, wir Gebrüder verunglimpft wurden: >die Ratten verlassen das sinkende Schiff<, obwohl ja wir gekündigt wurden und nicht umgekehrt. Durch all diese Umstände waren wir letztendlich die einzigen Teilhaber, die tatsächlich ihr Geld aus der Firma zurückerhielten als logische Folge unserer fristlosen Kündigung. Im Nachhinein tat uns das alles sehr gut. Wir waren tatsächlich die Glücklichen, die dann, gerade noch drei Tage vor einer 30 % tigen Abwertung der chilenischen Währung gegenüber dem Dollar, unser gepumptes Geld von Muttern und Freund zurück in DM tauschen konnten und dadurch überhaupt erst auf die Idee einer eigenen Firma kamen; denn nun hatten wir ja wieder eigenes, gepumptes Kapital und konnten uns überlegen damit etwas selbständiges anzufangen.

Am Tag der fristlosen Entlassung mussten wir umgehend das Feld räumen, sodass ich im ersten, wütenden Moment nur meine persönlichen Sachen aus meinem Schreibtisch einpackte und mit nahm, nicht aber meine eigenen Arbeitsunterlagen, die ich mir aus Deutschland mitgebracht hatte und die die Basis beim Aufbau der Ersatzteileabteilung waren. Was nun? Ich entschloss mich in der Mittagszeit mit dem Jeep in die Kellereinfahrt zum Ersatzteillager zu fahren und meine Unterlagen zu holen, weil ich befürchten musste, sie könnten mir den Zugang verweigern. Solche Vermutung lag natürlich auf der Hand vor dem Hintergrund einer fristlosen Entlassung. Mir war, obwohl ich mich rechtens fühlte, nicht so ganz wohl dabei und genau dieses Unbehagen wurde später zur Gewissheit, als ich schon längst mit all meinen Sachen zu Hause war.

Der Chef stellte vor kürzester Zeit einen älteren Mann in unsere Ersatzteilabteilung ein, der für die Werkstattausgabe und den Versand zuständig sein sollte. Er war balkanischer Herkunft, hatte aber von diesem Job keine Ahnung, gab sich aber Mühe und tat sein Bestes. Da er vom Chef selbst, wohl auf Grund einer persönlichen Verpflichtung, eingeteilt worden war, fühlte sich dieser wiederum seinem Gönner gegenüber verpflichtet und erzählte ihm von meinem geheimnisvollen Erscheinen wärend der Mittagszeit was dann wohl als Diebstahl ausgelegt wurde, allerdings nicht nur wegen den Unterlagen, sondern wegen der Ersatzteile selbst. Ich hörte von meinen Angestellten, die immer noch zu mir hielten, was vorgefallen war. > Die Hölle war los < meinten sie, als der Chef nach der Mittagspause zusammen mit seinem Informanten in die Ersatzteileabteilung eilte und ein sofortiges Inventar anordnete zu dem die ganze Firma in den Keller geschickt wurde, um zu zählen, selbst die Geschäftsleitung zählte mit. Die Situation sei zum Kochen gewesen, wärend Klaus und ich uns erleichtert zu Hause zurück-lehnten und von dem Affentheater erst später erfuhren. Nach kurzer Zeit gaben sie das Zählen auf, das war ihnen dann doch zu viel und Bestands-Differenzen zwischen Lager und Kartei gab es auch keine.

All das liess mich erkennen, dass der Chef grosse Wut auf uns hatte und alles versuchte, uns immer mehr in eine Schuld zu verstricken. Als Dank an seinen braven Informanten, setzte der Chef ihn als Abteilungsleiter ein, was wiederum grosse Revolution in derselben Abteilung hervorrief . Der Chef jedoch blieb dabei, drohte mit Entlassungen wenn seine Anordnungen nicht befolgt würden und musste natürlich nach einiger Zeit selbst feststellen, dass das nicht funktionierte. Mich ging das alles nichts mehr an und immer mehr genoss ich das Freisein von solchen Manipulationen und lachte mir, nach all diesem Affentheater, ins Fäustchen.

Als wir dann unser Geld hatten und ich mein Rückflugticket nach Deutschland, setzte ich mich ins Flugzeug und begrüsste überglücklich meine Mutter, den Vater und die alten Freunde in Hamburg. Nach zwei Jahren wieder heim im Reich liess mich vor Freude überlaufen. Mein Vorhaben nun war Borgwardersatzteile, und zwar diejenigen, die den grössten Verschkleiss und damit den erfolgreichsten Verkauf garantierten, in Deutschland einzukaufen, da wir ja direkt nicht an die Originalteile herankamen, das war den Vertretern vorbehalten. Mit einem gebraucht gekauften VW- Käfer fuhr ich übers Land und kaufte ein was ich kriegen konnte. Ein alter Freund, unser früherer Nachbar von gegenüber, hatte eine eigene Handelsfirma. In seinem Wohnzimmer nagelte ich die Kisten zusammen, um die gekauften Teile, exportmässig verpackt, über ihn nach Chile an unsere neue Firma zu exportieren, die Bruder Klaus inzwischen gegründet hatte. Unsere Kenntnisse über den chilenischen Ersatzteilemarkt, nicht nur für Borgwardfahrzeuge, war unser grösstes Kapital. Da pleite gegangene Maschinen- oder Autofabrikanten einem Gesetz zu folge über viele Jahre die Ersatzteileversorgung zu garantieren hatten, war unsere nächste Zukunft erst einnmal gesichert. Hartwig tippte die Exportrechnungen und sonstigen Exportpapiere mit dem er sich seine Prozente verdiente, wärend ich die Kisten mit einem Spediteur in den Hafen karren liess.

Das Geld war ausgegeben. Ich suchte mir nun die billigste Rückreise nach Chile und fand einen Platz auf dem Auswanderschiff "Japeyu" von Hamburg nach Buenos Aires. Der Abschied war traurig; denn Muttern und die Freunde wieder zurückzulassen fiel mir gar nicht so leicht. Der Entusiasmus für unser neues Vorhaben war aber so gross, dass meine traurigen Gefühle so schnell hinter dem Horizont verschwanden wie Hamburg selbst im Kielwasser der „Yapeyu". In Vigo kamen dann Saisonarbeiter aus Galizien an Bord, die in Brasilien und Argentinien bei der Ernte helfen wollten. Sie waren an Bord ähnlich untergebracht, wie wir damals bei unserer Aussiedlung aus Stettin, auf riesigen Strohsäcken in den Ladeluken. Das war eine lustige Fahrt, jedoch war dieses Alleinsein für mich auch nicht immer so das richtige; denn eine gesunde Mitte mit anderen Menschen zu finden, fiel mir gar nicht so leicht: entweder suchte ich schnell und problemlos Intimität, was mir wegen einer gewissen Schüchternheit nur selten gelang.

Es tat mir aber gut, wenn es dann geschah. Ich konnte auch schnell in ein Verliebtsein hineintrudeln, oder aber ich hielt mich auf Distanz, weil ich auf die Dauer mit dem allgemeinen Gelaber nichts anfangen konnte. Konversation, der Konversation zuliebe, war nicht mein Ding. Ich wollte immer einen direkten Draht übers Gefühl und Vertrauen, dann konnte ich auch mit Begeisterung quatschen! Allerdings ist es für mich, Distanz zu bewahren, immer auch mit einem Gefühl von Stolz und Trennung verbunden, was der Seele gar nicht gut tat und ich mich einsam fühlte. Zum Glück brachte ich mir für solche Momente ein Büchlein mit, durch das ich mich wieder mit meiner Kraft verbinden konnte. Es half mir, meine Art zu sein zu akzeptieren und zufrieden damit zu sein. Der kleine Prinz erzählte mir was ich ja schon wusste, aber wieder vergessen hatte: > das wichtigste in meinem Leben ist glücklich zu sein <! Dieses Neuerkennen gab mir so viel Kraft, dass alle Bedenken, Zweifel und Einsamkeiten verflogen waren. Es war auf einmal völlig egal mit wem ich sprach, oder mit wem ich mich mehr einliess, da war nichts mehr zwischen mir und den Anderen, keine trennenden Gedanken, es war so, als würde alles zusammenfliessen und ich nur noch in jedem Moment präsent war. Alles was war und ist verschmolz im Jetzt! Der kleine Prinz hat mir Mut gemacht. Tränen liefen mir übers Gesicht, ja, da ist ES ja wieder!

In Santos gingen wieder viele Spanier von Bord, um bei der Ernte zu helfen und in Buenos Aires war dann auch unsere Reise zu ende.

Es ging nun durch den unangenehmen Zoll. Als sie meine Ersatzteile entdeckten, ich hatte noch einige Teile im Reisegepäck, um sie nach Chile zu schmuggeln, wurden sie sehr stutzig, nahmen mir die Teile und meinen Pass ab. Ich beteuerte ja Transitpassagier nach Chile zu sein, worauf man mich nach Stunden des bangen Wartens mit Pass und Teilen laufen liess. Die erste Hürde war genommen. Ich nahm den Zug von Buenos Aires nach Santiago. Die Fahrt führte stundenlang duch die Pampa Argentiniens. Die Eisenbahnwagen waren wie in Chile noch aus Holz mit schönen Einlegearbeitern an den Gängen und in den Abteilen. Das Schienenbett war alt und weich, so dass sich die Gleise unter der Last der schweren Waggons bogen, wodurch sich die ganze Holzkarosserie hin und her schob. Um ein Schiebefenster zu öffnen musste ich abwarten bis der hölzerne Aufbau wieder gerade im Winkel war; denn sonst verklemmte es sich und war nicht mehr zu bewegen. Es war sehr heiss, aber diese wunderbare Energie des Glücklichseins macht alles zu einem dankbaren Erlebnis.

Wärend meiner Deutschlandreise besorgte Klaus unser Firmenlokal, am Anfang einer langen Strasse im alten Santiago, wo es überall Autoersatzteilgeschäfte und Werkstätten aller Art gab. Das Lokal war ganz klein und abgetrennt von einem Frauen-Frisörladen, die den einfachen Frauen aus der Umgebung noch mit heissen Brennscheren Wellen in die weibliche Mähne pressten. Dementsprechend roch es bei uns; denn unsere Trennwand war lediglich aus Presspappe. Da es zu jener Zeit äusserst schwierig war in Santiago ein Telefonanschluss zu bekommen, boten uns die lockeren Frisösinnen ihr Telefon zur Mitbenutzung an, sodass wir uns eine kleine Durchreiche zimmerten, um so das Telefon mit benutzen zu können. Manchmal kam es natürlich zu den ulkigsten Situationen, weil die kecken Mädchen, anfangs schon aus Gewohnheit, meistens den Hörer abnahmen und für sie vollkommen ungewöhnliche Fragen über Auto-Ersatzteile beantworten sollten, erwarteten sie doch einen Anruf von Freunden oder Kundinnen! Es war nicht selten, dass sie mit unseren Kunden, die ja meistens Männer waren, flirteten.

Wir waren sehr stolz auf unsere eigene, kleine Firma. Klaus hatte Holzregale gezimmert, und als unsere Kisten endlich heil aus Hamburg eintrudelten, dekorierten wir die Regale mit den Ersatzteilen, die bei weitem nicht ausreichten, um die Regale zu füllen. Hinten hatten wir noch einen kleinen Raum, den wir uns provisorisch als Büro einrichteten. Aus den Holzkisten zimmerten wir uns Schreibtische. Ein Klo oder Waschbecken gab es nicht bei uns. Zum Pinkeln zielten wir in eine Korbflasche. Das musste auch geübt werden und jeder fand den besten Trick für sich heraus. Für grössere Geschäfte gingen wir in eine der Bars unserer Umgebung. Die Korbflasche nahmen wir mit nach Hause und dünkten unseren Garten. Manchmal wurde sie vergessen, dann empfing uns ein ätzender Gestank am nächsten Morgen.

Wir waren fast fertig zur Firmeneröffnung, als wir unserem kleinen Laden doch noch einen besonderen Kick geben wollten. Am rechten Eingang mauerten wir eine unverputzte Backsteinwand mit unseren blossen Händen. Das sah prima aus, nur unsere Handflächen waren rosarot und hatten kaum noch eine Haut über dem nackten Fleisch. Der Mörtel und die Reiberei mit den Handflächen ätzte uns die Hornhaut von den Händen. Auf die in Stufen abfallende halbhohe Mauer stellten wir grüne Rangpflanzen. Dazwischen hingen farbige Bilder der Borgwardmodelle für die wir Ersatzteile anbieten konnten. Zur Eröffnung annonzierten wir im Mercurio, dem einflussreichsten Blatt Chiles und auf gings!

Einer der ersten Anrufer war natürlich einer der Chefs unserer Ex-Firma, der sich vergewissern wollte, wer wohl hinter der neuen Konkurrenz steckte und böse wurde, als er uns erkannte. Wir fühlten uns frei und happy! Das Geschäft fing schnell an zu florieren. Wir verdienten Geld und investierten in neue Aufträge.

Der ganze Witz beim erfolgreichen Handel ist es ja eine Lücke zu finden, dort wo die Nachfrage gross und dringend ist und das Angebot, aus welchen Gründen auch immer, nicht nachkommt und das für eine vorausschaubare längere Zeit. Nun war es wichtig günstige und qualitativ gute Lieferanten zu finden, das Geschäft auf andere Marken und Modelle auszudenen und eine Vertrauenbasis zum Kunden aufzubauen. Wir arbeiteten viel und gerne und genossen unsere Prosperität. Unser Geschäftslokal wurde zu klein. Nachdem wir schon einen hölzernen Zwischenstock eingebaut hatten, der schon anfing sich unter der Last der Autoteile durchzubiegen, hielten wir Ausschauh nach neuen und grösseren Räumlichkeiten und wurden schliesslich fündig. Nach dem Umbau und Anpassung des neuen Lokals an unsere Bedürfnisse, zogen wir um und fühlten uns wie die Prinzen in der neuen, fast schon eleganten Grosszügigkeit. Wir stellten Hilfskräfte ein, um uns abkömmlicher zu machen. Unser Freund Franz, der nach unserem Ausscheiden aus der Borgward-Vertretung auch in eine andere Ersatzteilfirma übergewechselt war, kam nun wieder zu uns. Wir borgtem ihm Geld, damit er bei uns Teilhaber werden konnte. Er war für den Verkauf zuständig, Bruder Klaus als Chef > vons ganzem < übernahm die Buchhaltung, Bank und Geldangelegenheiten, Import-Abwicklung und die Steuern und ich sass in der Mitte, sorgte in erster Linie für den Warennachschub, Lieferanten, Preiskalkulation und Lagerorganisation.

Mit Franz bekam ich Probleme. Er als Verkäufer musste natürlich die Kasse und die Warenkartei führen; denn gut geführt erleichtert es die Arbeit und ist hilfreich, ja notwenig für Nachbestellungen. Schlecht geführt vermittelt es Chaos und einen zusätzlich grossen Arbeitsaufwand, um die Fehler zu erkennen. Letzteres passierte fast täglich und mein Perfektionismus, jedenfalls in dieser Angelegenheit, duldete keine grossen Ungenauigkeiten und damit begann ein ständiger Krieg mit dem Franz, der uns beide mürbe machte. Er konnte die Wichtigkeit einer stimmenden Kasse und Kartei nicht nachempfinden, sodass eine Integration für ihn nicht möglich schien, was mich zur Raserei brachte.

Auf der anderen Seite, wenn wir uns am Abend nach getaner Arbeit in unserer Stammkneipe mit anderen Freunden trafen, war unser Franz der Redegewandteste von allen und ich wünschte mir manches Mal, so ganz im stillen, möge er doch auch so fliessend und leicht mit seiner Kasse und Kartei umgehen können. Die Gläser klangen, Witze wurden erzählt, wir alberten herum und lachten viel. Bald bildete sich ein Stammtisch, zu dem sich auch immer mehr Chilenen gesellten und unseren King, den Franz bewunderten. Aber diese Gegensätze schmälerten nur in Momenten unsere Freundschaft, tiefer drinnen mochten wir uns und zogen schliesslich zusammen in ein kleines Gartenhaus. Ich mietete mir ein Klavier und fing an zu klimpern, einfach so, still vor mich hin, oder gar laut damit mich alle hören konnten, wenn meine Musikideen (Noten kannte ich nicht) mit den Klaviertasten übereinstimmten!

Inzwischen hatten wir alle unsere Autos, unsere Borgward Isabellas. Nebenbei probierten wir die unterschiedlichsten Jeeps aus, mieteten uns Ferienhäuser über die Sommermonate an der Küste und fuhren mit dem offenen Jeep über kilometerlange, fast unberührte Sandstrände, oder machten Wochenendausflüge in die Hochcordillere. An den Wochenenden waren wir meistens unterwegs.

Gleich zu Anfang lernte ich zwei sehr lebendige deutsche Schwestern kennen, die eine Generation älter als ich waren. Ihre Tochter Babuschka mochte ich gerne. Wir waren oft zusammen, aber leider entpuppte sie sich für mich als sehr lahm. Sie schaffte es einfach nicht am morgen unserer Ausflüge pünktlich auf der Matte zu stehen. Unsere Ausflugsvorhaben waren immer sehr spontan und dynamisch und es brauchte für Mitfahrer, die an den Wochenenden gerne länger schliefen, wohl viel Kraftaufwand, um da mithalten zu können. Aber jeder wählt schliesslich seine Vorlieben aus und lebt sie, das macht ja das Miteinander so spannend.

Als Bruder Klaus seine Lynda traute meinte ich zu Babuschka: dass wir beide nun verlobt seien. Für mich war das eher ein Spass im Schwips, für Babuschka aber tiefer ernst. " Verzeih mir Babuschka, das war nicht respektvoll von mir"! Später heiratete sie einen deutschen Künstler, der einen Lehrstuhl an der chilenischen Kunsthochschule inne hatte.

Nach Chile kamen auch die deutschen Kammerspiele, ein Theaterensemble, das von Deutschland aus, kultursubventioniert eine jährliche Südamerika-Tournee unternahm und alle die Länder besuchte, die einen grösseren Anteil deutschsprachiger Bevölkerung hatten. Chile war ihr Stammsitz zum Einstudieren; sodass wir die Gruppe für längere Zeit in Santiago hatten. Neben einigen Stammschauhspielern, waren auch jährlich Neue dabei, die wir kennenlernten und teilweise auch auf unsere fiestas einluden. Angefreundet hatte ich mich mit Stefi, die über mehrere Jahre die Sekretärin des Direktors war, weshalb ich immer in engem Kontakt mit der Gruppe war. Mir lag dieses Künstlerambiente sehr. Hier und da spürte ich Schmetterlinge im Bauch. Die Stefi hatte es mir immer mehr angetan. Wir hatten eine schöne, sehr lustige und spannende Zeit miteinander.

Da wir über den Sommer viel an der Küste waren, schnupperte ich natürlich auch Seglerluft in Algarrobo, einem freundlichen Badeort mit Yachtclub und Seebrücke. Es dauerte gar nicht mehr lange das ich mir einen gebrauchten >Flying Dutchman< kaufte, eine moderne, schnelle Segelyolle, die ich überholte und mit unserem derzeitigen DKW-Jeep von Santiago an die Küste zog. Im Club empfing mich mit grossem Toha Bohu der FD-Klassensekretär und nagelte mich sofort fest an der nächsten Regatta teilzunehmen. Nun war ich zwar ein Segler, hatte aber vom Regattasegeln keine Ahnung und kaufte mir das Boot auch nicht, um Wettsegeln gegen andere FD-Eigner zu machen. Nun sass ich wohl in der Tinte; denn die FD´ler waren geradezu süchtig auf den Wettkampf mit möglichst hoher Beteiligung dieweil die aktiven FD-Segler nicht viel mehr waren als man sich an den fünf Fingern abzählen konnte. Ich paukte mir die wichtigsten

Regeln ein, die über das normale Segeln hinausgingen und die für Regatten äusserst wichtig waren. Da gab es Tricks bei Überholmanövern, die den Gegner schnell in eine missliche Lage bringen konnten und vieles mehr. Meinen Freund Franz, da er gross und kräftig war, nahm ich mir als meinen Vorschot- und Trapezmann und wir beide starteten die erste Regatta unseres Lebens, nachdem ich den anderen Teilnehmern beteuert hatte, weder von dem Boot, noch von Regatten irgendeine Ahnung zu haben. Das alles fand nun auf dem Pazifik statt, der sich ständig in seiner hohen Dühnung wiegt. Wir beide starteten und gewannen unsere erste Regatta. Das war pures Glück, weil wir bei wenig Wind einen Kurs segelten, der uns mehr Wind schenkte als den anderen. Wir konnten es kaum fassen und wurden gefeiert, man glaubte uns nun das anfängliche Gerede über unsere Unkenntnis nicht mehr und band uns immer fester in die FD-Gruppe ein. Unser erster Erfolg forderte uns natürlich heraus, törnte uns an, auch in Zukunft mitzumachen und weitere Siege zu erhaschen! So geht das dann, und scheinbar gewinnt man bei solchem Wettstreit an Kraft und Selbstwertgefühl. Es kann aber auch anders kommen. Im Club waren auch >Lightnings< in grösserer Anzahl vertreten, und, wie mir schien, die von einer gehobeneren Schicht von Männern gesegelt wurden und die FD-Klasse eher mit Dünkel betrachteten, sich und ihre Boote als schneller und besser einstuften. Ohne es zu wollen zogen Franz und ich eines Tages mit unserem Flying Dutchman an einem von ihnen mit solcher Leichtigkeit vorbei, dass er keine Chanze hatte uns einzuholen und von dem Moment an sahen sie die Flying Dutchmänner mit anderen Augen an. Ich selbst wusste von diesem Boots-Klassenkrieg in jenem Moment noch gar nichts und erfuhr es erst von dem Lightning-Segler, der mich später im Club zur Seite nahm und meinte, dass er noch nie von einem FD eingeholt oder gar überholt worden sei und nun eine andere Einschätzung von unserer Bootsklasse haben konnte. Solche Geschichten machten uns natürlich stolz; denn kaum angefangen in Chile zu segeln, waren wir schon in Seglerkreisen integriert und das mit viel Leichtigkeit und inocencia.

    Wärend einer anderen Regatta kenterten wir. Franz hatte viel zu tun, um unter dem Grosssegel hervorzukommen, denn wir kenterten nach luv, was eher ungewöhnlich war, weil nach einer starken Bö der Wind ausblieb und der Franz draussen im Trapez hing. Dadurch kam er unter die Segel und konnte kaum auftauchen. Aber es blieb bei dem Schrecken. Es gelang uns aber nicht das Boot aufzurichten. Wir trieben kieloben im kalten Wasser ab, sassen auf dem umgedrehten Rumpf und erst nach langer Zeit bot man uns Hilfe an, nicht aber fürs Boot, so dass wir weiterhin auf dem Rumpf sassen und wütend auf Rettung, auch fürs Boot, warteten. Schliesslich zogen sie uns mit einem Motorboot ganz langsam zum Club zurück, wobei der Mast sich total verbog. Ich reklamierte lautstark über die mangelhafte Regattaorganisation, wunderte mich nachher selber über meinen Wortschwall und weinte fast um den verlorenen Mast, der in Chile nicht zu bekommen war. Einer der Regattaleiter beruhigte mich, es war genau derjenige, der uns beiden Rettung anbot aber nicht dem Boot , und meinte, dass er noch einen Mast von seinem alten FD zuhause hätte, was mich ungemein freute! Aller Frust war vergessen. Ich war glücklich und überholte nun meinen FD zum zweiten Mal.

Wir feierten eine grosse Bootstaufe im Haus von Bruder Klaus, der auf einem grossen, grünen parkähnlichem Grundstück ein Haus gemietet hatte. Ein gerade importierter schwarz-rot-goldener Spinnacker wurde gehisst und die Abendbrise füllte den halben Ballon zuweilen so, dass sich das Boot auf dem Hänger zu bewegen schien. Viele Freunde kamen, unter ihnen die Kammerspieler, von denen Jan ein ausgezeichneter Pianist war. Ich mietete ein Klavier für ihn, das wir mitten in den Garten stellten und Jan nahm alle Verkleidung ab, so dass das Klavier fast nackt fröhlich durch den Garten klang. Es war ein gelungenes Fest, dem viele erfolgreiche und verlorene Regatten folgten.

Ich brauchte natürlich immer einen Vorschotmann, der möglichst gross, gewichtig und beweglich sein sollte; denn dem Franz war nach unserem Kentermannöver die Lust vergangen.

An der deutschen Schule in Santiago lehrte die blonde sportliche Heide aus Deutschland. Sie kannte durch ihre offene und fröhliche Art viele Menschen aus der deutschen Kolonie und machte mich mit der Familie Wollert bekannt, die mit ihren zwei Kindern etwas ausserhalb auf dem Land lebten. Sohn Bastian wollte sich als Vorschotmann probieren. Wir freundeten uns an und mochten uns sehr. Fast jedes Wochenende fuhren wir mit dem Zelt an eine Lagune wo sich die Flying Dutchmänner etabliert hatten, und übten uns in >pichangas<, das sind kleine Wettfahrten, um für die Meisterschaften zu trainieren, die wir dort auch austrugen.

Die Familie Wollert entwickelte sich für mich zu einer sehr liebevollen Beziehung. So oft ich konnte war ich bei ihnen und genoss ihr sehr gepflegtes und kultiviertes Landleben, obwohl auch sie in der Stadt tätig waren.

Ich fühlte mit der Zeit mein Herz höher klopfen für ihre Tochter Julia und bat um ihre Hand, obwohl ich mir nicht sicher war, ob ich wirklich diesem Antrag gewachsen war. Einmal glaubte ich alt und erfahren genug zu sein, um eine Familie gründen zu können, auf der anderen Seite spürte ich, dass wir für solch tiefgreifende Entscheidung doch nicht zusammenpassen würden und ich ihr in meinem wilden Freiheitsdrang nach Ungebundenheit nicht das bieten konnte, was sie und ihre Eltern sich als Lebenspartner vorstellen konnten. Mit viel Feingefühl redeten sie mir das auch aus, ahnten sie wohl auch, dass ich in vieler Hinsicht über die normalen Grenzen hinausschoss; denn Sie waren doch sehr in traditionelle und anspruchsvolle Lebensgewohnheiten eingebunden.

Über die Wollerts lernte ich auch Jane und ihren Mann Georg kennen. Beide liebten das Leben in Künstlerkreisen. Bei ihnen ging es immer hoch her mit viel Festen und Spielen, mit viel Lachen aber auch Tränen. Janes Nichte Sabine kam aus Europa zu Besuch und lebte sich schnell und mit viel Lust in Chile ein. Sie war für mich eine junge Frau mit der man Pferde stehlen konnte. Zwischen uns beiden baute sich ein tiefes Vertrauen auf. Wir mochten uns immer mehr und wurden zu echten Freunden. Bastian machte sein Abitur und sollte nun in Deutschland studieren. Ich verlor einen lieben Freund und guten Vorschotmann. Adios amigo y hasta siempre!.

Mit Pablo, einem gewitzten FD-Segler, gewannen wir die chilenischen Meisterschaften und er machte mir den Vorschlag an der Olympiade für Chile in Mexico teilzunehmen. Da das aber ein halbjaehriges hartes Training mit vielen Entbehrungen und Kosten mit sich brachte, musste das nicht unbedingt etwas für mich sein!

7. Reise: > CAMPER TOUR > quer durch Las Americas

Eines Tages kam Heide mit dem Vorschlag zu mir: einen VW- Camper, der Freunden gehörte, zurück nach New York zu überführen. Es würden lediglich die Fahrtkosten und eventuelle Reparaturen des Fahrzeuges anfallen. Schnell entschlossen griffen wir beide zu, verschifften den Camper von Valparaiso nach Panama auch aus dem Grunde, weil zwischen Columbien und Panama die Carretera Panamericana wegen unüberwindlichen Sümpfen nicht gebaut werden konnte und eine Verschiffung von Columbien nach Panama kaum billiger aber entschieden komplizierter war.

So flogen wir beide zur angemessenen Zeit nach Panama, nahmen unseren Camper in Empfang, richteten uns in unserem neuen Häuschen auf Rädern ein und los ging unsere Reise gen Norden. Die erste Nacht wurde sehr ungemütlich, dieweil wir im Kanalgebiet, das damals noch von den Amerikanern kontrolliert wurde, keinen Parkplatz fanden der nicht verboten war. So gab es im gesamten Kanalgebiet keinen Stellplatz, der nicht kontrolliert wurde. In diesem Moment der ersten Kontakte mit dem - way of life - der Nordamerikaner, kam ich für mich zu dem Schluss einer „intransigenten", prepotenten Freundlichkeit, die uns total auf die Nerven ging. Wo wir auch standen fanden sie uns, bis ich lautstark reklamierte und wir schliesslich bleiben durften.

In Panama selbst erlebte ich zum ersten Mal schwarze Menschen und spürte genüsslich ihre Andersartigkeit, ihre schwingenden Körper, gestenreiche Ausdrucksform, ihre dunkle Farbe und anderen Gesichtern; > whow < dachte ich, welche Vielseitigkeit auf unserem Planeten und als wir Tage später durch den Dschungel von Costa Rica fuhren, begegneten uns wieder ganz andere schöne Menschen, die da zu Hause waren. Überall in diesem Land erlebten wir viel Freundlichkeit, bestiegen in San José den Vulkan und guckten in den Kraterschlunt mit dem leicht ungemütlichen Gedanken eines Ausbruchs, jetzt, in diesem Moment. Auf der anderen Seite stellte ich mir vor: dort geht's direkt in die Hitze unserer tiefen, glühenden Erde.

Unsere Fahrt führte uns nach Nicaragua, am See entlang, bis wir Managua erreichten und weiter nach Honduras. Nur ein verhältnismässig kleiner Landstrich besitzt Honduras an der Pazifikküste und dehnt sich mehr nach dem Nordosten aus, den wir nicht sahen.

Nicaragua empfand ich als das genaue Gegenteil zu Costa Rica. Energetisch schien dieses Land nicht meinen Vorstellungen zu entsprechen, besonders wohl auch deshalb, weil es mir in Costa Rica einfach gut ging und ich dieses Gefühl natürlich beibehalten wollte, es mir aber nicht gelang, weil die Umstände andere waren. Ich konnte mein gutes feeling nicht auf Nicaragua übertragen und meine missglückte Projektion suchte den Schuldigen im Land selbst. Es tut mir leid Nicaragua! Aber ich lernte, zwar mit Widerständen, neue, andere Realitäten notgedrungen zu akzeptieren, wurde durch die Reiseumstände dazu getrieben, freute mich in Costa Rica, litt in Nicaragua und ohne mich weiter darum zu kümmern, flüchteten wir eher von hier und aalten uns nun in der Sonne am Strand von Honduras. Dabei wagten wir uns mit dem Camper zu nah an den Strand, die Räder vergruben sich im Sand. In solchen ersten Momenten schlich sich bei mir der fatale Gedanke ein >das ist aussichtslos hier heraus zu kommen<! Aber da kam auch schon ein freundlicher Mann und machte sich mit Heidi da hinten am Wagen zu schaffen, wärend ich am Steuer sass mit viel Gefühl und allen Tricks mit dem Gaspedal, der Kupplung und den Gängen versuchte das Vehikel wieder flott zu bekommen. Es war und ist für mich immer wieder erstaunlich, wie effektiv und hilfreich in solchen Situationen das Nachschieben auch nur einer Person sein kann; denn schliesslich war es ja eine Tonne Auto, die da im Sand steckte. Schnell waren wir wieder flott.

Als Heidi sich dann wieder neben mich setzte, war sie ein wenig hektisch und verstört. Ausserdem liess sich der hilfreiche Mann gar nicht mehr blicken, um mich erkenntlich zeigen zu können, nein, er hatte sich auf eine ganz andere Art seine Mithilfe verdient. Nachdem Heidi sich beruhigt hatte, sprudelte es aus ihr heraus. > Stell dir vor Thomás, er half mir hinten schieben mit einer Hand und mit der anderen knöpfte er seine Hose auf, holte seinen steifen Pimmel heraus und stellte sich so zur Schau! Ich wusste nicht was ich machen sollte, empfand aber seine Hilfe auch wichtig für uns, weshalb ich versuchte keine Notiz von dieser ungewöhnlichen Situation zu nehmen und als wir flott waren zog ich mich schnell zu Dir ins

Auto zurück<! Ich dachte bei mir, dass es wohl auch andere Männer gab, die sich von Heidi angezogen fühlten und deren Reaktionen halt unterschiedlichster Art sein mögen, so dass die seltsamsten "Blüten" blühen, die zweifelsohne erschrecken können.

Wenn wir beide zusammen waren und uns liebten, passierte genau das Gegenteil von diesem ungewöhnlichen Erlebnis. Das, was ihr dort Schrecken einjagte, berührte sie nun zutiefst und sie war zu aller Fantasie bereit die uns einfiel, immer angetörnt von der freien und wilden Natur. Viel Spass machte es im Wasser, Fluss, See oder dem Meer und selbst in einem frischen Bächlein tief unter einer hohen Autobahnbrücke tobten wir uns lustvoll aus. Die Offenheit und Ehrlichkeit zwischen uns machte die Reise zu einem grossen Geschenk. Es gab keine Geheimnisse zwischen uns und wenn wir Menschen sahen, die uns gefielen, ob Männlein oder Weiblein, hatten wir gemeinsam unseren Spass und unsere Freude mit ihnen. Ich fühlte mich vogelfrei und ungebunden und doch in grosser Gemeinsamkeit mit ihr auf unserer abenteuerlichen Reise durch die Amerikas.

Über El Salvador kamen wir nach unserem heiss ersehnten Guatemala. Dort auf den Märkten faszinierte uns die bunte Handwerkskunst mit gewebten Tüchern, Teppichen, Decken und der Töpferei. Es quirlte förmlich von Menschen und Waren und wir quirlten lustig mit, waren ganz ausser uns. Da war aber noch viel mehr zu sehen als nur die Hauptstadt und so gondelten wir hoch in die Berge hin zu einem magischen Ort, der, soweit ich mich erinnere, Chichicastenango heisst. Dort in der Kirche standen keine Bänke und die Einheimischen benutzten diesen Raum um ihre vorchristlichen Feuerrituale abzuhalten. Mit Singsang, Trommeln und beschwörenden Worten beteten sie zu ihrem Gott. Dabei zu sein und sich einzuklinken wirkte tief in mir. Man sagte uns; es sei der einzige Ort wo in einer christlichen Kirche solche Rituale abgehalten werden durften. Aber in Wirklichkeit war das sicherlich die gesündeste Mischung glaubhafter Spiritualität für die Nativos!

Dann, später, als wir wieder ins Freie traten, hörten wir aus der Ferne eine wunderbare Musik, die uns auf eine besondere Weise anzog. Es waren keine gewöhnlichen Klänge und nachdem der Kirchgang mich tief berührt hatte, waren die Sinne so fein und durchlässig gewordern, das fast jedes Geräusch in gewissem Sinne Entzücken in mir hervorrief.

Wo kamen die Töne her? Wir lauschten und fast automatisch setzten sich unsere Füsse in Bewegung bis wir schliesslich nach einigen durchlaufenen Gassen vor einem rustikalen, weitläufigen, kolonialen Flachbau standen, der mich schon von seiner geerdeten Architektur ungemein anzog. Wir wagten uns da hinein. Ja, hier war die Musik und klang nun intensiv durch die weitläufigen Räume und den grünen, schattigen Patio. Dort spielten 12 Einheimische auf vier wunderschön klingenden Marimbas, immer drei doppelhändig auf einem Instrument. Mit sagenhafter Schnelligkeit und Professionalität rasten die Schläger über die klingenden Hölzer. Mir stockte der Atem. Hingerissen von diesem Ambiente standen wir da, staunten und genossen die kribbelnde Freude, die durch unseren Körper und unsere Sinne rieselte. Zu Tränen gerührt und dankbar verweilten wir in diesem Moment. Wir befanden uns in einem exklusiven Hotel, das architektonisch der alten Kolonialzeit wohl nicht besser gerecht werden konnte.

Am nächsten Tag war der Wochenmarkt, die Attraktion von Chichicastenango. Aus allen Richtungen kamen die Nativos, die Töpfer, Weber, Kunsthandwerker hierher gelaufen, um ihre Waren auf dem Marktplatz vor der Kirche, ja sogar in der Kirche selbst, feil zu bieten. Die Töpfer trugen auf ihren Rücken grosse Holzgestelle, die voller Krüge, Töpfen und Tellern waren. Alle schleppten ihre Waren oft stundenlang zufuss durchs Land. Nur wenige hatten einen Esel, der ihnen die grosse Last abnahm! Das bunte Treiben und die unschuldige Einfachheit dieser Menschen hinterliess in mir so viel Achtung, dass ich mich noch heute, nach Jahrzehnten gelebten Lebens so intensiv an alles erinnere und in mir trage.

Am nächsten Tag machten wir uns auf zum Atitlan-See und campierten an seinem Ufer vor dem Hintergrund des hohen Vulkanes.

Unsere Reise hatte schnell an Intensität des Erlebens zugenommen und ohne Zweifel war all dieses hier bisher der Höhepunkt. Wir fuhren nun durch den grünen südlichen Teil Mexikos, besuchten imposante Sonnen- und Mondpyramiden der Mayas und staunten blos so über den Reichtum und die Fülle dieser alten Kulturen. In Mexiko-City besuchten wir das Museum, das wohl auch deshalb so anziehend ist, weil man das neue Gebäude um die Kunstschätze herum baute, d.h. jedes einzelne Stück bekam seinen treffenden Platz, seine Nische, so dass die architektonische räumliche Schale seinen Inhalt wiederspiegelte und so jedes Ausstellungstück in seine Wirkung hob. Die Stadt ist riesig. Schnell machten wir uns auf den Weg nach Tasxo, der Silberstadt und weiter nach Acapulco wo wir die jungen Mexikaner bewunderten, die von den hohen Felsenklippen in eine Meeresschlucht sprangen, die angeblich nur dann genügend Wassertiefe hatte, wenn eine Welle hineinkam und so die Wasseroberfläche anhob. Am Strand von Acapulco tummelten sich meistens nordamerikanische Touristen, die in luxiösen Hotels wohnten. Manche liessen sich von jungen, gut gebauten einheimischen Burschen in kleinen Segelbooten herumschippern. Die Ladies waren sehr angetan und schmolzen förmlich dahin. Vielleicht ging das lüsterne Spielchen weiter bis in die Nacht?

Der Norden Mexikos war lang, weit und trocken. Uns begegnete einmal eine schier endlose Schlange von Airstream-Wohnmobilen, die in ihrem leuchtend poliertem Aluminium, Flugzeugrümpfen ähnelten und auf dem Weg gen Süden waren. Ein Überholmannöver war unmöglich, weil die Schlange nicht abreissen wollte. Später erfuhren wir, es sei ein Club von über 500 nordamerikanischen Campern, die alle die gleichen Airstreams-Caravans besassen, die einen ein bischen grösser, die anderen kleiner und zusammen eine Reise nach Mexiko machten. Dieser massenhafte Anblick war wohl mein erster Eindruck dieser Supernation im Norden, die nun unser nächstes Ziel war. In San Diego überschritten wir die Grenze. Alles ging so schnell, dass wir es nicht fassen konnten nun in den USA zu sein. Wir besuchten den Bruder eines deutschen Freundes in Chile, der uns gleich auf ein deutsch getünchtes Carnevalfest mitnahm.

Das Deutschtum im Ausland hat doch oft diesen rührseligen Touch. Da klingt immer ein bischen Heimweh mit. Unser Vaterland ist unser Ursprung und das wird hier einfach mehr wahrgenommen, wenn man in der Ferne ist. Aber neben der alten Heimat gibt es auch die neue Welt, die uns Abstand von unserer eigenen völkischen Konditionierung gewährt, die uns wachsen lässt, wenn wir uns dessen bewusst sind und so kann man sich langsam mit dem Neuen einlassen. Doch es muss gekonnt sein, um das

Gleichgewicht zu halten, weil die Anpassung an das Neue in ständigem Wandel ist; es wird immer mehr und das Alte immer weniger.

Mit etwas Furcht näherten wir uns den Highways von Los Angeles. Freunde hatten uns gewarnt nicht die falsche Ausfahrt zu wählen; denn sonst wären wir im Gewimmel verloren und noch schwieriger sei es zu versuchen dann die richtige Einfahrt wieder zu finden. Wir fuhren falsch ´raus, verloren uns im Gewimmel und liessen schnell ab von der Stadt, die einfach einige Nummern zu gross für uns war. Dafür belohnte uns dann San Franzisco. Ein Schauspielerfreund von den deutschen Kammerspielen wohnte dort mit einem amigo und nahm uns freundlicherweise auf. Wir wohnten nun in einer typischen Holzvilla auf einem Hügel mit wunderbarem Blick auf die Stadt und das Wasser.

Rolf erzählte uns von der Stadt und führte uns in Lokale und Bars seiner Gayszene. Heidi und ich " schlackerten nur so mit den Ohren ". So etwas hatten wir noch nie gesehen. Alles voller Männer jeglicher Couleur, quer durch alle Jahrgänge, aber meistens Jüngere, die offen und hemmungslos ihrer Lust und Freude am gleichen Geschlecht fröhnten. Die ganze Stadt wimmelte davon, wenn man richtig hinsah. Das war doch sehr fremd für mich. Ich konnte mit dieser Szene nicht viel anfangen, obwohl mir irgendwo im geheimen eine Neugier erwuchs, ob ich denn so etwas vielleicht doch erleben mögen möchte? Es blieb bei der Neugier als spannendes Spielchen, dass sich eher irgendwo im bewussten Hintergrund abspielte. Das hier war jedenfalls nicht "mein Pflaster", und häufig empfand ich eher Ablehnung als eine Spur von Zuneigung. Der Höhepunkt war dann noch der Besuch eines Kinos in dem in erster Linie die abgedunkelte Geborgenheit der plüschigen Kintop-Polster zur Lustbefriedigung gesucht wurde und die Leinwand nur so vor sich hinflimmerte. Ein Flüstern, Berühren und Stöhnen lag im Raum. Alles war fremd und ungewohnt. Das war schon eine extreme Welt. Aber wir lachten viel und nahmen es immer leichter, bis man, vielleicht ja doch, bei längerem Aufenthalt, Gefallen an diesen Menschen und ihrem Umgang finden könnte. Wir zogen es dann doch vor uns den Redwood-Park und Sousalito anzusehen, als uns downtown mit der Gay-Szene anzufreunden. >Heutzutage, im zweiten Jahrzehnt des zweiten Jahrtausend, hat sich ganz vieles hin zur Normalitaet entwickelt und glücklicherweise laesst man geschehen wo auch immer die Liebe hinfällt!<

Neben allem Aussergewöhnlichen in der Menschenwelt ist San Francisco eine schöne Stadt. Wir hatten unsere Freude an der Architektur der unterschiedlichen Stadtteile und machten Sight-Seeing wo wir nur konnten.

Soweit ich mich erinnere, war eine der Urzellen der Beatnik-Hippie-Bewegung in Sousalito. Dort kreuzten wir auf und fanden viele selbstgebaute lustige Häuser, wagten uns aber nicht weiter vor. Ich hatte zu jener Zeit von dieser Bewegung keine Ahnung, aber es war meine Neugier, die mich zu diesem Abstecher beflügelte. Was aber wirklich dort mit mir geschah, erfuhr ich erst einige Zeit später.

Wir brachen auf in Richtung Süd-Osten. Las Vegas, die Spielerstadt war als nächstes Ziel bei uns angesagt, und wieder empfanden wir diese Stadt als eine Superlative der USA. Überall schossen die verrücktesten Lichtreklamen ihre Message auf das Publikum. Die Hotels verschenkten Spielerchips, um unsere Spiellust anzuheizen Anfangs steht man staunend vor diesem fast unendlichen Angebot von klingelnden, leuchtend knarrenden Spielautomaten und beobachtet dieses hektische Geschehen, eine Art Geldrausch-Atmosphäre, die den Yankees, neben dem immer locker sitzenden Colt, ja nur allzu heftig auf die Haut geschrieben ist. Mit Recht möchte man meinen, wenn man dieses verrückte Spektakel einmal miterlebt hat; denn hinter der flimmernden Fassade verbirgt sich doch eine tiefe Überlebensangst, so als sei alles aus der Ordnung geraten, als lägen die Wurzeln frei und suchten nach einem Halt in der Luft, um dort ihre Schlösser zu bauen.

Da stand ein altes Weib vor einem Automaten, der noch mit alten Silberdollars funktionierte. Ihre grosse, schwarze Handtasche hatte sie um den rechten Arm gehängt, der gleichzeitig den blanken Hebel bediente, um die Maschine in Bewegung zu setzen. Sie spielte und spielte. Ihr Arm müsste schmerzen. Immer wieder nahm sie einen Silberdollar mit ihrer linken Hand aus der grossen Tasche, steckte ihn in den Schlitz und bediente kraftvoll den Hebel. Die bunten Bildersymbole ratterten vor ihren sehnsüchtigen Augen und bremsten dann abruppt ab! Wieder nichts? Oder doch? ..... und mit einem Mal kotzte der Automat einen Superhauptgewinn aus. Die klingenden Silbermünzen fielen in die metallene Auffangschale bis sie voll war und sogar überlief. Die Silberdollars kullerten über den roten Teppich. Die Menschen liefen herbei und halfen der alten Frau, oder auch nicht? Solch ein Gewinn in klingender Münze, sichtbar für alle ist ein erstaunliches und freudiges Erlebnis. Die Frau spielte weiter, nachdem sie ihre Tasche mit dem Überschuss der Auffangschale gefüllt hatte und diese nun entschieden schwerer an ihrem Arm hing. Und noch zweimal mehr hatte sie solchen Gewinn, das sie gar nicht mehr wusste wohin mit so viel silbernen Dollars, die ihr gutes Gewicht hatten. Das brachte das Blut der Umherstehenden in Wallungen und alle versuchten nun noch einmal ihr eigenes Glück, ganz im stillen irgendwo in diesen riesigen Spielhallen. Aber bis heute hörte ich nie wieder so viel klingende Münzen!

Wir verspielten unsere Hotelchips und noch ein bischen mehr. Mir ist so, als hätten wir etwa unser Hotelzimmer verdient und zogen dann weiter durchs nächtliche Las Vegas durch glitzernde Bars und Shows. Das war schon ein grosses Erlebnis! Was wir aber nicht fanden, von dem man uns immer wieder erzählt hatte, waren die Rüttelbetten, die vibrierten, wenn man eine Münze einwarf und ein wohliges Lustgefühl erzeugen sollte. Ganz überraschender Weise fanden wir unser Massagebett fast am Ende unserer Reise in einem einfachen Hotel in Toronto.

Las Vegas bei Nacht einmal erlebt zu haben reichte uns beiden vollkommen. Das war nicht unsere Welt. Wir zogen weiter gen Süden. Ausgerechnet im Death-Valley übernachteten wir und hatten natürlich keine Ahnung, was da auf uns zu kam. Als ich zitternd vor Kälte erwachte, hörte ich Heide dermassen frieren, dass ihre Zähne laut klapperten ohne das kontrollieren zu können und auf meine ironische Frage ;" was denn los sei mit ihr "? ich nur eine zittrige leise Stimme vernahm; " es ist so ungeheuerlich kalt, das ist toooo much "! Wir kuschelten uns aneinander, versuchten uns zu wärmen mit dem was uns an Wärme überhaupt übrig blieb. Ich bewunderte die Kraft unserer Körper, wie er ohne " Brennstoffzufuhr " von aussen seine 36º halten konnte. Wir hatten 25 º unter Null und waren darauf nicht vorbereitet. Ich puhlte mich aus dem Schlafsack heraus und versuchte den Motor anzulassen, um die Heizung in Gang zu bringen. Das war schier unmöglich; denn das Motoröl war zu dick und die Batterie zu kalt. Wir hielten durch bis zum Morgen. Schnell erwärmte uns die Sonne und so auch den Motor. Wir machten einen langen Spaziergang. Die Wüste um uns herum war öd und leer und vollbrachte wieder das Wunder - in Stille zu SEIN -. Ich fühlte mich wie neu geboren. Der Motor sprang an und Heide steuerte uns singend zum Grand Canyon. Da es Bodenwellen gab, die die Strasse stellenweise in den Schatten legten, sodass sich über Nacht Straßeneis bildete, mahnte ich Heide zur Vorsicht. Ihr Frohsinn und für eine Frau schon fast ungewöhnliches Draufgängertum, verbat ihr förmlich langsamer zu fahren, was mich immer mehr beunruhigte und schon drehte sich das Auto um seine eigene Achse, was für einen VW-Transporter jener Jahrgänge nichts ungewöhnliches war mit seinem Heckmotor! OH, was für ein Schreck?....aber nein, Heides unterdrückter Schock endete in einem hysterischen Gelächter. Das mochte der Thomás gar nicht und gab ihr unverblümt seine Wut zu verstehen, worauf sie antwortete:" Was willst du eigentlich, es ist doch gar nichts passiert"! Ich war " buff " und verstand gar nichts mehr?

Ja, Heide, bei aller Liebe und wunderschöner gemeinsamer Zeit, jetzt bist Du noch einmal dran; denn Erinnerungen steigen auf, die noch nicht erledigt sind. Es wühlt noch in mir: Wenn ich den VW fuhr und irgendwo anhielt, und eine Person um Auskunft nach dem rechten Weg bat, mich dann freundlich und dankbar verabschiedete, warfst Du Dich förmlich von dem Beifahrersitz über mich und das Lenkrad, um diesem Menschen noch einmal Dein ganz persönliches und überdimensionales Dankeschön entgegen zu werfen. Das wirkte so stark auf mich, als ob die Wegweisung, als Service- Leistung dieses netten Menschen, kaum wieder gut zu machen sei!

Irgendwie wirkte Heides Energie in diesem Fall und in ähnlichen Situationen befremdend auf mich. Ich spürte einen Abstand der voher nicht so da war. Was aber ist es, dass mich heute noch in Wallungen bringt? Das wird ein Vertrauensmissbrauch sein, der mich fühlen lässt, das ich nicht gut genug bin, um von ihr in solchen Momenten akzeptiert zu werden und das machte mich wütend! Für sie reicht mein Dankeschön nicht aus und so erwische ich mich dabei, dass wir beide uns gegenseitig nicht achteten; denn was soll mich - ihre eigene Art sein zu lassen - so kümmern, weiss ich doch, dass ich für mich gut genug bin und das gleiche gilt für sie. Wenn mich das stört, dann weiss ich nicht darum und fühle mich als Opfer dieser Situation; wenn ich es aber weiss und mir dessen bewusst bin, dann kümmerts mich nicht mehr und ich bin im Frieden!

Wir sangen viel miteinander, meistens Volkslieder und konnten unsere Stimmen so gut trainieren, das Mitfahrer manchmal fragten, ob wir im Chor singen würden, was uns gut tat und antörnte noch mehr zu singen. So funktioniert unser Leben unser Tun, wir sind glücklich und frei, wenn wir uns unterstützt und akzeptiert fühlen.

Der Gran Canyon wirkte genauso superlativ auf mich, wie so viele weite und imposante Landschaften „de las americas". Ja, das alles gab es im alten Europa nicht so grandios und unbegrenzt. Europa wirkte nun im Vergleich viel kleiner, enger aber auch gemütlicher, intimer und romantischer auf mich. Ein Europäer, der diese Welt de „las americas" zum ersten Mal erlebt, wird sich leicht mit dem >Traumhaften< verbinden, um seinen Empfindungen Ausdruck zu verleihen und vielleicht spürt ein Nordamerikaner in Europa ähnliches auf seine Weise. Jedenfalls Heide und mir erging es so. Wir sprudelten oft über!

In New Orleans und Louisana begegnetem wir einem romantischen Nordamerika, nachdem wir in Dallas Kennedys gedachten, der wie ein hoffnungsvolles Idol, meine guten Gefühle für eine bessere Welt antörnte. In New Orleans fanden wir uns wieder auf den Spuren des Jazz, besuchten Kneipen, dort, wo die oft schon vergangegen Famosos spielten und huldigten ihnen wie Gurus, voller Hingabe und Ehrfurcht. Ausserhalb der Städte lebten die viel bunter gekleideten Schwarzen in ihren einfachen Holzhäusern mitten im Grünen, sassen auf ihren typischen Verandas vor ihrem Haus, waren freundlich und liessen es sich gut gehen. Wir waren im Süden der USA, dort wo es nicht so richtig Winter wird. Das Klima war angenehm warm, obwohl wir im März waren.

Wenn wir Kontakt zu den Einheimischen hatten, was sich nie vertiefte, weil wir ja - on the road - waren, ergaben sich immer angenehme und unkomplizierte Gespräche. Fast ohne Ausnahme erinnerten sie sich eines deutschen Vorfahren, wenn das auch manchmal lange zurück lag. Mich nannten die älteren Männer meistens -sunny boy-, wohl eine Gepflogenheit für einen unbekümmert wirkenden, jungendlichen Mann, was mir gut tat, der ich sein wollte und der ich war! Thomás fühlte sich bestätigt! Auf der anderen Seite erwischte ich mich bei dem Gedanken, nicht für ganz voll genommen zu werden. Ich meine, dass ein sunny boy eben ein sunny boy ist und nicht erwarten kann als erwachsener Mann angesehen zu werden, der ich nicht war und auch nicht sein wollte. Das aber war zu akzeptieren und bis heute noch durchströmt mich förmlich der junge Bursche Thomás und zuweilen beäugelt er die "Alten ", zu denen er nun auch schon gehört, als seien sie seine Onkels oder gar seine Opas! Es ist schon eigenartig was so alles passiert, wenn man über die Jahre mit seiner jugendlichen Energie verbunden bleibt!

Diese sogenannte Erwachsenenwelt ist für mich schwer zu definieren. Irgendwie kriege ich die " Kurve " nicht und weigere mich, mich mit ihr zu identifizieren. Oder kann es auch so sein, das mehr oder weniger viele Männer, eher unbewusst so funktionieren und wir eher grosse Jungens sind die das Erwachsensein spielend probieren und in diesem Getümmel freundlich auf uns schauen? Ich meine: so freundlich wie möglich; denn wenn uns die Last des Alltags allzuschwer auf den Schultern liegt und wir das zulassen, dann wird es ernst um uns und der „Junge" verliert sich im Chaos!?

Der Thomás hat immer viel in sein inneres Kind investiert, das war ihm bei wichtigen Entscheidungen wertvoller als andere marterielle Vorteile. Das Bewusstsein darum gab und gibt mir viel Kraft > aus dem Bauch heraus < und das fühlt sich dann so an, das alles was passiert völlig in Ordnung ist. Man kann in wirklichkeit überhaupt keine falsche Entscheidung treffen; denn ES passiert sowieso !

Mit der Sexualität geht es mir ähnlich. Chile war ein Neuanfang in jeder Hinsicht,. Ich stürzte mich nicht in amoröse Abenteuer, aber ich kam mit vielen lieben Menschen in Berührung und liess meinen spontanen Impulsen, liebkosend berühren zu wollen, freien Lauf. Da mein energetischer Impuls jünger als mein noch junges Alter war, tendierte ich mehr zur Jugend wobei ich die Älteren mit Freude und Hingabe respektierte. Die Jüngeren zogen mich auf unterschiedliche Weise an und ich genoss alles auf seine besondere Art, was mein Leben sehr bereicherte. Ein Teil von mir schien an meine frühe Pubertät rückgekoppelt zu sein, als ich meine erste, bewusste Sexualität intensiv im Spiele mit mir selber und später mit anderen erlebte und der Orgasmus fast übermächtig, frei und unschuldig erfahren wurde. Ich empfand mein sexuelles Leben als Fülle, behütete es in seiner Amplitud. Es ist eher wie ein spannendes Spiel mit etwas Unbekanntem; der Welt gegenüber. Es gibt sogar Kraft weil ich mich achte- in dem was ich bin-.

Der ganz von sich überzeugte männliche Mann, verkriecht sich oft hinter seinen Macho-Spielchen und tut alles um seine weiblichen Anteile zu verstecken. Das kann dann zu einem lebenslangen, möchte sagen: anstrengenden und unbewussten Trip werden. Ein echtes, ausgeglichenes Mann-Sein, ist eine Freude für alle. So auch für die sich frei fuehlenden, fröhlichen Frauen !

Unsere Reise führte uns weiter durch die Südstaaten nach Florida und Georgetown, eine sehr europäische Stadt. Übrigens waren sich die meisten anderen Städte und Ortschaften sehr ähnlich, generell mit wenig Charm, sie wirkten geplant, nicht gewachsen.

Wir fuhren nach Washington DC, der Hauptstadt „der neuen Welt" und besuchten das Lincoln Memorial, das weisse Haus und Natürlich den Arlington-Friedhof, um unserem geliebten John F. Kennedy die letzte Ehre zu erweisen. Das tat mir alles sehr gut und ich empfand auch, dass die Hauptstadt einer Nation fürs ganze Land, fürs ganze Volk –steht-. Irgendwie vibriert die völkische Energie an einem solchen Platz intensiver. New York, das Endziel unserer Tour, liessen wir noch rechts liegen und gondelten durch das verschneite Apachenland in Richtung Seen, Niagara Falls und weiter nach Kanada, wo wir in Quebec endlich unsere Rüttelbetten entdeckten und das, mitten in der Stadt, in einem kleinen Hotel zitterte die Matratze für 25 cents friedlich vor sich hin. Gewiss war es entspannend für Körper und Seele, jedoch waren meine Vorstellungen anderer Art, erwartete ich doch ein lustvolles Antörnen für eine tolle Liebesnacht.

Einige Tage später landeten wir im New Yorker Stadtteil Brooklyn, übergaben den VW-Camper dankbar seinen Besitzern. Ich musste dort selbst zu Bette, weil mich das Fieber einer Grippe heftig schüttelte. Der Arzt spritzte Penizilline und just stand ich am nächsten Tag wieder auf den Beinen. So geht das im Wunderland USA!

Nun hiess es Abschied nehmen von Heide, die ja wieder Heim nach Deutschland flog; ich dagegen heim nach Chile. Der Abschied fiel uns gar nicht so leicht. Wir hatten uns sehr aneinander gewöhnt. Solch ein enges und offenes Zusammensein über Wochen, durch dick und dünn prägt die Herzen. Ideen kamen hoch; „wie wohl könnten wir unsere enge Beziehung auch zukünftig aufrecht erhalten"? Ich spürte aber bei allem hindurch, dass weder ich mein Leben in Chile aufgeben, oder bereit war, es stark verändern zu wollen, noch dass Heide Ihr Engagement in Deutschland an einer Sportschule für eine engere Partnerbeziehung aufgeben wollte. Wir trennten uns und waren traurig, liessen uns aber doch ein Türchen offen, abzuwarten und zu schauhen was uns wirklich lieb war.

Dabei blieb es dann auch, obwohl ich mich einige Monate später noch einmal mit ihr und unserem gemeinsamen Freund Bastian wärend einer Deutschlandreise auf Sylt trafen und gemeinsam eine schöne Zeit hatten. Nackedonien hatte es uns wieder einmal angetan! Nachher trennten wir uns in der Gewissheit frei von einander zu sein. Ich steuerte meine Aufmerksamkeit nun endgültig auf meinen Jugendtraum: Ich wollte ein Segelboot haben!

Die Trennung von Heide gab mir nun die Kraft mich auf mein nächstes grosses Abenteuer zu konzentrieren: Eine Weltumsegelung oder so etwas ähnliches. Heide stürzte sich in ihren Traumjob. Ich fühlte nun, aus meiner neuen, ungebundenen „Freiheit", die mir anscheinend immer noch über alles ging, das meiste machen zu wollen, genau das, für welches ich vor vielen Jahren in meiner Berufsschulklasse in Hamburg angetreten war: die Weltmeere auf eigenem Kiel zu durchkreuzen! Deshalb war ich ausgewandert, deshalb machte ich mich selbständig und deshalb hatte ich erst einmal genug Kapital angespart, um mir diesen Plan zu erfüllen. Da das Leben in den jüngeren Jahren natürlich voll gelebt werden will, verwässern sich ursprüngliche Ideen und Vorhaben, obwohl im stillen ihr Ruf nie endet; und so geraten solche Fantasien manchmal in Vergessenheit. Wenn sie dann aber reifer geworden sind können sie viel Kraft entwickeln und streben unbeirrter denn je auf das Ziel zu, um sich zu erfüllen. So geschah es mir nun und nahm mein ganzes Sein in Anspruch, so dass ich nicht aufhörte darüber zu sprechen, mich mitzuteilen und meine nähere Umwelt einfach einlullte, was ihnen so manches Mal zu viel wurde.

Da viele Ohren von meinen Plänen hörten, verdichteten sich auch die Möglichkeiten sie leichter zu erfüllen. Es schien mir ganz wichtig, mein Anliegen kund zu tun, dadurch erhielt ich wichtige Informationen. Bei einem Segelfreund machten wir zusammen mit anderen Anwärtern ein Vorbereitungskurs für das Examen zum Hochseesegler-Patent bei der chilenischen Kriegsmarine. Dabei sickerte die Nachricht durch, dass in Valdivia, im Süden des Landes vier hölzerne Segelyachten im Bau seien und einer der Auftraggeber aus Krankheitsgründen zurücktreten musste, und sein angefangenes Boot verkaufen wolle. Ich zögerte nicht lange, fuhr im Schlafwagen des Nachtzuges die 800 Km nach Valdivia und stand am Morgen in der Bootswerft, die direkt am Fluss Calle Calle lag.

Vier gleiche, fast fertig beplankte Rümpfe standen in der alten Halle vor mir! Ich konnte es noch nicht fassen, dass in diesem Moment ein neuer Lebensabschnitt für mich beginnen sollte, der über die nächsten Jahre, Jahrzehnte, ja bis heute den Gang meines Lebens veränderte. Das Ausmass dieser Veränderung war natürlich zu jener Zeit nicht abzusehen, entwickelte es sich doch über einen langen Zeitraum der erfahren werden musste, um diese „Umpolung" vollziehen zu können.

Das Boot gefiel mir. Ich streichelte seine neuen, wohlriechenden Planken und spürte die Kraft der liebevollen handwerklichen Arbeit in jedem Detail, obwohl es natürlich keine Qualitätswerft in Deutschem Sinne und Anspruch war. Ich lebte aber schon lange genug in diesem südamerikanischen Land, um die dem Deutschtum innewohnende Perfektion, die ja ein hohes Energiepotential erfordert um Bestand zu haben, mehr und mehr hinter mir zu lassen. Beide Kulturen haben ihren ganz eigenen Anspruch, können sich an der Oberfläche vermischen, aber Chile bringt wohl kein - Made in Germany – und Deutschland keine südliche Heiterkeit hervor. Die unterschiedlichen Sprachen sprechen für sich und zeigen langsam an, wieweit ich bereit bin mich als Ausländer zu integrieren. Das allerdings hört sich leichter an als es ist, dieweil es in Chile viel Deutschtum gibt.

Nun denn, da stand ich nun alleine in der Werft und war überwältigt von der Möglichkeit hier nun zu zugreifen. Vier Schwesterschiffe, mehr oder weniger in gleichem Bauzustand, in einem Land in dem man sich die existierenden Hochseeyachten an knapp zwei Händen abzählen konnte, war eine einmalige Gelegenheit! Hinzukam, dass der Preis lediglich die bisher angefallenen Kosten begleichen sollte und ich hatte noch jede Möglichkeit den Innenausbau, den Decksaufbau, das Rigg, die Steuerung usw. nach meinem gusto zu gestalten.

Zurück in Santiago schwärmte ich , fast zitternd vor Aufregung, von meinem Vorhaben. Wenn ich inne hielt kamen Zweifel hoch. Ängste machten sich bemerkbar; denn unbewusst ahnte ich natürlich was da auf mich zukam: erstemal die Fertigstellung des Bootes mit viel Zeiteinsatz und meinen finanziellen Möglichkeiten. Ich liess mir Zeit mit meiner endgültigen Entscheidung. Da das Boot ausser Sichtweite war, konnte ich Zeuge sein, Emotionen erkennen und ihnen ihren Raum geben, um dann aus einer gewissen Ruhe heraus alle Abwägungen zu überdenken.

Ich entschied mich für den Kauf. Das konnte auch gar nicht anders sein. Nur die Voraussetzungen mussten für mich, für mein Systhem stimmig sein, und nun sass ich...... d´rin im Boot! Der Werft wurde mitgeteilt den weiteren Bau erstemal zu stoppen, damit ich mich ruhig in mein neues Projekt einfühlen konnte. Leider entstand mir daraus später ein grosser Nachteil, dieweil die anderen Eigner diese Gelegenheit flugs am Schopfe packten, meinen Bootsbaumeister nebst Gehilfen für sich in Anspruch nahmen, so dass ich nachher meine Nöte hatte mein Boot überhaupt fertig zu bekommen, weil die Werft nach der Fertigstellung der drei Schwesterschiffe wegen organisatorischer und finanzieller Schwierigkeiten fast Pleite ging. Jedenfalls begann für mich eine harte und spannende Lehrzeit, die mich neben der geschäftlichen Arbeit vollkommen in Anspruch nahm.

Meine eigenen Ideen, wie das Boot von innen und aussen zu bauen sei aufgrund aller meiner bisherigen Erfahrungen, blühten förmlich im Kopfe und im Herzen, wurden aufgeschrieben und skizziert, wurden geändert und wieder neu konzipiert. Kupfernieten, um die Planken mit den Spanten zu verbinden, reichten mir nicht aus und so liess ich zusätzlich Nirostaschrauben anfertigen, weil es sie im Handel nicht gab. Ähnliches passierte mir mit vielen Details, die ich in Santiago beschaffen musste, weil sie im Süden nicht verfügbar waren. Die anderen Bootseigner halfen mir sehr mit ihren Erfahrungen, waren sie es doch, die mit viel Vorarbeit diesen gesamten Bootsbau begonnen hatten; angefangen beim argentinischen Bootsbauarchitekten, der die Pläne zeichnete und die Linien seiner Vorgängerschiffe änderte und modernisierte. Ich glaube, dass sich die Vorbereitungen für den Bau dieser 4 Schiffe schon weit über ein Jahr hinzogen, so dass ich von all den Anfangsschwierigkeiten verschont geblieben war, dafür aber musste ich dann die Endschwierigkeiten schlucken!

Langsam ging der Bau weiter, zu langsam für mein Empfinden, so dass ich anfing immer häufiger über die langen Wochenenden per Nachtzug zur Werft zu fahren, um dann am Montag früh pünktlich und direkt vom Bahnhof kommend wieder im Geschäft zu sein. Der Rohbau des Schiffes machte, ähnlich wie beim Hausbau, runde 35% der Fertigstellung aus, den Rest musste ich nun besorgen: das war ein komplettes Alu-Nirosta-Rigg, Lampen, Drähte Klo, Hähne und Motor aus Deutschland, Segel, Tauwerk, Blöcke, Winschen, Liferaft, Dinghi und Instrumente aus England.

Da Chile immer knapp an Devisen war, wurde jeglicher Warenimport stark von der Zentralbank reglementiert. Es wurden im Allgemeinen nur diejenigen wichtigen Verbrauchsgüter für den Import zugelassen, die im eigenen Land nicht hergestellt werden konnten. Es gab Sondergenehmigungen für den Sport und genau dort machten wir uns schlau unter Einschaltung des chilenischen Hochseeseglerverbandes. Über den Zeitraum von Monaten bekam ich schließlich die nötigen Importlizenzen und war trotz der vielen Umstände sehr zufrieden.

Die Masten mit dem laufenden und stehendem Gut liess ich nach eigenen Ideen in Deutschland fertigen. Der Transport der 13m langen Kiste nach Chile wurde mir von der Hapag-Lloyd-Vertretung in Chile geschenkt. Zu jener Zeit existierte ein stilles Gentleman-Agreement zwischen den seefahrenden Eignern, dass Regattamaterial bis hin zu ganzen Yachten von den grossen Reedereien kostenlos transportiert wurden. Ich freute mich riesig über dieses Entgegenkommen, das von mir in so üppiger Form nicht erwartet wurde. Schwierigkeiten jedoch bekam ich beim Zoll in Valparaiso, die meine Importlizenzen anzweifelten, weil zwischenzeitlich schon wieder neue Bestimmungen den Import von Sportartikeln total verboten!

Die Masten lagen über 6 Monate im Freihafen. Erst nach einem Prozess, der von unserem Zollagenten angestrengt wurde, bekam ich die Masten frei. Die lange Kiste war teilweise kaputt, total verdreckt und beraubt worden. Ein Lastwagen brachte die Kisten nach Valdivia und beim Auspacken leuchteten mir die goldfarben eloxierten Masten, Bäume und glänzenden Nisostadrähte neu und perfekt entgegen. Alle Pein war vergessen. Leider waren fast alle Wantenspanner verloren gegangen oder geklaut worden. Ich ging der Sache nach, verfolgte Spuren in Valparaiso, um irgendwie wieder an meine Wantenspanner zu kommen; nicht um die Diebe zu richten, wusste ich doch um die Sorgen der Arbeiter; nein, um die Teile von ihnen zurückzukaufen; denn wer brauchte sie mehr als ich? Trotz allen Suchens bis hin in die äußersten Callampa-Siedlungen, hatte ich keinen Erfolg und bestellte die gestohlenen Teile nach, die nun wieder Importlizenzen benötigten, welche mir aber aufgrund des Diebstahls genehmigt wurden.

Alles war äußerst aufwendig und kompliziert und erforderte einen Einsatz der manchmal an meine Grenzen ging. Es kam hinzu, dass ich das Boot nicht nur für Sommertörns in Chile selbst sondern für grosse Fahrt bauen wollte, was noch mehr Sicherheit für das Boot selbst und seiner Mannövierfähigkeit bedeutete. Das -mit der großen Fahrt- behielt ich ganz für mich.

Da fällt mir noch eine Episode ein, die noch vor der Camper- USA-Reise und dem neuen Bootstrip lag und in gewisser Hinsicht, was meinen Einsatz, Begeisterungsfähigkeit und Arbeitswut angeht, vielleicht schon ein Richtungsweiser in Sachen Bootzsbau war: Ich kam mit einem Kunden aus Valparaiso ins Gespräch. Wir fachsimpelten über Autos wobei ich über einen Porsche schwaermte. Er meinte, er hätte einen Porsche-Cabrio in seiner Garage stehen und wenn ich Lust hätte, könnte ich mir ihn 'ja 'mal ansehen! Unsere Mutter, die ihre regelmäßigen Chilebesuche zu ihren beiden Jungens machte, war wieder einmal im Lande und feuerte mich an hinzufahren und zu schauen. Sie kam natürlich mit und Sie war es auch die mir die Kaufentscheidung leichter gemacht hatte. Wir beide waren uns in dieser Hinsicht ähnlich.

Wenn solche ewigen Jugendträume auf einmal in Erfüllung Gehen, ist da wohl auch eine Angst dabei. Es ist vielleicht diejenige, den „Traum" zu verlieren, oder auch jene Angst: eine solche Wunscherfüllung nicht wirklich verdient zu haben. Wie auch immer; Ängste hin, Ängste her, ich kaufte den Porsche Cabrio 356 A, der nicht im besten Zustand war und fing sofort an Pläne zu machen , wie ich das Auto wieder flott bekäme. Ohnehin war er bestens fahrbereit. Ein umfangreicher Ersatzteilauftrag direkt an Porsche und ein Durchstöbern deutscher Autofriedhöfe auf meiner nächsten Deutschlandreise nach Karosserieteilen, die aus einem A-Modell ein B-Modell machen sollte. Alles funktionierte ganz gut und nach Monaten des Umbaus und Werkstattaufenthalten stand da auf einmal ein fast neuer, olivgrüner Porsche Cabrio A/B ! Die Freude am Fahren und am Besitzen war den Einsatz wert. Ich hatte meinen Spass und war nun für manche der Playboy. Nicht zu Unrecht, doch hing diesem Namen noch etwas an mit dem ich mich nicht identifizieren konnte, es war doch nur ein Auto und ich ein spielender, wenn auch schon grösserer Junge!

Inzwichen wurde ich als Crew zu Hochseeregatten auf den wenigen „Pilot Yachten", die gerade in Chile fertiggestellt worden waren, eingeladen. Wir segelten viel und gewannen auf der „Orogoni" die chilenischen Meisterschaften. Die längste Regatta ging hin und zurück vom Festland zur Robinson-Insel „Juan Fernandez".

Meine sehr freundschaftlichen und offenen Gefühle zu Sabine intensivierten sich so, dass wir zusammenzogen. Ich schwärmte vom Boot, unseren gemeinsamen zukünftigen Reisen und konnte sie begeistern mitzumachen. Unser Zusammenleben war nicht immer das einfachste. Es war zu fühlen, dass wir gerade am Anfang einer Beziehung standen. Recht schnell entschlossen wir uns zu heiraten. Das Fest fand in Janes Haus statt. Viele Freunde kamen. Für sie alle war das Fest wohl gelungen. Ich fühlte mich überfordert, weil ich mir einbildete, dass man uns beiden ein Fest gab, es war aber so, dass wir ein Fest gaben und die Gastgeber waren und uns den ganzen Tag um das Wohl der Gäste, die teilweise ein bunt durcheinander gewürfelter Haufen waren, bemühten. Das lag natürlich auch daran, dass weder Sabines Tante Jane, noch meine Familie, Mutter und Bruder, sich für diese Feier verantwortlich fühlten; denn wir beide waren es ja die alles organisierten und uns selbst dieses Fest gaben. -Mit gehangen, mit gefangen-! Ich merkte schnell, dass solche Feste nicht mein Ding waren, weil die Rollen irgendwie nicht stimmten. Später meinte ich zu Sabine: „ ...das war mein letztes Fest dieser Art"! Dabei blieb es dann – fast- auch.

Ein Seglerfreund, der bisher fast immer Sieger der Hochsee-Regatten war, hatte Lust auf ein neues Boot und bestellte den damals von Dick Carter gezeichneten neuen „one-ton-Klasse" bei der A+R-Werft in Bremen. Ich half ihm beim Dolmetschen auf einer Deutschlandreise. Mit diesem Boot – endlich fertig und per Frachtschiff in Chile angekommen- beabsichtigten wir an der Regatta: Buenos Aires- Rio de Janeiro, teilzunehmen. Wir hatten mit diesem modernen Boot ein erstklassiges Werkzeug, ein wunderbar gebautes Mahagonischiff mit der besten Regattaausstattung. Das Schiff wurde kostenlos von einer chilenischen Reederei durch die Maghallanstraße nach Buenos Aires verfrachtet.

Fünf Tage nach unserer Hochzeit flog ich nach Buenos Aires. Wir übernahmen das Boot und bereiteten uns auf die lange Regatta vor. Sabine blieb allein auf dem Flughafen in Santiago zurück. Ich war traurig und spürte so richtig wie wir nun zusammengehörten. An das Flugzeugfenster malte ich ihr Herzen was sie gut erkennen konnte und im selben Moment von einem feschen jungen Mann, der wohl unseren Abschied beobachtet hatte, angesprochen worden war. Sie wurden Freunde und hatten wärend meiner Abwesenheit eine schöne Zeit miteinander. Eifersüchtig brauchte ich nicht zu werden; denn er liebte die Jungens.

Die Regatta startete noch auf dem Rio de la Plata, der voller Sandbänke war und uns auch wegen der launischen Winde Schwierigkeiten bereitete. Einmal auf dem offenen Meer, dem grossen Atlantik wurde unser zehntägiges Abenteuer zu einer grossen Herausforderung und Anstrengung. Wind und Strömung hatten wir genau von vorn, so dass wir 24 Stunden, Tag und Nacht, nur hoch am Wind, gegen eine steile See kreuzen mussten. Erst als wir in Rio ankamen erfuhren wir von unserem klaren Klassensieg und dem zweiten Platz in der Gesamtwertung; denn unsere Bordtelefone erlaubten uns damals noch keine fernen Kontakte. Zur Positionsfindung benutzten wir den Sextanten und Cronometer.

Bill, ein Nordamerikaner, der gerade in Chile seine ersten Segelerfahrungen machte, war mit von der Partie. Die Angst und Anstrengung sass ihm nicht nur im Nacken sondern auch in der Hose. Bei ihm war es nun nicht so, dass er sich vor Angst in die Hose machte sondern eher umgekehrt, er konnte nicht pinkeln, was unweigerlich zu Beschwerden führte. Jede Hilfestellung, die wir ihm anboten, schienen seine ernsthaften Bemühungen immer mehr zu blockieren. Bei all dem Drama stellten wir fest, dass das Boot innen immer übler zu riechen begann. Da ich der Einzige war der sich vor den Herd stellte und versuchte uns ein einigermassen warmes Gericht aus Dosenmix zu kochen, musste ich feststellen, dass irgendetwas mit dem Essensgeruch nicht mehr stimmte und fing an herumzuriechen, ob es wohl die Dosen seien. Aber nein, es war in der Bilge, dieser Fäkalgeruch, der inzwischen zum Gestank geworden war. Eine Klodichtung war undicht geworden und teilweise sickerten die Fäkalien nach der Klobenutzung ins Boot und ver-pesteten die ganze Kajüte. Ersteinmal kochte ich weiter und dann kam eine große Welle, die das ganze Schiff heftig auf die Seite legte. Der Stoss war so gross, dass der warme Essenstopf vom Herd flog, ich zur Seite sprang und sich das ganze Essen über den Boden und teilweise auch über die Polster ergoss und sich langsam tröpfelnd in die stinkende Bilge begab!Ich brüllte vor Wut und Verzweiflung, natürlich auf Deutsch! So hatten mich meine Freunde noch nie erlebt und trotz allem Übel fingen wir an uns köstlich zu amüsieren. Zu dumm war, dass keiner mehr in die Kajüte wollte, um aufzuklaren; denn das Kotzen stand uns allen fast im Halse!

In Rio wurden wir in einem grossen Festakt mit der Siegerehrung belohnt......und viel mehr noch; denn der - Yateclub do Rio de Janeiro- feierte sein jährliches Prä-Karneval-Fest, das weit bekannt ist und von einer, für mich noch nie dagewesenen Üppigkeit ausgestattet war. Wir Segler waren über die Tage eingeladen, Essen und Trinken gratis! Die grosszügige Clubanlage war wunderbar ausgestattet. Auf den verschiedenen Pools schwammen künstliche Inseln, dekoriert mit den schönsten tropischen Blumen und Pflanzen. Überall standen luftige Zelte mit den köstlichsten

Speisen, Früchten und Getränken. Die Eintritts- und Verzehrpreise überstiegen meine künsten Vorstellungen. Wir Segler waren umgeben von den Reichen dieser Welt, die zu Hunderten anwesend waren und wir feierten geniesserisch in dieser paradiesischen Fülle mit. Überall standen hohe Rampen als Bühnen, auf denen die Musiker ununterbrochen, stundenlang und völlig durchschwitzt wie im Trance ihre Sambamusik spielten. Der ganze Club wog sich im Rhythmus, die Sambawelle trug uns hinein in den Karneval von Rio.

Einige Tage später begann dann der richtige Karneval. Die ganze Stadt war auf den Beinen und ich mittendrin! Überall Musik, überall tanzende Menschen die sich im Samba-Rhythmus langsam fortbewegten. In einer Arena bewegten sich Menschenkreise im Sambatanz, der eine nach rechts, der andere nach links und wieder nach rechts und immer weiter. Es waren so viele, fast sich berührende Kreise, die die ganze Arena füllten. Die Stimmung war unbeschreiblich ausgelassen, heiter und fröhlich wie eine nimmer enden wollende Extase. Dann, für einen kleinen Moment, hörten die Musiker auf zu spielen. Es wurde still. Die Kreise blieben stehen und die Leute, die sich gegenüber standen umarmten sich, tauschten Freundlichkeiten oder einen Cachasa aus, den typischen Zuckerrohrschnaps. Die Musik begann wieder zu spielen und die Kreise drehten sich nun anders herum in der escola do samba. Schade, dass Sabine nicht dabei war!

Die Freude war gross als ich wieder daheim war. Sabine bereitete mir einen liebevollen Empfang. In Rio kaufte ich mir Bermuda-Shorts, die aus dem Rahmen fielen weil sie aus Jutesäcken gefertigt waren und damit sie nicht so piekten waren sie mit einem Baumwollstoff gefüttert. Es war Hochsommer in Santiago und sehr warm. Flugs zog ich meine neuen Shorts an die trotzdem piekten und zum platzen eng am Körper sassen, was uns beide heiss machte. Nach über 2 Wochen der Enthaltsamkeit, jetzt endlich, explodierten wir in unsere Flitterwochen !

Von meinen politischen Ambitionen, die kaum welche waren, habe ich bisher nur wenig verlauten lassen. Ich war nicht engagiert und hatte noch nie gewählt. Meine Abneigungen gegen die Extreme wie Kommunismus und Nationalsozialismus brachte ich klar zum Ausdruck, musste aber zugeben, dass ich vom früheren elterlichen Wohlstand her geprägt war und in dem Sinne eine offene, frei gewählte Gesellschaft und Marktwirtschaft unterstützte. Alle Versuche, in Chile ein sozialistisches, stark links gerichtetes Systhem einzuführen, konnte ich zu jener Zeit nicht zustimmen, obwohl die grossen Schwierigkeiten und Unterschiede innerhalb des Volkes klar erkennbar waren. Meine Ideen gingen nicht in die Richtung die „Ärmeren" an die Macht kommen zu lassen, um die „Wohlhabeneren" zu entmachten und „Armut für Alle" zu propagieren, sondern eher dahin „Wohlstand für Alle" zum Ziele zu machen. (damals konnte ich die ökologischen Probleme die das mitsichbringt in dem Sinne nicht erkennen, weil ich annahm, dass mit steigendem Wohlstand auch das Umwelt-Bewusstsein wachsen wird!) Um diesen „Wohlstand für Alle" zu erreichen mangelte es den Linken, dem Zentrum und den Rechten an Gemeinsamkeiten; denn das wiederum würde ja ein Aufgeben der gängigen, eingefleischten politischen Machtstrukturen bedeuten, die jede politische Gruppierung in einer sogenannten „Demokratie" als Rivale, als Gegenspieler, als Kampfansagung sieht, um selber an die Macht zu kommen und dabei einen Grossteil ihrer kreativen Energien vergeuden, anstatt dem Volke zum Wohle zu dienen. Das schien geradezu unmöglich. Niemand war wirklich bereit nur ein bisschen mehr dem Allgemeinwohl zu opfern und so schaukelte sich eine „demokratische" Regierung nach der anderen durch ihre gewählten Amtszeiten, ohne grosse Veränderung zu bringen nach denen die wahrlich Benachteiligten schrien!

Wieder einmal standen Wahlen an. Die Sozialisten mit Salvador Allende hatten grossen Zulauf. Die Rechten oder Konservativen und die politische Mitte, die Christdemokraten konnten sich nicht auf eine gemeinsame Linie einigen, so dass sich Rechts-Mitte-Links eher dritteln wobei Allende den Sieg davon trug.

Nun war es geschehen! Die Angst stand dem Mittelstand und den Oberen in den Gesichtern. Die Sozialisten marschierten siegestaumelnd durch die Strassen und sagtem dem „bösen Kapital" den Kampf an, um sich nun selbst, endlich, nach dem –guten Leben- zu strecken, was ihnen ja wirklich keiner verübeln konnte. Nur wie wollen sie es erreichen? Sicherlich graste unbewusst in ihren Köpfen: „natürlich von den Reichen wollen wir uns > e r - r e i c h e n <" ! Das ahnten nun alle, denen es besser ging und bangten um ihr Hab und Gut!

Allende selbst kam eher aus gutbürgerlichen Kreisen und am Anfang seiner Regierung war nicht unbedingt zu erkennen, dass Ihm die Kontrolle der sozialistischen Revolution, nach Meinung der Opposition, aus den Händen glitt. Er selbst hatte ein Haus in Algarrobo an der Küste, segelte zuweilen mit seiner Jolle in der Bucht und war – unter uns - !

Zum Zeitpunkt des Wahlausganges war ich im Süden auf dem Boot. Die Bootstaufe war überstanden und „ALTAIR" dümpelte Im Yachtclub von Valdivia vor sich hin. Mit dem Auto und unserem Burschen aus der Firma war ich diesmal unterwegs, vollgepackt mit Polstern und Ausrüstungsgegenständen. Wir wollten die Masten setzten und genau in dieses Tun platzte die Nachricht von Allendes Wahlsieg! Das Entsetzen im ersten Moment war gross. Ich fühlte mich ohnmächtig und ahnte Schlimmes! Erinnerungen an den Krieg, an die totalitären Systeme, an die Flucht stiegen in mir hoch; doch wie ein Wunder versetzte mich diese Situation ins Hier und Jetzt und ich konnte erkennen wie mir diese neue politische Orientierung die Kraft gab nun meine grosse Bootsreise anzupacken. Es war wie ein - Wink mit dem Zaunpfahl - : meine Zukunft lag auf dem Meer ! Chile und die Firma musste ich dann hinter mir lassen!

Mein Elan, das Boot segelfertig zu bekommen wurde immer stärker. Waren es vielleicht Fluchtgedanken, die mich antrieben nun endgültig aufs Meer zu gehen? Jetzt beim Schreiben kann ich mich erinnern, dass Onkel Emil zum Kriegsende hin meinen Vater anhielt, doch mit unserem Segelboot über das Stettiner Haff und die Ostsee in Richtung Westen die Flucht zu ergreifen bevor die Russen die Oder erreichten! Vater lehnte ab, weil ihm das Risiko für die ganze Familie auf der vermienten Ostsee zu gross war! Könnte es sein, dass ich unbewusst das Drama wiederholen wollte, weil sich für mich nun eine ähnliche Situation ergab? Wir blieben einige Tage länger als geplant auf dem Boot, um möglichst viele Arbeiten erledigen zu können. Plötzlich stand ein richtiger Hippie mit Hippiebraut und leuchtenden Augen am Boot und fragte: „Ist das Boot zu kaufen"? „ Nein, wieso denn, aber kommt doch an Bord dann können wir klönen"! Sie blieben zwei Tage. Wir schliefen zum ersten Mal alle auf den neuen Polstern an Bord und bekochten uns auf dem Primus-Petroleumkocher. Zum Nachtisch drehte uns Kiko eine Zigarette und mischte ein grünes Kraut mit hinein. Ich hatte keine Ahnung was da von Mund zu Mund ging; es war mein erster Joint! Was Drogen ausser Tabak und Alkohol anging war ich vollkommen unbedarft, und nun auf einmal wie im Handumdrehen hatte ich meinen ersten leichten Marijuana- Rausch! Jeder Stress, jede Ängstlichkeit, ja jedes erdachte Problem erlöste sich und übergab den, in seiner Rolle „gefangenen" Thomás, in eine andere Welt, in eine andere Dimension, dort wo nichts mehr wirklich wichtig ist und alles in sich selbst verschmilzt. Dieses Erlebnis bestätigte meine tiefen Gefühle, und die noch nicht bewusst erkannten Erfahrungen, schon immer DA zu sein, was ausserhalb unserer normalen Wahrnehmung angesiedelt ist und sicherlich für Jedermann zugänglich sein könnte. Ich möchte damit einfach sagen, dass jeder Mensch irgendwann einmal in seinem Leben, sich in Momenten mit Etwas tief verbunden fühlt, was ihn aussergewöhnlich glücklich macht, ohne das er irgendwie einen Grund dafür fand; vielleicht mit einem NICHTS das ALLES war; es ist nicht in Worte zu fassen!

Bei all´meiner neuen Hoch-Zeit vergass ich, mich mit der Firma in Santiago, in Verbindung zu setzen, so dass die Kompagnons nach meiner Rückkehr ausser sich waren, dieweil ich mich wegen des Wahlausganges nicht gemeldet hatte und wie ich wohl zu dieser „katastrophalen" politischen Lage stehen würde? Ich konnte ihre Besorgnis verstehen; denn die Zukunft unseres Geschäftes, das Getuschel über Enteignungen, die Presse, das Radio mit ihren Panik machenden Sensationsberichten wühlten uns auf. Zurück in Santiago erlebte ich ein ohnmächtiges Durcheinander, was mich nicht gross berührte weil ich mich eher in einer anderen Realität befand und kein offenes Ohr fand, um mich aus meiner Sicht her mitteilen zu können. Trotzdem war ich natürlich mittendrin in diesem kaotischen Geschehen und konnte mich auf Dauer davon auch nicht frei halten, obwohl eine andere, neue Art der Wahrnehmung mir eine gelassenere Sichtweise erlaubte. Diese neue Kraft in mir wirkte so stark, dass es da kein Zurück mehr gab und mit dem fast fertigen Boot im Hintergrund, explodierte förmlich mein Streben diesem Neuen entgegen, dieses Erfahrene zu leben!

Allendes Wahlsieg hob mich förmlich in ein neues Bewusstsein. Ich konnte alte Konditionierungen plötzlich hinter mir lassen und begann auch meine politische Einstellung insofern zu revidieren, das dass, was nun Sache war, als solches zu akzeptieren sei! Dem Himmel dankte ich für alle diese Fügungen, behielt aber diese Erkenntnisse meistens für mich, um unnötigen Diskussionen, die ja das Tagesgeschehen beherrschten, aus dem Wege zu gehen.

Nachdem auch die letzten Zahlungsdifferenzen mit der Bootswerft abgeklärt waren, gehörte ALTAIR nun mir. Bald segelten wir das schöne Schiff, nach einigen Probeschlägen auf dem Rio CALLE CALLE, am östlichen Rand des Pazifiks entlang, über drei Tage und Nächte hoch in den Norden. Mutti, Klaus, Sabine und Samba waren mit an Bord. Die Mutter war glücklich und schwärmte in Erinnerungen:...... vor langer Zeit..... damals auf dem Stettiner Haff! Nur war das hier doch etwas anderes! Ich fand mich in der Verantwortung wieder, Kapitän zu sein, zum ersten Mal auf eigenem Kiel, draussen auf dem weiten, tiefen Meer. Wenn ich in einem Moment daran dachte, was ich hier auf hoher See eigentlich tat, wurde ich mir meines Abenteuers schon bewusst und freute mich umso mehr, dass der Jugendtraum nun wahr geworden ist, mein Wunsch ging in Erfüllung und hatte sich – zum Anfassen nahe- nun im segelnden Boot realisiert!

Eine ständige Dühnung aus südwestlicher Richtung glitt sanft unter dem Rumpf hindurch. Der stätige Wind schob ALTAIR unter Bagstagbrise gen Norden, unterstützt vom Humboldstrom, der kalt aus der Antarktis kommend die ganze Westküste Südamerikas hochströmt, um sich später in westlicher Richtung im grossen Pazifik zu verlieren. Es gab kaum Häfen, die man hätte ansteuern können und so blieben wir auf See bis nach Algarrobo, dem Liegeplatz, dort wo ein schwerer Zementblock – un muerto – mit dicker Kette auf uns wartete.

Wir waren echte Seebären als ALTAIR nur unter Fock in die recht offene Bucht von Algarrobo einlief und ich zum ersten Mal mit dem langen Bootshaken nach der Festmacherboje angelte. Die Freunde an Land jubelten und nun hatte auch das vierte Schwesterschiff seine Jungfernfahrt bestanden.

Jedes Wochenende segelten wir, luden Freunde ein und Trimmten die 11 Segel. Manchmal setzten wir fast alle zusammen und freuten uns riesig an den bunten, prallen Formen der aufgeblasenen Segel, die das Boot mit Macht vorantrieben.

In der Politik wurde Salvador Allende als rechtmässig gewählter Präsident vom Parlament bestätigt, was traditionell gesehen immer geschieht, aber in diesem Falle doch auf großen Widerstand traf wegen seines stark links gerichteten sozialistischen Programms. Es hätte ihm zum Verhängnis werden können, wenn die über 60% starke Opposition sich gegen ihn entschieden hätte. Nun begann eine neue Ära, die das gesamte Unternehmertum mehr und mehr in die Enge trieb und welche Massnahmen der neuen Regierung das kapitalistische System ins Wanken bringen könnte. Um ehrlich zu sein, zitterten wir alle um den Fortbestand unseres gewohnten Alltags!

All diese Unsicherheit verstärkte meinen Focus auf das Boot, das nun werftfertig in Algarrobo lag, aber noch lange nicht fertig für die grosse Reise war. Es gab zwei wichtige technische Schwachpunkte am Rumpf: Die Ruderanlage musste völlig neu konzipiert werden. Der Mastfuss stand lediglich auf dem Kielholz und drohte den Rumpf nach unten zu öffnen bei stärkerem Mastdruck und viel Wind. Diese Arbeiten ging ich in Ruhe an, nachdem der Sommer vorbei war und ALTAIR an Land geholt wurde, um über den langen Winter vorbereitet zu werden.

Sabine hatte einen Job als groundhostess bei der Lufthansa angenommen. Ihre sehr unterschiedlichen Arbeitszeiten und mein Bootseinsatz, fast jedes Wochende an der Küste, brachten manchmal unseren Hausfrieden durcheinander. Liebe Freunde von uns gingen zurück nach Europa, so dass wir ihren gemieteten Bunglow übernehmen konnten, der viel grösser war und mit eigenem Garten im Grünen lag. Dieser Umzug und die gemeinsame Neugestaltung unseres Heimes tat unserer Beziehung gut, obwohl sich Sabine, mit dem Näherkommen unserer Seereise, selbst in Bedrängnis brachte. Vielleicht war es doch nicht so wie sie sich ihre Zukunft vorstellte und es fiel ihr sichtlich schwerer meine zielgerichtete Begeisterung zu teilen. Meine Erwartungshaltung an sie, doch gewisse Vorbereitungen am Boot zu übernehmen, wurde nicht so erfüllt wie ich mir das vorgestellt hatte. Es gab Momente wo ich mich überfordert fühlte und meinen Stress auf sie projezierte. Ich brachte wohl auch nicht dieses Feingefühl auf, um Sabine liebevoll auf –mein Abenteuer- einzustimmen, so dass auch sie sich hätte mehr damit identifizieren können. Ich war wieder einmal der „macho", der alles wollte und selber nicht immer genügend Kräfte mobilisieren konnte, um das Zuviel solch anstrengender Vorbereitungen in den Griff zu bekommen. Hinzukam die immer unsicherer werdende politische Lage, um deshalb möglicherweise keine Ausreisegenehmigung für das Boot zu bekommen. Die Nahrungsmittel wurden knapper. Wir fühlten uns gar nicht gut, wenn wir unseren Einkaufswagen durch die Supermärkte karrten, um von unserer langen Proviantliste die Dosen abzuhaken, die den Karren bis oben hin füllten und echt als Hamsterkäufe angesehen werden konnten.

Im ganzen Lande lag viel Spannung in der Luft, die unsere Anstrengungen wahrlich nicht unterstützten, sondern uns eher noch zu eiligerem Handeln anfeuerten. Ich empfand auch, dass Sabines Situation in Hinsicht auf die Reise immer schwieriger wurde, ohne dass wir uns offen und ehrlich aussprechen konnten; denn für mich war die Segelreise total klar und diese Klarheit gab ihr keinen Spielraum für mögliche Zwischenlösungen; war doch unser Zusammensein von Anfang an für diese gemeinsame Reise bestimmt. Ich spürte, dass die kleinsten Zweifel, die mir entstanden sein könnten, schnell das ganze Vorhaben ins Wanken bringen könnten. Es bedarf soviel mehr an zusätzlicher Kraft über den normalen Alltag hinaus, je ungewöhnlicher ein solches Vorhaben ist. Da es – mein Abenteuer- war konnte ich von Sabine einen solchen Einsatz kaum erwarten; denn soviel Teamgeist und Kumpeleinsatz konnte ich höchstens von mir selber fordern. Trotzdem hatten wir eine schöne gemeinsame Zeit, wenn auch manchmal die „Fetzen flogen"! Wir rauften uns zusammen, wie es bei zwei so ausgeprägten Charaktären wohl auch ohne Bootsreise nicht viel anders hätte sein können.

Fast jedes Wochenende war ich an der Küste. Das verhalf ALTAIR zu grossen Fortschritten auf ihrem Weg für die grosse Fahrt. Dankbar denke ich an meinen älteren Freund Xabi und seine Familie zurück, die mir immer ein Zimmer in ihrem gemütlichen Holzhäuschen in Algarrobo zur Verfügung stellten.

Wärend ich mit Antonio fleissig am Boot arbeitete, besuchten uns natürlich viele amigos, die neugierig zusahen und ihre Kommentare abgaben, damit auch alles rechtens sei. Manchmal war das Cockpit voller gut gemeinter Ratschläge und so manche Pulle machte ihre Runde. Nur die wenigsten mochten an eine baldige Abreise glauben.

Über einen deutschen Freund kam ich an Zeichnungen für eine Windfahnen-Selbststeueranlage, die mir Xabi in seiner Laborwerkstatt aus Nirosta-Stahl bauen liess. Ich musste aber sehr hinterher sein, damit das Teil auch fertig wurde; denn der Aufwand zur Anpassung ans Boot war entschieden komplizierter, als wir uns das vorgestellt hatten und schliesslich war der Anbau ans Bootsheck eine der letzten Arbeiten an Land, bevor ALTAIR wieder zu Wasser gelassen wurde, zum letzten Mal in Chile!?

Alle Stauräume waren vollgepackt mit Dosenproviant und über 100 Flaschen des besten Chilenischen Rotweines im Kielbrunnen und in der Bilge verstaut, gaben dem Boot zusätzlichen Ballast; so dass der „Kahn" tief im Wasser lag. Die Wasserlinie war kaum noch sichtbar. Am Bug leuchteten bunt gemalte Sonnenblumen und mitten drin in poppigen Lettern stand da ALTAIR! Ich freute mich wie ein kleiner Junge und wusste um eine glückliche Reise, die uns bevorstand!

Schon oft sprachen wir zwei Brüder und Franz über die Zukunft unserer gemeinsamen Firma, die nicht gerade rosig aussah. Da ich bald ging und sie bleiben mussten, übergab ich Ihnen über die Hälfte meiner Anteile als Dankeschön für Ihr Verständnis einer teilweise anstrengenden Zeit mit mir und meinen verrückten Plänen! Die wenigen Lieblingsmöbel wurden unter Ihnen verteilt und anderer, liebgewordener Kleinkram in Kisten verpackt und in die Schweiz geschickt, so dass wir bis aufs Boot, leer von all dem weltlichen Tingel Tangel waren. Mit einem Mal hatte ich PLATZ geschaffen, Freiraum in mir und lebte in dieser Sensation- Hier und Jetzt -dem Neuen entgegen!

Schon seit längerer Zeit lebte ich nicht mehr in der Alltags- Welt, und in dem Chile, in dem ich vor 12 Jahren angetreten war. Vorstellungen wie traditionelles Familienleben, Geschäftsgebaren oder gesellschaftliche Beziehungen waren in weitere Entfernung gerückt und nahmen momentan keinen Platz in meinem Kopfe ein. Die praktischen Vorbereitungen waren ausgefüllt mit tausend Dingen, die meine ganze Aufmerksamkeit in Anspruch nahmen. Auch konnte ich immer mehr die Nutzlosigkeit im alltäglich sich wiederholenden Trott erkennen und fühlte mich bestätigt in meinem neuen Weg, der mich dem SOSEIN, der QUELLE ein bisschen näher brachte. Vielleicht konnte ich damals diesen Drang nicht so klar erkennen, der hinter diesem Vorhaben im Bewusstsein noch verborgen lag, heute aber weiss ich, dass das der Anfang war mir selber wieder treu zu werden. Der –alte-Thomás verschwand, eine neue, andere Welt tat sich auf, befreit von den „Lasten" zeitgebundener Vergangenheit und das ist doch ganz viel und wirkte tief, trotz aller äusserlichen bedrängenden momentanen Umstände!

Die in den Staaten bestellten Seekarten und Handbücher liessen noch auf sich warten.

In Valparaiso kaufte ich mir bei pensionierten Kapitänen einen englischen Schiffscronometer aus dem Jahre 1894 und einen Sextanten sowie ein klassisches Walker-Schlepplog, falls einmal das elektronische Speedometer ausfallen sollte. Ein Spritzverdeck über dem Niedergang, ein Seeanker, ein Windfang für die Vorderluke und ein kompletter Satz der bunten Signalflaggen rundeten dann endgültig die Ausrüstung ab.

Den Porsche hatte ich längst gegen einen Volvo 122 S eingetauscht. Mit dem fuhren Sabine, Pudel Pascha und ich noch einmal in den von mir so heiss geliebten Norden, sozusagen eine Abschiedsreise, um der Sabine die Atacamawüste zu zeigen und mir diese Sensation von weitem Land, das am Horizont mit dem ewig blauen Himmel verschmilzt, ganz ähnlich wie auf dem Meer, noch einmal zu gönnen. Unsere ersten Tage verliefen voller Spannungen. Wir versuchten –uns- wieder zu treffen, aber es wollte einfach nicht klappen. Wir hatten uns in eigenen Vorstellungen und Erwartungen fest gebissen. Unsere Fixierungen waren so gross, dass keiner locker lassen konnte. – Dann waren wir in der Wüste. Es war plötzlich so, dass sich diese weite Leere auf uns übertrug.

Seit langem schon lag auf dem Kaminsims ein kleines Büchlein. Ich hatte es mit im Gepäck und fing an in ihm zu lesen, in einem gemütlichen Hotel in der Oase Pica. Es packte mich dermassen, dass ich auszog, mich in der Weite der Wüste verlor und nicht aufhören konnte mit dem Lesen, bis ich mich kilometerweit entfernt, nackend in der heissen Wüste sitzend wiederfand, wärend die Tränen mir übers Gesicht liefen. Siddharta, von Hermann Hesse, hatte mich dem Ursprung wieder näher gebracht.

Alle Spannungen waren verflogen und als ich gegen Abend das Buch zuklappte, und heiterer geworden irgendwo am Horizont die Oase erahnte, kam mir, wie in einer Fata Morgana schwebend, der Pascha entgegen, immer näher, immer deutlicher werdend nahm er meine Fährte auf, bis wir uns schliesslich freudig begegneten und nun gemeinsam zurück zur Oase liefen, um mit Sabine wieder einmal eine -Wiedergeburt- zu feiern. Das Eis war gebrochen. Wir genossen wieder unsere Zweisamkeit, die Essenz des Seins hatte uns eingeholt, oder besser; wir hatten uns wieder erinnert! Die Wüstenreise, hatte ihr Ziel erreicht, dankeschön, wir waren happy.

Auf der Rückreise nach Santiago machten wir Halt in Antofagasta und fanden Unterkunft im Hotel EL TATIO direkt am Meer und ganz besonderer Art; denn die Zimmer waren ausrangierte Trolleybusse, die in der Mitte getrennt zu zwei Zimmern mit Bad ganz lustig umgebaut waren. Wir lernten den Besitzer in seinem gleichnamigen Restaurant-Bar am Abend kennen. Er war ein liebenswerter Deutscher, soweit ich mich erinnere aus aristokratischem Hause, der über Jahre in Santiagos Society verkehrte und dort entsprechend verheiratet und beruflich etabliert war. Eines Tages erkannte er, dass ihm dieser „Verkehr" verkehrt erschien worauf er sich wohl urplötzlich von der Santiaginer Szene nach Antofagasta zurückzog. Mit seinem Jeep durchkreuzte er wohl wie kaum ein anderer die von ihm geliebte Atacama-Wüste. Von überall her sammelte er Reliquien und besuchte oft den TATIO, die Gaiser hoch oben in den Anden. Er heiratete eine sehr liebe Chilenin chinesischer Herkunft und eröffnete das mit seinen Reliquien vollgestopfte Restaurant und das Trolley-Hotel. Am nächsten morgen sassen wir Vier am Meer, direkt unterhalb des Hotels. Er schaute aufs Meer. Seine Augen leuchteten als er begann, uns seine Story zu erzählen. Er meinte; „.... ich war ein ganz unpraktischer Mensch und hatte keine Ahnung von manueller, handwerklicher Arbeit. Ich hatte nicht nur zwei linke Hände, nein ich hatte überhaupt keine „Hände" und wie kann man wohl leben ohne das Bewusstsein seiner Hände? So vermied ich ständig die praktischen Herausforderungen meines Lebens, was mir in Chile ja sehr entgegen kam, weil die Gesellschaft derart strukturiert ist, dass ein grosses Angebot an dienendem Personal zur Verfügung steht. Mich machte das alles immer unzufriedener ohne wirklich zu wissen was der Auslöser war. Als ich den Absprung gewagt hatte, ging es mir sofort viel besser und ich erschuf mit meinen eigenen „linken" Händen all dieses hier, auf meine ganz eigene Art und das Ergebnis seht Ihr nun. Ich habe mich von alten Konditionierungen befreit, tue was mir wirklich Spass macht. Es gibt für mich nichts anderes als diesen Moment, das macht mich unendlich frei"!

Wir waren alle sehr still und fühlten viel Gemeinsamkeit. Das war eine gute Vorhut für unsere Reise, es gab mir Kraft und noch mehr Mut. Ich dachte: „ ...wie unterschiedlich jeder Mensch einem Rufe folgt, wenn er ihn nur hören könnte und zum Ende hin dann diese gleiche weite Freude spürt, eine Heiterkeit, die keine Grenzen kennt! Hand aufs Herz; wer könnte von sich sagen so etwas noch nie erfahren zu haben?

Zurück in Santiago erfuhr ich, daß eine Ausreise mit Altair nur möglich sei ,wenn der Rechnungswert des Bootes beim Zoll in Valparaiso hinterlegt werden würde als Garantie dafür, dass das Boot auch wieder ins Land zurück käme!

8. Reise: > AUF ALTAIR > segelnd über die Meere

Da ich in letzter Zeit schon einige solcher „ Brocken" schlucken musste, konnte ich auch dieses hier verhältnismässig locker nehmen. Ich wusste, dass ich solche Summe nicht zahlen konnte und ich wusste nun noch klarer, dass ich die Reise machen werde und erinnerte mich eines weisen Spruches;

„Wer viel fragt, kriegt viel Antwort"!

Ende November feierten wir mit vielen Freunden an Bord unsere Abschiedsfeier. Es war erstaunlich zu sehen wie viele Menschen doch auf solch ein kleines Boot passten, welche Tragfähigkeit eine hölzerne Luftblase im Wasser hatte. Es flossen auch Tränen ; denn der Abschied war doch irgendwie total! Damals als Vorahnung, Jahre später als Realität; denn ich kam nicht mehr zurück in diese Welt, ich kam HEIM in eine andere Welt!

Es war uns natürlich klar, dass wir diese Reise ins Unbekannte nicht ganz allein machen würden und so heuerten wir erst einmal Freunde an, die etappenmässig die lange chilenische Küste bis hoch nach Arica und später auch weiter mit uns segeln wollten.

In Santiago war alles abgeschlossen, so dass wir die letzten Tage schon mehr an Bord als an Land verbrachten. Und dann, am 2. Dezember 1971, sogar am Geburtstag meiner Mama, früh am Morgen machten wir die Festmacherleine von der Boje los, nachdem das Großsegel gesetzt war und tuckerten mit Altair aus der Bucht aufs offene Meer hinaus. Noch einmal ein – adios -, ein letztes Winken hinüber zum immer kleiner werdenden Strand und Häusern, jedoch die freudige Aufregung des Neuen war grösser als ein Traurigsein. Mit Macht packte uns der Südwest-Wind und Altair rauschte gen Norden. Am nächsten Cap, Cabo Curamilla, kurz vor Valparaiso bäumten sich die Wellen dermassen hoch auf, dass die Schaumköpfe uns mitsamt dem Boot umarmten und der Rumpf zitternd nach vorn getrieben wurde. Weit über seine Rumpfgeschwindigkeit hinaus glitten wir förmlich wie ein Surfer auf den Wellenkämmen. Das Log schlug bei 10 Knoten an den Höchstpunkt der Skala an. Am ersten Tag unseres Törns hatten wir für alle Zeiten die Höchstgeschwindigkeit erreicht, was uns natürlich neben der Sensation von Freude auch Angst einjagte; denn sicherlich hatten wir für den starken Wind zu viel „ Tuch" stehen und uns nicht auf solche typischen Kap-Situationen vorbereitet. Recht schnell glitten wir an Valpo vorbei und liefen schon am frühen Nachmittag in Quintero ein.

Für Sabine war dieser erste Tag toooo much!! Sie wollte nicht weiter mitsegeln und ging von Bord! Ich konnte wohl mitfühlen, aber nicht diese Reise abbrechen. Bruder Klaus war mit dabei und hier kam Buba nun an Bord. Die Reise ging weiter gen Norden. Hier und da machten wir in Häfen fest und wechselten Crewmitglieder aus. Aber es lag Spannung in der Luft; wie wird es mit Sabine weitergehen? Sie ging so spontan und fest entschlossen vom Boot; dass ich mir nicht allzuviel Hoffnung machte Sie auch weiterhin dabei zu haben, was sicherlich erst einmal eine längere Trennung bedeutete. In jedem Fall verabredeten wir, uns in Arica, dem nördlichsten Ort und Hafen Chiles, zu treffen. Das wirkte sehr beruhigend auf mich ! Mit jedem Näherkommen der chilenischen Grenze im Norden wuchs natürlich die Spannung in welcher Form wir die chilenischen Hoheitsgewässer verlassen können. Wie auch immer das geschehen mag, ich war zu allem bereit und der festen Überzeugung, dass es uns gelingen wird.

Das Leben an Bord entpuppte sich trotz allem als ein tiefes Glücksgefühl. Der Wind blies ständig aus süd-südwestlichen Richtungen, immer mehr nachlassend, so dass auch die Dühnung fast nur noch das Atmen des großen Pazifics war. Es waren geruhsame Tage und hohe Nächte. Das Firmament funkelte wie noch nie ! Chile lag schon hinter mir. Die vielen Jahre von der Idee zur Wirklichkeit, die ich mir doch recht anstrengend, aber auch mit Freude kreierte, verschwanden hinter dem südlichen Horizont. Östlich von uns tauchte langsam die so geliebte Wüste auf und begleitete uns über die nächsten Tage. Das Wissen darum, dass ich mich auf mein Boot so gut verlassen konnte wie ich es vorbereitet hatte und soviel Wasser und Proviant an Bord war, so dass wir wochenlang auf See bleiben konnten, gaben mir die absolute Gewissheit, dass ich in diesem Moment zur rechten Zeit am rechten Platz war. Die Zeitqualität stimmte mit der Qualität des Raumes überein und oft kullerten mir die Tränen, in stillen

Momenten, wenn ich mir dessen total gewahr war. Das ist eine Mischung aus Dankbarkeit, Liebe und Frieden, die nur im Hier und Jetzt erfahren werden kann,wenn alle Gedanken in STILLE sind.

Aithor kannte ich aus den Seglerkreisen nur wenig, weil er in einem entfernteren Küstenort segelte, dort wo seine Eltern ein Haus hatten und er über die Sommermonate seine Kindheit und Jugend verbrachte. Er war derjenige, der mir spontan als Mitsegler für unbegrenzte Zeit zusagte. Wahrlich, ich hätte ihn nicht missen mögen. Ein stiller, bewusster und gut aussehender Bursche, um runde 10 Jahre jünger als ich, entpuppte er sich als ausgezeichneter Segler und Handyman für alles was an Bord so anfiel. Wir wurden so richtige Kumpanen. Er war immer mit irgendetwas beschäftigt und verbesserte ständig etliche Problemchen an Bord die nun erst durch unsere eigenen Erfahrungen auftauchten. Das Wichtigste schien mir an ihm seine Wertschätzung gegenüber Allem was existiert und nicht existiert !

Buba kannte ich schon länger besonders auch über seinen deutschen Grossvater Werner mütterlicherseits, der ein Unikum auf esoterischem Gebiet war. Werner entdeckte Grundwasseradern, die sehr störende Auswirkungen auf die Psyche und den Schlaf haben würden. Ich lernte ihn wärend der ersten Chilejahre kennen, als wir Junggesellen noch in einem Haus wohnten und Bruder Klaus gerade geheiratet hatte. Ich schlief immer sehr unruhig und wühlte im Bette. Werner kam und siegte. Er entdeckte eine Wasserader in meinem Zimmer und veranlasste mich, das Bett umzustellen. Ausserdem brachte er Kupferrohre als Kondensatoren an, um schädliche Energien umzuleiten. Vom selben Tag an schlief ich besser. Später, als Klaus das Haus für seine Familie kaufte und sein Sohn in gleichem Zimmer schlief, war ihm die Sache mit der Wasserader entgangen; das Bett stand wieder so wie anfangs bei mir und das Kind wachte jeden morgen mit seinem Köpfchen am Fußende seines Bettes auf, um sich wohl so, aus seinem natürlichen Empfinden heraus, den Einflüssen der Wasserader zu entziehen; und wieder kam Werner und befreite Kais Schlafstätte von allem Ungemach!

Solche Erfahrungen überzeugen. Werners Enkel, der Buba war noch jünger als Aithor. Er liebte das Meer und mehr noch die Boote. Auch er war mit von der Partie für die nächste Zeit, nur von ganz anderer Art. Sein Kopf war voller Bootsbau- Ideen, die ihn dermassen in Ansspruch nahmen, dass jedes Zuviel der Arbeiten an Bord, oder auch sonst, ihn schnell aus dem Gleichgewicht brachten. Auf seine ganz spezielle Art war er ein lieber Weggefährte und konnte in Momenten auch unseren gemeinsamen Törn geniessen, wenn sein Kopf ihn nicht allzu häftig beanspruchte.

Wir steuerten nur wenig Häfen an. Dort wo wir fest machten, wurden wir freundlichst in den Yachtclubs empfangen. Es war sehr aussergewöhnlich eine chilenische Yacht aus dem Süden hier oben im Norden zu treffen, weshalb wir hier und da auch in der Lokalpresse erschienen. Über unsere noch sehr vagen Zukunftspläne nach dem Wohin gefragt, wurde dann von der Presse eine >Circum-navegación< gemacht. Tatsächlich hatte ich eine Weltumsegelung nicht vor, obwohl wir noch nicht wussten ob wir westlich oder östlich nach Europa segeln wollten.

Es ging mir wahrlich nicht darum sensationelle Segelerlebnisse zu erzielen, es ging mir darum, dem Ursprung näher zu sein. Das Wasser, der Wind, die Unendlichkeit des Himmels, das kleine Boot als unser Heim, es konnte nicht weniger sein, das schiere Überleben auf einem anderen Element, den Naturkräften direkt ausgeliefert; all das erkannte ich für mich zu jener Zeit als die besten Voraussetzungen um „wacher" zu werden. Auch ist es ein Anknüpfen an die Zeit vor den Bahnen, Autos, Dampfern und Fliegern. Im normalen äusseren, wahrnehmbaren Bereich ist es ein Ausklinken aus der automatischen Routine, zurück oder vorwärts in eine Welt, die fraglos spürbarere ESSENZ ist.

Noch vor Weihnachten machten wir im Club Nautico von Arica fest. Der nördlichste Punkt Chiles war erreicht. Wir wurden überschwenglich empfangen, umsorgt und umhegt. Es verging kein Tag an dem man uns nicht zum Essen einlud, eine Tour in die Wüste machen und uns jeden Wunsch vom Munde ablas.

Mit Sabine feierte ich Weihnachten an Bord, wärend die Crew den vielen Einladungen folgte. Meine Freude, Sie wiederzusehen, war gross, die Ihre wohl eher verhalten; Sie wusste mehr als ich und rückte langsam damit heraus. Erstens würde Sie nicht weiter mitsegeln und zweitens sei Sie schwanger. Ich war buff und konnte in dem Moment eine Empfängnis zeitlich gar nicht einordnen. Natürlich passte das überhaupt nicht in meinen Plan. Ich fühlte mich schlecht; denn wie sollte ich weiter segeln und meine schwangere Frau alleine zurücklassen ohne mich schuldig zu fühlen?

Ich bekoberte mich und schwärmte Ihr vor, dass unser bisheriger Törn absolut nicht mit unserer Erfahrung des ersten Segeltages zu vergleichen sei und sehr ruhig und angenehm ohne besondere Vorkommnisse verlaufen wäre. Sie könne wunderbar mitsegeln und zu fortgeschrittener Schwangerschaft würden wir rechtzeitig Halt machen, dort wo es uns am besten gefiele und gerade dies sei ja nun unsere neue Freiheit ! Ich war überzeugt davon, dass es gut gehen würde und total bereit mich diesen neuen Umständen anzupassen, uns sollte ja ein Kind geboren werden! Es war mir aber auch klar, dass ich in jedem Fall das Boot erst einmal weiter segeln wollte !

Sabines Vorstellungen stimmten mit meinen Vorschlägen nicht überein. Sie wollte nicht weiter mitsegeln, weder ohne Schwangerschaft und nun mit Schwangerschaft umso weniger. Sie fuhr zurück nach Santiago und da Sie ohne mich keine Verlängerung der Aufenthaltsgenehmigung bekommen konnte wollte Sie wieder zurück in die Schweiz. Das war nun ein echtes Drama; denn auch finanziell konnte ich Sie kaum unterstützen und so begab Sie sich aus freier Entscheidung in Ihr eigenes, neues Abenteuer. Später erfuhr ich, dass Ihre Schwangerschaft keine mehr war, das Kind wollte wohl nicht unter diesen Umständen auf die Welt kommen, oder es wurde eine Scheinschwangerschaft vermutet, um sich bewusst oder unbewusst aus dieser Situation irgendwie zu befreien. Wir manipulierten uns wohl gegenseitig, um unser eigenes Ding durchzusetzen.

Weihnachten lag hinter uns und nun kam der Sprung über die Grenze ! Das nahm mich voll in Anspruch, so dass ich meine Sorge um Sabine ein bischen hinter mir lassen konnte. Mit unseren Freunden aus Arica machten wir einen kleinen Segeltörn als Dankeschön für Ihr grossartige Unterstützung. Carlos, der entusiastischte Freund von all den Anderen, hatte sehr gute Beziehungen zu den Schiffsagenten und zum Zoll. Ich erzählte ihm meine Sorge um unsere Ausreisepapiere. Er sah da überhaupt keine Probleme. Mit allen meinen Schiffspapieren beladen machte er sich auf den Weg und kam am nächsten Tag mit dem >ZARPE<, der Ausreise-Erlaubnis von der Handelsmarine für den kommenden Tag zurück. Allerdings müsse der Zoll noch an Bord kommen, um den Zarpe definitiv abzustempeln und das würde direkt vor dem Auslaufen geschehen! Ich vermutete dort einen heiklen Punkt. Meine Aufregung vor diesem Moment konnte ich nur schwer verbergen. Der nächste Tag kam und auch der Zollinspektor zusammen mit Carlos, der mich kumpelhaft begrüsste. Ich offerierte uns einen Whisky der freudig akzeptiert wurde und als Öffnungs-Ritual einer neuen Begegnung meistens für alle Beteiligten erfolgreich ist. Der Inspektor fragte nach Artikeln, die ich hier in Arica im Freihafen-gebiet eingekauft hätte. Ich zeigte ihm ein Fernglas und den praktischen Korkenzieher mit dem ich gerade die Whiskyflasche geöffnet hatte. Das schien ihm belanglos zu sein und nach einem zweiten Whisky holte er seinen Stempel aus der Tasche und versiegelte unseren Zarpe als endgültige Ausreise-Erlaubnis für die grosse, weite Welt !! Ich hatte mit mir zu tun, um die immense Freude, die ich empfand, zu unterdrücken. Der Inspektor hatte sicherlich angenommen, dass wir zurück in den Süden segeln würden, weshalb er uns nach eventuell zu verzollenden Waren fragte, obwohl im Zarpe als nächster Zielhafen CALLAO-PERU angegeben war ! Der Zollbeamte, Carlos und andere Freunde gingen angeheitert von Bord. Ein dickes Dankeschön an Carlos; gelassen wirkend schlenderte ich zum Bug, wir holten den Anker hoch, der Motor lief schon und ganz langsam setzte sich ALTAIR in Bewegung wärend die Segel gesetzt wurden. Wir winkten zurück. Ich konnte es kaum fassen, dass nun auch das lange Chile endgültig hinter uns lag! Mit dem Fernglas suchte ich an Land den weißen Betonbogen, der die Grenzstation an der Panamericana nach Peru überspannte. Ja, da war er wohl, nicht so klar auszumachen, aber was solls, wir hatten es geschafft. Der Wind nahm uns in seine Arme und trieb uns nach Norden. Nun war mir auch die letzte grosse Spannung genommen und breit grinsten wir drei uns an. Voller Freude und Erleichterung ging es nun dem Unbekannten entgegen. Ich fühlte mich total befreit von der Last des schwierigen Bootsbaues, des politischen Machtwechsels in Chile und fragte mich nachträglich; warum war ich eigentlich nach Chile gegangen? Wäre diese

Reisevorbereitung nicht in Europa oder den USA viel leichter und einfacher gewesen?

Am 29.12.71 steht im Logbuch: - Abschied von Sabine. Traurig, aber der Ausreisepapierkrieg hat mich voll im Griff. Am 30.12. 1971, unserem Ausreisetag, fand ich folgende Eintragung von Klaus, der etappenmäßig bis Arica mitgesegelt war.

Nichts weiter als dies:

ABSCHIED

Abschied kann sein

mildernd und frei

Zukunft eröffnend

ständig beglückend

kann Dich erhören

darf nicht zerstören

Deines spiegelnden Herzens

sanften Geflechts.

ABSCHIED

Abschied zum Reifen

getrenntes Wandern

den gleichen Sternen zu

ständig erheiternd

und es uns weiternd

das Verengte

im Rhythmus der schlanken

der ragenden Säulen.

ABSCHIED

Welch Wechsel

im Wandel des Seins

Erneuerung

der Wahn – der Segel

Umstoss der Regel

alles Gewussten

und wissend + frei

lächelnd zur

Stunde des Friedens.

Deine Reise wird glücklich enden, alles weitere sich glücklich anschliessen und wir uns recht bald wiedersehen.
Tschüss + in Liebe - Bruderherz

Wir waren nun in peruanischen Gewässern. Es war keine Flucht. Wir hatten unsere offiziellen Ausreisepapiere. Das war eine Beruhigung, obwohl der Fluchtgedanke immer noch in meinen Knochen steckte, kein Wunder wenn ich an meine frühe Jugend zurück dachte. Jene Konditionierung sass tief und war mit Ängsten behaftet, die sich -aus sich selbst heraus- wiederholen wollten. Solche Gedanken verflogen schnell, denn das Erleben jeden Momentes, diese Sensation wenn der Bug das Wasser durchpflügte um Platz für den Rumpf zu schaffen der tonnenweise Wasser verdrängen musste um in diesem flüssigen Element voran zu kommen. Um das Wetter kümmerte ich mich wenig; denn in diesen Breiten gab es nur selten Probleme.

Der letzte Tag im Jahre 1971. Wir bereiteten uns eine Silvester-Partie vor. Im Log-Buch stand folgende Eintragung:

MENÜ: Goldmakrele -DORADO a la mantequilla dorada.
Pescada hace dos horas desde ALTAIR
ENTRADA: Canape de langostinos con mayonesa y ó
Salsa americana
APERITIVO: OLD FASHION "a la EUGENIO"
Whisky con jugo de naranja, azucar y agua mineral
(para las niñas)
VINOS: El mejor BLANCO de a bordo.
CHAMPAN: VALDIVIESO a la ALTA MAR
POSTRE: Copa ALTAIR con chantilly

PENCASO: 24 h GMT
PENCASO: 24 h Chile- local time = GMT - 3 horas
PENCASO: 24 h Peru- local time = GMT - 5 horas
ENTRADA: US$ 300.-

JUEGOS ARTIFICIALES: a la Chilena – de emergencia –

Natürlich haben wir die unterschiedlichen Zeitzonen zusammengelegt und die drei Schüsse hintereinander abgegeben.
7 Tage waren wir bis Callao unterwegs. Als wir einliefen hatten wir so viel Nebel, dass unser Bug kaum vom Cockpit aus zu erkennen war. Die gute Seekarte half, uns an den Tiefenlinien mit dem Echolot zu orientieren. Es war sehr aufregend und ungewohnt ohne Erfahrung, quasi blind in einen fremdem Hafen einzulaufen. Weiter drinnen lichtete der Nebel sich ca. 1 m über dem Wasser, so dass wir kopfüber über der Bordwand hingen, um von dort aus eine bessere Sicht zu haben. Wir waren gar nicht weit weg vom Yachtclub als die Sicht viel besser wurde und machten dort an der Mole fest.

Wieder waren wir die Stars im Club und wurden in jeglicher Weise unterstützt und eingeladen. Damals waren solche Yachtbesuche an der südamerikanischen Westküste doch eher eine Ausnahme und so genossen wir die Ehre die uns zuteil wurde, ohne dass wir direkt etwas dazu getan hatten. Es war einfach unsere Präsenz und die Tatsache, da wir unterwegs waren, die die Herzen der Anderen, der zu Hause gebliebenen Segler, höher schlagen liess. Es war wohl das Abenteuer das alle rochen, die selbst schon einmal einen Gedanken daran hatten, aber den enormen Aufwand scheuhten, den so ein Unterfangen mit sich brachte. Wir realisierten Träume, ohne dass uns das so bewusst war und freuten uns mit Ihnen in fast kindlicher Spontanität. Da kam kein Stolz ins Spiel, eher ein Miteinander und gegenseitiger Dankbarkeit für genau diesen Moment, den wir zusammen erleben durften.

Wir wurden vom Präsidenten des Clubs selbst zum Essen eingeladen und schlemmerten gemeinsam an einer grossen Tafel. Die unterschiedlichsten Gemüse auf der Platte waren mir nicht alle bekannt. Ich griff fleißig zu und das Rote, das ich als Tomate zu erkennen glaubte und dementsprechend ordentlich hinein biss, entpuppte sich als eine ungeheuer scharfe Chili-Peper-Schote. Das haute mich aus den Puschen. Ich bekam kaum mehr Luft, lief rot an, Hitzeschübe durchfurchten meinen Körper und vollkommen sprachlos geworden sprang ich vom Stuhl auf, lief ins Bad, um auszuspucken was noch im Mund und Rachen war und ordentlich mit Wasser nachzuspühlen; jedoch hielt diese Tortur noch eine ganze Weile an bevor ich mich an den lachenden Mittagstisch zurück wagte. Diesen Schrecken versuchte ich damit zu erklären, dass ich völlig unwissend war; denn in der Tat kannte ich von Chile her die AJI-Schoten, die viel kleiner waren und von länglicherer Form. Finalmente hatten wir alle unseren grossen Spass, der sich bei mir über Jahrzehnte in Erinnerung hielt.

Nach einigen Einladungen in Lima ging unsere Reise weiter mit dem Ziel Salinas/Guayaquil, der Hafenstadt von Ecuador. Plötzlich, unterwegs, der Wind wehte sehr flau, entdeckte ich einen riesigen Fisch, ganz ruhig, direkt neben unserem Boot. Das komische an ihm war seine ulkige fast platte, runde Form mit einem lustigen Gesicht. Da er sich nicht bewegte versuchten wir ihn irgendwie mit einem Lasso zu fangen. Das Seil sank aber nicht unter ihn, so dass wir es mit der Ankerkette versuchten. Aber das war ihm wohl doch zu viel und er verschwand in der Tiefe. Es war ein Mondfisch wie wir später erfuhren, der uns völlig unbekannt war.

Am 14.1.72 schrieb ich ins Logbuch: pasaje deficil entre Mazorca y Pelado. Mala visibilidad, niebla, barcos y el faro que no funciona! Wir schwitzen ein bisschen; denn unsere Position ist nicht so genau auszumachen um sicher zwischen beiden Felsen durch zu kommen, aber schließlich gelingt es uns.

Am 15.1.72 war die Eintragung: Aithor hat Freiwache + Navegationstag. Die Karte wimmelt nur so von Navegationslinien und unten in der Kajüte dampfen die Köpfe!

Und am 16.1.72 stand da: „Es wird immer wärmer, aber trotz der tropischen Breite weht immer ein frisches Lüftchen. Das Wasser ist immer noch grün und recht frisch. Wir spielen Schach, wärend ALTAIR ruhig vor dem Spinnaker seine Bahnen zieht. Welcher Genuss und wie gemütlich in der Kabine. Nachts ist es sehr feucht draussen, man ahnt, an der würzigen Luft, Landnähe. Es ist ganz stille, fast kein Wind, wir laufen 1-2 Knoten. Meine Wache ist zu ende, jetzt gehts in die Koje"!

Unsere Seekarten, Navegationstabellen und Küstenhandbücher waren Ausgaben der nordamerikanischen Handelsmarine. Die Bucht von Guayaquil wurde als gefährlich beschrieben wegen der vielen Hammerhaie, die

sich dort tummeln würden. – Und in der Tat, so war es ! Am Anfang kam uns hier und da mal ein Hammerhai zu Gesicht, der uns Angst einflösste; denn es war unsere erste Begegnung mit Haien überhaupt. Dann aber waren es Hunderte, die unser Boot begleiteten und alle – blinzelten – nach oben, ob da nichts für sie zu holen sei. Ich fühlte mich dermassen bedroht, dass ich es kaum noch wagte über Deck zum Bug zu gehen mit der schrecklichen Vorahnung: wenn ich über Bord gehe, bleibt in kürzester Zeit nichts mehr von mir übrig. So holte ich mir erst einmal einen Sicherheitsgurt aus dem Schap, hagte mich in die live-line ein und konnte mich nun sicherer an Deck bewegen. So ängstlich ist doch die Wahrnehmung; wenn die Augen eine sichtbare Gefahr sehen, blinkt – rotes Licht – und vervielfacht die Sicherheitsvorkehrungen. Das ist automatische Überlebensstrategie. Wunderbar wie das funktioniert – im rechten Moment präsent zu sein !
Ohne Schaden zu nehmen liefen wir in Salinas ein. Die Erinnerungen an diesen Hafen sind wie ausgelöscht. Was im Gedächtnis blieb, waren meine Bemühungen um die Erlaubnis, die Galapagos – Inseln besuchen zu dürfen. Das war unser nächstes Ziel. Wenn das klappen sollte, würde die Entscheidung, nach Europa in westlicher oder östlicher Richtung zu segeln, dort auf den Inseln getroffen werden müssen!

    Wir bekamen die Erlaubnis mit den nötigen Papieren und bald legten wir ab in Richtung Westen. Ich „schoss" zum ersten Mal in der Dämmerung (twilight) mit dem Sextanten die Sterne. Das Ergebnis jagte mir Schrecken ein; denn meine Schiffsposition lag oben in den Bergen bei Quito !

    Nun lag das offene Meer vor uns, die leichtere und gewohntere Küstenschipperei war vorbei und die Galapagos-Inseln mussten gefunden werden ! Jetzt wurde es ernst, die Hochseefahrt hatte begonnen. Wir übten uns mit dem Sextanten, dem Cronometer von 1894, den Tabellen und unseren laufenden Positionseintragungen ins Logbuch – Kompaßkurs – wahrer Kurs – Missweisung – Abdrift – Strömung – und dem Log mit den gesegelten Meilen. Ja, die Erfahrung, hier draussen auf dem offenen Meer fühlte, sich doch ganz anders an. Vielleicht führte die Wahrnehmung zu mehr Verinnerlichung. Jeder war mehr für sich. Die Tage waren 24 Stunden lang ohne äusserliche Abwechselung. Immer das ewig blaue Meer, die hoch über uns stehende Sonne; denn wir schlidderten fast auf dem Äquator entlang und die tiefe, unglaubliche Transparenz des nächtlichen, millionenfach schillernden Himmelgewölbes.

Meine Bordliteratur waren neben den Segelbüchern fast ausschliesslich die gesammelten Werke von Hermann Hesse – Suhrkamp Taschenbuchausgabe -. Das war für mich wie eine Offenbahrung. Ich war sehr offen, verwundbar und aufnahmefähig für alles was der Moment brachte. Hermann Hesse begleitete mich die nächsten Wochen und Monate und half mir, dieses für mich doch aussergewöhnliche Abenteuer als dankbares Geschenk zu erleben. Eine innere Heiterkeit breitete sich aus, die über den Dingen stand. Da waren solche Glücksgefühle, dass Freudestränen übers Gesicht liefen, wenn ich bei Sonnenuntergang vorn auf dem Bug sass, die leichte Brise das Schiff immer weiter hinaus in den Pazifik gen Westen trieb, die Wellen am Rumpf plätscherten und irgendwann dort hinten am Horizont die verwunschenen Inseln auftauchen sollten. Uns Dreien ging es sehr ähnlich, so dass wir in Gemeinsamkeit mit uns selber waren. So vergingen die Tage bis die ersten Wolken da ganz hinten auftauchten und bald auch vereinzelte Vögel uns näher kamen. Es ist kein Witz, man kann die Nähe des Landes sogar riechen. Bald rief einer: „ Land in Sicht"! Es war gegen Abend wo die Kontraste am Horizont leichter das Land erkennen lassen, als in der flimmernden Hitze des Tages und so schipperten wir mit leichter SSW-Brise über Nacht weiter, um am nächsten Morgen in der Wreck -Bay auf der Isla Española vor Anker zu gehen.

Juchheeee!...wir waren wohlbehalten auf den Galapagos gelandet und deklarierten ein. In den nächsten Tagen schipperten wir zwischen den verwunschenen Inseln, ankerten in den unterschiedlichsten Buchten, spielten mit den Seehunden und sangen mit den Vögeln, die direkt neben uns auf einem Zweiglein sitzen blieben. Die ganze Tierwelt war sanft, friedlich und unerschrocken und hiess uns willkommen wo auch immer wir ankamen. Es war hier anders als wir es gewohnt waren und stimmte so ganz mit meinem augenblicklichen Lebensgefühl überein.

Hier kreuzten wir auch irgendwann mal den Äquator und feierten gebührend. Ich mahlte eine Taufurkunde für den 15.2.1972 um 03 h 26 min. und schrieb in hingebungsvoller Begeisterung:

„ALTAIR"
Wir sind eins mit Dir,
unserem Heim, Zuflucht und Geborgenheit
Du bist die Trägerin unserer Träume
Du wiegst sie sanft aber entschlossen
über die grossen Wasser zu fernen Küsten
Deine Geduld und Gelassenheit
sind uns der beste Lehrmeister.
So lasse Dich furchtlos von uns
auf das andere Erdenrund steuern
und ziehe fort Deine unermüdlichen Kielwasser !
UNTERSCHRIEBEN:
Beagle   Bounty   Pinta
THOMÁS   BUBA   AITHOR
GALAPAGOS GUS

Alles drei Bootsnahmen von legendären, zeitgenössischen Segelschiffen, die damals auch in diesen Breiten kreuzten.

Als wir dann später für mehrere Tage in der Academy-Bay ankerten wurde unsere Taufurkunde auch noch vom Galapagos GUS unterschrieben, einer der alten deutschen Colonos, die hier schon seit Jahrzehnten lebten und auf Ihre Art das Inselleben beeinflussten. Seine Unterschrift gab unserem Dokument dann die richtige Würdigung. Wir waren happy mit unserem Spielchen. Den Gus habe ich als freundlichen Menschen, immer zu diensten, in bester Erinnerung. Hier war es, wo wir auch andere Weltensegler trafen, an sich zum ersten Mal auf unserer Reise, und viele Freundschaften schlossen. Die verrücktesten Typen besuchten uns und wir Sie. Ein österreichischer Einhandsegler auf seinem Katamaran erzählte uns von seinem Haifisch-Abenteuer auf einer der Inseln in der Bucht von Panama, nachdem ich ihn auf das präparierte Haifischgebiss über seinem Sofa angesprochen hatte:

Er fischte unter Wasser mit Brille, Schnorchel den Flossen und seiner Harpune als plötzlich ein grosser Hai ihm den Weg zurück zum Boot versperrte und Ihm immer näher kam. Neben seiner Speersspitze, mit der er gegen den Hai kaum etwas anfangen konnte, hatte er einen Power-Head bei sich, den er aber gegen die Speerspitze unter Wasser auswechseln musste, was er in dem Bewusstsein tat, dass das wohl seine einzige Überlebenschance war. Im Power-Head befindet sich eine Gewehrkugel – Kaliber Carabiner – und wenn nun der Speer mit dem Head auf einen Körper trifft, geht das Geschoss los und verletzt den getroffenen Körper erheblich bis tödlich. So musste unser Freund ruhig abwarten bis der Hai ihm so nahe gekommen war, damit sein Schuss mit Sicherheit traf. Es war seine einzige Chance und die Tatsache, dass er nun vor uns sass und uns diese Geschichte erzählen konnte, war sein glückliches Überleben. Er hatte einen grossen Aluminium-Drucktopf auf seinem Herd stehen und tat täglich Neues hinein was er gerade geangelt oder an Land gefunden hatte;Fische,Kräuter,Gemüse, Schildkröteneier und vieles mehr. Dann wurde alles zusammen von vorgestern, gestern und heute neu aufgekocht; und so lebte er ! Sicherlich war es lecker, denn bekanntlich schmecken aufgekochte Eintöpfe besser als frische. Jedoch als er uns zum Essen einlud wanden wir uns ein bischen unbeholfen aus der Situation.

Oben in den Bergen, dort wo die tropische Vegetation üppig gedieh, lebten noch andere Deutsche, die wir besuchten. Es war dort oben entschieden frischer. Sie hatten einen grossen Garten und wir proviantierten uns mit köstlichem, frischem Gemüse.

Am Hafen unten gab es eine Bar; Glück auf, ein kaltes Bier hatte man nur, wenn gerade eines der alten Versorgungsschiffe vom Festland ankam. Auf der Rückreise nahm es lebende Kühe mit, die mit Last—Krähnen zum ankernden Dampfer verholt wurden, und dann mit bordeigenem Geschirr recht „quälerisch" verladen wurden.

Da lag auch ein Nordamerikaner mit seinem alten Holzboot, das in perfektem Zustand war. Als ich mir das Boot näher ansah sprang irgendwie ein Funke auf mich über und von dem Tag an hatte ich ein anderes feineres Gefühl mit praktischen, handwerklichen Arbeiten umzugehen. Das Spleenige aber an seinem Boot war, dass er drinnen in der Kajüte kaum freien Platz für sich hatte. Ein uralter, für seine Schiffsgrösse riesiger Einzylinder Motor nahm fast die ganze Kajüte in Anspruch, so dass man sich um die Maschine herum hantieren musste und sich dabei an blitzblank polierten Messing- und Kupferrohren festhielt. Im wahrsten Sinne des Wortes war er ein Maschinen-Freak und liebte sein Bootchen über alles und wenn der Motor lief war die „ Hölle los" !

Ganz in unserer Nähe lag ein schwarzes Stahlschiff mit einem deutschen Käpten und seiner marokkanischen Braut an Bord, die er auf seinem Stop in Marokko Ihrem Vater gegen Kühe eingetauscht hatte und er sie nun im weitesten Sinne als seine Leibeigene an Bord betrachtete. Ihre heimische Tradition besagte, dass Sie Ihm immer zu Diensten sein müsse, aber nun, da Sie die weite Welt geschnubbert hatte, konnte Sie sich eine heimliche Flucht in ihre endgültige Freiheit schon gut vorstellen. Sie tat uns Leid und wir taten alles, um Ihr Mut für Ihr Vorhaben zu machen. Da war noch ein anderer Einhandsegler, der Sie befreien wollte und eines morgens waren beide verschwunden, worauf der Käpten seine Segel setzte und die Verfolgung aufnahm. Wer weiss, wem was gelungen ist und wo sie heute wohl sein mögen, wie alle anderen amigos auch, der grossen Seglerfamilie auf den Weltmeeren?

Die GOLDEN CACHELOT war ein alter, hölzerner Gross-Segler, der Chartertouren innerhalb der Galapagos-Inseln unternahm und seine millionenschweren Passagiere direkt von New York einfliegen liess. Wenn wir mit ihnen zusammentrafen verwöhnten sie uns sehr, waren wir doch für sie die abenteuerlichen Helden hier draussen in der Wildnis. Da trafen doch zwei sehr unterschiedliche Welten aufeinander: die grosstadtverwöhnten Millionäre und wir bärtigen, salzwasser verkrusteten Segler, die vollkommen unterschiedliche Ziele und Lebensgewohnheiten hatten und sich doch, ein jeglicher auf seine Weise, hier auf diesen verwunschenen Inseln trafen.

Die Angermeyer-Familie, zu der auch Gus gehörte, hatten ein schönes Haus, umgeben von blühenden tropischen Blumen, direkt am Wasser. Gus´ Bruder lud uns ein und spielte in seinem Garten mit grossen Exen, den harmlosen Iguanos, die aus unendlicher Vergangenheit zu kommen schienen und die wir später in freier Wildbahn überall wieder trafen. Auch Sie hatten Boote, um kleinere Chartertouren zu unternehmen.

Bald nahmen wir Abschied von diesem sympatischen Plätzchen und segelten hinüber zur Insel Floreana, um in der POST OFFICE BAY zu ankern.

Das war ein besonderer Ort mit einer hölzernen Tonne wo jeder Weltumsegler eine Nachricht hinterliess, die irgendwann einmal ihr weltweites Ziel erreichen sollte. Die Familie Wittmer, deutsche Colonos, die sich vor über 30 Jahren auf dieser Insel niederliessen, organisierten diesen freundlichen Dienst und empfingen selbst auch Post und Nachrichten dort, wenn das Inselboot einmal vorbeikam, wärend Sie noch als Bauern oben in den Bergen lebten. Später dann bauten Sie sich ein Haus an der der Black Beach, das als Pension und Restaurant funktionierte. Eine bedruckte Tüte liegt vor mir:

P E N S I O N W I T T M E R Hnos.

ISLA FLOREANA - GALÁPAGOS - EQUADOR

Ofrece a los Señores Turistas:
Vino de Naranja
Cebiche de Langostas,
Pescado, Pollos y Patos Fritos.
Mermeladas: Guayaba, Naranja,
Nispero, Manjar Blanco.
Galletas, Pasteles Especiales.
Banquetes y Comida en
General
Calidad y Atención conocida
Durante 35 años en Galápagos,
En todo el Ecuador y en el mundo entero.

Die so bedruckte weiße Papiertüte war Ihre Visitenkarte, die ich eingeklemmt im Logbuch wieder fand.

Das Holz zum Hausbau holten Sie sich von einer anderen Insel, auf der die USA wärend des zweiten Weltkrieges eine aufwendige Militärbasis errichteten, die später wieder abgebaut wurde und dadurch viele nützliche Baumarterialien den aufmerksamen Colonos zur Verfügung standen.

Die Wittmer-Familie war Sagen umwoben. Gerüchte machten die Runde, das Personen auf mysteriöse Weise auf der Insel verschwunden seien. Da nur ganz wenige Menschen dort lebten beschuldigte man sich wohl gegenseitig. Am nächsten Tag ankerten wir in der Black Beach und ich freute mich riesig darauf diese mutige Familie kenenzulernen. Freundlich wurden wir von Frau Magret Wittmer empfangen und neben den vielen Geschichten, die es zu erzählen gab, bereitete Sie uns einen echten, deutschen Sauerbraten mit Klössen und einer wunderbaren Sosse. Seit langem hatte ich nicht ein so wohlschmeckendes Gericht gegessen und das auch noch am ENDE DER WELT. Der Nachtisch und später auch noch Kaffee und Kuchen rundeten den Gaumenschmauss ab. Danke Euch Wittmers. Ich hatte mir damals vorgenommen noch einmal wieder zu kommen; nun sind 33 Jahre vergangen, ob ich es wohl noch einmal schaffe ?

Unsere Tage auf den Inseln waren voller Neugier und Erlebnisse. Es war sehr heiss und wir badeten viel. Aithor und ich gingen oft an Land, wärend Buba sich kaum aus der Kajüte bewegte und mehr oder weniger mit seinen Bootsideen beschäftigt war. Ich versuchte ihn zu „ scheuchen", weil ich sein Verhalten nur schwer verstehen konnte. – Ich, mit meiner Begeisterung für Sonne, Meer, Strand, Tiere und Pflanzen da draussen, Er da drinnen, introvertiert und grübelnd. Irgendwie stimmte unsere „Chemie" nicht und ich fragte mich: „was ist es wohl, dass ihn diese Reise mitmachen liess"? Mitgehangen, mitgefangen war unsere Devise und im grossen und ganzen konnten wir uns gut einrichten und akzeptieren. Allerdings, als wir bei Wittmers essen wollten, lehnte Buba ab mitzuessen, er hatte ehrlich Angst vielleicht vergiftet zu werden. Er sass neben uns, wärend wir den Sauerbraten genüsslich und mit viel Appetit verspeisten.

Ich dachte oft darüber nach, wie unterschiedlich wir Menschen doch veranlagt sind, wie unsere Gene und Konditionierung unser Leben bestimmen und solange wir meinen, darin gefangen zu sein, spiegelt sich unser Zusammenleben in der alltäglichen Wirklichkeit wider, genauso wie wir es durch die Medien projeziert bekommen. Wieviel Energie wird mit all diesen dummen Unwahrheiten verpufft, in einem Umfeld, wo jeder für sich meint überleben zu müssen, als Einzelkämpfer gegen den Rest der Welt. Das ist wirklich reiner Wahnsinn, obwohl wir alle im gleichen „Boot" sitzen, vielleicht sogar darum wissen und nicht einmal wagen zu glauben, dass ES in Wirklichkeit genau anders herum richtig ist ? Dieses „ Andersherum" ist anfangs ein Ahnen und wenn das Glück einem hold ist, ein

Wissen - ein SEIN- verbunden mit der Quelle, der Essenz, dem Ursprung und dann, ganz tief drinnen, ist STILLE.

Jeder Mensch wohl strebt in seiner Essenz diesem Ziele zu, ist er sich dessen bewusst, dann wird er zum „Suchenden", aber so lange ein Suchender da ist, kann nichts gefunden werden, und nur selten kommt er darüber hinaus; die –Norm- aber scheint eher unbewusst zu träumen. Immerhin versuchen die „Religionen", > die meistens, über Jahrtausende manipuliert, die Quelle zutiefst verschleiert und verdreht haben< uns Dessen gewahrer zu werden, so dass uns zumindest dieses Ahnen durch den Glauben ein bisschen Bewusstsein schenkt?

Am 14.2.72 heben wir zum letzten Mal den Anker und verlassen die Inseln in Richtung NNO. Wir hatten uns problemlos für den Panama-Kanal entschieden, einmal weil es mich zur Sabine nach Europa zog und zum anderen; ich uns beiden, Buba und mir, in Panama eine Möglichkeit zur Trennung geben wollte. Wir segelten nun in den Breiten mit sehr wenig Wind. Die feuchte Hitze machte uns „platt". Unter Motor zu laufen nützte wenig weil unsere Reichweite sehr begrenzt war. Ich wollte auch einige Kraftstoffreserven aufsparen. Trotzdem halfen wir hier und da mal mit dem Motor nach, um uns zeitweise aus dieser trägen, dümpelnden Situation zu befreien.

Unter diesen flauhen Windbedingungen brauchten wir 8 Tage bis wir den Anker in der Chatham-Bay auf der Cocos-Insel fallen liessen. Diese Insel liegt auf halbem Weg zwischen Galápagos und Panama. Wir waren sehr happy irgendwo angekommen zu sein und dazu noch auf einer unbewohnten Seeräuberinsel. Diese Inseln, wie auch Galapagos, dienten früher als Proviantlager. Es wurden Wildschweine, Rotwild, Kühe, Schafe, Ziegen paarweise ausgesetzt auf das sie sich vermehrten! Sie pflanzten auch tropische Obstbäume, so dass diese Inseln ein Paradies waren und sich die alten Segler bestens versorgen konnten und heute noch konnte man sich üppig bedienen.

Unser Liegeplatz in der Chatham-Bay war ungemütlich weil eine ständige Dühnung hereinstand und wir tagelang ordentlich durchgeschaukelt wurden. Überall sah man Haifischflossen und das Landen mit unserem Schlauchboot Dinghi war immer ein Balanceakt zwischen den brechenden

Wellen, den herumflitzenden Haien, und der Gefahr noch kurz vor dem Sandstrand zu kentern. Die Belohnung dann aber; auf dem feinen, weissen Strand zu stehen, endlich wieder festen Boden unter den Füssen zu haben, und als Höhepunkt, hinter uns einen, aus der Steilwand herabstürzenden Wasserfall, rauschen zu hören, war immens gross. Mit welchem Genuss standen unsere Salzwasser verkrusteten Körper in dieser tropischen Hitze unter dem klaren, frischen Wasser, so, als wäre ein mehrwöchiger Brand gelöscht worden.

Hinten, etwas abseits, entdeckten wir noch einen anderen türkisblauen Segler. Wir wanderten, nach erfrischendem Bade, am Strand entlang und entdeckten einen kleinen, bepflanzten Garten. So, von weitem , machten wir Tomaten aus, aber später erfuhren wir vom Skipper Joe, dass es sich vielleicht um lohnenswertere Pflanzen handele und er nun auf die Ernte warten würde, um anschließend zurück über den grossen Pazifik in seine Heimat zu segeln. Er war ein uriger Abenteurer, mit allen Wassern gewaschen y muy simpatico, wenn auch ein wenig scheu, was wohl der Natur eines Einhandseglers entspricht. Er ging mit uns auf die Jagd und wir erlegten einen Hirsch. Ich hatte mit meinem gewagten Colt-Gewehr kein Trefferglück. Das Wildschwein, das ich im Visier hatte, lief vergnügt weiter. Wir machten ein großes Feuer, zerlegten das Tier und brutzelten die Innereien. Das andere Fleisch legte Joe beiseite, machte ein Feuer in seinem Trockenzelt und hing das Fleisch oben unterm Dach auf, um es zu trocknen. Diese Prozedur hatte er schon des öfteren vollzogen und proviantisierte sich so für die nächsten Wochen und Monate. Hier gab es keinen Laden und so schloss er an die alte Tradition der Seefahrer an. Ich bewunderte ihn.

Eines Nachts klopfte jemand aufgeregt an unsere Bootsplanken. Es war Joe, der uns um Hilfe bat, weil einige seiner hölzernen Planken im Vorschiff Wasser eintreten liess; denn der Wurmfrass war fortgeschritten; kein Wunder auf einem Holzboot in tropischen Gewässern, ohne die Möglichkeit rechtzeitig slippen zu können. Eine Reinigung des Unterwasserschiffes mit Antifouling-Anstrich war vonnöten. Er hatte eine Kupferoxyd-Lösung für solche Fälle an Bord, nur wusste er nicht wie nun diese Flüssigkeit an die genau richtige Stelle im Holz zu transportieren sei, um den Wurm abzutöten und gleichzeitig das Holz zu stärken. Wir nahmen aus unserer Bordapotheke eine Einwegspritze und injektierten so gut und tief es ging das Kupferoxyd ins Holz. Ich hatte keine gute Vorahnung für Ihn und sein Vorhaben und meinte, er müsse vor seiner weiten Reise irgendwo in Mittel- oder Südamerika an Land gehen, um sein Boot zu reparieren. Joe meinte: „ Wie soll ich das mit meiner Ernte vereinbaren?"

Am nächsten Morgen lag ganz in unserer Nähe eine grosse, hölzerne Dschunke mit vielen langhaarigen, bunt gekleideten Hippies an Bord. Welch eine Freude, wir mochten uns und besuchten Sie auf ihrem herrlichen grossen Schiff, das innen eher einem Tempel glich. Die Kapitänin, der Boss von allen, war ein deutsches Mädchen. Sie kamen gerade aus San Francisco und wollten irgendwie weiter über den grossen Teich, waren sich aber nach dieser ersten Erfahrung nicht mehr so sicher. Unter Ihnen wurde das Zusammenleben auf engstem Raum immer schwieriger. Wir unterstützten Sie dahin, nicht mehr weiter gen Westen zu segeln und besser an den amerikanischen Küsten herum zu schippern. Ihr Boot war bei schlechtem Wetter sicherlich nicht ausreichend hochseetauglich.

Da auf Cocos-Island Seeräuberschätze vergraben liegen, machten Aithor und ich uns auf, um den Schatz mit viel Logik und Verstand zu finden. Der leichteste Weg, um in das Innere der Insel vorzudringen, war wohl dem Wasserfall zu folgen, aber sehr schnell gaben wir es auf. Es war irgendwie sinnlos in diesem Dschungeleine „Stecknadel" zu suchen. Den „Schatz" erkannten wir eher in den Kokosnüssen, die üppig an den Palmen hingen, hoch oben über der Steilküste. Unser Plan war nun, dass Aithor oben blieb, die Palmen bestieg, um später die geernteten Kokosnüsse in hohem Bogen ins Meer zu schmeissen, wärend ich zurück ging, um mit dem Dinghi hinaus zu rudern und die Nüsse aus dem Wasser zu fischen. Buba machte auch mit, was mich sehr freute. Jede Nuss, die wir nun aus dem Wasser fischten, wurde zu einem grossen Abenteuer, weil wir von Haien umzingelt waren und wir Angst um unsere Hände hatten, geschweige denn, dass unser schwaches Gummibootchen gar von ihnen angegriffen und zerschnitten werden konnte! Wir hatten Glück und für die nächste Zeit genügend Kokosnüsse, neues Frischwasser und Trockenfleisch an Bord. Es mag sein, dass die Haie gar nicht so gefährlich sind, aber solange ich nicht eine andere eigene Erfahrung gemacht habe, waren und blieben es gefährliche Raubtiere.

Nach einer Woche romantischen Schatz- und Pirateninsel- Lebens, der vielen Schaukelei und Haifischängsten, lichteten wir die Anker und nahmen Kurs auf Panama. Die Winde waren schwach und wir kamen nur sehr langsam voran. Manchmal, wenn überhaupt kein Wind war, wirkte das Meer wie bleiern, die Hitze drückte aufs Gemüt und so war denn auch die Stimmung an Bord. Bei positiver Einstellung war das auszuhalten, sonst aber stieg die Spannung und leicht entstanden Reiberein auf Grund lächerlicher Ursachen. Wir trafen mit riesigen Walen zusammen, die unser Boot förmlich umzingelten, aber eher Freundlichkeit und Ruhe ausstrahlten, denn Angriffslust. Trotzdem empfand ich die Situation so, dass immer beide Möglichkeiten irgendwo bei mir anklopften und dementsprechend verhielten wir uns. Wir begegneten ihnen wie Gespielen, ohne hektische Bewegungen an Deck und mit dem Ruder und folgten so mit aufmerksamer Freude ihren ruhigen, gelassenen Bewegungen. Es war eine intensive und aufregende Begegnung, wir achteten einander und das zog sich so ohne weitere Vorkommnisse eine ganze Weile hin. Als alles vorbei war und wir uns entspannten wurde uns die überwältigende Grösse und Kraft dieser Tiere erst so richtig bewusst! Was wir lernten war, nun auch unser eigenes Miteinander achtsamer zu gestalten. Die Spannungen waren wie weggeblasen und wir freuten uns wieder aneinander und empfanden das Zusammensein mit den Walen als ein Geschenk des Himmels.

Am 7. Tag kamen wir nicht in Panama sondern im Puerto Armuelles an, der schon zu Costa Rica gehört und in erster Linie ein Verladehafen für Chiquita-Bananen war. Wir besuchten die Plantagen, die so unermesslich gross waren, dass sie sich über Staatsgrenzen hinaus ausdehnten. Der Anbau, die Pflege und die Ernte waren soweit wie nur irgend möglich mechanisiert. Zwischen den Reihen wurden zur Ernte Kettenlifts aufgestellt, an deren Haken die riesigen, noch grünen Stauden hingen, die von weither angezottelt kamen, um gleich in grossen, offenen Hallen verkaufsfertig vorbereitet und verpackt wurden. Das gesamte Verpackungsmarterial, ob Kartons, Kisten oder Plastik wurde parallel dort selbst hergestellt. Alles klappte wie am Schnürchen.

Es war gar nicht so leicht, diese grosse Umstellung von wochenlangen, einsamen Segel- und Inselerfahrungen nun diese automatisierte und manipulierte Bananenfabrik irgendwie mit mir in Einklang zu bringen. Ich spürte zum ersten Mal in meinem Leben hautnah, also aus eigener Erfahrung, dass ich einen kleinen Schritt beiseite getreten war, was den „normalen Lebens-Rhythmus"anging, und nicht mehr so ganz dazu gehörte, ja gar nicht so recht begreifen konnte was da eigentlich so vor sich ging, obwohl die ganze Plantagenanlage doch sehr beeindruckend war. Wir füllten unseren Tank wieder mit Benzin auf. Ich erschrak über den Benzinpreis, der so hoch war, dass davon mehrere chilenische Familien einen Monat lang leben konnten ! Dort wo sich multinationale Unternehmen installiert haben, rollt der Rubel ! Die einheimischen Arbeiter verdienen gewiss nur einen Bruchteil von dem ihrer Us-amerikanischen Kollegen, aber sicherlich mehr als üblich in diesen Ländern.

Wir brauchten weitere 5 Tage bis Panama und machten an einer Boje im Club de Yates de Balboa fest, nachdem wir uns vorher einklariert und einen Lotsen für die Kanalfahrt bestellt hatten. Nun hiess es warten bis wir an die Reihe kamen und das dauerte so einige Tage.

Diese verhältnismäßig ruhige Zeit nutzten wir zum Aufklaren, Organisieren und uns Klarheit zu verschaffen über unsere nähere Zukunft. Für mich war klar, dass Bubas Zeit auf Altair abgelaufen war, nur wie sage ichs Ihm? Schliesslich waren wir über Wochen zusammengeschweisst und das bringt eine tiefere Bindung mit sich. Ich wünschte mir eine freundliche Trennung und dank meiner abwartenden Haltung löste sich alles von selbst; Buba wollte zurück nach Chile und Panama war ein guter Platz dafür. So blieb er noch eine Weile bei uns; denn wir brauchten ihn auch für den Kanal-Trip Die Panama-Kanal-Companie schrieb 4 Mann für die Schleusen-Passage vor, so dass wir uns noch eine weitere Crew besorgen mussten. Da es den anderen Seglern genauso erging, tauschten wir uns gegenseitig aus und so machte ich mehrere Kanaltörns hin und zurück bei den man bestens verpflegt wurde und den Kanal sehrgut kennenlernte. Einmal war ich sehr irritiert, als ich mit der Kanalbahn von Panama am Abend nach Cristobal Colon fuhr und vor mir in Zugrichtung den Sonnenuntergang wahrnahm. Wie kann das sein ? Wir fahren doch Vom Westen nach Osten, also müsste die Sonne doch hinter mir in Richtung Panama-Pazifik untergehen und nicht vor mir in Richtung Cristobal-Karibik ? Normalerweise liess mich mein Orientierungssinn nie im stich, ich spürte eine Kompassnadel im Zentrum des Körpers und war nun doppelt erschrocken. Von einem „Polsprung" hatten wir nichts gemerkt, also was war das für ein Phänomen? Als ich mit Spannung zurück auf dem Boot die Karte studierte löste sich das Rätsel schnell; denn tatsächlich verläuft der Kanal vom Pazifik zum Atlantik von Südost nach Nordwest und die Kanalbahn in Teilstrekken direkt nach Westen, was mir total neu war.

Eine meiner ersten Gänge in Panama war natürlich zur Post. Endlich 2 Briefe von meiner so vermissten Sabine. Sie war zurück in der Schweiz und versuchte sich ein neues Leben aufzubauen. Anfangs war sie sehr unglücklich und wusste nicht wohin, aber dann erkannte sie, nun wieder aus eigener Kraft für sich sorgen zu können und wünschte eine Trennung von mir, um sich ganz frei zu fühlen. Das war ein knallharter Schlag für mich. Alles hatte ich erwartet, nur nicht das, weil ich mich mit Ihr sehr verbunden fühlte. Ihre Briefe waren so liebevoll und verständig, ohne jede Schuldzuweisung, aber unsere Wege seien zu unterschiedlich und sie sehe da keinen anderen Ausweg ! Im ersten Brief, direkt nach Ihrer Rückkehr geschrieben, meinte sie noch voller Hoffnung: „ ...vielleicht finde ich in der Schweiz ein Bauernhäuschen, dann bereite ich es vor für unsere alten Tage, ja"? Ich brauchte einige Tage um den zweiten Brief verarbeiten zu können. Ich war sehr traurig, es war fast so als würde der liebste Mensch sterben. Eine Trennung schien mir wie der Tod, etwas Definitives, Endgültiges, so als verliere ich jeden Halt und dabei spürte ich wie stark meine Liebe und auch meine Bindung an Sabine war und was ich nun verlieren könnte.

Und dann, plötzlich, wie ein Phönix aus der Asche, schöpfte ich eine immense Kraft, Zuversicht und Hoffnung. Ich fühlte mich mit einer Energie verbunden die viel grösser war als jegliches Denken und aus diesem Moment heraus schrieb ich Sabine einen Brief der mit H. Hesses Gedicht > Die Stufen < begann und erkennen liess in welcher Form ich unser Zusammensein missachtet hatte und die Bootsreise mir wichtiger als alles andere war, gab aber auch zu, dass wir unser -Sosein- gegenseitig akzeptieren müssten und Ihr nun alle Freiheit zugestand, die sie anforderte, bis wir uns in Europa treffen, und alles Weitere sich dann ergeben würde. Ich verstand das als eine Chance für die Zukunft und eine momentane Befreiung von aller ehelicher Bindung, so dass wir uns beide „vogelfrei" fühlen könnten. Ich fühlte mich sehr wohl damit, es fiel ein Druck von mir ab und ich wusste auch, dass uns dieser Vorschlag wohl tat. Ihre Antwort dann einige Zeit später nach Cristobal Colon war wunderschön und sie konnte es kaum erwarten uns in Europa wieder zu treffen. Sie war ausser sich vor Freude, versuchte mich in Panama anzurufen und schrieb:

„ ...ich weiss noch nicht, ob es mit der neuen Arbeit klappen wird. Wenn es nicht hinhaut reise ich nach Spanien und setze mich für 2- 3 Monate an den Strand bis die ALTAIR am Horizont auftaucht. Ach, wie muss ich mich noch gedulden, aber auch erforschen muss ich mich noch mehr und auch Dich. Ist es wirklich wahr oder ein Traum. Wie lange geht es denn noch. Wo bist Du wann ? Bitte versuche ein bisschen anzugeben, damit ich im Fall weiss wohin ich fliegen muss, wenn ich nicht warten kann bis Spanien. Aber dieses Warten ist so süss und wertvoll, so unglaublich, so wichtig. Nach Spanien kann man im Zug, per Stop, per Bus. Wie lustig wird diese Reise von Mir zu Dir. Was für schöne Ostern mit Deinen Briefen. Für mich ist es auch eine Art persönliche Auferstehung. Mir kann die ganze Welt gestohlen bleiben, Du hast mich glücklich gemacht. Ich bin bei Dir.

Deine Sabine"

Die Heiterkeit war nun auf beiden Seiten. Wir fühlten uns frei und tief verbunden ! Das fühlte sich nach bedingungsloser Liebe an.

Mir öffneten sich Tore. Die Welt sah anders aus. Ich fühlte mich wie neugeboren. Es sprudelte in mir, sprudelte über nach aussen und kam zurück in jedem Moment wenn ich mir dessen bewusst war.

Unsere Kanalfahrt begann eines morgens. Der amerikanische Pilot kam an Bord und wir tuckerten durch die Schleusen. Der Wasserdruck in den sich flutenden Kammern war so gross, dass wir tatsächlich mit 4 Personen und 4 Leinen an Land unser Tun hatten um das Boot in Position zu halten. Meistens waren noch Dick-Schiffe hinter uns in der gleichen Kammer, die aber mit Diesel-Loks von Land aus in die Schleuse hinein und wieder heraus bugsiert wurden. Einmal war hinter uns ein riesiger Tanker, dessen Grösse uns Angst machte; denn wenn da irgendetwas schief gehen würde wären wir vollkommen platt! Zwischen der Schleusenwand und dem Tanker war nur ein handbreiter Freiraum. Die Aussenmasse des Tankers waren sicherlich für seine Passage durch den Panama-Kanal abgestimmt! Wir assen gut und tranken alle zusammen so einiges, um die Durchfahrt angenehm zu machen, auf das auch der Pilot seinen Spass hatte. Für sie war das natürlich reine Routinesache, dagegen für uns ein grosses und einmaliges Erlebnis!

Tausende von Menschen mussten hier ihr Leben lassen, denn der Kanalbau war äusserst schwierig. Viele erkrankten uned starben an tropischen Krankheiten. Dankbarkeit und Hochachtung konnte ich für dieses grossartige Bauwerk empfinden, erspart es doch eine Umschiffung Südamerikas und Cap Horns, also tausende von Seemeilen, ähnlich wie der Suez-Kanal der die Umrundung des riesigen Afrika mit dem Cap der guten Hoffnung unnötig macht. Diese beiden Bauwerke haben die seefahrende Welt schneller gemacht und grosse Ersparnisse an Zeit und Marterielaufwand ermöglicht, die uns besonders auch heute, in ökologischer Hinsicht, sehr entgegen kommt !

In Cristobal Colon machten wir am Clubsteg fest und mussten nun einige Wochen warten, um den Slip benutzen zu können. Da war eine Warteliste von mehreren Booten vor uns; denn alle wollten vor dem großen Pazifik oder Atlantik die Unterwasserschiffe ihrer Boote reinigen und neu streichen. Hier war es preisgünstig und das Gefühl für die nächsten vielen tausend Meilen gut vorbereitet zu sein beflügelte unsere Entscheidung.

Es gab so einige Segler hier, die schon lange auf ihren Booten lebten, sich mehr oder weniger viel mit dem Boot bewegten. Da waren Amerikaner, die von Ost nach West oder von West nach Ost schipperten, die von der Karibik kamen und in den Pazifik wollten oder umgekehrt und teilweise mit den merkwürdigsten und verrücktesten Typen an Bord. Alle auf ihre Art irgendwie sympatisch, ganz diesem Bootsleben hingegeben, aber natürlich hier und da auch drollig und verdreht. Ein älteres Ehepaar lebte schon viele Jahre auf dem Boot , was der Ehefrau gar nicht gut getan hatte. Er liebte dieses Leben, Sie folgte ihm ohne die geringste Lust dafür zu haben und war schon fast durchgedreht ! Sie fand aber auch nicht mehr die

Kraft sich davonzustehlen und lebte in einer unerträglichen Situation, die auch auf ihn starke Auswirkung hatte. Das war in der Tat kein gutes Beispiel für die heiss ersehnte Freiheit auf den Meeren! Dann waren da einige Europäer, die auf ihrem Karribean-Trip am Kanal einen Stop machten und andere, die nach San Franzisko, Südamerika oder über den großen Pazifik in Richtung Westen wollten um die Welt zu umsegeln. Eine zierliche kleine Frau gab sich als Geliebte Picassos aus und, nachdem er sie im Stich gelassen hatte, heuerte Sie auf einem französischem Boot an und wollte mit ihrem neuen Lover nach Tahiti. Es war ein bunter Haufen und wir mittendrin, als das einzige südamerikanische Schiff in diesem internationalen Tingel Tangel. Das war hier eine Nadelör, ein west-östliches Tor für die Seefahrer. Wir sprühten bei soviel social live und genossen unsere Freiheit, nipten ´mal hier, mal da und konnten auch unserer sexuellen Enthaltsamkeit ein Ende setzen, das weiss ich natürlich nur von mir; denn was die beiden anderen Jungs so trieben konnte ich nur erahnen. Wochenlang ohne sexuelle Partnerschaft muss auch gelernt sein und wenn es einem nicht im Traum geschieht, hilft sich wohl jeder selbst, so ganz auf seine Art, ganz intim für sich, ohne dass jemand auch nur die geringste Notiz davon nehmen könnte! Nachdem wir uns für einige Zeit ausgetobt hatten, lockte uns das Meer wieder und da noch eine Woche bis zum Slippen fehlte, segelten wir zu den San Blas-Inseln, die uns von John sehr empfohlen wurden. Die Inseln liegen südlich von Cristobal Colon in der Karibik und sind noch sehr ursprünglich, bewohnt von alt ansässigen Fischern mit ihren Familien. Wir ankerten frei wo es uns gefiel und wir übten uns zum ersten Mal im Tauchen mit Brille, Schnorchel und Flossen. John, der mit uns war, unterrichtete uns dabei. Wir kannten ihn schon von den Galapagos-Inseln, dort arbeitete er als Tauchlehrer auf der Golden Cachelot. Ich schrieb an Sabine über unsere neue Erfahrung:

„ ....hier sind wir nun gelandet und tummeln uns zwischen den Inseln SAN BLAS; paradiesisch, Korallen, weisser Strand und voller Cocospalmen. Abenteuer erlebten wir mit Haien und Baracudas Heute morgen war es arg, ich hatte zum ersten Male Angst vor den Biestern. John und ich tauchten fleissig, wie wir schon die ganzen Tage tauchten. Eine ganz neue Welt, wirklich unvorstellbar, bunt von Fischen aller Arten, bizarr mit den verrücktesten Korallenformen, flach, ganz flach, tiefer und ganz tief. Immer anders die Beleuchtung, der Einfall der Sonnenstrahlen, die Farbe des Wassers, die Farben der Korallen. Wenn Du alles von oben siehst und bis zu den Knien im Wasser über den Grund gehst, ist ja alles so harmslos, ja langweilig. Steckst Du dann aber Dein Köpfchen ins salzige Nass und schaust Dir das alles vom gleichen Element aus mit der Brille und dem Schnorchel an, so glaubst Du woanders zu sein, es ist Dir fremd, Du kannst es kaum fassen, dass all dieses so nah neben Dir war und Du es bisher niemals richtig erleben konntest!

Nun, John und ich tauchten heute morgen mit der Harpune. Das Wasser war flach, vielleicht 2 Meter. John schoss die Harpune ab und ein hübsches Fischchen hing am Pfeil, es blutete und starb ! Ein Hai roch das frische Blut und war angriffslustig wie nur selten ! Wir waren ca. 100 Meter vom Ufer entfernt, vielleicht 20 Meter vom flacheren Wasser und schwammen ganz vorsichtig langsam rückwärts, wärend John verzweifelt versuchte den Fisch von der Harpune zu bekommen, um den Hai für einen winzigen Moment zu füttern und zu beruhigen.- Ich verschluckte mich vor Aufregung mit dem Schnorchel. Es ist mir noch ein wenig ungewohnt mit der Taucherei, habe ich es doch hier zum ersten Mal in meinem Leben gemacht ! Ich tauchte auf, um Luft zu schnappen, wärend es John gelang den Hai zu füttern mit unserer Beute fürs Mittagessen. Ich sah den Hai von oben immer dichter kommen, verlor ein wenig die Angst, denn er sieht nicht so gross aus, als aber mein Kopf wieder unter Wasser war, sah ich ihn schon recht dicht hinter uns, wohl drei Meter lang. Wir schwammen langsam weiter zurück, immer rückwärts, das flachere Wasser deckte uns von der einen Seite, es war unser Glück; denn so hatte der Hai nur eine Angriffsmöglichkeit. Er folgte uns langsam, traute sich dann aber im immer flacher werdenden Wasser nicht weiter. Ruhig war ich erst als wir wieder am Strand waren. Wieder habe ich ein wenig vom wilden Leben dazu gelernt. Man kann noch so heiter sein, oder man mag glauben über vielen Dingen zu stehen, sogar vor dem Tode ist man furchtloser geworden! - Nein, das stimmt nicht, besonders dann nicht, wenn Du der Natur gegenüber stehst. Sicherlich ist bisher noch kein Mensch auf einen Selbstmordgedanken gekommen, wenn er sich einem wilden Tier, einem Unwetter

oder einer Naturkatastrofe gegenüber gestellt sieht ! Da verteidigt er sich und ist glücklich über das wiedergewonnene Leben, es hat wieder Sinn und Inhalt bekommen, es ist wieder wunderschön und die momentane Angst hat uns zusätzliche Energie geschenkt.
In Liebe Dein Thomás"!

Am nächsten Morgen erwachte ich sehr früh. Ein tiefer, voller Ton klang über die Inseln. Ich verweilte andächtig und versuchte herauszufinden, woher er wohl kommen mag und welche Bedeutung er haben könnte. Er war so wohltuend und angenehm, so in die Tiefe gehend, dass ich ihm eine besondere Bedeutung geben wollte. Es klang ähnlich wie ein romantisches Waldhorn und ehe ich mich versah sassen wir schon im Dinghi und ruderten zur nächsten Insel rüber, dorthin woher wir den Klang vermuteten. Schnell fanden wir heraus, dass es der Ruf der Fischer war; hinaus aufs Meer zu fahren. Wir fanden sogar den alten Mann, der das Horn blies und nicht mehr hinausfuhr. Zu meiner grössten Freude schenkte er mir das Muschel-Horn, ganz sicherlich hatte er meine Begeisterung gespürt und mehr noch führte er uns jetzt herum und zeigte uns Ihre Lebensart. Heute noch liegt diese Muschel in unserem Tempel-Raum auf einem Schrein und wird von mir nur selten geblasen. Jedes Mal wieder erlebe ich diese wunderbare Schwingung wie ein neues Erwachen, dass durch den ganzen Körper schwingt !

Hier auf den Inseln machten sie Schmuck aus den kleinen, bunten Perlen, die in ihren leuchtenden Farben so lustig und frisch aussahen. Ich kaufte mir eine ganze Menge aller Farben und zog mir die bunteste Kette auf einem Nylonfaden auf, um sie für die vielen nächsten Jahre eng um den Hals zu tragen. Es war das einzige Schmuckstück, dass ich an meinem Körper als angenehm empfand. Viele Jahre später vereinte sie sich bis heute mit Oshos Mala.

Dann konnte man dort auch Tücher kaufen, die in unterschiedlichen Farben und Stoffarten übereinandergenäht waren, dann in den verschiedensten Formen ausgeschnitten wurden, um das darunterliegende Tuch einer anderen Farbe und wiederum das Darunterliegende wie ein Relief zum Vorschein kommen zu lassen. So entstand ein farbiges Bild von meistens quadratischen Tüchern, die die Frauen zusammen nähten und als eine Art Bluse trugen. Für die Touristen wurden kleinere Tücher genäht, die grossen konnte man nur gebraucht oder besser, getragen kaufen, wenn man Glück hatte. Wir hatten Glück, weil der alte freundliche Mann uns dahin führte wo die Mammis bereit waren uns ihre getragenen Blusen für ein Paar Dollar zu verkaufen. Das ging aber ganz gelassen vor sich und ohne Zwang. Die Frauen freuten sich; denn Sie konnten sich nun neue Stoffe für noch schönere Blusen kaufen. Diese Kunst von den San Blas Inseln sei einmalig sagte man uns. Die Stoffe werden MOLAS genannt. So segelten wir froher Dinge und bunt beladen und behangen wieder zurück nach Colon. Ein starker Wind erwischte uns unterwegs. Da wir zu viele Segel stehen hatten und die See sehr grob und kappelig war, überbelasteten wir das Ruder dermassen, dass ein Stift in der Ruderwelle brach und wir ganz plötzlich in diesem Sturm ohne Steuer waren. Da es Nacht war und das Schiff stark schlingerte war an eine Reparatur in diesem Moment nicht zu denken. Das war keine angenehme Situation. Mit viel Gefühl gelang es uns das Boot auf Kurs zu halten, indem wir die Segel reduzierten damit das Boot gut ausgetrimmt war und nun mit dem Besan-Segel und seiner Schot das Boot steuerten. Aithor sass stundenlang hinten auf der Achterluke mit der Besanschot in seinen beiden Händen und indem er die Schot dicht holte oder fierte konnte er Altair immer besser auf Kurs halten, ohne dass wir ein Notruder basteln mussten. Aithor gewann soviel Geschick, dass es eine Freude und riesige Erleichterung für mich war, Ihn dahinten sitzen zusehen, wie er mit leuchtenden Augen und viel Begeisterung unser Schiffchen durch die brausende See steuerte !

Am nächsten Morgen hatte sich der Wind und das Meer beruhigt und wir reparierten mit unserer Handbohrmaschine den Stift in der Ruderwelle, so dass wir dann wieder mit eigenem Ruder und sicher, und das bis heute, weiter segeln konnten. Wir wechselten den Messingstift gegen ein Nirostastift aus und das wars !

Über Nacht waren wir schnell voran gekommen; endlich mal wieder richtigen Wind in den Segeln zu haben machte uns grossen Spass. Colon lag vor uns, wir liefen ein und machten an einem der Clubstege fest. Die Warteschlange für den Slip war fast vorbei. Nun waren wir bald an der

Reihe und der alte, knarrende Slipwagen hob Altair langsam und behutsam aus dem Wasser. Solche Mannöver sind für den Eigner immer ein bischen aufregend; denn man weiss ja nie ! Gerade oben angekommen erscheint ein amerikanischer Kanal-und Zollbeamter und fragt uns: „woher wir wohl kommen würden"? Ohne irgendeinen Hintergedanken zu haben sagten wir: „von den San Blas-Inseln"! Er wurde mirsch und fast ungehalten und fragte: „Ob wir irgendetwas dort entdeckt hätten oder gekauft hätten"? Wir meinten: „nein, nichts, wieso denn"? Das wurde ihm zuviel und er begann unser Boot bis in die letzte Ecke zu durchsuchen. Wir wussten nicht was uns geschah! Dann kam er aus der Kajüte mit einigen Beuteln von Maggi-Kartoffel-Brei-Pulver heraus, allerdings ohne den Maggikarton, den hatten wir in Chile gelassen, weil der Karton doppelt so gross wie sein Inhalt war; wir kennen das ja als Volksverdummung der Konsumgüter-Industrie. Wir wussten nun nicht was er mit diesen Beuteln vor hatte und lachten uns ins Fäustchen, weil John uns mit vorgehaltener Hand zuflüsterte, dass der Beamte wohl in den Beuteln Cocain vermutete und diese Beutel nun mit ins Labor nahm, um sie untersuchen zu lassen. Der Beamte behandelte uns als seien wir Kriminelle und wir fast schon mit einem Bein im Gefängnis sitzen müssten! Da wir uns unserer Sache total sicher waren lachten wir ihn eher aus, auch um seiner Missachtung uns gegenüber Luft zu machen! Wir hantierten nun die nächsten Tage am Unterwasserschiff herum, verbesserten und überholten überall wo es uns nötig erschien.

Bubas Zeit mit uns an Bord wurde enger. Wie sollte ich es Ihm nur sagen, dass es nun besser für Ihn und für uns alle sei, wenn er das Boot verliesse; denn hier in Panama hatte er gute Möglichkeiten zurück nach Chile zu kommen. Er kam von sich aus und wollte wieder zurück nach Chile. Das tat uns Beiden gut. Ich meinte: „ Weisst Du, wir beide ziehen nicht am gleichen Strang; denn Du steigst gerade ins (Berufs)-Leben ein mit allem was dazu gehört und ich steige aus, bewusst und mit allen Konsequenzen"! In dem Moment wo ich Ihm dies sagte, spürte ich wie klar und sicher ich mir in dieser Sache war und auch nicht erinnert werden wollte an das, was nun immer weiter hinter mir lag, um dem, was kommen sollte, vollkommen freie Bahn zu lassen. Buba packte seine Sachen und ging am nächsten Tag von Bord. Wir gingen freundlich auseinander, denn unsere bisherige Reise hatte eine tiefere Bindung geschaffen, die im Herzen anhalten wird, trotz aller Gegensätze. Im Logbuch fand ich einige Zeilen von Ihm:

„ Queridos Compañeros!

Estoy muy apurado porque luego se va mi tren, asique lo unico que me ocurre es darles un buen viaje y que no olviden las buenas lecciones que a todos nos ha dado Siddartha,
adios
Cristobal 09.04.72
BUBA
(perdonan la mala letra !) "

Im Yachtclub, wo ich hin und wieder einmal ein kühles Bier genoss, sass wieder mein junger amerikanischer Freund und wartete auf mich. Er hatte dienstfrei als Wehrpflichtiger der US-Armee, hier in der Kanal-Zone. Wir lernten uns gleich am Anfang kennen und freundeten uns an. Da er am Abend nicht mit dem Zug zurück nach Panama-City wollte blieb er bei uns an Bord.

Früh morgens hallte es durch den Clublautsprecher : „ Mister Thomás from ALTAIR, there is a fonecall for You"! Schnell war ich wach und raste in Unterhose zum Telefon. Ja mai, die Sabine, meine Sabine from Switzerland was calling me ! Sie hielt es in der Schweiz nicht mehr aus, wollte auch nicht mehr nach Spanien, um auf mich zu warten, Sie wollte JETZT kommen. Sie schwärmte von meinen Briefen und alles würde nun gut werden. Sie sei bereit die grosse Reise über den Atlantik mitzumachen! Freude und Verblüffung wechselten sich bei mir ab; denn das war nun wieder etwas ganz unerwartet Neues. Wow ! Wir sprachen uns ab, dass sie sich bitte vollkommen klar sein möge über diese Entscheidung; denn jetzt kommt die Karibik und später der Atlantik, sicherlich ein grösseres Abenteuer als der ruhigere Pazifik, der hinter uns lag. Sie stand fest zu Ihrer Entscheidung. Es gab kein zurück.

Wieder auf dem Boot warteten Aithor und Billy gespannt auf Neuigkeiten. In der Tat es waren welche, und einige Tage später umarmte ich mein

Frauli im Yachtclub von San Critobal. Wir waren wieder zusammen, wir waren glücklich und sehr aufmerksam mit einander.

Der Zollbeamte erschien eines Tages wieder oben auf der Leiter mit unseren Kartoffelbrei-Beuteln in der Hand und sagte etwas kleinlaut und scheuh: „ that´s o.k., good luck"! Wir grinsten ihm nach und war´ns zufrieden.

Sabine übernahm die Pentry. Welch ein Genuss nun täglich gutes Essen gekocht zu bekommen. Unsere Mannschaft war komplett. Buba war gegangen, Sabine gekommen. Mein ehelicher Freiflug war nur kurz aber ich empfand ihn als wichtig und angenehm für mich. Ich war traurig als wir die Leinen lösten und Abschied von der großen Seglerfamilie nahmen an die wir uns gewöhnt hatten; die lieben Frauen und Mädchen, die Seebären und Billy-Boy, die alle dort standen und uns zu winkten.

Es begann eine neue Epoche für mich. Südamerika und der Pazifik lagen hinter uns mit all ihren Flips und Flops. Der Panamakanal hat uns Nordamerika, mit seiner coolness, seiner straffen Organisation und seinen Ängsten, näher gebracht. Die Karibik und der Atlantik lagen vor uns. Es war wie ein Aufbruch in eine neue Zeit. 4 Monate lebte ich nun schon auf dem Boot und das hat grosse Veränderungen in mir bewirkt. Sabine konnte nun besser mit mir umgehen, all der Stress und die Unsicherheiten der letzten Chilezeit waren abgefallen und durch ihren Abstand zu mir fand sie einen ursprünglicheren Thomás, der wieder spielen konnte und einfach -da- war ! Meine Haare waren lang, der Vollbart wuchs üppig und was dann noch vom Gesicht übrig war, bedeckten die zwei runden Gläser einer Nickelbrille. Ich fühlte mich wohl in meiner Haut. Meinen Ansprüche reduzierten sich auf ein Minimum; denn auch ich konnte durch die neue Begegnung mit Sabine, die wir uns damals noch im alten Stress verabschiedet hatten, nun den grossen Unterschied meiner Wahrnehmung erkennen und erahnte, dass Sie damals schon manches Mal in diesem befreiteren Zustand hätte sein können, weshalb es Ihr so schwer mit mir fiel ! Ich erkannte auch, wie doch jeder sein „Fahrzeug" braucht um sich in dem SOSEIN realisieren zu können. Welchen – Umweg - , von meiner Sicht aus, musste Sabine machen, welche Erfahrungen jeglicher Couleur erlebte Sie, um schliesslich wieder auf dem Boot zu landen, nun überzeugt davon, dass Sie es so wollte. Jetzt war es zu Ihrer ganz eigenen Entscheidung gereift und wir spürten gemeinsam, dass es nun stimmt ! Auf dem Boot war es wieder eher wie zu Hause, denn mit einer Frau an Bord funktionieren wir Männer doch ganz anders als nur unter uns, irgendetwas fehlte da immer. Es geht da nicht ums Essen und Schlafen, es geht einfach um die weibliche Energie die sich in alle dem manifestiert und uns Männern grossen Rückhalt gibt. O, wie wenig wissen wir Männer darum, oder noch klarer, wie verdrängen wir dieses weiblich Beschützende, die Mutter, die Mammi nach der wir alle lächzen ! Natürlich geben wir auf der anderen Seite auch unsere beschützende Kraft und –gehen auf die Jagd, damit das Frauli etwas im Kochtopf hat- oder wie auch immer. Es geht ja nicht darum anzuklagen oder zu vergleichen es geht einfach darum- zu erkennen was ist- und das heilsam Erkannte zu akzeptieren.

Wir alle, alle, alle schippern im gleichen Boot, der einzige Unterschied sind unsere Überzeugungen und Programme, die sich tief eingefleischt haben und von denen wir meinen; ohne sie nicht überleben zu können ! Im Spanischen sagt man:...todo es COCO (alles ist „Kopf", alles ist mental) .....vergiss es einfach!

Wir segelten Kurs 360°, also direkt nach Norden. Die mittelamerikanische Küste von Panama, Costa Rica, Nicaragua und Honduras verlor sich schnell hinter dem westlichen Horizont. Wir waren auf Hochsee mit Kurs auf die Cayman-Islands, britisches Protektorat, südlich von Cuba gelegen. Es waren unsere ersten Tage gemeinsam unterwegs mit Sabine weit draussen auf dem Meer. Sie war stark und es war eine grosse Freude mit Ihr sein zu dürfen. Nach 5 Tagen Seefahrt ankerten wir im Hafen von Georgetown auf den Cayman-Inseln, machten uns landfein, schlenderten durch die Strassen der Kolonialstadt, genossen das neue Land, die anderen Menschen, Gebräuche und Sprachen. Für den nächsten Tag mieteten wir uns einen Mini-Jeep und karrten ihn kreuz und quer über die Insel, badeten an weiten, leeren Sandstränden und Sabine fühlte sich besonders wohl, wieder festen Boden unter den Füssen zu haben

Nach dem Stop segelten wir weiter mit Kurs Richtung Cuba. Wir hatten fest vor, in Habana einzulaufen, ohne allerdings die notwendigen Papiere dafür zu haben. Das wird schon irgendwie klappen !.....Aber, es kam dann ganz anders.

Der westlichste Punkt Cubas, das Cabo San Antonio mit Leuchtfeuer, liegt gute 100 Meilen östlich von dem mittelamerikanischen Festland. Der Kanal von Yucatán ist das trennende Wasser zwischen Cuba und Mexico. Unser Kurs war Nord-West aufs Kap zu und nach zwei Tagen umrundeten wir das Cabo San Antonio sehr dicht unter Land. Der Wind blies kräftig aus südwestlicher Richtung, so dass vor dem Kap ein hohe Dühnung stand, wir aber hinter dem Kap ganz ruhiges Wasser bekamen. Da wir nun unter Vollzeug an der Leeküste segelten blieben wir verhältnismässig dicht unter Land und brausten über flachem Wasser in Richtung Habana dahin. Erst nach einer ganzen Weile bemerkten wir weit hinter uns eine Art Kutter, der nur ganz mühsam näher kam, weil wir über 7 Knoten liefen schaffte er es wohl nicht schneller. Anfangs dachten wir uns nichts dabei und genossen unsere Geschwindigkeit. Mit der Zeit wurde das andere Schiff doch grösser und kam näher. Plötzlich schoss es mir durch den Kopf >die sind hinter uns her, die wollen was von uns< wir segeln schliesslich in cubanischen Hoheitsgewässern, wenn auch mit – unschuldigem Kurs- auf Habana ! Ich entschloss mich schnell, unser Boot zu stoppen, die Schoten zu fieren und abzuwarten. Ganz schnell waren sie da, befahlen uns längsseits zu gehen und bedrohten uns die ganze Zeit mit zwei Maschinengewehren, die sie oben auf dem Dach ihres Steuerhauses platziert hatten. Über Funk verständigten sie sich mit irgendeinem Kommando und nach kurzer Zeit hielten Sie uns an, unter Motor zurück zum Cabo San Antonio zu fahren, nachdem Sie unsere Pässe eingezogen hatten, wärend sie uns dicht auf den Fersen folgten.

Wow, das war ein grosser Schreck für uns Alle. Wir konnten uns gar nicht vorstellen weshalb dieses ganze Theater ablief, mussten aber absolut gehorchen, die Situation liess keine „Meuterei" zu! Wie schade, dass wir nicht unter diesen idealen Wetterbedingungen weiter segeln konnten, denn ich fühlte mich wie der fliegende Holländer; und nun wieder diese ganze Strecke zurück, dazu unter Motor und fast gegen den Wind. Zum Glück gab es kaum Wellen. Da unser Motor nicht so recht wollte brauchten wir Stunden und kamen erst gegen Abend dort an. Wir machten an einem kleinen Holzsteg fest und wurden von Kindern, Frauen und Männern freundlich empfangen. Das tat uns sehr gut. Dann kam ein Chef an Bord und forderte uns auf mit ihm zu kommen. Wir landeten in einer kleinen Bar, sicherlich die einzige hier, denn nur wenige Häuser umstanden den Leuchtturm. Er meinte, uns fest nehmen zu müssen, verstand darunter aber kein Gefängnis sondern eine Einladung zu einem Fest, das gerade heute im Dorf gefeiert wurde. Er lud uns zum Rum ein und etwas zu essen und wir waren zur Freude aller die wichtigsten people im ganzen Ort. Es wurde getrunken, getanzt, gegessen und viel gelacht. Es war ein wunderbarer Abend. Alles war sehr einfach und bescheiden, gerade deswegen so offen und herzlich. Sie schwärmten alle von ihrem Fidel Castro und waren mit dem zufrieden was sie hatten. Es schien mir, dass keiner mehr hatte als der andere und wollte einer mehr haben, dann hatte er keine Chanze weil es kein –Mehr- gab. Natürlich galt das in erster Linie für die Menschen die sowieso nicht viel hatten. Die Anderen sind die Exilcubaner !

Unser Chef erklärte uns zu fortgeschrittener Stunde, dass die Cubanischen Hoheitsgewässer strengstens überwacht werden , weil schon einmal, vor einigen Jahren, eine Segelyacht in der Schweinebucht ein Landungsmannöver regimefeindlicher Exilcubaner mit amerikanischer Unterstützung begonnen hatten, um Fidel Castro und sein System zu stürzen. Das wurde aber vereitelt und seitdem haben die Fischkutter gleichzeitig die Aufgabe der Küstenwache übernommen, um ihre Insel besser schützen zu können. Als wir mit unserem Segelboot bei ihnen auftauchten witterten sie erneut die Gefahr einer Invasion, jedoch konnten sie sich schnell von unserer Harmlosigkeit überzeugen. Die Chilenische Flagge, und Salvador Allende an der Macht liess ihre Herzen höher schlagen.

Am nächsten morgen aber veränderte sich die Lage für uns abrupt! Soldatenstiefel knallten an Deck. Rauhe Stimmen holten uns aus süssem Schlaf. Man befahl uns, sofort auszulaufen, um weiter draussen bei einem Kommando-Fischkutter-Küsten-Wachschiff längsseits zu gehen. Von unserem lieben Chef war nichts mehr zu sehen; denn anscheinend hatte nun das Militär unseren Fall übernommen auf Anweisung direkt aus Havanna.

Unser Motor sprang aber nicht an. Gestern wollte er schon nicht mehr so richtig laufen, heute wollte er nun gar nicht mehr. Fast unter vorgehaltener Waffe reparierten Aithor und ich den Motor. Das dauerte eine ganze, lange Weile, wärend Sabine uns das Frühstück machte und auch den drei Soldaten etwas anbot, was sie anfangs strikt ablehnten. Als Nachtisch zogen wir den Korken einer Whiskyflasche, in der Hoffnung, dass es uns und die anderen beruhigen möge. Das klappte prima und es war lustig zu beobachten wie leicht, fein und fliessend der Übergang zum Menschsein war! Als der Motor dann lief, verabschiedeten wir uns von den Soldaten und unseren neuen Freunden aus dem Dorf, und tuckerten langsam hinaus aufs Meer um den Kommando-Kutter zu treffen. Dort hinten machten wir ihn aus, kamen ihm näher, um ganz vorsichtig und bescheiden längsseits zu gehen. Überschwenglich begrüsste uns der Kapitän con un abrazo.

In nur wenigen Stunden hatte ich viel gelernt: – Jeder Mensch hat sein Programm, geboren aus Herkunft, Geburt, Umwelt, Erziehung und den daraus resultierenden Überzeugungen. Unsere Überlebensstrategien arbeiten vor diesem Hintergrund und lassen nur selten diesen Sprung ins Unbekannte zu, dorthin wo uns mehr Vertrauen einen tieferen Blick in die realere Welt eröffnet und so unsere Wahrnehmung verändert. Hier in Cuba spürte ich so deutlich, wie wir uns selbst, entsprechend unserer Prägung manipulieren und wie sich meine Situation ständig, aufgrund der unterschiedlichen Machtausübung anderer mir gegenüber, veränderte. Zu meiner Freude und zu meinem Leidwesen erfuhr ich mich andauernd als Opfer neu geschaffener Situationen und meinte, daran nichts verändern zu können bis mir die heilende Einsicht kam: >Chico fliesse mit dem Strom, biete keinen Widerstand, lass ES geschehen, vertraue< ! Ja, von diesem Moment an war alles wieder gut, ich konnte im Moment alles akzeptieren – das was ist, weil es ist, wie es ist!..... y basta !

Der Kapitän stellte uns seine Besatzung vor und zeigte uns sein Schiff. Hier schien alles in bester Ordnung zu sein, man spürte förmlich das respektvolle Miteinander der Crew und die seemännische Bereitschaft des Schiffes. Ich empfand viel gegenseitiges Vertrauen und von den Machtspielchen der Autorität war nichts zu merken. Aus dieser Zuneigung heraus stellte ich ihm die unterschiedlichsten Fragen, nachdem er mich auf seine Brücke eingeladen hatte. Ich war neugierig, und auf dieser Vertrauensebene wollte ich mehr von dem SYSTHEM CUBA wissen: Fidel Castro hat sein Volk von dem „Joch des ausschweifenden Kapitalismus" befreit, was besonders durch den Nordamerikanischen Tourismus auf die Insel gespühlt wurde und wie ein Sturm über sie hinwegfegte mit allen nur erdenklichen Machenschaften, die das mit sich bringt, und wie einen unendlich langen Schwanz hinter sich her zieht. Das war dem Fidel und seinen Gefolgsleuten einfach tooo much ! Vielleicht war Cuba ein Absteige-Quartier der USA ? Nichts dagegen einzuwenden wenn die „An(Ein)wohner" damit zufrieden sind! Offensichtlich waren sie es bei weitem nicht alle; denn die Ausbeutung, Missachtung und Manipulationen sind gerade bei solchen Bedingungen anrüchig y de mal gusto.

Nach der Revolution fing die Revolution erst richtig an; die Umgestaltung des kapitalistischen in ein kommunistisches Systhem. Ich war immer noch kein Freund davon, hatte aber in dem Moment die Möglichkeit mich in dieses, nun gewachsene Cuba, hineinzufühlen und seine Vorteile zu erkennen und zu akzeptieren, wozu man in der Tat die kapitalistischen Überzeugungen hinter sich lassen musste, um diesen direkten Zugang zu erleben. Der Kapitän gab mir durch seine ausführlichen und überzeugenden Erklärungen die allerbesten Vorbedingungen. So zählte er weiter die kleinen und grossen Vorteile auf, die dann wie ein Puzzle zusammen gefügt das sozialistisch/kommunistische Cuba ausmachten. Ich kam nicht umhin an seiner Begeisterung teilzunehmen auch vor dem aktuellen Hintergrund Chiles, der mich dieses auf eine ganz besondere Art erfahren liess. Dazu kam, dass ich kein Geschäftsmann mehr war, keinerlei kapitalistische Ansprüche stellte, noch Wünsche hatte, einfach nur >hippie - s e i n,< ohne grosse Zukunftsprojektionen im Hier und Jetzt leben, ohne das ich mir all dessen voll bewusst war. Die Atmosphäre mit den Cubanern hier auf der Brücke beeindruckte mich dermassen, dass meine alte Prägung: >als sich „frei" fühlender „Unternehmer"< kippte und die Präsenz cubanischer Wirklichkeit begann diese Leere auszufüllen. Mit anderen Worten; meine alte, grundsätzlich systhemtreue Überzeugung verschwand urplötzlich und dann war da eine grosse Leere, die sich langsam aus dem So-Sein mit diesem Neuen anfreundete.. Es war mir gar nicht wichtig, mich nun als

Sozialist oder Kommunist zu bezeichnen, ich hatte aber die ESSENZ solcher politischen Überzeugungen verstanden und integriert, ich war offen dafür, musste mich nicht mehr hinter den Festungstoren meiner Herkunft verteidigen und verstecken. Das ist bis heute so geblieben, teilweise zum Schrecken der Familie.

Natürlich klopften im Laufe der nächsten Jahrzehnte hier und da wieder kapitalistische Konsum-Wünsche an, die aber immer von der Sicht eines sozial-ökologischen Miteinander geprägt waren. Ich beobachte das weltpolitische Geschehen mit viel Interesse, Verständnis und Unverständnis, jedoch immer als Spiel, als LILA, an dem ich nicht direkt beteiligt bin. Indirekt ziehen wir alle in WIRKLICHKEIT am gleichen Strang. Dieses „Spiel" kann man auch das SYSTHEM nennen, das uns alle auf „Linie" hält, mit dem man sich aber nicht identifizieren muss. Deshalb hat sich der ein wenig „romantische Thomás" den Pass als –CITIZEN OF THE SEAS- besorgt. Der steht symbolisch dafür, dass ich nie gewählt habe und weil das Meer staatenlos ist, als einziger Platz noch, auf diesem immer voller, schmutziger und manipulierter werdenden Erdenrund. Dies ist weder eine Anklage noch eine Entschuldigung, es ist lediglich eine Feststellung offensichtlicher Tatsachen. Natürlich kann man sich da nicht hinauskatapultieren, aber zumindest in der „realen" Illusion oder illusionären „Realität" vielleicht eine Nische erhaschen. Jeder hat diese Möglichkeit und tut es auch, seiner „Prägung" gemäss, um sich dabei so wohl wie nur irgend möglich zu fühlen. Solche Nischen sind nichts anderes als „bewusstes SEIN".

Das Gespräch mit dem Kapitän auf der Brücke des cubanischen Kutters holte mich ins Hier und Jetzt zurück.- Diejenigen die mit dem neuen Cuba nicht einverstanden waren emigrierten meistens hinüber nach Florida oder wurden möglicherweise vom Castro-Regime eingesperrt. Der Rest des Volkes schien chancengleich in ihrer lockeren, lustigen, lataininischen Art zu überleben ohne dem Druck ausgesetzt zu sein: mehr und immer mehr wissen, konkurrieren oder besitzen zu wollen.

Wärend der kurzen Zeit und den wenigen Leuten mit denen ich in Cuba zusammen war, konnte ich dieses lässige mitmenschliche Zusammensein sehr wohl erkennen, und war dankbar für diese Erfahrung! Es blieb für mich natürlich offen, darum zu wissen, in wie weit Repression ausgeübt werden musste um dieses Systhem zu installieren und zu stützen, welche Opfer gebracht werden musste,-auf n, wieviele Menschen ihr Leben verloren und eingesperrt waren, da mir auf „freiwilliger Basis" ein Systhemwechsel solchen Ausmasses als kaum möglich erschien. Der Mensch will individuell sein, er ist kein Herdentier und wird in jedem Lebensbereich, ob rechts oder links, gemäss seiner Prägung, sein Leben führen wollen.

Die Frage bleibt offen, ob die Leiden und Schmerzen einer aufgezwungenen kommunistischen Diktatur einhergehend mit dem positiven Ergebnis einer vielleicht menschlicheren Gesellschaft und marterieller Chancengleichheit, aufzuwiegen ist mit den individuell -marteriellen Vorteilen einer „freieren" kapitalischtischen Gesellschaft einhergehend mit Ausbeutung, Manipulation, Konkurrenz und immer rücksichtsloser werdenden Geldmacherei?

Die Feststellung : >ich bin MEHR weil ich MEHR habe< sollte in der kommunistischen Ideologie kaum eine Chance haben und ist gerade der Motor einer Konsumgesellschaft. Die Demokratien reden von Freiheit und ohne jeden Zweifel haben sie diese, eine grosse Freiheit der grösstmöglichen „Selbstbestimmung"(?) die andere Systheme nicht haben, und das ist momentan die höchste Qualität eines angstfreieren, offeneren Miteinanders; ich würde sagen: im Moment noch unüberbietbar! Aber vorsichtshalber muss man hinzufügen, dass das Eingebettetsein in diese freie Konsumgesellschaft mit grössten persönlichen Risiken behaftet ist: Du musst sehen wie Du zurecht kommst, jeder ist sich selber am nächsten, ich bin grösser, klüger und mächtiger als die Anderen, ich kämpfe gegen die Welt, ich bin der Beste, oder auch das arme Opfer ungerechter Verteilung und die Resultate solcher kapitalistischen Überzeugungen sind Ausbeutung, Machtausübung, Stress, Konkurrenz -als Motor hin zu Gegnerschaft-, Vorteilnahme, Betrug, Korruption und viel Leid! Das allerdings gibt es auch in anderen Systhemen!

Diese Vergleiche waren nicht präsent wärend ich mit dem Kapitän sprach. Das waren Gedanken, die einen Neuling einholen, der noch nicht sattelfest war, und sich ganz langsam in eine neue politische Wahrnehmung hineintastete.

Ich bat den Kapitän um eine kleine Kubanische Fahne. Er verschwand einen Moment und gab Anweisungen. Dann stand ein lachender Bursche vor mir und überreichte mir eine grosse Kubanische Flagge sauber zusammengelegt, sie lag oben auf einem Kissen. Ich war sehr berührt als ich die Flagge aus den Händen des Kapitäns in Empfang nahm und spürte gleichzeitig wie ein Stückchen Kuba mein Herz eroberte! Es war die etwas ausgewehte Flagge seines Schiffes, die er mir mit gütigem Stolz überreichte.

Das war ein gutes Finale unseres unfreiwilligen- befreienden Kubaaufenthaltes. Der Kapitän bekam Anweisungen uns mitzuteilen, dass wir keine Einreiseerlaubnis nach Habana hätten. Das war für uns o.k. so. Wir hatten unsere ganz speziellen Kubaerfahrungen bereits gemacht. Danke Kuba, danke Kapitän, wir verabschiedeten uns, warfen die Leinen los und segelten hinaus aufs Meer, um schnell aus der 12 Meilen-Zone Kubas zu kommen, so war die Auflage für unsere neue „Freiheit". ! Wir näherten uns Miami. Eine rebellische Ader in mir liess mich die grosse kubanische Flagge in der Backbord-Wante hissen. Als uns ein US.Coast-Guard-Hubschrauber überflog spürte ich nordamerikanische Autorität und holte die Flagge wieder ein in der Erwartung, dass uns noch mehere Kontrollen bevorstehen die man nicht unnötigerweise provozieren sollte. Mein Herz schlug kubanischer ! Es war wie ein Witz; denn wir liefen in Miami ein, machten an einer Mole fest und erst am nächsten Tag kam jemand vorbei um uns einzuklarieren. Das lief ganz lässig ab was mich wieder für dieses Land mehr einnahm. So gehen die Schwingungen und Neigungen hin und her, von Moment zu Moment und das Fliessen „mit dem Strom" macht alles easy.

Vom bescheidenen, inniglicheren Cuba nun hin in das grosse moderne Amerika. Welch ein Sprung innerhalb der „Realitäten", aber vollkommen problemlos; denn wem gefallen nicht die schönsten Waren die überall in grosser Vielfalt und Menge zum Kauf angeboten wurden, so üppig wie wohl in keinem anderen Land der Erde. Die Villen der Reichen im Sonnenland Florida mit den herrlichsten Parks und buntblühenden Gärten. Das ist doch was!...oder ? Für uns war das nicht so begehrenswert, kann man doch ahnen was dahintersteckt an arbeitsreichem Unternehmertum, an Sorgen und Stress, Intrigen und Maffia. Wir fühlten uns so vogelfrei und identifiziert mit unserem Vagabundenleben, dass uns in der Tat all diese Superlative nichts anhaben konnte, im Gegenteil bestärkte uns dieser, nach aussen sichtbare Wohlstand, in unserem reichen „Sosein", um gleichzeitig auch das andere Reiche geniessen und an ihm teilnehmen zu können.

Nach 5 Tagen Miami schmissen wir die Leinen los und segelten mit nördlichem Kurs in Richtung Kap Canaveral, vielleicht können wir den Abschuss einer Rakete miterleben. Es kam aber wieder einmal ganz anders ! Da wir uns nur selten um den Wetterbericht kümmerten, obwohl das in Miami sicherlich ein leichtes Unterfangen gewesen wäre, kamen wir am nächsten Tag in schlechtes Wetter genau zwischen Florida und Grand Bahama. Der Golfstrom nahm uns hier mit Wucht mit in seine Strömung und unterstütze so unser Vorwärtskommen mit 4 – 6 Knoten zusätzlicher Geschwindigkeit. Der zunehmende Seegang machte uns zu schaffen und wir konnten das nicht so richtig verstehen, weil der Wind noch nicht, der Höhe der Wellen entsprechend, blies. Er nahm aber ständig zu aus nordöstlicher Richtung, also lagen wir hoch am Wind was unser Vorwärtskommen nun sehr beeinträchtigte weil die Wellen uns abbremsten. Da westlich von uns die Küste von Florida lag und im Osten Grand Bahama mussten wir unseren Kurs Nord halten, obwohl das immer schwieriger wurde. Gewitterwolken zogen auf, es blitzte und donnerte, es regenete in Strömen. Das Meer kochte und ich begriff, dass wir in einer schwierigen Lage waren, denn der Sturm peitschte das Wasser gegen den mit bis zu 6 Knoten fliessenden Golfstrom, so dass sich die Wellen dermassen aufbäumten und auf hoher See brandeten wie an einem Strand. Überall um uns herum sah ich die brechenden Seen und mir war klar, dass uns bald eine erwischen wird. Alle Segel waren geborgen, die Sturmfock gehisst, Aithor und Sabine waren in der Kajüte, die so dicht wie möglich verschlossen war und ich stand am Ruderrad, Gott sei Dank mit zwei Sicherheitsgurten an steuer-und backbord eingehakt. Durchs Wasser machten wir gerade soviel Fahrt um noch eine Reaktion auf dem Ruder zu haben, über Grund trieb uns der Golfstrom voran, so dass wir langsam unsere Position verbessern konnten, um aus dem Kanal zwischen Florida und Bahamas heraus zu kommen. Der Wind blies mit über 9 Stärken, der Seegang entsprach einem Orkan.

Und dann kam die Welle. Da gab es kein Ausweichen mehr,sie rollte heran, bäumte sich immer mehr auf, als würde eine Untiefe sie anheben, ihr Kamm wurde immer dünner und transparenter, der Sturm zerfetzte die Schaumkrone, die sich nun mit einer unvorstellbaren Gewalt über das Boot ergoss. Tonnenschwere Wassermassen knallten gegen den Rumpf und an Deck, liessen das Boot erzittern und ich holte vorher noch einmal tief Luft, so als stünde ein Tauchgang bevor. Wahrlich, es war ein Tauchgang. Der grosse Wasserdruck riss mich vom Ruder weg und wollte mich mitnehmen, aber die Sicherheitsgurte hielten obwohl ich das Gefühl hatte ihnen zu entgleiten. Das alles passierte in windeseile. Das Boot lag fast mit den Masten im Wasser und richtete sich nun wieder langsam auf. Die Gurte hielten mich, aber meine Beine hingen in Lee über der Reeling. Das Kockpit war voller Wasser, das nun wieder ablief. Alles beruhigte sich. Die Dramatik des Geschehens war viel grösser als überhaupt Angst spüren zu können. Es gab keine Zeit für die Angst, es war nur hier und jetzt.

Ganz vorsichtig öffnete sich die Luke des Niedergangs, zwei Finger kamen zum Vorschein, und ein leises Stimmchen fragte: „Thomás, bist Du noch da"? Das Erleben der Beiden unten in der Kajüte war sehr häftig, konnte ich doch da draussen die Lage besser abschätzen; erlebten die Beiden in der Kajüte ein fürchterliches Getöse und heftige Rumpfbewegungen die Schlimmes befürchten liess. Überall kam das Wasser herein, alles war nass, Bücher flogen aus den festgezurrten Regalen und vermischten sich mit anderen Gegenständen überall in der Kajüte. Aber es war überstanden, wir hatten keinen Schaden genommen, das Boot war o.k. es hatte seine Feuertaufe bestanden und wir waren um eine grosse Erfahrung reicher geworden. Es gab mir viel mehr Sicherheit und volles Vertrauen in das Boot. Das Erlebnis war nicht mehr oder weniger als das, einer brandenden Welle über dem Schiff und das Fazit für uns: sich so oft wie möglich um einen Wetterbericht zu kümmern. Allerdings war das gar nicht so einfach mit unserer damaligen Ausrüstung und funktionierte, wenn überhaupt, nur in Küstennähe; denn auf Hochsee nützt es uns nichts, da müssen wir dann durch!

Das schlechte Wetter hielt an. Der Sturm nahm ab und der Wind drehte südlicher. Wir hatten nun genug Raum, konnten beidrehen, um das Boot und uns selbst aufzuklaren. Das funktionierte ganz prima. Wir waren gut vorbereitet für den Sprung über den grossen Atlantik, liessen Kap Kanaveral backbord liegen und nahmen Kurs auf die Bermudas. Das war eine mühsame Strecke; wir mussten hoch am Wind segeln gegen starken Seegang und viel Spritzwasser. Die Kajüte wurde einfach nicht trocken, es war sehr ungemütlich und hielt die 12 Tage an, die wir brauchten um in St. George auf den Bermudas den Anker fallen zu lassen. Völlig erschöpft und übermüdet sanken wir in unsere Kojen und pennten 24 Stunden lang, bis der Zoll an die Bordwand klopfte, uns zum Einklarieren aufforderte und mit an Land zu kommen. Man fragte uns nach Waffen, die wir mühelos angaben und mitnehmen mussten, um sie bei Ausreise wieder abzuholen. Wir waren salzverkrustet. Mit langem Haar und Bart zogen wir barfuss durch St.George, das Coltgewehr und den Smith + Wasson Revolver geschultert, bis hin zum Zollgebäude, klarierten ein und genossen unsere immense Freiheit, angekommen zu sein, und wieder Boden unter den Füssen zu spüren. Die Menschen waren freundlich so wie ihre rosaroten und babyblauen Häuschen, Inselbewohner in british style. Wir erholten uns, gingen längsseits an eine Mohle im weitläufigen, geschützten Hafen und entdeckten die Insel. Am Flughafen bestaunte ich zum ersten Mal einen riesigen Flieger, einen Jumbo – so lange fliegen die nun schon!-

Das Holiday-Inn-Hotel war ganz in unserer Nähe. Wir wurden viel bestaunt von den Gästen und erzählten gerne von unseren Abenteuern. Zwei liebe schweizer Jungens, die als Köche in der Hotelküche arbeiteten, freundeten sich mit uns an und verschafften uns so Zugang zu diesem Luxus-Hotel, das wir bis in die hintersten Winkel kenenlernten und einmal sogar von Ihnen in das Gourmet-Restaurant eingeladen wurden. Als wir die Küche besuchten und sie uns die riesigen, gekühlten Vorratsräume zeigten, flippten wir fast aus; da gab es wirklich alles in grossen Mengen und wir stellten fest, wie einfach wir doch an Bord lebten. Sie steckten uns einen Riegel Bündnerfleisch zu, eine besonders teure schweizer Spezialität, die, wie Sie meinten, hier kaum gefragt sei. Es schmeckte köstlich und hielt lange vor weil es luftgetrocknetes mageres Rindfleisch war. Die Burschen liebten uns dermassen, dass Ihnen keine Anstrengung zu viel war, um nur bei uns sein zu können, um uns laufend mit den schönsten Leckereien verwöhnen zu können. Sie waren immer bereit für jede Hilfe und ich habe sie in den besten Erinnerungen.

Die Hochsee-Regatta New Port - Bermudas war unterwegs. Die Siegerboote liefen ein und machten um uns herum fest. Das modernste und teuerste Bootsmarterial konnte man sehen, dagegen wirkten wir schon fast wie ein Oldtimer, was mir sehr lieb war, hatte ich doch überhaupt keinen Sinn mehr für solche Superlative. Die Mannschaften, fast alles Nordamerikaner, waren echte Regatta- Füchse, die dann aber an Land auch ordentlich auf die Pauke hauen konnten. Man zeigte uns ihre Schiffe, die teilweise unter Deck völlig spartanische Einrichtungen hatten. Es war ein grosser Raum mit Schlafschalen als Hängematten und viel Stauraum für die Segel, Tampen und sonstigem Zubehör. Es waren reine Rennmaschinen, die in ihrer Einfachheit und Funktionalität Eindruck machten.

Ich erinnere mich an den Namen Yough Long mit seinem Schiff, dessen Name mir entgangen ist, der auch an der Regatta teilnahm und schon einmal das blaue Band, als schnellste Segelyacht einer Atlantik-Überquerung, gewonnen hatte. Ich lernte ihn persönlich erst später auf den Azoren kennen.

Im Hafen von St. George segelten Bermuda-Kutter Regatten. Das war eine grosse Freude, diese kleinen, schlanken, schön geschnittenen Holzboote zu sehen, die eine übermässig grosse Besegelung trugen und ganz leicht kenterten. Schon bei der kleinsten Bö und Unaufmerksamkeit der Crew drückte der Wind die Segel platt aufs Wasser. Gerade das war der grosse Spass und die Herausforderung Ihrer Segelei.

Wir warteten einige Wochen auf unseren Südwestwind, der einfach nicht kommen wollte und normalerweise schon längst aus dieser Richtung hätte blasen müssen. Beim heiteren Warten erfuhren wir eine wundersame und glückliche Geschichte.: Ein Einhandsegler kam aus den USA und steuerte auf die Bermudainseln zu. Nicht fern der Küste kam er in schlechtes Wetter, konnte sein Großsegel aber nicht bergen, weil sich das Fall oben im Mast-Top verklemmt hatte. Seine Situation war sehr gefährlich, weil er viel zu viel Segelfläche stehen hatte. Er kletterte alleine, so gut er konnte, in den Masttop, um das Fall zu klarieren, wärend eine grosse Welle sein Schiff dermassen durschschüttelte, dass er oben im Mast den Halt verlor und auf Deck stürzte. Die Bootsbewegungen vervielfältigen sich enorm,wenn man oben im Mast hängt. Sein Sturz war der Art, dass sein Körper von der Reeling abgefedert und dann auf Deck geschleudert wurde wo er bewusstlos liegen blieb. Sein Boot segelte alleine weiter genau auf die Bermuda-Küste zu, die von Korallenriffs umzingelt ist. An der Nordküste gibt es wohl nur eine Passage im Riff auf welches sein Boot genau zu steuerte, hindurchsegelte ohne Schaden zu nehmen, und drinnen in der stillen Lagune erwachte der Skipper aus seiner Ohmacht und warf seinen Anker ! Er hatte überlebt, sein Boot war nicht zu Bruch gegangen, wenn sein Körper auch einige Verletzungen erlitten hatte, war da doch ein Wunder geschehen. Ganz sicherlich nicht das Einzige in der christlichen Seefahrt darf ich wohl sagen; denn bei allen abenteuerlichen Herausforderungen, die grossen Meere mit kleinen „Nuss-schalen" zu überqueren, ist da doch immer etwas Beschützendes, dass viel grösser ist als „ich" und dessen ich mir bewusst wurde in jedem Moment.

Jeder Augenblick, alleine da draussen, bei einer Nachtwache unter dem unendlichem Sternenhimmel, mitten auf dem Atlantik in einem Bootchen von 11 meter Länge, ist einfach überwältigend; und so geschah es mir nun ständig, als wir wieder unterwegs waren, ALL-EIN zwischen den Bermudas und den Azoren,fast„schwebend" „zwischen dem weiten Meer und der unendlichen Tiefe des Firmaments.

Der Südwestwind hatte eingesetzt und trieb uns nun ruhig übers Meer dahin. Es war ganz anders, unser Erleben, als damals zwischen Miami und den Bermudas. Inzwischen hatten wir auch alle Leckstellen an den Kajütfenstern repariert und Altair auf den grossen Sprung übers Meer gut vorbereitet. Ich erinnerte mich noch an unseren schweren Sturm bei den Bahamas, an den Tang in der Sargasso-See, an unsere Übermüdung, wärend ich bei einer Nachtwache schon rote Lichter sah, die so hautnah echt erschienen, dass ich Angst bekam, Halluzinationen zu haben. In Wirklichkeit waren es wohl die mit roten Positionslichtern bestückten „Fernrohre" getauchter U-Boote, wie wir am nächsten Tag aus der Seekarte zu erkennen glaubten; denn es war ein militärisches Übungsgebiet für U-Boote der

US-Marine. Auch die Kompass-Nadel zeigte unseren Kurs nicht immer genau an. Später auf den Bermudas erfuhren wir von dem sogenannten Bermuda-Dreieck, durch das wir direkt gesegelt waren und dem man die eigenartigsten Kräfte und Missweisungen nachsagte.

Nun denn, dass alles lag hinter uns und wir schipperten geruhsam über den grossen Teich. Eine ständige Backstag-Brise trieb uns zügig voran, Europa entgegen. Ja, ich kam wieder nach Hause, nun auf eigenem Kiel, quasi mit der grossen Wunscherfüllung im Gepäck, zusammen mit Sabine, und frohen Herzens segelten wir dahin ohne Probleme, ohne besondere Vorkommnisse, einfach DA-sein, eingebettet in die weite Dünung des Meeres. Wie in einer Wiege genossen wir das Vertrauen in die Unendlichkeit die dort hinten am Horizont sichtbar war, dort wo sich zeitlos das Meer mit dem Himmel vereinen, manchmal ganz klar wie eine scharfe Linie, ein ander Mal eher verschwommen, ohne Übergang, ohne sichtbare Trennung in der Transparenz von oben und unten. Und doch waren wir sehr aufmerksam, beobachteten den Wind und die Segel, standen am Ruder und steuerten das Boot wärend Sabine die köstlichsten Speisen vorbereite und wir genüsslich assen und herum dösten, lasen, schliefen, und uns liebten.

Auf einer Nachtwache unter strahlendem Sternenhimmel war mir so, als sähe ich dort oben in einem lichten Nebel das Antlitz meines Freundes Xabi, meinem Lehrer und Freund für das Hochseeschiffer-Patent damals in Chile, und Mitsegler auf allen Regatten, die wir gemeinsam auf hoher See segelten, der gütig lächelnd zu mir herabschaute und uns so begleitete. Sein Imagen war sehr klar wie eine Botschaft, die ich erst später entschlüsseln konnte.

Wir hielten Kurs auf die Azoren-Insel Flora, die westlichste von dem Archipel. Das Wetter war gut, die Sonne meistens sichtbar, so dass wir täglich mehrmals mit dem Sextanten und unserem Cronometer unsere Position bestimmen konnten. Und dann kam der grosse Moment:......noch nicht: „ Land in Sicht", aber Land in der Nase, es roch nach Gün, nach Erde, Land in den Wolken, ja, man spürte es überall mit allen Sinnen, es konnte nicht mehr weit sein, das Wasser war anders und da waren auch schon die ersten Vögel und dann, ja da wars .... – LAND IN SICHT !!! - Sabine malte ein Blümchen ins Logbuch. 08.40 Uhr am 6.7.1972, das Log zeigte 7829,4 Meilen an. Welche enorme Freude – die ERDE HATTE UNS WIEDER - Alles roch so intensiv, so üppig, so fruchtig, so erdig auch und so menschenfreundlich. Wir umrundeten die Insel um an der südlichen Ostküste kurz vor dem kleinen Hafen zu ankern.

Der erste Landgang war so, als kämen wir von einem anderen Stern und mussten uns an die feste Erde gewöhnen, an die Menschen, die Geräusche, den Krach und den Gestank der wenigen Autos und Motorräder. Wir genossen ein kühles Bier, frisches Gemüse, Obst und Brot. Ausgelassen strahlte unsere innere Freude nach aussen, unsere Dankbarkeit für das Erlebte. Wir freundeten uns an und wurden eingeladen mit einem Austin Mini über die Insel zu rasen. So jedenfalls empfand ich diese Fahrt; denn an Geschwindigkeit waren wir nicht mehr gewöhnt, es war zu schnell, einfach zu schnell für die Stille, die wir in uns spürten; und da uns unser junger Freund seine Insel, aber auch seine Fahrkünste im Mini zeigen wollte, mischten sich Ängste mit Hochachtung. Es gelang uns schließlich seinen Ehrgeiz zu bremsen, er wurde ein bischen langsamer.

Es gab tiefe, klare Krater-Seen und Millionen von Hortensien die überall in schönster Blüte standen und wild wuchsen. Das hier war wirklich eine Insel, weit weg, draussen auf dem Meer, isoliert und doch voller Leben, voller Lachen und voller Weinen. Die Jungen wanderten aus aufs Festland oder nach Südamerika, die Alten blieben zurück, sie weinten um Ihre Kinder und starben alleine. Diese Umstände bemühten, die meistens gerne Zurückgebliebenen, um neue Zuwanderung und da ich mir im ersten Moment für diese Insel ein Türchen offen gelassen hatte kamen auch schnell die besten Angebote für ein Häuschen draussen auf dem Land mit weitem, weitem Blick übers Meer wohin man auch schaute. Aber meine Reise war noch nicht zu Ende, wir hatten die westlichste Vorhut Europas erreicht, uns fehlte noch der grosse Kontinent. Auf Flora gab es eine französische und amerikanische Militär- Basis mit eigenem Hotel, Restaurant und vielen Einfamilienhäusern. Überall waren wir gerne gesehen, wurden eingeladen und sorgten durch unsere simple Präsenz für Abwechselung. Wir fühlten uns sehr wohl wie -Hahn im Korb- und vertrödelten unsere Zeit, ruhten uns aus von unserer langen Seefahrt. Die zweite Etappe unserer Atlantiküberquerung war geschafft.

Weit draussen am Horizont sah ich plötzlich die große blau-grüne Superyacht von Yough Long. Ich wusste, dass sie die Regatta Bermudas-Lissabon mitsegelte und traute meinen Augen kaum als sie näher kam und dicht unter der Küste ihren Anker warf. Was war passsiert ? Weshalb bricht das Boot die Regatta ab ? In der Hafenkneipe trafen wir Ihn, den bekannten Segler. Er sass mit einigen seiner Crew fast neben uns. Wir kamen schnell ins Gespräch, meine Neugierde war zu gross, ich wollte mehr wissen! Sie hatten die Regatta abgebrochen, weil sie eine zu weit südliche Route gewählt hatten und nur ganz wenig Wind vorfanden. Als ich ihm erzählte, dass wir die Strecke in 13 Tagen und einigen Stunden geschafft hätten, ohne jeglichen Wunsch oder auch nur der Vorstellung einer Zeitvorgabe, beglückwünschte er uns, worüber wir uns freuten. Ich überlegte im stillen, welcher Aufwand in solchen Kreisen getrieben wird um sich Sorgen zu machen; denn das Immage des „blauen Bandes", die schnellste Yacht auf dem Atlantik zu sein, verpflichtet so ungeheuerlich, dass vor lauter Rivalität vielleicht ein grosser Teil des tieferen Segelerlebnisses, als Erfahrung, gar nicht erst aufkommt. Die Marterial-Schlachten immer grösserer, teuerer und schnellerer Yachten eifern auf einen neuen Sieg, >but the second place is failure< und bei so vielen Teilnehmern gibt es immer nur einen Sieger!! Was nun?.......besser segeln, die Mannschaft wechseln oder aber ein neues, besseres Schiff muss her! So funktioniert das Konsum-Systhem, wie im Kleinen so im Grossen!

Yough Long segelte weiter nach Portugal, ohne Stress, ohne Regatta, vielleicht hatte er von unserer etwas stilleren Begeisterung, einfach - DA zu SEIN –, einen „Zipfel" erhascht. Schlecht Wetter war angesagt. Der Hafenkapitän warnte uns und bot uns einen Platz in dem kleinen Hafenbecken an, das wir mit Altair fast ausfüllten. Die Stürme hier können sehr häftig werden, so dass wir alle Vorkehrungen trafen unser Schiff gut zu vertauen. Schliesslich lag Altair wie eine Spinne mitten im kleinen Hafenbecken und streckte ihre 6 Fühler so gleichmässig wie nur irgend möglich in alle Richtungen aus, um gleichmässigen Abstand, auf der einen Seite zu den Felsen im Osten und der Pier im Westen, zu haben. Das sah gut aus, ich war's zufrieden und nahm mit Sabine eine Einladung an, einige Nächte gemeinsam im Hotel verbringen zu können. Als Gegenleistung bot sich einer unserer französischen Freunde an, an Bord schlafen zu dürfen, um Aithor nicht alleine zu lassen und ihm eventuell zur Hand zu gehen. Er liebte Boote und schlief gerne in einer Kajüte. Gesagt, getan !

Wir machten es uns im Hotel gemütlich. Zum ersten Mal eine Nacht nicht an Bord !....und dann geschahs ! Mir träumte ein fürchterlicher Traum. Unser Boot war gekentert. Ich stand in meinem Bett, kratzte an der Wand als sei es der Rumpf und wollte 'raus. Ich schaffte es aber nicht und drohte unter zu gehen. Sabine weckte mich auf und fand mich schreiend in dieser Position an der Wand des Hotelzimmers. Inzwischen wütete draussen der Sturm in einem fast nie gekannten Ausmass. Der Regen prasselte dermassen vom Himmel, dass das Wasser in Strömen durch die undichten Metallfenster sich in unser Zimmer ergoss und als ich versuchte nach draussen zu kommen, nachdem mein Alptraum nun fast zur Realität geworden war, war der breite Hotelflur im ersten Stock zu einem Fluss geworden und das Wasser ergoss sich wie ein Wasserfall über die Treppe nach unten. Sabine schrie mir nach, doch jetzt bitte nicht nach draussen zu gehen, es sei zu gefährlich, jedoch hatte ich nur mein Boot im Kopf und hatte die allerschlimmsten Befürchtungen, besonders auch nach meinem Traum, dass Altair das nicht überstehen kann und machte mir schon die schlimmsten Vorwürfe von Bord gegangen zu sein. Vorsichtig rutschte ich übers Wasser die Treppe hinunter. Ich versuchte die Tür nach draussen zu öffnen, aber es war nicht möglich so stark war die Kraft des Windes und als es mir schliesslich gelang, kam mir ein Wasserfall entgegen, so dass ich kaum noch Luft bekam. Schnell zog ich mich aufs Zimmer zurück; denn da draussen war ehrlich zu befürchten, dass der Sturm einen mit sich nahm!

Als sich alles ein bischen beruhigt hatte, versuchte ich es noch einmal und kämpfte mich förmlich durch zum Bungalow unseres französischen Freundes, um seinen Beistand zu erbitten und mit mir zum Boot zu gehen. Da sie Kinder hatten schliefen sie wohl so tief; dass ich sie nicht wecken wollte und wieder zurück ins Hotel ging. Todmüde versank ich in einen tiefen Schlaf. Am nächsten morgen schien die Sonne. Wir liefen in den Hafen, wo die frühen Leute schon herumstanden und sprachen und gestikulierten. Ich sah die beiden Masten schon von weitem, das Boot schwamm, es lag ganz ruhig im Hafen. Aithor und unser Freund sassen im Kokpit. Sie lachten etwas abgespannt als ich ihnen zuwinkte und ins Wasser sprang, hinüberschwamm und beide in meine Arme nahm. Ich hatte mehr gelitten als sie. Sie waren vor Ort, ich war in meinem Kopf mit den wildesten Vorstellungen. Sie erzählten, dass sie über Nacht noch zwei weitere Leinen ausbrachten um noch sicherer zu sein, was sich als absolut richtig erwies. Die Böen waren so stark, dass sich die Tauen dermassen streckten und das Boot handbreit an die Felsen brachte. Beide Burschen schmissen sich in die Schotwhinchen, um die Leinen dichter zu holen und so die Dehnung auszugleichen. Sie meinten; das nur Ihre Mannesstärke das geschafft hätte, wir als Stamm-Mannschaft wären dazu kaum in der Lage gewesen was ich gerne und mit Stolz für unsere beiden Helden akzeptieren konnte.

Es war überstanden und wir freuten uns über den guten Ausgang. Allerdings ging es zwei amerikanischen Jungens, die kurz vor dem Sturm unter der Lee-Küste geankert hatten, gar nicht so gut. Ihr Anker hatte nicht gehalten und das schöne Holzboot lag mit einem grossen Loch im Rumpf in den Felsen, unrettbar verloren. 2 Tage arbeiteten wir mit ihnen, um mit unserem Dinghi, dass wir nach dem Sturm weit entfernt vom Hafen wieder fanden, zu retten was noch zu retten war. Die US.-Militärbasis bot ihnen dann mit dem nächsten Flugzeug die Heimreise mit der übriggebliebenen Ausrüstung an. Uns schenkten sie ihre ARIES-Selbststeueranlage, das Feinste vom Feinen, einen Außenborder und viele Kleinteile, die man an Bord immer gebrauchen konnte.

Mit viel Illusion und Entusiasmus möbelten sie in den USA ihr gekauftes Holzboot wieder auf, um ihre Reise nach dem fernen Europa unter Segeln auf eigenem Kiel zu machen; hier war sie nun zu ende und heim ging es wieder mit einer grossen Erfahrung mehr.

Bald danach brachen wir wieder auf und segelten in östliche Richtung über die anderen Azoreninseln mit kurzen Stops. Während ich an einer hohen Kai-Mauer eine riesige Sonnenblume malte, unser „Freiheits-Symbol", lernten wir ein junges, sympatisches, französisches Ehepaar kennen, die mit ihrer Stahlketsch Typ Joshua von der Karibik zurück kamen, um sich in Frankreich ein neues Alu-Schiff zu bauen das mehr ihren Vorstellungen eines Weltumseglers entsprach, obwohl sie mit ihrer Joshua ein bestens ausgerüstetes und stabiles Boot hatten. Die Joshua war, soweit ich mich erinnern kann, ein von dem Franzosen Motissier nachempfundener Collin Archer, ein Bootstyp aus dem hohen Norden, der in älteren Zeiten als sehr seetüchtig galt und auch Vaters Segler auf dem wir wärend des Krieges über die Sommer lebten, sehr ähnlich war.

Moitissier selber segelte seine Joshua in einer Einhandregatta um die Welt, lag an erster Stelle, obwohl er viele Tage später gestartet war und als er auf der Rückreise, die ja auf dem Erdenrund immer auch eine Hinreise ist, und nach Cap Horn im Südatlantik seine Startroute wieder kreuzte, pfiff er auf den Sieg und weise geworden segelte weiter, wieder durch den Südpazifik gen Osten, bis hin nach Tahiti und lebte dort über Jahre auf seinem Boot bis er in die Unendlichkeit heim gerufen wurde. Ich spürte immer eine grosse Bewunderung für Ihn, er war viel mehr als ein Seemann, vielleicht ein „Sehmann"!

Auf der letzten Azoren-Insel lagen wir in der Nähe eines kleinen Ortes vor Anker. Wir hörten ein leises vorsichtiges Klopfen an der Bordwand. Draussen im Wasser schwammen ein Bursche und ein Mädel. Wir winkten uns zu und sie kamen an Bord. Anfangs wirkten sie schüchtern, dann aber platzte es aus ihnen heraus. Sie erzählten uns über die politische Lage im Land unter dem damaligen Diktator, ähnlich wie in Spanien unter Franko. Sie fühlten sich unfrei und es sei ihnen verboten mit Ausländern in Verbindung zu treten. Deshalb auch ihre Vorsicht sich unserem Boot zu nähern. Sie wollten bei uns an Bord ein wenig Freiheit schnubbern, sich informieren über den Rest der Welt, sie wagten einen Blick durch ihr „Zellenfenster" hinaus in die Freiheit. Ihre Offenheit und Neugier waren rührend und wir verstanden, dass auch im alten Europa noch vieles im Argen war. Erst in der Dunkelheit schwammen sie dankbar und guten Mutes zurück in ihre Welt, um nicht erwischt zu werden. Sie hinterliessen einen tiefen Eindruck bei uns.

Nach weiteren 8 Tagen sahen wir endlich europäisches Festland. Portugal war in Sicht – HURRA – wir hatten es geschafft. Wir steuerten genau auf das Cap Roca zu, wohl dem westlichsten Punkt des europäischen Festlandes und waren ganz aus dem Häuschen, als wir mit der Gezeitenflut

unter Vollzeug den Rio Tejo hinauf „rasten". Im Nu waren wir im Hafen von Lisboa und machten neben anderen Seglern im Yachthafen fest.
Da waren wir also, im alten Europa am ersten Ziel unserer langen Reise. 9 Monate waren wir unterwegs gewesen, es fehlten noch fast 4 Wochen, bis wir im Mittelmmer, im südlichen Spanien in einem kleinen Hafen fest und HALT machten. Lissabon mit seiner Altstadt gefiel uns sehr. Wir fühlten uns wohl, wir hatten das ferne Europa unter Segeln erreicht. Hier ging auch mein Onkel Ludwig wieder von Bord, der unbedingt einen Teil der Strecke mitsegeln wollte und auf einer Azoreninsel bei uns anheuerte. Er war sehr kamradschaftlich, wenn auch sehr nervös wenn es um Segelmannöver ging. Beim Segelsetzen flogen manchmal die Bändsel, mit denen die Segel am Baum festgebunden waren, über Bord weil er vor lauter Aufregung nicht wusste wohin mit diesen losen Enden. Wir hatten unseren Spass mit Ihm, nachdem wir uns an sein Temperament gewöhnt hatten. Er war ein echter Kumpel an Bord, der unsere kleine Gemeinschaft bereicherte.
Aithor ging auf die chilenische Botschaft und kam mit einem Haufen Briefe aus der Heimat zurück. Etwas traurig hörten wir, dass Xavier ganz plötzlich gestorben war. Er starb in den Tagen, als ich sein lächelndes Antlitz in einer Lichtwolke am Nachtimmel mitten auf dem Atlantik sah. Es wunderte mich gar nichts mehr, es war aber schön, eine – diesseitige- Bestätigung zu bekommen, obwohl ES mit dem Kopfe nicht zu erfassen ist. Als Überraschung erzählte uns Aithor über eine nette Botschaftsangestellte aus Chile, die ihn zum Abendessen in ihr Haus eingeladen hatte. Am nächsten Tag strahlte er übers ganze Gesicht und meinte: „ Ihr könnt Euch nicht vorstellen was mir passiert ist"! Hermann Hesse, unser aller Bordguru war in der Tat unser geistiger Führer über die ganze Reise. Als Aithor bei der Chilenin ein Foto Hermann Hesses mit persönlicher Widmung auf ihrem Nachttisch entdeckte, kam er aus dem Staunen gar nicht mehr 'raus. Sie erzählte ihm, dass sie die Tochter von Miguel Serrano sei, einem ehemaligen chilenischen Botschafter in Indien, der da selbst Hermann Hesse kennengelernt und sich mit ihm angefreundet hatte. Als H. Hesse im Tessin lebte, hatte er zusammen mit C.G.Jung und Miguel Serrano einen Freundeskreis gebildet. Ihr Vater hatte über diese Zusammenkünfte eine kleine

Schrift unter dem Titel -El Circulo hermetico- herausgegeben, die Aithor uns mit strahlenden Augen entgegen hielt. Welch ein wunderschöner Empfang. Mir war so, als sei der Geist Hermann Hesses nun auch physisch an Bord gekommen. Die Kraft unser Hingabe an Ihn hat es bewirkt.

Als Miguel Serrano viel später in den Ruhestand versetzt wurde, pilgerte er nach Norditalien und fand in Montagnola im Tessin la Casa Camuzi, das Haus in dem sein Meister Hermann Hesse viele Jahre gelebt hatte:"Ob es vielleicht möglich wäre seine Räume einmal sehen zu dürfen"?.....worauf die liebe Frau freundlich lächelnd antwortete: „ Seine ehemalige Wohnung stünde leer und wenn er wolle, könne er sie mieten"!

Alle diese – Zufälle- die in Wirklichkeit keine sind, verwundern uns doch nur deshalb, weil uns die –wirkliche Realität – fremd ist, in der sie geschehen. Der begrenzte, so wichtig genommene Verstand bleibt buchstäblich stecken in seinen ermüdenden und zweifelnden Wiederholungen, so dass kein Freiraum für den Moment - Hier und Jetzt- geschaffen werden kann, dort wo die „Zu-Fälle" als ein Zufallen einfach geschehen!

Miguels Tochter wurde wie eine Fee empfangen, als sie zu uns an Bord kam und wir gemeinsam zu Abend assen und den letzten chilenischen Rotwein aus der Bilge holten, der uns alle heiter machte!

Die Bucht von Lissabon ist sehr weitläufig, wird aber nach innen immer flacher und sumpfiger; bei Ebbe bildet sich ein Watt. Wir durchstöberten die etwas mehr abgelegene Gegend und entdeckten alte Schiffswerften, die als traditionelle Handwerksbetriebe immer noch Holzboote im klassischen Stil bauten. Die besonders schönen und schwungvollen Rumpflinien begeisterten mich dermassen, dass ich mir, vielleicht für spätere Zeiten wünschte so ein Boot bauen zu lassen. Die Preise waren damals noch sehr günstig.

In Lissabon lag auch ein englischer Einhandsegler. Er segelte ohne Motor, so dass für ihn alle anfallenden Hafenmannöver, überhaupt alles, nur unter Segeln zu machen war. Er stellte sich dieser, heute doch enormen Herausforderung, ganz bewusst und baute vor seiner Reise den Motor aus. Da ist echte Seemannschaft angesagt und erfordert Vorbereitung, Geduld und Können wie in den alten Zeiten der grossen Segler. Wir staunten über seine Erlebnisse und ich dachte so bei mir: auch das ist ein Vorhaben um ganz besondere Erfahrungen zu machen und manchmal, vielleicht tagelang, in Flauten zu dümpeln.

Wir segelten weiter nach Portimao, an der portugiesischen Südküste gelegen. Der Anker fiel irgendwo in der Bucht und als wir mit dem Dinghi an Land ruderten kamen wir an einem winzigen Eiland vorbei auf dem eine Bude stand und Fischer gemütlich sassen. Sie brutzelten sich auf offenem Feuer frisch gefangene Sardinen. Der Geruch war so köstlich, dass wir nicht umhin kamen uns Ihnen zu nähern und im nu sassen wir alle zusammen und assen mit ihnen, der Wein schmeckte, wir erzählten von unserer langen Reise und kamen mit der Sprache ganz gut zurecht. Der Wein ist doch ein sehr gutes Kommunikationsmittel. Mit Leichtigkeit baut er Brücken über fremde Kulturen und Traditionen und hilft uns einfach- DA- zu sein, aber ganz im stillen dachte ich mir: "es geht auch ohne"!

In Cadiz machten wir im Industriehafen fest. Eine Windhose packte 2 unserer an Deck liegenden Segelsäcke und wirbelte sie bis weit ins Hafenbecken hinein. Wir mussten uns sehr beeilen, um sie mit dem Dinghi wieder heraus zu fischen, bevor sie versanken.Wir lernten wieder einmal wie wichtig die ständige Aufmerksamkeit an Bord ist, denn trotz schon so vieler Erfahrungen passieren immer wieder neue, überraschende Dinge, die man hätte vermeiden können. Einer Unaufmerksamkeit folgt flugs die Wachsamkeit zu erkennen! Dieses intuitive Feingefühl, in dem alle momentanen Geschehnisse total im Jetzt erfasst werden und ohne Anstrengung oder Mühe sich von Moment zu Moment in Bewegung halten.

Von Hochseeschiffern wurden wir nun zu Küstenfahrern. Durchs Nadelöhr von Gibraltar rutschten wir geniesserisch ins Mittelmeer, in den grossen Uterus, der mich bis heute nicht mehr los liess. Wir machten in Algeciras fest und später in Malaga. Das Mittelmeer hatte uns umarmt. Die südspanische Küste war damals schon so zugebaut, dass wir vor lauter buntfarbig blinkenden Lichtern die Hafeneinfahrt von Malaga nicht finden konnten und tatsächlich dicht unter Land schipperten, um einen Touristen in seinem Tretboot zu fragen; „ wo denn wohl Malaga liegen würde"? „Da seid Ihr schon längst vorbei"! – Welch andere Welt ist das doch hier und ich erinnerte mich an das andere Extrem, an die Galapagos- Inseln!

Sabine hatte sich in Lissabon mit ihren Eltern in Verbindung gesetzt, die mit dem Auto aus der Schweiz schon unterwegs waren, um uns irgendwo in Südspanien in Empfang zu nehmen. Ich war auf der Suche nach einem sicheren und billigen Ankerplatz, um das Boot über den Winter alleine lassen zu können. In Motril, dem kleinen Hafen von Granada fanden wir diesen Platz.

Alles ging viel zu schnell. Ja, wir waren zurück in Europa,..... und was nun? Aber viel Zeit zum Nachdenken gabs gar nicht; denn ein Boot im fremden Land ohne Aufsicht über die stürmischen Wintermonate alleine zu lassen braucht viel Vorbereitung, Mut und Vertrauen. Also packten wir es an, vergruben alle Anker die wir hatten tief und fest im Hafenschlick und brachten lange Heckleinen aus, hinüber zu einigen Festmachern an Land, so dass unsere ALTAIR wie eine Spinne in ihren Ketten und Leinen hing mit genügend „Lose", damit sie bei schlechtem Wetter und Grundseen Platz zum schwojen hatte. Natürlich holten wir uns bei den heimischen Fischern soviel Wetter-Informationen wie nur möglich, um wirklich alles nur denkbare getan zu haben. Die Leinen, die an Deck befestigt waren schützten wir mit Gummischläuchen vor dem Durchscheuern, denn bei schlechtem Wetter bewegt sich das Boot stunden - und tagelang ununterbrochen hin und her. Alles war verstaut und ganz beruhigt konnten wir nun unserem Bootchen „adios"sagen.

9. Reise: > CONCIERGE IN DAVOS

Inzwischen fuhren wir Vier, die gerade kennengelernten Schwiegereltern, Sabine und ich mit dem Auto durch Spanien zurück in die Schweiz. Aithor ging zu Freunden nach Frankreich.

Ich fühlte mich fremd, unsicher und verängstigt, fast so wie ein Kind, das aus seiner kleinen, liebgewordenen Welt herausgerissen wurde und sich in den neuen Umständen noch gar nicht zurecht fand. Da hatten sie nun ihren eigenartigen ausgeflippten Schwiegersohn in ihrem Auto sitzen. Fremd waren wir uns. Die liebenswürdigen schwitzer Bürger und der leicht verstörte Skipper tasteten sich vorsichtig näher. Erwartungshaltungen spukten durch das Auto. Wenn mir die äusseren Lebensumstände, seien sie auch noch so abenteuerlich, kaum einen Schrecken einjagen konnten, spürte ich doch, dass die Seelischen, die Inneren, mich immer noch das Fürchten lehrten. War ich nicht ausgezogen, um das Fürchten zu verlernen, um Heim zu kommen? Ich musste mir eingestehen, dass ein Unterwegssein über die Meere und Kontinente nicht unbedingt alle Ängste erlöst. Eine intensive Reise durch mein eigenes, ganz inneres Universum war vonnöten, doch da war ich noch lange nicht im Sinne bewussten Verstehens, aber doch zuweilen in dieser tiefen Erfahrung die grösser ist als jede Beschreibung. Das gab mir den Mut und das Vertrauen, auf diesem begonnenen Weg weiter zu gehen und dem SEIN mehr Raum zu geben, komme da was wolle!

Im Auto plätscherten gelernte, aber auch immer mehr gefühlte Freundlichkeiten hin und her. Langsam gewöhnte ich mich an das Neue. Wir waren unterwegs. Landschaften flogen vorbei, Dörfer und Städte mit vielen Menschen. Die Neugier und Freude auf Europa und auf das was nun wohl kommen soll, gewannen die Oberhand. Der Ozean lag hinter uns, das Ziel –Europa- war erreicht und so fühlte ich mich wieder in meiner Kraft, sah den Dingen offen entgegen.

Die Schweiz war so ordentlich, so sauber, so schön wie im Bilderbuch. Ich war nicht zum ersten Mal dort, doch diesmal fielen mir diese Wertvorstellungen besonders auf. Wir blieben eine Weile im Haus ihrer Eltern, bis ich zurück zu Muttern nach Hamburg, in den lieben Schoss meiner Familie reiste, was mir sehr gut tat. Der Seebär kehrte heim und es gab ein wunderschönes Wiedersehen. Sabine blieb in der Schweiz, um Ihre Geschichte zu erzählen und eventuell Arbeit für uns über die Wintermonate in der Schweiz zu suchen.

Bruder Klaus kam auch aus Chile und wir alle zusammen mit Onkels und Tanten, mit den Geschwistern und mittenmang die uralte Omi hatten viel Spass miteinander. Meine Kasse war leer. Es wurde ernst mit einem Job in Davos oben in den Bergen. Sabine bekam einen Job im Sportgeschäft von Freunden ihrer Eltern und ich konnte als Concierge in einem Skihotel anfangen. Da die Saison jedoch noch 3 Wochen auf sich warten liess, heuerte ich als Aushilfe in einer Tischlerei an. Das war anfangs ja ganz lustig und machte mir Spass. Der Meister entpuppte sich für mich als ein unangenehmer Gesell´und suchte nach einem Opfer, um seine Frustationen los zu werden.Ich empfand das alles als grossen Unsinn, wurde aber so zu seinem Opfer und er machte mich fertig wo er nur konnte. Da ich mich nicht direkt zur Wehr setzte, mir wars zu blöd, forderte ich ihn ungewollt immer mehr heraus und es fing an, mir weh zu tun. Trotzdem war ich nicht in der Lage ihm Grenzen zu setzen. Obwohl ich kein Tischler war, ging mir die Arbeit gut von der Hand. Des Meisters Sticheleien waren so unerwartet, so unnötig und so ungewöhnlich für mich, das ich keine Möglichkeit sah dem zu entsprechen, weil mir einfach die Worte fehlten. Es tat weh, weil ich mich dieser Herausforerung nicht gewachsen fühlte. Mein einziger Trost war, dass diese Schmach bald vorüber war und so hielt ich durch und tat meinen Job. Er steigerte seinen Hass mir gegenüber bis zu dem Punkt, dass ich zu einem gemeinsamen Essen in der Werkstatt wärend der Arbeitszeit nicht eingeladen wurde und weiterhin meiner Arbeit nachging. Von diesem Moment an war der Schmerz vorbei und ich konnte wieder lachen. Das war alles zu absurd um wahr zu sein und ich erinnerte mich wieder an mich. All diese psychischen Anstrengungen gingen natürlich nicht spurlos an meinem Körper vorüber. Ich handelte mir einen heftigen Hexenschuss ein und war nun, zum Schrecken des Meisters, nicht mehr voll einsatzfähig, worauf er mich anhielt, mit ihm grosse, schwere Spanplatten 3 Stockwerke hoch auf eine Baustelle zu tragen. Ich lehnte die

Arbeit ab weil ich nicht in der Lage dazu war, worauf er nun gänzlich ausflippte. Ich entgegnete ihm ganz ruhig, dass er mir gegenüber ja sonst so ein grosses Maul hätte, so wäre er wohl auch fähig sich ohne meine Mithilfe diese Arbeit zu organisieren was ihn in Erstaunen versetzte; es war ihm gelungen mich aus der Reserve zu locken. Die letzten Tage liefen friedlicher ab. Ich wechselte nun über ins Hotel wo die Lage gar nicht so anders war.

Ich kam nicht umhin zu ahnen, dass dieses schweizer Bergvölkchen ein ganz besonderer Schlag war und sie sich speziell um die Deutschen bemühten, wenn sie gut zahlende Urlaubsgäste waren. Aber wehe dem deutschen Saisonarbeiter der sich unter ihre Fittiche wagte. Mit ihrer ganzen Macht, Arroganz und Autorität wiesen sie uns in die Schranken wo es nur möglich war. Mag sein, dass ich mich gar nicht mehr so als Deutscher fühlte und gerade deshalb so empfindlich reagierte, mag aber auch sein, dass andere ausländische Saisonarbeiter ähnlich geprügelt wurden und es mag auch sein, dass ich mit dieser Arbeitswelt keinerlei Erfahrung hatte und ich mir noch ein „dickes Fell" aneignen musste. Schnell lernte ich hinzu, jedoch in dem Bewusstsein mir solches nachher schnellstens wieder abzugewöhnen. – Sie schienen mir eine fremde Rasse zu sein, obwohl wir uns doch rein sprachlich verständlich machen konnten, ohne uns wirklich zu verstehen.

Mein Bart und die langen Haare fielen verständlicherweise der Norm und den „guten Sitten" zum Opfer und auch sonst gab ich mir redliche Mühe, um der Chefin als Concierge zu gefallen. Sie war eine kühle, harte, berechnende Geschäftsfrau. Ihr Hotel lief gut, und um das zu erreichen muss man sich wohl wehren. Dank ihrer entschieden freundlicheren und liebenswerteren Tochter war das Führungsteam – Mutter/Tochter – schon ausgeglichener.

Ich sass also elegant gekleidet, mit Clubjacke, Schlips und weissem Hemd in einer Niesche der Empfangshalle hinter einer hölzernen Theke und neben einem alten, sympathischen Stöpsel-Telefon, mit dem man Anrufe von draussen mit einer freundlichen Ansage an die Zimmer weiterleitete und umgekehrt den Gast nach draussen verband. Manchmal musste ich mit der Concierge-Mütze und dem Hotel-Schild zum Bahnhof fahren, um Gäste abzuholen, ihnen mit ihrem Gepäck behilflich sein und sie mit dem Auto ins Hotel bringen. Dort angekommen, empfing ich sie dann „offiziell" , wärend die beiden Italiener, schon alte Saisonhasen im gleichen Hotel, die Gäste mit ihrem Gepäck auf die Zimmer begleiteten.

All diese Abwicklung, das Hin und Her der Gäste und des Personals verfolgte die Cheffin mit halb zugekniffenen „Argus-Augen". Sie sass an einem runden Tisch, meiner Concierge-Loge genau gegenüber und begrüsste dann auf ihre Art besonders die alten Stammgäste.

Die beiden Italiener waren liebe, ausgefuchste Burschen. Anscheinend wurde zum ersten Mal die Stelle des Concierge besetzt, denn vorher teilten sie sich diese Arbeit zwischen dem Chef-Team und den beiden Italienern auf. Auch ich war zum ersten Mal Concierge überhaupt und so braute sich einiges zusammen, um gut zu funktionieren. Zuweilen überschnitten sich unsere Aufgabengebiete und da es bald auch Trinkgelder gab, die nicht nur den Italienern sondern auch mir, noch grosszügiger, zugesteckt wurden, konnte ich schnell die neidischen Blicke meiner Mitstreiter erhaschen und bot ihnen an, alle Trinkgelder gemeinsam in eine Kasse zu tun, um diese nachher aufzuteilen. Was von ihnen rüber kam war eher ein mitleidiges Lächeln mit einem kichernden Dankeschön. Da ich absoluter Branchenneuling war, blieb mir nichts anderes übrig als abzuwarten. Ihr Verhalten schien mir fremd und angepasst an die Gewohnheiten des Bergdörfchens,oder funktioniert etwa die ganze Welt so?.... heute würde man vielleicht sagen: ein globalisiertes Phänomén ?! Hier oben bekam ich den Eindruck, dass alle Einheimischen, mehr oder weniger wohlwollend zugetan, unter der gleichen Decke steckten. Es war eine unglaubliche Interessenlobby, die von der Obrigkeit bis hin zum Krämer, wohl notgedrungen, wie sie meinten, das Ihre zu verteidigen suchten „ohne Rücksicht auf Verluste"! Unsere Chefin mitsamt ihrem angepassten und angestammten Mitarbeiter-Clan war da mitten ´drin.

Lebte ich in der Illusion eines freundlichen Miteinanders, in dem das manipulierte Angepasstsein keinen Platz hat und alles reibungslos, ehrlich und respektvoll gegenüber jedem und allem abläuft ? Ich stand „blöd" dazwischen und wusste manchmal nicht mehr wo es lang ging. Doch in Wirklichkeit war ich ja gar nicht so doof und kapierte sehr schnell diese

Machenschaften zu verstehen und auch zu nutzen. Ich spielte mit, in dem Bewußtsein keinen Schaden zu nehmen, ähnlich schon wie ich es in der Tischlerei versuchte, jetzt aber schon frecher war.

Die Chefin stand sich gut mit ihrer schweizer Sekretärin, die auch neu in ihrer Mannschaft war. Ich fühlte mich wieder gut zentriert und gab mein Bestes jedem gegenüber, was mir überhaupt nicht schwer fiel. Im Gegenteil fühlte ich mich für diesen Job talentiert und handelte eher aus dem Bauch und dem Herzen heraus; denn aus dem Kopfe. Es gab sehr nette und liebevolle Gäste mit Niveau, die schon seit Jahren hierher in ihren Winterurlaub kamen. Die meisten kamen aus Deutschland, was mir sehr gut tat. Irgendwie gefiel der Cheffin mein offener Umgang mit ihren Clienten nicht. Es war ihr nicht so ganz geheuer. Was ich auch tat konnte offensichtlich nicht ihre Zustimmung finden. Mir wurde untersagt, am Abend, nach fast 12 stündiger Arbeit einen Drink an der Hotelbar zu nehmen, wenn ich von einem Gast eingeladen wurde. Mir war klar, dass es in dieser Branche nicht gern gesehen wird, wenn sich das Personal mit den Gästen vermischt, aber bei einem doch so gewünschten familiären Ambiente, nehmen auch solche Momente, als Ausnahme, ihren Platz ein. Die Cheffin selbt nippelte gerne an ihrem runden Tisch, wenn nicht mit ihrer Sekretärin, des öfteren auch mal mit ihren Gästen. Ihr Verhalten mir gegenüber liess Rivalität erkennen, was sie durch ihren Umgang mit dem Personal natürlich noch unterstützte; denn ich hatte inzwischen gelernt das „Davo´sche Spielchen" mitzuspielen und hatte meinen Spass daran.

Über die Mittagszeit gab es 2 Stunden Pause. Nach dem Essen suchte ich mir ein freies Zimmer mit Sonnenbalkon, um bei gutem Wetter in der Sonne zu dösen und mich auszuruhen. Ich wusste als Concierge welche Zimmer unbesetzt waren. Oder ich ging auf die Loipe mit den neu gekauften Langlaufskiern. Das war ganz schön anstrengend, machte aber viel Spass. Meistens nippelte ich in einem Bünderstübli einen Dezi Veltliner und musste mich dann beeilen, um pünktlich zurück zu sein. Zusammen mit Sabine hatten wir im Keller des Hotels ein kleines Zimmer, dort wo auch das andere Personal untergebracht war.

Einige der älteren Stammgäste schienen mich bei der Cheffin gelobt zu haben, was schlagartig ihr Verhältnis zu mir veränderte und sie mir nun mehr zugeneigt war. Das erleichterte doch sehr die tägliche Arbeit und kam meiner „Illusion" schon näher; obwohl sie im gleichen Moment ihr inniges Verhältnis zu ihrer Sekretärin fast abrupt abbrach und sie mit Schimpf und Schande bedachte. „ Das verstehe noch einer!" Nun kam die Sekretärin zu mir und wir freundeten uns klammheimlich an, so dass für mich nun erst einmal alles in „Butter" war. H u i, wie einfach konnte doch alles sein ! Nur die beiden netten Italiener sahen mich zuweilen verstohlen an, wenn wieder einmal ein Gast Abschied nahm und mir ein gutes Trinkgeld zusteckte. Auch sie bekamen ihren Teil, aber glaubten wohl, das ich üppiger bedacht wurde, was ich nicht nachprüfen konnte. Da ich ja anfangs einen gemeinsamen „Topf" vorgeschlagen hatte, der aber nicht akzeptiert wurde, weil ich mit ihnen anfangs teilte, sie aber nicht mit mir, fühlte ich mich natürlich jetzt pudelwohl, meine eigene Kasse machen zu können. Alles das gehört für mich zum „ Davo-schen Spiel" dazu und wurde von mir mitgespielt unter dem Motto:-Ich allein gegen die Welt!-

Was sehr gut in diese Szene passte war die Tatsache, dass in Davos oft Kongresse abgehalten wurden und Professionelle jeglicher Coleur zu Tagungen in diesen idyllischen Bergort förmlich hoch- gespült wurden. Das war gut für die Kongressteilnehmer und gut für das Dorf. Die Hotels waren voll belegt. Zu meiner Zeit hatten wir einen Ärzte-Kongress. Die Doktoren überfluteten die Gasthäuser. Wir waren ausgebucht. Und nun geschah etwas wo ich mich weigerte das Spiel mitzuspielen. Neben dem Cocierge-Posten hatte ich auch das Telefon zu bedienen. Die Cheffin kannte wohl schon ihre „ Pappenheimer Stammgäste" die zu jedem Kongress mit ihren Sekretärinnen oder anderen netten Fräulein angereist kamen. Wenn also nun deren Ehefrauen anriefen – die ja im allgemeinen ein gutes Gespür für solche „Muscheleien" hatten- was ihre Doktoren-Männer wiederum ahnten, nahmen die Herren das Telefon gar nicht erst ab und erkundigten sich nachher bei mir, wer wohl angerufen hätte. Da dieses nun häufig vorkam und die Cheffin mein verblüfftes Gesicht wohl sah, gab sie mir die Anweisung, diese Ärzte ihren Ehefrauen gegenüber verleugnen zu lassen und nur dann durchzustellen, wenn diese Herren mir vorher Bescheid gegeben hätten. Als ich das hörte und die ganzen Zusammenhänge kapierte, weigerte ich mich entschlossen, das Telefon auch weiterhin für solche Kongressgespräche bedienen zu wollen. Ich war nicht bereit, zum Schutze der fremdgehenden Ärzte, deren Frauen und Familien anzulügen, was nun wieder zu einer erheblichen Verschlechterung meines Verhältnisses zur Cheffin beitrug. Da war nun nichts mehr zu retten! In keinem Fall möchte ich behaupten, das alle Kongressteilnehmer auf diesem Trip waren, aber ich begriff auch, weshalb solche Kongresse einen so grossen Zulauf haben; denn der „Nachtisch" schmeckt besonders gut!

Jahrzehnte später erfuhr ich, daß ein ganz spezieller Wirtschaftsgipfel des öfteren im kleinen-grossen Davos tagte und wohl auch zukünftig tagen wird. Ob das „Spielchen" wohl weiter geht ? Ich erinnerte mich des Reimes aus meinen Pflegeljahren: Das Leben dreht sich um drei mal –P- : „Puns, Pitel und Portmonei"! Alles in Allem stach ich natürlich mit meiner „ Hippie-Philosophie „ hier oben in Davos in ein Wespennetz. Dabei waren für mich keine „Trophäen" zu gewinnen, aber der Lernprozess:- so nicht leben zu wollen- war mehr als genug, um mit Überzeugung auf mein Boot zurückzukehren; da gab es in jenen Momenten überhaupt keine Alternative. Unser Weg ist vorgezeichnet!

Das Verhältnis zu meiner Cheffin trübte sich immer mehr ein. Ich lieh mir Skier und wedelte wie ein Profi, zu meinem eigenen Erstaunen, den Hang hinunter. Ich jauchzte vor Freude als mir plötzlich der verheerende Gedanke kam: ...so gut kannst du doch gar nicht sein, da stimmt doch etwas nicht ! In diesem selben Moment des Zweifelns stürzte ich schon mit Wucht auf die rechte Schulter……. aus mit der Freude…..rein in den Schmerz! Da war nichts gebrochen, aber der Aufprall hat das Gelenk bis heute er schüttert. Ich musste in Behandlung. Ohne die Zustimmung der Chefin zahlte die Kasse nicht und ich musste die Arztkosten selber tragen. Sie unterschrieb das Formular nicht, obwohl ich einen Anspruch drauf hatte, auch wenn es ein Skiunfall war. Nun war das Fass für mich voll. Mit anderen nicht zufriedenen Arbeitskollegen bekalkelten wir uns und machten Vorstellung bei dem Davo-'schen Arbeitnehmer-Vertreter. Der kam auch ins Hotel, setzte sich zur Chefin an den runden Tisch, trank sein Schnäpschen, beide sahen mitleidig lächelnd zu mir herüber und gingen im besten Einvernehmen auseinander, ohne das sich für uns irgendetwas geändert hätte. Nun war auch für sie das Fass voll und in beiderseitigem Einverständnis trennten wir uns vorzeitig. Die Saison war ohnehin vorbei.

10. Reise: > IBIZA und die BALEAREN

Ich fühlte mich wie neugeboren, steckte mir meine ersparten Gehälter in die Tasche und machte mich flugs auf, über Muttern in Hamburg, zurück aufs Boot!

In Hamburg behandelte eine Homöopathische Ärztin die Schulter. Das fühlte sich gut und vertrauensvoll an. Der Heilungsprozess meiner Knochenhautentzündung kam voran, so dass ich mich bald auf den Weg nach Spanien machen konnte.

In Tarragona besuchte ich Olga und stand zum ersten Mal in meinem Leben an einem Familiengrab, dem Grab meines Vaters. Ich wusste nicht wie mir geschah. Da war Trauer, da war Erlösung, da war Liebe, viel Liebe die alles übertönte und ein Gefühl von Verbundenheit, von Einheit von Dankbarkeit, dass ich hier stehen durfte und mit Ihm in Allem war. Friede und Stille!

Olga stand immer irgendwie unter Spannung, wenn sie mit einem von uns Geschwistern zusammen war. Da sie die Nutzniesserin von Papas kleinem Vermögen war, hatte sie wohl immer die Befürchtung, dass wir ihr auf die Finger klopfen würden, um Forderungen an sie zu stellen, was keiner von uns jemals tat. Natürlich tauchten bei uns Gedanken über die Erbschaft nach Vaters Tod auf; denn er tat das Gleiche mit uns was er für sich selbst nie wollte; als sein Vater nämlich das ganze Privatvermögen mit Haus und Hof seiner dritten Frau als alleinige Nutzniesserin überliess, die für ihn seine zweite Stiefmutter war. Erbschaftsangelegenheiten berühren tiefgründig die Familienbande und ich hatte das Gefühl, dass Olga sich mit ihrem Nutzniess uns Kindern gegenüber unwohler fühlte als wir, die mit dieser Tatsache respektvoll, als Papas letzten Willen, umgingen.

Sie schien die Herrin auf dem „ Feldherrenhügel" der deutschen Kolonie zu sein und kontrollierte mit lautem, aber verständlichem Radau mehr als 30 Bungalows, die sie verwaltete und so ihr gutes Einkommen hatte. Das war sehr viel Arbeit; denn die meisten Häuser wurden vermietet wärend der Abwesenheit ihrer Besitzer. All das übernahm Olga was sie mit einem enormen Einsatz und einigen Hilfskräfen bewerkstelligte.

Sie nörgelte gerne. Was sie an mir entdecken konnte, das nicht ihrem Gusto, ihren Vorstellungen entsprach, wurde mir ohne Pardon lautstark kundgetan. Solche uralten Erziehungsmethoden waren für mich dermassen verklebt, das mir auf einem Mal bewusst wurde, weshalb ich vor vielen Jahren das altbackene Deutschland verlassen musste. Nicht nur, dass mich die eigene Familientradition als Last verfolgte, nein es war überhaupt dieses Alte, dem die Luft ausging: Die Lehrer, die Schule, die Meister und die Lehre, die Autorität und der Druck von allen Seiten, kneteten die Jungend so langsam in jene Konditionierung, die vom traditionellen Sicherheitsbedürfnis her gefordert wurde. Die Tradition als Quelle unserer Herkunft, als Respekt vor unseren Ahnen ist etwas Wunderbares und hilft uns heute zu leben, sie aber als Flucht oder Schutz zu missbrauchen, weil der Mut zum Neuen, zum Hier und Jetzt fehlt, führt zu genau dem Ergebnis das wir täglich erleben. Der Jugend verbleibt nur ein kurzer Moment zum Rebellieren, sich kund zu tun, uns Ältere vielleicht ein bisschen aufzurütteln, wenn sie alles infragestellt und versucht, sich an den Grundfesten unseres starren Systhems die Zähne auszubeissen, um diese Chance zwischen Abnabelung, noch verbleibener Unschuld und dem Erwachsensein zu nutzen, vielleicht etwas bewegen zu können, bis sie sich selbst vereinnahmen lassen. Es ist sicherlich nicht so, dass die Jugend systhembewusster wäre, sie ist eher unbewusster und damit ihrem ursprünglichen SEIN näher. Das mentale Bewusstsein macht uns den Kummer, weil es vielerlei kreiert und wir uns mit diesen, wie wir meinen -unseren Schöpfungen-, indentifizieren. Je weiter der Abstand zur Geburt oder zum Tod ist, ist auch die Entfernung und Entfremdung zu uns selbst. Dazwischen liegt das was wir Trennung nennen, liegen die tausend Ängste. Die Jungen nabeln sich ab von ihren Seins-Erinnerungen, die Alten nabeln sich wieder an, so lange ihre Körper das noch bewusst zulassen, an das was vor ihrer Geburt war und nach ihrem Tode sein wird, an die Quelle, an das Nichts aus dem alles hervorgegangen ist. Die einen sind noch „besitzlos", die anderen werden wieder „besitzlos". Sie lassen ganz langsam das Welttheater hinter sich, nur der Beobachter bleibt noch ein Weilchen. Die Anderen, die Jungen, wünschen sich endlich mitzuspielen in der Welt der Objekte, der Dinge der

Identifikationen, der Erscheinungen, sie streben nach ihrer Rolle in diesem „LILA" bis auch sie wieder heimkehren.

Olga ass gerne und liebte die alte pommersche Landküche. Das war ein grosser Trost für mich und so genossen wir gemeinsam ihr üppiges, geschmackvolles Essen mit einem guten Glas Wein oder Sekt. Wenn ich alles Trennende getrost beiseite lassen konnte, spürte ich eine tiefe familiäre Verbindung, die Blutsverwandtschaft berührte uns und schenkte Vertrauen. Ich konnte das nun auch leichter zulassen, über die äusserlichen Sticheleien und Quälereien hinausgehen, dank meiner „Lehrzeit in Davos" und brauchte das nun nicht mehr zu wiederholen. Ich hörte zu, nahm auch wahr, fühlte mich aber nicht mehr persönlich impliziert. Natürlich gab es Ausnahmen, besonders dann wenn die Achtung verloren ging.

Ich musste wieder einmal feststellen, dass ich vielleicht in einem >Wolkenkuckuksheim <lebte, nur die Welt im goldenen Licht sehen wollte, um so das „ Dunkle" zu vermeiden? Diese Taktik gefiel mir entschieden mehr als alle anderen, weil ich vom „Bauch" her ahnte, dass das „Licht" realer ist als das „Dunkle" und wenn Gott im „Himmel" und nicht in der „Hölle" zu finden ist, oder vielleicht ÜBERALL, ohne oben, ohne unten, ohne hell und ohne dunkel dann ist DAS die Wahrheit!

Es wurde viel gefeiert auf dem deutschen Hügel und Olga reichte mich stolz als ihren Sohn in der bunten Runde herum. Er, Ihr „Sohn", machte eifrig mit und lernte nette neue Menschen kennen. Sie kochte für den ganzen Hügel einen riesigen Topf voll pommerscher Erbsensuppe, die ich mit einer Schubkarre zum Fressplatz karrte und zwischendurch Vaters Akkordeon spielte. Zum Abschied lieh sie mir ihren alten Renault Gordini mit dem ich nun genüsslich nach Motril tuckerte, zurück zum Boot, heim in meine Wiege auf dem Wasser.

Da war ein unbeschreibliches Glücksgefühl für Momente in mir, ich jauchzte vor Freude, fühlte mich ungebunden und frei zurück in Spanien, in dieser lockeren lateinischen Welt, In die Sonne; es war das absolute Gegenteil von dem was ich in Davos erlebt hatte. Aber gerade durch diese Erfahrung wusste ich mehr von dieser Freiheit, die ich JETZT erfahren durfte.

Sabine musste bis zum Ende der Skisaison im Sportgeschäft in Davos bleiben, ging danach erst einmal zu ihren Eltern, um später aufs Boot nachzukommen. In Davos war unser Zusammensein eher ein nebeneinander her leben. Durch unsere langen Arbeitszeiten sahen wir uns fast nur noch halb tot in die Betten fallen. Ihr selbst war die Zukunft ziemlich unklar. Sie hatte grosse Lust in einem helfenden Beruf tätig zu werden und so hing mit unserer Zweisamkeit einiges in der Luft.

Da dümpelte ALTAIR im Hafenbecken von Motril ruhig vor sich hin. Es war eine Freude mein Bootchen wieder zu sehen und als ich die Planken wieder betrat, wusste ich im gleichen Moment, dass ich mir ein Davos oder ähnliches zum zweiten Mal nicht mehr antun werde. So geschah es glücklicherweise bis heute.

Das Boot war schmuddelig, die Festmacherleinen hingen lang durch und waren, wie der Rumpf auch, voller Algenbewuchs. Sonst war alles prima in Ordnung. Ich öffnete die Luke, holte tief Luft und das kräftige Aroma des Cedernholzes durchdrang mich mit Dankbarkeit. Damals wusste ich noch nicht, dass sich dieses „Ritual" noch über viele Jahre wiederholen würde. Die Reise über die grossen Meere war wohl zu ende, aber viele Reisen hier im Mittelmeer lagen noch vor mir.- Es wurde geputzt, gelüftet, geschmirgelt und gestrichen. Das Boot kam in einer kleinen alten Werft auf den Slip. Die Werft baute noch schöne hölzerne Fischkutter. Die Algen hingen wie ein langer Bart am Unterwasserschiff. Jetzt musste ich ran an die Arbeit, da war kein Antonio mehr wie damals in Chile und auch kein wunderbarer Aithor, handyman und Freund, die mir zur Seite standen.

Langsam erwachten meine handwerklichen Fähigkeiten wieder, schaffte von früh morgens bis spät abends und lebte natürlich zwischen dem ganzen Durcheinander an Bord.

In den Hafenkneipen bekam man noch ein kleines Bier mit einer tapita für 3 pesetas. Oft war auch ein Schnack angesagt. Ich war in Motril nicht der einzige Segler, der dort für länger vor Anker ging. Eine nordamerikanische Architektenfamilie, die Eltern mit ihren zwei Söhnen hatten sich einen dicken, alten hölzernen Segler angeschafft und waren nun dabei dieses, eher gebräuchliche Schiff, wieder seetüchtig zu machen. Ihr Vorhaben überstieg ihre Kräfte und den Geldbeutel; denn es stellte sich schnell heraus, dass das ganze Schiff total überholungsbedürftig war, so dass man fast von einem Neubau sprechen konnte. Sie waren noch keine Bootsleute und wollten sich ihren grossen Traum erfüllen: das Mittelmeer, die Wiege unserer westlichen Zivilisation wie sie meinten, mit ihren beiden Jungens auf eigenem Kiel zu durchkreuzen. Am Ende wurden sie zu Bootsleuten; denn sie gingen schon – noch bevor sie das offene Meer geschnubbert hatten– durch die aufregenden Tücken des Bootslebens. Wir waren viel zusammen und nahmen unser Tun eher auf die leichte Schulter; was solls, that´s life !

Irgendwann dann ging meine Reise wieder weiter. Altair glänzte und war voller Leben. Die beiden Burschen begleiteten mich einige Tage mit grossem Enthusiasmus. Auf Altair machten sie ihre erste Segelerfahrung.

John, der Vater, war ein Architekt der ganz besonderen Klasse, wie hätte er sich sonst auch mit einem solchen Schiffsabenteuer einlassen können. Als Voraussetzung seiner Architektenarbeit für einen neuen Clienten wollte er die genaue Familiengeschichte hören mit allen Höhen und Tiefen, um anschliessend seinen Clienten den ernsthaften Vorschlag zu machen 10 – 14 Tage mit der Familie in deren aktuellem Haus zusammen leben zu wollen. Er wollte so ein hautnahes feeling von dieser Familie bekommen, um so das allerbeste Haus für sie zu entwerfen und zu bauen. Er hatte wohl viel Erfolg damit. Die Menschen bekamen ihr Haus zum Wohlfühlen. Das hörte sich gut an und in dieser Richtung funktionierten auch seine beiden Jungens. Sin problemas umsegelten wir – el cabo de gato – und machten in Torre Vieja fest, wo mein „Schnuddelchen Sabine" an Bord kommen sollte.

Hurra, wir waren wieder unterwegs und segelten im Frühsommer unbefangen, ohne grosse Ziele im Mittelmeer. Es war ein schönes Wiedersehen mit Sabine, obwohl sie mir erzählte, dass sie nur für ein Paar Wochen an Bord bleiben wolle, um nachher ihre beruflichen Absichten in therapeutischer Hinsicht zu verwirklichen. Das fühlte sich für unser längeres Zusammensein nicht so gut an. Ich musste einfach feststellen, dass der Bootstrip für mein Frauli nicht die Er-füllung war die ich mir gewünscht hätte; da gingen unsere gustos doch weit auseinander, wie sicherlich viele Segler mit ihren Frauen erfahren mussten. Mein Drang, zurück aufs Boot und hinaus aufs Meer war einfach da und ich konnte nicht anders als ihm weiterhin zu folgen. Es ist diese Sensation – zurück zum Ursprung -, die mich immer wieder aufs neue antrieb, auf eine gewisse Weise dem normalen Weltsysthem zu entsagen, dem mein Innerstes nicht mehr zustimmen konnte und in einer hölzernen Nussschale, weit draussen auf dem Meer, diese tiefe Verbindung zum Ursprung, der Quelle, den Gott, das SEIN wiederzufinden. Ich empfand mich überhaupt nicht als Abenteurer, der mit seinem Boot die Meere bezwingen wollte, es war eher das Gegenteil, um auf dem Meer die „ Ver-rückt-heit" unseres, in einer Weise irrealen Daseins, verstehen zu können, um vom äusseren Geschehen mehr Abstand zu bekommen und herauszufinden, wo es wohl – besser – lang gehen könnte. Die „Umstände", für ein solches Unterfangen ein Boot zu wählen, erfordern schon genug physische und psychische Überlebens-Anstrengungen, die mit ständiger Aufmerksamkeit und Bereitschaft einhergehen. Es ist also nicht so, sich ins stille Kämmerlein oder in eine Höhle im Himalaya, wie es in Indien Tradition ist, zurückzuziehen, sondern eher eine aktive Herausforderung ans Leben, an die Lebendigkeit selbst. Erst dann meinte ich verstehen zu können, dass ein – glückliches – Leben nur möglich ist, wenn wir uns von der jahrtausendealten Ego-Körper-Identifikation lösen können.Das Buch >Ein Kurs in Wundern< das mir erst später zugänglich wurde, weil es zu jener Zeit noch im Entstehen war, sagt in der Lektion 210:

ICH BIN KEIN KÖRPER
ICH BIN FREI
DENN ICH BIN NACH WIE VOR
WIE GOTT MICH SCHUF............

.........da fand ich mich viel später wieder, und wusste nicht wirklich, auf was ich mich mit dem Boot, unter dem Motto > zurück zum Ursprung < eingelassen hatte. Es wurde zu einer wirklichen Odysse, die nun in einem anderen Licht ihren Anfang nahm. Das sichtbare äusserliche Abenteuer war in Wahrheit nur ein Vehikel, ein Mittel zum Zweck einer noch abenteuerlicheren Reise ins Nirgendwohin.

Die beiden Schiffsjungen fuhren zurück nach Motril, zurück in ihr eigenes Bootsabenteuer zusammen mit ihren Eltern. Sabine und ich schmissen in Torre Vieja die Leinen los und machten uns auf nach Osten. Unser nächster Landepunkt sollte die Insel Ibiza sein. Die Sonne ging gerade auf und wir suchten Land, das schon längst vor uns liegen müsste, es war aber weit und breit nichts zu sehen, als plötzlich, fast neben uns, noch vom Morgendunst verschleiert, die Insel Vedra, wie eine riesige Katedrale auftauchte und wir fast erschraken über das unerwartete, ja fast mystische Erscheinen dieser steilen Felseninsel in der Morgenröte. Diese erste Begegnung mit Ibiza war sehr kraftvoll und symbolisch für eine ganz spezielle Energie, die hier vorzuherrschen schien, was sich nachher, zu meiner Freude, bestätigte. Wir umsegelten die südliche Küste und liefen in den Hafen von Ibiza ein. An der alten Mohle suchten wir uns ein Plätzchen zwischen einigen anderen Seglern und machten über Buganker und Heckleinen fest, so wie es im Mittelmeer üblich ist, um so möglichst vielen Booten einen Liegeplatz zu bieten. Beim näheren Hinsehen waren die anderen Boote voller Hippies; andere schlenderten auf der Mohle, lächelten freundlich mit ihren langen Haaren und luftigen, weiten Kleidern. Es war eine Wonne diese offene Leichtigkeit zu spüren; wir waren –spontan- mittendrin ! Nach langer Reise schienen wir heimgekommen zu sein an einen Ort, in dem die äussere Welt mit der Inneren übereinstimmte und uns Vertrauen schenkte. Hier lebten viele die so fühlten wie wir. Hier strömten sie herbei aus allen Teilen der Welt, um bewusst oder auch ungewusst am Aufbruch in eine neue Welt teilzunehmen. Wir hatten keine Ahnung von einem solchen Ibiza, es war einfach der nächste Inselhafen auf unserem Törn hinein ins Mittelmeer. Umso mehr freute uns die „ göttliche Fühgung" hier angekommen zu sein.

Die Altstadt war noch wie im Mittelalter. Die engen Strassen zwischen den weissen Häusern waren noch ungepflastert und teilweise mit offenen Abwasserkanälen. Wenn der Wind wehte, wirbelte er jarhunderte alten Strassenstaub in die Lüfte und lullte uns ein in die Wahrnehmung längst vergangener Zeiten. Schöne Menschen gab es hier; sie leuchteten von innen nach aussen und das zog natürlich mit der Zeit auch eine andere Art von Besuchern an; einmal diejenigen, die das Äusserliche nachafften, sich dem „Anderen" noch nicht öffnen konnten und dann jene Touristen, die eher noch so ganz im „Dunkeln tapsten" und gerne gafften und tratschten.

Zusammen bildete sich ein buntes Treiben und jeder Einzelne glaubte wohl am oberen Ende der Ibiza-Hierachie zu stehen. Auf der einen Seite der belächelnde Gaffer, dann diejenigen, die sich schwer taten belächelt zu werden und zum Schluss die Hippies, um die sich alles zu drehen schien und die als stille Zeugen einfach heiter im Spiele waren. Da gab es Künstler und Möchtegern-Gurus die ihre Feste feierten und viele junge Menschen um sich scharrten. Alle hatten Spass miteinander und mit dem was sie assen, tranken und rauchten.

Ich war mehr bei mir und freute mich über heitere, kurze Begegnungen, die tiefer wirkten und Kraft gaben. Das Ambiente war so, dass ein jeder auf seine Art sein Glück spüren konnte und das bedeutete zu jener Zeit einen Durchbruch durch die Mauern traditioneller Prägung. Das war in der Tat ein Aufbruch in Neues. Heute noch fühlen sich, neben dem Massentourismus, aufgeschlossene junge Menschen von Ibiza angezogen, in stiller Suche nach verflogenen Zeiten, neugierig darauf, noch etwas erfahren zu können und manchmal auch traurig darüber nicht 30 oder 40 Jahre vorher geboren worden zu sein.

Ein neuer Sporthafen mit halbfertigen Mohlen war im Entstehen. Dort konnten wir unentgeltlich längsseits gehen und bequem festmachen. Wir lagen nun nicht mehr an der alten Pier nahe der Altstadt, sondern eine ganze Ecke weiter weg ohne buntes Treiben, dafür aber sauberer, ruhiger und sicherer fürs Boot. Sabines Abschied kam. Es sollte der Endgültige sein, ohne das wir es in dem Moment wirklich wussten, oder vielleicht Sie doch ? Rudi, ein guter Freund Sabines aus der Schweiz, kam kurze Zeit später an und wir beide machten uns auf den Weg rund Ibiza und danach rund um die Balearen. In San Antonio, dort wo Rudi an Bord kam, hatten wir bei unserem ersten gemeinsamen Ablegemannöver Schwierigkeiten mit dem Buganker. Der hatte sich im Hafenschlick an einem eisernen Gegenstand festgebissen. Ich muss einfach darüber schreiben, weil mir Rudis Anweisungen; „was nun zu machen sei," immer noch in den Ohren klingen. Es muss gesagt werden, dass Rudi zum ersten Mal auf einem Segelboot war und als –rühriger- schweizer Perfektionist die tollsten Ideen in seinem Köpfchen ersann, und er auch nur bereit war, seine zu realisieren, wodurch mir die Hände gebunden waren. Unsere Ansichten/Meinungen waren in einem „Patt" und ich war „platt"! Schliesslich tat ich was zu tun war, sprang ins schmutzige Hafenwasser mit Brille, Schnorchel und Flossen, handelte mich an der Ankerkette hinunter zum Anker und fand diesen verhakt vor. Beim Auftauchen gab ich Rudi Anweisungen was nun von Bord aus zu tun sei, wärend ich versuchte eine Leine rücklings am Ankergeschirr fest zu machen, um diesen dann frei zu bekommen. Rudi stand oben an Deck, wärend ich im stinkigen Hafenwasser schwamm, und diskutierte mit mir, was er wohl meinte, was zu tun sei. Es war eine nahezu groteske Situation, die mich mit der Zeit in Wut versetzte. Schliesslich bekam ich den Anker ohne Leine frei und ohne Rudis Mithilfe, und wir beide tuckern los. O´, dachte ich, was wird wohl daraus werden? Es ging weiter so. Rudi liess nicht locker, zumindest in Gedanken, mein ganzes Boot umzubauen/ umzufunktionieren: „Thomás, meinscht nüt, dass die Schotwhinchen besser hier befeschtigt wääären, der Tisch besser andersherum funktionieren würde, der Großschotwagen zu weit hinten sei, der Bug zu weit vorne, der Besanmast doch auch vorn stehen könnte und der Großmast weiter hinten? Ruhig versuchte ich ihm zu erklären, das fast alles an seinem räächten Platz sei und entdeckte, dass es ihm tatsächlich schwer fiel, ausserhalb seines stark fixierten Programmes, überhaupt eine Handlung vollziehen zu können. Mit den Tagen dann merkte er wohl, das alles recht gut funktionierte – so wie es war – und das er sich erlauben konnte, einen bisschen mehr in jedem Moment mit Wind und Wellen, mit Boot und Segeln, mit der eigenen Freiheit in dieser gedanklich doch so komplexen Welt, zu sein.

Wir gewöhnten uns aneinander, lernten uns achten, so wie wir meinten zu sein. Nach 2 Wochen Ibiza- Mallorca machten wir im Hafen von Ciutadella fest, der noch viele freie Liegeplätze hatte. Ein alter, ausgedienter , hölzener Fischkutter lag vor der einzigen Hafenbar. Wir gingen längsseits und hatten so einen idealen Liege-platz, etwas abseits von der kleinen Hafenstrasse, die sich um das enge Hafenbecken schlängelte. Es war eine Wonne, jedes Mal barfuss über die verblichenen und abgearbeiteten Planken des Kutters zu springen, um an Land zu kommen. Die Bar wurde zu unserem Stammlokal, dort versorgten wir uns mit Süsswasser, tapas und frischen Bieren. Wir lebten in den Tag hinein und in einem dieser zufrieden-heiteren Momente meinte Rudi:„Du, Thomás, jetzt ahne ich etwas, da ganz tief drinnen; >jeder Moment ist das was er ist, da kann man nichts hinzufügen oder weg nehmen<".... und ich fuhr fort:.. >alles andere ist Beiwerk, eitel und ein Haschen nach dem Wind<, so wie die Weisen schon meinten, lange vor unserer Zeit. Viel wird geredet und nur jeder selbst, ganz alleine für sich, kann diese Magie jeden Momentes spüren und fühlt diese Freiheit von jeder Last der tausend Gedanken. In diesem Verstehen verabschiedeten wir uns. Er flog zurück in die Schweiz und ich blieb allein mit mir auf der Altair.

Wieder begann ein neuer Abschnitt der wie immer mit Ängsten verbunden war. Nachdem ich mir Menorca gründlicher angesehen hatte, bereitete ich mich auf meine erste Einhandsegelei vor. In der Tat hatte Altair ein Problem: und das war der Motor. Er war von der Basis her wie ein 2 Takt- Außenbordmotor, der werksseitig zu einem super leichtem Inborder umfunktioniert wurde. Er war für kanadische Schneeschlitten konzipiert und trug den Namen LLOYD-Mariner. Man merkt also schon, dass es nicht unbedingt leicht mit ihm war, weniger wegen seiner Vorgeschichte, mehr deshalb weil man nie wusste ob er anspringen würde und wenn er dann lief und das tonnenschwere Boot durch die Wellen schob, war man nie sicher wie lange er das durchhalten würde. Kurz gesagt; auf ihn war kein Verlass, was natürlich im Bewusstsein eines Skippers besondere Aufmerksamkeit erforderte. Der Wind, der Wind, das himmlische Kind war in erster Linie unser Antrieb und selbst der machte was er wollte, so dass sich nur in seltenen Fällen eine optimale Fahrt ergab.

Eines morgens warf ich die Leinen los, verabschiedete mich von dem alten Kutter und tuckerte hinaus aufs Meer. Mein Herz machte Luftsprünge vor Freude; denn dieses erste Erleben allein mit Altair auf offenem Meer, gab mir nun das Geschenk, der überwundenen Angst, zurück. Es war wieder dieses klare und wache Spüren des ALL-EIN-SEINS, des über alle Massen angstfreien Existierens. Ich erfuhr ein neues Vertrauen, das eine neue Art Lebendigkeit in sich trug, vielleicht das eines Einsiedlers, was mir auf der einen Seite ein grosses Mass an Selbständigkeit beschehrte, mich aber auch eine leise fortschreitende Trennung zu all' dem anderen, normalen Leben, spüren liess. Ich wurde zum stillen Beobachter des Geschehens und war nicht mehr selbst so direkt dabei. Es geschah eine Abnabelung von der „Welt" für die ich innerlich noch nicht reif war, weil all das eher im äusseren Rahmen geschah und ich im stillen das Zusammensein suchte. Aber das ist weit vorausgegriffen, führte jedoch am Ende in ein solches Stadium.

Das schon in Ciutadella vorbereitete Ankermannöver klappte nach 6 stündiger glücklicher Überquerung des Menorca-Kanals prima und da lag ich nun als frisch geborener Einhandsegler im Hafen von Pollensa und konnte keinem meine Freude mitteilen. Jetzt fing ich an zu lernen, meine nach aussen zur Mitteilung drängende Freude mir selber zu schenken. Es war nun nicht so, dass ich mich in meine Kajüte zurück zog, nein, da war viel Offenheit und wenn sich mir die Möglichkeit eines Plausches oder gar einer Beziehung ergab, packte ich sie am Zipfel. Ich lernte viele nette Meschen kennen, eigentlich ALLE mit nur ganz wenigen Ausnahmen, aber immer auf der Durchreise, kaum mehr.

Zum späten Herbst hin suchte ich mir ein Plätzchen an der Mohle von Andraixt. Alberto lag neben mir, ein lustiger, intelligenter Bursche, der in einer ähnlichen Situation wie ich war. Wir freundeten uns an und beklagten gegenseitig das Leid verlassener Ehemänner. Das tat uns gut und gab Kraft. Übrigens konnte ich auch später feststellen, dass das Bootsleben für alle boat-people notgedrungen eine Trennung vom normalen Landleben bedeutete. Es war in der Basis ein „Club" für sich, die vieler Orts bestaunt, begafft und auch beneidet wurden, woraus sich für uns ein Verhalten – etwas besonderes zu sein – ergeben konnte und das vielleicht als Kompensation dafür, gesellschaftlich mehr zum „Rand" hin zu rutschen. Solch ein Leben zieht Ähnliches an und sorgt auf seine Art für eine neue Gemeinsamkeit, die bei weitem nicht immer auf der gleichen „spirituellen Welle" senden muss und doch ist es immer wieder das Bewusstsein jeden Momentes, des Hier und Jetzt, das uns glücklich macht und alle noch so blöden Vorurteile auf der Strecke lässt. So sind meine Gedanken zu all' diesem auch nur Beiwerk zu- DEM WAS WIRKLICH IST!-

Gut verteut mit drei Bugankern und einigen Heckleinen liess ich Altair unter Albertos Obhut zurück und machte mich auf den Weg zu Muttern nach Hamburg. Hier erreichte mich die letztlich doch niederschmetternde

Nachricht, dass Sabine sich nun endgültig von mir trennen wollte: erst jetzt wurde mir der Verlust total klar und ich fiel in eine tiefe Traurigkeit, immer noch mit dem Versuch, vielleicht doch noch etwas „retten" zu können; aber ihre Entscheidung war klar, sie hatte einen neuen Freund gefunden!

Der ganze Winter war mehr oder weniger unsere Trennungsangelegenheit. Ich spürte dieses Auseinandergehen so stark, dass es mir wie der Tod eines geliebten Menschen erschien. Eine solche Trennung und der Tod haben etwas gemeinsames. Trotz des Schmerzes erhasche ich wieder diesen Zipfel des -Hier und Jetzt-, bin in ihm und kehre nach einem langen, dunklen Winter im Norden, zurück aufs Boot im Mittelmeer.

Aber da war noch das Gericht und die Richter die über unsere Trennung entschieden. Unsere Gründe mussten glaubhaft sein, wofür Sabine schon sorgte und unsere gemeinsame Geschichte vortrug, mit allem was dazu gehört. Es war vorher so abgesprochen zwischen uns beiden und erschien mir nun wie eine Offenbarung vor der Obrigkeit bis ins letzte Detail unseres intimen Privatlebens. Tiefe Stille lag über dem Saal; denn in der Tat, unsere Geschichte war eine recht abenteuerliche story. Als Sabine geendet hatte fühlte ich mich befreit von meinen bangen Momenten vor unserem Auftritt. Dann wurde ich von einem der beiden Richter gefragt ob ich dem zustimmen könne? „ Ja, so war es und so ist es nun"! Wir waren geschieden. Die Richter waren sehr interessiet an unserer spannenden Geschichte,einer von ihnen wollte bei mir an Bord anheuern. Das gab mir ein bischen Mut aber trotz dieses befreienden Gefühles kam nun der definitive Abschied von meinem geliebten Frauli und die Tränen kullerten. Ich konnte nicht glauben, dass unser Zusammensein nun ein wirkliches Ende hatte und kämpfte gegen diesen enormen Verlust, der mir die Kehle zuschnürte.

Das lag nun schon wieder einige Zeit hinter mir und bei der Rückkehr aufs Boot blühte förmlich meine ungebundene Lebensfreude. Es war vollbracht. Ich erinnerte mich meiner Kindheit und Jugend mit dieser fast unendlichen Freiheit die nun vor mir lag, ohne Verpflichtungen, ohne Verantwortung im Sinne einer Beziehung, ohne wenn und aber, nein, nur für mich fühlte ich Verantwortung, für ein Dienen, ein Wachsen, und ein Werden, so wie es schon immer vorgegeben ist und den Talenten entspricht.

Alberto ging es auch besser und gemeinsam freuten wir uns über unser Wiedersehen auf einer neuen Ebene. Er war dabei sein Boot zu verkaufen und baute sich ,viel eigenhändig, ein wunderschönes Haus,das ganz seiner grossen Kreativität entsprach, auf einer damals noch vollkommen unbebauten Klippe. Ich packte nach einer Weile meine Sachen zusammen, hievte die Anker, die sich tief im Hafenschlick festgebissen hatten und suchte mir auf Mallorca den günstigsten Slip, um Altairs Unterwasserschiff zu reinigen und neu zu streichen. Das gleiche galt auch für den weissen Rumpf und neue, bunte Farbkleckse die meine Lebensfreude widerspiegelten. Wie mit jungfräulicher Energie gingen mir alle Arbeiten leicht von der Hand und ich durfte wieder einmal über einen langen Zeitraum ein unbegrenztes Dasein voll geniessen. Jetzt waren auch die traurigen Erinnerungen unserer Trennung einfach vom Winde verweht und im stillen dankte ich Sabine für ihre weise Entscheidung. Mallorca gefiel mir und mit der schmucken Altair machte ich für längere Zeit in Palma am paseo maritimo fest. Es gab dort alles was das Herz begehrte. Hier und da wurde ich zum Stammkunden in einigen Bars oben an der Plaza Gomila und hier unten am Paseo. Meine beiden Nirosta-Süßwassertanks leckten. Ich versuchte sie notdürftig mit einer Dichtungsmasse von aussen wieder abzudichten, das funktionierte aber nur ein Weilchen und so fing ich an mein Boot von innen auseinander zu nehmen, um die Tanks auszubauen und diese mit neuen Gummitanks zu ersetzen. Dementsprechend sah es im und auf dem Boot, aber auch auf dem Paseo aus. Damals waren die Ordnungshüter noch an andere Regeln in Spanien gebunden und liessen uns Seglern viel Freiheit. Nur zum Zahlen der Hafengebühren waren sie pünktlich, aber stets sehr freundlich und hilfsbereit. Es war immer derselbe, der mich über die Jahre bediente und betreute.

Meine chilenische Bootslizenz aus Valdivia musste erneuert werden. Die chilenische Behörde verlangte von mir eine Bestätigung des chilenischen Konsuls in Palma, ob das Boot noch existiere und seetauglich sei. Da ich nicht über die passende Kleidung verfügte, um beim Konsul vorstellig zu werden, wusch ich meine Jeans und kaufte mir ein Polohemd von La Coste, wusch und kämmte Bart und Haare fein säuberlich und machte mich so, frisch und guter Dinge, auf zum Konsuln. Zum ersten Mal nach längerer Zeit fühlte ich mich, korrekt gekleidet, durch Palmas Gassen laufen und dachte mir: „ ... sieh'ste Thomás, so einfach ist das, um auch „äusserlich" in diese normale Welt zurückzukehren. Das Polohemd habe ich wenig benutzt und wenn, dann nur für solche Zwecke, es war quasi mein guter Anzug, der heute noch, nach über 40 Jahren fein ordentlich im Schrank liegt und immer noch fast wie neu aussieht. So macht das Image solch feiner Markenartikel dem „Hippie" das Leben leicht, oder – Kleider machen Leute - Ich bekam meinen Schrieb vom Konsuln und später dann auch die Verlängerung der Bootspapiere. Mit meinem Pass verhielt es sich ähnlich. Sie taten sich schwer meinen Wohnsitz aufs Boot zu verlegen, aber da war er ja nun einmal.

Viele boat-people waren hier und jeder einzelne auf seinem ganz eigenen Trip. Der eine hatte Geldprobleme und musste sich auf anderen Booten Arbeit suchen, die nie fehlte. Andere lebten in konfliktiven Beziehungen oder in grösseren Gemeinschaften auf alten grösseren Seglern, die mit der Arbeit zur Erhaltung ihrer hölzernen Romantik nicht nachkamen, einfach weil das Leben süsser als die Arbeit war und dazu noch am Paseo Maritimo en Palma de Mallorca. Bei den pensionierten englischen Ehepaaren, die auf ihrem Boot lebten, ging es generell sehr british zu. Sie verkehrten höflich unter sich in einem feineren ambiente, ohne dass sie sich den anderen Seglern verschlossen, aber Grenzen spüren liessen. Da war aber auch noch eine andere Art englischer Segler, die sich mehr dem Volke zugehörig fühlten und so auch mit ihrem Boot und ihren Beziehungen umgingen. Es war schön zu sehen in welch anderer und eigener Kultur sich die Engländer bewegten, die unter den boat-people weitaus an der Mehrzahl waren. Dagegen sah man Deutsche, Franzosen, Holländer, Italiener eher vereinzelt und fast keinen Spanier. Natürlich spreche ich hier nicht vom Segeltourismus wärend der sommerlichen Ferienmonate, und selbst der war zur damaligen Zeit ungleich weniger als heutzutage. Man half sich gegenseitig, gab sich Tips, lud sich ein, so wie es als gutnachbarlich im normalen Leben wohl eher seltener vokommt, aber das boat-home steht ja auch nicht auf festem Boden! Mitgehangen, mitgefangen und wenn dann des Nachts ein Sturm den Anker aus dem Grund riss, dann waren

viele da mit vollem Einsatz , um nach getaner Arbeit bei einem Gläschen Wein oder Schnaps ein dankbares Schnäckchen zu halten.
Neugierige, die auf dem Paseo promenierten, fragten nachdem Woher und Wohin und so vergingen die ersten langen Wochen im Frühjahr 1974. Hier in Palma konnte man auch die Segel reparieren lassen, Instrumente chequen und ein Sonnensegel nach der Art heimischer Llauds machen lassen. Schliesslich ein bisschen müde geworden des Paseo-Lebens mietete ich mir eine Vespa und begann Mallorca von innen zu entdecken. Ohne jeden Zweifel, das ist eine wunderschöne Insel. Unten, am Fusse der nördlichen Steilküste gab es kleine Badebuchten, eine sogar mit einem rauschenden Wasserfall. Dort machte ich Stop und gönnte mir nach einem Bad im Meer eine üppige Süsswasserdusche unter dem erfrischenden Wasserfall.. Neben mir tauchten plötzlich zwei dunkelhäutige Burschen auf, die das erquickende Wasser genauso genossen wie ich und sich auf holländisch unterhielten. Wir mochten uns. Es waren nette, sympatische Jungens. Jose aus Trinidad Tobago lebte in Holland wie sein Freund Arne auch, der in Holland geboren war, indonesischer Herkunft. Beide lernten sich auf Mallorca kennen. Jose war dem Arne in stiller Liebe zugetan, konnte man ihm auch nicht verdenken; denn Arne begeisterte in seiner schlichten, jugendlichen Schönheit. Beide waren auch mit einem Roller unterwegs, so dass unsere Rollertour gemeinsam weiterging und auf dem Boot endete. Beide waren begeistert und wollten unbedingt mitsegeln. Da meine Zeit in Palma reif zum Auslaufen war wollte ich zurück nach Ibiza. Nachdem beide ihre Klamotten an Bord gebracht hatten, schmissen wir einige Tage später die Leinen los und segelten nach Ibiza.

Die alte Mohle hatte es mir wieder angetan. Wir fanden unser Plätzchen und machten zwischen anderen Seglern fest, die uns erstaunt und kritisch begafften. Wir erdachten uns einen Inselnamen aus dem Pazifik auf die vielen Fragen hin: wo wir wohl herkämen. Meine Fantasie-Flagge tat das ihre um für Verwirrung zu sorgen. Wir hatten viel Spass, fühlten uns vogelfrei und konnten das sicherlich nirgendwo besser als auf Ibiza ausleben. Ich verstand das SEIN als ein ununterbrochenes Fliessen von Moment zu Moment und es war völlig egal, wer welche Meinung über was auch immer haben könnte. Es ist gar nicht so einfach solche Wahrnehmungen in Worte zu fassen. Ich versuche mein bestes, um das wieder zu geben was in solchen Momenten mit mir geschah und was ich fühlte.

Die beiden exotischen Burschen brachten viele liebe Menschen aufs Boot, wärend ich auf der alten, schmuddeligen Mohle sass und das Meine dazu beitrug, so dass Altair zeitweise zu einem Boots-Hotel wurde und die Leute dort pennten, wo sie nur ein Plätzchen an Bord fanden. Es gab nie Unstimmigkeiten und ihre Dankbarkeit floss über in ein liebevolles Miteinander. Sie schleppten –bocadillos- heran und glücklicherweise funktionierte die blonde, mit einem rosaroten Unterrock bekleidete nordische Angela als unser aller Ur-Mutter. Sie hatte alles bestens im Griff und schlief kuschelig neben mir. Wärend dieser Zeit lernte ich auch Manuel kennen, der von Zuhause ausgebüchst war, weil er es nicht mehr in der Enge seines Pueblos aushielt und dem Ruf nach Ibiza folgte, wie so viele andere zu jener Zeit. Er kreiste wohl tagelang auf der Mohle um die Boote herum, war immer gerade da, wenn ich vom Boot auf die Mohle schaute und er suchte einen „Faden", einen Grund, um sich auch aufs Boot zu hieven. So landete auch er an Bord und wollte nimmer fort. So langsam wurde die Guardia auf unser buntes Treiben aufmerksam, wie sie überhaupt die Mohle mit den vielen Hippies im Auge hatte, aber es gab nichts zu beanstanden...bis auf den Manuel, der von seinen Eltern gesucht, gefunden und abgeholt wurde. Glücklicherweise hatte er eine schöne Zeit mit uns allen, zeigte viel Dankbarkeit, um schliesslich tief traurig zurück aufs Festland, zurück in sein pueblecito zu ziehen. Auch die beiden Holländer mussten zurück und Angela etwas später. Die Ruhe nach solchem „Sturm" tat gut. Ich konnte sehen, wie jede Stimmung kam und ging.

Die anderen Boote neben mir waren alles recht abenteuerliche Typen. Da war der Peter mit seinem uralten hölzernen Lotsenkutter. Ein schönes Schiff, an dem viel, sehr viel getan werden musste, um es wieder seetüchtig zu machen. Peter lebte intensiv sein freundliches Wesen und fand kaum Zeit für sein Boot. Später dann aber, als einige Planken zu morsch wurden, holte er sein Boot an Land, um fortan, über eine lange Zeit, seinen Lotsenkutter wieder „gesund" zu machen. Irgendwann, nach vielen Jahren, hörte ich, dass er mit seinem Boot auf einem Fluß in Afrika gelandet sei und es ihm prächtig ginge.

Dann war da der Reiner. Mit seinem selbstgebauten Motorsegler wollte er nach Australien, blieb aber, wie ich glaube, fast für immer auf Ibiza hängen. Eines Tages, als ich abends zurück aufs Boot kam und über das Vordeck zum Kokpit ging, sprang mir eine riesige Ratte entgegen, der ich wohl ihren Fluchtweg versperrte. Glücklicherweise drehte ich instinktiv meinen Körper zur Seite, so dass die Ratte an mir vorbeiflog und im Hafenwasser landete, dort wo sie hingehörte, sonst hätte sie sich wohl an mir festgebissen. Mich schauderts immer noch, ist doch die Ratte und mehr noch die dicke Wasserratte aus Ibizas Kloaken für mich ein Greuel. Am nächsten morgen erzählt mir Reiner, dass er auch eine Ratte an Bord hätte, die sich unter seinem Motor ein Nest bauen würde in dem er Käse- und Brotreste entdeckt hatte. Es wunderte ihn schon, wo wohl seine Essensreste geblieben waren.

Jeden Abend war ich unterwegs. Immer war irgendwo etwas los, besonders in den Stammkneipen, wo ´rumgedöst wurde, man sich kennenlernte, Spiele spielte oder tiefgründige Gespräche führte. Ich entpuppte mich immer mehr als Einzelgänger, einfach weil es sich so ergab und so auch sein sollte. Obwohl ich viele Leute kannte, blieb ich doch die meiste Zeit mit mir und fühlte mich gut, frei und ungebunden damit. Für mich war ganz wichtig das JETZT bewußt zu leben, ich benutzte den Alltag als Übung im SEIN. Nicht das ein Schnack mit dem Nächsten mich davon abgehalten hätte; aber fast alles „kauen" wir doch ständig wieder, so als ob unser Gequassel, bis auf wenige Ausnahmen, eine angelernte Mundübung mit Wortgeräuschen wäre, von der wir nicht lassen können. Es ist schon sehr lustig unbeteiligt einem alltäglichen Getratsche zu zuhören; und doch ist dabei auch die Sehnsucht, verstanden und geliebt zu werden, unseren Gedanken, Gefühlen, unserem Freud und Leid im äusseren, Ausdruck zu verleihen. Wenn ein Gespräch in der Tiefe berührt, dann lodert die Flamme und strahlt durch die Augen.

Ich hob den Anker und segelte umher, verliebte mich in die Insel Formentera, wanderte entlang der langen Strände, suchte mir stille Ankerbuchten und traf alte Freunde aus Chile, die in ihrer eigenen Bar Schmalzstullen verkauften. Sie besorgten mir meine ersten Chartergäste, aus ihren eigenen Ferienbungalows. Das war ein lustiges Treiben auf dieser kleinen, urigen und sympatischen Insel. Alex, der argentinische Freund aus Mallorca kam nach Formentera, ankerte neben mir und dann lagen wir stundenlang im seichten, sommerlich warmem Wasser, wie die wohlhabenden Bürger im alten Rom in ihren Bädern, und ersannen uns fast glaubwürdige Geschichten, alte Wraks finden und heben zu wollen, uns an ihren Schätzen zu ergötzen! Wenn allerdings Starkwind aus nördlichen Richtungen kam, war der Hafen von Formentera kein sicherer Platz, es sei denn, man konnte sich nach hinten-innen verkriechen, nur war der Hafen klein und sehr flach.

Mit dem Bootsleben ist man in ständiger Unsicherheit. Ständige Aufmerksamkeit und Achtsamkeit ist vonnöten, es war so, als fühlte ich mich ständig ans Überleben erinnert. Das engt ein und macht aber auch gleichermassen weit. Aus dem tiefsten Frieden heraus kann sich urplötzlich ein Chaos einstellen. Es bedarf einer ständigen Bereitschaft zum Wechsel, von dem entspannsenden Moment, hinein in die totale Aktion. Es ist wie eine tiefgründige Achtsamkeitsübung, der ich mich nicht entziehen konnte ; denn das Boot und ich waren eins, es war wie eine Braut, es war eine Partnerschaft und ein Zuhause. Da waren nur diese beiden -Ichs-, das eine, das angespannt war und das andere, das glücklich war. Da war das Boot als mein engster Verbündeter weit draussen auf dem Meer, in der Transparenz des Wassers und der Luft, zwischen Himmel und Nirgendwo; denn das Land lag unsichtbar hinter dem Horizont. Den Kräften der Natur war ich mir ständig bewusst und es wurde offensichtlich immer das Rechte getan; denn hier sitze ich und dort liegt das Boot!

Endlich landete ich in einer kleinen Touristenbucht, die mir wohlgesonnen war, mich mit grosser Achtung und Freundlichkeit empfing. Dort blieb ich auch mehr oder weniger über die nächsten Sommer. Ein anspruchsvoller Ferienclub mit der liebenswerten Animateurin Elke,die mir oft Feriengäste brachte mit denen ich dann Tages-Törns machte. Da die Charter-Gäste, von einer kleinen Steinmohle aus, mit meinem Schlauchboot- Dinghy eingeschifft werden mussten, ging für viele Landratten ihr Segelabenteuer hier schon los; denn vom gewohnten festen Boden unter den Füssen an Land, aufs äusserst wackelige Dinghy war für manche ein riskanter Sprung. Obwohl ich mit grösster Sorgfalt bei der Sache war,ergaben sich doch zuweilen die ulkigsten Situationen. >Eine Frau wollte das Dinghy übereilig betreten und verhielt sich so, als wolle sie eine Treppenstufe nach unten gehen, ohne jegliche Aufmerksamkeit, dass es sich hier um etwas Schwimmendes handelt. Sofort verlor sie ihr Gleichgewicht, fiel ins Wasser und als ich sie vorsichtig am Haarschopf greifen wollte hielt ich ihren Kopf......ach, nein ihre Haare in den Händen. Der Schrecken für alle war gross, war es doch nur ihre Perücke die oben schwamm, wärend sie nun lachend, aber ein bischen verlegen auftauchte und wir sie gemeinsam ins Dinghy hievten.

Die Touren waren beliebt und sehr lustig. Neben einem Gläschen Wein, das die bunt zusammen gewürfelte Gruppe mit Leichtigkeit-aufschloss-, bot ich Badespass, draussen auf dem offenen Meer an, und sprang immer als erster nackend ins erfrischende Nass was für Überraschung sorgte. Im Stillen war es eine Aufforderung mir nach zu tun, wenns beliebt und so geschah es auch meistens. Anschliessend segelten wir alle nackend weiter. Für die meisten Gäste war das ihr erstes Erlebnis, sich nackend auf engstem Raum zu zeigen. Es schenkte ihnen einen neuen noch nie erlebten Freiraum. Die Umgebung des sich bewegenden Meeres, die Sonne, das Baden und der geschütze Raum des Bootes waren geradezu ideal losgelöst im nackigen Urzustand zu s e i n. Das spontane natürliche - D a s e i n- sprengte, als direkte Erfahrung, alte gewohnte Strukturen und Vorurteile. Wenn Freunde und Bekannte hin und wieder das Boot charterten waren auch ihre Kinder dabei und hatten ihren Spass an der Nacktheit ihrer Eltern. Ein Vater erzählte mir, dass Lisa, seine sieben jährige Tochter, immer grossen Gefallen an seinem „ Geleute" fände und gerne damit spiele wenn sie nur Gelegenheit dazu hätte. Hier auf dem Boot, zum Lachen aller, ging sie nun aber nicht zu ihrem Vater, sondern kam direkt zum Kapitän. Solange ich das vollkommen unschuldig wahrnahm, empfand ich es einfach als angenehm, so als würde sie meine Arme oder meinen Kopf streicheln. In dem Moment aber, wo sich der kleinste Hintergedanke bemerkbar machte , warnte ich den Vater und die ganze Gruppe, worauf er Lisa mit viel Feingefühl anhielt mit dem Spielchen aufzuhören. Zu Mittag ankerten wir in einer wilden benachbarten Bucht und speisten üppigst in der rustikalen Strandbude. Immer wurde ich eingeladen. Ich genoss die Zuneigung aller meiner Gäste, die mir als Hippie-Kapitän zuteil wurde und gab alles, so üppig wie ich nur konnte, den netten Gästen zurück. Jede Tagestour war anders und ergab eine neue Erfahrung in meinen Lebenslauf.

Etwas zurückgelegen, hinter dem Strand, gab es eine kleine schnuckelige deutsche Bar, geführt von einem liebevollem deutschen Ehepaar, Rolf und Doris. Da dem Betrieb auch eine Tauchschule angeschlossen war, hatte sich über die Jahre eine grosse Freundes- Ferienfamilie gebildet, für die es nichts anderes gab als ihren Urlaub immer wieder dort zu verbringen.

Ich war da nun mittendrin und freute mich in jedem Moment dabei zu sein, ganz bei mir und ganz mit Allen. Natürlich gab es Momente wo es mir nicht so gut ging, wo Zweifel aufkamen, die vollkommen unbegründet waren, aber davon weiss man ja in solchen Momenten nichts. Dieses Hin und Her zwischen SEIN und NICHTSEIN begleitet einen wohl das ganze Leben. Die Tatsache, dass ich mich entschlossen habe alle meine Gefühle, Stimmungen und meinen Tatendrang nieder zu schreiben hat genau damit zu tun, dieses ewige Hin und Her zu erkennen und irgendwie zu erlösen. Je klarer ich mir dessen bin, desto schmerzhafter ist der Zustand des NICHTSEINS, der Trennung von dem was w i r k l i c h ist. Wir alle haben eine Ahnung darum, sind uns dessen aber nicht bewusst; vollkommen eingelullt in unserer eigenen „persönlichen Wahrheit", den Gedanken, Gewohnheiten und sinnlichen Wahrnehmungen. Auch wenn ich wollte, scheint es so, als könne ich gar nichts beeinflussen und je stärker dieser „eigene Wille" zu sein scheint, desto weiter entferne ich mich von dem – w a s   i s t -. Das wirbelt mich heftig durcheinander, und da ich keine „Fluchtwege" erkennen kann, beschäftigt mich   Skakespears :-"to be or not to be is the question"!- aufs äusserste. Die glücklichen, lichten Momente wechseln ständig mit den weniger glücklichen, und da etwas in mir um das Licht weiss, will ichs immer haben, dabei entwischt es wieder, als sei es nie da gewesen und jede Anstrengung erscheint nutzlos. Jedoch, die anscheinend nutzlose Mühe, kommt ja von jenem das schon weiss und sich erinnert, würde also akzeptieren das was I S T, die Höhen wie die Tiefen und es ihm gelänge als Beobachter dem zu zusehen, dann ist er schon fast da wo er hin will, jedoch ist da doch gar kein Hinwollen!

Für einen Suchenden auf geistig-spirituellem Gebiet, waren alle diese Erfahrungen noch sehr unsicher und mit vielen Fragezeichen versehen. Der Verstand kämpfte gegen die ehrlichen Gefühle, der Intellekt stellte alles immer wieder infrage und suchte sehnsüchtig nach dem sicheren Pfad auf dem er wandeln könne.

Oft am Abend besuchte ich die Bar, lernte viele Menschen kennen aus allen Kreisen, Schichten und –Einstellungen-. Es gab vieles zu sehen zu hören und zu erfahren. Wir spielten Tischtennis da draussen auf der Terrasse oder sassen bei flackerndem Kerzenlicht genüsslich in einer kleinen Nische bei einem Gläschen Wein, wenns beliebte. Es entwickelten sich Freundschaften und Liebschaften, die mich überall hin einluden, sogar solche Angebote machten, mir meinen „ Traumsegler" auf ihre Kosten bauen zu lassen mit der Auflage, wo auch immer ich auf den Meeren herumkreuzen würde, sie an Bord zu nehmen, um ihren Urlaub mit mir zu verbringen. Da waren Leute mit viel Geld, bekannte Schauspieler, Unternehmer, Professionelle aller Sparten, die jeder für sich in ihrem eigenem Universum lebten und sich alle in der Bar zum gemütlichen Zusammensein trafen. Sicherlich war das für die Urlauber gar nicht so ungewöhnlich. Sie alle kamen meistens aus den Städten und mochten auch dort einen ähnlichen Rhythmus leben, wenn auch oft von ihrer Arbeit gestresst. Für mich, der ich einen ganz anderen Rythmus lebte, war diese Begegnung mit der normaleren Welt schon ein Erlebnis und sehr positiv gefärbt durch der erheiternde Urlaubsstimmung, die, -Hand aufs Herz- auf Ibiza eine ganz besondere Qualität hatte.

Ich erinnere mich an eine riesige Kerze, die durch jahrelanges aufstecken neuer Kerzen regelrecht zu einer breit ausladenden Skulptur wurde. Hier lernte ich auch Karin kennen, die, so oft sie irgendwie konnte, ihrem Berlin entfloh und immer wieder hier einkehrte. Wir hatten eine schöne Zeit miteinander und harmonisierten sehr in intimer Zweisamkeit. Unsere Kontake hielten weit über Ibiza hinaus, sind dann aber doch verloren gegangen.

Elke war oft an Bord. Wir verstanden uns anfangs wie Bruder und Schwester, später blieb sie länger an Bord, versorgte mich mit frischer Wäsche und wir kuschelten uns durch die herrlichen Sommernächte. Oft war ich oben an der Club-Bar oder tanzend in der Disco und half dabei, Gäste für die nächste Tagestour anzu- heuern.

Ich bekam auch Wettbewerb, wie man im allgemeinen Geschäftsgebaren zu sagen pflegt. Ein pfiffiger Deutscher war auf Konkurrenz aus und kämpfte. Mit seinen gekonnten Segelmanövern verschaffte er sich Aufmerksamkeit. Wenn der Wind es zuliess, segelte er mit seinem Boot unter Spinnacker durch alle anderen Boote hindurch bis tief in die Bucht hinein, um schliesslich an seiner Boje fest zu machen. Zumindest für Kenner war das ein gutes Spektakel, eine gekonnte show für neue Gäste. Ich bekam die Gäste, die ich haben wollte, musste mich aber mehr bemühen; denn das Charter-Angebot war nun grösser, die Nachfrage musste aktiviert werden.

Neben den Touristen in dieser Bucht, vornehmlich waren es Deutsche, gab es auch einige Landsleute, die hier ständig lebten. Da waren welche die hier ihr Brot verdienten und einige Wohlhabende, die in üppigen Villen ihre Sommerresidenz hatten. Ein buntes Völkchen war das, die sich aus langer Weile Probleme schafften; denn nur wenigen gelingt es zum heiteren Müssiggang. Da war, wie überall, Freud und Leid ganz dicht beisammen und   jeder lebte in seiner ganz eigenen Welt. Lisas Haus lag oben auf dem Berg im Pinienwald. Das Haus strahlte für mich einen magischen ambiente aus und als ich es betrat, kniete ich ehrfurchtsvoll vor den vielen indischen und nepalesischen Tempelnischen nieder und empfand eine enorme Anziehung zu dieser fernöstlichen Spiritualität. Ich brachte kaum ein Wort heraus, so war ich von diesem Platz überwältigt und emotional aufgewühlt. Zu Lisa selbst, die hier nun in ihrer geheimnisvollen Welt lebte, bekam ich nicht den rechten Draht. Vielleicht war es eine gewisse timidez, die ein Näherkommen nicht zuliess, vielleicht aber war es auch meine Erwartung in diesem Tempelhaus meinen Guru zu finden, den ich nicht erkennen konnte.

Es gab aber auch spanische Jünglinge aller Schichten, die sich hier auf der Hippie-Insel durchschlugen und überhaupt keine Schwierigkeiten hatten sich als Hippies zu integrieren, dieser Lebensstiel war ihnen förmlich auf den Leib geschrieben. Da ich spanisch sprach und einer von Ihnen war, trafen sich die unterschiedlichsten Kulturen und Traditionen wie auf einer >lichten Brücke<. Wir mochten uns und so einige von ihnen endeten als Seefahrer unter Segeln. Juan hatte ein Häuschen direkt über dem Meer und entpuppte sich mit seiner Batik als Künstler. Er verliebte sich in ein hübsches blondes Mädel aus dem Norden. Sie gebahr ihm einen Sohn, er baute ihnen ein neues, grösseres Haus, aber das Zusammenleben wollte einfach nicht klappen, zu gross waren die Unterschiede von Herkunft, Tradition und Gewohnheiten. Sie beanspruchte den Sohn, den er, in seiner Liebe zu ihm, nicht missen wollte, und so geschah es, dass er eines Tages auf nimmer Wiedersehen mit seinem Sohn verschwand und erst viele, viele Jahre später im fernen Osten wieder gesichtet wurde. Die Mutter liess nach ihnen fahnden, das blieb aber ohne Erfolg. Heute weiss ich nichts mehr von ihnen.

Dani war der Sohn einer wohlhabenden, einflussreichen Familie aus Madrid. Er managede Discotheken, wenn ihm danach war und interessierte sich mit grosser Faszination fürs Bootsleben. Als „Seemannslehrling" ging er durch alle Höhen und Tiefen. Er war in dem Sinne kein handyman, auch ein bischen realitätsfremd, so dass er es sich mit seiner Hippie-Philosophie nicht leicht machte, sein gerade gekauftes altes schönes Holzboot wieder auf Vordermann zu bringen. Er hatte einfach kein Glück und verlor sich leicht in seiner angetörnten Hippie-Welt. Sein sympatisches Wesen nahm mich ganz für ihn ein. Wir hatten viele gemeinsame schöne Momente mit unseren Booten. Er segelte mich mit seinem Boot zu spirituellen Happenings ´rüber aufs Festland und war anfangs mit von der Partie, als ihn plötzlich die Flucht ergriff und er tagelang auf seinem Boot auf uns wartete. Wir nahmen auch mit seinem Boot an einer Oldtimer-Regatta in Palma teil und wurden mit Handschlag vom Conde de Barcelona, dem Vater von Juan Carlos begrüsst unter dessen Patronat die Regatta ausgetragen wurde.

Einmal segelte ich mit Juan und Dani nach Mallorca. Auf der Insel Cabrera machten wir stop. Es war Vollmond. Einige andere Boote lagen in der Bucht. Wir rauchten einen Joint, machten uns ein gutes Abendessen, tranken einen leckeren Rotwein und kontemplierten den aufgehenden Mond. Eine Motoryacht, jene weissen Plastikkästen die wir – nevara – (Kühlschrank) nannten, weil sie uns so steril erschienen, war mit Neon-Röhren voll erleuchtet, die von einem „Jockel" (Motor-Generator) gespeist wurden, der nicht unerheblich laut vor sich hintuckerte und so diesen wunderbar stillen, meditativen ambiente in der Bucht versaute. Höflich baten wir um das Abstellen des Stromaggregates, worauf sie meinten, dann könnten sie keinen TV mehr sehen, uns aber nach der Sendung entgegen kommen würden. Dani war ausser sich und zeigte auf den Mond, der sich gerade zu einer Finsternis verdunkelte was sie gar nicht beeindruckte. Nach einer Weile machten wir uns selbst daran den Motor zu stoppen. Wir schwammen vorsichtig zur „nevera" hinüber, stopften ihr ein Tuch fest in den Auspuff und hatten endlich Ruhe. Selbst am nächsten Tag hörtern wir keine Reklamationen- vielleicht war ihr Programm gerade zu ende, vielleicht war jemand an Bord, der den vollen Mond wirklich sah ?

    Auf der Militärstation gabs frische Brötchen, die immer besonders gut schmeckten, weil sie mit einer Weizenmehlsorte gebacken wurden die die Nummer 507 trugen. Mit diesem Mehl wurde nur das spanische Militär beliefert. Als wir in der kleinen Bar sassen und ein kühles Bier tranken, sass neben mir an einem Tisch-chen ein deutsches Ehepaar, die mit einem netten kleinen Segler in der Bucht lagen. Ganz unruhig riefen sie mich an ihren Tisch herüber und fragten mich, was das für zwei Typen seien, die mit mir am Tische sassen. Als ich ihnen erzählte, dass es meine Freunde seien, nickten sie ganz unbeholfen und meinten: ob ich keine Angst vor ihnen hätte. Ich war dermassen „buff" über solch vollkommen unerwartetes Gerede, dass ich keine Worte fand um ihnen zu antworten und mich von ihrem Tisch zurück zog. Es war mir unerklärlich, dass Segler, die doch einen gewissen Mut aufbrachten, fern von der Heimat hier im Mittelmeer herumkreuzten und mit solchen, für mich absurden Gedanken, herumspielten, die doch gar nicht ihrer augenblicklich gelebten Realität entsprachen. Vielleicht verunsicherte sie auch ein bischen unsere lègére Hippie-Präsenz, die ja nichts aufgesetztes an sich hatte, sondern einfach als das was es war gelebt wurde. Selbst meine Tante Emma, die wir später zufällig in Palma trafen, kam zu ähnlichen Schlüssen.

    Seit vielen Jahren hatte ich überhaupt keinen Kontankt zu meiner Verwandtschaft. Juan, Dani und ich schlenderten durch Palmas Zentrum als eine Stimme laut und vernehmlich über die Tische eines Strassen-Cafes rief: " Thomás !!... bist DU´sss" ? ......Tatsächlich es waren die Tante und der Onkel, welch eine Überraschung, welche Freude ! Wir luden sie aufs Boot ein und sie waren verhalten erfreut. Die Tante erzählte mir später ´mal: ..." die zerfetzten Jeans, die Juan auf seinem nackten Po trug, waren ihr doch zu anstössig"! Natürlich war das ungewöhnlich für diese Menschen und sie machten sich so ihre Gedanken, die sicherlich nicht immer zusammen passten, was ängstliches Erstaunem hervorrief. Wir, für unseren Teil, empfanden sie sympatisch und sehr freundlich, konnten aber auch sehen, das uns „ Welten" trennten und um mich dem nicht stellen zu müssen, vermied ich lieber die Verwandtschaft, eher auch, um mich selber zu schützen. Ich wollte mich ihren typischen Argumenten gegenüber nicht verteidigen müssen, weil es für mich nichts zu verteidigen gab.

Aber nun zurück zur Insel Cabrera, möchte ich ein lustiges Erlebnis in der Vollmond-Finsternis- Nacht nicht unerwähnt lassen. Der verdunkelte Vollmond, wenn er mit einer besonderen, nur auf ihn gerichteten Aufmerksamkeit durch ein Fernglas betrachtet wird, erweckt Sehnsüchte, Fernweh und tiefe Emotionen, um aber auch gleichzeitig mit einem Gefühl dankbarer Verbundenheit mit Mutter Erde zu verschmelzen. Die Sensation der Distanz zwischen Erde und Mond verwischte sich, bis meine Aufmerksamkeit nur noch vordergründig auf den Mond selbst gerichtet war; denn er hing vollkommen plastisch in seiner eher dunkel-orangenen Farbe mitten im All, so dass auch der unendlich weite Raum hinter ihm sichtbar wurde und ich mit meinem Focus über ihn hinausschoss, ihn förmlich hinter mir liess und mir das Fernglas neue, nie gesehene Räume erschloss; ...so dachte ich bei mir: wenn wir an unseren fest etablierten – Vorstellungen- nicht haften blieben, eröffneten sich uns vollkommen – neue Räume -, die über unsere mentalen Begrenzungen weit hinaus schössen und die Endlichkeit und Vergänglichkeit unserer normalen Wahrnehmungen klarer erkennen liessen, uns vielleicht ein Lächeln abgewännen über DAS, was wir meinen zu sein, und dem DEM was wir wirklich sind!

Als wir am nächsten Morgen bei strahlender Sonne Cabrera verliessen kam uns ein Gummi-Dinghy mit zwei „ Königen" entgegen. Es waren der spanische König Juan Carlos und sein jordanischer Amtskollege König Hussein. Wir grüssten uns freundlich, wärend ich meine Nacktheit schnell im Niedergang verdeckte. Dani war total „aus dem Häuschen".Er wollte unbedingt umkehren und meinte: „ Juan Carlos hole ich Dir an Bord von Altair, er ist ein guter Freund meines Vaters"! Wir tuckerten aber weiter und so blieb uns unser Aufenthalt auf Cabrera in bester Errinnerung.

Alexander, ein Filmemacher, war mit seinem alten, gut gepflegten Lotsenkutter im Mittelmeer unterwegs und landete eines Tages auf Ibiza. An den Titel seines Dokumentarfilmes kann ich mich nicht mehr erinnern. Er filmte Bootsleute, über ihr Leben, ihre Philosophie usw.. Er erwischte mich und bat um ein gefilmtes Interview. Ich drückte mich davor, ich war nicht bereit etwas von meiner kleinen, wunderbaren Welt preiszugeben und schob so ein Treffen wochenlang vor mir her bis ich in meiner Heimat-Bucht verschwand in der Hoffnung, dass er mich nicht finden würde. Alexander tauchte aber wieder auf und liess nun nicht mehr locker. Das Interview begann auf Altair. Ich bat ihn vorher, mir doch bitte Fragen zu stellen, weil ich befürchtete nicht so richtig in Gang zukommen. Nach seiner ersten Frage jedoch sprudelte es nur so aus mir heraus und ich erzählte einen Teil meiner Geschichte, die dann überging in unser aller Geschichte. Zum Schluss erinnere mich der Worte: Wir kommen von Nirgendwo, springen wie ein Ball über den Planeten Erde und „verlieren" uns wieder im Nirgendwo- das ist alles-. Der „Ball" ist lediglich eine Erscheinung, das „Nirgendwo" ist die Quelle, ist der Ursprung, die einzige Wahrheit. – Danach holten beide Boote den Anker hoch, um uns noch segelnd, draussen auf dem Meer, zu filmen.

Einige Wochen später lag ich im Hafen von San Antonio und fand auf dem Kartentisch einen Haufen schwarz-weiss Fotos. Ich hatte keine Ahnung woher diese Fotos wohl kommen würden, und wer diese Fotos von Altair und mir wohl gemacht haben könnte. Da die Fotos unscharf waren und helle Querlinien hatten, fiel es mir plötzlich wie Schuppen von den Augen; es waren Fotos von Alexanders Film, der wohl gesendet wurde und jemand hatte diese Bilder vom Fernseher abfotografiert. Obwohl Alexander eine ganze Filmrolle auf Altair vergessen hatte, gab es wohl trotzdem genug Marterial, um diesen Film abschliessen und senden zu können. Mit der Zeit kamen einige feed backs von Freunden. Unter anderem erzählten sie mir, dass in der Dokumentation erwähnt wurde, dass ich meinen Le-

bensunterhalt mit dem Bootscharter verdienen würde, der nicht unbedingt legal in Spanien sei. „ Scheisse" dachte ich, jetzt hat mir der Alexander mein buissenes versaut, ich werde also vorerst keinen Charter mehr machen können. - no hay mal que por bien no venga – Dieses spanische Sprichwort bedeutet mir:
AKZEPTIERE WAS IST UND ALLES IST GUT.
Es gibt nichts Schlechtes das nicht zum Guten gereicht. -...und richtig erkannt, bewirkt es Wunder....und so wirkte es. Für den neuen Motor hatte ich genug Geld zusammen, nachdem ich mit einem Freund noch Häuser im Akkord gestrichen hatte.

Wärend des Sommers charterte ein Filmteam ALTAIR für einige typische Pose-Aufnahmen am Mast, auf dem Klüver, am Ruderrad. Es entpuppte sich als sehr sexy und ich bat darum, das weder das Boot noch sein Skipper erscheinen möge, hatte natürlich keine Ahnung was wirklich daraus gemacht wurde.

Susan lebte schon einige Zeit mit mir auf dem Boot. Sie war sehr lieb und voller Hingabe. Sie lebte ständig mit diesem keep smiling, das so typisch für viele Nordamerikanerinnen ist, schlief bis in die „ Puppen", verlangte, nach ihrem Erwachen, eine starke Tasse Kaffee und setzte sich dann für eine lange Weile vor ihren grossen beauty-case, um ihr smiling wieder zu entdecken. Ursprünglich wollten wir beide nach Marokko segeln, es kam aber ganz anders. An dem Morgen, als wir definitiv unsere Heimat-Bucht verlassen wollten, war Arbeit angesagt, wegen des schweren Ankergeschirrs, das wir ausgebracht hatten. Obwohl wir uns am Vorabend für diese gemeinsame Arbeit abgesprochen hatten, war keine Susan an Deck. So tat ich den Job alleine, als auf halbem Weg nach San Antonio meine Susan mit verpennten Augen im Niedergang erschien, von mir eine starke Tasse Kaffee verlangte, um sich gleichzeitig über ihren beauty-case herzumachen. Obwohl ich die Situation sehr witzig fand, konnte ich nicht mehr an mich halten und schüttete meinen ganzen Frust über die arme Susan aus. Das endete damit, dass sie in San Anatonio weinend das Boot mit allen ihren Habseligkeiten verliess. Wir beide waren traurig und auch wieder offen für das was nun kommen sollte.

Nur kurze zeit später kam ein junger Bursche forschen Schrittes auf dem Kai am Boot vorbei und grinste mich über beide Backen mit einem weiten Lächeln an. Er kam alleine mit seinem Boot aus Frankreich und da ich für meinen Trip nach Marokko einen Mitsegler brauchte, war er schnell mit von der Partie, sicherte sein Boot für die nächsten Wochen so gut er konnte, heuerte auf ALTAIR an und bald warfen wir die Leinen los mit Kurs Südwest. Jan entpuppte sich schnell als seglerische Niete, klopfte grosse Sprüche, wie das ja so üblich ist bei uns Machos, um das Gesicht nicht zu verlieren, aber sonst war er doch ein sehr netter Kumpel. Wir lernten uns ja erst jetzt kennen und wenn nicht auf einem engen Boot und auf hoher See, wo sonst wohl kann man sich näher beschnüffeln? Wir nahmen Kurs auf Alicante, machten an einem freien Platz fest und schlenderten durch die Stadt, als ich plötzlich im Schauhfenster eines Motorradladens eine kleine BULTACO entdeckte, die als Crossmaschine für Kinder nett anzusehen war. Ich nahm Maass; sie passte nach kleinen Umbauten aufs Kajütdach und endlich hatte ich mein Motorrad an Bord. Gut verstaut, vertäut und eingepackt segelten wir weiter. In der nächsten Nacht überraschte uns viel Müdigkeit und wir suchten nach einem geeigneten Hafen, aber Carbonell schien uns ungeeignet. In den spanischen Nachrichten erfuhren wir im gleichen Moment von Frankos Tod.- Politisch, jedenfalls was die lokalen Angelegenheiten anging, war ich völlig – out – und vom grossen Weltgeschehen wusste ich so viel, dass der eiserne Vorhang immer weniger Spielraum für eine Annäherung zwischen Ost und West zuliess. Aber mit diesen Umständen lebten wir ja schon viele Jahre und hatten uns an die Ängste gewöhnt.

Frankos Spanien hatte sich nach vierzigjähriger Machtausübung mehr oder weniger tot gelaufen, im wahrsten Sinne des Wortes, und sein Tod war die Endlösung seines gefürchteten Regimes, des letzten faschistischen Systems zumindest auf der westeuropäischen Bühne. „Wurde auch Zeit", dachte ich mir, obwohl noch viele Jahre danach, trotz neuer –Demokratie-, die Nachwehen des totalitären Staates zu spüren waren. Selbst heute noch, nach über 30 Jahren politischer Erneuerung, kann man klare faschistische Tendenzen rechts gerichteter Parteien erkennen; wohl einfach auch deshalb, weil das Franko-Regime, im Vergleich zu den Nazis, nicht diese heftige Schuld der Judenverfolgung und Ermordung auf sich nehmen musste, noch die eines begonnenen 2. Weltkrieges, sondern eher in den eigenen Reihen, als Folge des Bürgerkrieges, um seine eigene Machterhaltung wütete. Bei aller Repression blieb es ein leichteres latainisches Drama, sicherlich nicht so für die vielen Opfer !

Frankos Tod ging wie ein Zittern durchs Land. Es war ein freundliches für einen grossen Teil der Menschen, ein ängstliches für seine priviligierten Mitstreiter, die das Ende schon kommen sahen, es aber erst jetzt hautnah zu spüren bekamen.

Wir umsegelten das Cap und liefen am nächsten Tag im Hafen von Almeria ein. Wieder Land unter den Füssen zu haben fühlt sich genauso gut an, wie nach Tagen des Hafenaufenthaltes endlich zurück aufs Meer zu kommen. Neue Orte kennenzulernen und sie auf eigenem Kiel unter Segeln erreicht zu haben ist immer von Neuem ein herrliches Erlebnis. Und wieder fühlte ich diese Dankbarkeit des S E I N S, des Hier-Seins und gleichzeitig des Über-lebens auf die ursprünglichste Art, die heute, in Verbindung mit dem Meer, noch möglich ist.

Wir spazierten durch die Gassen, besuchten die Western-Film-Kulissenstadt in der Nähe, träumten von Cowboys und Prärie und wurden am späeteren Abend von der Guardia Civil auf höchst unangenehme Art angemacht, als wir durch den Hafen gingen, um an Bord zu kommen. Auf die agressiv herausfordernde Frage des jungen Polizisten; was wir hier im Hafen zu suchen hätten, antwortete ich – Contrabando- (Schmuggeln) worauf er seine Waffe zog und uns mit Handschellen ferstnehmen wollte. Seine -pareja-, ein älterer Polizist, war entschieden weiser, besänftigte erst einmal seinen jungen, eifrigen Kollegen und wandte sich dann freundlicher an uns – que pasa ?- was ist los ? – bueno, vamos a nuestro barco, esto es todo -. Na ja, wir gehen zu unserem Boot, das ist alles ! - ...worauf er uns freundlich ein Stückchen begleitete, um so das Auftreten seines jungen Kollegen ein bischen zu glätten. Das war völlig in Ordnung für uns und aus dem Schrecken wurde eine neue Erfahrung. Nach einigen Tagen segelten wir weiter direkt mit Kurs auf Gibraltar.

Jan erzählte mir seine abenteuerliche Geschichte. Er war Einzelkind einer gut situierten Familie in Frankreich; rutschte dann als Jugendlicher in die Drogenszene, fing an selber mit Marijuana zu dealen, wurde von der Polizei erwischt und 8 Monate eingesperrt. Das hat ihn zu tiefst geprägt. Nach seiner Entlassung wollte er nichts wie weg, kaufte sich von seinen Ersparnissen ein gebrauchtes, hölzernes, kleines Segelboot, möbelte es auf und setzte Segel. Er landete auf Ibiza, war glücklich einen so schnellen Anschluss gefunden zu haben; und nun waren wir beide unterwegs nach Marokko. Wenn man die Geschichte der einzelnen Menschen näher kennt und ihnen wirklich zuhört in ihrer intimen Offenheit, entsteht ein tieferes Verständnis und schafft Vertrauen. Das Fremde rückte in die Ferne und immer mehr Nähe wurde gewonnen. Jan rauchte seinen Joint und meinte, dass er das trotz seiner leidvollen Hafterfahrung im Moment nicht missen wolle, das dealen jedoch sei für ihn nun absolut tabu ! Prima, chico, das hörte sich gut an! Ich zog auch 'mal am Abend an seiner Kippe, legte mich genüsslich in die Koje bei brennender Petroleumlampe, wärend Jan am Ruder stand und Altair gute, rauschende Fahrt unter Vollzeug gen Westen machte.

Ich – flog – förmlich in einen stillen und doch hell wachen Seins- Zustand, in eine grenzenlose Glückseligkeit, wo kein Gedanke mehr einen Platz hatte, da war nur eine Art von Wahrnehmung, die die hölzerne Kajüte des Bootes in alle Richtungen weitete und weitete, bis alles im Grenzenlosen zerfloss und Jan mich schliesslich, mit seiner Frage nach dem Kurs, in die Welt der Dinge und des Denkens zurückholte. Ja, die Nähe zu Jan bekam eine andere Qualität. Ich konnte nun nachempfinden wo er sich aufhielt und so bekam unsere Gemeinsamkeit ein immer tieferes, Verständnis für unser jeweiliges so sein. Wir verstanden und respektierten uns als prima Kumpels!

Schon von ferne sahen wir den Felsen von Gibraltar. Einige Stunden später liefen wir in den Hafen von Gibraltar ein und machten im Yachtclub fest. Das hier schien mir ein guter Platz zu sein, um das Boot für einige Zeit getrost alleine lassen zu können, wärend wir uns einige Tage später auf den Weg nach Marokko machten. Da meine neue Bultaco nicht angemeldet war, versuchte ich mein Heil in Gibraltar, was problemlos klappte und so fuhr ich wärend der nächsten Jahre mit einem englischen Gibraltar- Kenn-zeichen durch die Lande.

Wir heuerten auf einem anderen Segler an, der uns von Gibraltar mit nach Tanger nahm und bald riefen wir HURRAH !.. wir waren in Marokko !! Fürwahr, das ist eine a n d e r e W e l t ! Obwohl wir nur auf der anderen Seite der Strasse von Gibraltar waren, spürte man deutlich AFRIKA und eine vollkommen andere Kultur, andere Rasse, Sprache, Verhalten, Kleidung, Bräuche und Essen..... WOW..., dachte ich bei mir, wie ist das möglich !? Uns trennten wenige Kilometer von Spanien, von Europa und Afrika hatte uns schon voll im Griff. Hier oben, im Norden, konnte ich noch Spanisch sprechen mit einigen Marokkanern, als wir unsere Körper dann aber in einem Bus Richtung Süden verfrachteten, konnte ich mich fast nur noch über Jan als Dolmetscher in Französisch und ein bisschen Englisch verständilich machen. Nun, heute mögen sich die Zeiten verändert haben durch den viel intensiveren Tourismus. Das Essen war sehr lecker. Die süssen Pfefferminz-Tees aus den schönen, bauchigen, fast barokken kleinen Zinnkannen, das Gewimmel in den alten Gassen,die üppigen Souks, die vielen Handarbeiten, denen ich gerne zusah, namen mich in ihren Bann. Da sass ein junger Bursche. Er bewegte mit seinen Zehen eine Spindel. Das war die Drehbank; und nun führte er mit seinen Händen ein selbst gemachtes Messer mit viel Geschick an ein sich drehendes Holzstück und zauberte daraus die verschiedensten Utensilien. In den Märkten selbst ist ein buntes Treiben. Überall gab es Waren in Fülle. Jeder Händler will dir unbedingt etwas verkaufen. Viele, viele schöne Sachen gibt es ! Es ist zum Überlaufen ! Junge Burschen verfolgen einen auf Schritt und Tritt. Sie lassen nicht locker, bis man sie als Führer-Kumpel akzeptiert hatte und so wurde aus dem gemütlichen Schlendern doch eher eine ständige Auseinandersetzung zwischen meinen gustos und denen des chicos, was auf die Dauer sehr ermüdend wurde. Jan verstand es mit der Zeit recht gut, die kleinen Quälgeister auf Abstand zu halten.

In Marakesh erlebten wir an einer Imbissbude eine ganz gegenteilige Situation; denn nämlich da rettete uns ein Marokkaner von den ständigen Drängeleien anderer Jungens, lud uns zum Imbiss ein und half uns wo er nur konnte. Später dann nahm er uns mit nach Hause. Andere Rucksackreisende waren mit von der Partie. Wir zogen mit ihm und fanden in dem Haus viele andere junge Leute, die sich um einen ganz in weiss gekleideten

Lehrer-Guru scharrten. Der Guru schien auf seine Jünger eine grosse Anziehung auszuüben, was er sichtlich genoss und aus seiner priviligierten, abgehobenen Position seine - Untertanen – herumkommandierte. Das alles wirkte nicht sehr – erleuchtet-. Als er unseren neuen Freund sehr harsch anmachte sprang Jan auf und diskutierte mit dem Guru. Es wurde dann aber ruhiger. Wir setzten uns alle an einen langen Tisch und konnten, wenn wir wollten, den Schluck eines Wässerchens zu uns nehmen, in dem einige Pillen LSD aufgelöst waren. Ich als Neuling in dieser für mich eher etwas heiklen Situation, nippte nur ein bischen und das war mehr als genug. Der ambiente beim Guru spitzte sich zu. Sein Herumkommandieren ging uns Besuchern total auf die Nerven. Langsam spürten wir eine Veränderung in unserem Bewußtseinszustand, der nach Ruhe, Harmonie und einem friedlichen Pätzchen verlangte. Wir sprachen mit unserem neuen Freund, der sich mit grosser Freude anbot, uns zu begleiten. Wir verliessen also den Guru mit einem Dankeschön für seine Gastfreundschaft und liessen uns, wie die Kindlein, hinaus aus der Stadt in einen Olivenhain führen. Ich suchte mir einen schönen Platz, legte mich auf den sandigen, von der Sonne durchwärmten Boden und verlor mich in den schönsten Visionen. Das volle, bläulichgrüne Laub der Olivenbäume, bewegte sich schillernd im leichten Wind. Mir erschienen die zitternden Olivenblätter wie Menschen, die in Scharen heiter in den blauen Himmel flogen und als ich ganz hinten, am untersten Ende der Fliegenden, den Pabst, umhangen mit all seinem schweren Talar entdeckte, der sich sehr schwer tat, um den Anschluss an die Himmelsflieger zu finden, musste ich schallend lachen. Ich fühlte mich sehr beschützt, hatte aber selber weder Kraft noch Kontrolle noch Lust mich um irgendetwas zu kümmern. Alles geschah einfach.

Als Jugendliche mit Krawall in unsere Nähe kamen, fühlte ich mich total ohnmächtig, etwas für meine Sicherheit unternehmen zu können. Unser marokkanischer Freund sprang wieder einmal für uns ein und verscheuchte die Burschen. Ich durfte erkennen, dass wieder einmal, ohne mein persönliches Zutun, sich alles von selbst ergab. Solches Erfahren steigert natürlich das Vertrauen in das - SO SEIN-, - in den – MOMENT GESCHEHEN LASSEN -; denn ES funktioniert auch ohne meinen persönlichen Willen. Es war eine zeitlose Präsenz die mich in dieses Gewahrsein katapultierte. Es war aber auch ein Gewahrsein mit Gedanken, Visionen und Wünschen. Der Verstand war beteiligt und begleitete mich positiv auf dieser Reise. Jeder Einzelne unserer Gruppe schien ganz bei –sich- zu sein, jedoch schon dieser „Gedanke" war überflüssig, weil es gar kein – s i c h – gab ! Irgendwann kam die – Zeit - zurück. Der Tageslauf und der Sonnenstand erinnerten mich wieder an die Welt in der wir meinten zu leben. Ich erinnerte mich, und fühlte mich wie ein Zuschauer dieses grossen und absurden Welttheaters. Dieser Zuschauer bekam von nun an einen festen Platz im Bewusstsein, er integrierte sich in „mein" Systhem, in „mein" Universum.

Nach einem tiefen und erholsamen Schlaf in unserem Hotel war ich früh auf den Beinen, gerade als die Stadt erwachte. Ein grüner Kioskwagen stand seitlich auf einem Platz. Ich erschrak, als plötzlich eine Klappe unten zwischen den Rädern aufging und ein grinsender Alter mit riesigem Geschlechtsteil mich aufforderte in sein Liebesnest zu kommen. Ich grinste lachend zurück und machte mich aus dem Staub um meine Peinlichkeit zu verbergen. Später in den Souks konnte ich erkennen, dass viele kleinere Ladenbesitzer im unteren Bereich ihrer Verkaufsstände übernachteten.

Zahnärzte stellten in kleinen Vitrinen, draussen an der Eingangstür zu ihren Räumlichkeiten, Gebisse voller Goldzähne aus, als Schmuck für die Wohlhabeneren oder auch für diejenigen die so scheinen wollten.

Später in Meknes freundeten wir uns mit Jungens an, die aus besser gestellten Kreisen zu kommen schienen, uns in ihr Auto luden und uns versprachen, mit ihnen eine Fiesta in ihrem Haus zu feiern. Stundenlang kutschierten sie mit uns in der Gegend herum, suchten andere Freunde auf, kamen aber nie bei sich Zuhause an, und vertrösteten uns immer wieder aufs neue. Mir wurde das unheimlich, ich bat anzuhalten, um bei einem Piss am Straßenrand Jan wegen meiner Zweifel aufmerksam zu machen, der wiederum meine Zweifel nicht nachvollziehen konnte, aber einverstanden war, nicht wieder einzusteigen. Da standen wir nun allein auf einer kleinen Landstraße in der Fremde und suchten unseren Weg zufuss zurück ins Hotel. Dieser Spaziergang durch die ruhige Natur tat uns beiden gut.

Mit einem Bus fuhren wir nun langsam zurück in Richtung Norden. Die Busfahrer benahmen sich wie Kapitäne auf grosser Fahrt. Sie hielten an oder hielten auch nicht an, an den Haltestellen, und nahmen Leute mit wie es ihnen beliebte. Sie waren die absoluten Herrscher und taten dies kund wo immer sie nur konnten. Obwohl die Sonne hoch stand verdunkelte sich der Tag zusehens. An einer Art Raststätte hielten wir an und wurden alle aus dem Bus geschmissen und in die Gaststätte gescheucht. Alle Türen und Fenster wurden fest verschlossen. Dort wo die Ritzen zu gross waren, stopfte man Tücher und Papier hinein. Inzwischen war es finstere Nacht geworden. Ein Sandsturm fegte über uns hinweg und machte den hellen afrikanischen Tag zur tiefsten Nacht. Der Sturm peitschte den Sand gegen die Scheiben und trug ihn bis in den Himmel. Ein spannendes und überwältigendes Naturereignis lief da vor unseren staunenden Augen ab und so plötzlich wie es gekommen war, verschwand es auch wieder, nur das der Bus nun viele Ausweichmannöver um entwurzelte Bäume und Sanddünen auf der Straße machen musste.

Jan war ein vorsichtiger Spezialist im Marihuana-Handel geworden. Nach seinen 8 Monaten Gefängnis in Frankreich wegen einer lächerlichen Menge mit der er erwischt wurde. Um nichts in der Welt wollte er weiter damit dealen, jedoch so ein bischen Hasch und Gras für den eigenen Gebrauch mochte er, hier im Land des Anbaus und üppigem Verbrauchs, nicht abschlagen und so hatten wir beide ein Stückchen Hasch in der grösse einer halben Tafel Schokolade und zwei Hände voller Gras bei uns. Das war eine kitzlige Situation für mich; denn selbst in Marokko damit erwischt zu werden bedeutet Gefängnis sicherlich der übelsten Art. Aber das Abenteuer war stärker, obwohl ich kein Konsument war. In Tanger angekommen überlegten wir uns die sicherste Möglichkeit hinüber nach Spanien zu kommen. Es gab die normale Fähre nach Algeciras und von da noch einmal über die Grenze nach Gibraltar. Die Kontrollen auf beiden Seiten waren intensiv und so entschlossen wir uns von Tanger direkt nach Gibraltar zu fliegen, ein Katzensprung von 10 Minuten. Wir fühlten uns erst einmal sichtlich erleichtert. Als Jan an der Reihe war durch die marokkanische Zollkontrolle zu gehen, lächelte ihn der Beamte an. Jan erwiderte mit einem ironischen Grinsen, wurde aus der Reihe zurückbeordert und mich gleich mit, als sie merkten, dass wir zusammen gehörten. Eine uniformierte Frau passte auf mich auf, wärend Jan in ein Zimmerchen geführt wurde und man die Tür hinter ihm schloss. Das sah böse aus. Obwohl wir alle Vorbereitungen getroffen hatten, um selbst bei einer Körperuntersuchung nicht erwischt zu werden. Damals war das Abtasten der Intimbereiche in Marokko nicht üblich und genau da klebte zwischen Schamhaaren und Unterhose unsere „Schokolade", wärend das - Gras – in meinem doppelten Woll-Trikot-Anorak eingenäht war. Mir war gar nicht wohl zumute; ich konnte nur abwarten und hoffen, dass alles gut ging, wärend ich mir zwischendurch Gedanken machte: ...wie könnte ich mich von Allem entledigen?! Es dauerte lange mit Jan. Er hatte ein ernstes Gesicht beim Verlassen des Zimmers, aus dem ich nicht unbedingt schliessen konnte was nun Sache war ! Ich wurde dann von dem etwas älteren Herrn freundlich hinein gebeten. Er war sehr friedlich was mich schnell beruhigte. Nachdem er mich oberflächlich abgetastet hatte, blieb er eine Weile mit seinen Fingern am Anorak hängen. Vielleicht, dachte er, da könnte doch mehr drin sein als nur der Wollstoff, aber doppelte Fütterungen für den Winter gabs ja schließlich auch und nach wenigen Minuten war alles überstanden und wir beide wieder frei ! Der Flieger wartete schon und im Nu landeten wir in Gibraltar.

Diese Erfahrung, so spannend sie auch war, gab mir doch sehr zu denken, dass solche Abenteuer unnütz sind und nun als einmalige Erfahrung abgehakt werden konnte.

Altair dümpelte im Hafen von Gibraltar ruhig vor sich hin. Alles war bestens in Ordnung. In der gleichen Nacht kam Sturm auf und fegte mit Orkanstärke über uns hinweg. Ein Glück, dass wir zurück an Bord waren; denn bei solchen Windstärken ist auch der sicherste Hafen immer gefährlich! Die Boote liegen auf „Tuchfühlung" dicht beieinander. Die Fender knirschten und die Rümpfe krängten dermassen, dass die Salings der Alumasten drohten sich gegenseitig zu verhaken. Voller Einsatz bei Allen war angesagt, um grössere Schäden zu vermeiden. Bei solchen Böen war nichts mehr sicher und wir mussten sehr aufpassen, um nicht selber weg zu fliegen.

Einige Tage später, nachdem sich alles wieder beruhigt hatte, liefen wir in Richtung Ceuta aus, der spanischen Enclave in Nord- Afrika, und so machten wir doch noch einmal mit unserem Boot in Afrika fest. Allerdings waren die Kai-Mauern dermassen hoch dass wir zu Tun hatten, um an Land zu kommen. Hier schlug das Herz Afrikas und der kleine Grenzverkehr mit Marokko wurde genutzt um zu arbeiten oder einzukaufen. Was die Engländer mit Gibraltar kontrollieren, versuchen die Spanier mit Ceuta und Melilla. Beide machen den jeweiligen Mutterländern Probleme. Sie wollen aus strategischen Gründen diese Fleckchen für sich. Der Witz aber dabei ist, dass Spanien in einer Sache Mutterland ist und von daher gegen die Briten agiert, aber mit Marokko selber das gleiche Spielchen spielt und dabei behauptet, dass die Sachlage eine völlig andere sei !

Da die Liegemöglichkeiten im Hafen nicht gut waren, dampften wir bald in Richtung Malaga weiter. Jedoch spielte sich in Ceuta noch eine kleine Episode mit mir ab. Jan hatte noch ein Krümelchen LSD aus Marakesch bei sich, das ihm wohl von unserem marokkanischen Freund zugesteckt worden war. Wir begaben uns auf eine Reise nach Innen. Plötzlich hatte ich Lust an Land zu gehen, erklomm die riesige Kaimauer vollkommen easy, weil einfach gar kein Gedanke an eine Schwierigkeit vorhanden war. Genüsslich schlenderte ich durch den Hafen und machte an einem grösseren Segler mit deutscher Flagge halt. Er war sicherlich ein Schul- oder Charterschiff. Ein Crew-Mitglied ging über die Gangway an Bord. Wir grüssten uns lächelnd und ich ging ihm hinterher und hinein in die Kajüte, einfach so ! Da drinnen schauten einige hoch, man nickte kurz und fuhr eher unbeteiligt mit dem augenblicklichen Tun oder Nichttun fort, wärend ich mich irgendwo hinsetzte und mit meinem Trip „beschäftigt" war. Aber was war denn nun eine solche „Bechäftigung" mit mir wirklich ? Es war diese Sensation, dass mich nichts kümmerte, ich keine Trennung zwischen mir und den Anderen empfand, obwohl mir bewusst war, dass wir uns nicht kannten. Vielleicht bekam ich etwas zu trinken; hier und da ein freundliches Lächeln. Das ging auch gar nicht anders; denn ich musste eine Heiterkeit ausgestrahlt haben. Ich fühlte mich weder willkommen noch nicht willkommen. Ich war einfach da und empfand diese Präsenz hier in der Kajüte auf dem fremden Boot völlig unbedeutend, völlig normal und genauso unbefangen wie ich an Bord gekommen war, ging ich auch wieder, grüsste in die Runde und genoss draussen an Land die abendliche Stille im Hafen. Es ist so, dass alles einfach geschieht, da ist keine persönliche Beteiligung mehr, da ist kein getrenntes ICH, da ist Frei-SEIN , sogar vom Bewussten! Mir schien, dass die Droge wie eine Lupe wirkte und meinen augenblicklichen Gemütszustand verstärkte, vergrösserte und bei weitem die Grenzen der normalen Wahrnehmung sprengte und weit darüber hinaus ging. Sicherlich gehört einiges an Mut dazu sich auf solche psychischen Accelerationen einzulassen, aber selbst DAS ist schon wieder eine Rueckkoppelung in „alte Fahrwasser"! Es ist aber unbedingt ein Wachstum in Richtung innerer Bereitschaft sich dem „Licht" zu nähern, besonders dann, wenn dieses tiefe Bedürfnis nach Wahrheit schon verankert ist. Mir war das ganz offensichtlich nicht viel neues, jedoch sprengte es schon alte Grenzen! Das ist aber nicht unbedingt so, wenn man aus der normalen weltlichen Sicht unvorbereitet solche Grenzerfahrungen macht; dann könnte die „Reise" wie ein Schuss nach – hinten- losgehen und der EGO-VERSTAND kreiert sich dann seine Hölle.

Im Hafen von Malaga machten wir neben einem lustigen Segler fest. Die Kapitänin und Eignerin war eine starke, attraktive Französin, voller Kraft und Lebenslust. Ihre Crew bestand aus vier netten jungen Burschen, die sie mit viel Geschick dirgierte! Die Jungens arbeiteten an Bord gegen Kost und Logie. Ich mochte annehmen, dass abwechselnd immer einer zu ihrem Liebling auserkoren wurde. Vielleicht war das auch nur in meiner Phantasie so, und selbst dort, in meiner Phantasie, bereitete mir das ein großes Vergnügen. Wir mochten uns sehr, bekochten uns gegenseitig und da wir nebeneinander lagen wurde unser Bootsheim zur Doppelhaushälfte. Gemeinsam, wie eine Grossfamilie schlenderten wir durch Malaga, kehrten in den schönsten bodegas ein, tranken ein Gläschen Wein und assen eine tapa. Da ist doch etwas besonderes an diesem Andalusien, im tiefen Süden Spaniens. Immer warmes Wetter lässt die Menschen in Ruhe geniessen. Man geniesst wohl mehr, als zu arbeiten und einen Deutschstämmigen, wie mir, beeindruckt ein solcher ambiente, der trotzdem in seinem ganz eigenen Sosein funktioniert. Das ist ganz klar ein anderer Rhythmus als im kalten Norden. Was die Nordländer, schon ihres kühleren Klimas wegen, mehr an Arbeitsaufwand und Überlebensbesorgnis aufbringen müssen, ist genau das, was hier an Zeit und Müssiggang übrig zu bleiben scheint. Und hat sich das einmal über Jahrhunderte so ergeben, sind dadurch natürlich unterschiedliche Kulturkreise entstanden, die sich gegenseitig sehr wohl beschenken können. Obwohl das „Wetter", als äusserer Grund, vorgegeben sein mag, ist der innere Austausch mit den Einheimischen unter Berücksichtigung unserer unterschiedlichen „Seins-Wahrnehmungen" eine grosse Bereicherung und wenn wir Glück haben trifft man sich im Nirgendwo ! Ein Blick, ein Lächeln, ein Verstehen !

Nach einigen Tagen des Müssigganges waren wir wieder auf dem Meer mit Kurs auf Ibiza. Es war ein Zurück nach Hause und als von fern die ersten Konturen des geliebten Eilandes auftauchten, wusste ich wieder wo ich hingehörte und über den Winter bleiben wollte. In den Hügeln der weiteren Umgebung San Antonios mietete ich eine alte Finca, brachte mit meiner Bultaco Hab und Gut vom Boot aufs Land und richtete mich urgemütlich häuslich im kleineren und älteren Teil des Bauernhauses ein. Oh, das tat ja so gut wieder ganz ländlichen Boden unter den Füssen zu haben.

Die Mandelbäume standen bald in voller Blüte und die ersten wilden Feldblumen zeigten, noch ein wenig schüchtern, ihre Pracht. Ich war mit mir allein in dieser ländlichen Stille und hatte tief greifende Erfahrungen die ich als Collagen auf buntem Kartonpapier projezierte. Eine, eher düstere Erinnerung aus der Kindheit und Jugendzeit, machte sich wieder bemerkbar, ohne aber Opfer dieser beklemmenden Situation zu sein. Vielleicht hatte ich das schon einmal beschrieben, aber jetzt malte ich auf weissem Karton ein kleines vergittertes Bogenfenster, dass sich fast in der dunklen Weite auf dem schwarzen Karton verlor. Es stellte diese Vision eines hoch fiebernden Knaben da, der in einer unendlichen, raumlosen Finsternis verloren war und keinerlei Möglichkeit sah, da heraus zu kommen; bis ihm irgendwo in weiter Ferne ein kleines Fenster als Lichtquelle erschien, er aber dieses, trotz grösster Anstrengung nicht erreichen konnte. Wenn sich diese Situation ins Unerträgliche steigerte, wachte der Knabe Thomás auf und empfand dabei ein befreiendes Glücksgefühl, „Gott sei Dank, es war nur ein Traum" ! Jedes Mal, wenn die Körpertemperatur über 39.5 ° stieg erlebte er ein ähnliches Trauma und fürchtete sich schon beim Einschlafen vor dieser hoffnungslosen Erfahrung. Die Darstellung jener Situation hatte keinen Einfluss mehr auf mich, obwohl das Nachempfinden sehr real war. Dieses Fürchten hatte sich verlernt !

Die andere Collage war eher das Gegenteil. Sie war Ausdruck der Befreiung von all diesen düsteren Hindernissen. Im Vodergrund einer unendlich tiefen Weite auf weißem Karton, stand ein alter, klassischer Garderobenständer, an dessen viel geschwungenen hölzernen Armen, wie ein Hautanzug, meine Persönlichkeit hing. Was dann noch von „mir" übrig blieb wandelte wie eine nicht endend wollende Lichtgestalt auf einer breit ausladenden, in weiten Schwingungen sich entfernenden, leicht ansteigenden Treppe und verlor sich im Nichts der unendlichen Weite, im Licht der glühenden Sonne. Diese für mich sehr erquickende Vision war aber schwer als Collage darzustellen und endete irgendwo auf der Treppe. Sicherlich war ich noch nicht reif dazu, um diesen Gang rein künstlerisch, und auch sonst, zu vollenden. Aber in Wirklichkeit gibt es da gar nichts zu vollenden wie mir, viel später in der –Zeit-, klar wurde.

Ich wandelte geniesserisch über die angrenzenden Felder, die mit zur Finca gehörten, fühlte mich wie ein campesino, rodete Unkraut, gestaltete den Patio und pflanzte Blumen. Mir wurde klar, wie viel einfacher das Leben auf dem Lande war im Vergleich zum Bootsleben, ein zweifelsos natürlicherer Zustand ! Es gab mehr körperliche Arbeit, die aber gut tat und im allgemeinen frei von Spannungen war; denn das Boot braucht immer eine besondere Atention und so manches Mal ist man ein Grenzgänger, was das Überleben auf dem fremden Element >Wasser< angeht. Aber so bewusst und auch irgendwie gemusst in dieses Landleben einzutauchen, gelingt einem vielleicht nur, wenn man von ganz wo anders her kommt und das Bedürfnis nach entspannter Stille ganz offensichtlich notwendig war. Meine täglichen Wanderungen gingen bald auch in die nächsten Orte, um einzukaufen auf alten, staubigen Landwegen, entlang an fincas und angebauten Feldern. Zu schaffen machte mir mein rechtes Knie, das bei einer falschen Bewegung auskugelte, von mir wieder eingekugelt wurde, sich aber dann entzündete und über mehrere Tage ruhig gehalten werden musste. Die Schmerzen forderten einfach die Ruhe. Trotzdem setzte ich mich mit steifem Bein auf das kleine Motorrad für Arztbesuche in Ibiza-Stadt oder ein Hallo bei Freunden. Mein kleiner Kater –Pepe- begleitete mich oft auf meinen langen Wegen.

Ich lud zu einer grossen Party ein in rustikalem ländlichem Stil. Alle alten und neuen Freunde kamen, sangen, tranken , assen und wir hatten eine schöne fiesta. Es tat gut auch einmal etwas grosszügiger einladen zu können, als auf dem Boot. Der neuere Teil der Finca stand vollkommen leer. Ein gut aussehender schwedischer „Macho", den ich auf Formentera kennelernte bat mich, ihm doch den anderen Teil des Hauses zu vermieten. Da ich schon länger alleine da oben war willigte ich ein und wohnte selber nun fast kostenlos. Zu meinem Erstaunen zog er mit einem brasilianischen Freund ein. Da ging es dann hoch her, wohl mit viel Lust und Leid liebten und hassten sie sich und ich war mir nicht sicher, ob ich solche Nachbarschaft wirklich wollte. In der Nähe wohnte ein autentischer Engländer. Es ergab sich eines Tages, dass wir alle sehr gut beisammen waren und uns querfeldein zum Engländer aufmachten, um ihn zu besuchen. Als wir an seine Pforte klopften, wurde uns nicht geöffnet, wie sollte auch, ahnte er wohl, dass diese Hippies aus seiner näheren Umgebung gar nicht zu seinem Lebensstil passten. Ehrlich gesagt wussten wir das ja schon, und wollten diese Erfahrung hautnah machen. Er erschien irgendwo auf seinem Grundstück, war völlig verängstigt und hielt uns an, unverzüglich sein Grundstück zu verlassen,obwohl wir lediglich auf seiner Autoeinfahrt an der Strasse standen, also vor seinem grossen Gartentor. Er würde sonst die Polizei rufen und uns wegen Hausfriedenbruchs verklagen ! Das war eine eiskalte Dusche für uns. Wir zogen heim in der Erkenntnis, dass wir an Grenzen des Systems gestossen waren und wohl besser bei uns selbst blieben.Es ist fast unmöglich mit Worten etwas zu vermitteln, dass man ganz tief drinnen spürt. Ich musste mir oft die Frage stellen: Wo gehts denn wirklich lang und wo stehe ich in diesem Wirrwar von Meinungen, Lehren, Glaubenssätzen, Philosophien und dem alltäglichen Leben, das zu 99.9% unser −normales- Miteinander auszumachen scheint. Das war für mich wie ein ungeordnetes Wollknäuel mit vielen losen Enden, die im Raum herumtasteten und nach einem festen Halt suchten, der nicht zu finden war. Auf der einen Seite war ich mir sicher, dass meine Wahrnehmungen von der Welt, als Beobachter, ziemlich klar waren, konnte es aber nicht weiter geben, sondern nur bei mir selbst erfahren. Auf der anderen Seite stand dieses immens fixierte und potente System, das nach den

Gesetzen von Ursache und Wirkung funktioniert und ständig die duale Problematik aus sich selbst heraus kreiert, ohne ein Ende abzusehen, ohne jemals wirklich angezweifelt werden zu können; denn innerhalb dieser – maya-Welt gibt es kein Erkennen; darüber hinaus zu gehen, da gibt es kaum Jemanden der den Durchblick hat, und wenn er ihn hat, dann ist er – draussen – und muss sehen, wie er die „ losen Enden" zusammenfügen kann.

Der Weg der „Suche" und der „Übung" hat begonnen, und erst viel später, wenn man Glück hat, ist das Suchen und Fragen und Zweifeln am Ende, durch die simple Erkenntnis, dass da gar nichts zu suchen, zu finden und zu zweifeln ist, weil schon alles da ist, WAS IST !

Nur das diese Typen, wie beispielsweise dieser Engländer, dieses Systhem total als die Wirklichkeit betrachten, sich dirigieren lassen und zu Opfern solcher Mächte, wie auch immer, werden. Das muss einfach Ängste schühren, wenn man nicht mehr aus eigener Kraft und Selbst-Verständlichkeit lebt. Also wo lag nun der „Fehler"? ….bei unserer „unwirklichen Nicht-Realität" oder etwa bei deren Wirklichkeit, die uns tagtäglich vorgegaukelt wird ? Ich jedenfalls war zu jener Zeit nicht in der Lage dieses Wirrwar zu durchschauen und verbündete mich ganz einfach mit einer „Wahrheit", die ich in einem weit über das „eigene" Selbst Hinausgehende spürte und in Liebe war! Sicherlich ergab sich daraus so manches mal der Gedanke, ein Sonderling zu sein, was mich gar nicht beunruhigte, >da mein Lebensstil meiner Wahrheit entsprach < und ich mich dem So-Sein hingeben konnte. Von einem – normalen- Standpunkt aus gesehen, hiess es; ich vergeudete meine Zeit, also vielleicht ohne die Zeit?...weil ich nur schwirig einzuordnen war.

Es war ja nicht nur, dass ich auf einem Boot lebte und man rein äusserlich annehmen konnte;- das Boot ist halt sein Zuhause-, nein, es war ein vollkommen anderes Leben, faszinierend, das mich dahin geführt hatte und mich auch damit weiter machen liess. Da war keine Bindung an Familie, an Kinder, Schulen , Behörden, Arbeit, Fabriken, Handel, Kollegen und kaum an Freunde; denn alle waren eingebunden im System und nur in kurzen Momenten ergaben sich Möglichkeiten zum Miteinander. Natürlich kam Mutter öfters vorbei, um mitzusegeln und mit mir an Bord zu leben.

Manchmal waren auch Freunde und Schwester Anke mit ihrem Sohn mit von der Partie. Wir hatten viel Freude, mal laut, mal leise, mal Stille und vertrugen uns blendend.

Endlich konnte ich mir einen neuen Motor leisten, der mir von Bremen nach Ibiza geschickt wurde und nun im Hafen von San Antonio fein verpackt auf der Pier stand. Ein kleiner Lastwagen mit Kran hievte den alten Motor an Land und den neuen an Bord, wärend ich zwischenzeitlich alle Vorbereitungen traf, um dem neuen Motor ein passendes Bett auf Altair, eine kräftige Basis im Bootsrumpf zu zimmern.Ich hatte mein Tun aber auch genug Zeit, um diese delikate Arbeit in Ruhe zu beenden. Hurra, das war geschafft! Als ich die Leinen los warf und den Vorwärtsgang einschaltete, bewegte sich das Boot kaum schneller von der Stelle wie mit dem alten Motor. Die Enttäuschung war gross, bis ich herausfand, dass ein neuer Propeller vonnöten war, der, für den neuen Motor passend, mehr vorschub geben sollte. Den konnte ich aber unter Wasser nicht auswechseln und so wartete ich das Frühjahr ab, um zum Festland 'rüber zu segeln und das Boot dort zu slippen.

Mit meiner kleinen Bultaco konnte ich mich bestens auf der Insel bewegen und genoss nach einem langen, gemütlichen Winter das grüne und blühende Frühjahr.

Ich hatte kein Bedürfnis mehr, auch weiterhin noch zu chartern. Der Motor war gekauft und eingebaut und die Befürchtung, durch den Dokumentar-Film beim illegalen Chartern vielleicht erwischt zu werden, brachte mich zu dem Plan; Ibiza zu verlassen und gen Osten zu segeln.

Zwischendurch lud mich Muttern zu Gordons spirituellem Gesundheitsseminar auf die Insel Elba ein. Per Fähre, Zug und wieder Fähre landete ich auf der Insel und schlug mich querfeldein zum weiter entfernten Seminarort durch. Im Wald traf ich auf wütende Wildschweine, rettete mich auf den nächsten Baum und zog es dann doch lieber vor auf die Landstrasse zurück zu kehren. Ganz vertieft in meiner Hippie-Welt landete ich müde im Hotel wo ich von Muttern und der Gruppe begrüsst wurde. Die langen Haare, der Bart, die bunte wollene Patchworkweste, weite leichte Hosen, Sandalen und eine ausgewaschene Jeansjacke waren meine Standart-Klamotten von Ibiza. Gordon begrüsste mich besonders herzlich mit einem Kuss und schon war ich eingegliedert in diese Gruppe netter deutscher Gesundheitsapostel, die mit Käse- und Essigdiät, mit gesunden Bakterien in Mund und Augen nun die nächsten beiden Wochen zusammen waren. Gordon erkannte in jedem Einzelnen von uns, welche Persönlichkeit wir im Vorleben waren und so hatten wir, aus vergangegen Zeiten bunt durcheinander gewirbelt, eine neue Identität. Natürlich beeindruckte mich das alles sehr, besonders auch dann, wenn unser Guru Gordon Vorträge hielt. Da ich nur schwerlich die Disziplin zu ernsthafter Meditation aufbringen konnte, weil ich meinte, mich körperlich immer in Bewegung halten zu müssen, kam mir Gordons Hinweis nur allzu recht als er meinte; dass das stille Sitzen wärend der Meditation keine wirkliche Präsenz sei, weil so keine Wahrnehmung im Hier und Jetzt geschieht und die Versenkung eher einem Traumzustand entspricht. In jedem Falle konnte ich mich von einem gewissen Druck: meditieren zu müssen, befreien. Diese Erfahrung gehörte für mich zu den besten Ergebnissen von dem ganzen Seminar. Sonst ging es um Gesundheit, Entschlackung und bakteriellen Flüssigkeiten, die wir uns in die Augen träufelten und schluckten, um die Magen-Darmflora anzuregen. Das alles geschah in einer engen Gemeinschaft. Es tat uns allen gut und war meine erste Begegnung mit einem Gesundheits-Guru und gleichzeitiger Teilnahme an einem Seminar. Ich entdeckte, dass ein Miteinander mit anfangs vollkommen fremden Personen sehr hilfreich und angenehm war, einfach weil die Aufmerksamkeit bei uns allen auf ein gleiches Ziel gerichtet war und das ergab, unter Gordons Anleitung, eine gemeinsame Erfüllung.

Natürlich ging dieses Seminar für mich weit über die Gesundheit hinaus. Gordon erschien mir als Weisheitslehrer, er berührte meine Seele. Ich war und bin sehr offen für spirituelle Er-Innerungen, sind sie es doch, die uns den Weg zur „Wahrheit" weisen. Dubiös blieb mir aber seine Fähigkeit unsere Persönlichkeiten in Vorleben zu erkennen; denn immer waren es bekannte „ grosse" Perönlichkeiten, die er in uns wiedererkannte, so dass sich unsere Gruppe zu einem wahrlich erlauchten Kreis aus uralter und neuerer Vergangenheit zusammenfügte! Es war nun nicht so, dass wir uns daran festhielten, denn so ganz geheuer war es so Einigen damit nicht. Aber was war es wohl, dass Gordon damit bezwecken wollte ? War es für

Ihn eine überzeugte Tatsache, oder war es ein psychologisches Spielchen, um unser Selbstwertgefühl anzuheben, um uns gleichzeitig unserer Egos bewusst zu werden? Wie auch immer kam ich zum ersten Mal mit einem Guru in Berührung, der Spuren hinterlassen hat.

Wieder zurück auf Ibiza, konnte ich mich in aller Ruhe auf meine Reise in Richtung Osten vorbereiten. Anfang Juli segelte ich nach Benicalo weil ich dort den billigsten Slip ausfindig machen konnte. Nachdem das Boot einen neuen Unterwasseranstrich bekommen hatte und die Schiffsschraube ausgewechselt war, rollt der Slipwagen wieder langsam zu Wasser. Als ich den Motor startete und den Rüchwärtsgang vorsichtig einlegte, gab es einen unerwartet starken Ruck im Boot, dass sich eine Reelingstütze verbog; denn so kräftig funktionierte nun die Schraube.

11. Reise: > GRIECHENLAND und die TÜRKEI

Es war eine riesige Freude für mich nun mit dem neuen Motor kraftvoll einige Runden im Hafenbecken zu drehen. Jetzt erst merkte ich, was ich mir mit dem alten Motor angetan hatte, es war überhaupt kein Vergleich mit vorher und gab mir entschieden mehr Sicherheit einhand zu manövrieren, aber ich tröstete mich mit dem Sprichwort:" Was ich nicht weiss, macht mich nicht heiss!" Jetzt wusste ich mehr; die Jahre des Sparens und Charterns hatten sich gelohnt.

Meine Freunde Dani aus Madrid und Hans aus Darmstadt wollten ein Stück mitsegeln. Es dauerte seine Zeit bis sie endlich an Bord waren und wir mit Kurs direkt auf Bonifacio-Korsika los segelten. Wir waren schon einige Tage unterwegs. Es war wieder Nacht. Wir hielten auf ein Leuchtfeuer zu, das eine ganz andere Kennung als Bonifacio hatte. Mir war das unheimlich. Mit dem Glas konnte ich im Wiederschein des Leuchtfeuers schwarze Felsen entdecken und riss spontan das Ruder 'rum. Wir bargen die Segel und motorten wieder zurück; denn Bonifacio lag schon hinter uns. Wir konnten das Leuchtfeuer nicht ausfindig machen, es funktionierte nicht ! In der Morgendämmerung liefen wir dann endlich in den schönen Hafen ein.

Auf unserer Weiterreise nach Ischia kamen wir in schlechtes Wetter. Hans kotzte sich die Seele aus dem Leib, lag lang in der Backbord-Koje im Salon unter einem fast 2 Meter langen Bücherbord und meinte; „ Thomás, all diese wunderbaren, wahrheitssuchenden Bücher kannst Du mir sonstwo hinstecken, das einzige was mir im Moment wichtig ist, ist aus meiner ehlenden Übelkeit herauszukommen"! Oh, wie konnte ich ihm das nachempfinden. Mir wurde so klar, wie primär abhängig unser Wohlempfinden vom körperlichenZustand ist. Da ich generell keine Probleme mit dem Körper habe, kann ich vielleicht das Leid so vieler Menschen nicht im Sinne von Eigenerfahrung nachempfinden, als das ich ihnen von daher eine grosse Stütze im „Mitleid" sein könnte. Ich konnte immer nur vor dem Hintergrund meines „So-Seins" dabei sein, obwohl der Kopf sich wohl Gedanken machte und sich nicht immer ganz klar darüber war, wie wohl am besten zu handeln sei. Letztlich war jede Situation immer so wie sie sein sollte und mit dieser Erkenntnis tröstete ich mich und die Betroffenen. Übelkeit durch Seekrankheit kannte ich kaum, wohl aber wenn ich zu tief ins Glas geschielt hatte.

Dani, der kaum ein Pfennig Geld in der Tasche hatte und sich nicht unbedingt an der Bordkasse beteiligen wollte, kaufte für seine geliebte Braut ein süsses weißes Kleid, das er uns mit strahlenden Augen vorführte.- Es dauerte dann auch nicht mehr lange, dass er auf Ischia abheuerte und sich eiligst auf den Weg heim zu seinem Mädchen machte. Hans und ich besuchten Gordon der auf Ischia lebte, doch das Wetter machte uns einen Strich durch die Rechnung. Nach einem nur kurzem Aufenthalt bei ihm, verschlechterte sich das Wetter dermassen, dass wir beide schleunigst auf der kleinen Kinder-Bultaco aneinandergeklammert von hoch oben auf dem Berg zum tief unten liegenden Hafen rasten, wärend uns der Regen und Wind zu schaffen machten. Schon von weitem sahen wir, wie die einfallenden Böen die Boote am kleinen Anleger durcheinander wirbelten. Wir kamen rechtzeitig zurück und verhinderten Schlimmeres, denn ein Sonntagssegler ist immer nur in begrenztem Masse ein „ Seemann" und so mussten wir höllisch aufpassen und anderen Booten helfen, dort wo sich schlecht gelegte Anker lösten, oder Festmacherleinen nicht mehr hielten.

Als Bruder Klaus mit seinen beiden Ältesten auf Ischia anheuerte, um bis Neapel mitzusegeln, war die Freude und das Wiedersehen gross. Das Boot war voll und die jugendliche Energie brachte neuen Wind an Bord. Wir besuchten noch einmal kurz den Guru Gordon, schmissen die Leinen los und schipperten rüber zum nahen Festland. So einige Tage durchstöberten wir Neapel und kehrten immer gerne auf unser Bootsheim zurück, bekochten uns meistens selbst und genossen unser Zusammensein bis Hans und Klaus mit Kindern Ende August wieder abreisten. Wie immer, kam der Moment der Abschieds. Unaufhaltbar schiebt sich die Zeitwalze voran, macht uns älter an Erfahrungen, älter auch in Körper/Geist.

EL SOLITARIO, ich war allein – Anfang und Ende – steht im Logbuch. Heute würde ich sagen : Ende und Anfang. Mir wurde jetzt doch bewusst, dass ich nun erst einmal endgültig auf mich selbst gestellt war. Das war sehr spannend, und voller Entusiasmus machte ich mich nach Capri auf den Weg. Zwischendurch, besonders an den Abenden, hatte ich wunderbare aber auch beängstigende Erfahrungen mit mir selbst. Dieses totale Alleinesein will gelernt werden; denn mein Ansspruch an mich selber war immer höher, als das ich ihn erfüllen konnte. Selbstkritisch musste ich immer wieder erkennen, dass ich noch weit entfernt davon war, wirklich in meiner Mitte zu ruhen, obwohl mir diese wunderbaren Momente des Gewahrseins geschenkt wurden, konnte ich diese Zustände auf Dauer nicht halten und das betrübte mich dermassen, dass ich an meiner Selbstrealisation zu zweifeln begann und mich selbst mit Schimpf und Schande bedachte. Aber auch das schien mein destino zu sein, eine Etappe auf dem langen Weg – heim -. In der Tat es war ein sehr langer Weg bis erst viele Jahre später Klärung eintrat. So schrieb ich ins Log-Buch aus meiner „wunderbaren" Verzweiflung heraus : > Jeder Moment ist der Höchste. Alles niedergeschriebene „Gedachtes" kann auch anders verstanden werden, die gleichen Worte mit anderem Sinn <!

Der Alltag war immer voller Aktivität, voller Bewegung und Wohlfühlens. Wenn dann die Momente des Besinnens kamen suchte ich so manches Mal die Konfrontation mit mir selber, sicherlich auch, um mir selbst in evolutiver, geistiger Hinsicht ständig auf die Sprünge zu helfen. Das war unbedingt vonnöten, um nicht die kleinste Chance zum „Wunderbaren" zu verpassen und so schaukelte ich mich durch die Zeiten, so war es mir bestimmt! Jeder Moment ist so wie er ist, es gibt keine andere Realität. Dieses Allein-Sein fing an, mir zu gefallen, konnte ich doch jegliche Einmischung von Anderen, noch meine Hinwendung an Andere vermeiden, ganz bei und mit mir sein ohne irgendwelche Schuldgefühle, weil ich vielleicht dem > System< des chaotisch-freundlichen Miteinanders den Rücken kehrte. Jetzt begann eine Zeit des Insichgehens und ich spürte voller Freude wie ich wieder einmal von der Einsamkeit hinüber ins ALL-EIN-SEIN „rutschte". Das tat ja so gut !

Logbuch:>Am 1.9.77 um 15.30 Uhr fest auf Capri. Viel am Boot gefummelt, 2 Käsebrote mit Tomate, 1 Flasche Bier. Wanderung über die Insel. Capri gefiel mir sehr. Eine schöne und romantische Insel. Was ich nicht zufuss entdecken konnte machte ich mit dem Boot, ankerte wo es gefiel, schwamm in der blauen Grotte, vor oder nach dem Tourismus. Ich war`s zufrieden auf und mit diesem schwimmenden Heim, es gab keinen weiteren Wunsch, es war alles da was ich brauchte. Meine Ansprüche waren angepasst an das So-Sein, in jedem Moment im Hier und Jetzt.

Das Boot trimmte ich immer mehr aufs Einhandsegeln, so dass jede Leine und sonstiges Zubehör seinen Platz am Heck-Korb und an der Seereeling fanden. Alles war leicht und schnell zugänglich und es brauchte kaum Zeit, um wieder neu verstaut zu werden. Dementsprechend sah das Boot natürlich auch aus und mit seinen bunten Luken wurde es wahrlich zum echten Hippie-Kahn. Die Hafenmannöver, die meistens den grössten Aufwand brachten, klappten immer besser. Der neue Motor hatte seinen grossen Anteil daran.

Bald ging es weiter in Richtung Süden. Die erste Nachtfahrt war angesagt. Am frühen Nachmittag wurde der Anker gelichtet und das Boot nahm Kurs auf Stromboli ca. 70 Meilen weiter südlich Wieder unterwegs!

Vorher mögen viele Gedanken meinem Alleinsein vorausgeeilt sein, jetzt, unterwegs wurde mir immer bewusster, dass ein neuer Lebensabschnitt schon begonnen hatte. Besonders von meiner heutigen Sicht, die 30 Jahre gereift ist, begann tatsächlich eine neue Odysse mit allem was dazu gehört. Viel Tagebuchmarterial gibt es aus dieser Zeit, einer Zeit in der ich ganz bei mir selber war und so einen schriftlichen Dialog mit mir führte. Ich war mein eigener Ansprechpartner und so drehte sich dieses Leben um Thomás und sein Boot. Das Alleinsein auf der einen Seite und die ständige Herausforderung des Überlebens auf dem Meer war eine exelente Übung zu spirituellem Wachstum, es ging gar nicht anders, es erzwang sich von selbst und war die einzig gültige Lösung zu einem heiterlebendigem Leben. Da echte, autentische Lebensqualität nur über unsere eigenen Erkenntnisse zu >erleben< sind und solches leider auch nur in seltenen Ausnahmen gelingt, haben wir keine Führung, die uns damit bekannter machen könnte, geschweige denn es wurde uns von den Eltern oder Erziehern näher gebracht. Es gibt vorerst keinen Anhaltspunkt, der einem von aussen her irgendeine Sicherheit darüber geben könnte, ob das Spirituelle real ist oder nur aus Vorstellungen, Emotionen, Visionen oder Konzepten besteht. Man hängt praktisch in der Luft, weil es nichts zu geben scheint, dass einem eine Bestätigung auf seiner Wanderung durch die „mystische" Welt geben könnte. So stellte sich manches mal die Frage > ..wer oder was ist überhaupt normal, gibt es überhaupt eine sogenannte Normalität, die uns das >Weltliche vorzugaukeln versucht<? In der Tat ist da eine NORM, die in ungefähr ein archetypisches Verhalten als Allgemeingut erkennt, das uns hilft miteinander zu leben. Doch zu jener Zeit konnte ich das nicht klar erkennen und musste mich erst einmal mit diesem Durcheinander der Gedanken, Gefühle und offenen Fragen zufrieden geben. Es gab nichts anderes zu tun als DA-ZU-SEIN, dabei zu überleben und das alles reduziert auf wenige m2 schwimmender Bootsplanken, inmitten der beiden transparenten Elemente; Wasser und Luft, nach unten wie nach oben. Ich war in Momenten in denen ich körperlich weder Anfang noch Ende spürte, da war gar kein Körper mehr, nur noch SEIN, DAS zu beschreiben schier unmöglich erscheint.

Die Nacht war lang mit wenig Wind. Man musste Acht geben, um am Ruder nicht einzuschlafen; denn bei lauem Wind funktioniert die Selbststeueranlage so gut wie nicht. Aber plötzlich erschien am fernen Horizont ein Feuerzeichen, anfangs noch sehr schwach, dann immer stärker werdend. Ich erschrak ! Was mag das sein ? Im Nu war ich hellwach, studierte die Karte, konnte mir aber dieses Phänomen überhaupt nicht erklären. Die Fahrt ging schneller. Mehr Wind war aufgekommen und wieder erschien das riesige Feuer hinter dem Horizont als orange-roter Wiederschein am tiefschwarzen Nachthimmel. Auf einem mal „tickte" es bei mir: >Das muss der Stromboli sein. Der Vulkan spuckt Feuer. Ja, das wars <! Das stärkste und echteste Leuchtfeuer, das ich je gesehen hatte! Als der Morgen dämmerte sah ich , noch fern, die Spitze des Vulkans. Nun war es nicht mehr weit zum Stromboli. Einige Stunden später ankerte ich fast auf offener See am kleinen Ort, der mir wegen seiner bescheidenen Einfachheit sehr gefiel. Von dort gings hinauf zum Vulkan, der ruhig war und nur weissen Dampf abliess. Man konnte auch in das Kraterinnere hinabsteigen und unter einem Wellblechdach Schutz suchen, sollte er Feuer spucken. Ich dachte an mein Boot, das ziemlich schutzlos da unten vor Anker lag und musste nicht unbedingt da weiter hinunter, um des Strombolis Schlunt zu beschnubbern. Später dann, gings weiter in den sicheren Hafen von Lipari.

Logbuch: 8.9.77 Lipari – Scilla > Unterwegs. Ich möchte immer wieder ein Märchen schreiben; mühelos, und das dieses Märchen das SEIN, in dem ich zuweilen verweilen durfte, weitertragen möge, dargestellt durch einen Knaben, der, wie wir alle im Kindesalter, Blumen und Gras, Erde und Himmel und all diese inniglichen Erlebnisse des SEINS noch sehen und spüren kann. Jedes Tier und jeder Stein, jeglicher Grashalm sich wiegend in sanfter Brise, das Treiben der Wolken, die Brandung des Meeres. Meine ganze Erfahrung und das ahnungsvolle Wissen um jeden Moment unserer Vollkommenheit! Die –inflationären- Tendenzen, als Wegweiser und Hinweiser, die wir so mühevoll und schadennehmend bekämpfen. Jeglicher Kampf ist Krampf und mühevoll wie jedes Leid und jede Sorge. Die innere Stimme, als Verbindungsorgan zwischen Sein und Nicht-Sein, gibt Dir Auskunft über Wahrheit und Unwahrheit, über mühelos, und mühevoll. Mühevolles hat kein gutes Gelingen. Nun ist das Mühelose keine –Freifahrthin zur Bequemlichkeit und diese ist der Mühe nicht wert und eher wohl ihr Gegenteil ! <

Aber wie sollte ich solches Erleben in einem Märchen zum Ausdruck bringen? Mir fehlte immer wieder das – Gefäß -, in das dieser Juwel in seine Form gegossen werden konnte. So blieb es über viele Jahre ein Wunsch der sich sehr bescheiden in Tagebuch-Skizzierungen zu erfüllen versuchte.

Und wieder unterwegs von Lipari nach Scilla, einem kleinen Hafen mit Fischerbooten genau gegenüber von Sizilien. Tagebuch: >Da findet anscheinend ein ständiger Wandel statt, zwischen dem gegenwärtigen Hier und Heute und dem vergangenem Gestern und kommenden Morgen. Alles greift ineinander, vermischt sich und hinterlässt ein Chaos, das völlig lieblos sich selbst erbricht. Da ist die ständige Herausforderung des physischen Überlebens, über Jahrtausende auf eingefahrenen, nie enden wollenden Gleisen geprägt, und über Generationen und Generationen immer –fester- gewordene, in Traditionen verankerte Verhaltensweisen, die nicht zulassen können, dass nur ein Lichtstrahl diese Bewusstseins-Finsternis erleuchtet.<

Zu jener Zeit auf dem Boot empfand ich des öfteren dieses Chaos, hatte ich doch überhaupt keinen Anhaltspunkt, im entferntesten eine Ahnung, wie all diese Gedanken, Gefühle, Wahrnehmungen und Emotionen unter einen Hut zu bringen seien. Fing ich an abzudriften und mich in der endlosen Unendlichkeit zu verlieren ? Nein, solche Gedanken kamen mir nicht, weil ich das Chaos auch als LIEBE empfand. Es gab zwar Ängste die einfach Teil meiner selbstgewählten Lebensumstände waren; ja doch, sie waren sogar meistens notwendig, um schnelle Entscheidungen treffen zu können; denn die Moment-Angst animiert zum Handeln.

In Scilla fand ich einen Platz zwischen den Fischerbooten. ALTAIR hing so voller Leinen, Gurten und Heckanker-Geschirr, dass die Burschen an Land Augen machten, was da wohl zu holen wäre. Ich musste mir klar machen, dass ich im Süden Italiens war, einer eher ärmlichen Gegend, überall hielt man Ausschauh nach Allem was nicht niet- und nagelfest war ! Ich musste schnell zum Einkaufen, gar nicht weit weg, aber es reichte den Knaben, um bei mir klarer Schiff zu machen. Ich war wütend, fühlte mich bestohlen, ohnmächtig als sei mir ein Teil meiner Selbst abhanden gekommen; der Vertrauensverlust tut weh und musste nun von mir gelernt und akzeptiert werden. Ich befragte die Fischer rundherum und natürlich wusste keiner von nichts.

Am frühen Morgen, noch ehe die Erde die güldne Kugel der Sonne frei gab, dampfte ich durch die Strasse von Messina in Richtung Griechenland. Für die 240 Meilen brauchte ich 60 Stunden. Mit Korfu als Kursziel steuerte Frieda das Bootchen in Richtung Nord-Ost. Es war anfangs eine sehr geruhsame Zeit an Bord. Es gab Flauten in denen der Motor schob, es gab Winde, die die Segel füllten und Altair vorantrieben. In meiner Bordbibliothek fand ich genug Unterhaltung. Da waren 2 Bücherregale, steuerbord war alles über die Seefahrt untergebracht. Da gab es viele Schriften von Weltumseglern, die mich immer wieder aufs neue faszinierten, Segelfach- und Handbücher der fast unendlich weiten Küsten unserer Erde. Es war alles Lernmarterial für mich, das in erster Linie die äussere Welt der Seefahrt abdeckte, das Überleben auf See. Im Backbord-Regal sah es ganz anders aus. Da war mehr die geistige Welt zuhause; das Leben, das SEIN selbst als Hilfe für mich – zurück zum Ursprung -!

Mit der Bibel tat ich mich damals schwerer; nicht weil ich sie vielleicht wegen streng christlicher Erziehung abgelehnt hätte, so wie ich es oftmals bei Anderen erfahren hatte; denn es war weder streng noch christlich bei uns, sondern einfach weil ich sie nicht verstand, oder das bischen, was ich hätte verstehen können, nicht finden konnte; bis auf den Prediger SALOMO und seine Schriften über die Eitelkeit: >Weisheit ist besser als Kriegswaffen; aber ein einziger Bösewicht verdirbt viel Gutes < !

Anders dagegen war es mit MEISTER ECKEHART´S – VOM WUNDER DER SEELE – dem kleinen gelben Büchlein von Reclam, das berührt in der Tiefe. Die Mystik repräsentiert das wahre Schauen hinein in eine realere Welt, die uns so geheimnisvoll, ja abwegig erscheint!

>Der Geist soll also frei sein, dass er an allen nennbaren Dingen nicht hange und das sie nicht an ihm hangen. Ja, er soll noch freier sein: also frei, dass er für all seine Werke keinerlei Lohn erwarte von Gott. Die allergrösste Freiheit aber soll dies sein, dass er all seine SELBSTHEIT vergesse und mit allem, was er ist, in den grundlosen Abgrund seines Ursprungs zurückfliesse.<

SENECA, der mit seinen lebensnahen aber strengen Schriften vom – GLÜCKSELIGEN LEBEN – den Nagel auf den Kopf trifft: > Es steht mit der Menschheit nicht so gut, dass das Bessere der Mehrzahl gefiele: die Menge ist ein Beweis des Verkehrtesten! Wir müssen fragen, was das Beste sei, nicht was am meisten geschieht; was uns in den festen Besitz beständigen Glückes bringe, nicht was der Masse gefalle, die in Sachen der Wahrheit ein gar schlechtes Urteil hat < !

HERMANN HESSE´S – GESAMMELTE WERKE -. > Alle Menschen sind bereit, das Unglaubliche zu tun, wenn ihre Ideale bedroht werden. Aber keiner ist da, wenn ein neues Ideal, eine neue, vielleicht gefährliche und unheimliche Regung des Wachstums anklopft <! - > Der Gebildete kennt und hat Prinzipien. Er achtet eine Menge von Dingen, die ihn im Grund wenig anziehen, und verzichtet auf andere, nach denen es ihn hinzöge, wenn eben die Bildung nicht Hemmungen geschaffen hätte <! - > Man hatte sich, als wir Kinder waren, viel Mühe damit gegeben, uns den >> Willen zu brechen <<, wie die fromme Pädagogik das damals nannte, und man hatte in der Tat allerlei in uns gebrochen und zerstört, aber gerade nicht den Willen, gerade nicht das Einmalige und mit uns Geborene, nicht jenen Funken, der uns zu Outsiders und Sonderlingen machte <!

CARLOS CASTANEDA'S Bücher fesselten eine ganze Generation des Aufbruchs. Ich konnte kaum erwarten bis sein nächstes Buch erschien: > Du siehst, sagte Don Juan, wir alle machen die gleichen Zweifel durch. Wir fürchten uns verrückt zu werden. Zu unserem Unglück sind wir natürlich alle bereits ver-rückt <! -> Aber wir leuchtenden Wesen haben alle einen Doppelgänger. Wir Alle ! Ein Krieger lernt lediglich, sich dessen bewusst zu sein, das ist alles. Es gibt anscheinend unüberwindliche Schranken, die dieses Bewusstsein versperren. Aber das kann nicht anders sein. Gerade diese Schranken machen das Erreichen eines solchen Bewusstseins zu einer so einzigartigen Herausforderung<!

Es gab viel Geheimnisvolles um die Figur des Carlos Castaneda. Alle wollten von und über ihn wissen und keinem gelang es, ihn irgendwo zu erkennen oder zu finden. Er schrieb Bücher, aber er war für viele offene Fragen nicht verfügbar. Lebte er wirklich ? Ich hörte eine Geschichte in der man bekannt gab, dass er sich mit Leuten an einem bestimmten Ort treffen wollte und alle alle kamen und strömten dorthin. In grosser Erwartung, endlich Carlos kennenlernen zu können wartete man auf seinen Auftritt und wartete und wartete. Nichts geschah, kein Carlos erschien, als schliesslich, nachdem es unruhig im Saale wurde, einer der Veranstallter aufs Podium ging und sagte: >Das wars, liebe Freunde, Carlos Castaneda, der die ganze Zeit unter Euch weilte, hat soeben den Raum verlassen <! Erst viele, viele Jahre später, als wieder einmal ein Shamanen-Seminar auf unserem Land abgehalten wurde, erzählte mir der Leiter so ganz nebenbei als die Sprache auf Carlos Castaneda kam, dass er ihn persönlich kenneglernt und mit ihm gearbeitet hatte. Seine, eher strengen shamanistischen Seminare, mochten so einiges von den tiefgründigen Lehren eines Don Juan und Carlos Castanedas widergespiegelt haben.

Nun ja, dieser Abstecher in die Welt der Bücher, die mit mir segelten spiegeln einen Urgrund meiner Wünsche, Sehnsüchte und Hoffnungen auf irgendeine Erlösung wieder, der ich mich manches Mal so nah und dann auch wieder so fern fühlte. Es war der „ Krieger „ in mir, der versuchte sich seines Doppelgängers bewusst zu werden. In der Tat, die Herausforderung war immens gross und liess mich nimmer los, weil ich bereits so einiges dieser „anderen Welt" gespürt, genossen und erfahren hatte. Wenn ich auch nicht andauernd in diesen Schriften schnüffelte, war doch ihre Präsenz, das Geschriebene als Ausdruck einer anderen, realeren Wirklichkeit ein Anstoss, eine ständige Erinnerung an das was ich wirklich bin, was wir wirklich sind !

Und dann kam die weltliche Realität mit Blitz und Donner zurück. Ferne am Horizont braute sich gegen Abend, noch vor der Nacht, ein Unwetter zusammen und rückte unaufhaltsam mir entgegen. Das könnten Ausläufer einer BORA sein, Starkwinde aus der östlichen Küste der Adria. Im nu wechselte die Stimmung: aus ruhiger Stille und friedlichem Wasser in eine wütend schäumende See! Ich konnte rechtzeitig umschalten, in mir, und das Hier und Jetzt des Moments im handumdrehen erfassen und danach handeln. Die grosse Genua wurde geborgen, eine Sturmfock gesetzt, was nur ganz selten in meiner Segelzeit vorgekommen ist. Auch barg ich das Grosssegel und reffte den Besan. Ich hatte weder Rollfock noch irgendeine andere Erleichterung heutigen Stils, so dass diese Arbeiten als Einhandsegler bei auffrischendem Wind schon vollen Einsatz benötigten. Es war höchste Zeit als ich mit allem fertig war. Das Boot segelte kräftig an offener Kreuz. Der Trimm war ausgeglichen, so dass Frieda das Steuern übernehmen konnte. Sehr starke Böen drückten das Boot schwer auf die Seite. Die Nacht brach schnell herein, sie war düster und schwarz. Frieda funktionierte prima und hielt das Boot auf Kurs. Ich stellte mir die Eieruhr auf jeweils eine halbe Stunde und fiel totmüde in die Koje. Hier drinnen, in der Kajüte war es urgemütlich, es schaukelte zwar ein bisschen, aber die finstere Sturmnacht war weniger zu spüren.

Wenn irgendetwas nicht stimmte mit dem Boot, dem Kurs, den Segeln, so spürte ich das sofort. Ich war ein Teil des Schiffes, ja das Zentrum und dermassen mit allem verbunden, das ein kleiner Handgriff oftmals ausreichte, um alles wieder ins Lot zu bringen, sollte eine Welle vielleicht das Boot aus seinem Kurs gebracht haben und Frieda dann falsch reagierte; denn schon einige Grade Kursabweichung konnten das wunderbare Gleichgewicht, ja die Harmonie der unterschiedlichsten Kräfte, aus der Ballanze bringen. Zur Sicherheit und schläfriger Bequemlichkeit hatte ich neben meiner Eieruhr einen kleinen Kompass liegen, um den Kurs zu kontrollieren. Nun ist so ein Schiffskurs unter Segeln im Sturm keine Eisenbahn auf Gleisen und neben den hohen Wellen, der Abdrift durch Wind und Strömung ändert auch der Wind konstant seine Richtung, was er mit den Böen besonders gerne tut, und da Frieda auf einen ganz bestimmten Anstellwinkel zum Wind getrimmt ist, nimmt sie natürlich das Boot mit in die geänderte Windrichtung. Das Kräfteverhältnis bleibt zwar so erhalten, der Zielkurs aber ändert sich, was in Küstennähe sehr problematisch werden kann, nicht so, wenn man frei auf hoher See ist.

Und so geschah es, das wärend des übernächsten Tages, nachdem die Sturmnacht längst hinter uns lag, einfach kein Land auftauchen wollte. Erst gegen Abend des dritten Tages kam endlich Land in Sicht, das aber überhaupt nicht mit meinen Aufzeichnungen, Karten und Handbüchern übereinstimmte. Zwischen 2 Küsten fand ich mich wieder, ohne eine Ahnung zu haben wo ich wohl sei.........aber ein – Odysseus – landet auf seiner Heimatinsel ITAKA !! Das stimmte aber nicht ganz. Zum Glück fuhr ich einem kleinen Fischerboot nach und konnte über Rufkontakte herausfinden, das ich mich in einer südlichen Bucht der Insel Levkas befand, jedoch dem Fischer nicht weiter folgen konnte, es wurde zu flach und langsam dunkel. Vorsichtig tastete ich mich seitlich in eine kleine Felsenbucht und warf den Anker. Die verdiente Ruhe dauerte nicht lange. Mitten in der Nacht kam auflandiger Starkwind auf. Ich gab alle Ankerkette und landete mit dem Heck sehr nah an den Felsen. Die Bucht war mir total unbekannt, es war Nacht und wie sah es wohl unter Wasser aus ? Ich konnte kaum wagen hier liegen zu bleiben, oder einen zweiten Anker auszubringen, was in solcher Situation gar nicht einfach ist.

Müde entschloss ich mich auszulaufen. Wärend ich das Boot unter Motor in Richtung Anker steuerte, nahm ich den Gang raus, raste übers Deck nach vorne und holte so schnell wie möglich die Ankerleine mit Kette ein, wärend der Wind den Rumpf schon wieder zur Seite, gefährlich nahe an die Felsen drückte. Der Anker war immer noch im Grund, hatte aber nun für diesen starken Wind viel zu wenig Kette und könnte aus dem Grund brechen. Ich eilte rasch ins Cockpit, positionierte Altair mit dem Motor wieder vorsichtig in Richtung Anker, sprang wieder zum Bug in schwärzester Nacht, holte den Rest der Kette mit dem Anker ein. Nun trieb das Boot mit Eile quer und im letzten Moment schaffte ich es, das Boot aus dieser engen, teuflischen Bucht zu motoren. Das war eine der heikelsten Situationen meiner Seefahrerei; es ging weniger um mich selber, es ging um einen möglichen Verlust des Bootes. Ich ankerte dann in der weiten Bucht und dankte Gott, dass der Anker hielt und ich endlich schlafen konnte. Der nächste Morgen war sehr still, friedlich, sonnig und mit viel Dankbarkeit erfüllt.

Der Gedanke, sich als Einzelkämpfer gegen die Naturgewalten zu fühlen, kam nicht auf, weil ich mich weder als Opfer noch als Täter fühlte; denn das – Tun- als solches, war doch das Leben selbst, das forderte und gab. Je grösser der Mut in das Vertrauen des>Soseins< desto weiter und tiefer ist die Erkenntnis: „ lass dich zum höchsten Einsatz drängen, verbinde dich mit > der Bewegung des Immers < und -let go-, ergebe dich dem Geschehen selbst; akzeptiere jeden Moment als der der er ist. Dazu gehört natürlich auch aus >Fehlern< zu lernen und wenn es sein soll praktische Rückschlüsse zu ziehen. Offensichtlich brauchte ich diese Schule des Lebens um Grenzen zu berühren, an diesen Herausforderungen zu wachsen, um dem Ursprung des SEINS, nenne ES Gott, oder was auch immer, nahe zu sein.

Ich war in Griechenland, dem Ursprung, der Wiege unserer westlichen Kultur, wie man sagt. Ein Land, das schon vorchristlich in hoher Blüte stand, ohne unseren Jesus überlebte, und den Göttern huldigte. Es war eine grosse Freude, begleitet von der Neugier, die alten Tempelstätten und vielen Inseln auf eigenem Kiel kennenzulernen. Eine neue Welt tat sich für mich auf und bestimmte von nun an in grossem Masse meinen Tagesablauf.

Nun ja, meine eigentliche Zielinsel Corfu, lag weiter im Norden, aber den Bug von Altair zogs nach Itaca, um schliesslich auf Levcas zu landen. In den nächsten Tagen durchfuhr ich den Levcas-Kanal und schipperte in der näheren Umgebung herum, ankerte in stillen Buchten und meditierte mit einem wunderschönen, ganz allein stehenden Baum. Es entwickelte sich eine Freundschaft. Hatte ich sonst keinen mit dem ich mich unterhalten konnte, so kommunizierten wir miteinander wie zwei Lebewesen die zwar unterschiedlicher Art waren, aber doch gemeinsam lebten. Und tatsächlich, von dem Tag an hatte ich einen direkten Bezug zu allem Leben, übersprang so das fixierte arttypisch Menschliche und erfuhr eine ungeahnte Fülle !

Griechenland hat tiefe Wurzeln, die uns über jahrtausende nährten. Das Wissen darum ist überall spürbar und hilft uns zu erkennen, dass nichts neu ist auf dieser Welt, es keine wirkliche Evolution gibt und was dann übrig bleibt ist das > Zeuge-Sein < des Geschehens selbst und dort trifft sich ALLES wieder. Formen und Gedanken sind endlos und erscheinen immer wieder neu, aber es sind halt nur Vorstellungen eines Fortschrittes in der Begrenzung von Raum und Zeit. Das >Leben < ist weit mehr in seiner Ursache, manifestiert sich aber in diesem ja ungeheuren Spannungsfeld phänomenalem Dualismus, in dem Raum und Zeit, Licht und Finsternis, Freud und Leid, Werden und Vergehen in naturgesetzlichen Abläufen eingebettet sind.

Ich war happy, verabschiedete mich von meinem Baum, hob den Anker und segelte nach Athen ! Überall gäbe es viel zu erzählen. Jeder Hafen war neu. Segler aus aller Welt trafen sich und so manche Freundschaft wurde geschlossen. Für viele ist es eine schöne Urlaubsreise, nur für wenige eine Lebens-Art. Nicht nur pensionierte Engländer, die sich mit Entusiasmus und viel Mut ihre Segelträume im Ruhestand erfüllten, waren unterwegs, nein, es gab auch so einige mittleren Alters und Jüngere, die ich aus Frankreich und Italien traf. Nach Griechenland schien es alle zu ziehen, die Jüngeren mit einfachen Booten und leuchtenden Augen. Gino, ein Italiener mit seinem Freund, der wie ein echter Schiffsjunge aussah, waren meine treuen Begleiter. Sie waren noch neu bei der Seefahrt und mochten ALTAIR mit seinen bunten Farben. Eines Tages war Gino plötzlich verschwunden. Wir trafen uns erst nach einigen Wochen wieder. Ich konnte es kaum glauben. Sein Schiff sah aus wie ALTAIR, ähnliche Farben, einen Klüver und eine Selbsteueranlage am Heck. Wir feierten unser Wiedersehen, lagen im Pulk zusammen und tranken griechischen Wein, den Retcina, den ich anfangs kaum schlucken mochte, mich aber über die Zeit dermassen daran gewöhnte, dass ich später, einen guten spanischen Tropfen, anfangs auch wieder als ungeniessbar empfand. So ist das mit den Geschmäckern und mit den Gewohnheiten.

Es war gar nicht so einfach, sich in Athens Hafen Piräus zurechtzufinden. Aber irgendwo fand ich schliesslich einen Platz, besuchte Museen und Tempel, hielt Ausschauh in der Metropole nach griechischer Schönheit. Jedoch ist eine Grosstadt eben eine grosse Stadt mit viel Verkehr, Lärm, Smog und gestressten Menschen überall. Ich suchte etwas ausserhalb der Stadt eine Werkstatt für Nirostabeschläge, um über dem Kompass auf der Steuersäule einen Bügel zu montieren; denn alle Welt, die an Bord kam, hielt sich zu erst am Kompass fest was ihm gar nicht gut tat. Nun hatte ich einen polierten Schutzbügel, der in jeder Hinsicht seinen Zweck erfüllte. Bei der Werkstattsuche kam ich an einem Antiquitäten-Laden vorbei, trat ein, sah niemanden und schaute mich ruhig um. Auf einmal grinste mich durchs alte Mobiliar ein echter griechischer Jüngling an, der gerade vom Olymp herabgestiegen zu sein schien, wie in Marmor gemeisselt, wollte er mich nicht mehr gehen lassen. Die Überraschung war gross und das war eine Begegnung mit griechischer Schoenheit, die ich mir ja gewuenscht hatte! Ausserhalb auf dem Land, in kleinen Buchten und auf Inseln, sah ich die Bauern und die Bäuerinnen auf ihren Eseln oder Mulas über felsige Pfade hin zu ihren bescheidenen Gärten ziehn. Die Wildnis der Landschaft, Oliven- und Feigenbäume, eine ruhige Stille, manchmal unterbrochen von dem Summen der Insekten, Vogelgezwitscher oder ein Windzug in den Pinien. Da unten lag das blaue Meer. Zwei Masten winkten durch die Büsche. Altair lag vor Anker und dümpelte gemächlich vor sich hin.

Die Männer, die Älteren traf man häufig in den Café-Häusern. Sie unterhielten sich über Gott und die Welt, drehten Perlen in ihren Händen und genossen ihre Zeit. Ich verstand natürlich kein Wort. Mir war so, als würden die Frauen viel mehr arbeiten, aber wir waren hier ja schon an der äussersten Grenze unseres christlichen Abendlandes und da schwabbte vielleicht schon so einiges vom Islam, von der anderen Seite der Ägäis, herüber, dort wo in der Kultur und Tradition, andere Rituale und Rechte zwischen den Geschlechtern funktionieren.

Hier in der Ägäis brauste der Wind ganz schön. Es war unruhiger als an der Westküste. Eine schöne Bucht auf einer kleinen Insel lud mich ein, das Motorrad auszupacken. Ich hob es mit dem Grossbaum als Kran ins Gummi-Dinghi, ruderte an Land und durchstöberte die Insel querfeldein. Es war ein gutes Gefühl Moto-Cross zu üben, aber in einer stillen Kapelle, von denen es viele gab, hielt ich inne, ging hinein und wurde mir erst jetzt der Knatterei meiner kleinen Bultaco bewusst. Wie immer in solchen Tempeln, hielt ich Einkehr und gerade dieses Extrem, von äusserster physischer Aufmerksamkeit und Anstrengung wärend des Crossfahrens und dem totalen < let go > in der Stille der Kapelle, schenkte mir wieder dieses Gewahsein von Einheit. Danach konnte ich ohne > Schuldgefühle < weiter die Insel erkunden, wenn auch innerlich erfüllter. Am Abend loderte ein Feuer ´drüben am Strand und Männer hockten im Kreis. Ich fühlte mich eingeladen, ruderte hinüber und wurde mit Freude und viel Gestik empfangen. Wir tranken Retcina und tauchten Brot in Olivenöl mit Salz und Knoblauch, eine Köstlichkeit. Die Fischer blieben über Nacht, um am frühen Morgen zum Fischen aufs Meer zu fahren. Wir unterhielten uns mit Händen und Füssen und freuten uns.

Der Herbst brachte noch mehr Wind. Trotzdem wagte ich mich aufs Meer hinaus, hin zu den Kykladen, rundete das Cap Sounion, grüsste von ferne den Apollo-Tempel und ankerte auf der Insel Kea, um über Siros am 10.10.77 auf Mykonos fest zu machen. Hier war ein bischen mehr Ruhe angesagt, dachte ich, aber der Meltelmi blies ständig innerhalb bestimmter Tagesstunden und selbst im kleinen Hafen, wo die Boote wie Sardinen in der Dose lagen, musste man ständig auf der Hut sein. Die Boote lagen so gedrängt, dass die Fender quietschten und die Rümpfe sich mit Wucht aneinander kuschelten. Mykonos ist ein idyllisches Örtchen. Schmale Gassen, deren Ränder weiss gekalkt, sich über die rundlichen Häuser ziehn. Fast jedes Haus hatte seinen Tempel, seinen Altar. Ich spürte hier nicht die machtvollen, majestetischen Katedralen, sondern eher eine stille, demütige Verinnerlichung; im Aussen wie im Innen.

Gerade jetzt beim Schreiben entdecke ich die Ähnlichkeit von den Namen ALTAR und ALTAIR und es überrascht mich gar nicht, mein Boot, eine schwimmende Klause, als meinen Altar zu sehen. In der Tat, ES ist mein Tempel !

Es war eine Freude durch den Ort zu >schweben< und in jedem Winkel sich mit etwas Neuem zu verbinden. Die Kirche war für mich ein architektonisches Juwel und strahlte in ihrem leuchtenden Weiss unter tief blauem

Himmel. Ich war berührt von der glücklichen Einfachheit und sie erinnerte mich an ein aufbrechendes Ei, an die Wiedergeburt.

Viele Bars waren voller Touristen. Wie meistens, wo anders auch, gab es diese zwei Welten, die Ur-Einheimische, die sich immer mehr zurückzog; denn die Alten gingen und die Jungen wuchsen in die neue Zeit, identifizierten sich immer mehr mit den Touristen aus aller Welt, allen Sprachen und Kulturen, die sich ein Stückchen Griechenland in ihren Herzen mit heim nehmen wollten ! Ich empfand die Griechen als aussergewöhnlich gastfreundlich und viele Feste waren Einladungen zu Trunk und Schmaus, zu Tanz und Heiterkeit. Die Griechen geben dir keine Chanze dich irgendwie finanziell zu beteiligen, sie wollen dich einfach dabei haben, sie lieben es, dich in ihrem Tanzkreis zu haben, den Rest arrangieren sie.

Dann sass ich einmal in so einer typischen Touristen-Kneipe. Das war ähnlich wie im Kino, irgendwie eigenartig. Mir wurde so ein Stift zum >sniefen< angeboten, den man sich vor die Nase hielt und einsog. Im handumdrehen wurde ich beduselt. Das ging so schnell, dass mir schwindlich wurde. Ich spürte eine grosse Leichtigkeit, aber gleichzeitig ein körperliches Unwohlsein und auch eine Unsicherheit; denn die Kontrolle ging verloren. Das war eine neue Erfahrung durch die ich nun durch musste und versuchte das Beste daraus zu machen. Ich fand es dann besser doch lieber zu gehen, als recht plötzlich alles vorüber war. Es war schnell gekommen und schnell veronnen und das war schon wünschenswert für mich. Wieder bei normalen Sinnen fragte ich nach dem > Stoff < den sie mir gegeben hatten. Man meinte das sei so ein Beruhigungsmittel für Astma-Kranke für den Falls eines Anfalls. Dafür, dachte ich, mag es wohl ein Segen sein, aber glücklicherweise habe ich kein Astma !

Der Wind wollte nicht nachlassen. Trotzdem schmiss ich die Leinen los und segelte 'rüber nach Delos, eine Insel voller Tempelruinen gleich nebenan. Delos ist unbewohnt und wird tagsüber von Touristenbooten von Mykonos aus angelaufen. Ich fand ein geschütztes Plätzchen direkt neben dem Bootsanleger. Es war Vollmond. Das letzte Touristenschiff war ausgelaufen. Es war strengstens untersagt über Nacht auf der Insel zu bleiben. Ich blieb, und war ganz alleine, der einzige Inselbewohner nach soviel Bewegung auf Mykonos. Das war ein einzigartiges Erlebnis. Ich schlenderte durch die Ruinenstadt. Das blasse, helle Mondlicht liess die Konturen lebendig erscheinen. In meiner hellen Phantasie kehrte ich ein und erlebte eine alte griechische Idylle in all ihrer Pracht und Schönheit. Ich wusste nicht wieviel reale Zeit vergangen war; was ist schon die Zeit bei soviel Rückschauh über Jahrtausende !

Ich konnte solche Momente ja nicht bestimmen; sie ergaben sich einfach. Früh am Morgen erkletterte ich den nahe liegenden Berg und befand mich immer noch in einem gewissen zeitlosen Zustand. Oben auf dem Berg war eine grosse Platte, die mir wie ein Opferstein erschien. Da legte ich mich hin und liess mich von den ersten Sonnenstrahlen wärmen. Noch einmal lief dieser zeitlose Film ab, es war einfach so, dass ich kein gestern, kein morgen sondern alles zusammen im Jetzt wahrnahm, so, als hätte die Zeit keinen Platz mehr und die ganze Welt-Geschichte ist jetzt. Ich opferte mich, mitsamt einer persönlichen Indentifikation, einfach dem DA-SEIN, dem WAS IST! Später fand ich mich auf halber Höhe des Berges wieder, ohne jegliche Erinnerung wie ich dort hingekommen war. Ohne Zeit ist wohl auch ohne Raum. Erst wenn die Zeit wieder ins Bewusstsein tritt ensteht auch der Raum, als Form, als Gestalt jeglicher Erscheinung!

Die ersten Touristen begannen nun den Ort zu bevölkern und alles tauchte wieder in die alltägliche Gewohnheit ab. Um die Essenz des Erfahrenen nicht zu verlieren, setzte ich die Segel mit Kurs auf Naxos und blieb zwei Tage dort. Ich erinnere mich nur noch an ein Verbotsschild am örtlichen Strand, das mir zu denken gab. Ich spürte Wut in mir und mochte am liebsten die ganze Bürde unseres nicht autentischen Seins, den muffigen Teil unserer Zivilisation über Bord werfen !

> IT IS FORBIDDEN TO BE NAKED <

Natürlich fühlte ich mich als Hippie aufgerufen (make love not war), mit der Rebellion gegen das Establishment, gegen das System an sich; denn da war nicht des glückes Quelle zu suchen, noch zu finden, und so empfand ich viele Arten von Verbot oder Ordnungshinweisen als einen Eingriff in die Freiheit. Nicht, dass sich bis heute viel daran verändert hätte, aber ich habe „dieses Fürchten verlernt" und lasse ES einfach so sein, wie ES ist.-Das Ego des Allein-Anspruches ist gewaltig und jagt einem die schlimmsten Ängste ein, die dann mit Arroganz, Prepotencia und Rebellion überspielt werden. Da bleibt dann wenig Energie zum wahren Leben übrig. Der Meltemi blies und blies. Die Inselhäfen liegen nur selten gut geschützt im Windschatten des Landes. Das ständige Wachehalten macht müde und ich entschloss mich wieder zurück zum Pelepones zu segeln, um ein ruhiges Plätzchen für den Winterschlaf zu finden. Zum grossen Glück liess der Wind, mit dem Näherkommen zum Festland, immer mehr nach. Es war eine Erholung von Sefiros nach Hydra zu segeln. Noch sommerlich warm und fast windstill wunderte ich mich: > Aha, das gibts also auch noch ! <. Der Meltemi-Ärger war verflogen, aber reif fürs Winter-lager war ich allemal; denn wir schrieben bereits den November. Über Spetsai landete ALTAIR im Hafen von Methana, der mir sehr empfohlen wurde wegen der Schwefelquellen direkt im Hafenbecken, so dass das Unterwasserschiff sich selbst reinigte und kein Algenbewuchs entstand und der bereits Existierende das Weite suchte.

Ein deutscher Freund lebte in einem Gartenhäuschen über dem Hafen. Er segelte in einem umgebauten Rettungsboot. Über den Winter fuhr er in die Heimat und überliess mir das Haus. Oh, das war wunderbar. Ein Stückchen Land, Gras Bäume und Bootsnähe; was will man mehr, einfach ideal !

Der Winter verging ruhig ohne besondere Vorkommnisse an die ich mich erinnern könnte. Mit Freunden auf anderen Booten vertrieben wir uns einen Teil der Zeit. Doch , um ganz ehrlich zu sein, sind wir viel alleine. Jan und Gwel kamen aus Frankreich. Mit ihrem sehr kleinen vielleicht 5.80 m langem Bootchen umrundeten sie mutig alle Küsten zwischen Südfrankreich und Griechenland. Jan war Grieche und lebte mit seiner entzückenden Gwel in Frankreich. Sie waren jung, voller Kraft und leuchtenden Augen. Wir mochten uns und machten über 2 Wochen eine gemeinsame Motorrad-Tour durch den Pelepones. Jans Familie lebte in Athen, dort wo sie überwinterten und man ihnen eine Vespa zur Verfügung stellte. Meine kleine Bultaco war natürlich an Land und wurde benutzt; so dass es wenig Vorbereitung bedarf um auf den Trip zu gehen. Mit ganz wenig Gepäck tuckerten wir durch die ruhige Landschaft, besuchten gleich am Anfang Mykene. Diese steinerne uralte Burgruine beeindruckte mich sehr. Die massigen, wuchtigen Steinquader waren mit viel Können aufeinander gesetzt und liessen so eine architektonische Höchstleistung, die einer grossen Festung, entstehen. Die Mykenische Kultur entstand etwa vor 3600 Jahren, überlebte 500 Jahre und hatte sich über das ganze östliche Mittelmeer ausgebreitet. Mykene war die Hauptstadt des achäischen Staates und die Residenz des Agamemnons. Auch da wurde mir wieder unsere Geschichte klar und weshalb so viele Menschen, besonders aus den westlichen Kultur-Kreisen, sich von Griechenland so angezogen fühlen; denn wenn wir ein Weilchen in Stille sind, uns erlauben inne zu sein, könnten wir die Einheit zwischen gestern und morgen im heute spüren. Ich glaube, dass das vielen Besuchern geschieht, oft sicherlich unbewusst, aber irgendetwas hallt wieder und lässt uns unsere Bruder- und Schwesternschaft über Jahrtausende erahnen!

Und weiter tuckerten wir durch den ganzen Pelepones mit seinen Kirchen, Klöstern und Tempelruinen. Irgendwo im Süden trafen wir auf das sympatische Paar Petsi und Gregor. Sie, eine kleine zierliche Französin, er eine lange, dünne Erscheinung, eingehüllt in langem, grauem Mantel, ein Holländer. Wir freundeten uns an. Sie luden uns ein bei ihnen zu übernachten in ihren kleinen Räumlichkeiten in einem Kloster. Ich erwähne sie, weil ich im folgenden Jahr noch mein Tun mit ihnen hatte.

Wieder zurück in Methana hatte ich eine ganze Nacht lang ganz lichte Ein- Sichten über das SEIN an sich: >ES GIBT NICHTS ANDERES ALS DAS JETZT; nur das dieses vermeintlich Andere, uns in Fesseln legt. Dabei prägte sich mir die Erkenntnis ein; dass es nur einer „Achtsamkeit" bedarf, > um sich in die „BEWEGUNG DES IMMERS", die STILLE ist, einzuklinken und so mitfliessen zu können.<

Das Boot brauchte nicht geslippt zu werden. Als der Frühling kam, war ich wieder bereit aufzubrechen. Jan und Gwel waren mit ihrem kleinen Boot erst einmal mit von der Partie. Vom Datum her war es noch Winter, wir schrieben den 14.März 1978, aber die Seefahrt juckte uns in den Fingern und so ging es in Richtung Norden zur Insel Oböa. Von dort schipperte ich in die offene Ägäis hinaus und hüpfte von Insel zu Insel in Richtung Türkei. Das alles war nicht ohne Ängste; denn die Distanzen waren nicht die kürzesten, es war noch früh im Jahr und die Ägäis kann es in sich haben und besonders auch dann, wenn man so gut wie keine ordentliche Wettervoraussage hatte. Jan und Gwel blieben auf Oböa zurück ihr Metier war die Küstenschipperei und selbst die forderte so manches Mal viel Geschick. Je kleiner das Boot desto mehr Seemannschaft erfordert es.

Auf einer dieser Inseln wurde ich wie Odysseus empfangen und gefeiert. Es war einfach rührend wie sie mich umhegten und umpflegten, zumal bei meiner Ankunft schlechtes Wetter herrschte. Es war noch kühl und rauh im März. Vielleicht war ich der erste Segler in diesem Jahr, der das Inselchen besuchte. Ich blieb ein Paar Tage, und liess mich verwöhnen. Auf einer Inselwanderung entdeckte ich tausende von Agatas an den Stränden und glaubte schon den Schatz meines Lebens gefunden zu haben, aber leider war ihr transparentes Leuchten nur auf den nassen Glanz in der Sonne zurückzuführen und wären es wirklich Agatas gewesen, dann hätte man wohl annehmen können, dass sie vor mir entdeckt worden wären; aber man weiss ja nie, immer ist alles möglich!

Je näher man der Türkei kam desto schärfer wurden die Kontrollen und unfreundlicher die griechischen Beamten. Auf Chios kamen sie an Bord, durchsuchten alles, rissen den Film aus der Kamera und meinten, dass ein so früher Segler höchst verdächtig sei. Auf Samos wurde das noch extremer. Dort erwartete ich meinen Freund Hans aus Deutschland. Man liess mir aber keine Zeit um ihn zu empfangen und zwang mich zum Auslaufen. Allerdings hatte ich vollkommen vergessen, dass das Boots-Triptik jedes Jahr erneuert werden musste, so dass ich mich ohne gültige Aufenthaltsgenehmigung in Griechenland befand was natürlich die Argumentation gegen mich noch erheblich verstärkte. Umgehend wollten sie meine Leinen loswerfen, worauf ich sie höflichst bat, soweit mir das in meiner Wut noch möglich war, noch einmal zur Post gehen zu dürfen, um an Hans ein Telegramm aufzugeben, dass wir uns in Kusadasi treffen mögen. Also begleiteten mich zwei Polizisten, einer rechts, der andere links von mir und so konnte ich dem Hans eine Nachricht hinterlassen. Kaum zurück an Bord schmissen sie sofort die Leinen los, ohne dass ich Zeit hatte den Motor zu starten. Ich zeigte ihnen meine Verachtung dadurch, dass ich als erstes die Griechische Gastflagge einzog, sie wütend ins Kokpit warf und die türkische Flagge, das Staatssymbol ihres verhassten und übermächtigen Nachbarn hisste, wärend ALTAIR langsam im Hafenbecken trieb und ich das Boot zum Auslaufen klar machte. Mein Kurs lag direkt hin zur Türkei, nach

Kusadasi. Gottseidank war es weitaus die kürzeste Entfernung meiner Ägäis-Überquerung und als ich schliesslich dort landete überraschte mich die grosse Freundlichkeit der Türken und ihr Entgegenkommen, kostenlos und längsseits in ihrer noch im Bau befindlichen neuen Marina festzumachen und das so lange ich wollte. Junge, aufgeschlossene Burschen umlagerten das Boot, boten mir ihre Freundschaft an und so zogen wir fröhlich durch ihren Ort. Sie machten mich mit den bekanntesten Ladengeschäften bekannt, um Kunde zu werden wenns beliebt. Einer von ihnen hatte es ganz besonders auf mich abgesehen und mit der Zeit freundeten wir uns dermassen an, dass er nicht mehr von meiner Seite wich. Mit Händen und Füssen machten wir uns verständlich und so erfuhr ich von ihren Bräuchen, Sitten und Familienfehden, die noch mit dem Messer ausgetragen wurden, was mich fast zweifelnd in Erstaunen versetzte, worauf er sein Hemd hoch hob und mir seine Narben von Schnittwunden zeigte. Geheuer waren mir ihre Bräuche nicht und ich erahnte wie schnell sie mit dem Messer sein konnten wenn es um ihre Ehre ging. Nun ja, meine anfängliche Begeisterung für ihre Offenheit und Entgegenkommen wich einer grösseren Vorsicht, nur keinen Fehler im Umgang mit Ihrem Verständnis der Welt zu machen, wodurch natürlich auch meine Offenheit ihnen gegenüber litt. Das, was mir letztlich mit den griechischen Beamten passierte, engte in keiner Weise meine Begeisterung für die Griechen ein, wohl aber konnte ich nun auf türkischem Boden doch eine grössere Weite erkennen; denn sie hätten nichts gegen die Griechen aber hegten Anspruch auf einen Teil der Inseln die nahe ihrem Festland liegen. Da die Türken das grössere und mächtigere Volk waren, was sie in der Vergangenheit unter Beweis stellten, müssen die Griechen aufs schärfste ihre östlichen Inseln beschützen und verteidigen, deshalb auch ihr extrem vorsichtiges Verhalten mir gegenüber.

In Kusadasi verkaufte ich allerlei Bootsmaterial, sowie den Aussenborder den ich nie benutzte, für gutes Geld; denn die Türken litten damals noch Mangel an gutem Bootszubehör. Nun nahm ich das Geld und kaufte handgewebtes allerlei Art im Laden des Onkels meines Freundes ein, in der leisen Hoffnung sollte ich jemals ein eigenes Haus besitzen, und stapelte die Kostbarkeiten im Bug von Altair.

Inzwischen trudelte auch der Hans auf Umwegen in Kusadasi ein; denn sein ursprünglicher Flug ging ja nach Samos, dort wo man mich rausgeschmissen hatte. Mit der kleinen Bultaco tuckerten wir beide wie Pat und Patachon durch die Gegend, besuchten alte Tempelanlagen, die, griechisch-byzantinischer Herkunft, heute auf türkischem Boden stehen. EPHESOS hat mich, wie alle diese uralten Plätze, tief beeindruckt und wenn ich mich nicht irre, lag diese Stadt im Altertum am Meer, eine Hafenstadt also, aber wärend die Küste versandete zog sich das Meer zurück, sodass EPHESOS heute ein gutes Stückchen landein liegt – kaum vorstellbar - ! Der Apostel Paulus besuchte EPHESOS auf seiner zweiten und dritten Reise. Das Bewusstsein darum brachte mir Jesus sehr nahe. Durch Paulus wurde das neue Christentum in die griechische und rhömische Welt getragen. Übrigens hatten geschichtliche Zeitangaben für mich keine besondere Bedeutung, wohl aber das gegenwärtige DASEIN, das Spüren der Zeitlosigkeit, so als läge nichts dazwischen und alles war abrufbar in jedem Moment.

Irgendwann brachen wir beide wieder auf, verliessen die Marina von Kusadasi und die netten, liebgewordenen Menschen und schipperten in den griechischen Sporaden-Inseln, wobei wir kaum einen der vielen Ankerplätze ausliessen. Weiter südlich liefen wir wieder die Türkei an und besuchten Bodrum. Dort gab es eine grosse klassische Bootswerft, die nur Holzboote bauten, die Typischen mit hohem Bug aus der Ägäis. Es war wunderbar durch diesen Wald aufgebockter Bootsrümpfe zu schlendern und den Bootsbauern bei ihrer handwerklichen Arbeit mit dem Holz zuzusehen. Auch hier hatte ich wieder das Gefühl, dass Vergangenheit und Gegenwart zusammenflossen und sich, bis auf die Elektrizität und die Maschinen, seit Jahrhunderten kaum etwas verändert hatte. Da mir Bodrum und Umgebung sehr gut gefielen, erkundigte ich mich nach den Möglichkeiten, sich hier vielleicht ein Grundstück mit Blick aufs Meer zu kaufen. Es gab auch solche Möglichkeiten, jedoch hatte ich als Ausländer keinerlei Recht etwas zu kaufen, es sei denn ich würde mich durch die Heirat mit einer Türkin hier einbürgern lassen. Davon allerdings war ich weit entfernt, ich konnte mir kaum vorstellen überhaupt noch einmal zu heiraten. Über KOS und SIMI landeten wir endlich auf RHODOS und fanden ein gutes

Plätzchen hinten im Hafen. Hans nahm Abschied. Ich genoss die Ruhe auf dem Boot und das nette Städtchen.

Muttern und Vetter Arnim hatten sich zum Mitsegeln angemeldet, aber vorher musste ich das Boot noch slippen zum Säubern und Streichen des Unterwasserschiffes. Zum Glück entdeckte ich, dass das Messingrohr unterhalb des Seeventils, also direkt im Rumpf, vollkommen verrottet war. Das hätte ganz schlimme Folgen haben können. In kürzester Zeit hätten wir absaufen können, aber in solchen Situationen wird das Bewusstsein durch unsere Aufmerksamkeit dahin geführt und manche Leute meinen; dass der Schutzengel uns beigestanden hätte.

Nach einigen Tagen schwamm das Boot wieder und ich kundschaftete eine Ankerbucht weiter im Süden der Insel aus. Ich setzte mich gemächlich in einen Bus und liess mich durch die Landschaft schaukeln. Nicht weit vom Ziel entfernt fiel mir ein langer, hagerer, einsamer Wanderer auf. Ich sah ihn von hinten, als wir an ihm vorbeifuhren von der Seite und dann von vorne. Es waren nur kurze Momente um Formen wahrzunehmen, aber da war etwas das mich beeindruckte das mich anzog, so als würde uns irgendetwas verbinden !

Später in besagter Bucht angekommen, suchte ich mir ein Plätzchen unter kleinen schattigen Pinien am Strand. Es war wohl ein schöner Strand mit klarem Wasser, aber die Bucht selbst schien mir nicht als Ankerplatz geeignet. Nach diesen Beobachtungen sah ich plötzlich wie sich der Wanderer ganz in meiner Nähe am Strand niederliess. Es dauerte gar nicht lange und schon waren wir in ein Gespräch vertieft.

Demian war ein junger Bursche aus Genf, italienischer Herkunft. Er kam nach Rhodos, um auf der Motoryacht eines älteren Freundes anzuheuern. Demian fand zwar das Boot trocken und hoch oben an Land liegen, aber kein Skipper war zu finden. Er hatte Lust bei mir auf ALTAIR anzuheuern und war begeistert als er das Boot zum ersten Mal sah. Ich lud ihn ein, einige Tage an Bord zu leben, bis meine Familie ankam, um ihn so ein bischen näher kennenzulernen. Ich hatte mich inzwischen sehr an das Einhandsegeln gewöhnt und war nicht unbedingt bereit das aufzugeben. Es ging gut mit ihm, wir mochten uns und alles andere würde sich schon finden.

Dann kam Muttern mit Vetter Arnim und sie richteten sich an Bord gemütlich ein, um nun mit mir über die nächsten 14 Tage die Südtürkische Küste zu besegeln. Demian ging traurig von Bord und wir beide liessen alles Weitere auf uns zukommen. Wir Drei segelten dann in den wunderschönen südtürkischen Gewässern und erlebten herrliche gemeinsame Wochen. Mutti liebte das Meer und das Bootsleben über alles und es verging kein Jahr in dem sie nicht zum Mit-segeln an Bord kam. Ihre Dankbarkeit, Hilfsbbereitschaft und unser harmonisches Zusammensein bleibt mir in allerbester Erinnerung. Wir führten echt schöne Gespräche und immer brachte sie mir ein oder mehrere Bücher mit, die oft meine gelebte Lebensphilosophie widerspiegelten, mir noch mehr Nähe in das „Sosein"brachten. Ich konnte viel mitnehmen dank ihrer geistigen Aufgeschlossenheit allem Neuen gegenüber.

Das Segelrevier war noch sehr unberührt und wärend das Boot in wunderschönen Buchten vor Anker lag, durchstöberten wir die nähere Umgebung, kamen an ein Häuschen im Wald,wurden freundlich empfangen und zum Essen eingeladen. Da war wieder diese spontane Herzlichkeit, die mich schon in Kusadasi so angenehm berührte. Jungens liefen uns nach und boten uns alte griechische Münzen an, die sie in Tempelruinen gefunden hatten. Die Türkei, wie später auch der fernere Osten, öffneten mir ein neues Lebensgefühl, ohne dass ich damals in der Lage gewesen wäre das genauer zu definieren. Heute weiss ich, dass da gar nichts zu definieren ist ! Es war eine schöne Reise und die Nähe zur Mutter war immer eine Hoch-Zeit. Für Vetter Arnim war das eine völlig neue Erfahrung. Ich konnte fühlen wie nahe doch Blutsverwandtschaft sein kann wenn wir offen für einander sind; denn es war sehr easy mit ihm.

Voller Freude und glänzenden Augen liefen wir wieder in den Hafen von RHODOS ein. Vorne auf der äussersten Mohle sass Demian, schon seit Tagen, wie er uns erzählte, und begrüsste uns überschwenglich. Ich war gerührt von soviel unerwarteter Treue und Zuneigung. Damit war unser beider Schicksal erst einmal besiegelt, er hatte sich seine Koje an Bord erobert. Mutti nahm unter Tränen Abschied, freute sich sehr über meinen neuen Marinero und das ich es nun ein bischen leichter hätte auf meinen weiteren Fahrten. Nun planten wir gemeinsam unsere weitere Reise, die uns langsam zurück ins westliche Mittelmeer führen sollte. Bevor wir jedoch ausliefen, genossen wir noch einige Tage, bereiteten das Boot auf die lange gemeinsame Heimreise vor. Wo das genau hingehen sollte wussten wir beide nicht, aber ich hatte schon Italien, eher aber Spanien als Idee vor mir.

Wir lagen am Strand in der Nähe des Hafens. Vor uns lag das riesige Wrack eines verrosteten Frachters. Wir verloren uns in Gedanken über das Schicksal dieses Schiffes, das immer mehr im Sand zu versinken schien. Er rauchte einen Joint. Der beflügelte noch unsere Begeisterung für diesen sehr gegenwärtigen Moment, so dass wir uns erst in der Dunkelheit wieder auf den Weg machten, der Tanzmusik folgten, die über die Ebene klang und dort auch einkehrten, als wir vor dem Lokal standen, suchte sich Demian eine Tanzbraut und huschte mit ihr übers Parkett, wärend ich bei einem Gläschen Wein die ganze Welt als eine grosse Bühne wahrnahm, auf der jeder Einzelne sein glücklich-leidvolles Drama spielte. Ich war als Zeuge total dabei, aber auch gleichzeitig mit einem Nichts verbunden. Ich war nicht dieser Beobachter von Form und Gestalt des Weltlichen, es war ein Seinszustand der einen vollkommen anderen Ursprung hatte und nicht definiert werden konnte. Demian holte mich wieder zurück aufs Parkett. Langsam schlenderten wir heim zum Boot in einer vertrauten Stimmung als würden wir uns schon ewig kennen.

Unsere gemeinsame Seefahrt begann am 18.Mai 1978 von RHODOS nach LINDOS. Wärend der nächsten 5 Tage kreuzten wir innerhalb der Inseln KARPATOS und KASSOS und beschnubberten uns an Bord, auf See und vor Anker in kleinen Buchten und Häfen. Das High des ersten Kennenlernens schwächte sich ab und nun galt es, sich an den gemeinsamen Bootsalltag zu gewöhnen. Mein frühes Aufstehen, sein langes Schlafen, das Boot sauber und ordentlich halten, Einkaufen, Kochen, Abwaschen, Anker lichten, Segeln, Motoren, Flauten, Wind, Sturm, Böen, all das lag täglich an, 24 Stunden lang auf engstem Raum miteinander, immer neu, immer anders und nicht immer so wir er oder ich es gewohnt waren. Der Kajütboden war höchstens drei Schritte lang und seine Koje kürzer als er und so schmal, dass er sich kaum einrollen konnte. Ich schlief auf der anderen Seite, immer im Salon auf dem eingezogenen Mitteltisch, der so meine Bettstatt doppelt breit machte. Ausserdem schlief ich genau mittschiffs, so dass die Bootsbewegung nur minimal spürbar war. Das Ergebnis unseres ersten Zusammenseins war, bis auf Kleinigkeiten sehr positiv und ich muss gestehen, dass ich mir viel von ihm abgucken konnte, verkörperte er doch eher die latainische Lessigkeit, die mir anfangs allerdings zu schaffen machte.

Wir lernten ein nettes deutsches Mädel kennen. Petra wanderte verlassen über eine der Inseln. Sie hatte Lust anzuheuern und war nun auch mit von der Partie. Ich staunte über mich selber, wie doch Gemeinsamkeiten die Lust zum Miteinander beflügeln konnten.Eines Tages lagen wir geschützt vor starken Winden in einer flachen, grauen sehr felsigen Bucht. Ganz hinten ahnte man kleine Häuser und ganz in unserer Nähe stand eine kleine Kirche. Wenn das Wetter und die Umstände es zuliessen waren wir immer nackend an Bord wie auch hier in der menschenleeren Bucht. Demian ruderte nackend an Land und entdeckte die Kirche. Begeistert kam er zurück und meinte > das scheint hier alles verlassen zu sein< und schwärmte von der kleinen Kirche. Ohne weiter zu überlegen eiferte ich ihm nach und fand mich plötzlich im „Adam´s Kostüm" in der Kirche wieder. Nachdem die erste komische Scheu überwunden war überkam mich die seltene Er-Leuchtung eines Adams im Paradies, b e v o r er von der Frucht des verbotenen Baumes der Erkenntnis ass. Meine anfängliche Scheu, nackt in einer Kirche zu stehen, war meine Wahrnehmung n a c h dem Sündenfall, als Gott zu Adam sagte: „ Woher weisst Du, dass Du nackt bist" ?...und so konnte ich auf einmal unterscheiden zwischen dem einen und dem anderen Adam, der Thomás hiess, und sich in der gleichen Kirche einmal wie im Paradies fühlte und dann auch wieder, sich seiner Nacktheit bewusst werdend, geduckt und vertrieben vor dem Tor des Garten Edens wiederfand. Diese Schuld schnürt uns die Kehle zu, aber wir können wieder um Einlass bitten, wenn wir um die Liebe wissen. Dieses Erlebnis integrierte ich sehr intensiv weil es eine direkte Erfahrung war und so reihte es sich ein in die vielen wundervollen Wahrnehmungen meines Lebens, um so, Tröpfchen für Tröpfchen, den Bewusstseins-Ozean immer mehr zu füllen.

Als ich wieder an Bord kam holte mich der Alltag ein. Demian wollte sich wärend meiner Abwesenheit an Petra heranmachen, was sie als unangenehm empfand und es mir zu verstehen gab. Ich spürte, dass sie meinetwegen an Bord gekommen war und durch ihre weibliche Präsenz eine natürliche Rivalität zwischen den Machos entstehen liess. Da ich beide gerne mochte, neutralisierte ich die Situation in der Form, dass wir beiden Männer auf den Sex verzichten und uns solche Ideen im Moment aus den Köpfen schlagen sollten. (...wenn ich mutiger gewesen wäre, hätte ich auch anders, einfach lustvoller entscheiden können). Das war aber besser gesagt als getan und als Petra, einige Tage später auf KRETA, wieder von Bord ging, war das Problem gelöst; denn diese wundervolle Spannung der Sexenergie, lässt die Geilheit der Geschlechter nicht zur Ruhe kommen. Wir beide waren um eine Erfahrung reicher. Wir verstanden immer mehr uns einzurichten und so rückten wir uns auch im Alltag immer näher. Ich erzählte ihm von meinen Ausflügen in die UN-ZEIT: Er konnte nicht genug davon kriegen und sagte immer.> chico, cuenta me del o t r o m u n d o <. Ich freute mich über seine offene Leichtigkeit mit der er jede Situation wahrnahm und auch so lebte. Mit der Zeit entstand neben dem wortreichen Miteinander auch ein Gefühl von Berührung in der Stille und schweisste uns enger zusammen.

Auf Kreta besuchten wir viel Sehenswertes, sahen Tempel und wanderten durch eine tiefe Schlucht, übernachteten in Berghütten, wohl wissend, dass ALTAIR einen sicheren Liegeplatz hatte. Wir unterstützten uns gegenseitig in unserem Sosein und minimierten Reibungspunkte. Natürlich empfand ich nach meiner längeren Erfahrung des Alleinseins unsere Freundschaft sehr erneuernd und erquickend, schenkte ihr viel Aufmerksamkeit was mich von mir selbst und dem Boot ablenkte und das war gut so.

Unsere Zuneigung wurde immer freundlicher, ja liebevoller, so als wuerden wir uns schon ewig kennen!

Von KRETA ging es weiter über ANTIKITHIRA, KITHIRA; dem südlichen und westlichen PELEPONES, ITAKA; LEVKAS bis hin nach KORFU. Wir blieben, wo es uns gefiel etwas länger, und wo nicht, wurde der Anker schnell gelichtet. Fast einen Monat waren wir von KRETA bis „hier" unterwegs. Anfang Juli kam Schwägerin Lynda aus Chile zu Besuch an Bord und segelte mit uns in Richtung Italien. Nördlich von KORFU kamen wir in einen heftigen Sturm, der uns einige Segel zerriss. Wir liefen die schützende Bucht einer kleinen Insel nördlich von KORFU an, reparierten die Segel, ruhten uns aus und hatten gemeinsam eine schöne Zeit. Am 11.7.1978 ankerten wir in Hafen von SANTA MARIA DE LEUCAS am südlichsten Zipfel vom italienischen Stiefel. Lyndas Reise war hier zu ende. Wir feierten einen herzlichen Abschied und segelten dann weiter in einem Rutsch durch bis CATANIA Sicilien und waren fast 2 volle Tage unterwegs. So langsam schoben wir uns vom Osten nach Westen vor. Den Wind hatten wir fast immer von vorn. Das war sehr ermüdend. Im Tagebuch der letzten Monate lese ich:

>warum soll ich schreiben, wenn es eigentlich doch gar nichts zu schreiben gibt?<

>es ist nicht die Armut die uns „reicher" macht; denn würde sie enden, hätten wir dann unseren Reichtum veloren?<

>dem ICH sind kaum mehr als zwei Herzen gegönnt. Dem ANDEREN, dem WEITEN, dem SEIN sind keine Grenzen gesetzt<

>wenn Du glaubst, dass das was Du denkst richtig ist, blockierst Du Dich von neuem<

>anfangs lernen wir das Sprechen, dann Schreiben und Lesen. Wir gehen mit der Sprache um so wie wir sie übernahmen und setzen das Übliche fort. Geschieht dann irgendetwas ANDERES, NEUES in uns und bemerken wir, dass das liebgewordene, Gewohnte nicht mehr wir selbst sind, dann benutzen wir die gleiche Sprache wie vorher, um das neu erfahrene ANDERE verständlich zu machen, und das versteht noch einer ? Eine Sprache wie zwei. Zwei Sprachen wie eine.<

>es ist Tun, wenn Du Dich um Ordnung oder Unordnung bemühst. Doch was wahr ist entspringt dem Wesen, der Quelle; denn so wie Du wesensgemäss mühelos tust, stellt sich der Welt das SEIN dar!<

> zartes Tasten wurde zum verhaltenen Berühren und ward´ lange, wie eine Ewigkeit, und ist Bewusstheit bis zum letzten Geheimnis, das Du an Dir und in Dir trägst. Dann geht nichts mehr weiter als das Schwingen menschlicher Einheit und löst die Spannung, gebend aus tiefsten Quellen,

die in den Himmeln zum Lichte sich ergiessen und uns Ruhe schenken im Sprudel des Geschehens.<
>der Bootsmotor erscheint mir weniger agressiv als das Wetter !<
> Du sollst nicht ruhig sein Thomás, weil Du Dich aus spirituellen Einsichten dazu zwingst. ES ist einfach ruhig !<
>Wissen ist nicht Wollen. Wissen ist SEIN !<
> sich mit der Hölle zu beschäftigen ist eitel !<
> gerne überbewerten wir das Alte und vergessen, dass das „Wertvollste" JETZT ist !<
>Das Lieben ist ungeheuer respektvoll <
> In der Ein-Samkeit des Miteinanders weinen wir zur gleichen Zeit!<
>Geduld ist furchtlos Ruhe finden !<
Übers Bauen:
> riesige Marterial-Klumpen; dieses Wissen ums Bauen. Nichts „ Sichtbares", dieses Wissen ums SEIN !<
>we are our teachers!<
>ich spiele mit dem All. Alles was unser Tun im EWIGEN ist, ist WU-WEI !<
Über Autos:
>da werden millionen Kolben gejagt, um Körper zu bewegen !<
>Ich möchte Dich erreichen VATER-Freund; und wären wir SO verblieben, könntest Du mir näher sein, und ich Dir !<
EPHESUS:
> sehr grosszügig, weiträumig ziehen sich die Strassen durch eine prachtvolle Stadt. Marmor-Fassaden und –Platten, Säulen und Bögen, kunstvolle Simse mit Girlanden und Rousetten, Statuen und vollförmige Ornamente. Alles schmückt, dem satten Wohlstand zugeordnet, den Gang dieses Momentes. Schwere, wohlgeformte graue Steine türmen sich zu starken Wänden, Ecken, Gängen und Türen. Alles bildet seine Einheit. Heiteres Miteinander von Kunst, Schönheit und Liebe, Vernunft und Rationalität. Ich bin in dir Ephesus ! Diese Stadt blühte noch mit Christus im Herzen – als Seine Schwingungen noch purer spürbar waren !<

> sei gegrüsst ASIEN, und nimmer hält Dich Wasser auf, bis Du an den Himmel des weiten Ostens kommst !<
> was ist Zeitverschwendung? Alles was weh tut !<
> was tun Sie ? Ich übe mich im SEIN !<
MYKONOS:
> der ewig laute Wind der in den Wanten heult. Ich möcht´ ihn töten, damit die Ruh´mein Ohr beteubt !<
DELOS:
Dialog aus alter Zeit :
> „wissen Sie wo es Wasser in der Nähe gibt"? „Ja, versuchen Sie es doch im Freudenhaus, dort sah ich einen Brunnen ! Die Freude dieses Hauses ist für alle da und es ist egal, wen du lieben mögest. Geh´nur hin, man freut sich"!<
> es weht noch immer, doch das Wasser hinter der Mohle ist ruhig. Der Wind streift durch dürres Gras und Diesteln, bricht sich an den Kanten der alten Stadt und singt ein ewiges Lied, immer wieder neu, immer wieder anders, immer vollkommen. Ein flaches Trümmerfeld, erbaut von Menschen, zerstört von Menschen und dem Vogel, der seinen Schnabel wätzt und dem Wind, der die Steine zum Singen bringt, und dem Regen der Furche um Furche durchnässt und immer ein Teilchen mit sich nimmt. Vereinzelt ragen Säulen aus den Brocken, um die Dimensionen anzudeuten, die der Wind verwehte. Alles schwingt,- und die Seelen und Herzen, die hier vor Jahrtausenden wandelten, lebten sich, freuten sich, stritten sich……sind vergangen. Wie ein Fried-Hof zeugt Erbautes von Vergangenheit und stellt unendliche Wiedergeburten dar. Ganz a l l – e i n auf Delos. Mein verbotener Aufenthalt macht die Stimmung noch mythischer. Blasses Mondlich lässt den weissen Marmor erleuchten,durch den ich zeitlos wandele<.

Und heute, viele Jahre später hinzugefügt:
>Die Gewohnheit zieht uns immer wieder zurück in das Alt-Heimatliche, in Vergangenes, dorthin wo wir meinen geborgen und sicher zu sein, obwohl dann im selben Moment die Hoffnung auf Erfüllung, Befreiung, auf Licht, in uns aufsteigt, das wir aber in ferne Zukunft projizieren. Wie eine Brücke spannt sich unsere Wahrnehmung vom Gestern zum

Morgen und ist sich so dem Strom des jetzigen Momentes nicht wirklich bewusst, der ständig durch uns fliesst und Wirklichkeit IST. Wir bauen Brücken und wissen nicht worüber wir sie bauen, benutzen sie, um das, was dazwischen liegt, zu vermeiden. Im äusseren Bereich mag das sehr hilfreich sein, im inneren aber sollten wir schwimmen lernen !<

CATANIA auf Sizilien, am Fusse des Ätnas gelegen, gefiel mir sehr. Demian fühlte sich mit seinem Italienisch wieder wie zu Hause und ich mich beschützt. Wir sprachen immer spanisch miteinander, d.h. Demian tat sein bestes aus französich-italienischer Mixtur. Wir bestiegen den Ätna, kauften einen italienischen Druckkochtopf, Schwimmflossen, eine Taucherbrille und eine kleine metallene Querflöte, die mir Laien den fernen Hauch einer echten silbernen Querflöte vermittelte. Sizilien die Heimat der Mafiosos. Davon spürte man nichts. Die Italiener sind überschwenglich fröhlich, gastfreundlich und manchmal auch laut. Über SYRACUS, kleinere Ortschaften und Ankerbuchten erreichten wir GELA bei schlechtem Wetter, ein grauer Industriehafen und gefährliches flaches Wasser.

Um unserer „ Heim"-Reise ein bischen mehr –Pep- zu geben nahmen wir Kurs auf AFRIKA. Von EMPEDOLCE auf Sizilien segelten wir rüber nach PANTELERIA, einer kleinen, mir bis dahin vollkommen unbekannten Insel, auf halbem Wege zwischen Sizilien und TUNESIEN. In dem kleinen Fischerhafen fanden wir einen sicheren Platz. Heute hatte ich Geburtstag, immer noch ein spezieller Tag für mich, eine fröhliche und dankbare Erlnnerung, dass ich HIER SEIN darf! Wir beide genossen die Ruhe auf dieser kleinen abgelegenen Insel und tummelten uns, zu Ehren des Tages erquickend, in warmen rustikalen Schwefelquellen. Irgendwie wurde mir klar, dass mein Segelabenteuer, an einem ähnlichen Platz wie diesem, zum Ende kommen könnte.

Neben meinen bescheidenen Logbuch- Eintragungen schrieb ich auch weiterhin in meinem Tagebuch, einfach aus dem Moment heraus, ohne irgendeinen Druck, so dass manchmal Tage vergingen, bevor ich wieder Lust zum Schreiben hatte, um meinen Gefühlen, meiner Suche, meinem So-Sein Ausdruck zu verleihen. Es ging dabei immer wieder um das Erkennen von Ursprung - Essenz – Quelle - Gott und wie solche Erkenntnis in den Alltag zu integrieren sei. Ich empfand immer wieder den leidvollen

Kampf ums SEIN und NICHT-SEIN und hing irgendwie zwischen Himmel und Erde, zwischen INNNEN und AUSSEN. Die Herausforderung nun bestand darin, ES zu vereinen, EINS zu werden, nein, EINS zu sein; denn das „Werden" ging ja schon wieder davon aus, dass das EINE als etwas Zweites in weiter Ferne liegt und da auch bleibt, wenn ich nicht in jedem MOMENT, im HIER UND JETZT vollkommen präsent bin. Wer kann das schon !? Nun ja, dieser Ausruf ist schon wieder eine Flucht; denn es geht hier ja nicht mehr um WER oder WO, WIE oder WANN, es geht einfach um die Wahrnehmung des JETZT, die völlig UNPERSÖNLICH ist. Das Persönliche als EGO- ICH steht dem SEIN, dem EINEN dann nicht mehr da-zwischen, da das Wahrnehmende im Bewusstsein präsent ist, nicht als persönliche Identifikation. Das EGO hat überhaupt keine Möglichkeit in solchen –Räumenzu verweilen, weil es seinen -eigenen- Raum verlassen müsste und das wäre der glücklichste Todesfall aller Zeiten ! ES ist immer wieder neu und spannend sich mit der Selbst-Findung aus-ein-ander zu setzen, und hast Du 'mal davon genascht, lässts dich nimmer los; denn ES ist so wunderbar unkompliziert präsent, ist so nah, so friedlich, so still, ES erscheint so abseits vom täglichen Geplage und ist doch ganz HIER und JETZT.

ES IST DER SINN DES LEBENS – inevitablemente - ! Und nun steuerten wir auf AFRIKA zu, SOUSSE, die tunesische Hafenstadt lag direkt vor uns. Wir liefen ein und freuten uns ungmein afrikanischen Boden zu betreten. Der tunesische Zoll allerdings betrat unser Boot. Wir wurden durschsucht. Sie fanden meine Tauchflasche und Ausrüstung und konfizierten alles mit der Begründung, dass die Ausrüstung an Bord nicht erlaubt sei zum Schutze der -versunkenen Schätze-. Das gefiel mir gar nicht, aber daran war nichts zu ändern. Wir bekamen auch nichts wieder, als wir nach drei Tagen ausliefen, um uns einen anderen Hafen zu suchen.

AFRIKA erfüllte mich schon immer mit Sehnsucht. Ich durchstöberte alle Gassen und suchte ausserhalb der Ortschaften nach der SAHARA. Es blieb aber nur ein Erahnen; denn dazu müssten wir uns viel weiter in den Süden bewegen und das Boot konnten wir hier unmöglich alleine lassen. Aber wir machten einen Busausflug in die Hauptstadt TUNIS, um uns in den vielgerühmten Märkten umzusehen und das war ein wunderbares Erlebnis, fern von Häfen und Booten, über Land in eine grosse Stadt und stundenlangem Herumstöbern in engen Gassen und auf üppigen Märkten. Auf ALTAIR passte ein Segler auf, der neben uns lag.

In Sousse hatten wir noch ein spannendes Erlebnis. Jungens boten uns überall Marijuana an, bis wir es wagten etwas zu kaufen. Wir wussten, dass das nicht ungefährlich war, aber schon Lust darauf, wieder einmal einen Joint zu rauchen. Wir waren gewarnt, dass es manchmal üblich war, nach dem Kauf vom selben Verkäufer verpfiffen zu werden, und so bewegten wir uns ein wenig verklemmt in Richtung Hafen, als wir merkten beobachtet und verfolgt zu werden. > Mit'nem bischen Schiss inne Büchs< schlängelten wir uns in entgegengesetzter Richtung durch Strassen, Gässchen und Hinterhöfen bis wir uns sicher waren jeglichen Verfolger abgeschüttelt zu haben. Dieses Versteckspiel begann uns Spass zu machen; denn es war echt -hier und jetzt-. Wir bewegten uns in verbotenem Land was bei soviel Zivilisation immer eine Herausforderung bedeutete.

Ein alter grösserer Segler mit abenteuerlich bärtiger und langhaariger Mannschaft, lag nicht weit von uns. Wir freundeten uns an, besser, Demian war kaum noch an Bord zu sehen, so begeistert war er von diesen Typen. Ich spürte, dass er als junger Bursche doch eine Abwechselung nötig hatte, nachdem wir nun schon wochenlang auf engstem Raum zusammen waren. Unruhig wurde ich, als er überhaupt nicht mehr aufzutauchen schien und fast schon befürchten musste, dass er eine neue Heuer gefunden haben könnte. Ich konnte mir ein Weitersegeln alleine und ohne ihn an Bord kaum noch vorstellen! So ging ich 'rüber zu den neuen Freunden und wurde von Demian lautstark und überschwenglich eingeladen mitzumachen, aber das gefiel mir auch nicht so sehr. Ich merkte, dass etwas an unserer Freundschaft zu bröckeln begann und war erst wieder gut beisammen, als wir die Leinen los warfen und wir beide wieder los segelten. Am 5.August um 12.45 rundeten wir das Cap Bon auf unserem Weg nach SARDINIEN. Das Wetter war nicht so gut. Es gab viel Wind den ALTAIR anliegen konnte. In der darauffolgenden Nacht fanden wir nicht das Leuchtfeuer, um den Fischerhafen CARLO-FUERTE auf der Insel PIETRO anzulaufen. Die Einfahrt war schwierig wegen des flachen Wassers und nachts, wenn kein Leuchtturm funktionierte, kann man sich schnell verirren. Obwohl wir sehr müde waren, entschlossen wir uns, weiterzusegeln und landeten am 8. August nachts um 23.00 Uhr auf der Insel MENORCA. Noch bei Tageslicht kam bei sehr klarer Sicht der Monte TORO hinter der Kim zum Vorschein, die höchste Erhebung der Insel und begleitete uns ganz sicher bis zur Dämmerung, um später dann längsseits zu gehen an der kleinen Mohle in CALA FONDS, im Eingang des langen Naturhafens von MAHON. Im Hochsommer ist Hochsaison. Hier prikkelte es förmlich von Ausgelassenheit. Eine Gruppe fröhlicher spanischer Mädels begrüsste uns mit einem Sektglas > bienvenidos a MENORCA, bienvenidos a ESPAÑA!< Bei unserer grossen Müdigkeit und Abgespanntheit, nach drei Tagen und Nächten hoch am starken Wind und gegen die Wellen, waren wir ausgepumpt, und gerade deshalb wurde uns so warm ums Herz bei solch einem spontan fröhlichem Empfang !

12. Reise: > ZURÜCK AUFS LAND – MEINE INSEL!

Wir waren in SPANIEN! Unser erstes, vielleicht auch letztes Ziel war erreicht! Am nächsten Tag verholten wir das Boot und lagen nun mit Heckanker in über 20 Meter Tiefe und dem Bugspried über einer Felsenkante, um uns so über einen knappen Hohlweg unter der Steilküste an Land zu hanteln. Vorher noch kam das Motorrad an Land und ich fing an mir die Insel anzusehen. Sie gefiel mir sehr und mir wurde dabei klar, dass ich hier irgendwo auf den BALEAREN angekommen bin. MALLORCA, IBIZA und FORMENTERA kannte ich schon besser, so dass ich mich vor einer endgültigen Entscheidung noch überall umsehen wollte. Auf IBIZA hatte ich mir, noch vor meiner Abreise nach Griechenland, in einer stillen Ecke meines Herzens ein altes Bauerhaus reserviert. Es begleitete mich in Gedanken über die ganze letzte Zeit. Da musste ich wieder hin, das wollte ich unbedingt sehen; denn es war zu jener Zeit zu einem günstigen Preis im Verkauf.

MENORCA war durchkämmt mit einem guten Ergebnis verschiedener Möglichkeiten. Auf gings nach MALLORCA, wobei wir zahlreiche Stops in wunderschönen Buchten an der Südküste MENORCAS machten. Von da aus gings direkt nach SOLLER, dem einzigen geschützen Hafen an der Nordküste MALLORCAS.

Es war Zeit für Demian zu gehen; zurück in die Schweiz, heim zu seinen Eltern. Ich begleitete ihn nach PALMA und so zuckelten wir beide mit einem grossen Kloss im Hals mit der kleinen, urromantischen Eisenbahn von SOLLER in die Insel-Hauptstadt. Unser Abschied war für mich schmerzlich-schön; denn wenn uns etwas tief gemeinsam bewegt, ist doch immer Liebe mit im Spiel und das wurde mir sehr bewusst. Das Leben ist voller Abschied und Neubeginn, die zwei Seiten des Kommens und Gehens, was auch immer die Ursache dafür sein mag, es bewegt die Herzen.

Nun schipperte ich wieder einmal alleine weiter, nachdem ich auf MALLORCA nach einigen kleinen Landhäuschen Ausschau gehalten hatte. Das lenkte mich ab von der anfänglichen Einsamkeit des Alleineseins, doch schnell konnte ich mich wieder finden in dieser tiefen, ungestörten Stille, unter Segeln vor dem Wind, draussen auf dem Meer mit Kurs auf IBIZA !

Nachdem die Insel Tago Mago schon hinter mir lag und ich mich querab von Santa Eulalia befand, erinnerte ich mich ganz plötzlich und mit Schrecken einer Untiefe ganz hier in der Nähe! Ich stürzte förmlich zum Kartentisch um eine Peilung zu überprüfen, als ALTAIR schon mit Getöse über den Felden rutschte. Das ist für einen Seefahrer mit das Schlimmste überhaupt. Zum Glück heisst der Felsen „ la loza de Santa Eulalia" und eine – loza ist in diesem Zusammenhang eine Felsplatte über die man rutschen konnte, weil sie ein Meter tief unter Wasser lag.

Das war ein toller Empfang auf Ibiza und gab mir zu denken. Zum Glück war dem Boot nichts passiert ! Als ich in den nächsten Tagen das Bauernhaus aufsuchte, erschrak ich über die Veränderungen, durch vollkommene Renovation von Haus und Garten, es war für mich kaum noch wieder zuerkennen und hatte seinen typisch wild-rustikalen Flair völlig eingebüsst. Da sass dann ein Zigarrenrauchender Mann fett im Sessel und liess mich davon rennen, um nicht als Eindringling erwischt zu werden und auch, um der grossen Enttäuschung zu entfliehen. Nichts gegen den Mann, er hatte lediglich meine phantasievollen Vorstellungen nicht erfüllt. Ich sagte mir: >Thomás, bei aller Liebe zu Ibiza, ich glaube, hier ist im Moment nicht mein Platz<!

Der Inseln viele fand ich schliesslich die Meine: Tief unten im Ur-Stromtal, ein kleines Bauernhaus mit 8000 m² Land, Obstbäumen, eigene Trinkwasserquellen, grün auch im Sommer und unten, am Ende des Grundstückes, ein kleines zugewachsenes Flüsschen. Ich kaufte es sofort. Das Restgeld, der totalen Auszahlung der Firma in Chile, war genau der Betrag für den Hauskauf. Es stimmte alles und ich war sehr glücklich über mein erstes eigenes Haus. Da der Bauer noch seine Obsternte einbringen wollte, musste ich vertraglich noch bis Ende November warten, um Haus und Land zu übernehmen. Diese Zeit lebte ich weiter auf dem Boot im Hafen, kaufte mir nach vielen Jahren wieder ein altes Auto, lud Muttern zum Urlaub ein und wir genossen die neue Inselheimat. Täglich unterwegs entdeckten wir unzählige Buchten und Strände und verliebten uns mit jedem Tag noch mehr in die ur-sprüngliche Natur dieser Insel. Ich konnte mich – sacken- lassen und ausruhen von der langen Seefahrt, die doch eine pausenlose Aufmerksamkeit erforderte um Mann und Boot über Wasser zu halten, auf diesem eher fremden Element. Da mag nun mancher seinen Kopf schütteln und sagen: was willst du mehr, als ein freier Mann auf seinem Boot vagabundierend über die Meere ziehen !? Vielleicht aber würde eine eigene Erfahrung das Köpfchen –nicken- lassen, um Verständnis zu bezeugen, nach so vielen Jahren auf dem Meer! Alles hat eine Zeit!

Im Stillen bereitete ich mich auf mein neues Heim vor, und konnte den November kaum erwarten. Er kam, der November, und ich hielt Einzug mit fast nichts! Nun war das Häuschen nicht wirklich ein Wohnhaus, viel eher ein Lagerraum für Obstkisten, einer Kochecke,nebenan der Stall und der uralten, in Stein gemeisselten rustikalen Treppe nach oben, wo zwei weitere kleine Räume mit nur einem Fenster waren, von denen einer teilweise nur geduckt zu betreten war. Es gab kein Licht, kein fließendes Wasser, weder Klo noch Dusche oder Waschbecken. Mir war aber ziemlich schnell klar, was hier zu machen war. Eine Menge Arbeit lag vor mir, dazu noch das Land mit vielen Obstbäumen, von deren Pflege ich nur wenig Ahnung hatte. So langsam wurde mir die grosse Umstellung bewusst und es vermischte sich nun das allmählich abschlaffende Bootsbewusstsein mit gewissen Ängsten : „ Wie werde ich nun mit all´ dem Neuen fertig"? Grosse Lust zum praktischen körperlichen Anpacken war noch nicht da und konnte sich erst langsam über die Monate, ja Jahre entwickeln. Dann war noch das Boot da, das weiterhin gepflegt und ständig überwacht sein wollte. Ich kannte hier kaum einen Menschen, geschweige denn, die Lust dazu, überhaupt jemanden kennenlernen zu wollen. Ich fühlte mich in Momenten sehr wohl in meiner fremden Abgeschiedenheit, fing aber immer mehr an, mich zu hinterfragen und spürte einen immer grösser werdenden Druck im Nacken, diese typische Art von Belastung, wenn man nicht mehr weiss wo es lang geht, ohne die Kraft und den Elan zu haben, daran etwas ändern zu wollen, zu können. Durch das Bootsleben fühlte ich mich schon als handyman, aber hatte vom Tischlern, Klempnern, Elektrikern oder Maurern nur ganz wenig Ahnung. Dazu kam, dass mir zum Handwerkern alle Werkzeuge und Marterialien fehlten. Vom Müll sammelte ich schöne alte Bauernmöbel, die zu jener Zeit von den Einheimischen weggeworfen wurden; die

Moderne hielt Einzug, ganz zu meinem grossen Glück. Für den kommenden Winter installierte ich mir einen billigen Kanonenofen, mehr oder weniger eine Inselneuheit; denn Heizung bis auf einen offenen Kamin oder – brazero – kannte man nicht.

Langsam richtete ich mich ein, strich das Haus von innen und begann hier und da ein Fenster einzubauen, um mehr Licht ins Innere zu bringen. Mit einem speziellen grosszackigem Fuchsschwanz sägte ich die Löcher in die Sandsteinwände und passte mit Sand und Zement die Fenster ein. Eine grosse Aladin-Glühstrumpf-Petroleumlampe gab mir gutes Licht, wenn sie funktionierte und da sass ich dann, halb unter den steinernden Stufen der Treppe,neben der Lampe und nahe dem wunderbar wärmenden Ofen in einem Schaukelstuhl vom Müll und las meine Lektüre. Um ehrlich zu sein, fühlte ich mich in dieser stillen abgeschiedenen Einfachheit sauwohl. Ursprünglichste Anspruchslosigkeit war im Moment genau das was ich wollte. Ich hatte überhaupt keinen „Jibber" darauf, Menschen kennen lernen zu wollen und spürte keinerlei Dringlichkeit, war aber erwartungslos offen gegenüber allem was da auf mich zukommen könnte und überliess alles dem „Himmel".

So langsam kam ich in die „Puschen". Meine Begeisterung, aus dem Häuschen das Allerbeste zu machen, überstieg das -energetische Patt-, diese faule Leere zwischen See- und Landmann, war überwunden. Das Arbeiten mit dem Zement wurde immer besser, obwohl ich anfangs schon Wutanfälle bekam, wenn der zu dünne Zement mir von der Kelle rutschte und nie dahin flog, wohin ich ihn haben wollte, beim schwungvollen Schmiss in die Fuge zwischen der pulverigen Sandsteinmauer und dem hölzernen Fensterrahmen. Das Tischlern und Kelmptnern machten auch Fortschritte. Ich kam in Schwung, kaufte mir für jede neue Arbeit die allernotwendigsten Werkzeuge, eine Motorfräse fürs Land und segelte, wenn nötig, auf die Nachbarinsel, um dort viel günstiger Marterial einkaufen zu können, wie einen neuen Ofen für den nächsten Winter und ein kleines Stromaggregat für die elektrischen Werkzeuge.

In der Ecke zweier Trockensteinmauern wurde ein Plumsklo gezimmert mit einem kleinen Dach, fast unter zwei Mandarinen-Bäumen und ich konnte so, inmitten der Natur, meine natürlichen Geschäfte erledigen. Um dort hinzukommen, baute ich mir eine hölzerne Brücke über einen Quell-Kanal, der weiter unten einen Seitenarm hatte mit einer uralten Motor-Wasserpumpe. Hier duschte ich mich nackend im Sommer wie im Winter und gleich nebenan stand der zusammengezimmerte Abwaschtisch. Um mein erstes Gemüse anzubauen studierte ich den Maria Thun-Kalender; und das half sehr, zumal ich mich nicht immer genau danach richten konnte und durch die verschiednen Pflanztage der gleichen Sorte einen deutlichen Unterschied im Wachstum erkannte!

Als ich mich für diese Insel entschied, kam noch ein ganz wichtiger Faktor hinzu. Ich lebte vegetarisch und ernährte mich so gut es ging nach der Hayischen Trennkost. Mir war ganz wichtig einen Bio-Laden zu finden, was damals in Spanien nur schwerlich möglich war. Bis auf die Santiveri-Geschäfte gabs fast nichts. Als ich noch vor meinem Hauskauf durch die Gassen schlenderte fand ich doch tatsächlich so einen Kräuterladen. Da drinnen sass Monique, eine echte Kräuter-Muhme, wie sie offener und ansprechender kaum zu finden ist. Als ich ihren Laden betrat, strahlte sie mir entgegen. Ich erzählte ihr, dass ich mich sehr glücklich schätze ihren Bio-Laden gefunden zu haben der so ganz meinen Vorstellungen entsprach und sie entgegnete, dass sie erst vor wenigen Tagen das Geschäft eröffnet hätte und sich über jeden neuen Kunden sehr freute und mir gerne zu Diensten sei. Ja Monique, wer hätte das damals gedacht ?

Nun, in meiner grossen Unsicherheit als neu gebackener Landmann, wusste ich oftmals nicht was mit meinen Obstbäumen und ihrer Pflege zu machen war. Die vielen unterschiedlichsten Kräuter, die auf der Wiese zwischen den Obstbäumen kräftig gediehen und den Bäumen, in meiner Vorstellung, das Futter absaugten, müssten doch irgendwie sinnvoll und auch nützliche Verwendung finden ? So sammelte ich sie alle ein und brachte sie Monique, die sich bereit erklärte mit Hilfe ihres schlauen Kräuterbuches den -Dios-corides- herauszufinden, welche Kräuter zu was nützlich seien oder auch nicht. Das brachte mir zwar nicht allzuviel, einfach weil ich erkennen musste; dass die Wiese einfach gemäht werden müsste und dazu brauchte ich einen Mulchmäher, der verhältnismässig einfach an eine Motorfräse angeschlossen werden konnte. Aber, und das war wohl noch wichtiger, konnte ich ratsuchend immer zu Monique gehen und so meine innerere Unruhe: -zu wollen, aber nicht zu können, weil Wissen und Erfahrung fehlten - zu beruhigen. Nun denn, Moniques Kräuterladen, der Inselkäse und die Barreras, die schön geschwungenen Holzgatter, die als Eingangspforte Felder und Gärten abschliessen und natürlich mein idyllisches Plätzchen waren die klaren Entscheidungsmerkmale mich hier niederzulassen !ES stimmte einfach!

Dem Demian schrieb ich über meine neue Bleibe mit Postadresse. Seine Antwort war prompt: „ Ich komme" .... und bald stand er vor der Tür „ ola mon ami, coment allez vous"?

Es war nun nicht so, dass ich tagein-tagaus am Schaffen war. Es gab auch Tage wo ich hier und da ´mal eine Kneipe aufsuchte oder bei schönem Wetter auf dem Motorrad abkürzende, verwunschene Wege entdeckte, um zum nächsten Strand oder Felsenbucht zu kommen. In 15 Minuten war alles zu erreichen und hochgradig genüsslich für mich. In der Felsenbucht gab es viele Höhlen, die von Hippies bewohnt waren. Teilweise lebten ganze Familien dort und richteten sich, so gut sie konnten, urigst ein, um, einmal aus Geldmangel, aber in erster Hinsicht wohl aus Überzeugung -weit fern vom Establishment- einfachst leben zu können. Da trafen sich natürlich die unterschiedlichsten Lebensphilosphien, die eher gelebt als diskutiert wurden. Diese Welt war mehr oder weniger vom Joint insspiriert und ermöglichte so in gewisser Hinsicht einen gelassenen Alltag . Allerdings tritt dieser Zustand durch den Effekt der Droge ein und wird wohl weniger von bewusstem persönlichem Wachstum begleitet; so dass ein „high-sein" schon mal erfahren wird, aber meistens wohl nur, solange die Wirkung anhält. Ohne Frage prägt sich jede Erfahrung ein, aber auch diejenige, die in einem negativen Trip endet und das kann die Hölle sein ! Wenn man dann nur noch zum Joint greift um sich gut zu fühlen, unterbricht man den natürlichen Energiestrom immer mehr, man wird OPFER nicht nur der Droge, nein auch des eigenen Lebensgefühls überhaupt. Ähnliches passiert natürlich mit allen anderen Drogen auch. Der Einstieg ist leicht, der Ausstieg sehr schwer und so mancher verliert sich.

Wegen ihres urigen Lebens, abseits der Konsumgesellschaft, waren sie mir sehr sympatisch und nicht selten war ich dort um den ambiente zu schnubbern, zu baden, oder im Sommer auch dort mit ALTAIR zu ankern.

Es gab eine Süsswasserquelle direkt am Ufer, die Lebensader der Höhlenbewohner. Die meisten lebten nackend wie ich, so dass wir eine lockere – onda – hatten.

Mein lieber Bruder Klaus machte wieder einmal eine Europareise und wollte mich überraschen. Als ich bei der Gartenarbeit war, hörte ich plötzlich seine Stimme von weit oben; denn hinter dem Haus stieg eine ziemlich steile Felswand gen Osten an. Da oben stand er nun und beobachtete mich und mein Land. Die Überraschung war gelungen. Wir freuten uns sehr. Er blieb eine Weile, reiste anschliessend weiter nach Deutschland, um vor seiner Rückkehr nach Chile noch einmal vorbei zu schauen.

Bei allem Neuen, das ich im Aussen erleben durfte, hatte ich tief im Innern nicht die beste Stimmung. Das fühlte sich so nach Unzufriedenheit an, so als würde irgendetwas fehlen in meinem Leben. Ich hoffte durch die Lebensumstellung vom - Boot aufs Land - etwas verändern zu können, was ich aber erkennen musste war; dass es weder am Boot noch am Land lag. Also nichts Äusseres konnte etwas in mir ändern, obwohl es anfangs so den Anschein hatte. Also schwappte meine Bootsmüdigkeit sozusagen über und machte sich immer stärker bemerkbar. Das Landleben war zwar sehr schön, die neuen Freunde und Bekanntschaften auch, aber irgendwie nahm ich nicht wirklich an allem Teil und wurde wohl auch so von den Anderen empfunden, jedenfalls bildete ich mir das ein. Auf der anderen Seite wusste ich natürlich das jeder Mensch von seinem Ursprung her – ER – ist, ein jeder auf seine Art seine Up´s und Down´s hatte, was ich aber nicht mitmachen wollte. Mein Anspruch; davon f r e i zu sein, konnte ich so aber nicht realisieren. Es kamen Zweifel auf, ob meine Art zu leben wirklich die Richtige sei. Bei all´dem was ich um mich herum erlebte und was ich selbst darüber dachte, war es gar nicht so einfach mich als einen normalen Mitbürger zu sehen. Um etwas mehr dahinter zu kommen sähte ich einige Canabissahmen aus und erntete für mich segensreiche und arme Erfahrungen. Ich war dem „GOTTE" sehr nahe, entfernte mich aber immer mehr von der sogenannten normalen Welt. Es war also so, dass mein Verständnis vom Leben, von der –normalen – Welt, imnmer extremere Formen annahm. Vorher, auf dem Boot, war durch den ständigen Wechsel das Miteinander viel verwischter, jetzt war ich vielmehr eingebunden in allen möglichen Formen von Beziehungen die sich einfach ergeben hatten und war dadurch viel stärker mit einem gewissen Aussenseiter- Dasein konfrontiert. Ich war mir des SEINS nicht gewahr!

13. Reise: > INDIEN 1 > Bhagwan > eine ODYSSEE durch INDIEN, CEYLON, NEPAL > Aufbruch in beängstigendes Unbekanntes

Es gab von mir aus überhaupt keinerlei Probleme mit den Mitmenschen, es gab einfach nur ein Problem mit mir selber. Was stimmt eigentlich ? Was ist die Wahrheit ?...und was ist dann die Wirklichkeit ? Wer bin ich , woher komme ich, wohin gehe ich ? Das alles über den „Kopf" erfahren, erfassen zu wollen, muss einfach im Chaos enden !

Ich konnte auf meiner bisherigen Lebensreise viel Erfahrungen sammeln. Abseits von grossem Getümmel habe ich mein Universum ausdehnen können, konnte mich aber in der –normalen- Welt, die für mich nicht –normal- war, nicht wiederfinden. Da es kaum Lehrbücher oder Lehrfächer über Reisen in unsere inneren Welten gibt, die über alles Äussere hinausgehen, musste ich mich manchmal fragen, ->wer zweifelt eigentlich an wem< und aus dieser Unsicherheit heraus empfand ich mich wie ein Wollknäuel mit vielen losen Enden die nach einem Halt suchten.

Klaus kam zurück. Ich lag mit Fieber im Bett. > Ich habe etwas für Dich ! Willst Du etwas hören ?<. >Nein, im Moment habe ich keine Lust<! Dabei blieb es aber nicht lange. Irgendetwas machte mich neugierig; denn Kläuschens Auftreten war kraftvoll und so fragte ich ihn endlich was es sei? > Ich habe einen Guru für Dich <! Er holte ein Buch und las mir aus den ersten Seiten vor. Es wurde ganz still in mir. Ich spürte: es ist genau D A S was ich brauchte.

Zwei Monate später sass ich im polnischen Charter-Jet ab Ostberlin über Warschau nach Bombay, vertieft in Satyanandas Buch – Ganz entspannt im Hier und Jetzt -

Wie kam es nun zu dieser plötzlichen und fernen Reise ? Kläuschens Guru für mich hiess Bhagwan. Auf jeder Seite des bunten Büchleins konnte ich mich bestätigt fühlen, und wie kam Klaus zu diesem Buch ? Auf seinen Deutschlandreisen kaufte er sich immer haufenweise Bücher, um sein Kultur-und Wissensgefälle zwischen der deutschen Heimat und Südamerika ein bischen auszugleichen. Als er nach einem Großeinkauf in einem

Hamburger Buchladen um einen Rabatt bat, der ihm knallhart abgelehnt wurde, sah er auf einem der Verkaufstische, beim Verlassen des Geschäftes, dieses Büchlein liegen und nahm es sich mit, ohne jemals zu ahnen, was dieser kleine Diebstahl, oh'welche Wonne, wohl nach sich ziehen werde.

Ich entschloss mich schnell nach Indien zu reisen, um Bhagwan zu sehen. Als ich wieder einmal im Hafen auf ALTAIR war, um nach dem Rechten zu sehen, kam ich mit einem Einheimischen der gehobenen Klasse ins Gespräch. Er war der Bruder eines Bekannten. Er sammelte Waffen und fragte ob ich irgendetwas zu verkaufen hätte. Natürlich brauchte ich Geld für meine Indien-Reise und so tauschte ich meine beiden Waffen gegen ein Flugticket zu meinem Guru und noch ein bischen mehr ein. Ein gutes Tauschgeschäft dachte ich: > Waffen gegen Weisheit und Liebe ! < Alles funktionierte wie am Schnürchen. Ich fühlte mich schon wie in einem Energie-Sog und musste ihm einfach folgen. Es gab überhaupt keinen Zweifel! Demian hütete Haus und Garten ein.

Als ich beim Anflug auf Bombay indischen Boden unter mir sah kullerten Tränen. Ich konnte es kaum fassen, endlich in Indien zu sein, dem Land meiner spirituellen Verheissungen und dazu noch auf direktem Weg zu meinem neuen Meister!

Indien ist unvergleichbar. Westliche Massstäbe anzusetzen scheitern auf allen Ebenen. Selbst ich, der anspruchslos in seinem „romantischen Hippie-Dasein" fernab auf einer kleinen Insel seine Zelte aufgeschlagen hat, kam hier aus dem Staunen gar nicht mehr 'raus; allerdings grösstenteils in positiver Hinsicht, suchte ich doch ursprüngliches Dasein ohne die masslose Überstülpung von Wohlstand, technisch-wissentschaftlichem Fortschritt und Super-Konsum bei fahrlässigster Missachtung autentischen Mensch-Seins und natürlich der Umwelt!

Die Armut, Verschmutzung und Chaos sind total !.......und trotzdem, gerade deswegen funktioniert es auf seine ganz eigene Art. Die Menschen kennen nur diesen ihren Alltag, leben notgedrungen im Moment. Mehr gibt es nicht ! Nun gibt es sehr unterschiedliche Klassen, die vielen Kasten, die doch irgendwie, wohl manipuliert, ihr Karma leben und bis zur nächsten Wiedergeburt einfach akeptieren müssen –Was ist-! Das indische Klassensysthem macht es sich leicht ohne grosse Unruhen und Aufstände zu überleben; jedenfalls waren das meine Gedanken als Westler, der auch nicht die geringste Ahnung hatte was hier wirklich vor sich ging, und doch dieses essentielle menschliche DASEIN spüren konnte.

Einige Tage später sass ich im windschiefen Bus nach Poona. Eine Höllenfahrt was den Strassenzustand und die Fahrkünste des Chauffeurs angingen. 'Drinnen sassen Leute, vollgestopft bis unters Dach und auf dem Dach. Männer, Alte, Kinder, Mütter, Hühner, Schweine, Früchte und Gemüse. Der Motorengestank war entsetzlich und in der Tat musste ich mir einen Ruck geben, um das alles so hinzunehmen wie es nun einmal war! In Poona hatte die lange holprige Reise endlich ein Ende. Junge Burschen warteten auf Kundschaft zur Vermittlung von Hotel- oder Privatzimmern. > Baba, come-come, room for You <!...und schon gings –tuck tuck- irgendwo hin ! Ich akzeptierte alles was mir ein Bett und ein Dach über dem Kopf bescherte. Ein alter olivgrüner Wanderrucksack mit Lederriehmen und eine bunte handgewebte Umhängetasche waren mein einfaches Reisegepäck.

Die tollsten Träume begleiteten mich in der ersten Nacht. Indien, Bhagwan, der Ashram drehten mich im Kreis. Am nächsten Morgen konnte ich es kaum erwarten und sass schon früh in einer Rikscha – tuck tuck – zum Ashram. Die Inder wussten schon wo es hin ging ..... und dann stand ich vor dem offenen massivem Holztor THE GATELESS GATE; die Essenz des Widerspruches, der in Wirklichkeit keiner ist ! Darüber hing ein großer Kronleuchter, draussen unter freiem Himmel. „ Bombastischer Kitsch", rührten sich Gedanken in mir, aber nur für ein winzig kleines Momentchen ! Vorsicht Thomás!! Wer bin ich schon und was weiss ich von dieser - anderen Welt-? Aber ist es nicht gerade diese –andere Welt- die mich hierher getrieben hat ? > Nun los doch, tritt ein und lass geschehen< !

Da sassen die Jünger, alle in nur erdenklich rotgetönten Gewändern gehüllt, wie aufgeschnürt auf einer Perlenkette auf der beidseitigen flachen Mauer, die den Weg ins Innere des Ashrams säumten. Sie sassen still, sie lachten, sie umarmten sich und strahlten. Wenn ich mich recht erinnere war gleich hinter dem Eingangstor ein Empfangspavillon, der erste Willkommensgruss und schon war ich mitten unter ihnen, ein Neuling zwar, aber staunend die Schönheit der Menschen wahrnehmend. Hier hatte ich das spontane Gefühl: ja, wir sitzen alle im gleichen Boot, allerdings wurden mir meine eingebildete Sonderrolle als segelnder Hippie und sonstiger Ego-Allüren schnell und teilweise schmerzlich ausgetrieben. Mit der Zeit bekommt man das immer mehr zu spüren: > die Knöpfe werden einem gedrückt < und da das gegenseitig ganz offen passiert, ist es ja genau das, was als echter, innigster Freundschaftsdienst so gewünscht werden sollte! Vermischen sich aber Ego-Trips mit dem >Knöpfe-Drücken<, was bei unser aller uralten Prägung ja an der Tagesordnung ist, dann wird noch einmal ein anderer Lernprozess eingeleitet... und so schaukelt sich Bhagwans Energie durch den Ashram im HIER und JETZT hin zu jedem Einzelnen von uns. Der Meister lächelt verschmitzt !

Die Tage vergingen. Meine erste morning-lecture mit Bhagwan war sehr bewegend für mich. Da sass er nun, der grosse Meister, Gott gleich auf seinem Marmor-Podest und liess seine weisen Worte auf der Zunge förmlich zerrinnen. Liebe auf den ersten Blick ? Nein! Liebe in einer ganz anderen Dimension ! Ich hatte das Gefühl der WAHRHEIT in menschlicher Form gegenüber zu sitzen, schloss die Augen und weinte mein allerschönstes Weinen. Ich war h e i m gekommen und musste mich nun von der TRENNUNG heilen, um die Nestwärme wirklich spüren zu können.

Endlich wurde mein Empfinden, meine Wahrnehmung, die in den letzten Jahren immer intensiver wurde, von jemandem bestätigt, durch den ich voll und ganz eine „ Autorität", nein besser noch Die AUTORITÄT überhaupt erkennen konnte. Mir kamen keine Gedanken, keine Zweifel, keine Widerstände; all´das hatte ich schon vorher über die Jahre versucht mit mir selbst abzuklären. Ich sass hier einfach und saugte das LICHT in mich hinein, das ich hier so stark spürte. Es ging ja hier bei Bhagwan nicht um Philosophie-Esoterik-Intellekt, hier ging es einzig und alleine um EINEN SELBST, und um das besser verstehen zu können, gab Bhagwan seinen Schülern Sannyas, hängte ihnen eine Holz-Perlenkette >die Mala< um, mit einem Foto von Ihm und gab ihnen einen neuen Namen; all´ dies´ symbolisch und tiefen-wirkend, als Neubeginn ohne jede Last aus Vergangenheit oder Zukunft !

Die Identifikation mit unserem Verstand – dem EGO – ist die Trennung vom S E I N und birgt die gesamte Problematik der Spezie M e n s c h in sich. Die ganze „Arbeit" im Ashram wirkte wie eine Ego-Zerstörungsmaschine und es passierten die absurdesten Situationen. Nichts war sicher. Spontanität zerstörte jede Vorstellung oder Erwartung die über das JETZT hinausging. Es war unglaublich zu beobachten wie f e s t wir alle hingen. Jeder Einzelne ging durch die schmerzhaftesten Prozesse.

Ich nahm an allen Meditationen teil die in der Buddha-Halle angeboten wurden. Um 6 Uhr morgens die Dynamische Meditation, die einem physisch wie psychisch totales „Da-Sein" abfordert, Nachher wusste ich wohl wofür sie gut war. Ich hatte etwas getan für mich, als Körper-Geist-Seele und fühlte mich von dem Moment an total integriert in diesen Ashram mit seiner immensen Menschenmenge die einen zwang überall geduldig Schlange zu stehen. Dann war da der Sufi-Tanz und am Abend die Kundalini-Schüttel-Meditation. Alle Neuankömmlinge hatten einen Willkommens-Darshan mit Bhagwan am Abend in einem kleineren Auditorium, ganz in der Nähe von seinem Haus, in einem dschungelartigen Garten, aber da der Besucher und Jünger so viele waren, war bis auf diejenigen die Sannyas nahmen kein persönliches Willkommen des Meisters mehr möglich. Das war mir nur lieb, nicht nach vorne zu müssen; denn ein Ausflippen im direkten Kontakt mit Bhagwan schien bei den meisten die Regel zu sein, was ich mir noch nicht unbedingt zumuten wollte. Mein Kopf kontrollierte genau das, was da vorne, direkt beim Meister auskuriert werden sollte. Im letzten Moment ziehen wir den Schwanz ein und das Ego hat es wieder einmal geschafft sich zu retten und das Selbst zu täuschen ! Aber all das sind Gedanken gewesen und beschreiben meine Ängste. Nur das EGO hat Angst! Bis auf die Notsituationen, wo eine berechtigte Angst zum Auslöser spontaner Reaktionen zum Überleben wird. Diese Angst ist real und kann ungeheure Kräfte hervorbringen, die aus dem Bauch kommen, über die Angst hinaus gehen, nicht gedanklich vorbelastet sind und eine integrale Wirkung erzielen.

Der Meister gab sich uns hin in seinem absoluten Sein. Aus diesem Kelch konnten wir trinken, ein jeder auf seine Art, wie er bereit war ES zu empfangen. Je mehr Hingabe desto grösser die Offenheit. Wie verstehe ich Hingabe?.....*einfach so, dass ich keine Gedanken daran verschwende mein - eigenes Ding, mei*ne eigene Geschichte- über den Meister zu stellen. Sicherlich fällt es meinen alten Überzeugungen nicht immer leicht Neues hereinzulassen, das könnte ja meine Identität gefährden! Aber Hand aufs Herz; ist ES denn wirklich N e u e s ? Ist es nicht wahres Uraltes, das wir alle in uns tragen, das hier wieder zu neuem Leben erwacht. Hingabe ist s t i l l e sein, h i n h ö r e n , v e r t r a u e n haben und d a n k b a r sein. So bin ich offen und empfänglich. Echte Hingabe ist schon die Reise hin zum Meister und das Ankommen.

Uns wurden Disziplinen auferlegt, um den Gesundheitszustand Bhagwans zu schützen und natürlich auch, um uns unserer Wiederstände gegen tausend eingefahrenen Gewohnheiten, Muster und gustos, bewusst zu werden. Um Einlass in die Buddha-Halle zu bekommen, durften keine Wollsachen getragen werden, durften keine Geräusche wie sprechen, räuspern, husten usw. gemacht werden; barfuss und sitzen auf dem Zementboden mit höchstens einem Longhi unterm Hintern waren ein Muss. Dazu das Schlangestehen überall wo man mit den Ashram-Diensten direkt in Berührung kam, und wenn du aus der lecture kamst, konnte es gut sein, dass deine Schuhe nicht mehr zu finden waren; denn einige tausend Sucher waren in der lecture und doppelt soviele Schuhe lagen vor der Halle !

Ich mietete mir ein Fahrrad, um in Bewegung zu bleiben. Es diente mir knappe 3 Tage und wurde gestohlen. Nach 2-3 Wochen Buddha Hall - Meditationen war ich reif mich im office bei Laxmi oder Arup nach einem Therapie-Kursus zu erkundigen. Ehrlich gesagt hatte ich noch nie etwas von solchen Gruppenveranstaltungen gehört und wollte es nun wissen.

Enlightenment Intensive und Centering waren die Gruppen für Anfänger und Einsteiger. Ohne jegliche Probleme, mit viel Aufmerksamkeit, Interesse, Spass und innerem Wachstum absolvierte ich diese Gruppen. Wie das im einzelnen ablief erinnere ich mich nicht mehr, wichtig war das Ergebnis: ich fühlte mich rundherum gut.

Es war an der Zeit, mir eine neue Bleibe zu suchen. Das man sich am Flussufer vom Bauern ein Plätzchen mieten konnte und er dort aus Bambusmatten eine Hütte aufstellte, die er verkaufte, törnte mich ungemein an. Wenige Tage später zog ich ein, kaufte eine Matratze, Primus-Kocher, Töpfe, Strohmatten für den Fussboden, Moskito-Netz, Decken und fühlte mich in meinen eigenen vier Wänden, mitten im Grünen, mit Blick auf den Fluss, und weit ab vom Menschengedränge und Trubel des Ashrams, sau wohl ! Ego hin Ego her, hier konnte ich mich baumeln lassen und alle die Erfahrungen der letzten Zeit langsam verarbeiten.

Neue Bekanntschaften gab es viele. Eine holländische Konzertpianistin traf ich im Ashram-Restaurant des öfteren am gleichen Tisch, aber irgendwie war jeder so stark mit sich selbst beschäftigt, als das bei mir weder Lust noch Raum für intimere Beziehungen spürbar gewesen wären. Es war immer wieder anders immer wieder neu mit den Menschen Erfahrungen, Meinungen auszutauschen und alles spielte sich um das Ashram-Geschehen und persönliches Wachstum ab. Ich fühlte mich eher als Einzelgänger, so gewohnt vom Boot her, und war nicht böse darum. Schliesslich war ich hier, um das All-Ein-Sein als das was es wirklich ist, was ES für jeden ist, bewusst zu akzeptieren; denn oft kreieren wir uns Gemeinsamkeiten und Beziehungen aus Angst vor dem Alleinsein oder aus sexuellen Bedürfnissen heraus. Wenn Alleinsein zum All-Ein-Sein hin gewachsen ist, dann geschieht uns alles vor diesem Hintergrund, ohne sich dessen persoenlich bewusst zu sein Ich fühlte mich übervoll von Lebenserner-gie die sich in Freude ausdrückte.

Ein Zwischen-Urlaub war angesagt, ich kaufte ein Bus-Ticket nach Goa, und liess meinen Körper und sein Hirn über lange Stunden kräftig durchrütteln. Einige Tage vor der Abfahrt kam im Ashram ein Swami auf mich zu: „ bist du nicht der Thomás von den Balearen"? Ich kannte ihn nur flüchtig, ein netter Bursche, der sich von seiner Frau in Spanien getrennt hatte, seinen kleinen, aufgeweckten Sohn mit sich nahm und in Poona bei Bhagwan hängen blieb. Ganz bezeichnend für mich als „fleissiger" Deutscher war sein statement: „ Thomás, ich arbeite hier als Gärtner im Ashram 12 Stunden am Tag, bekomme keinen Lohn, muss ausserhalb wohnen, mein Essen hier im Ahsram selber bezahlen und weiss zum ersten Mal in meinem Leben was wirkliche Arbeit ist und noch nie habe ich mich so wohl gefühlt, obwohl einem, trotz dieses Einsatzes, dauernd die >Knöpfe gedrückt werden <"!

Goa als ehemalige portugisische Kolonie hatte ein ganz anderes ambiente als das Indien, das mir bisher bekannt war. Es war ruhiger, eher christlicher und bewahrte sich immer noch einen europäischen touch. Zwischen Palmen, ganz in Strandnähe mietete ich mir in einem Privathaus ein Zimmer. Wir wohnten alle unter einem Dach! Wenn dieser Ausdruck stimmte, dann war es hier; denn die innere Hausaufteilung war derart, dass die Trennmauern zwischen den einzelnen Räumen höchstens 2 Meter hoch waren und nach oben bis zum Dach war alles offen. Alle Geräusche kamen wie aus einem Raum. Mein erster Besuch auf dem Plumsklo jagte mir einen schönen Schrecken ein, als ein runzendes Schwein meine frisch gelegten Würste direkt unter mir genüsslich wegschmalzte; so musste ich aufpassen, denn vielleicht waren Pimmel mit Geläute auch noch ein Leckerlie !?

14 Tage Urlaub. Jeden Tag stundenlange Strandwanderungen. Teilweise kilometerweit alleine. Das warme Meer und die hohe Sonne, nette Menschen, viele Freaks und Hippies aus dem Westen. Hier und da ein Sannyasin. Inzwischen lief ich auch schon in Rottönen herum, allerdings etwas unauffälliger in kupferrotem lockerem Baumwollanzug indischer Art, höchst bequem, weit und luftig. Eine starke Drogen-Scene gab es hier mit vielen Franzosen, die teilweise ziemlich abgebaut hatten und nach Geldmöglichkeiten Ausschauh hielten. Nun war ich von Sannyasins in Poona gut vorbereitet worden; denn viele von ihnen gönnen sich zuweilen ein Zwischenstop in Goa. Als ich auf eine Art Ausricker-Einbaum mit Mast und Segel am Strand aufmerksam wurde und diese urigen Boote auch noch zu einem erschwinglichen Preis zu haben waren, fing meine Phantasie Feuer und ich träumte schon von einer Segelreise immer an der indischen Küste entlang bis Ceylon. Nachts würde man das Boot an den Strand ziehen und wenn man Lust hatte würde es am nächsten Morgen weiter gehen. Die Brise reichte aus um den Kahn gen Süden zu treiben. – Jedoch beim Träumen blieb es erst einmal und selbst heute, nach so vielen Jahren, beim Niederschreiben all dieser Reisen, juckt es mir immer noch unter den Nägeln ! Wer weiss?

Wärend der ersten Poona-Wochen fuhr ich noch einmal nach Bombay, um, weitab in den ärmsten und verstecktesten Platten- Siedlungen, einen

Musik-Instrumenten-Bauer ausfindig zu machen. Ein Swami-amigo aus dem Ashram gab mir die Adresse, nachdem mich sein wunderschönes Flötenspiel auf einer Bambusflöte, genau dieses Meisters, begeistert hatte. Ich fand ihn endlich und kaufte mir gleich drei Flöten, eine unserer Blockflöte ähnlich und zwei Querflöten von denen die Dicke zu meinem Liebling wurde. In Goa hatte ich sie bei mir und versuchte, ihr die schönsten Töne zu entlocken. Es war gar nicht so einfach sie zum Schwingen zu erwecken, sie verlangte nach viel Luft und Übung. In der Tat war ich nie ein Flötenspieler, aber schon die Harmonie der Töne aus diesem vollen, tiefen sound brachte mich und die Umgebung in gute Schwingungen. Einer anderen, ganz simplen Kunst frönte ich am Strand. Auf den ganz glatten, noch etwas feuchten Flächen im Sand mahlte ich mit einem Bambusstock weiche, runde Linien, grosse und kleine, Spiralen und Kreise die sich ineinander verwoben und sich so zu einem sehr dynamischen Relief-Bild aus der Sandfläche hervor hoben. Hier und da eine Muschel, ein Stein, ein Blatt an genau den Punkten im Gemahlten, die mir richtig erschienen. Das Licht, das ich bei Bhagwan erfahren durfte, kam hier nun in der Stille des Urlaubs am Meer in die eigene Erfahrung und ich genoss zutiefst diese Tage in Goa.

Meine Strandwanderungen wurden immer ausgedehnter, so dass ich beschloss meinen Rucksack mitzunehmen, um mir wandernd eine neue Bleibe für die nächste Nacht zu suchen. Man riet mir ab mit dem Gepäck am Strand zu schlafen. Die Diebstahlgefahr sei zu gross und es ginge nur, wenn man sich das Gepäck mit einer Schnur an der Hand oder dem Fuss festband. So wurde man geweckt wenn jemand zog. Ich schlief die letzte Goa-Nacht am Strand und bekam natürlich kein Auge zu !

Zurück im Ashram umarmte mich ganz überraschend Karin aus Berlin, die es nicht lassen konnte mich in Poona zu besuchen und schon ihren date hatte um Sannyas zu nehmen. Ich wusste gar nicht wie mir geschah, war freudig überrascht, aber auch zurückhaltend, weil ich so ganz bei mir war und auch weiterhin bleiben wollte. Der Abnabelungsprozess von meiner westlichen Konditionierung war voll im Gange und nun wurde ich durch Karins Präsenz eh wieder an die alten Geschichten erinnert und fühlte mich aufgefordert, mich doch irgendwie wieder in eine Beziehung einzuklinken. Ich war nicht verliebt, empfand aber eine sehr freundschaftliche Zuneigung, besonders auch wegen ihrer liebevollen Anhänglichkeit. Irgendwie waren wir schon ein lustiges Gespann und gerade ihre Präsenz hier im Ashram kam ja nicht von irgendwo her, so dass ich – Zeugesein – üben konnte. Sie zog natürlich zu mir in die Hütte, hier hiessen sie „huts" und so lebten wir beide recht gemütlich zu-sammen. Ich fühlte mich in jeder Beziehung verwöhnt von ihr. Es blieb nicht aus, dass meine Zweifel an unserer legären Beziehung zur Sprache kamen, was im Ashram-Ambiente zur täglichen Gewohnheit gehörte; denn Bhagwans – device-war nicht unbedingt beziehungsfreundlich, jedenfalls nicht was unsere normalen, klebenden Partnerchafts-Illusionen anging. Karins Verständnis ging in dem Moment natürlich dahin, dass, wenn man sich zu Jemanden hingezogen fühlt, das auch leben zu wollen. Als Sannyasin-Ma mit ihrem neuen Namen reiste sie wieder heim. Ihr Urlaub war zu ende und sie war mutiger als ich, ist sie doch in des Meisters Arm gesprungen Es war schön mit ihr.

Nun war wieder mehr Aufmerksamkeit auf persönliches Wachstum angesagt. Ich buchte eine Wunschgruppe die mit dem Atmen zu tun hatte und soweit ich mich erinnere Neo Rebirthing genannt wurde. Pünktlich stand ich für die mehrtägige Gruppe auf der Matte. Es ging dabei um ein so genanntes verbundenes Atmen, entweder durch Mund oder Nase, so dass kein Zwischenraum zwischen Ein- und Ausatmen ensteht. Der Körper wird förmlich voll mit Luft gepumpt und erhält so eine Überdosis an Sauerstoff. Bei Ausübung dieses Atmungsprozesses können sich leicht, müssen aber nicht, Geburtserlebnisse oder Erfahrungen noch vor der Geburt einstellen. Wenn unsere Geburt, wie meistens angenommen, eine traumatische Erfahrung war, hatte man nun die Möglichkeit sich ein solches Trauma anzuschauhen und loszulassen; denn das Geburtstrauma gilt als eine grundlegende Vorprogrammierung für unser ganzes Leben. Das Atmen selbst geht über eine Stunde und war physisch anstrengend. Durch den erhöhten Sauerstoffanteil im Körper kommt es anfangs zu einer Hyperventilation, so dass sich der Mund arschlochähnlich verkrampft, die Hände und Füsse auch. Das kann schmerzhaft sein. Trotz all dieser Anfangsschwierigkeiten, die wie ängstliche Widerstände gegen all das Neue zu wirken schienen, kam ich in ungeahnte Licht-Erfahrungen, die so stark waren, dass nichts anderes mehr existierte als nur Licht überall. In weiteren Atem-Sitzungen schwebte mein Körper über einer hellen Marmorplatte in einem Lichtkanal und ich konnte alles von irgendwo ausserhalb beobachten, bis ich mich wieder mit dem Körper verband und vor Glückseligkeit weinend in diesem Lichtermeer badete.

Diese Gruppe war auch gleichzeitig ein Ausbildungskurs für Rebirther. In erster Linie ging es natürlich um unser eigenes DING! Darüber hinaus wurden uns ganz praktisch, wärend des Kursablaufes und unseres persönlichen Werdeganges, die notwenigen Techniken und Vorbereitungen zur Begleitung eines Clienten vermittelt, so dass sie uns sehr schnell in Fleisch und Blut übergingen. Vom westlichen Standpunkt aus gesehen war das natürlich keine vollständige Ausbildung und das ist ganz typisch für unseren Anspruch an Wissen und Bildung. In Poona bei Bhagwan läuft alles eher umgekehrt, einfach so wie ES ist und im tiefsten Vertrauen des – SO SEINS -. Wenn eigene Zweifel auftraten war immer die innere Verbindung zum Meister der Garant dafür, das ES so stimmt wie ES IST ! Da sich bei mir „Erlösungen" von irgendwelchen Traumatas oder sonstigen Problemen nicht einstellen wollten, wurden eingreifende Versuche wärend der Atem-Session, wie beispielsweise mich würgen etc. eingesetzt, um etwas einzuleiten. Aber auch dabei passierte nichts weiter als ein anhaltendes Glücksgefühls. Ich musste mich natürlich fragen: „ Was ist denn los mit dir"?, entweder war ich dermassen blockiert und kontrollierte die Atemsitzungen derart, dass ich mir Lichterfahrungen kreierte, um so dem sicherlich sehr schmerzhaften Wiedererleben alter Traumatas aus dem Wege zu gehen, oder aber da war wirklich nichts von alle dem; denn das ständige Hinterfragen bringt uns gerade in unsere Problematik und wieder war da eine innere Stimme die einfach sagte: >Es ist vollkommen in Ordnung – SO WIE ES IST< !

Nach einer kürzeren Pause, die ich mit Meditationen in der Buddha-Halle ausfüllte, wagte ich mich wieder ins office zu Laxmi und Arup. Sie sollten mir eine weitere Gruppe empfehlen. Ich ahnte schon, dass nun etwas Härteres für mich angesagt war ! IM ZENTRUM DES ZYKLONS geleitet von Swami Rajen war die neue Gruppe, intern mit Übernachtung und Essen. Ich hatte immer Schiss solche Gruppen zu machen; denn ihnen ging ja im Ashram ein schlimmer Ruf voraus. Es geht meistens ans >Eingemachte< was immer weh tut und man nie wusste was im nächsten Moment passieren könnte.

Da sassen wir in einem vielleicht 30 m² grossen Zimmer mit ca. 15 Personen, jeder mit dem Rücken zur Wand. Rajen legte Regeln fest, scharf und kurz, und dann nichts wie Schweigen. Gar nichts passierte ! Die Spannung stieg; denn irgendetwas musste ja nun passieren. Man schaute sich die Leute an, den Therapeuten, Bhagwans Bild an der Wand, nach oben, nach unten, nach links und nach rechts, freundliche Blicke, ängstliche Blicke, leere Blicke. Eine hübsche junge Frau kam zu spät. Sie suchte sich einen Platz. Rajen fixierte sie mit scharfem Blick. Irgendeiner sagte etwas und das war schon genug um Mittelpunkt zu sein. Endlich war doch dieses heavy Schweigen gebrochen. Rajen ging mit Fragen an diesen Teilnehmer tiefer und tiefer, bis der – Arme- am Ende war und nun seine Dinger ausagierte. So langsam kam Schwung in die Bude. Gebrülle, Kartasis, Agressionen, Emotionen, viele Tränen, dann eine Pause, Mittagessen !!

Am Nachmittag wechselte Rajen seinen Platz und forderte uns einzeln auf sich vor ihn zu setzen und ihm ein -feed back- zu geben. Als ich dran war spürte ich viel Liebe und sagte:"I love You"! Eher neutral liess er alles über sich ergehen. Nach gemeinsam durschlafener Gruppennacht gings weiter am nächsten Morgen. Die hübsche junge Frau erschien wieder zu spät, als Rajen urplötzlich aufsprang und das Mädchen, wegen ihrer Unpünktlichkeit, brutal runter machte ! Das war für mich dermassen heftig, dass im selben Moment in mir ein Bruch entstand der nicht mehr zu flicken war. Mein Vertrauen in Rajen als Therapeut und Gruppenleiter, ja in den ganzen Ashram-Trip war in höchstem Masse lediert, wohlgemerkt nicht zu Bhagwan, mit ihm stimmte es weiterhin bis auf den Punkt, dass ich Zweifel bekam, die Grenzen zwischen der >Ego-Zerstörungsmaschinerie<, die ja hier in der Gruppe in allen Bereichen, so total wie nur irgendwie möglich, ausagiert wurden und der ewigen göttlichen ESSENZ, die uns allen ja innewohnt, einschliesslich unserer Ego-Allüren. Die Achtung dieser ESSENZ war in jenem Moment der Anmache nicht spürbar, sondern eher eine unkontrollierte Aressivität in der Form von EGO gegen EGO. Die hübsche Frau wusste gar nicht wie ihr geschah, weil ihr unbewusster Trip des Zuspätkommens, von der Sicht des Therapeuten aus wohl den Hintergrund hatte, dass sie sich als etwas Besonderes fühlte,, vielleicht ihrer Schönheit wegen, und damit dermassen indentifiziert war, dass sie sich Situationen kreierte um aufzufallen, um sich in den Mittelpunkt zu stellen. Wir machen ja diese Gruppen nicht, um unsere eingefahre-nen Ego-Trips, die durch lebenslange Prägungen konditioniert wurden, weiter zu spielen. Um uns das klar zu machen, um unsere Spielchen überhaupt erst einmal erkennen zu können wurden von den Therapeuten in den viel gefürchteten Encounter-Gruppen die härtesten Methoden angewandt, um aufzurütteln, um aufzuwecken!!

Mein eigenes geprägtes Systhem kam hier in tiefe Aufruhr und konnte sich nicht mehr beruhigen. Ich verschanzte mich hinter einer imaginären Mauer und sagte nun dem Therapeuten meinen Kampf an und das war nun mein Teil in dieser Gruppe. Alles was von nun an zwischen Rajen und der Gruppe geschah, wurde von mir mit kritischen Augen beobachtet. Rajen merkte das sicherlich bald und fühlte sich vielleicht in seiner Arbeit gestört. Ich hatte gegen ihn überhaupt keine Chanze und fühlte mich trotz meiner inneren Rebellion so klein und bedürftig wie eine Kirchenmaus. Vollkommen in mich selbst verkrochen und alles was nun aus mir hervorkam war irgendwie unecht, verkrampft und total verängstigt. Rajen nahm sich ein lesbisches Mädchen vor und arbeitete mit ihr, um sie zur Umkehr in heterosexuelle Beziehungen zu bewegen. Er näherte sich physisch ihrem Schoss. Sie sassen sich mitten im Raum gegenüber und man merkte seine Bereitschaft mit ihr Liebe machen zu wollen. Dabei ging er, anerkennender Weise, äusserst behutsam vor, aber die therapeutische Arbeit an sich war für mich schon befremdend, so etwas vor einer ganzen Gruppe ablaufen zu lassen. Er konnte, zumindest in jenem Moment, keine Umkehr des Mädchens erreichen.

Mir gegenüber sass ein stinknormaler Nordamerikaner aus New York. Es hätte mich nicht gewundert, wenn er mit Schlips und Anzug erschienen wäre. Rajen war ihm zugetan. Es sah so aus, als würde er ihn bevorzugen. Der in sich selbst verkrochene Thomás wollte wohl auch mehr Aufmerksamkeit von seinem geliebten- verhassten Therapeuten. Ganz unverholen griff ich den New Yorker an, was er denn bitteschön in dieser Gruppe und überhaupt im Ashram zu suchen hätte !? Er war mir einfach zu normal und bürgerlich in dieser „erlauchten" Gruppe von mehr oder weniger ausgeflippten Typen.

Genau das war der Punkt auf den Rajen wohl gewartet hat und machte mich total runter, woraufhin ich dann auch meinen ganzen Müll los liess, jedoch war das alles mehr Krieg als Frieden, weil Rajens Energie auf mich einfach zu aggresiv und missachtend wirkte. Es war nur Angriff da, nachher aber kein Frieden, keine Erlösung. Wenn therapeutischer Angriff zu jener Zeit in den Encounter-Gruppen Mittel zum Zweck war, um den harten Panzer unserer Verschanzungen aufzubrechen, so ist doch nachher, nach meinem Empfinden, ein Auffangen wichtig, um den -aufgebrochenen- Menschen in seiner Verwundbarkeit zu schützen. Was war nun zu tun, um in Stille in diese neue, freie Welt einzutreten; denn nun gab es kein Versteckspiel mehr, das Ego-Gerüst war zu tiefst erschüttert ! Ich wusste nicht mehr so richtig wo es lang ging. Der Thomás zerbröckelte. Ich fand mich in meiner Ohnmacht wieder. Die Sexualität kam natürlich auch auf den Tisch und Rajen tat nichts besseres als in der Runde zu fragen, welcher Mann mit mir in der nächsten Nacht schlafen möchte! Einer der es ausprobieren wollte, meldete sich und damit sass ich dann total unter Dampf, sozusagen um es dem Therapeuten unter enormem Druck recht zu machen, fühlte ich mich gezwungen mit einem fremden Mann Sex zu machen, wovon ich in diesem Zusammenhang überhaupt keine Ahnung hatte. Es war mir widerlich, ich fühlte mich –ohnmächtig-, und anstelle meinen eigenen Impulsen nachzugehen, opferte ich mein Selbst, um es dem Therapeuten recht zu machen. Es war eine fürchterliche Nacht. Ich war energetisch so k.o., einfach nicht imstande mich dem äusseren Druck widersetzen zu können. Ich entdeckte aber auch, dass sich solche Situationen -des sich Ohmächtigfühlends- durch mein ganzes Leben zogen und von meinem heutigen Verständnis her, es in dieser Gruppe in Poona vielleicht die Möglichkeit gegeben hätte solches zu erlösen, aber in meinem Falle war das damals völlig unmöglich !

Auf jeden Fall war ganz viel mit mir passiert und ich wurde gewahr, dass das erst der Anfang eines schmerzvollen Verwandlungsprozesses sein würde. Am vorletzten Tag rief Rajen 4 Leute in die Mitte der Gruppe. Ich war dabei und wir alle vier waren Aussenseiter innerhalb der Gruppe. Ich hatte im stillen die grosse Hoffnung, dass nun eine „Erlösung" angesagt war, uns eine Chance zum Frieden gegeben wurde und sie wars auch, nur ganz anders als ich es mir vorgestellt hatte. Die „Erlösung" kam nicht durch ihn, den Therapeuten, den „Retter", sondern ich selbst wurde in die Verantwortung gezogen. Rajen sagte:" ihr seid die Störenfriede in der Gruppe. Mit euch kann ich nicht weiter arbeiten. Ich stelle euch anheim die Gruppe zu verlassen"! Das war ein unerwarteter Schlag ins Gebälk, jedoch war meine Reaktion spontan und klar:„Ich gehe"! Das Ego hatte gesiegt und schleppte nun über die nächste Zeit den bewusst gewordenen, aber unerlösten „Müll" in äusserster Verwundbarkeit mit sich herum.

So manches Mal wurde ich die Ahnung nicht los, dass einige Sannyas-Therapeuten, hoffentlich nur wenige, den eigenen „Müll" in ihren Gruppen ausagierten und sich dann hinter Bhagwan versteckten. Wenn auch die harten Encounter-Methoden allen bekannt waren, so müsste doch in jedem Moment Liebe zu spüren sein; denn es gibt nichts anderes als Liebe und nur mit IHR ist Erlösung möglich; ansonsten bleibt nur Angriff und Verteidigung übrig, das führt zu Verhärtung nicht zu Versöhnung und schon sind wir wieder mitten drin in den Ego-Spielchen,vielleicht sind sie in solchen Gruppen noch intensiver!?

Wärend ich den Raum verliess hatte ich ein Gefühl von grosser Erleichterung. Ein freundliches deutsches Mädel, bekleidet mit einem hellrosanen Unterrock ihrer Grossmutter, stand auf und sagte: "Thomás bleib hier, du gehörst in diese Gruppe, ich finde es nicht o.k., dass du gehst"! Noch einmal bekam ich eine Chance, stand aber zu meinem Entschluss, was immer das auch für mich zu bedeuten hatte. Vielleicht könnte mein Zustand für einen Aussentehenden bedeutungslos erscheinen, aber für Jemanden in solcher Situation in der ich mich befand war es, als sei einem die eigene Identität verloren gegangen und das war ein Gefühl wie im Niemandsland. Im persönlichen Wachstumsprozess konnte das allerdings als „Erfolg" angesehen werden. Es gab aber überhaupt keinen Anhaltspunkt, was wohl nach diesem Niemandsland kommen würde? Ich konnte mit so viel Leere nichts anfangen, hing zwischen gestern und morgen, zwischen Himmel und Erde, ohne das JETZT in jenem Moment als einzige Wahrheit erkennen zu können !

Zurück in meiner –hut- fand ich, o Schrecken, einen Scheisshaufen neben dem anderen, rund um die Hütte herum ! Es stank wie die Pest und spiegelte meinen Zustand ganz real wieder. Ich lief zum Bauern, lieh mir Hacke und Schaufel und beseitigte ganz ruhig mit viel Bewusstheit und Achtsamkeit den ganzen Shit, als äussere und innere Selbstreinigung.

Am nächsten Tag abends hatten wir unseren Gruppendarshan mit Bhagwan. Die Gruppe schien sehr gut zu ende gegangen zu sein. Ich traf einige wieder und merkte so im stillen, dass mir der Gruppenabschluss fehlte. In der Warteschlange vor dem Gartentor zum Darshan wurde jeder Einzelne beschnüffeld. Roch er irgendwie, musste er sich duschen mit einem neutralen Shampoo, oder sich in der Ashram-Boutique eine Kopfbedeckung kaufen; denn in erster Linie wurden die Haare berochen. Man sagte; da wird das Ego gerochen. Ich kam natürlich nicht durch. Mein Ego stank !

Ehrlich gesagt hatte ich einfach genug von Allem und entschloss mich in dem Moment nicht mehr am Darshan teilzunehmen, verliess den Ashram, verkaufte in den nächsten Tagen meine Hütte mit Inventar, packte meine wenigen Klamotten, verabschiedete mich von den Freunden und zog wieder hinaus in die weite Welt. Noch über den „Horizont" hinaus, trug ich Bhagwan in meinem Herzen, seinen Ashram aber nicht !

Im Niemandsland zu leben ist ganz anders als sonst. Es gibt keine Orientierung, keine Kontrolle, man weiss gar nicht wo es nun lang geht und es war auch gar nicht wichtig ! Aber es macht Angst, viel Angst zuweilen! Die Gruppe ging für mich weiter. Einen Encounter mit mir selbst hatte ich mir kreiert und was das bedeutete, konnte ich noch nicht einmal ahnen! Allerdings, wenn man dann in einem fremden Land und dazu noch in Indien, vollkommen alleine unterwegs ist, bedarf es schon einiger Aufmerksamkeit und Organisation, die ich nicht immer aufbringen konnte. So verlor ich mich zuweilen, ohne eine grundlegende Richtung und Ziel zu vermissen. Im Bus in Richtung Süden traf ich einige nette französische Freaks und hakte mich gerne ein. Mitzumachen, nicht viel Eigenes bringen zu müssen, nicht immer Macher zu sein, tat mir gut. Keinen Anspruch zu haben, nur DASEIN war für mich ein Muss; keine intellektuelle Idee oder Vorstellung. Nun war es so, dass die französischen Freunde auf Drogen standen und wenn man in dieser Szene lebt wird man auch dahingeführt wo Hoffnung und Möglichkeiten für neuen „Stoff" besteht. Die >Leute< haben eine Nase dafür, es scheint ihnen überlebenswichtig zu sein. Als wir unsere Tagestour im Bus hinter uns hatten, machten die Franzosen sofort Bekanntschaften mit Indern, die uns zu einer richtigen Opium-Höhle führten. Das fühlte sich für meinen Zustand gar nicht gut an, aber ich folgte anhänglich wie ein Hund, hatte keine Kraft mich da auszuklinken. Ich lehnte das Rauchen ab, blieb aber sitzen und spürte eine sehr negative Energie, so dass ich von den Indern immer mehr ausgeschlossen wurde, bis ich es nicht mehr aushalten konnte, die Höhle verliess und mich flugs aus dem Staube machte. Meine Sensibilität, meine Verwundbarkeit zwang mich unausweichlich zum Handeln, ohne das ich mich bewusst beteiligt fühlte. Ich begann wieder, mich wie ein Kind zu schützen. Alle diese Erfahrungen waren neu für mich, nichts passierte wie früher, sondern aus einer ganz neuen Spontanität heraus; so dass in vagen Erinnerungen an ein Früher, eine grosse Unsicherheit spürbar wurde.

Mit Bussen und Zügen juckelte ich gen Süden, nirgendwo hin und dann quer rüber in Richtung Ceylon. Alles funktionierte ohne viel Tun. Das einfache Reisen in Indien war anstrengend und mir verlangte nach einem Platz der Ruhe und Stille. In Mandurai angekommen mietete ich mich genau gegenüber eines riesigen, bekann-ten Hindu-Tempels ein, verschloss Fensterläden und die Tür und fühlte mich im Dunkeln so gut; dass ich mir sagte, „hier bleibste erst einmal". Nach einem sehr geruhsamen Schlaf liess ich mich von den Glocken des Tempels und dem Menschengetümmel anziehen und wandelte durch die weiten Hallen des Sri-Meenakshi Tempels. Heute weiss ich weshalb ich hier war und sogar versteckt über Nacht in diesen dunklen riesigen Räumen bleiben wollte.-VENKATA-RAMAN lebte als Knabe bei seinem Onkel in Mandurai und fühlte sich von diesem Tempel sehr angezogen. Schon früh verliess er die Schule, um seiner inneren Stimme zu folgen und lebte bis 1950 als MAHARSHI in seinem Ashram am Fussedes Arunachala-Berges.

Ich hatte Hunger bevor ich den Tempel betrat und kaufte mir ein Stück Kuchen, der mit Haschisch angereichert war und mich fürchterlich „abfahren" liess. Ich wusste nicht wie mir geschah, konnte nichts mehr auf die Reihe kriegen. Es wurde zu einem Encounter mit mir selbst ohne Ende. Natürlich wusste ich, dass diese Droge wie eine „psychologische Lupe" wirkte und häufig den augenblicklichen Gemütszustand immens verstärken konnte; das es mir aber dermassen extrem geschah, riss mir den allerletzten „festen Boden" unter den Füssen weg. Ich fühlte mich fremd ohne Wurzeln, ohne Halt und Sicherheit, Ich spürte eine enorme Angst ohne jeglichen Grund ! Spirituell gesehen hatte ich die „normale Welt" hinter mir gelassen, was ja auf dem sogenannten- Erleuchtungsweg- eine sehr begehrenswerte Zwischenstation sein sollte, aber wenn das „andere Ufer" noch unerreichbar erscheint, irrt man im Nichts herum und genau dort befand ich mich. Nun denn, da ich zuweilen aufs Ganze gehen wollte, unternahm ich den Versuch mich über Nacht im dunklen Tempel einschliessen zu lassen. Im letzten Moment wich ich – Gott sei Dank- diesem Experiment aus und traf sicherlich, für meinen Zustand, die richtige Entscheidung. In meiner Paranoia empfand ich die gesamte Welt gegen mich. Es war ohne Friede, ohne Liebe. Ich fühlte mich hässlich, kaputt, voller Scheisse. Mein Herz war total verschlossen wie ein grosser, grauer Felsklumpen. So schnell wie irgendmöglich wollte ich jetzt nach Ceylon übersetzen, endlich dieses Indien hinter mir lassen,das mich total durcheinander gebracht hat!

Die Insel empfing mich sehr freundlich. Auf der Ferry lernte ich liebe Menschen kennen unter anderen auch einen Sannyasin aus Poona. Wir alle waren froh in diesem neuen Land, der Wiege des Hinayana- Buddhismus. Unser Weg führte uns direkt in den Nord-Osten nach TRINCOMALLEE, mehr ins Reich der Tamilen, die eine indische Minderheit in Sri Lanka bilden. Von dort fuhren wir weiter nach NICAVELI, um endlich in dem kleinen Hippie-Hotel SAMSONS TRIALS END INN anzukommen. Mir gefiel der Name sehr, und übersetzte ihn mit– heimgekommen am Ende des Weges-

Hier kam ich so langsam zur Ruhe. Wie schon oft in meinem Leben tat mir ein Ortswechsel gut, ich wollte u n t e r w e g s SEIN, wir alle sind immer unterwegs, die Reise durch das Leben ! – Dabei ging es mehr darum sich aus dem Gewohnten, dem Vergangenen auszuklinken, um hier und jetzt offen zu sein, eher als ein inneres Gespür, eine Präsenz, ein DASEIN, nicht ein Sichverlieren im Äusseren, kein Ortswechsel als Raum-Veränderung.

Es war so, dass ich mich hier entschieden wohl fühlte. Ohne Zweifel hatte die intensive Präsenz des Budhismus damit zu tun. Samson´s Trials End Inn lag einsam am Rand eines riesigen weissen Strandes ohne eine Menschenseele. Nur anfangs noch mit einem Longhi bekleidet machte ich mich auf den Weg für diesen ganzen Tag in die Unendlichkeit, überglücklich gen Norden wandernd, unbekleidet, neben mir das blau-grüne Meer, unter mir der breite, feine endlos wirkende Strand und weiter hinten tropischer Urwald. Ja, ich fühlte mich wieder heim zu kommen und erkannte die Fülle des All-Ein-Seins in diesem N i e m a n d s l a n d - ohne Angst- ! Ich konnte mich als der der ich war akzeptieren und wieder ein bischen Luft holen nach meiner indischen Odysse. Mir geschah ein >kosmischer Orgasmus<. Bhagwan war präsent und manchmal dachte ich an die Mala, die mir alles vielleicht ein bischen leichter gemacht hätte.

..... beyond the sun, the stars, the space within all !

Einige Tage später landete ich in Kandy, oben in den Bergen, besuchte den üppigen botanischen Garten, der seine Wiege in alten Britischen Colonial-Zeiten hatte. Mich interessierten die Avocado-Bäume, die hier oben in riesigen Plantagen angebaut wurden und die herrlichsten Früchte trugen. Ich las viel über Anbaumöglichkeiten, Klima, Bewässerung usw. um daheim auf meiner Insel einen Anbau zu probieren. In Kandy traf ich auf eine intensive traditionelle Buddhistische Energie, die mich so tief beeindruckte, dass ich zur Erimitage ROCK HILL geführt wurde und dort für eine Weile blieb, um an der Vipassana- Meditation teilzunehmen. Hoch oben an einem Hang bewohnte ich eine nette Holzhütte. Ananda, ein holländischer Mönch, stand uns Westlern mit Rat und Tat zur Seite. Die Mönche werden vom Volk mit Essen versorgt und so wurden auch wir mitbewirtet, nahmen Teil an der einfachsten Sri Lanka-Küche, die uns jeden Tag von einer anderen Familie geschenkt wurde. Alles lief sehr ruhig und besonnen ab, das absolute Gegenteil vom Ashram in Poona.

Es ist Tradition, dass zumindest ein Sohn aus den Familien buddhistischer Mönch wird, dort auch lebt und die Klosterschule besucht. Einige bleiben dann auch später nach dem 18.Lebensjahr dabei, die meisten aber gehen zurück in die Welt der Arbeit, Beruf und Familie. Es war köstlich, diesen jungen Mönchen in ihren leuchtenden, ockerfarbenen Gewändern zu begegnen. Auf meine Frage an schon ältere Mönche, wie sie mit ihrer Sexualität umgehen, bekam ich mit einem liebevollen Grinsen die Antwort: „Keuschheit oder ein bischen mehr, aber höchstens 2 cm."! Ich wurde in der Erimitage vor giftigen Schlangen gewarnt und viel dadurch wieder für Momente in alte Ängste zurück. Tatsächlich, bei einem in der Abenddämmerung vollzogenen Aufstieg zur Hütte, schlängelte sich eine Schlange über den schmalen Pfad und liess mich erstarren ! Der Himmel schickte mir alle nur erdenklichen Versuchungen, um mir meiner tiefsten Ängste bewusst zu werden, von denen ich früher auch nicht die geringste Ahnung hatte, oder es verstand, ihnen trickreich aus dem Wege zu gehen. Seit meinem Encounter im Ashram war ich dermassen verletzlich, dass keine Ausweichmannöver mehr möglich waren. Es scheint ein langer Weg zu sein, um sich aus den erstarrten Klauen jahrtausenderalter Konditionierungen zu befreien, so waren meine Wahrnehmungen. Die Angst gehört zu unserem Leben, nur wie gehe ich mit ihr um?.......fühle ich mich als Opfer, oder bin ich ein stiller Beobachter ! Die Vipasana-Meditation führte mich langsam hin zur Stille und so begann ich zwischen Ängsten und Ängsten zu unterscheiden. Die Einen, die schmerzhaften, enstanden im Kopf, in den Gedanken, die anderen, die Realen wirken direkt, spontan und mit voller Kraft im Hier und Jetzt, um irgendeine (Lebens)-Gefahr abzuwenden. Solche Erfahrungen, wenn sie dann integriert sind, wirken wie eine Erlösung. So nahm ich meine Schlangen-Angst mit ins Bewusstsein und übte mich wärend der Meditation die ganzen Angst-Gedanken im Kopfe los zu lassen. Es geht ja bei dieser klassischen Buddhistischen Meditation um NO MIND als Erfahrung hier und jetzt. Da die Atmung und die Gedanken etwas Gemeinsames haben, beobachtet man wärend der Meditation die Atmung und nur die Atmung, so dass die Wichtigkeit des Gedankenflusses nachlässt und wenn einem die Gnade hold ist, hören die Gedanken ganz auf.

Eine solche Erfahrung ist nicht mehr mitteilbar! Die Worte stammen aus dieser anderen Gedanken-Welt!

Nach diesem frischen ROCK HILL Aufenthalt lernte ich einen Amerikaner kennen, der mich beim Vorübergehen in sein Haus einlud. Über seinem Haus-Altar hingen die Bilder aller Gurus dieser Welt, die er, die ihn in sein/ihr Herz geschlossen hatten. Er war vertieft in die Buddhistische Lehre und empfahl mir, mich bei einem alten deutschen Mönch, der tief hinten im Wald lebte, einweihen zu lassen. So zog ich am nächsten Tag los, murmelte das Einweihungsritual vor mir hin, um es, so gut es ging, auswendig zu lernen. Hohe Bäume und Riesen-Bambus säumten den Pfad, als ich plötzlich hoch oben an den Ästen riesige Fledermäuse hängen sah. Das war schon wieder eine Versuchung Angst zu bekommen, aber es war mir möglich solche Gedanken, schliesslich mit einem Lächeln, als Zeuge zu beobachten.

Vor mir lag die -Island Hermitage- des Mönches NYANATILOKA, der ein Buddhistisches Wörterbuch verfasst hatte. Ich fühlte schon mein Herz pochen, als ich nach langer Wanderung vor seiner Einsiedelei stand und fast zärtlich an die Tür klopfte. Ein rüstiger, sehr freundlicher Mann öffnete mir und liess mich eintreten. Er weihte mich zum buddhistischen Glauben ein und ich hätte es wohl an keinem anderen Ort andächtiger und in stiller Freude besser empfangen können. Es war der richtige Ort zum rechten Moment; denn Zeit und Raum lösten sich auf, ich durfte wieder einmal essentielles SEIN erfahren !

Obwohl meine Antworten nur selten dem Ritual entsprachen, empfand ich die Güte des alten Mannes als ehrlichste Freude und Hingabe, es war eine tiefgehende Einweihung. In einem anschliessenden Plauderstündchen erzählte ich ihm meine Geschichte von der er überrascht und angetan war. Erleichtert wanderte ich, meine neue Freiheit besingend, zurück nach KANDY, um am gleichen Abend im Buddhistischem Centrum an meiner eigenen Einweihungsfeier teilzunehmen, die der Amerikaner mit organisiert hatte.

Was war es nun, dass mich zum Buddhismus drängte?..... ein stiller Ausgleich, ein Versuch nach meiner Poona-Erfahrung wieder eine Mitte zu finden?

Diese Ängste, die mich bewusster denn je seit der Encounter-Gruppe verfolgten, mussten doch irgendwie im Zusammenhang mit der Selbsterkenntnis stehen, die mir einfach nicht mehr erlaubte die alten eingefahrenen Spielchen weiter zu spielen. Verhaltensweisen, die sich schon in frühester Kindheit als Selbstschutz vor dem Übermächtigen, den Eltern, den Anderen, dem Fremden entwickelten, sich mit dem Älterwerden verfeinerten, immer tiefer rutschten, um so die leidvollen Ängste zu verdrängen versuchten. Es war wie eine Neugeburt bei der ich Mutter und Kind zugleich war und die Wehen mich schüttelten. Angst ist ursprünglich das Fürchten vor dem Tod, vor dem Sterben, vor dem Nicht-mehr-sein. Das vollkommen abhängige und hilflose Neugeborene ist sich seiner Situation sicherlich nicht bewusst, ist eher vertrauensvoll rückverbunden mit dem SEIN an sich; und doch ahnt es um die körperlichen Abhängigkeiten, die bei den kleinsten, von den Eltern oft unbeachteten Vernachlässigungen, ganz schnell die Grenze zwischen Leben und Tod verwischen. Diese Urängste berührte ich in meinen spontanen Hilfslosigkeiten vielleicht zum ersten Mal als „Erwachsener" und das nicht weil ich es zuliess, sondern weil ES sich zuliess, darauf hatte ich keinen Einfluss, es geschah einfach. Es war eine Rückverbindung zum wilden Instinkt uralter Menschwerdung.

All das geschah in und um Kandy. Irgendwann dann drängte es mich in die Inselhauptstadt COLOMBO. Adressen für günstige Unterkünfte hatte ich genügend; denn die reisenden back-packer- people sind eine grosse Familie und viele von ihnen sind alleine unterwegs. Die grosse Stadt war nichts für mich, die Unterkunft in grossen Schlafsälen auch nicht, und die Züge, die dicht unter dem Fenster vorbei donnerten noch weniger. Aber schliesslich fand ich einen schönen Strand, der in vollen Zügen genossen wurde. Das Wasser und die Sonne wirkten wie Energiespritzen und erleichterten mich von der Großstadtatmosphäre. So ist das Meer doch immer wieder von neuem ein tief wirkendes Reinigungsritual. Hübsche Ceylenische Mädels und Burschen tummelten sich am Strand und versuchten im Wasser anzubändeln, was ihnen hier und da auch mal gelang!

Die schönsten, aber auch touristischten Strände seien im Süden der Insel. Mich zogs aber gen Norden nach Nepal und Tibet. Aber wie dahin kommen? Wenn ich mit Bahn und Bus 6000 km quer durch Indien reisen würde, könnte ich zwar PONDICHERRY, MADRAS und vieles andere mehr besuchen, aber dem konnte ich mit meiner Indien-Erfahrung und Verfassung keine grosse Lust abgewinnen. Obwohl meine Reisekasse zur Neige ging buchte ich einen Flug von Colombo nach Kathmandu und war sehr glücklich und dankbar für diese Entscheidung, als ich einige Stunden später in Nepal landete und mir so vielleicht wochenlange Strapazen durch Indien ersparen konnte.

Da war ich nun, flugs, fast wie der Wind, ganz in der Nähe des Himalaya, in einer völlig anderen Welt, von den Tropen in den Schnee, obwohl Nepal noch nicht einmal auf 30° nördlicher Breite liegt, was dem mittleren Nordafrika entspräche. Kathmandu war überlaufen vom sympathischen Hippie-Tourismus. Marijuana und Haschisch waren dort wie bei uns Bier und Schnaps. Als ich zum Zahnarzt musste empfing mich ein netter Nepalese in seiner einfachen Holzbude. Er trat kräftig in die Pedale seiner Bohrmaschine, um mir mit höchstem Feingefühl schmerzlos ein Loch zu reparieren. Ich fand seine Arbeit so delikat und günstig, dass ich mir vornahm, später einmal, bei grösseren Beschwerden, hierher zurückzukommen was sich allerdings bis heute noch nicht ergeben hat. Ich hatte nur noch Geld zum Essen. Nach einer Woche bezahlter Unterkunft musste ich mir die nächsten 3 Wochen stunden lassen. Sie wollten mich rausschmeissen, weil das von mir im Westen angeforderte Geld über eine nepalesische Bank einfach nicht und immer noch nicht ankommen wollte. Da standen wir fast täglich in einer langen Warteschlange ungeduldig vor dem Bankschalter und es wurde getuschelt, dass die Bank einige Wochen mit den Überweisungs-Geldern arbeiten würde, bevor diese ausgehändigt würden.

In der Zwischenzeit lernte ich Kathmandu und die nähere Umgebung gründlich kennen. Es gab kaum gepflasterte Strassen, so dass jede Motorfräse mit Anhänger, das wichtigste Transportmittel überhaupt, den schmutzigen vollgepissten Strassenstaub überall herumwirbelte und das war mir sehr unangenehm. So versuchte ich diesem Umstand, so gut es ging, aus dem Wege zu gehen. Überall waren buddhistische Tempel und Pagoden mit goldenen Kuppeln und viele Mönche in weinroten Roben. Der tibetanische Buddhismus, der neben der hinduistischen Staatsreligion hier Einzug gehalten hat, ist als das – große Fahrzeug = Mahajana –, bekannt, zum Gegensatz, des ursprüglicheren -Theravada – Nihajana – Buddhismus von Ceylon und Birma. So wie ich es verstehen konnte ist im Theravada-Buddhismus die Erlösungsidee nur für denjenigen möglich, der für sich selbst als Mönch durch totale Hingabe und Entsagung der Lehre folgt. Dagegen glaubt man im tibetanischem Buddhismus, das es auch jedem Laien möglich sei das Nirvana zu erreichen, so dass auf ein strengeres Mönchsleben nicht soviel Wert gelegt wird und viele Mönche mit ihren Familien leben. Das Nirvana ist der Erleuchtungszustand, das Unsagbare, nur e r f a h r b a r e SEIN an sich. Da wir mental dermassen mit unserem Verstand indentifiziert sind, bedarf es des achtfachen Pfades und vieler anderer Übungen mehr, um der wirklichen Hier und Jetzt- Erfahrung gewahr zu werden. Der Buddhismus hat sehr viele Zweige der unterschiedlichsten Schulen hervorgebracht, unterlag über die Jahrtausende ständiger Wandlung und Erneuerung bis zum heutigen Tag. Die Heils-Lehre Buddhas bezieht sich darauf, das alles in der Welt vergänglich ohne SELBST ist und deshalb so leidvoll. Alles ist abhängig innerhalb der Kombination von entstehenden und vergehenden Gesetzmässigkeiten, dem DARMA. Jedes Tun, ob gut oder böse hat eine Wirkung und gemäss diesem Karma setzt sich in einer neuen Existenz, ein neues Leben fort, um sich stufenweise bis hin zur Befreiung, zur Erleuchtung, zum Nirvana zu läutern.

So bemüht sich jede Religion, jeder Guru um das „Heil" und letztendlich auch jedes DU und ICH um die Erlangung der letzten Wahrheit, die uns „umschwirrt wie Motten das Licht"..... doch greifen können wir sie nicht! ....jedoch zuweilen erhaschen wir den Zipfel eines „beschützenden Mantels".

Die Marktplätze Kathmandu´s waren voll der schönsten religiösen Ritual-Utensilien wohl aller östlichen Religionen. Immer aufs neue war meine tägliche Stadtrunde voller Staunen! Es gab Cafe´s; Restaurants auch westlichen Stils, die mir aber im Vergleich zu heimischer Kost zu teuer waren. Ich traf Bekannte und Freunde, aber im grossen und ganzen fühlte ich mich zufrieden mit mir selbst, jedenfalls in dem Sinne was mir mein labiler Allgemeinzustand erlaubte. Die Geldknappheit ging mir so langsam auf die Nerven und als ich meine neuen Dollars endlich in den Händen hielt, wollte ich schon morgen die Stadt verlassen, buchte ein Busticket nach POKHARA.

Früh morgens sass ich hoch oben auf dem Dach des Busses, fröstelnd noch in morgendlicher Frische. Die typischen Busse östlicher Länder sind wahrhaftige Transportmittel, kein cm^2 bleibt unbesetzt. Ich bekam unten keinen Sitzplatz mehr und musste so mit anderen Reisenden aufs Dach ausweichen, um überhaupt noch mitzukommen. Das Dach war aber schon voll von Gepäckstücken und so suchte sich ein jeder sein Nest. Auf den schlechten kurvenreichen Strassen , wo es teilweise eng an tiefen Schluchten vorbei ging, neigte sich der total überladene Bus erschreckend zur Seite, was wir, hoch oben auf dem Dach, noch viel mehr zu spüren bekamen. Allerdings hatten wir einen einmaligen Panorama-Blick auf der ganzen Reise, nur des öfteren eingelullt in dicke Staubwolken. Mit dem schneebedeckten Gebirgsmassiv des Himalaya im Hintergrund war ich innerlich sehr bewegt über den urigen ambiente dieses Landes, seiner Landschaft, seiner –humilden- Menschen. Alles erschien mir heilig wie in tiefster Meditation und dank meines sensiblen Gemützustandes konnte ich natürlich besonders intensiv von solchen Momenten profitieren; denn obwohl der Körper auf unbequemste Weise transportiert wurde und so im grobstofflichen Bereich Anspannung herrschte, öffnete sich die feinstoffliche Welt mit so viel STILLE, LIEBE und GEGENWÄRTIGKEIT das nur noch Gewahrsein erfahren wurde. Die Unfähigkeit kontrollieren zu können macht verletzlich und ängstlich im Ego-Reich, öffnet aber Tür und Tor zur HINGABE, und VERTRAUEN!

Bhagwan war wieder präsent:
Be activ within Yourself.
Not only in Surroundings
Don´t be passiv any more.
Feel Your EGO, feel Your Agressions, feel Your Power,
play with it...... and l e t   g o.
Follow the Truth, the middle path, follow it in any Moment.
BE with IT-
Don´t let You fear from Surroundings.
You´ll not be afraid any more.

The Fear is nothing but deadness.
If You are dead,
You cannot fight,
You cannot be strong,
You cannot be alive.
That´s wy the fear !
The Live is activity –each moment-.
Not working for security.
Just activity to be,
 to be in the Moment,
to be Yourelf.
And to become LOVE.
And to become TOTAL.
Than watch the GAP between the breath IN and OUT
There is a moment of tranquillity of quiteness within Your whole being
This tiny small GAP is ENOUGH to rest, …..and may be, to jump.
Don´t think about the jump,
just jump into Your IDENDITY
Nothing more !

Und weiter gehts mit Niedergeschriebenen aus meinem Tagebuch:
> Mala – Dorgé – Kreuz und Buddha
Alles Metapher,
Dich zu erinnern,
an die Energie,
das Fliessen.
ohne Widerstand
Frei im SEIN.
Autentizität tut gut, tut wohl
und das dabei „überlaufende" Ego
wird vom Herzen geglättet.
Freiheit von ALLEM.
Ohne Namen,
ohne Nennung von Leben und Tod

von Gott und Teufel
von Realität und Illusion
von Ursache und Wirkung
von Dualität und Ewigkeit
von Schwarz und Weiß
von Allem und Nichts
...... und je weiter ich schreibe,
desto weniger verstehe ich
und merke die Lächerlichkeit des Denkens !
Das Spielchen geht weiter:
Tod ist Transformation.
Transformation ist Bewegung.
Bewegung ist Schwingung.
Schwingung ist Energie.
Energie ist Essenz.
Essenz ist Wahrheit.
Wahrheit ist Gott.
Gott ist ewig.
Ewig ist Alles
Alles ist Nichts !
Wenn ich einen Moment der totalen Offenheit
im alltäglichen Gang spüre,
erfahre ich ES hier –im Osten-
in enger Verbindung mit den Menschen;
und es ist mir so,
als ob Sie ES sofort verstünden,
und dann stutzen Sie manchmal
...... oder lachen !
Es ist, als wüsste man gemeinsam
um ein Geheimnis ?
„The Twilight is the crack between the World"
Don Juan said: "It is the door to the Unknown"!
ES mag genannt werden wie jeder will .
   ES geht nicht um das Wort.

Das Wort ist Fahrzeug,
und Du wirst sehen,
dass jeder sein eigenes Fahrzeug hat,
seine, ihm ganz eigenen Worte benutzt;
denn jeder bleibt Individuum,
jeder bleibt subjektives Phänomen,
und wird als solches erkannt.
Nur ganz wenige sehen das ANDERE in Dir.
Und wenn Ihr Euch einmal treffen solltet,
dann kannst Du ES lieb gewinnen !
Jede Begegnung, ob Mensch oder Tier,
ob Pflanze oder Wasser, ob Berge oder Sturm,
ist – Encounter – und wenn ich aware bin,
weiss ich darum und weiss um mich.
Jeder – Encounter – läuft anders ab
und ist, bei genügender Wachsamkeit,
ein „Zustandsbericht" meines Momentes !
Es ist nicht wichtig,
ob der Moment mit Gut oder Böse
oder sonstwie – bewertet – wird.
ES ist der MOMENT
in welchem Zustand er auch immer ist !
Darum laufe nicht vor ihm weg,
sei in jedem MOMENT ! <

„ NEPAL: Am Dach der Welt. Dort, wo die Erde ihre Arme gen Himmel streckt, wo sie dem Universum, der Ewigkeit näher zu sein scheint als anderswo in den tiefen Ebenen, dort wo die Luft schwerer drückt und die Körper belastet. Hier ragen weisse, bizarre Gipfel von Horizont zu Horizont und mögen niemals enden. Wenn es dunstig ist, gerade so stark, dass Konturen von schneebedeckten Felsen mit dem Äther verschschmelzen; oder wenn ein Schneewind die hohen Gipfel im grau-weissen Licht des Himmels ohne Übergang verschwinden lässt, spüre ich Einheit; es ist, als würden sie sich die Hände reichen- die Welt hier unten und das Reich dort oben!"

Da das Wetter gleichbleibend ist und nicht von plötzlichen -Schocks- unterbrochen wird, fühlt man wie es täglich wärmer wird. Selbst hier in der Höhe von 1500 Metern. Die stehenden und fliessenden Wasser werden trockener, liegen tot da und hinterlassen den Gestank überall blühenden Unrats. Es fängt nun wirklich an zu stinken. Die Fliegen färben rotes Fleisch grau, das in den dunklen, kleinen Läden am Strassenrand verkauft wird. Es stinkt überall und die Dreckhaufen gären unter der heissen Sonne des Tages. Hier unten am Fluss, am Rinnsal, das sich durch die ausgetrocknete Ebene schlängelt und kaum noch Nachschub aus den fernen trockenen Bergen erhält, wird noch fleissig das frische Gemüse von nahen Feldern gewaschen, und der Hintern nach dem Schiss, die Haare, die Körper, das Geschirr und der Salat"!-

Wir kamen nach langer Fahrt in Pokhara an, und soweit ich mich erinnere, spürte ich den Ort sehr wenig. Es gab viele einzel stehende Häuser mit Bäumen und Wiesen in einem Tal gelegen. Eine Hippie-Kolonie mit viel Drogenkonsum vermischt mit Leichtigkeit und Schwere. Mich ängstigte das eher, so dass ich auswich wo ich nur konnte. In dieser Zeit schrieb ich viel in mein Tagebuch. Ich war mit mir beschäftigt, weniger mit meiner Umgebung, um immer wieder einen Versuch zu unternehmen, mich aus meiner präkären Lage zu retten, wieder –normal- zu werden; aber war ich nicht „normaler"? Was wollte ich eigentlich? War da tief drinnen ein Anspruch, der nach Freiheit drängte, der sich nicht mit der Norm des „Normalen" anfreunden konnte. Auf der einen Seite fühlte ich eine urtraditionale Bindung an multikulturelle Werte, auf der anderen Seite spürte ich diese lichte Klarheit; wenn ich das verklebte, bindende, alte Normale hinter mir lassen konnte; denn nur dann war da Freiheit und Stille !

Die Angst ist Angst vor Verlust des Vertrauten. Im Niemandsland gibt es nichts Vertrautes im altbackenen Sinn. ES ist Ur-Vertrauen, ES ist das SEIN selbst, ohne jegliche Trennung, ohne Vorstellung, Wünsche und Hoffnung, weil SEIN einfach IST was ist!

Da war auch ein See, ganz in der Näh´. Als einen Tagesausflug konnte man ihn umwandern. Es war genau der richtige Moment mich davon zu stehlen. Ein Fährmann setzte mich über den Fluss zum gegenüberliegenden Ufer. Ich dachte an –Siddharta- von Hermann Hesse. Hier war es erfreulicherweise ganz anders als in Pokhara. Einheimische in kleinen Ortschaften lebten ihren verwurzelten Alltag. Ruhig, freundlich und mit einem Lächeln begegneten wir uns. Touristen gab es so gut wie keine, und wenn, so waren es diejenigen, die sich hier, ganz abseits vom Trubel, mit der Beschaulichkeit der Ansässigen einliessen. Als ich so dahin wanderte bückte ich mich nach einem transparenten Plastikbeutel der des Weges lag, hob ihn auf und entdeckte, dass er mit frisch getrocknetem Marijuana-Gras gefüllt war ! Voller Erstaunen über diesen Fund fragte ich mich: ...ist das ein Geschenk des Himmels als eine Versuchung ? Aus den Kriegsjahren kam mir die Warnung in Erinnerung keine Bon Bons, die des Weges lagen, anzurühren, gescheige denn, sie zu essen. Geschenk, Versuchung und Warnung zum Trotze, fing ich an auf dem Gras zu kauen und merkte mit der Zeit, dass meine Füsse dahinflogen und alles in wohltuender Aufmerksamkeit verschwamm. Am anderen Ende des Sees wurde es flacher, ähnlich wie in einer Marsch und ich verlor mich in der Zeit, liess sie hinter mir. Als die Sonne schon tief stand erinnerte ich mich an den Heimweg.

Pokhara ist wohl ein Ausgangspunkt zum Trekking. Das war auch ein Grund meines Hierseins. Nach meiner Rund-um-den-See-Wanderung bekam ich grosse Lust aufs Trekking, allerdings nicht in einer organisierten Gruppe mit Sherpas, sondern ganz allein wollte ich mich in dieses Abenteuer stürzen, erkundigte mich nach den unterschiedlichen Routen, wählte eine aus, liess mich mit Bus in ein Flusstal karren, fand den Weg und treckte los. Es ging langsam bergan. Gegen Abend erreichte ich eine kleine Ortschaft und fand eine Unterkunft, ein kleines Plätzchen auf einem hölzernen überdachten Balkon direkt über dem Weg. Solche Nächte sind immer neu und anders und reichen trotzdem aus, sich gründlich auszuruhen.Früh am nächsten Morgen schulterte ich mein Gepäck und nun ging es einen bewaldeten Pfad steiler bergauf. In meiner rechten Hand drehte ich einen Dorjé, im tibetanischen Buddhismus das männliche Symbol des Weges zur Erleuchtung und rezitierte wärend des ganzen Trekkings das Mantra – OM MANE PADME HUM- das „Erleuchtungsjuwel" als ältestes Mantra der Tibetaner. All-so fühlte ich mich gut gerüstet auf meiner Pilgerreise durchs

Himalaya und versuchte wieder einmnal alles, um mich aus meiner Enge zu erlösen. Das Mantra wirkte in mir als: >DEIN WILLE GESCHEHE<, und das bedeutet ja die totale Loslösung von der persönlichen Vorstellung : ICH BIN-Thomás-! Was dann übrig bleibt: ICH BIN! Viel Kraft konnte ich auf allen Ebenen „tanken" ! Der Pfad führte mich an einem kleinen Bach vorbei über dem ein zerfallenes Häuschen stand. Neugierig wie ich bin entdeckte ich im Innern die Reste einer Wassermühle von frappierender Einfachheit. Zum Andenken nahm ich mir einen hölzernen Haken mit; denn solche Souvenirs waren mir immer die Urigsten auf einer Reise. Ich fühlte mich aber nicht so gut dabei; denn irgendwie empfand ich es als ein „Plündern" ur-heimatlicher Werte, obwohl diese daselbst nicht, oder noch nicht als solche erkannt worden waren. An diesem Haken hängt heute ein Glockenspiel als Mobile, das ich bald nach meiner Heimkehr bastelte.

Und dann traf ich, auf dem immer steiler werdenden Pfad, junge kräftige nepalesische Burschen, die auf ihrem Rücken einen Zement-Sack trugen, der nur mit einem Gurt geschultert wurde und 50 KG schwer war. Diese Männer sind das einzige Transportmittel in den entlegenen Bergdörfern, und sie waren tagelang unterwegs um einen Zementsack zu transportieren. Sie liefen barfuss. Ihre Füsse waren wohl geformt, breit ausgetreten und gaben augenscheinlich beste Bodenhaftung. Sie waren geerdet und ihre Fußsohlen dermassen gegerbt, dass ich mir vorstellte, sie hätten sich Ledersohlen an Ihre Füße genäht. Ich trug zwar keinen Zementsack, hatte aber auch ganz schön zu schleppen an meinem Gepäck, das überall ein bischen mehr wurde und kein moderner Rucksack war, sondern eher ein auf den Rücken geschnürter Baumwollbeutel, eine in Indien gekaufte runde Büffel-Ledertasche und ein gewebter Umhängebeutel für die Dokumente. Ich hing also voll wie ein Kleiderständer und da die einfachen Bauernstiefel, die ich mir von meiner Insel mitbrachte für solche Touren ungeeignet waren, lief ich von nun an auch barfuss weiter. Meine kurzen Haare und die rotbraunen Poona-Klamotten liessen mich bei den Jugendlichen zum Lama werden und ich war froh als SUCHENDER erkannt zu werden, das bringt Akzeptanz und Achtung und insofern war nichts unecht an mir, es stimmte!

Die Berge empfingen mich mit grossem Wohlwollen, so auch die Dörfer mit ihrem freundlichen Menschen. Die Träger waren schneller als ich und besser an die Höhe gewöhnt. Ich erinnerte mich an das Chu-Chu – Breathing. Dabei atmet man wie eine Dampflokomotive. Der Mund wird leicht rund geformt und dann stösst man drei Mal kräftig aus und zieht drei Mal kräftig die Luft ein. Anfangs brauchts ein bisschen Übung, damit der Atemrythmus mit dem Gehen harmonisiert. Dabei kommt viel mehr Luft und Sauerstoff in den Körper, man fängt förmlich an zu schweben und spürt keine Ermüdungserscheinungen mehr. Erst am nächsten Tag wollte es dann so richtig klappen.

Und wieder neigte sich ein Tag dem Ende. Das nächste Dorf war erreicht. Müde war ich schon. Unterkunft fand ich in einer hohen runden Hütte. Die ganze Familie sass um das offene Kochfeuer in der Mitte. Es gab viel Rauch, zu viel Rauch, als ich entdeckte, dass es oben im Dach überhaupt keinen Abzug gab. Uns allen tränten die Augen und ein Alter wischte sich mit einem schmutzigen Tuch ständig den Eiter aus den Augen. Bei aller Heiligkeit und Respekt für diese angestammten Bergvölker, fehlte ihnen doch ganz viel praktisches Wissen, um sich in ihren Häusern wohler und gesünder fühlen zu können. Sie luden mich zum Essen ein. Gekochter Reis mit einer kleinen Kartoffel als Gemüse wurde mir und meinem Hunger zur Köstlichkeit. Bald dann schlief ich neben dem Feuer ein, nachdem wir noch ein Schlückchen heimischen Schnaps genossen hatten. Eine Unterhaltung über Worte war natürlich nicht möglich, aber mit Gesten, den Augen und freundlichen Gefühlen; das reicht fürs Verstehen!

Früh am Morgen war ich wieder auf den Beinen und suchte mir auf dem Dorfplatz etwas zum Essen. Mädchen und Jungens drängten sich um mich, wollten irgendetwas haben. Einige hatten rote Augen, Hautausschläge oder Eiterbeulen. Ich suchte nach etwas Brauchbaren in meinem Medizin-Beutel und fand Pflaster, Jod und Creme. So fing ich bei dem sichtbar schlimmsten Fall an und verarzte die Wunden. Alle wollten nun von dem „Gringo-Doktor" ein Pflaster, eine Aufmerksamkeit bekommen, bis fast alles aufgebraucht war, ich sie glücklich hinter mir lassen konnte und nun den noch steileren Aufstieg bis zur Endstation meiner Pilgerreise antreten konnte, einem Hof wo einige Schweizer ihre Yacs melkten und

Käse machten schon nahe der tibetanischen Grenze. Das schien wohl das Endziel auch anderer Trekking-Touren zu sein. Hier oben am letzten Zipfel der Welt gabs KÄSE! Endlich wieder einmal heimatliche Geschmackserinnerung. Ein ganzes Kilo kaufte ich mir und konnte kaum aufhören davon zu naschen, bis der Magen anfing gegen die seit langem ungewohnt fette Kost zu rebellieren. Viele Backpackers gabs hier oben und aus meinem stillen Aufstieg wurde ganz plötzlich westlicher Trubel. In grösseren Räumen konnte man hier übernachten. Am nächsten Tag sah ich ein wenig weh-mütig gen Osten, in ein weites Tal und die Berge, die da hinten wieder anstiegen, waren schon TIBET !

Meinen Rückweg wählte ich anders aus, obwohl ich nur ganz wenige Informationen hatte. Wieder unterwegs durchschauderte es mich, als ich ganz plötzlich von einem Schwarm grosser kohlrabenschwarzer Raben angekräht und später sogar angegriffen wurde. Mir wurde das unheimlich, so als wollten sie mich in die Hölle zerren. Ich fing an, weg zu laufen, doch das nützte nicht viel, sie waren viel schneller als ich. Unter einer Baumgruppe verschnaufte ich erst einmal ein Weilchen und wartete ab, doch sie liessen nicht locker. Es wurde wie ein Horror-Film aber live ! Vollkommen ungewohnt, mit solchen Situationen umzugehen, kommt man doch an ganz spontane Reaktionen. Auf einmal war die Angst verschwunden, ich schrie die Raben an und schickte sie aus voller Überzeugung selbst zum Teufel und kam wieder in meine KRAFT. Diese „Umpolung" in mir, die einfach geschah, rettete mich wieder einmal aus meinem Opfer-Dasein und dank der Krähen konnte ich diese Lexion lernen -DEIN WILLE GESCHEHE-wer auch immer unter – D E I N – erfahrbar und/oder erreichbar ist. In der Tat war die Situation recht ungewöhnlich. Ich holte meine Flöte hervor und wanderte glücklich und unerschrocken weiter. Der Abstieg ging viel schneller voran. Am nächsten Tag sass ich schon wieder im Bus, zurück nach Kathmandu. Die Trekkingerfahrung wirkte nach. Ich verneigte mich vor den Bergen, nicht zum letzten Mal in meinem Leben, und dankte für ihre grosse Erhabenheit.

In Kathmandu kaufte ich mir noch einige Ritual-Gegenstände, eine handgebwebte wollene Jacke, ein Kukri-Messer und einen Buddha aus Bronze. Einige Tage später sass ich im Flieger nach Benares, der heiligen

Stadt am Ganges. Nach 50 Minuten Flug landete ich in der Wüste. Es war ungewöhnlich heiss, so um die 48 ° im Schatten. Der Flughafen lag weiter ausserhalb der Stadt. Ich zog es vor, trotz der grossen Hitze, zufuss nach Benares zu laufen, als kleiner Pilgerweg zum heiligen Ziel. Der Gegenwind war so heiss, dass ich nicht mehr vorwärts kam, mir ein Handtuch über den Kopf und das Gesicht legte, um so ein bisschen abgeschirmt zu sein und weiter gehen konnte. Die ersten Häuser tauchten auf, als ich plötzlich anhielt, um unter den grünen Blättern eines gepflegten, grossen Vorgartens ein wenig auszuruhen. Es war aber nicht nur der Schatten der mich aufforderte hier Rast zu machen, da war noch etwas anderes, das mich in seinen Bann zog. Hinten im Garten entdeckte ich ein Haus, die Tür wurde mir geöffnet und man bat mich um Eintritt. Ich stand in einem kleinen Buchladen der Theosophischen Gesellschaft –STAR OF THE EAST- der Heimat Krishnamurti´s und wusste nicht so richtig was mir geschah. Wohl war mir sein Name, eher als etwas Unerreichbares, bekannt und Bhagwan erwähnte ihn häufiger, aber von seiner persönlichen Geschichte, seinen Büchern, seiner Lehrtätigkeit wusste ich nichts und stand nun dort wo vieles mit ihm und um ihn geschehen war. Es tat ja so gut hier zu sein, es war wie ein Heimkommen, wie ein Ausruhen und das geschah einfach so beim vorübergehen. Ich kaufte einige Bücher und hatte so genug zum Lesen. Erst durch die Bücher lernte ich mehr über die Theosophische Gesellschaft und Krishnamurti´s Anliegen kennen: Sein einziges Bedürfnis war es >den Menschen wirkliche Freiheit zu vermitteln< ohne Furcht, und ohne Angst zu sein, genau der Punkt mit dem wir uns alle so schwer tun. Es ging ihm nicht um diese Freiheit –aus zweiter Hand- Freiheit die von einer anderen Autorität erwartet oder erhofft wird, sondern nur und ausschliesslich um die Freiheit aus einem selbst heraus. Nur das ist FREIHEIT ! Auch er selbst wirkte ja als spiritueller Lehrer, als eine Autorität, wie viele andere Gurus und erleuchtete Meister auch, aber wirklich verstehen und erkennen dessen was IST kann nur in uns selbst, aus uns selbst erfahren werden. Ich fühlte mich so verstrickt in mein e i g e n e s Ding, dass es mir kaum gelingen konnte, dahin einen tieferen Zugang zu bekommen, obwohl ja dieses Ahnen fast in jedem Moment präsent war und es ist ja gerade dieses Gespür, das uns verbindet und zur weiteren Wanderschaft antreibt.

Aufgetankt mit frischer Energie zog ich weiter gen Benares unter dieser Hitze bis ins Zentrum der Stadt, um mir eine Bleibe zu suchen und kehrte dann dort ein. Frei vom Gepäck zogs mich direkt an den Ganges. Es wimmelte von Menschen. Da unten floss der Ganges gemächlich vor sich hin, der heilige Fluss, dem fernen Meer entgegen, berührt er die Ufer der heiligen Stadt, und dort sitzen sie alle, die Inder, die Pilger die Touristen auf den Treppen....und hoffen auf Erlösung, jeder auf seine ganz eigene Art verbunden mit dem SEIN, ob sie es wahrnahmen oder nicht. Da wird gekocht und sich gewaschen, gebadet und meditiert. Sadhus rauchen ihre Chilums, bieten ihre Pfeife an und mögen es nicht, wenn man sie ihnen verweigert. Ganz besonders hartnäckig sind die Burschen aus dem Westen, die sich hier tummeln und mit grosser Hingabe den Sadhus nacheifern. Ich bemühte mich, nicht in diese Welt hineingezogen zu werden. Ich war nicht in der Lage, ihnen auf ihrem Trip zu folgen. Ein bischen abseits der Gangestreppen branten Scheiterhaufen auf denen die Toten verbrannt wurden. Dieser ganze ambiente erschien mir, als sei die Zeit stehen geblieben, als hätte sich hier über die Jahrhunderte nichts verändert. Doch Hand aufs Herz: „ hat sich, ausser vielleicht erfindungsreichem technisch-mentalem >Fortschritt< in der äusseren Welt, von Mensch zu Mensch denn wirklich so viel verändert" ?

Ein schöner Brauch sind die Tonschälchen, die auf den Treppen verkauft wurden und auf einem grünen Blatt ein Lichtlein trugen. Mit den besten Wünschen auf Heilung für mich und die ganze Welt liess ich es schwimmen, zwischen hundert anderer Schiffchen und so bewegte sich ein ganzes Lichtermeer langsam auf dem Fluss, voll der frommsten Wünsche, die sich alle vereinten und diese Liebe zum greifen spürbar war. Das ist ALLES, es gibt dann nichts mehr um das man sich „kümmern" müsse. Im selben Moment bemerkte ich, dass mein Schiffchen genau an den Platz auf der Treppe zurück kam an dem ich sass, ich es wieder in meinen Händen hielt so lange das Licht brannte und dann das Tonschälchen behutsam in meiner Tasche verschwinden liess.

Am nächsten Tag legte ich mich auf einen Opferstein. Ich wollte es wieder einmal wissen; und dann ging die Reise aber los ! Ich sah das Böse und das Negative parallel zum Guten und Positiven in einer in sich verschlungenen Spannung, die uns Menschen ständig in Atem hält. Die Schreckenstiere, Fratzen, Dämonen drücken das ja in den indischen Mythen aus, diesen dunklen Welten der Angst und des grenzenlosen Leidens und in all diesem Unwissenden klammert man sich an die Götzen und Götter, um irgendeine Erleichterung zu finden.

Bhagwan tut der indischen Tradition übel in seiner Rede, er will alles Alte sprengen, uns aus alten Fesseln befreien, die wir noch nicht einmal erkannt haben. Das ist sehr schwierig, ja katastrophal am Anfang, weil uns der Boden unter den Füssen fortgerissen wird, wir nackt im leeren Raum stehen und fallen und fallen! Ich konnte gar nicht tiefer im Stein versinken, der Körper klebte an ihm wie eine Klette und es fiel mir richtig schwer mich aufzurichten. Dank einer fröhlichen Musik, die ganz in der Nähe erklang, kam ich wieder zu mir und liess auch dieses „Experiment" hinter mir, ein wenig bewusster geworden in den Bemühngen mich aus meinen Ängsten zu befreien.

Im Zug unterwegs von Benares nach Bombay. Die zweite Nacht schon liess ich mich durchschütteln, habe aber trotzdem gut geschlafen. Gestern am 30.April 1980 war Buddha's Geburtstag und Vollmond ! Ich denke an Demian und wollte eigentlich schon zurück in Spanien sein, sitze aber hier im Zug, dessen Stahlplanken aufgeheizt sind wie ein Ofen, und rase durch die heisse Luft und wüstenartige Ebenen, immer noch weit vom Meer entfernt.

Die Polnische Fluglinie gab an, meine beiden Flugreservierungs-Telegramme nicht erhalten zu haben und ich müsse etliche Tage für einen Platz im Flugzeug warten. Ich erkannte mich selbst kaum wieder als ich wutentbrannt sie Lügen strafte und auf meiner Reservierung bestand, ihnen androhte mich mit der IATA in Verbindung zu setzen. So wurde ich für den nächsten Flug früh morgens auf die Warteliste gesetzt. Als sie mich in der Warteschlange vor ihrem ticket-counter auf dem Flughafen sahen, baten sie mich gleich nach vorne und gaben mir mein ticket. Ich war glücklich und dachte bei mir: >Thomás so funktioniert die Welt: im rechten Moment am richtigen Ort in seiner Kraft zu sein< !

Aus meinem Tagebuch:

Bin verliebt in Krishnamurti
-the wholeness of live –
DUBAI:
Nacht und bald morgen. Ich kann nur schwer glauben dass es zurück geht.
LOT-office, Bombay, Arroganz. Meine Wut war echt.- Encounter, aufregend und nützlich !
Alcyone- Tibet-Masters-Wüste Gobi-Bhagwan-
Hitler- Theosophische Gesellschaft-Rudolf Steiner-
Esoterik-Star of the East-Benares.
Krishnamurti der Junge zwischen all den alten Engländern + Traditionen- Hindus-Okkultismus-
Leadbeater etc.
The Stream-Mahatmas-Adepts-Buddha-Bodhisattvas !
….alles das geht mir durch den Kopf, läuft wie ein Film ab. Diese 6 Monate hier im Osten erscheinen mir wie ein anderes Leben.
Und dann wieder in BERLIN. -Angst !
Weisse Menschen. Alles ist so straight-eckig-eng weit-kalt-spiessig. Ich bin zu. Am Bahnhof Zoo warte ich auf den Zug. Mir geht es besser. Hier im Zoo sehe ich die Traurigkeit der Tiere und der Menschen. Die Käfige mit ihren Kacheln, Inox und Glas sind ja so steril.
Karin hatte mich abgeholt. Sie holt mich zurück in deutsche Realität.
Sie blockiert ihre Umwelt, oder ist sie mein Spiegel ?
Hat Sie nichts „begriffen" und flippt im Diesseits?
Da kann ich nichts „Umgepoltes" entdecken.
Die Mala hängt nicht um ihren Hals, sie hängt am Lampenschirm.
Überall sehe ich nichts als Konditionierung. So wie im Westen, so auch im Osten!
Der Besuch bei Muttern liegt hinter mir. Wir können gut miteinander und vertrauen uns.
Ihre Nähe macht mich ruhig.
Sah ich nicht auch die Problematik meiner „Mauer"
im Spiegel der Mutter ?

Im Bus zurück nach Spanien. Mitleid mit den Leidenden und mit mir selbst. Es scheint nur zwei Gruppen von Menschen zu geben: die 99.9% der Schlafenden und Suchenden und die Wenigen im Licht !
Elke aus Bremer Hafen fährt weiter nach Ibiza.
Ich fliege gleich „nach Hause" Im Café Colon bin ich zu. In Barcelona bin ich zu. Habe Angst.
Fühle mich fremd in dieser Umwelt. Fühle mich in meinen Klamotten nicht so wohl und- vertrage-sie nicht !
Bin wieder zurück auf der Insel in meinem Tal.
Bhagwan ist nahe.
Sea and Silence-Musik klinkt aus dem Lautsprecher.
Mein Widerstand gegen mich selber geht weiter.
An mich:
Komm zu Dir und bleib bei Dir.
Sieh´ wie Du >wirklich< bist,
laufe nicht davon.
Sei Deine Nacktheit
in der Nacht und am Tag
Das, was Du bist,
Deine Spielarten
erinnere Dich nur: S E I - L E B´ - TOTAL !
…….. es kommt sonst nicht zu Ende
und bleibt hinter Gittern
das A N D E R E weisst Du nicht
kannst – E S - nie wissen….nur S E I N !
E S ist nicht zu manipulieren
in keine Form noch Bindung zu drängen
Ist Deine Angst in Dir grösser,
als Deine Lust zu leben?
Nur das Not-„wendige" lässt uns ohne Not.
Was ist nun Das, das unsere Not wendet ?
Erkenne Deine Schuld, die Deine Not ist ?
Siehe da: DU BIST UNSCHULDIG – MENSCH -!
Nichts bleibt von dem,

was Du fühlst
und denkst,
das Du b i s t !
Baharrlichkeit bringt Heil !
Das EGO drängt mich in eine Rolle
und schon beginnt das Spiel mit der Angst.
Spiele es, ohne Dich damit zu identifizieren
dann umarmt Dich die Freiheit !
Bhagwan: ...don´t loose yourself in spiritual
manipulations. That´s another trick of the mind !
Ich reise durch die Zeit
Erfahrungen binden mich an die Zeit,
lassen mich nicht frei.....
für den Moment - ohne Zeit -
FREUDE kannst Du nicht verstehen oder lernen
FREUDE I S T .

Mein Nachhausekommen war eher schal. Demian lebte mit seiner neuen Freundin in einem kleinen Häuschen ein bischen flussabwärts, ganz in der Nähe. Kurz bevor ich kam, hatte er gewechselt und mein Häuschen nicht so klar hinterlassen wie ich es mir gewünscht hätte, aber das Saubermachen und Aufräumen ist immer eine gute Energie etwas wieder in „Besitz" zu nehmen und neu anzufangen.

Über den Sommer hatte ich viel Familieinbesuch aus Chile und Deutschland. Die Jungen übernachteten in Zelten und ich war fast neidisch auf ihre Freiheit. Nun, ein „Normal-Bürger" könnte sich an den Kopf fassen, wenn er ein so – dummes Gerede- von mir hören würde und sagen könnte: „Lebt e r doch –freier- als ich mir das überhaupt vorstellen kann"? Die Nichten und Neffen waren alle noch im köstlichen Alter der Vorpubertät und erlebten mit viel Begeisterung die Insel, das Land, das Boot und das Meer. Sven war besonders offen für das Neue und hatte Spass überall anzupacken, er war eine Wonne. Ich spürte viel Liebe zu ihm. Einmal waren wir für einige Tage mit ALTAIR unterwegs. Wir kamen in einer engen Ankerbucht in eine schwierige Lage, nachdem der Wind in der Nacht ungünstig gedreht und sehr aufgefrischt hatte. Wärend ich den Anker hoch hievte, stand Sven am Ruder und machte seine Arbeit bestens. Auch Muttern war bei jedem Törn dabei und sprühte vor Lebensfreude und weisen Erkenntnissen.

So kamen wir alle gut über den Sommer und im Herbst ging es mit Shila und ihrem Freund auf eine Nachbarinsel, um das Boot zu slippen und zu reparieren. Hoch oben auf dem Slip erwischte mich ein mächtiger Tramontana. Fallböen mit ungeheurer Wucht peitschen das Wasser. Wie wütende Bestien rasen sie über die See, zerzausen sie in aufsteigende Gischt wie sprühende Nebel. Das Boot wackelt gefährlich, es ist aber sicher, viel sicherer als irgendwo im Wasser! „Ich bin gebunden und kann mich kaum noch bewegen zwischen ALTER –ANGST –BANKEN- EXISTENZ"! Das Boot war fertig. Zwischendurch sah ich mir diese Insel an und hatte eine schöne Zeit. Shila stammte ursprünglich aus einer japanischen Einwandererfamilie in Brasilien und lebte seit längerer Zeit getrennt von ihrem spanischen Ehemann mit ihren beiden Kindern auf unserer Insel. Sie war leiert mit einem Mahler und selbst auch Künstlerin. Sie produzierte schöne Stiche mit typischen Inselmotiven. Das sind zeitlose Impressionen, die sehr beliebt waren. Sie stand mir von Anfang an sehr nahe, was uns beiden zuweilen sehr gut tat. Die Nähe zu einer Frau empfand ich als immer wichtiger und spürte Heilung durch Zuneigung und Vertrauen. Insgesamt konnte ich natürlich – daheim- mit meinen Problemen besser umgehen als im doch sehr fremden Indien, weil ich mich geborgener fühlte, wusste aber auch, dass ich etwas tun müsse, um mich grundlegend besser zu fühlen.

14. Reise: > HUMAN GROWTH – Therapien - Meditationen

Schon kurz nach meiner Rückkehr begann ich immer intensiver mit Bhagwan-Meditationen. Am Morgen die „DYNAMISCHE", am Abend die „KUNDALINI" und zwischendurch des Öfteren „NADABRAMA" oder „PRAYER". Monique lud ich ein zu einer REBIRTHING-Sitzung mit mir. Sie gab aber auf, weil Ihr die Hiperventilation, die sie besonders stark in den Händen spürte, Angst machte. Mit der Zeit kamen auch Freunde hinzu und wir meditierten gemeinsam, sodass manches Mal das Tal erbebte, wenn wir in der Kartarsis-Phase aufgestautes lautstark los liessen. Meine beiden einheimischen Nachbar-Obst-Bauern, die ich vorsichtig auf solche Events einweihte, dürften trotzdem „mit den Ohren geschlaggert haben"; denn die Bhagwan-Techniken aus Poona waren für den Westler absolut ausgeflippte Neuheiten und dazu noch auf einer kleinen Insel im Mittelmeer. Ich fühlte mich –stabiler- obwohl es tief drinnen brodelte. Das Bewusstsein darum war ja der auschlaggebende Punkt all dieser Erfahrungen. Das Infragestellen durchs Hinterfragen : „Wer bin ich" ? löste bei mir eine Kettenreaktion aus, weil ich auf einem mal das ICH nicht mehr finden konnte. Es war wohl da, aber entsprach nicht mehr den alten Konditionierungen und Vorstellungen!

Meine Mutter machte in Hamburg bei einer Reinkarnations-Therapeutin, die sich bei Oswald Detlevsen in München ausgebildet hatte, eine vierwöchige Einzelbehandlung durch und hatte allerbeste Erfahrungen. Mit Begeisterung und viel frischer Energie erzählte sie mir davon.

Kurz nach Weihnachten ging es mir nicht so gut. Übrigens konnte ich entdecken, dass der Spätherbst und Winteranfang nicht nur lange Sonnenschatten in der Natur schuf, sondern auch drinnen in mir die „Schatten" immer länger wurden, das war sicherlich auch kein Wunder bei einem wie mir, im Hochsommer Geborenem! Ich erinnerte mich an Mutters Therapie und fragte nur mal so an, welche Möglichkeiten für mich bestünden, daran teilzunehmen, dieweil die Therapie schon lange ausgebucht war und alle 4 Wochen immer nur eine Person auf ihrem Sofa lag. Die Antwort war prompt und sehr überraschend: Durch den Ausfall eines Clienten könne ich in 5 Tagen meine Sitzungen beginnen. Ich sagte zu und reiste nach Hamburg.

„Nun ging die Post für mich aber ab"! 5 Tage die Woche, runde 4 Stunden vormittags und das 4 Wochen lang. Ich ging durch alle Höhen Tiefen meines Lebens, fand Lösungen oder verstrickte mich noch mehr in uralte Probleme bis ich ihre Usachen erkennen konnte. Fast täglich wurden neue Punkte angesprochen, die sich relativ einfach aus unseren Gesprächen ergaben. Eine Art –Spannungsmesser- den ich in meiner Hand hielt gab ihr Auskunft über meinen augenblicklichen emotionalen Zustand wärend ich mit irgendeinem Thema beschäftigt war, das meistens im Vergangenen zu finden war, so dass sie, je nach Notwendigkeit, Hilfestellung leistete oder mehr Druck ausübte, wenn ich ausweichen wollte, weil es meistens sehr weh tat in den alten, dunklen, unerlösten Geschichten und Erlebnissen herumzustöbern ! Viele Traumata, bis hin zur Geburt und sogar introuterino wurden unter gleichen Ängsten und Schmerzen wiedererlebt, konnten aber dann durch das Hier und Jetzt –Bewusstsein grösstenteils relativ einfach losgelassen werden. Die enormen und übergrossen Ängste, die im Krieg, der Flucht und Nachkriegszeit entstanden, lösten sich langsam auf. Es war einfach so, dass ich mir klar darüber wurde, dass es ja alles scheinbar unerlöste Dinge aus ferner, kindlich-unschuldiger Vergangenheit waren mit denen ich mich unnötig abpuckelte und heute als -erwachsenerer Thomás- wirklich gar nichts mehr damit zu tun habe. Ich konnte alle diese Geschehnisse - als das was sie damals für mich waren – anerkennen, aber nun, mit grosser Erleichterung und Freude, hinter mir lassen. Ich brauchte mir nur eine meiner Ängste bewusst zu machen, dann da „einsteigen", tiefer und tiefer gehen bis die Basis-Erfahrung total nachempfunden werden konnte und dann, manchmal auch mit Hilfe der Therapeutin, ins heutige Bewusstsein wieder auftauchen. So manches Mal war ich schweissgebadet und desto grösser und klarer war die Befreiung.

Natürlich sind solche Prägungen ganz tief verankert und haben mein Weltbild mitbestimmt; wir bedienen immer unsere unbewussten Ängste im Umgang mit der Welt. Es braucht seine Zeit, den neuen, freien und ehrlicheren Überzeugungen zu folgen.

Eine sehr auffallende Erkenntnis war das Wiedererleben jenen Kriegsgeschehens, als wir auf unserem Segelboot in der Nähe von Misdroy evakuiert lebten, ich krank war und mit Mutti heimlich an Bord blieb, obwohl wir vom Militär wegen eines Probeabschusses einer V-2- Rakete den Befehl erhielten, das Boot für einen ganzen Tag zu verlassen. Diese Probe-Abschüsse fanden meistens ein Mal in der Woche statt. Von hohem Fieber geschüttelt lag ich in der Koje hinter der Salon-Schiebetür mit Mutti an meiner Seite. Angstvoll warteten wir beide auf den Abschuss ganz in der Nähe, und auf eine eventuelle Militärkontrolle in jedem Moment, als auch schon benagelte Knobelbecher aufs Deck knallten und von aussen an der Tür heftig gerüttelt wurde. Eine harsche Männerstimme brüllte ins Boot, bis der Soldat schliesslich wieder abhaute hielten wir beide die Luft an !

Nachdem ich auf der Couch alle Angst wieder gespürt hatte, brachen ganz plötzlich und ohne irgendeinen besonderen Grund alle Spannungen in sich zusammen. Ich fühlte mich ganz frei und konnte an diesem einen Problem auf alle anderen schliessen, so dass alle Ängste als die eine Ur-Angst erkannt werden konnten und plötzlich erlöst waren. Sie sind vollkommen bedeutungslos geworden. Diese Erfahrung hatte ich mehr zum Ende der Therapie.

Es kam ganz viel von mir, in mir in Bewegung. Da tauchten Erlebnisse auf, die ich in diesem Leben gar nicht einordnen konnte. Ich war emotional vollkommen aufgebracht, als ich mich auf einem Marktplatz, möglicherweise in Marokko, als kleiner Junge am kräftigen Oberschenkel einer Marktfrau geborgen festhielt, meinen Blick langsam nach oben schweifen liess und meine geliebte Dedda aus der frühen Kindheit als meine Mutti erkannte. Es war doch unser Dienstmädchen Dedda die mich wie keine andere bemuttert hatte, als die Mama für viele Wochen auf Schiffsreise in die Karibik unterwegs war und ich gerade 3 Monate alt war. Oder ich landete in einer anderen Zeit am gleichen Ort von Männern begehrt von Frauen geliebt und als diese in schwarz gehüllten lieben Weiber ihre Liebe zu mir mit Männern teilen mussten, sperrten sie mich in ein tiefes, rundes Verliess.

Die Reinkarnations-Therapie ist ja eine Erfahrung die sich auch mit der Wiedergeburt beschäftigt. Für fast alle östlichen Religionen ist die Wiedergeburt etwas Selbstverständliches. Für uns Westler ist diese Vorstellung oder Tatsache eher fremd. Ich hatte und habe nie das Gefühl, mich für das Eine oder das Andere entscheiden zu müssen, weil es einfach nichts zu entscheiden gibt; denn es ändert ja nichts an dem WAS IST, am SEIN ansich, wohl aber an der persönlichen „Einstellung", die ja immer danach strebt, so glücklich wie möglich über die Runden zu kommen. Wenn also in meiner Therapie für dieses Leben und seiner aktuellen Umgebung fremde, unerklärbare Situationen auftauchten, nahm ich sie einfach als das WAS SIE SIND und was sie für mich auszusagen hatten. Ich hin-terfragte keinen befremdlichen Umstand, um äusserliche Zusammenhänge zu erklären oder zu analysieren, sondern nahm nur wahr was im Moment in und mit mir geschah.

Meine Therapeutin war von Bhagwan gar nicht angetan und war verblüfft darüber, dass ich, trotz meiner negativen Therapieerfahrungen in Poona, die ja vielleicht auch die Quelle meines problematischen Zustandes waren, dem Guru auch weiterhin meine Referenzen erwies. Sie konnte natürlich nicht diese essentielle Bedeutung meiner Begegnung mit Bhagwan nachempfinden, einfach weil das nicht i h r e Erfahrung war.

Diese Reinkarnations-Therapie war für mich eine ganz tiefe Erfahrung mit dem Resultat, dass das, was in Poona und auf der ganzen Indien-Ceylon-Nepal – Reise in mir aufgebrochen war, nun zu einer sanften Landung in eine normalere, alltäglichere Realität führte und ohne Euphorie fühlte ich mich in mir selbst mehr geborgen.- Rückblickend auf das ganze Werden meines Suchens baute doch eines auf dem anderen auf, war sinnvoll aber vollkommen unvorhersehbar. Es war gut so!

Den Titel, den ich für meine Lebens-Geschichte gewählt hatte, es war mehr ein Zufallen: >EIN JUNGE DER AUSZOG DAS FÜRCHTEN ZU VERLERNEN< war schon treffend, ist es doch wie ein HEIMKOMMEN, wenn wir die Angst, mit der wir bewusst oder unbewusst leben und damit viel Energie verbrauchen, einfach da lassen wo sie hingehoert; denn wenn direkte Lebensgefahr besteht, hilft sie uns spontan präsent zu sein. Alle die vielen anderen eingbildeten Ängste hindern uns f r e i zu sein, uns im SO SEIN heimisch zu fuehlen!

So lief ich nun wieder durch eine etwas hellere Welt, bedankte mich bei Angelika für ihre Geduld, Klarheit, Strenge und Mitgefühl und meiner lieben Mutter für ihre Obhut und Beistand, packte meine Sachen und reiste zurück auf meine Insel. Zwei wichtige Erfahrungen meiner langen Therapie beschäftigten mich auf der Heimreise. Ich hatte die Entscheidung getroffen nicht länger alleine ohne Partnerin zu leben und es wird noch seine gute Zeit brauchen, bis ich innerlich mein Ziel der Freiheit erreicht habe, was mich sehr beruhigte und mich erst einmal von der Suche befreite. Ja, das Suchen selbst wird dann wohl zum grössten Hindernis ! Die indischen Weisheitslehrer drängen uns Westler gerade dazu aufzuwachen. Jeder Guru hat seine eigene Methode, uns das Licht näher zu bringen. Das geht aber nicht nur übers Verstehen, wenn überhaupt, was wir ja so gerne hätten, eben weil wir von unseren Denkprozessen vollgepumpt sind, sie als überlebens-notwendig betrachten, unser ganzes System ist darauf aufgebaut, es existiert gar nichts anderes für uns. Sicherlich hat unser Systhem grosse „Denker" auf allen Gebieten hervorgebracht und uns durch den marteriellen Wohlstand vermeintliche Sicherheit beschieden, das aber - was wir wirklich sind- ist uns unverständlich und fremd, einfach auch weil es nicht zu „verstehen" ist, es scheint überhaupt nicht in unseren Kodex zu passen,weshalb auch tausende von Guru-Jüngern ihrem Gespür folgen, meistens nach Indien reisen und plötzlich feststellen, dass sie wieder aus tiefster Freude und Erleichterung weinen können, das zwischenmenschliche Mauern einstürzen, die uns im Westen schon zu Zombies werden liessen ! Und nun geht das SUCHEN los, das Suchen nach dem Licht, das Suchen nach Erleuchtung und wenn wir Pech haben, bleiben wir an dieser Suche wieder kleben, weil wir nicht erkannt haben, dass es gar nichts zu suchen gibt ! Ein Suchen ist immer ein Nichthaben, ein Werdenwollen, es trennt uns vom Licht, bis wir erkennen, das wir selber ja schon <u>DA sind,</u> heimgekommen sind!

Wieder zuhause ging ich auf Brautschauh. Ganz zielgerichtet steuerte ich zwei meiner Lieblingsmädchen auf der Insel an. Beide waren mehr oder weniger in festen Händen und lebten mit ihren Partnern und Kindern zusammen. Alle waren irgendwie Künstler. Mit Shila war ich ja schon mit dem Boot unterwegs gewesen. Unsere Beziehung war intimer geworden und so war auch Sie die erste, die meinen Minne-Gesang hören sollte. Das fiel mir auch leichter, weil sie sich nun ernsthafter von ihrem Partner getrennt hatte; denn nichts lag mir näher als eine Familie auseinander zu bringen, jedenfalls hätte ich von mir aus gar keine Kraft dafür gehabt, war doch mein Drang zu einer Partnerschaft eher das vernünftige Resultat einer langen, anstrengenden Therapie und es musste langsam aus dem Kopf in den Bauch rutschen, um ehrlich angenommen werden zu können; denn dafür war ich ein zu eingefleischter „Solitär" um es zaghaft auszudrücken. Shila nun wieder, war glücklich ihren Trennungsschritt endlich vollbracht zu haben, um nicht gleich wieder in die nächste Bindung mit einem Mann zu rutschen. Das wäre einfach zu viel für sie gewesen und so schlug sie meine Werbung ohne jegliches Wehtun aus und echote meinen Minnegesang nicht zurück. Das war schade für mich, sollte aber wohl so sein und so konnte ich mich auf die liebe Monique fokussieren, die sich auch seit langem in Trennugsabsichten befand und sogar schon dabei war ihren Kräuterladen zu verkaufen, um sich am anderen Ende der Insel ein altes Haus zu kaufen, und einen neuen Laden aufzumachen, weiter fort von der nicht so geliebten Vergangenheit.

    Mein Boot brauchte neue Segel. Die alten waren ausgeblichen und mürbe und wurden von mir auch nicht so gegen die Sonne im Sommer geschützt wie sie es eigentlich sollten. Segel sind teuer. Hong Kong ist verhältnismässig preiswert und so orderte ich einen neuen Satz, bei einem Chinesischem Segelmacher in der britischen Kronkolonie. Den Segelschnitt entwarf ich ganz nach meinem gusto. Es war Frühling, die Segel waren fertig zum Verschiffen gegen Akkreditiv-Zahlung in Barcelona und wurden verschifft. Ich bereitete ALTAIR zur Reise nach Barcelona vor. Es war April, noch ein bischen früh für sichereres Wetter. Wenn ich auf Fahrt gehe und mir nicht ganz so sicher bin, verrenke ich mir immer den Hals. Das geschah nun wieder so, und das machte ein Auslaufen noch schwieriger. Monique, die Kräutermume tröstete mich und bot sich an mit mir zu kommen; denn für ihren neuen Kräuterladen brauchte sie viel Ware und Einrichtungsgegenstände aus Barcelona, die wir dann ja mitbringen könnten. Das hörte sich grossartig an und so vergass ich schnell den steifen Nacken und das herannahende schlechte Wetter. Wir schmissen die Leinen los, setzten die alten Segel zum letzten Mal und stachen in See. Der Wind wurde immer kräftiger und blies schräg von vorne, so dass wir die 120 Meilen ordentlich zu tun hatten, um Barcelona zu erreichen. Die Genua riss und musste unterwegs genäht werden, was da noch zu nähen war. Aber wir kamen heil und müde an, machten an einer langen, freien Verladepier fest, die direkt offen zur Stadt lag. Ich wurde vorständig beim Zoll und leider teilte man mir mit, dass eine Akkreditiv-Zahlung aus welchem Grund auch immer nicht möglich sei und ich die Zahlung der Segel direkt mit Hong Kong abwickeln müsse, bevor mir die Ware hier ausgeliefert werden könne. So zog sich das fast 4 Wochen hin und war wohl ein Geschenk des Himmels, allein zu sein mit Monique auf unserem Boot und doch mitten in Barcelona ! Zusammen durchstreiften wir die engen Gassen dieser vitalen Stadt, entdeckten uralte Geschäfte für Glaswaren, Tücher, Lederwaren usw. und kauften hier und dort Gegenstände ein, die für Moniques neuen Kräuterladen so richtig echt waren. Dann wurden auch Waren von ihren Lieferanten direkt am Boot angeliefert, die wir dann in alle Ecken verstauten. Es kam auch der Tag an dem ich die Segel endlich an Bord nehmen konnte und die Spannung war gross als ich sie anschlug, ob sie wohl passten und gut standen ? Alles klappte bestens. Die Freude war gross und wir bereiteten unsere Abreise vor.

Ein Tag vor dem Auslaufen schaute ich 'mal in eine Backskiste im Kokpit, um noch Sachen zu verstauen und erschrak fast zu Tode als ich dort, ganz zusammengekauert, einen ganz jungen Burschen entdeckte, der da schon stundenlang gelegen haben musste. Ängstlich strahlte er übers ganze Gesicht und wir hätten fast einen blinden Pasagier an Bord gehabt. Er sagte: >uns schon über Tage beobachtet zu haben und unsere chilenische Flagge hätte es ihm angetan< . Er wolle unbedingt mit uns kommen und es brauchte seine Zeit ihm das wieder auszureden. Vollgepackt unter neuen weissen Segeln verliessen wir die Stadt gen Villanova y Geltru. Olga, die Tante, Stiefmutter und Witwe meines verstorbenen Vaters lebte dort ganz in der Nähe, ich wollte ihr unbedingt mein Boot zeigen und nun hatten wir endlich die Möglichkeit dazu. Von dort segelten wir weiter nach Ametlla De Mar ein bischen nördlich vom Ebro-Delta und machten in einer kleinen Bucht, etwas südlich gelegen, ganz bequem, an einem langen, hölzernen Bootssteg fest, als einziges Boot dort, weit und breit! Der Steg gehörte zu einem kleinen privaten Segel-Club der uns freundlich aufnahm und dazu noch ein Deutscher war. Den Tip, dort festzumachen, bekam ich allerdings von Monique, die den Karl schon von unserer Insel her kannte. Er war des öfteren auf den Baleraren unterwegs mit seinem hölzernen Segelbbot und sie lernten sich dort kennen. Von da aus liefen wir zufuss nach Ametlla und kehrten in urigen Hafenkneipen ein mit tollen tapas und heimischem, selbst gemachten Rotwein, der vom gusto her ja gar nichts mit den käuflichen, normalen Weinen gemeinsam hatte. Man schmeckte förmlich die Sonne, den Boden und die fleissigen Winzerhände die die Stöcke pflegten und die Trauben kelterten. Leicht beschwingt schlenderten wir durch die Gassen und machten an einem Antiquitäten Geschäft halt; denn durchs Fenster entdeckte ich eine alte, hölzerne Bauern-Wiege, und so etwas wollte ich schon immer einmal haben für Blumen oder Bücher oder ??! Wir wurden schnell einig und nahmen uns auch gleichzeitig noch eine schöne –tinaja- mit. Er lieferte uns alles an Bord. Da uns der Liegeplatz so gut gefiel blieben wir noch einige Tage und durchstreiften die Umgebung. Unser amigo Julio wohnte ganz in der Nähe mit Frau und zwei Kindern in einer Mandel-Plantage, weit zurückgezogen in seinem selbst gebauten Häuschen. Wir besuchten ihn und waren erfreut wie ähnlich wir uns doch waren in unserer alternativen Lebensform. Julio kommt auch aus dem Baskenland und vagabundierte über Jahre als erfahrener Bergsteiger durch Europa. Sein Leben waren die Berge, bis ein schwerer Unfall am Mont Blanc, bei dem er 2 Tage und Nächte lang in 4000 m Höhe, mit doppelt gebrochenem Bein, an einem Felsen hing und nur dank seiner amigos und einem Hubschrauber gerettet werden konnte. Nach 15 Monaten Rekonvaleszenz fand er sich in seiner Freiheit wieder und beschloss um die Welt zu segeln. Da er kein Boot hatte, aber viele Freunde, lieh man ihm einen „MISTRAL" von ca. 7 m länge ohne Motor. Julio hatte weder Ahnung vom Meer noch vom Segeln. Sein Boot war gut für kleine küstennahe Törns, aber ganz sicherlich nicht geeignet, um die Welt zu umsegeln. Er segelte, ohne Geld in der Tasche, im April 1968 in Barcelona los, arbeitete unterwegs, um sich sein Geld für die Weiterreise zu verdienen, und kam 1972, nach über vier Jahren Weltumsegelung heil und mit vielen neuen Erfahrungen und Abenteuern, nach einer letzten langen Travesie von über 61 Tagen, direkt von Brasilien wieder in Spanien an. Welch wunderbarer Mensch, der auf der Reise seiner „Selbstfindung" durch Höhen und Tiefen ging und wohl noch bescheidener heim kam , als er schon los gefahren war. Danke Julio, dass wir dich in deiner Abgeschiedenheit besuchen durften!

Nun ging es wieder heim. Wir segelten über Soller und machten auf der Insel fest, dort wo Monique ihr neues Geschäft aufmachen wollte. Freunde liehen uns einen FIAT 600, den wir mehrere Male bis an den Rand vollpackten, um alle die Sachen und Waren, die wir in Barcelona eingekauft hatten, in ihren neuen Laden zu bringen. Danach ankerten wir noch in verschiedenen, ruhigen Buchten an der Südküste bis wir wieder in unserem Hafen fest machten. Der Zufall wollte es, dass ausgerechnet Juan, Moniques Ex, in dem Moment anwesend war und unsere Festmacherleinen entgegen nahm. Für Monique, die ja Ihre Trennung vollzogen hatte, war das alles ziemlich normal, für mich dagegen schon ein bischen komisch und ungewöhnlich, da sie doch nun meine „Braut" war und dazu noch die hölzerne Wiege, die festgezurrt an Deck stand, was uns allerdings erst später bewusst wurde.

15. Reise: > DER BERG ATHOS „aus dem Tagebuch"

Ende Mai konnte ich endlich meine Reise nach Griechenland zum Berg Athos antreten. Monique erzählte ich nichts von meinem Ziel, hielt es für Alle völlig geheim.

Ich sitze im Flugzeug nach Barcelona und schreibe den Flug und nachher meine „pilgrimage" nach ATHOS wörtlich aus meinem Tagebuch ab:
„Da unten, mein Garten, grünes Tal.
Dunkelblaues tief transparentes Wasser.
Smaragd-blau, der aufsteigende Grund
züngelt sich in Buchten wie Feuer des Meeres,
das sich sanft an den Küsten verbrennt.
Mallorcas Berge fliessen nach hinten in die Unendlichkeit.
Himmel und Meer sind eine tiefblaue Einheit.
Inseln und Wolken geben sich die Hand,
oben und unten machen keinen Unterschied !
Oh´ Welt, wie bist Du so wunderschön"!

„Solche Erfahrungen des Fliegens lösen Geheimnisse, die immer noch wie Zweifel in mir sind und in solchen befreienden Momenten das Glück umarmen.
Eine spanische Italienerin reist heim nach Firenze. Ich fühle mich offen und frei. Ein Grieche unterhält das ganze Abteil. Neben mir eine Sizilianerin die von ihrer Alu-Yacht in Mahon ausgerückt ist. Den ganzen Winter über besegelten sie Spanien. Ich bat um Geldtausch. Sie lud mich ein zu Kuchen und Tee. Die Italiener durchsuchen unser Gepäck, auch ihres. In Milano wieder ein Grieche. Er unterhält das Abteil und kann nicht ohne Sprechen sein. Er, in Frankreich lebend, spricht mit einer italienischen Jüdin, die in Belgien lebt, über die Deutschen. Ich fühle mich nicht so wohl dabei und nehme schlechte Schwingungen franko-italienischer Gemeinschaftsklatscherei zu ernst. VENECIA ! Ich schnubbere ein bischen an diesem seltsamen Plätzchen. Sehe Kanäle, Gondolieris, Brücken, kleine Gässchen und viele viele Touristen. Das lieben wohl die moderneren „Interkon-

tinenter" wie solche aus -Kanada, USA, Australien usw,... - und finden sich wieder zusammen, in diesen fremden, fernen, alten Welten, -klein-eng-dunkel-bunt-und voller Sprachen, Polizei und Grenzen.

In Venecia finde ich den Wagen nach Zagreb und habe bis zum nächsten Morgen ein Abteil ganz für mich. Ich freue mich darüber und schlafe prächtig. Am Morgen ein Missverständnis. Zagreb habe ich verpasst!? Der Zug ist unterwegs nach Belgrad, auch egal. Dann kommt ein großer Bahnhof – BELGRAD - ! Ein bisschen zu früh wohl? ...nein, doch ZAGREB ! Jetzt bin ich endlich hell wach ! Ich erwische den Hellas-Express und lande im Abteil vom schlafenden Karl-Heinz und einem kleinen jugoslawischen Soldaten. JUGOSLAWIEN: Ein Trip in vergangene Pommern-Zeiten. Viel, viel, Landbau. Alles grün, flach, hügelig und bewaldet. Eine andere Welt. Kaum Autos, nur wenig Traktoren und Landmaschinen, dafür tausende fleissiger Hände, Hacken, Bewässern und sie schaffen durch das ganze Licht des Tages. Jugoslawien gefällt mir. Es ist ruhig, arm, ich spüre keine Agressivität. Das Land ist weit und fern von allem Trubel, tief drinnen im Kontinent. Die Landschaft ist sehr deutsch und mitteleuropäisch, dort ist nichts mediterranisches. Die Vegetation ist üppig. Buchen, Eichen, Linden säumen die Äcker. Flussläufe und bewaldete Hügelkappen und viele Pappeln und Weiden stehen an den Wiesenrändern. Bauersfrauen hacken lange Reihen und lassen sich kaum vom vorbeisausenden Zug stören. Nach vorne gebeugt ziehen sie hackend ihre Bahnen. Ein jüngerer Mann winkt dem Zug entgegen, wärend er seinem riesigen Pimmel herumwirbelt und Aufmerksamkeit auf sich richtet. Ein Exhibitionist freut sich an seinem Spielchen und alle kieken hin! Ein ganzer langer Tag läuft vor mir ab und ich durchreise dieses Land vom Norden bis zum Süden, vom Sonnenaufgang an, tief unten in kühlen Schluchten, vorbei an Wildbächen und Flüssen, bis sich die noch nebligen Ebenen öffnen und der Zug weiter gen Süden braust. Karl-Heinz liest Kafka und ich bin schon wieder bei Detlevsen.

Ab Skopie pennen Karl-Heinz und ich allein im Abteil. Thessaloniki liegt schon hinter uns, erzählt mir der griechische Kontrolleur. Diesmal stimmts, ich habe verschlafen, steige aus und fahre mit dem nächsten Zug kostenlos zurück. Bin im Geschehen, nicht i c h bin es, der tut. So lasse ich ES geschehen und freue mich morgen auf ATHOS. Hotel Bristol: billig, ruhig, warme Dusche und pennen im richtigen Bett !!

Ich fühle mich ganz gut, aber viele Mücken! Spaziergang die Bucht entlang. Es stinkt bei auflandigem Wind nach Kloake. Es liegt etwas komisches, drückendes in der Luft. Eine unruhige Nacht. Ich muss aufpassen, nicht ins Negative abzugleiten. Im Hotel schlafe ich eine Weile ganz fest, so, als ob ich immer schlafen müsste, fühle ich mich. Danach gehts mir viel besser. Gehe Pizza essen und wieder ins Bett. Am nächsten morgen besorge ich mir die Papiere für ATHOS. Der griechische Beamte spielt Macht. Ihre Spielchen sind zum lachen, wenn es mir auch nicht immer gelingt: – das Lachen -! Ich suche Sandalen, finde den Markt mit Früchten, Brot und Käse. Lasse Brille reparieren. Lese bei einer Limonade im Buch – DER BERG ATHOS- und fahre mit N° 10 zur Busstation. Er wartet auf mich und schon fahren wir übers Land, über Höhen, mit Buchen und Eichen bewachsen, nach Ouranoupolis, direkt am Anfang der Halbinsel gelegen. Ich bade nackend hinter einem „Feigenbaum". Auf der Busfahrt, kurz vor Ournoupolis durchstrahlte mich LICHT. Tränen hinter Brillengläsern, aufatmen und eine grosse Heiterkeit durchströmte mich.   ICH LEBE, ICH LEBE ! Niemals möchte ich mehr zurück ins Dunkle. ES kann einem nur geschehen! Ein ICH kann nichts dafür tun!

O h n e   G e g e n w i r k e n - i s t   a l l e F r e i h e i t !

Pater Benjamin besucht sein „Mutterland ATHOS". Wir teilen uns das gleiche Zimmer. Eine schlimme Nacht. Ranziger Fisch-Öl- Geruch zieht durch das Zimmer. Kein Windhauch, wieder drückend, und Mücken stürzen sich auf mich wie Donner. Ich gehe mitten in der Nacht an den Strand. Die Luft, der Himmel tun gut. Die Mücken und Sandflöhe sind umso schlimmer.

Sandalen gehen kaputt. Kaufe neue und lasse die Alten besohlen. Um 10 Uhr geht das Schiff, voller Waren, Mönchen, Arbeitern, Touristen, Griechen und andere. ATHOS taucht auf und zeigt seine uralten Klöster, Ruinen, idyllische Einsiedeleien und üppige, kaum berührte Vegetation. Jedes Kloster hat seinen Steg und wird angelaufen. Daphni, ein kleiner Ort mit Post, einem Laden und einem uralten Bus, der uns ächzend in die Hauptstadt Karyes bringt. Man gibt mir 7 Tage Erlaubnis. Ich wollte mehr aber bins zufrieden. Es geht weiter nach Iviron mit dem Bus, an die Nordküste, dann mit dem Boot nach Megisti Lavra. Meine erste Nacht auf ATHOS, direkt am Fusse des heiligen Berges. Welches Experiment ist hier abgelaufen seid weit über 1000 Jahren ! -Auf den Spuren des Herren Jesus- Totale Männerwirtschaft mit vielen Gebeten, viel Arbeit und Armut. Keuschheit: das Reprimieren der Sexualität als Opfergabe an den Herren !

Es gab sicherlich Zeiten in denen das SEIN durch solche persönlichen Opfergaben näher rückte. Doch Bhagwan -rechnet ab- er zieht Bilanz mit all dem alten „Gefummel" und beginnt mit neuen Experimenten, die jedoch auch die Erfahrungen der letzten Jahrtausende in sich tragen, allerdings mit dem Wissen und den Möglichkeiten dieses Jahrhunderts. Die christlichen Klöster sind Vergangenheit, sie werden zu Museen, zu Reliqien, die aber ihre grosse Ausstrahlung für diejenigen behalten, die darin die Opferbereitschaft, Disziplin und Hingabe an Gott spüren. Die LIEBE ist immerda, sie ist ungebunden an Marterie, an Länder, Tempel, Kirchen und Religionen. Sie ist das Z i e l für die Einen, die noch in der Trennung verhaftet sind und das Licht für die Anderen, diejenigen die i n IHR sind!

George, the greek-american- boy from New York-City is with me. Ich hatte einen guten Schlaf in der Neumondnacht. Seit 07 Uhr unterwegs mit George nach ANNA. – A nice trip-! Ich bin jetzt nicht mehr so voller Energie! Liegt es am Jungen mit dem ich wandere? Ich entscheide mich allein zu sein, ab morgen, es ist gut für mich – to get deeper-. There are the monks, on one side buisy with God and Christianity, and the normal people on the other side, buisy with there lust, hunger, toys and pleasure, and I,myself, try to be within, sowohl als auch, and that´s all about my pilgrimage !

Die Einen sind in ihren Köpfen
gehetzt vom Strom der Zeit,
sie rasen durch die Tage
Dem Gotte fern - und ohne Ewigkeit.
Die Anderen, eher fern von SICH,
getötet haben sie den „eignen" Tempel,
erbaut aus Stein und Sand die Kirchen als Ersatz,
Sie dienen ihnen und opfern ihrem Gotte

Ihr Leben, das vielleicht noch eine Ewigkeit hat?
So pendeln alle weit hinaus
und keiner findet, in wirklich tiefer Stille
die Einheit wieder, ein Gewahr-SEIN
das einzig grosse Gotteshaus !

Dieser Zustand des Nichtbeteiligt-Seins und doch ganz -DASEINS-, der Nicht-Identifikation mit den Dingen und doch das Annehmen von ALLEM WAS IST -wie es ist; des weder gut noch böse, das einfachste, anspruchsloseste DASEIN, das Mitschwingen jeden Momentes ist Schlüssel und Ziel zugleich, beides fällt zusammen und „erlöst" die Trennung.

Gang von ANNA nach St.PABLO. Hier an der Südküste sind die Klöster wie Festungen. Hohe Mauern, enge, hohe Innenhöfe mit der Kirche, dem Zentrum mönchischem Lebens. Wehrmauern, Wachtürme, Glockenturm. Sie spielen mit den Glocken, die sie mit alten Drähten, Ketten oder Bändern mit einer Tastatur verbinden. Der tiefste Ton ist ein Fusspedal. So schwingt das Glockenspiel durch die Lüfte und wer Ohren hat der höret !Die Mönche hier sind freundlicher und bedienen uns mit kandierten Früchten, Ouzo, Café und Wasser. Manche Augen streifen lüstern unsere Körper und täglich kommen neue junge- und alte Burschen bei ihnen zu Besuch. Am Ausgang kommt ein Alter, Dicker mit liebem Gesicht auf mich zu und heisst mich auf einer hölzernen Veranda Platz zu nehmen, zieht eine alte Unterhose aus seinem zerschlissenen schwarzen Rock und bittet um eine von mir. Ich gebe sie ihm und wünsche ihm viel Spass–damit-dabei. Ich treffe George wieder, er ist auch um eine Unterhose leichter geworden. Wir beide gehen ans Meer und suchen uns ein verstecktes Plätzchen um nackend zu baden, was hier völlig unangebracht ist. Da fahren Boote vorbei, die uns besser so nicht sehen sollten. George ist geil, outed sich als gay-boy mit jeder verführerischen Bewegung seines prallen Körpers. Wartet er auf mich ? Nein doch – amigo – Keuschheit ist eine gute Übung hier auf Athos ! Am Abend im Dionysiou. Benjamin, ein New Yorker Taxi-driver halb in schwarz gekleidet, ganz lieb und meint: ...."es ist sehr schwierig vom Katholizismus zu den Ortodoxen zu wechseln wenn man in Indien war"!

Bhagwan ist wieder ganz in meiner Nähe und stark, unumstritten TOTAL : > To become a priest, a monck is mind-fock. The priests are the worth on earth, they started with this idea to kill the body, to kill the proper live for a more spirituell beeing!<

Ein östereichischer Kartograph befriedigt sein Ego mit dem Ablaufen jeden Pfades, um seinen Landsleuten die perfekte Wanderkarte vorzulegen. Aber es liegt an mir sie zu benutzen oder auch nicht, oder überhaupt keine !

Wir marschieren nach Gregorio. Mir gefällt das Kloster, es liegt am Meer mit viel Grün drumherum und Aktivitäten der Mönche. Schon von weitem sehe ich die schwarzen Gestalten in den Gemüsegärten. In einer Tischlerei wird gehobelt und zwei Fischer-Mönche bereiten im Innenhof ein Netz. Herbert spukt herum, lacht freundlich und öffnet die Herzen. Ein anderer, ganz junger Mönch ist da, dem zwar die Haare wachsen aber noch nicht der Bart. >Was ist es wohl, das mich an der Jugend so fröhlich macht ?... weil ich selbst noch ein Junge bin und das zieht an!< Wir haben wieder Glück mit dem Essen. Da der offizielle Schmaus zu schnell geht, bleiben überall die Erdbeeren stehen, denn wir müssen mit hinaus zum Ritual und ich sehe mit Erstaunen wie die anderen Laien draussen wieder nach rechts in die Küche abbiegen, nun können wir in Ruhe aufessen.

Später kommen wir ans Wasser, baden und geniessen die herrliche Sonne. SIMON PETRUS liegt hoch über uns, waghalsig auf einem Felsen erbaut und enorm hoch. Ich treffe Father Benjamin und Carl wieder. Wir spazieren am Abend. Carl ist neugierig von mir über Poona zu erfahren. Ich sage ihm: „ Wenn du schon fünf Mal in Poona gewesen bist, müsstest Du schon den Mut haben in den Ashram hineinzugehen, um ES selbst zu erleben. What shall happen"? Von humanistischer Psychotherapie (New Age etc.) wusste er nichts. -Die Nacht war wieder unruhig, Mücken ! Der Balkon hoch oben als Rundgang um das (Burg) Kloster war aus uraltem Holz. Ich machte mir Mut, um ihn zu begehen. Der Rundgang hing wie ein Schwalbennest um die hohe Festungsmauer und war nach unten nur mit uralten Hölzern gegen die Steinmauer abgestützt. Mir gefiel diese Architektur sehr. Überhaupt alles hier auf ATHOS hat nichts mit der Welt da draussen gemein.

Ich sehe sehr viele schöne Parallelen zu meinem Leben auf der Insel. Ich lebe wie ein Hirte, wie ein Mönch in meiner Klause-Einsiedelei mit Obstbäumen und Land, ohne Strom, Klo und sonstigem Komfort, aber einer Wasserquelle. Ich denke viel ans Haus und die Möglichkeiten des An- und Ausbaues. Ich denke an Landbau, Bewässerung, das Pflanzen von Bäumen und vielem mehr. Am 6. Juni gehts weiter am Morgen nach Daphni. Ich kaufe eine „Mala" und verabschiede mich wieder einmal von Georgio, um alleine weiter zum russischen Kloster Panteleimon zu wandern, das ich, schon sehen kann. Vorher, und das ging schon über 2 Tage, stand die Frage vor mir: gehe ich von Daphni noch einmal nach Kyria, um für eine Verlängerung zu bitten, wegen eines Kloster von dem Carl mir sprach. Das ging mit der Entscheidung hin und her, doch kurz von Daphni spürte ich einfach, dass es nun genug sei und ich mit den noch folgenden 2 Tagen zufrieden bin.

Ich ging ans Wasser und las in meinem Tagebuch das ich wärend meiner Reinkarnation-Therapie in Hamburg führte:

.......> ich war bei Dir, als Du noch nicht auf der Erde warst<

>zu Dir spricht GOTT<

.......>ich war bei Dir, als Du geboren warst<

>zu Dir spricht GOTT<

....in diesem Moment ergriff mich eine ganz tiefe Verbindung zu GOTT, zu ATHOS, es war wie ein Lichtstrahl der mich traf und mich aufrüttelte. Glücktränen kullerten spielend leicht über mein Gesicht. Das, was mir nur ganz vage in der Therapie passierte war JETZT geschehen. Ich sass wie zeitlos vorne auf dem Felsen in Meditation und spürte LIEBE. Dankbar war ich für diese klare Erfahrung; denn von Dauer sind sie leider nicht; obwohl diese „Samadhis" mir immer wieder eine vertraute Sicherheit zuflüstern, die weit über den physischen Körper hinaus gehen. Der Alltag, der Körper mit seinen Bedürfnissen, holen mich selbst auf Athos schnell wieder ein !

Ich blieb noch ein Weilchen am Strand, um das „Alte" wieder annehmen zu können; denn das „Andere, das „Neue" hatte sich mir wieder entzogen, oder ich habe es höchstwahrscheinlich aus Angst, wieder ziehen lassen. Bhagwan hatte einmal gesagt, dass dich solche Momente „verbrennen" können, wenn du nicht wirklich vorbereitet bist. Der Unterschied allerdings solcher Lichterfahrungen zu unserem alltäglichen Leben ist nicht in Worte zu fassen, weshalb „ICH" natürlich am „Licht" festhalten wollte, aber das gelingt nicht und je mehr ICH festhalten will, desto ferner entschwindet ES ! Als ich nach ATHOS kam erinnerte ich mich an Bhagwans Schimpf und Schande über Klöster, Mönche und Heilige. Ich benutzte es als Vorurteil, um mein Ego bei soviel Reglament, Klöstern und Mönchen zu schützen. Vielleicht ist das typisch menschlich; denn die Wirkung eines ATHOS-Besuches ist intensiv für das Ego, das langsam in eine angenehme Verletzlichkeit tranzendiert. Nun aber konnte ich offenen Herzens das empfangen weshalb ich her gekommen bin und das mich zu tiefst beeindruckt hat. Bhagwan war nun weiter weg, sein sogenanntes Buddha-Field im Poona-Ahsram, als zweifellos enorme Energie-Quelle, konnte ich nun auf den ATHOS-Berg übertragen und wenn man so will ein CHRISTUS-Feld nennen. Die Hingabe der Männer an ihre Religion,an Jesus Christus, an das SEIN selbst, und das, ein Leben lang, muss viel mehr sein als nur Mut. Es ist sicherlich ohne Mut; denn die Hingabe ist viel grössser. Mut müsste ich –Thomás- haben weil ich viel mehr an dem süssen Kuchen der Welt nasche, aber trotzdem GOTT schauen möchte ! Nun passierten über die Jahrhunderte auf ATHOS ganz viele Geschichten. Der Mönchsstaat war dem Weltgeschehen mit Kriegen, Eroberungen, Plünderungen, Piraten usw. voll ausgeliefert und musste sich verteidigen wo immer es nur ging. Deshalb sind auch viele Klöster festungsartig angelegt. Auch innerhalb der Klostergemeinschaften gab es unterschiedliche Auffassungen vom gemeinschaftlichem Leben und religiösem Empfinden. Jeder Mönch war auch nur ein Mensch mit all seinen Konditionierungen, die er sicherlich versuchte, soweit wie möglich, hinter sich zu lassen, wenn sie ihm überhaupt so bewusst waren und es mag viele Gründe auch persönlicher Art geben, um sich einem solchen Leben hinzugeben. Tatsache aber ist, dass diese Mönchsrepublik über 1000 Jahre existiert und bis heute überlebt hat. Das erscheint, weltlich gesehen fast übermenschlich und das ist es auch! Hier geht nun meine ATHOS-Reise als direkte Abschrift meines Tagebuches zu ende und weiter gehts auf meiner Lebensreise.

Es gab einen MAGIC-Bus, der wohl aus noch östlicheren Gegenden kommt und in Griechenland Stop machte auf seiner Reise nach Paris. Da sass ich nun drin, zwischen joint-rauchenden meistens jüngeren, lustig aussehenden und lachenden Hippies. Bis aufs Rauchen war ich wie einer von Ihnen, aber das Rauchen wars halt. Da war nicht viel Gemeinsames zwischen uns wenn man keine Lust hatte mitzukiefen. Der ganze Bus war eine Haschwolke, das war schon mehr als genug, und dem konnte ich im Bus kaum entgehen. Spiritualität kann man vielleicht vielerlei erfahren, die Meine vom Berg ATHOS hatte noch lange und tiefe Nachwirkungen !

Nach langen Stunden am Tag und in der Nacht kamen wir an der deutsch-französischen Grenze in Kehl an und mussten alle aus dem Bus. Die Zollbeamten warteten schon mit Freude auf den „fetten Happen", den sie vielleicht einem MAGIC-Bus entlocken könnten; sie waren scharf auf Drogen. Da ich dringenst aufs Klo musste raste ein Zollbeamter fast schon mit gezogener Waffe hinter mir her, warnte mich, nicht weiter zu gehen und stehen zu bleiben. Ich wusste nicht wie mir geschah und antwortete: „ Ich scheisse Dir hier und jetzt auf die Treppe, wenn Du mich nicht gehen lässt"! - Nachher erkundigte ich mich, was das denn alles zu bedeuten hätte? – Es gibt Leute die Drogen in Plastik-Kapseln oder ähnlichem verschlucken, um ihren Stoff so durchschmuggeln zu können, um nicht erwischt zu werden. Ein eiliger Toiletten-Gang erhebt Tatverdacht! Da hatten sie kein Glück mit mir.

Ich stieg hier aus dem Bus aus. Muttern hatte mich zu einem 3 tägigen spirituellen Mahlkurs auf dem Lande in der Nähe Hamburgs eingeladen. So suchte ich mir einen anderen billigen Bus in den Norden und fand mich bald mitten unter norddeutschen Kursteilnehmern wieder. Roland Frey war der Mahler, der nun mit viel Sensibilität versuchte unsere äusseren Mahlversuche in innere Erfahrungen umzusetzen. Seine Bilder waren sehr schön und konnten das bestens vermitteln. Auf denn, mit viel Farben und Papier gings an die Arbeit und wir wurden nicht müde uns darin einzeln und gemeinschaftlich zu üben. Der Kurs hatte natürlich seine Struktur und schaukelte uns so langsam ins Licht, jedenfalls für Diejenigen, die dafür offener waren.

Ich begegnete dort einer Frau, die eine ganz besondere Austrahlung auf mich hatte. Sie war im Kunstgewerbe selbständig tätig, hatte Familie mit schon grösseren Kindern. Was war da nun, dass mir ihre Nähe so gut tat ? Es war wohl ihre kindliche Unschuld, die mir Reinheit vermittelte. Ich spürte kein Ego. Sie war einfach DA, etwas schüchtern, eher zurückhaltend und doch froh, frisch und frei. Da war nichts, das uns trennen könnte , und ganz viel Aufmerksamkeit ! Sie hatte etwas mütterliches in ihrer Hinwendung und war ganz offen und aufnahmefähig für mein, aus ihrer Sicht abenteuerliches Leben, und als am Abend dann jeder in seinem Zimmer verschwand und sich der Thomás in seinem Bett wälzte, zog irgendetwas seine Füsse aus dem Bett und sie tasteten sich barfuss in innerer Erregung über den Korridor hin zu Ullas Zimmer und er kuschelte sich fest an diese so anschmiegsame Maid. - Sie hatte Angst vor dem Fliegen und trotzdem tauchte sie eines Tages überraschend auf meiner Insel auf, strahlte mir ihr Glück entgegen, Ihre Angst vor dem Fliegen war überwunden!

Meine Rückreise führte mich über den Schwarzwald, um in Tothmoos-Rütte das Zentrum von Graf Dürckheim zu besuchen. Ich hatte von ihm gelesen und war sehr von Ihm angetan. Unangemeldet tauchte ich dort auf und hatte nicht das Glück, Graf Dürckheim, der schon in hohem Alter war, persönlich zu begegnen. Die Atmosphäre dort und das Gespräch mit einer Mitarbeiterin verband mich mit tiefer Stille. Mit dieser Erfahrung im Herzen zog ich weiter und erinnerte mich an folgende Zeilen:

> Das Glück des Menschen als Person
hängt ab von der Erfüllung seiner tiefsten Sehnsucht.
In ihr vernimmt der Mensch, das in seinem Wesen
zur Manifestation drängende, göttliche SEIN.
Das, was er im Grunde ersehnt,
ist das was er seinem Wesen nach ist und sein soll
und sein Glück hängt davon ab,
dass er seiner Wesensbestimmung entspricht.
Er entspricht ihr aber nur in dem Masse,
als er sie in seinem alltäglichen Leben in Freiheit erfüllt.<

Von dort ging es weiter ganz in der Nähe zu Peter Wenzel, der gerade dabei war sein neu erstandenes Schwarzwaldhaus als Licht-Zentrum herzurichten und umzubauen. Ich hatte über Mutter und Freunde viel von ihm gehört und dachte bei mir, vielleicht dort ein bischen mithelfen zu können. Dem war dann aber nicht so; denn der Peter war wohl doch ein bischen stutzig und konnte mit mir, als ein ein etwas ausgefranztem Hippie, nicht allzuviel anfangen. Immerhin nahm er mich mit in den nächsten Ort der eine Bahnverbindung hatte; dort wollte er in einem wunderschönen Hallenbad ein bischen entspannen und lud mich ein mit ihm schwimmen zu gehen. Das war dann auch so wie im alten Rom wo sie sich alle trafen um zu reden, zu philosofieren und es sich gut gehen liessen. - In der Tat, hier kamen wir uns näher, nachdem sich unsere äussere Klamotten-Identifikation auf die Badehosen beschränkt hatten. Das war dann eine echte Freude !

Wieder zurück auf meiner Insel hörte ich viel von Emilio Fiel, der in der Nähe von Pamplona in Lizasso einen Ashram leitete der mich in so manchem an Bhagwans Poona erinnerte. Es gab so eine Art Festival und ich machte mich auf, dorthin. Viele Therapien wurden angeboten und ich nahm, unter anderen, an einer Sufi-Gruppe teil. Das Schlimmste für mich war der Moment, wo wir alle händehaltend im Kreis standen und mit einer tiefen Verbeugung nach vorn das Sufi-Mantra rezitierten:
> la ilaha ill 'allah < (die Essenz des Sufismus: Es gibt keine Divinität als nur die Divinität ! Es gibt nichts anderes als Gott.) und das schien mir über Stunden so zu gehen. Einem aus der Gruppe rutschten die Hosen auf die Füsse, so stand er halbnackt im Kreise, und mir blieb die Luft weg, ich wollte ausscheren, ICH konnte nicht mehr, wurde fast wahnsinnig, aber eine ANDERE Kraft hielt mich im Kreis.Dann plötzlich war ein Widerstand durchbrochen. Auf einmal ging es mir viel besser, konnte es kaum glauben, das ich von der schlimmsten Hölle in den hellsten Himmel gesprungen war und überhaupt keine Anstrengung mehr empfand. Bald darauf war die himmlische Tortur zu ende und ich um eine tiefe Erfahrung reicher !

Der Ashram funktionierte auf seine ganz eigene spanische Art, hatte aber von seiner Energie her viel Ähnlichkeit mit Poona. Ich ertappte mich dabei dieses als eine Poona-Kopie abtzustempeln, was mir aber nicht gelingen wollte, weil Lizasso eben Lizasso war und mit Emilio tatsächlich eine gut funktionierende eigenständige Kommune mit den gleichen Erwartungen und tiefsten Bedürfnissen nach wahrhaftiger Erneuerung, nach Bewusstwerdung des SEINS !

Den Winter verbrachte ich in meinem Tal auf der Insel. Auf einer Reise nach München wagte ich mich wieder einmal in ein Bhagwan-Zentrum und erfuhr gleich von einem anstehenden Seminar über Sexualität, das in Purvodaya, einem Bhagwan-Seminar-Zentrum auf dem Lande zwischen Hügeln und Hopfenfeldern stattfinden sollte. Ich meldete mich spontan an, wurde mir doch ans Herz gelegt, dass es ein ganz besonderer Kurs unter der Leitung eines farbigen Swamis sei, der meistens „over-booked" war!

Also ging es nach Purvodaya. Am schwarzen Brett wurden Rolfing-Sitzungen angeboten. Da ich neugierig war und mit mir arbeiten wollte, buchte ich gleich eine Sitzung. Nackend stand ich vor einem grossen Spiegel. Der Rolfer sah meinen Körper von oben bis unten von hinten und vorne an. Er suchte sich die Stellen, die äusserlich sichtbar, auf innere Verspannungen hindeuteten. Dann legte ich mich auf den Massagetisch und anfangs vorsichtiger, später tiefer und tiefer arbeitete er sich mit seinen Händen vor, um verspannte Stellen in meinem Körper zu lockern und aufzulösen. Das war keineswegs schmerzfrei. Was mir aber dabei passierte war ein so herzhaftes Lachen, dass ich gar nicht mehr aufhören konnte. Wo auch immer er an mir arbeitete begann immer wieder dieses Lachen, was ungemein befreiend wirkte. Als ich am Ende der Sitzung wieder vor dem Spiegel stand war der Körper sichtbar erleichtert und viel mehr im Gleichgewicht. Der Rolfer empfand meine Lachsalven als ungewöhnlich freudiges Akzeptieren und als spontane Befreiungsaktion im emotionalen Bereich. Er meinte aber auch, dass ich eine freundlich-heitere Kindheit und Jugend gehabt haben müsse und unbedingt dort wieder Anschluss suchen solle, um diese angeborene Leichtigkeit bewusst zu leben. Das war für wahr ein guter Rat, der kurze Zeit später, auch von Bhagwan selbst, an mich bestätigt wurde. Mir wurde klar, dass mein Wesen wohl mit viel Freude verbunden sein müsse und als der Rolfer alte Körperverspannungen bearbeitete kamen auch die Erinnerungen hellwach ins Bewusstsein zurück und liessen mich so sein wie ich zu jener Zeit tatsächlich war ! Das Zusammentreffen der physischen Körperarbeit, die die eingekapselten Emotionen hier und jetzt befreite und spontan durch mein Lachen in den Ausdruck gekommen war, entpuppte sich als ein AHA-Erlebnis und verband mich von da an wieder mit der Inocencia der Kindheit und frühen Jugend.

Als ich den Raum verliess und mir gegenüber in der Kantine etwas zum Essen holen wollte, konnte ich, mit der mir fremden Menschenmenge dort, gar nichts anfangen. War ich wieder in die kindlich- ängstliche Schüchternheit gefallen ? Ich respektierte meinen offenen aber ungeschützten Moment und ging Schlafen.

Beim Erwachen am nächsten morgen wurde mir mit einem Mal bewusst auf was ich mich da eingelassen hatte. Erinnerungen an meine Gruppen in Poona kamen wieder hoch und auch die Befürchtung, dass nun gerade bei der Sexualität geheime Lüste ans Tageslicht kommen könnten. Auf der anderen Seite könnte es ja auch ein lustvolles Ereignis werden; denn die Sexualität bewegt uns ja alle und die offene Sannyas-Energie könnte dabei gut tun.

Pünktlich sass ich in einem schönen Seminar-Raum, dem ausgebauten Dachboden eines alten Bauernhauses mit viel ambiente. Unser Kursleiter, gross und schwarz und freundlich sass vor uns mit einem Humpen Bier neben sich. Sexualität war angesagt. Nach seinen enführenden Worten entkleideten wir uns, schlosse ehrlich die Augen, aber wer weiss das schon, und liefen langsam und sehr behutsam im Raum herum, tasteten mit den Händen unsere Umgebung ab und berührten uns, wo immer wir mit unseren Händen auf einen anderen Körper trafen. Oh, das war sehr gefühlvoll. Mein Herz hörte ich klopfen und so traf ich auf Haare, Arme, Nasen, Brüste, Bäuche, Muschis, Pimmel, Beine, Münder, Ohren, immer anders, immer wieder neu und zärtlicher. Andere Übungen folgten, die alle dazu angetan waren uns zu sensibilisieren, um freier, ja bis hemmungsloser, zu werden. Sexualität ist eine freie Energie verbunden mit höchsten Lustempfindungen.

Dann bat er darum, uns auf eine Matte zu legen, und wenn wir wollten, unseren Körper mit einem Laken zu bedecken, um nun in die tollsten und geilsten sexuellen Phantasien zu versinken. Alles war individuell erlaubt, ein jeder für sich, doch alle zusammen im gleichen Raum und Energiefeld. Die vorbereitenden Übungen haben das ihre getan, so dass man jetzt alles was noch dazwischen stehen könnte einfach loslässt – und ab ging die Post ! Jeder für sich im vollendeten Sexrausch. Hier und da stönen, kiechern, lachen, grunzen. Meine Hände streichelten mich von oben bis unten. Eine normale Morgenlatte war nichts dagegen. Was mir passierte, und das bei einer so harmlosen Phantasie über die ich selbst völlig erstaunt war, dass sie soviel Lust erzeugen könne. Der ganze Raum war geschwängert von so viel Lust und törnte uns immer mehr an zum Höhepunkt zu kommen. Alles schien gemeinsam zu vibrieren, eine Erfahrung, die sicherlich die meisten von uns zum ersten Mal machten, mit soviel Offenheit und Freiheit, mit allen nur erdenklichen und erlaubten Phantasien und einem tierischen Drang nach Erlösung auf allen Ebenen. Und dann geschah es wie noch niemals in meinem Leben, für wahr, das war ein kosmischer Orgasmus und mit mir gemeinsam einige Frauen mehr, die in meiner Nähe lagen – ein befreiendes Stöhnen, Brüllen, Schreien, ein Aufbäumen der Hüften, des ganzen Körpers und dann ……… tiefe Stille….innen…Dankbarkeit….Freude …auch draussen Stille…. für einen Moment…… bis die nächsten einzeln oder in Gruppen explodierten.

Wir hatten viel Zeit, um das alles zu verinnerlichen. Dann kam die Essenspause, um uns nachher wieder einzufinden zum gemeinsamen Austausch über unsere Erfahrungen. Oh, das wurde nun heikel für mich, vielleicht für uns alle; denn der gute schwarze Mann wollte auch über unsere Phantasien etwas wissen. Trotz des nun allgemein abgekühlten Lustempfindens outeten sich die ersten Mutigen, zu denen ich hier nicht zählte, total offen und ehrlich was uns eher Zurückhaltenden mehr Mut machte. Es war alles dabei. Mir fiel mit Erstaunen auf, dass die Mehrzahl der Frauen eine lustvolle Vergewaltigung als Phantasie für ihren Orgasmus wählten. Meine Phantasie führte mich zurück in die Kindheit, nachdem anfangs auch andere Vorstellungen durch meinen Kopf rasten, blieb ich dann spontan an einem Erlebnis in meiner Kindheit hängen, von dem ich bis zu jenem Zeitpunkt nicht sicher wusste ob es Phantasie oder Wirklichkeit gewesen war, aber nach dieser Erfahrung mir nun entschieden sicherer war. – Ein älteres Mädchen aus der Nachbarschaft, die immer zum Spielen zu mir kam und mich ganz besonders zu mögen, zu lieben schien, nahm mich auch einmal mit zu sich nach Hause. Sie spielte mit mir. In ihrem Garten lagen wir unter einem Baum im sommerlich trockenen und warmem Laub. Sie betätschelte meinen Körper und fing an, an mir und mit mir zu spielen und zu spielen und zu spielen, bis wohl schon damals, als Kind um die 4 Jahre, ein Schütteln durch meinen Körper ging. Das war sicherlich mein erstes gefühltes sexuelles Erlebnis, das überwältigend gewesen sein musste.

Eine andere, wohl letzte Übung dieser Gruppe stand nachmittags an. Einer von uns legte sich nackend hin und wurde von den anderen, nah Herumsitzenden, zärtlich berührt, gestreichelt und massiert, wo auch immer von jedem Einzelnen Lust verspürt wurde den Körper streicheln zu wollen. Bei mir geschah fast wieder ein Orgasmus und durch das Wort – fast – wurde es zu einer tantrischen Erfahrung, die fast noch schöner war!

Das Endergebnis für mich in dieser Gruppe war, dass ich soviel Offenheit und Vertrauen erfahren hatte und im -hier und jetzt- die Sexualität als ein freies, lustvolles, unverklemmtes, natürliches, äusserst sensibles und respektvolles Phänomen erleben durfte, das prägend und sehr befreiend auf mein weiteres Leben wirkte. Danke Bhagwan und der Kommune, all Euch Sannyasins für den Versuch eines neuen Bewusstseins.

Ich war reif Sannyas zu nehmen, füllte in Purvodaya ein Formular aus das nach Poona geschickt wurde und wartete nun auf Antwort. Ich brauchte wohl meine erste Poona-Erfahrung, dann die verwirrende und leidvolle Reise durch Indien, Ceylon und Nepal, meine Rückkehr auf die Insel und all das gerade Erlebte um endlich zu dieser Entscheidung zu kommen. Bhagwan, ich verneige mich vor Dir. Ich bin reif für Deine „MALA" !

Das Seminar über Sexualität war zu Ende. In den nächsten Tagen sollte eine ganze „Karawane" zum Schloss Wolfsbrunnen aufbrechen, einer neu erstandenen Immobilie irgendwo im mittel-deutschen Zohnengrenzgebiet. Die Einweihungsfeier des neuen deutschen Bhagwanzentrums, eben in diesem Schloss, sollte in 2 Tagen stattfinden und so zogen wir alle dorthin. Auf Spaziergängen kam man direkt an die Zohnengrenze. Das Schloss selbst war ein graues, steinerndes Mauerwerk mit Schieferdach und viel Holztäfelung innen, wohl aus der Zeit Ende des 19.Jahrhunderts. Rein energetisch war das nicht mein Fall, wurde das Schloss doch auch von den Nazis für ihre Zwecke benutzt und alle diese wuchtigen Gebäude aus jener

Zeit strahlten förmlich autoritäre Macht und Gewalt aus, sowohl zu Kaisers Zeiten als auch bei den Hitlers. Die Zohnengrenzgebiete hatten für mich etwas trauriges auf der einen Seite, ab eher auch etwas heiles, geborgeneres wegen ihrer örtlichen Ferne zum kapitalistisch-technokratischen Westdeutschland, das sicherlich „Wohlstand" im aussen gebahr, aber innere Tiefe immer mehr abhanden zu kommen schien.

Nun denn; das Fest begann, man bat um Unterstuetzung und jeder spendete was ihm das Schloss als neue Zentrum lieb und wert war. Es gab viele, viele Sannyasins, alle in rotgekleidet und freudiger Stimmung. Ich empfand dieses Fest auch als meine Einweihung und so tanzte ich mehr im „Himmel als auf der Erde". Ich flog förmlich, wie ein Jüngling, durch die weiten hohen Räume bis plötzlich ein wahnsinniger Schmerz meine linke Archilles-Verse durschoss und ich auf das Parkett stürzte. Die Sehne war mir aus dem Wadenmuskel gerissen....... aus der Traum.......zurück auf den Boden, amigo mio!

16. Reise: > SANNYAS > Anand Sarthi > MONIQUE, AILARAS GEBURT, Bhagwans Festival Oregon

Ich konnte mich kaum bewegen. Interessant war, dass ein so plötzlicher Wechsel vom himmelhoch jauchzendem Vergnügen, in einen körperlichen Zusammenbruch, anfangs gar nicht „kapiert" werden konnte, dann aber -als das was es war- akzeptiert wurde. Sie trugen mich ins Bett irgendwo in einem Schlossverliess, kümmerten sich lieb um mich und am nächsten morgen wurde ich im Auto mit nach Hildesheim genommen, um bei Schwester Anke erst einmal betreut und zum Arzt gebracht wurde, der mich in Gips legte und ich auf eine dringlich empfohlene Operation verzichten musste weil die Kosten, ohne Krankenkasse, völlig fern meiner finanziellen Reichweite lagen.

Freunde aus Hamburg holten mich heim zu Muttern wo ich dann für die nächsten Wochen zu Bette lag. Ein bischen leidend verbrachte ich die Tage. Unterm Gips fings fürchterlich an zu jucken. Alles wurde enger und drückender und obwohl sich das ja nur an meinem Bein abspielte kam ich so manches Mal nicht umhin, es auf meinen allgemeinen Gemütszustand zu übertragen. Wohl hatte ich so einiges gelernt mit solchen Situationen umzugehen, aber der doch so bewegliche Typ Thomás fühlte sich zuweilen sehr eingeschränkt. Es war die Stille vor dem Sturm ! So sollte ES sein ! Als dann Schwester Anke zu Besuch kam und unten aus dem Briefkasten die Post mitbrachte, rief sie schon von unten:" Thomás, Post für Dich von Bhagwan"! - Anand Sarthi -, meine Neugeburt ! Bhagwan-Gegner und Sekten-Beauftragte meinten:" nun bist Du Armer hilflos den Machenschaften des spirituellen Gauklers verfallen"! Sannyasins sagten:" ....endlich bist Du gesprungen"! ....so ist das mit den Meinungen !...und ich selber war happy etwas vollbracht zu haben was schon lange anstand, wenn auch mit viel Geburtswehen !

„ That´s the process of
becoming a sannyasin:
unlearning.

And than again
that wonder that was there
when you were a child
rises up,
again those eyes
full of mysterious,
the heart throbbing
constantly with surprise.
Again, that beautiful space
wells up."

……..und ich lachte und lachte und lachte
bis mir die Tränen liefen !

Die offizielle Einweihung mit dem Empfangen der MALA-Kette fand im Bhagwan-Zentrum in Hamburg statt, nachdem mein Bein von einem netten Arzt erfolgreich entgipst worden war, mit der Bemerkung, dass eine Operation in meinem Fall vollkommen fehl am Platz gewesen wäre!

In roten Klamotten, mit Bhagwans Mala sichtbar um den Hals, bestieg ich früh morgens einen Flieger von Hamburg nach Frankfurt. Das Flugzeug war voll mit eleganten Geschäftsleuten und ihren typischen Köfferchen. Sie nahmen sich wichtig und geschäftig. In einem Moment dachte ich > was machst du eigentlich hier <?...ohne mich dabei schlecht zu fühlen, war doch die Situation vollkommen neu, als mich plötzlich eine Hand von hinten an der Schulter berührte und eine Frau, wohl die einzige im ganzen Flieger, mich freundlich anlächelte und meinte> gut das Sie hier sind < ! So geschieht immer wieder das Richtige im rechten Moment ! Das BEWUSST-S E I N darum, ist genau das, was Sannyas ausmacht.

Wieder zurück auf der Insel wurde ich für manche Leute nun immer drolliger und lief als einziger auf der Insel als Sannyasin in rot gekleidet und mit Mala um den Hals herum. Ich stand total dahinter und war froh darüber auch im äusseren den inneren Weg sichtbar zu machen. Das Versteckspielen war vorbei und setzte so viel neue Energie frei. Meine Überzeugungen, die sich durch Bhagwans Lehre manifestierten, halfen mir wie kaum zuvor im Hier und Jetzt zu sein. Es ist eine Freiheit die man schwerlich beschreiben kann, die anders ist als das Gewohnte.

Da ich nicht mehr meine Kleidung trug, sondern Seine, nicht mehr meinen Namen sondern Seinen, nicht mehr meine Kette sondern Seine, fiel ganz viel meiner alten Prägung ab, einfach so, ohne vorher überhaupt eine Ahnung oder Vorstellung davon gehabt zu haben. Es war wie ein Wunder, sich von einer unerkannten Last befreit zu haben, einfach weil diese Last, bis dahin, mein Leben ausmachte. Erst durch das gespürte Erkennen wurde ich mir dessen mehr bewusst ! Allerdings ein Hauch solch erbaulicher Erfahrungen hatten mich ein Leben lang begleitet. Ich wagte es aber nicht, in unserer westlichen Welt, in der wir leben, erkannt zu werden, weil all das scheinbar Neue, eher das Gegenteil von dem war, was wir tagtäglich lebten und als unsere Wahrheit wahrnahmen, und das gilt für ganz viele Menschen. Dann waren natürlich auch die berechtigten Ängste vor PersönlichkeitsVerlust da; es sind diejenigen, die so manchem den Sprung in den Schoss des Gurus so schwer oder unmöglich machen. Meine Schwierigkeiten waren heftig, obwohl ich sie nicht als Ängste vor Pertsönlichkeitsverlust wahrnahm. Doch einmal „gesprungen" möchte ich diese Erfahrung anders definieren: ist es nicht eher so, dass die Identifikation mit einer „falschen" oder getrennten Persönlichkeit verloren gehen könnte ?...... und das tut weh; denn damit ist ja unser EGO gemeint !

Für Viele mag dieses alles eher unwirklich erscheinen und mein Bedürfnis war und ist, keinen überzeugen zu wollen, sondern gemeinsam, - AN DEM WAS IST —, aus einem bewussteren Empfinden heraus mühelos teilzunehmen. Ich wurde entschieden aktiver in den Bhagwan-Meditationen, so dass Kartasis-Gebrüll und Jubel zuweilen durchs Tal hallten. Meine Nachbarn bereitete ich vor, so dass sie sich nicht zu doll erschreckten. Alles das passierte an warmen Tagen, splitternackt auf fetten grünen Wiesen zwischen den Obstbäumen.

Erste Warnrufe gingen durch die Presse. An offiziell bestellten Sekten-Beauftragten kam auch Bhagwans Sannyas-Bewegung nicht vorbei und nun wurden diejenigen herausgepickt, die ihre rote Kluft samt Mala wieder an den Nagel hängten und Schimpf und Schande gegen die Kommune wetterten. Solche Sachen kommen vor und so mancher blieb irgendwo auf dem Weg, hin zu seiner Öffnung, hängen, weil er einfach nicht mehr bereit war solche möglichen Umwälzungen für sein Leben hinzunehmen und so in tiefe Ängste rutschte. Ich konnte selbst ein Lied davon singen!! Es wäre dann sinnvoll, den eigenen Zorn als solchen selbst zu erkennen und nicht zu projezieren, es ist nämlich genau das was unser Miteinander in vielen Situationen so schwierig macht.

Alles ist erlaubt, ist immer wieder neu, und zweifelslos positiver Zündstoff für die Auseinandersetzung zwischen östlicher Weisheit und westlichem Rationalismus, zu dem auch zumeist unsere grossen „Denker" gehören. Das muss einfach Feuer entfachen !

Erstaunlicherweise machte mich auf der Insel keiner an. Vielleicht spürten sie, dass es mir gleich gewesen wäre; denn da war nicht mehr der alte Thomás, der sich verteidigen müsste, da war nun der Sarthi und so hätte man sich in ein unbekanntes Niemandsland begeben, doch dahin wagte sich keiner. Ich war selber erstaunt darüber, besonders dann, als ein viel jüngerer spanischer Sannyasin auf der Insel weilte, bei mir anklopfte und sich über die viele Anmache überall aufregte. Ohne Zweifel wurden wir gemieden. Man wusste nicht so recht wie mit uns umzugehen sei. Ich fühlte mich wohl in diesem Bewusstsein und der Akzeptanz jeden Momentes, mehr gab es nicht! Da ich überhaupt kein engagierter Redner bin hatte ich auch kein Bedürfnis mich irgendwie rechtfertigen zu müssen. Schweigen ist Stille !

Ich bereitete Altair für einen Inseltörn vor. Ibiza und Formentera waren das Ziel. Diese beiden Inseln haben mich nie ganz los gelassen. Rick, ein jüngerer Freund aus dem nächsten Ort schiffte sich mit ein. Vor Bagstag-Brise liefen wir die schöne Ostküste Mallorcas mit ihren vielen Buchten und Häfen gen Süden ab, machten hier und dort einen Stop vor Anker und landeten schliesslich auf der Insel Cabrera, die damals noch streng unter militärischer Verwaltung stand. Auf dem Weg dorthin, zwischen kleinen Inseln, angelten wir mit der Schleppleine einen prächtigen Fisch, den wir uns, versteckt an Land, auf offenem Feuer saftig brutzelten....man durfte hier nur im kleinen Hafen an Land. Wegen des Militärs waren Landgänge strengstens untersagt und genau das brauchte ich mal wieder, um ganz geheim die Insel zu durchforschen. Dabei fühlte ich mich im verbotenen

Land, wie kurz nach dem Krieg. Eine gewisse unerlaubte Spannung schien mir das Leben zu versüssen. In Palma lagen wir am Paseo Maritimo und besuchten einen Freund im Krankenhaus, dem ein Camion-Reifen explodierte und ihm um die Ohren geflogen ist. Es ging ihm Gott sei Dank besser.

Rick ging hier von Bord, dieweil ich auf Ibiza ganz mit mir sein wollte, um dort auch ein Bhagwan-Zenter zu besuchen. So schipperte ich alleine, wie schon so oft vorher in alten Zeiten, zwischen den Inseln und das tat mir wieder sehr gut.

Der Zentrumsleiter war ein Argentinier mit allen Wassern gewaschen. Mit Strenge und Überzeugung führte er sein neues Zenter. Es wuchs und wuchs. Überall gabs viel Arbeit, die ständig kontrolliert wurde. Ich freundete mich mit der Idee an, vielleicht später mal dort für ein Weilchen mit zu wohnen.

Altair lag vor Anker und mit langen Heckleinen hin zu einem felsigen Wellenbrecher im hinteren Hafen von Ibiza. Ich dachte mit grosser Sehnsucht an Monique und wünschte sie mir jetzt hier auf dem Boot. An der nächsten Telefonzelle überbrachte ich ihr meinen grossen Liebeswunsch und verkroch mich, Stunden später, in meiner Koje. In später Nacht klopfte etwas an den Rumpf. Ein Stück Holz ?....oder hatte sich der Anker gelöst ?.... nein, lachte mich doch pudelnass im Hafen schwimmend, Monique an : „ aqui estoy mi amoooor" ! Die Überraschung war ganz gross, wie konnte sie in so kurzer Zeit hier eintrudeln ? Es geschah die Empfängnis unseres Kindes. ....welch Wunder wirkt die Unendlichkeit ! Tage später segelten wir beide zurück nach Cabrera. Meine Liebeslust war auf null gesunken. Monique meinte : „ el macho ha hecho su trabajo, ahora descansa. Esto es un buen signo para mi embarazo "!

Moniques Kräuterladen im verwinkelten Residenzstädtchen lief prima. Ihre ganz spezielle Art mit Menschen umzugehen, sie zu beraten, ihnen Vertrauen zu schenken, machte sie schnell in ihrer neuen Umgebung bekannt und beliebt. Der Laden wurde im Paterre ihres neuen-alten Hauses eingerichtet. Ich installierte noch fehlende Wasserleitungen und einen Kanonenofen deren Rohre durch die drei oberen Stockwerke gingen. Eine kleine Buddhisten-Gemeinde installierte ihren Andachtstempel in einem der Räume der oberen Etagen. Monique lebte nun schon seid längerem getrennt von ihrem Mann, dem Vater ihrer drei Kinder. Die beiden Mädchen lebten mit ihr im eigenen Haus, das noch total bankfinanziert war, dank des höheren Schätzwertes; denn der Kaufpreis lag weit darunter.

Reiner, ein lieber deutscher Freund suchte jemanden, der seinen Renault 4 zurück nach Deutschland fahren könne; und schon sassen die schwangere Monique mit Sarthi im Vehikel, um zum Weihnachtsfest bei Schwester Anke in Hildesheim ein Überraschungsbesuch zu machen. Endlich hatten wir einmal die Möglichkeit die Familie in Deutschland mit handgemachtem schwerem spanischen Steingut-Utensilien zu beschenken. Spät abends klingelten wir an der Haustüre.

Muttern war natürlich auch da und öffnete verschlafen die Türe. Sie staunte ……..ohhhhhh, mit ihrem schokoladeverschmierten zahnlosen Mund über beide Backen und konnte es kaum fassen. Monique mit gewölbten Bauch war der Mittelpunkt für die Frauen. Anke wurde böse, als ich mich mit ihrem Sohn frühzeitig nach Hamburg absetzte. Sie hatte doch das ganze Essen für die Feiertage vorbereitet und nun haut´ihr schon wieder ab ! Wir beide nahmen an einem Kurs im Bhagwan-Zentrum teil, wobei die Kursleiterin sich über unsere Ähnlichkeit wunderte, wusste sie doch nichts über unsere Familienbande und enge Freundschaft.

Swami Santosh einer der Startherapeuten aus Poona lebte in seinem Zentrum in Holland und bot dort vier wöchige De-Hypno-Therapie-Kurse an. Ich meldete mich an und wärend Monique alleine heimreiste, machte ich mich nach Holland auf den Weg.

Ein Zentrum mitten auf dem Land, Chemie-Toiletten, grosser vegetarischer Küche, Schlafräume und ein grosser Seminar-Platz empfingen mich. Am Morgen gabs Müsli mit hausgemachter Yoghurt. Als Morgenübung machten wir die ARICA-Gymnastik, die von Claudio Naranjo entwickelt wurde. Danach ging es durch unzählige Trainings, die in erster Linie zur Aussöhnung mit unserem - four-year-old – führen sollte. Unser „ Erwachsen-Sein" hat die Bedürfnisse unseres „Vier-Jährigen", seine hohe Sensibilität und die noch natürliche Rückverbindung verdrängt und vergessen, aber auch seine Ängste ignoriert. Es galt also, mit meinem 4 jährigen Thomás, wieder Kontakt aufzunehmen, mit ihm zu sprechen, ihn wieder zu finden, ihn lieben zu lernen. Das muss allerdings geübt werden; denn inwieweit der erwachsene Thomás-Sarthi seinen Vierjährigen wirklich verstehen kann, sich mit ihm verbünden und ihn mitnehmen kann, bedeutet wieder KIND zu werden, genau das was Bhagwan mir in seinen Sannyas-Spruch geschrieben hatte ! Also hier war ich richtig und übrigens ist immer alles richtig was uns passiert, ist doch das Hier und Jetzt die einzige Wirklichkeit – DAS WAS IST -, die unendliche ewige Kraft die ALLES so s e i n lässt wie ES sich offensichtlich aus sich selbst heraus ergibt.

Die vielen Übungen wurden mit Phantasie-Reisen, von Santosh selbst kreiert und auf Kasetten gesprochen, ergänzt. Diese Reisen unterstützten unsere Arbeit mit symbolischen Hilfen, die in die Tiefe gingen und uns der Essenz des Seins näher brachten. wir erlernten das Pendeln, stellten Fragen an den Pendel, bekamen so Antworten auf einer Werteskala und wussten um ihre Stimmigkeit.

Im Küchendienst avancierte ich zum -king of yoghurt-. Mit der Zeit lernte ich grosse Mengen von Yoghurt in einer mit Stroh ausgelegten Koch-Kiste, immer leckerer zu machen. Es ging einfach darum die Zeiten und Temperaturen genau einzuhalten. Ein jüngerer Sannyasin war ein „Mitläufer" in diesem Zentrum. Er blieb bei einer therapeutischen Arbeit in der Kindlichkeit hängen und kam nicht mehr zurück. Er wurde sehr liebevoll betreut und begleitet. Das Center war sein Zuhause.

Ich machte mir Gedanken über all diese therapeutischen „Wachstums-Kanonen" die einige auf der „Strecke liessen"; denn ich selbst fühlte mich bei meiner ersten Poona-Erfahrung als Opfer! Das Gefühl – Opfer zu sein – ist ja der Verlust der Kraft, sich s e l b s t zu sein, und gerade deshalb ja dieser -push-, bewusst oder unbewusst, sich zu therapieren, als ein Versuch sich zu heilen von falschen Vorstellungen die uns fortlaufend ängstigen. Es ging hier bei Santosh ja nicht darum den >four-year-old< zu kopieren, aber als Beobachter in ihn zu schlüpfen, ihn zu verstehen, ihm die Ängste zu nehmen, die ihn/uns ja bis heute begleiten, ihn zu beschützen; aber auch diese freie, unschuldige Kraft des Kindseins uns Erwachsenen neu zu vermitteln, es ist ein Nehmen und ein Geben. Das da jemand sein JETZT, sein HEUTE aufgibt weil er sich mehr mit dem >vier Jahre alten Kind< indentifiziert, und sich der Beobachter total in der Rolle des Kindes verliert ist eben auch eine Möglichkeit die Last des Erwachsenenseins einfach hinter sich zu lassen. Solche, eher sehr aussergewöhnlichen Situationen, sind für denjenigen, dem es passiert, wohl kaum eine Problematik; denn er lebt nun dort wo er ist, wo er meint zu sein, kann sich kaum erinnern: „ ...wie wäre es, wenn ich wieder in mein Erwachsenen-Spielchen zurückkehren würde"? Uns Aussenstehende kommen Zweifel und Ängste, weil wir bewusst solche Extrem-Erfahrungen mit aller Entschlossenheit zu vermeiden versuchen, aber vielleicht liegt gerade in diesem Vakuum - dazwischen- das ERWACHEN ? Aber die Ängste vor einem „Sichverlieren" hemmen solchen Sprung. Ich habe vergessen, dass Zweifel und Ängste gleichen Ursprungs sind und so dreht sich das Schicksalsrad immer im Kreise, immer wieder von neuem um die uralten Verflechtungen menschlichen DASEINS und der anscheinend –ewigen-Identifikation eines GETRENNTEN Idividuums. Jenes „Alltags-Bewusstsein", das wir Menschen uns auf die Fahnen schreiben, ist sehr nützlich für das eingegrenzte körperliche Überleben, für Sinnes-Genuss, für das Erahnen einer Schöpfung. Das essentielle S E I N aber ist allumfassend und nichtsumfassend, es ist Fülle und Leere ohne Gegenüber, ohne Duales, ohne Fraktionen, ohne Sprechen, Denken, ohne Indentifikationen. Es ist das Erfassen des S E I N S an sich, das ohne Erfassen ist, weil ALLES EINS IST ! >ALL-EIN< So ist die Erkenntnis: - d e r W e g i s t d a s Z i e l - nach meinem Verständnis eine sehr gültige Aussage des SEINS; denn wenn WEG=ZIEL ist, gibt es weder Ziel noch Weg, darin erlöst sich die Zeit und verliert sich in der Un-endlichkeit des gegenwärtigen Momentes

Wenn ich DAS als „ Wahrheit" erkenne, höre ich hier und jetzt auf zu schreiben!

...... Ich sitze im Sommer 2009 auf meinem kleinen Segler. Wir liegen in einer ruhigen Bucht. Der Strand ist teilweise steinig. Es gibt dunkelroten Lehm. Nackedeis schmieren sich damit ein und sehen dann ganz anders aus, so, wie ich heute am frühen Morgen. Nachher ist die Haut ganz weich und fühlt sich gut an. -Monique konnte nicht dabei sein. Sie gibt in unserem Bauernhaus einen Sommerkurs. Ich bade, schreibe, tauche, rudere, esse und schlafe. Die sommerliche Wärme und Nacktheit erinnern mich an den Uterus von dem ich nun schon 72 Jahre und 362 Tage entfernt bin.

Unsere Tochter Ailara hat sich in Berlin eingenistet und fühlt sich, bis aufs Klima, gut dort. Ja, am Mittelmeer geboren, hat man andere Vorstellungen vom Wetter. Sie arbeitet als Köchin in einem mediterranean Restaurant und wird im August und September auf die Insel kommen, um auf einer Motoryacht als Smutje und Deckshand zu arbeiten.....

Nein, ich mache noch nicht Schluss mit dem Schreiben. Da warten noch 26 Jahre meiner Reise durch die Zeit und es drängt mich, weiter zu erzählen.

Ich war bei Santosh in Holland. Meine heutigen Erkenntnisse schreiben Vergangenes auf und verbinden sich erstaunlich direkt – hier und jetzt – mit Erlebtem !

Von Holland ging es heim auf die Insel. Langsam bereiteten wir uns auf die Geburt vor. Es wird Moniques 4. Kind sein. Sie wollte eine Hausgeburt. Durch unsere vielen Kontakte zu Naturärzten bot sich jemand an, uns zu begleiten. Aber es kam anders: Ende Juni kam Monique etwas verstört zu mir:..... „ he roto aguas"! – Das Fruchtwasser war ausgelaufen. Die Geburt stand unmittelbar bevor, um die drei Wochen zu früh, kein Arzt, keine Hausgeburt. Moniques Wunsch war; auf dem Boot zu sein. Sie fühlte sich dort so wohl, das sie mir klar machte, auf dem Boot gebären zu wollen. Ich fühlte mich überfordert und lehnte klar und deutlich ab. Sie bat mich noch –Culantrillo- aus einem Brunnenschacht zu holen, ein gutes Kraut um die Wehen einzuleiten. Als die Wehen zunahmen balancierte ich mein liebes Frauli über das schmale Brett, das als unsere gang-way diente, an Land, benachrichtigte die Hebamme und schon fanden wir uns im Krankenhaus wieder. Sie kam gleich in den Entbindungsraum, ich wollte mit, aber eine alte, schrullige Nonne liess mich – partout – nicht mit hinein. Ich wäre so gerne dabei gewesen, aber es war einfach nichts zu machen. O.K. dachte ich, akzeptiere und warte geduldig, bis der erste Schrei ertönte und ich vor Aufregung am ganzen Körper zitterte. So, wie das für Väter wohl üblich ist, war es auch für mich ein tiefgreifendes Erlebnis, voller Emotionen und das hielt auch noch lange an. Es kam der Moment wo ich unser Kind in den Armen hielt. Sie war klein und leicht, brauchte aber nicht in den Brutkasten, ganz zu unserer Erleichterung.

Am nächsten Tag kam meine Familie aus Deutschland zu Besuch. Zufall ?...ja, das Kind war uns allen etwas früher „zu gefallen" ! Wir kamen schnell nach Hause, so dass die Überraschung für Muttern und Co. sehr gross war. Es lag nun genau in der Wiege, die wir vor einiger Zeit auf dem Boot mitbrachten. Damals hatte ich nicht die leiseste Ahnung, das in dieser schönen alten Wiege einmal unser Mädchen liegen würde. Freudestränen kullerten überall, bei Muttern, bei der Schwester und bei mir. Es war vollbracht. Endlich hatte sich -uns Sarthi- nun richtig eingenistet im Kreise seiner neuen und alten Familie. So sollte es sein, nach so viel Vagabundieren eröffnete sich ihm ein ruhigerer familiärer Pol, jedoch hatte er später schon sein Tun damit. Die unruhigen Nächte, weniger Schlaf und meine Unsicherheit, ob bei dem vielen Weinen nicht doch ein körperliches Problem mit Schmerzen vorliegen könnte, überschattete manches Mal die frühe Kindheit. Monique, als erfahrene Mutter, liess es geschehen. Einmal überstieg es meine Geduld. Ich litt dermassen mit dem Kind, dass ich es aus der Hängematte nahm sie durchschüttelte und ihr sagte; „ hör´ endlich auf zu schreien, oder teile mir irgendwie mit, was wir tun können, um dir zu helfen". Jedoch brachte das gar nichts, eher war sie mit einem Schrecken mehr belastet und ich mit Schuldgefühlen.

Kaum einige Wochen alt nahmen wir sie mit aufs Boot. In einer Bucht lagen wir vor Anker. Es war ein warmer Sommertag. Ich nahm meine süsse kleine Tochter in den Arm und stieg mit ihr die Badeleiter hinab ins Wasser. Es war ihr erster Kontakt mit dem Meer und gleichzeitig tauften wir sie auf den Namen –Ailara-. So ganz geheuer war ihr das nicht. Das Wasser war ja so nass und salzig ! Bei dieser Taufe beliessen wir es erst einmal. Sie aber wollte, 7 Jahre später, vom Pfarrer in der Kirche getauft werden. Mir fiel dabei auf, wieviel Freude die Frauen ausstrahlten, die bei der Taufe anwesend waren. Die Taufe war hier in Spanien natürlich katholisch. Da ich religiös ungebunden war und GOTT nicht an einer Konfession festmachen konnte, weil das SEIN weit über unsere Vorstellungskraft hinausgeht, waren Glaubensrichtungen für mich ein weiteres Merkmal geschichtlich-kultureller Traditionen unseres Menschseins, doch ist mir auch so, als halle die Ahnung um die Stille des SEINS, um Gott, durch die Ewigkeit!

Für mich war dieser Sommer eine HOCH-Zeit mit dem neuen Menschlein, mit der Familie, dem Strand, dem Boot. Alles brachte viel Licht, viel Sonnenschein in unser DASEIN. Unsere Nachbarn, die Obstbauern, hörten nicht auf Gift auf ihre Bäume zu spritzen und da wir im Tal lebten blieb auch immer eine Wolke übrig, zwar unsichtbar für die Augen, sichtbar aber im Kopfe, in den Gedanken und das reicht schon aus, um sich zu kümmern.

Sassen wir draussen unter unserer Weinpergola im tiefsten Frieden und hörten die Motorpritze kommen, räumten wir alles ein, schlossen Türen und Fenster und ich kam mir vor wie im Krieg bei den Bombenangriffen.Nein, irgendetwas mussten wir ändern. Ailaras Gesundheit und unsere Ruhe waren uns wichtiger als alles andere.

Da ich ganz im geheimen immer noch den Drang -zurück aufs Festland- verspürte, um sich einfach mehr ausdehen zu können als auf einer Insel, begaben wir uns auf eine Reise nach Andalusien. Ailara war gerade 3 Monate alt. Dort angekommen durchstöberten wir mit einem Mietauto die ganze Gegend zwischen Sevilla und Portugal. Die Atlantk-Küste mit ihren weiten Stränden hatte es mir angetan und es war auch alles sehr nett, aber doch nicht so, um sich dort anzusiedeln. Die Stadt Huelva war eine Geruchs-Kloake wegen der Papierfabriken und die Küstenstriche, zwar landschaftlich sehr schön, waren eine einzige Mückenplage.

Es herrschte grosse Trockenheit. Wir beide sangen : „ va a llover, va a llover" – es wird regnen – und tatsächlich fing es an zu regnen. Auf unserer Fahrt nach Ayamonte erwischte uns ein Regenguss der uns anhalten liess, um nicht von der Strasse gespült zu werden. El Rio Guayana, der Grenzfluss zwischen Spanien und Portugal zog mich an. Wir durchstreiften die ganze Gegend nachdem man uns in Ayamonte in einer Immobilien-Agentur einige, sehr schwer zu findende, Adressen gegeben hatte. Wir suchten einen Cortijo, einen Bauernhof. Endlich fanden wir das Land, das sich über einen Kilometer lang am Flussufer hinzog und leider nur ein kleines Haus hatte. Das Problem war, dass der Fluss weiter oben gestaut wurde, um Strom zu erzeugen. So kam nur wenig Süsswasser flussabwärts, das Meerwasser drängte nach und taugte nicht mehr zur Landbewässerung, so dass das ganze Land neben dem Fluss eine Wüste war. Das lange Flussufer des Cortijos reizte mich, hier hölzerne Bootsstege zu bauen, um Fahrten-

Seglern über die Wintermonate eine sichere Bleibe zu bieten, um so ein bisschen Geld zu verdienen und Spass mit den Seglern zu haben. – Gegenüber, am anderen Flussufer war schon Portugal mit hübschen kleinen, sehr farbig angemalten Häusern. Also fuhren wir auch dort hin, nachdem wir einen malerischen Cortijo entdeckt hatten, der zwar landwirtschaftlich nicht gross nutzbar war, aber eine tolle Lage am oberen Ende eines weiten, beiderseits bewaldeten Hochtals hatte. Das Haus war architektonisch ein Juwel. Eine alte, sehr scheue und unnahbare Hirtin bewirtschaftete mit ihrer Schafherde den Hof. Mit viel Feinfühligkeit konnten wir uns ihr nähern und sie für uns gewinnen. Einmal im Vertrauen erzählte sie uns die tollsten Geschichten. Sogar gebot sie uns Einlass in den uralten mit Steinen gepflasterten Innenhof und einigen angrenzenden Räumlichkeiten. Sie wusste nichts von einem Verkauf und wir sagten ihr auch nichts davon. Das grosse Problem waren wieder einmal die Mücken. Die Hirtin hatte über ihren grossen Strohhut ein schwarzes Netz gespannt, das um ihren Hals zugebunden war, um sich vor der enormen Mückenplage zu schützen. Sie sah aus wie eine Imkerin auf dem Weg zu ihren Bienen. Also auch hier nahmen wir Abschied von der Illusion eines Cortijo´s an der Atlantikküste in Andalusien.

Später fuhren wir in Ayamonte über die Grenze und wieder flussaufwärts. Es sah in Portugal entschieden heimatlicher und gepflegter aus. Wir übernachteten an der portugisischen Algarve in einem kleinen, gemütlichen englischen Hotel. Aber auch hier war die Mückenplage nicht zum aushalten. Wir besuchten noch Freunde die in den Eichenwäldern der Sierra de Arazena lebten und bekamen einen Eindruck von der Schweinezucht und den bekannten spanischen luftgetrockenen Schinken erster Qualität, el jamon serrano de jabugo.

In Sevilla fühlte ich mich von der Tradition überfordert ! Die Männer liefen in eleganten Streifenanzügen herum und die Frauen entsprechend schön und elegant und traditionell gekleidet. Uns fielen, in unseren saloppen Klamotten, mit Bart, langen Haaren und unserem Kind im Rucksack auf dem Rücken, kritische aber auch erstaunte Blicke zu. Das war hier doch eine andere Welt!

Zurück auf den Balearen kamen wir in Palma in einen Festzug mit fröhlichen, locker gekleideten Mallorquinern und empfanden diesen Empfang als ein glückliches Heimkommen. Hier war alles viel offener, moderner und internationaler, kein Vergleich in diesem Sinne zu Andalusien, dem sonnigen Land im Süden.

Diese Reise hat uns die Akzeptanz, hier zu bleiben, leicht gemacht. Es war und blieb der richtige Platz, nur mussten wir uns vorerst mit der Giftspritzerei arrangieren. Dabei hielt ich ja schon laufend Ausschau nach einen neuen Platz, der allerdings romantischer kaum zu finden war.

Der Shamane Ard Read kam wieder einmal nach Hamburg. Muttern war immer bestens informiert und fragte an, ob ich Lust hätte an seinem Seminar teilzunehmen, das über 2 Tage lief. Sie hatte schon bei einem anderen Seminar die Erfahrung gemacht und war von Ard's Arbeit tief beeindruckt. Wärend des Seminars machte Ard mit ihr, als älteste Teilnmehmerin, ein uraltes Ritual, das auch für ihn, als nordamerikanischer Indianer, von grosser Tragweite war.

Es war Winterzeit und ich fuhr nach Hamburg. Die Gruppe war gross. Es gab junge, sympathische Helfer aus Hamburg selbst, die immer gerne zur Stelle waren, wenn Ard wieder einmal kam, und so schon oft an den Seminaren teilgenommen hatten. In schwirigen Momenten für mich hatte ich den Beistand eines sehr liebevollen Jungen, an den ich mich gerne zurückerinnere, - sind doch bei tiefen seelischen Konflikten, die oftmals in solchen Gruppen wieder bewusst werden, so freundliche Hilfestellungen wie ein Geschenk!

Bei einer der vielen Übungen arbeitete ich mit einer Frau, der ich gegenübersass, um aus ihren – Schwingungen -, die ich über ihren Körper- und Gesichtsausdruck empfing, genau beschreiben zu können, wie ihr Zuhause aussieht. Erstaunlicherweise konnte ich mit allen Einzelheiten ihr Haus beschreiben. Es stimmte alles, was ich „sehen" konnte, sogar die Weide neben dem Erker-Eingang ihres Klinkerhauses mit Spitzdach. Ein solches Ereignis mag im – normalen Leben- komisch, unwahr, getrixt erscheinen, hat man es selbst erlebt öffnet sich Tür und Tor zu anderen Bewußtseinsebenen und genau das wollen diese Übungen ja erreichen. Das Vertrauen in einen selbst wächst und öffnet damit neue, weitere Zugänge, die uns auf anderen Ebenen erleben und erfahren lassen. Unser altes, eingefahrenes, für selbstverständlich gehaltenes Verhalten, wird ordentlich durchgerüttelt, um die Schlacken zu entfernen und mehr Licht in die Dunkelheit unserer Ignoranz scheinen zu lassen.

Dann rief Ard eine bestimmte Gruppe von Männern auf die Bühne. Was war gleich oder ähnlich an uns ? Wir alle hatten Bärte der unterschiedlichsten Formen, aber halt Bärte. Er fragte ins Publikum (die anderen Kursteilnehmer) was wir Bärtigen wohl zu verstecken hätten ? Vielleicht uns SELBST ? Es blieb nun uns überlassen was zu tun sei. Im Badezimmer jedenfalls lagen Rasierer bereit und die meisten rasierten sich ! Ich erschrak, sah ich doch in den letzten dreizehn Jahren mein ganzes Gesicht nicht mehr. Die Mund- und Kinnpartie waren gar nicht mehr ICH ! Welche Veränderung brachte das mit sich ! Ich erkannte mich kaum wieder. Mein Gesicht erschien mir viel weicher ! Hatte ich mich vor meinem femininen Anteil gedrückt ? .... oder.... vielleicht doch nicht ganz so!? Als segelnder Hippie war das nicht nur „normal" sondern auch sehr bequem ! -Dann gings wieder auf die Bühne. Alle lachten und klatschten, wir auch !

Am nächsten Tag trafen wir uns in einem grossen, leeren Raum und sollten dort unseren Kraftplatz finden. Ganz schnell fand ich ihn und setzte mich dort hin. Wir schlossen unsere Augen, hielten sie geschlossen und spürten uns in die Energie unseres Kraftplatzes ein. Ards Präsenz trug sehr viel dazu bei, dass wir uns ernsthaft und mit aller Aufmerksamkeit darauf einliessen. Dann standen wir auf, gingen langsam mit geschlossenen Augen im Raum herum in dem Bewusstsein uns nicht zu berühren, und genau so passierte es auch. Wir wurden aufgefordert unseren Energie-Pol in einem anderen Menschen zu erkennen, um dann vor ihm stehen zu bleiben. Als ich die Augen öffnete, was mir gar nicht so leicht viel nach so viel Verinnerlichung, stand mein geliebter Neffe Sven direkt vor mir! Wir konnten es kaum glauben und bekamen feuchte Augen das gerade wir beide es waren bei so vielen Teilnehmern.

Dann kam noch die Geschichte mit dem Rubber-Band-Man. Jedem Teilnehmer wurde von Ard eine Figur zugewiesen in die er schlüpfen sollte mit Verkleidung und allem Drum und Dran. Ich konnte mit diesem Rubber-Band-Man überhaupt nichts anfangen, auch weil mir eine solche Musik-

Band völlig unbekannt war. Später sagte mir Ard:" Du hättest mich ja fragen können, ich hätte dir sogar die Musik-Kasette dieser Band geben können. Nun, ich ging nach Hause, ganz in der Nähe, und versuchte irgendwie eine gummiartige Figur zu kreieren und zu spielen, besorgte mir Gummibänder um nun als Rubber-Band-Man zu tanzen nach irgendeiner beliebigen Musik. Ich fühlte mich saublöd, als ich nun vor der ganzen Gruppe an die Reihe kam um meinen albernen Tanz aufzuführen. Ich fühlte mich beschissen. Ard sagte: „ Tanze dich nun in die Verwandlung eines Gurus, Schnell umschlang mich eine weiße Tunika, weiss ich wo die herkam und ein grosser schwarzer Hut. Aus meinen komischen Tanzbewegungen wurde ein gelassenes Abschreiten mit Augenkontakt zu jedem einzelnen Teilnehmer. Viel Liebe geschah, ohne dass ein ICH –persönlich- dabei war. Es war wunderbar. Die Erfahrung nun aus einem albernen Taugenichts in die Figur eines Weisen zu schlüpfen war spontan und sehr stimmig. Bei dieser Übung ging es zweifelslos um die Erfahrung der Möglichkeit einer spontanen Transformation, die wir in jedem Moment unseres Lebens einleiten können.

Der Dampfer blies ins Horn als das Schiff wieder im Inselhafen anlegte. Die Pier stand voller Menschen. Monique und Ailara winkten. Der Papa kam heim, aber mit einem anderen, fremden Gesicht. Monique intuierte meine Bartlosigkeit zwar, war dann aber doch überrascht über den grossen Wandel. Im Moment sagte sie zwar nichts, fand mich aber mit Bart – mas guapo y mas interesante!- Mein Gesicht war jetzt klarer, strahlte eine weichere Energie aus; mag das Seminar ganz sicher dazu beigetragen haben; denn ich hatte immer das sichere Gespür, nach jeder intensiven Arbeit am „Personal Growth," tatsächlich – gewachsen- zu sein ! Wir fühlten uns sehr wohl nun wieder mit der Familie zusammen und der „lichte" All-Tag nahm seinen Lauf.

Meinen lieben Freund Piero vergass ich ganz in der bisherigen Reisegeschichte. Es war so im Früsommer des Jahres 1982. Ich war gerade dabei meine Fußböden zu kacheln, einen grossen Durchbruch zur Küche und zum Stall zu machen, war also mittendrin in meinen grossen Umbauarbeiten, als plötzlich Piero vor der Tür stand ! Time, sein Shamanen-Guru aus Österreich hatte ihm meine Adresse gegeben, als Zwischenstop auf seiner

Reise in das Amazonasgebiet, dorthin wo er sich mit anderen Shamanen verbinden wollte. Time war der amigo, den ich auf Feuerland kennenlernte, als wir uns in der Nähe Kap Horns Laubhütten bauten, um einige Tage Überlebens-Training zu machen.

Wir beide grinsten uns an. Piero sah meine Baustelle, packte mit an, verlegte Kacheln und schlug arabische Bögen in die mit Sandstein gemauerte Eingangsöffnung des Stalles, die zum Schreibtisch umgestaltet wurde. Er war ein patenter Kerl und Künstler und lebte nun erst einmal bei mir. Der Wohnraum unten war nun doppelt so gross. In der Mitte unter den Kacheln plazierte ich die kleine Tonschale, die mir der Ganges in Benares wieder geschenkt hatte.

Nach längerer Zeit gingen wir uns gegenseitig auf den Wecker. Mir schien es so, das der Wiener anders funktioniert als ein Norddeutscher. Piero suchte sich eine andere Bleibe und neue Arbeit. Eine deutsche Frau lebte in einem alten, sehr typischen Landhaus und wollte unbedingt eine Pyramide auf ihr Grundstück gebaut haben. Piero übernahm die Arbeit, erkundigte sich genau nach den Mass-und Winkelverhältnissen und baute doch tatsächlich eigenhändig eine stattliche Pyramide mit den typisch alten Marterialien die hier auf der Insel zum Dachbau alter Bauernhäuser verwendet wurde. Der Bau dauerte wohl bald ein Jahr wärend ich ihn immer gerne auf meiner Einkaufstour mit der Bultaco oder dem Renault-R 4 besuchte und seine Fortschritte bewunderte. Wir mochten uns und trafen uns oft in der Dorfkneipe bei einem Bier oder Glasel Wein zum fröhlichen Umtrunk zwischen all den Einheimischen und Zugewanderten, meisten auch jüngeren Hippies oder wie immer man sie auch nennen mag.

Dann kam die Einweihungsfeier mit vielen Ritualen und Meditationen. Für die Bauherrin überstieg das kleine Monument fast ihren Vorstellungen und ihren Mut. Sie ängstigte sich ein bischen vor so viel energetischer Kraft die das Innere der Pyramide ausstrahlte und benutze schliesslich diesen schönen Bau so gut wie nie ! Wir dagegen baten um Einlass für unsere spirituellen „Wachstums Work-shops"und durften die Pyramide manchmal benutzen. Piero hatte sich inzwischen auf der Insel eingerichtet, bis er sich eines Tages wieder an seinen Amazonas-Trip erinnerte, seinen Rucksack packte, um wieder auf Reisen zu gehen. Vor dem Amazonas lag aber noch der große Atlantik und seine nächste Etappe waren nun die Kanarischen Inseln. Auf Lanzarotte landete mi gran amigo piero und ist bis heute dort geblieben. Er lebt beneidenswert in einer uralten Finca weit draussen auf dem Land und arbeitet als spiritueller Künstler mit edlen Steinen und noblen Metallen ! Er hat dort seinen „Amazonas" gefunden und ist nun selbst für einige Suchende ein Meister geworden, bis, Jahrzehnte später, die Ewigkeit ihn kuerzlich heim gerufen hat-im stillen Gedenken an IHN, gran amigo !

Die Idee in einem Ashram zu leben, liess mich nicht los. Den einzigen, den ich schon kannte, gab es auf Ibiza. So beluden wir unser Schiff mit dem nötigsten für die nächste, nicht vorhersehbare Zeit und schipperten alle Drei nach Ibiza. Das Boot vertäuten wir sicher im Hafen und landeten im Bhagwan-Ashram mitten auf dem Land im nördlichen Teil der Insel. Natürlich waren wir angemeldet. Der kleine Ashram platzte aus allen Nähten, es gab viel Zulauf. Die fehlenden Räumlichkeiten wurden durch vorfabrizierte Module ergänzt. Viel Arbeit war angesagt und ohne Eingewöhnungs-Verschnaufpause mussten wir voll ´ran! Viel Disziplin, gute Organisation und ohne „weh und aber" schafften wir von morgens bis abends. Einkünfte hatten wir in der bekannten Diskothek - KU - . Dort betrieb der Ashram einen netten Kiosk auf der weiten Terrasse, um die unterschiedlichsten Natursäfte, Kuchen und Kekse, alles hand- und hausgemacht, anzubieten. Meine Aufgabe war in einem tiefen Keller unter der Terrasse das Geschirr zu spühlen! Die KU-Chefetage hatte einen guten Draht zu Bhagwan und seinen Sannyasins. Als Gegenleistung sollten wir ab 22.00 Uhr, wenn sich langsam die Diskothek zu füllen begann, auf dem Podest tanzen und so flogen wir rot-orange Gekleideten über die Tanzfläche in unserem freien, übermütigen Tanz. Es war eine Wonne das anzusehen und eine noch grössere selbst zu tanzen!

Auch Monique war voll im Einsatz, so dass uns manchmal die Zeit für Ailara fehlte, und uns nun Bedenken kamen, ob es tatsächlich das ist was wir uns gewünscht und vorgestellt hatten; denn auf unserer Insel hatten wir ja ein viel ruhigeres und meditativeres Leben! Bhagwan bekam in Indien Schwierigkeiten mit seinem Ashram. Das begann schon einige Jahre vorher. Viele Gründe mögen da mit gespielt haben. Dem traditionellen

Hinduismus mag er ein Dorn im Auge gewesen sein, die Politik tat ein Übriges, Steuerforderungen sei nicht nachgekommen worden und in seinen morgendlichen Lectures nahm er kein „Blatt vor den Mund"! Er wurde weltweit immer mehr angegriffen „ Sex-Guru und Drogen-Ashram" ! Sheela, seine Sekretärin und engere Vertraute in weltlichen Angelegenheiten schickte er auf Suche nach einem neuen Plätzchen mit viel grösseren Zukunftsmöglichkeiten und natürlich, wie konnte es auch anders sein, fiel die Wahl auf Nordamerika, das Eldorado freiheitlicher Ideen und üppigen Geldflusses, nachdem daselbst in Indien schon andere, grössere Projekte nicht funktionieren wollten.

Sie landeten in Oregon hoch oben auf einem verwüsteten Hochplateau, eines von Ziegen völlig abgegrasten Landes. Es war sehr gross und mit dem Einsatz von tausenden von Sannyasins entstand etwas ganz Neues und wirklich grossartiges. Das Land wurde bewässert, Stauseen angelegt, in Treibhäusern Gemüse gezogen, um auf den umliegenden Feldern reichlich angebaut zu werden. Eine Buddha-Halle wurde gebaut die mehr als 20.000 Menschen fasste und zu den sommerlichen Festivals wurden Holz- und Zelthäuser aufgebaut, um die 20.000 Jünger unterzubringen. Küchenhäuser und Restaurants entstanden und das alles in kürzester Zeit ! Es kam schon einem Wunder gleich, dass die Präsenz eines „Mannes" soviel freiwillige Energie in Aktion bringt.

Den alteingesessenen Farmern machte das alles viel Angst ! Sie tendierten zu agressiven Handlungen, wurde doch ihr normales Lebens-Konzept durcheinander gebracht Sie verstanden gar nichts mehr, und als die erste DC 3 der -Rajneesh-AIR- auf dem neugebauten Flughafen landete und -Rajneesh-City – seine Stadt-Urkunde bekam, drohten die erbosten Nachbarn mit Bombenangriffen aus Privatflugzeugen auf den Ashram.

Bhagwan hatte Indien verlassen und lebte in Oregon. Das zweite oder dritte Sommer-Festival war für den July angesagt. Sheela machte eine Europareise. Sie besuchte die grossen Hauptstädte des Westens und sollte auch nach Madrid kommen.

Wir Drei gingen zurück auf unsere Insel, mit einer Kommuneerfahrung mehr im „ persönlichen Gepäck", blieben aber in engem Kontakt mit Ibiza. Ich flog nach Madrid, um Sheela zu treffen. Sie stieg in einem Nobel-Hotel ab und so gab es in grossen Sälen genug Platz für die vielen Jünger aus dem ganzen Land. Sheela kam mir vor wie eine Abgesandte des Vatikans mit ihrem roten Käppchen und den eleganten, weiten Gewändern. Sie machte uns alle heiss auf das Festival in Oregon, und alle, alle kamen ! Es war da schon eine gläubige Abhängigkeit, die uns mit Leichtigkeit entscheiden liess. Auch mein Drang und die Freude auf Bhagwan und Neugier, Oregon endlich zu sehen, waren gross. Man verliert persönliche Voreingenommenheit, das ist eine wunderbare Erfahrung, um zu fliessen, wohin es einen zieht; oft zum Leidwesen des Establishments! Runde 20.000 Sannyasins mussten aus allen Ecken der Welt eingeflogen werden. Von London aus gingen vollbeladene, extra gecharterte Jumbos auf ihre Reise über den Pol nach Portland; ein lustig-buntes Bild, und ich mittendrin !

Vorher machten wir in England noch halt und blieben einige Tage in einer schlossartigen Villa, die zu einem Ashram umfunktioniert worden war. Auch dort war sofortige Mitarbeit angesagt. Man teilte mich für Gartenarbeiten ein, aber was ich auch tat, war nicht im Sinne des mir vorgesetzten Sannyasin. In all´diesen Bhagwan-Kommunen war ständiges „Knopfdrücken" angesagt. Jeder „Jünger" nahm sich das Recht heraus den Anderen zu sagen >wo es wirklich lang ging!!< Da, wo man meinte ein EGO zu spüren, hakte man unwillkürlich ein und liess den anderen zappeln wo man nur konnte, so dass jegliches „TUN" für die Kommune gleichzeitig in ständigem Widerstreit mit den „persönlichen Motiven" zu diesem TUN stehen. Dieser Widerstreit in mir ist das EGO auf das aufmerksam gemacht werden soll. Das ist nicht immer leicht verdaulich, weil EGOS immer weh tun. „Geläuterte" EGOS sind schon wacher und im selben Moment wäre schon eine andere Ebene der Bewußtwerdung erreicht: „Ist die Message des – Knopfdrückens- o.k., oder ist dort ein anderes EGO mit hirarchischen Machtansprüchen am Werk"?....manchmal schien es mir so, und so legte ich mein Gartenwerkzeug ihm zu Füssen und bat im office um einen anderen Job. Die Bestätigung dafür, dass diese Entscheidung stimmig war, brachte der neue Job ! Ich wurde Wächter des grössten „Heiligtums des Ahsrams". Ein heller sehr sauberer, klarer und aufgeräumter Raum, in dem auf einem Podest ein Sessel Bhagwans stand und tatsächlich spürte ich

„Seine" Energie dermassen stark, dass ich in ganz tiefer Stille, wie von nirgendwo her geführt, auf den Sessel zuging und mich klopfenden Herzens hineinsetzte. Es war eine symbolische Geste der innigsten Freundschaft und mir war so, als wäre ich e i n s mit dem Licht das uns durch Bhagwan so nah vermittelt wurde. Der Rest des Tages war Putzen und Polieren, Polieren und Putzen in Stille und Dankbarkeit.

Am nächsten Tag fuhren wir zurück nach London, bestiegen den von roten Klamotten fast schon rotgefärbten Jumbo und flogen über den Pol und die ewigen Eiswüsten Kanadas nach Portland in Oregon. Die Einwanderungsbehörde war schon vorbereitet auf uns. Da standen rote Schlangen an den vielen Schaltern. Wir bestiegen die typischen gelben Schulbusse der Nordamerikaner, die der Ashram schon angeschafft hatte und dann ging die Fahrt stundenlang in die letzte Einöde. Mir gefiel das alles sehr und nach stundenlanger Kutscherei kamen wir endlich an.

Über 20.000 Sannyasin aus allen Ecken der Welt kamen in diese abgelegene Wüste, die sich schon sichtbar zu einer richtigen Oase entwickelt hatte. Überall quirlte es förmlich vor Energie. Ganz schnell fand ich im Gedränge meinen lieben Sven. Wir zitterten fast vor Freude, als wir uns in den Armen lagen. Natürlich war dieses hier für uns alle ein ganz besonderer Platz und wir genossen unser DASEIN. Sven hatte auch Sannyas genommen und wir hatten uns zu diesem Festival verabredet.

Viele kleine Zelthäuschen für 4 Personen, sehr sauber und perfekt vorbereitet, auf hölzernen Plattformen stehend, breiteten sich überall aus. Wir bezogen eines und schliefen uns erst einmal, in diesem kuscheligen ambiente, die Müdigkeit und Anstrengung der langen Reise aus dem Körper. Vor dem Zelt standen Abfallbehälter, einer für gebrauchte Kondome, ein anderer für Restabfall. Rote Plastikschachteln in Form eines Herzens lagen auf jeder Liege. Beim Öffnen kamen Kondome, Gummihandschuhe und Verhaltens Hinweise zum Vorschein. Wir grinsten, nun ja, es war die Zeit in der Aids auftauchte. Bhagwan meinte: „ es wird eine Weltseuche werden und man brauche über 10 Jahre, um die passende Medizin zu entdecken. Wie weise seine Voraussicht war. Da der Sex bei ihm jede Freiheit genoss, wurde natürlich von den Vorsichtsmassregeln Gebrauch gemacht, was so manches Mal, da draussen in der -normalen Welt-, auf Ablehung traf. So bemühte man sich unter strengen Regeln bei einem solchen „Liebes- Happening" grösste Vorsicht walten zu lassen.. Riesige Küchen mit Ess-Sälen, oft unter freiem Himmel, verpflegten die hungrigen Mäuler. Die neue hohe Buddha-Halle fasste zig Tausende. Am ersten Morgen war die -Dynamische Meditation- angesagt. Es war wohl für mich eines der ergreifendsten Momente meines Lebens, als der zweite Teil dieser Meditation -der Kartarsis- an die Reihe kam. Dieses Geschreie und Gebrüll von mehr als 20.000 Menschen in einer Halle verwandelte sich für mich in einen himmlischen Posaunen-Chor, absolut übernatürlich und befreiend von unserem ganzen menschlichen Leid, das in der Kartasis seinen Ausdruck fand.

Später trafen wir uns alle in der Buddha-Halle mit Bhagwan, der zu jener Zeit schwieg, so dass der Satsang in Stille geschah. Es wurde Musik gemacht und eine wunderschöne Ma tanzte elfengleich auf dem Podium um den Meister. Andächtig lauschten wir der Stille, die h i n t e r dem -Hören und Sehen- präsent war.

Danach hatten wir viel Zeit uns umzusehen. Die Kommune war riesig und Unglaubliches haben die 2000-3000 Sannyasins, die inzwischen dort fest lebten, auf die Beine gestellt. Es war wohl auch ein grosser Teil von Neugier bei vielen von uns dabei, um dieses „Experiment" mitzuerleben; und das alles vor dem Hintergrund eines einzigen Menschen, der ohne jegliche Widerstände als -spirituelle Autorität- erkannt, anerkannt und akzeptiert wurde.

Wenn sich ähnliche Energien im normalen-äusserlich-weltlichen Bereich manifestieren, dann kann das leicht „in die Hose" gehen und teilweise hat die Welt ja ihre höllischen Erfahrungen mit allen Kriegen und despotischen Diktaturen durchlebt, selbst die katholische Kirche hatte ihre düsteren Zeiten ! Verständlich ist es denn wohl auch, dass ein Grossteil der Menschheit nicht mit dem dualen Konzept: >Himmel und Hölle< zurecht kommen, nur schwierig den Mut entwickeln können und voller Ängste sind. Schon ist die „Anti-Guru-Sekten-Kampagne" in vollem Gange und in aller Munde. Natürlich geht dann auch all' denen diese spirituelle-Meister-Erfahrung verloren, von der sie auch nichts wissen wollen! Diejenigen die dabei sind, haben sich in liebender Hingabe geübt, sich des

SEINS GEWAHR zu sein. Das sprengt dann alle >Fesseln< einer sogenannten persönlichen Idendität, im Grunde genommen von all dem, was sprachlich und zeitlich vermittelbar ist. Wobei das SEIN selbst: u n-v e r-m i t t e l b a r, u n m i t t e l b a r immer präsent ist !

Die ansässigen Nachbarn waren ausser sich, solche, für sie ausgeflippte Kommune, als direkte Nachbarn vor sich zu haben und dazu noch, wenn man um den „puritanischen" Lebenswandel vieler Nodrdamerikaner weiss ! Wir trugen alle rotgetönte Kleidung mit der sichtbaren Mala. Sie trugen Colt-Kugeln, auf einem Faden aufgefädelt, um ihren Hals ! Das ist auch nicht weiter verwunderlich, wenn man bedenkt, dass die Tradition, besonders im wilden Westen, von den Cowboys mit Colt und Winchester representiert wurde und bis heute ist die Waffe und ihr Gebrauch eines der liebsten Spielzeuge der Nordamerikaner, der selbsternannten Welt-Polizei. Sie sind echte Waffenbrüder, ihr militärisches Potential ist bei weitem unübertreffbar und man ist sich dessen voll bewusst, in ihrem Sinne Macht auszuüben. Es hiess in der Kommune, dass die Nachbarn mit kleinen Privat-Flugzeugen Bomben auf den Ashram werfen wollten und so war ein ausgeklügeltes Verteidigungs-System seitens der Kommune bereitgestellt. Das sah dann so aus, dass oben auf den Hügeln grosse Scheinwerfer aufgestellt waren, die über die ganze Nacht den gesamten bewohnten Teil des Ashrams beleuchteten. Dazu liefen grosse Dieselmororen, die die Scheinwerfer mit Strom versorgten.

Ehrlich gesagt kam ich mir vor wie im Krieg. Das sah dann so aus: wenn Bhagwan, in einem seiner vielen Rolls-Royce´s, langsam an der kilometerlangen Sannyas-Schlange vorbei fuhr, die wie an einer Perlenschnur aufgereiht links des Weges standen um nur einen Blick ihres Meisters zu erhaschen, und seinem Rolls sichtbar schwer bewaffnete Power-Waggons folgten. Aber die Liebe und Hingabe an den Guru waren grösser, so dass jegliche Bedenken, die bei diesem „Zirkus" hätten aufkommen können, keine Chance hatten !

Es war tatsächlich ein ganz besonderer Moment, Bhagwan nur für eine Sekunde so nah zu sein ! Auch D A S ist u n – v e r m i t t e l b a r ! Er wirkte auf mich total „high", fast schon so „transparent", wie >nicht von dieser Welt< !

Es gab neu angelegte Parks, einen Staudamm durch den die ganze Kommune bewässert werden konnte, einen Badesee, jedoch ohne Nackedonien. Mit einer Gruppe machten wir eine Tageswanderung um einen grossen Teil der Kommune und kamen an einen breiten Fluss der die Grenze der Kommune darstellte. Es gab Schilder, die das Baden verboten, auch wegen der Nachbarn, die eventuell vom anderen Ufer her Unannehmlichkeiten angezettelt hätten. Ich musste meinen „Waffen-und Kriegsfrust" los werden und erquickte mich nackend im erfrischenden Strom. Verbotenes war wieder einmal stimmig für mich ! Die Kommune erhielt den Namen – Rajneesh Puram- und wurde als Ortschaft/Stadt ins staatliche Register von Oregon eingetragen. Sogar eine eigene Fluglinie –Rajneesh Air- gab es schon mit ihrer eigenen Start-und Landepiste. Auf den Feldern und in riesigen Treibhäusern wurde Gemüse angebaut mit dem das gesamte Festival versorgt wurde. Viele, viele fleissige Hände arbeiteten kostenlos bei freier Kost und Logi in vollem Einsatz. Wir Besucher konnten uns auch zur Mitarbeit melden. Ich entschloss mich dazu als handy-man, und sollte hölzerne Regale bauen. Es gab aber kein Werkzeug und so sah ich mich um, in der Hoffnung eine Stichsäge oder auch Fuchsschwanz, Hammer, Nägel, Schrauben usw. zu ergattern.Das klappte aber nicht; denn die wenigen Werkzeuge, die es gab, waren bei den „Ansässigen" voll im Einsatz. O.k. dachte ich, das ist wohl wieder einmal ein „Knopfdrücken", also lassen wir das, die Regale scheinen nicht so wichtig zu sein und ich fühlte mich weit entfernt von einem Ego-Trip, um nun unbedingt für die Kommune eine Arbeit machen zu müssen. So wandelte ich lustvoll und glücklich in dem landwirtschaftlichen Bereich herum; dort wo ich gerade war. Eine freundliche Ma war alleine in einem grossen Gewächshaus und hantierte zierlich kleine Gemüsepflanzen, von einem Beet ins andere. Dann kam ein Pick-up an mir vorbei. Den Wagen lenkte ein Swami den ich schon von Ibiza her kannte. ! „Ola, que ´tal, como estas amigo. Was machst Du "!... „ich kutschiere um die Felder und sammle die vollen Gemüsekisten ein, in denen die frische Ernte lag und die in einer Reihe am Wege stehen. „te ayudo"?..... "que va, esto no es ´tan facil, Du müsstest mir zugeteilt werden"! .... "es igual, was solls, ich helfe Dir"!..... und schon sass ich neben ihm. Wir fuhren auf die Felder, auf denen viele Pflückerinnen und Pflücker das Gemüse ernteten, und sammelten die vollen Kisten ein, um sie in einem grossen Kühlhaus abzuladen. Im Kühlhaus war es erquickend frisch und lecker süss; denn der Swami hatte auch den Schlüssel zu dem Kühlraum, in dem das Speiseeis aufbewahrt wurde. Ich war für den ganzen Tag mehr als satt und fühlte mich sogar sehr gut mit soviel Eis im Magen!

Ein zentrales Büro gab Auskunft über jedwedes Anliegen das wir hatten. Ich stellte mich stundenlang an mit dem Ergebnis in sekundenschnelle abgefertigt und an eine andere Instanz weitergeleitet zu werden. Mein Anliegen war eine Fahne für mein Boot mit dem aktuell typischen Kommune-Emblem, das zwei Vögel, silber-weiß und rot auf schwarzem Rund zeigt. Diese Flagge wehte überall in der Kommune und selbst an den Tragflächen und dem Leitwerk der Rajneesh-Air war es aufgemahlt. Ich ging von „Pontius zu Pilatus", aber keiner hatte, oder wollte eine Ahnung solcher Flagge haben. Auch das konnte ich hinter mir lassen. Wahrscheinlich hörte die „Knopfdrückerei" gar nicht mehr auf, bevor wir nicht „erleuchtet" sind und selbst das, wenn überhhaupt, könnte ja wieder ein Ego-Trip sein ....und genau das ist es auch, solange wir uns damit abmühen !

Einige Zeit später, zurück auf der Insel, meisselte ich dieses Symbol in eine Felswand an der Südküste.

Ein High-Erlebnis hatten Sven und ich, als wir am letzten Tag eine der Discotheken besuchten. Es war eine Freilicht-Disco, von Baumstämmen eingezäunt als nachgeahmtes Western-Fort. Die Musik war sehr gut, die Stimmung konnte nicht besser sein. Wir tanzten nicht, wir flogen förmlich über die Fläche, so als hätte sich die Schwehrkraft aufgehoben. Um 01.00 Uhr war Schluss. Es war üblich sich mit einem Mantra in Richtung Bhagwans Bungalow zu verneigen. In mir brodelte es über und mich schüttelte eine Lachsalve nach der anderen. Sven war schnell mit dabei und andere mehr und mehr, bis schlielissch die ganze Disco lachend -explodierte- Mein Lachen kam daher, dass ich in meinem gerade empfundenen Glück ganz viel Dankbarkeit Bhagwan entgegen brachte. Auf der anderen Seite empfand ich aber auch, dass dieses grosse „Welt-Theater", diese „Kosmische Show" die hier ablief einfach nur das war was sie ist- eine Show-, es war ein „LILA" ein göttliches Spiel.

Am nächsten Tag nahm ich Abschied mit der Empfindung eine solche Celebration nicht unbedingt wiederholen zu müssen! Das „Kriegsbeil" zwischen den Amerikanern und der Kommune war ausgegraben und wehe dem, der es wagt unangepasst in den USA zu leben! Ich hatte das Gefühl, dass wir uns im Vorfeld einer „Kreuzigung" Bhagwans befanden; denn es rumorte aller Orts gegen ihn und seine Kommune, sie war eine Provokation fürs Volk, er blieb unverstanden und musste deshalb mit allen Mitteln bekämpft werden!...man zieht den Colt aus Angst vor dem Unbekannten. Die Liebe zur Waffe, nicht nur im Schrank auch zum Gebrauch, verführt eine ganze Nation zum Krieg spielen in aller Welt, möglichst fern der eigenen Grenzen. Die Waffe in der Hand macht mächtig und überspielt tiefe Ängste , nicht immer zum Guten für den Rest der Welt. Das Dilemma ist, um eine Bewusstseins-Veränderung einzuleiten muss alles in Frage und auf den Kopf gestellt werden. Offensichtlich haben die meisten Menschen damit nichts am Hut, weder in den USA noch sonst irgendwo. Diejenigen aber, die dafür ehrlich bereit sind, können das nur in der „Stille des Seins" spüren, aufgeweckt von den Wenigen die sie als „erwacht" erkannt haben!

Das Entstehen der Kommune war von Anfang an ein Experiment mit ganz viel Enthusiasmus für eine neue Welt, ein neues Miteinander und alles vor dem Hintergrund von Bhagwans DA SEIN getragen. Um DAS lebendig zu erhalten sind wir alle angetreten, jeder auf seine Art, jedoch in einem übergeordneten Zusammenspiel. Das dabei so manche alten Ego-Vorstellungen auf der Strecke blieben, ist das Beste was einem passieren konnte, aber das ist leichter gesagt als getan. Das Entstehen der Kommune bedarf eines hohen Einsatzes an menschlichem Zupacken, Organisation, Professionalität und finanziellem Aufwand. Nach dem Ergebnis zu urteilen, ist das alles bestens gelungen. Die Finanzen wurden durch Spenden und Jahres-Celebrations aufgebracht. Es gab auch finanzielle Beteiligungsfonds, die auf unterschiedlichste Art verzinst wurden, ganz so wie sich der Investor fühlte, so zwischen 0 und 2%.

In der „normalen Welt" ist ein solches Experiment nicht möglich und die „normale Welt" bringt ein solches letztendlich auch zum Scheitern, eben weil es ausserhalb ihrer alltäglichen, eingegrenzten Wahrnehmung und somit Möglichkeiten liegt! Auch das ist, ohne Urteil, ein Bewußt-SEINS-Zustand.

Meine Erfahrung in Oregon, in Rajneesh-Puram möchte ich mit einem Wort ausdrüchen:

– HEIMKOMMEN - COMING HOME – VOLVER A CASA -!

Das ist stärker als jede Kopfanalyse über äusseres Drum und Dran! Ich war glüchlich wieder auf der Insel zu sein mit Frau und Kind, so ganz daheim! Das wurde dann noch romantischer als unser Wohnen ja eh schon war; denn wir suchten uns ein Höhle hoch über einer Meeresbucht, packten das Nötigste in einen Sack und schleppten alles über einen engen Pfad dorthin. Nachdem wir den grossen Höhlen-Raum mit Rosmarien-Reisig energetisch und hygenisch ausgeräuchert hatten, liessen wir uns nieder, hingen unsere Klamotten über eine gespannte Leine und lebten von nun an ohne Kleidung. Wir schliefen prima, wenn auch die erste Nacht noch ein bischen ungewohnt war, fühlten wir uns durchweg noch freier von irgendwelchem Eigentum! In der Bucht gab es viele Höhlen, die fast alle bewohnt waren. Die lustigsten Typen aus aller Welt musizierten mit Flöten und Gitarren zum Sonnenuntergang. Sie luden sich gegenseitig ein und da wir viele kannten, gab es immer einmal einen Schnack unterwegs beim Baden oder zum Wasser holen an der Quelle. Alle waren nackend, ohne jegliche Scheu in absoluter Normalität. In der Bucht lagen meistens Segelboote vor Anker und so mancher Tourist verlief sich staunend und ein wenig Scheu im Getümmel der Hippie-Kolonie. Hier nun meisselte ich Bhagwans Symbol der beiden Vögel in eine Felswand.

Zu viel Ruhe tat mir wohl auch nicht so gut und so zog ich los in den nahen Wald, um mir aus Baumstämmen urigste Möbel zu sägen. So langsam bekam unsere Höhle Stil und wir liebten diese Einfachheit. Tochter Ailara ass viel besser als zu Hause, wo wir doch nur mit einem Topf einfachstes Essen auf dem Feuerplatz brodelten.

Aber auch diese „Aus-Zeit" ging vorüber. Wir trudelten wieder heim ins Tal, als mein Freund Piero, leicht erregt, plötzlich auftauchte, um mir zu sagen, dass er im Hafen einen Östereicher mit seinem fast zwanzig Meter langen alten, hölzernen Segler kennengelernt hat und der noch Mannschaft für den Törn nach Sardinien sucht, dort wo er sich für die Oldtimer-

Regatta in Puerto Chervo, an der Nord-Ost-Spitze Sardiniens gelegen, eingschrieben hatte. Piero war schon dabei und auf seine Frage: ob ich/wir auch teilnehmen möchten, überlegte ich ein Weilchen und schon sassen wir im Auto, um uns das Boot und seinen Skipper mal anzusehen. In der Tat, das war ein ganz origineller, uriger Kutter. Als ich mit meinen roten Sannyaskleidern und der Mala um den Hals, begleitet von Frau und Kind, an Bord ging wurde es ruhiger; denn denjenigen, die schon an Bord waren, konnte man ihre Verblüffung schon ansehen. „ Hello Cris, how are You ! Here we are, we would like to sail with you all three of us"! -" Ok, tomorrow morning we start"!

Haus und Garten wurden im Eiltempo vorbereitet, Klamotten gepackt und pünktlich standen wir am nächsten Morgen auf den Planken! Die Geschichte von Chris und seinem Boot war einzigartig. Als Östereicher zogs ihn ans Meer. Er landete in Dänemark, suchte sich ein Schiff und das einzige, das er ohne Geld bekommen konnte, lag auf dem Grund eines Hafenbeckens. Er barg es. Die Einheimischen lachten über ihn. Das gab ihm natürlich noch mehr Kraft. 14 Jahre lang baute er seinen Kutter wieder auf und segelte nun schon einige Zeit über die Meere. Alles Handwerkliche eignete er sich in Dänemark an, so auch die Seemannschafft, um das grosse, eher schwerfällige Schiff ohne Winschen, so ganz im alten Stil, über die Wasser zu skippern. Seine Kommandos waren auf dänisch, die keiner verstand!

Unsere Crew setzte sich zum grössten Teil aus Insel-Hippies zusammen. Es waren keine Seeleute. Chris mit seiner schwedischen Braut war der absolute Herrscher. Die Segelmannöver mussten klappen! Die schweren, rotbraunen Gaffelsegel mussten wir heissen und hingen förmlich mit unserem ganzen Körpergewicht an den Fallen, bis das Tuch oben war. Anfangs liefen wir unter Motor, der sicherlich nicht der ursprüngliche dieses gesunkenen Schiffes war, aber Chris hatte offensichtlich in den 14 Jahren genug Zeit und Verbindungen, um seinem Kutter einen originalgetreuen anderen Motor zusammenzubasteln. Es war ein bulliger Einzylinder-Glühkopf-Motor. Das Auspuffrohr war dreimal so gross wie ein Ofenrohr und blies anfangs weisse Rauchringe aus seinem Innersten, nachdem er endlich angesprungen war. Chris verschwand einfach in seinem Motorraum, hantierte geheimnisvoll an Rädern, Hebeln und einem Flammenwerfer herum, um den Glühkopf des Motors ersteinmal vorzuwärmen. Ich erinnerte mich an den Lanz-Bulldog-Traktor auf dem Gutshof, der ganz ähnlich vorgeheizt wurde, besonders an den kalten pommerschen Wintertagen. Chris´ Motor hatte keinen elektrischen Anlasser, nein zwei Pressluft-Flaschen liessen über eine Anlass-Turbine den Motor durchdrehen bis er ansprang. Sowie der Motor lief wurden die Flaschen über einen angeschlossenen Kompressor wieder aufgeladen. Sie mussten immer genug Luftdruck haben, sonst gab es keine andere Möglichkeit das „ Ungeheuer" in Gang zu bringen. Es war für mich als gelernter Autoschlosser eine Freude seinen tiefen sound zu hören und mit jeder Umdrehung des langsamen Drehers tanzte der Schiffsrumpf mit.

Kurs Osten! Der Wind nahm zu. und füllte die Segel. Wir liefen unter Vollzeug bei halbem Wind. Monique, Ailara und Sarthi bekamen einen grossen Bettkasten direkt neben dem Tisch im Salon. Wir fühlten uns priviligiert. Dann stand da noch ein grosser, selbstgebauter Kochherd,der nicht hätte besser ins gesamte Schiffsambiente passen können. Chris war in dieser Hinsicht ganz ähnlich wie ich in meinem kleinen Haus, -alles musste so original wie nur irgendmöglich, aus vergangenen Zeiten sein. Kein Plastik, nein hölzerne oder gerade noch verzinkte Eimer, Schüsseln neben alten Handmühlen zum Mahlen von Getreide, Mandeln, Saatgut und Haferflocken usw.-

Chris kochte für uns alle. Kein Anderer durfte an seine, und nur seine „Koch-Maschine". Neben dem Herd stand eine hölzerne handgetriebene Getreide-Mühle mit Mahlsteinen an der wir alle täglich drehen mussten, um das Korn zu mahlen das er uns täglich mit eigen angesetztem Sauerteich als leckeres, frisch gepacktes Brot servierte.

Der Wind blies inzwischen mit 6 Windstärken und wir liefen weiter unter Vollzeug. Allerdings kränkte der Kutter inzwischen erheblich; so dass der Steuerbord-Rumpf fast bis ans Deck im Wasser lag. Da diese Planken nicht so gut kalfatert waren, nahm das Schiff viel Wasser, so dass die Bodenbretter im Salon zu schwimmen anfingen und wir mit der alten Lenzpumpe an Deck nicht mehr nachkamen. Sein deutscher Reisebegleiter und Matrose Knut, -ein Unikum-, liess sich, an seine Fussknöchel gebunden kopfüber über Bord hängen, um nun bei rauschender Fahrt die Planken zu kalfatern, d.h. die Ritzen zwischen den Planken mit Werk und einem speziellen Kalfater-Eisen aufzufüllen, wärend die Schoten gefiert wurden. Es half, und wir rauschten weiter mit einer Brass-Fahrt gen Osten. Sardinien kam in Sicht und den Puerto Chervo fanden wir auch. Es war ein unglaublicher Anblick ! Die schönsten und grössten Oldtimer-Segelyachten aus aller Welt lagen hier zusammen, eine gepflegter als die andere. Die Mannchaften, in strahlendem Weiss gekleidet, machten ganz besorgte Gesichter, als sie bei unserem schwierigen Anlegemannöver um ihre hochglanzpolierten Schiffe bankten. Chris´ Motor blies nun schwarze Ringe in die Menge und zwei Schlauchboot-Lotsen von der Marina bugsierten unseren Bug in die richtige Richtung. Wir alle waren an Deck als Piraten verkleidet. Die Klamotten zog Chris rechtzeitig aus einer Schatzkiste in seiner Eignerkabine im Heck. Leinen wurden uns vom Land zugeworfen. Eine Menge Schauhlustiger hatte sich eingefunden. Ich ergriff eine Leine, um das Heck des Schiffes näher an den Kai zu verholen, rutschte aber dabei auf unserem nassen Deck aus. Die ganze Menge hatte ihren Spass!. Ja, das muss wirklich lustig ausgesehen haben, wie in einem Disney-Film ! Rasch brachten die beiden Nachbar-Yachten viele Fender an ihrer Bordwand aus um von unserem Ungestüm blos nicht berührt zu werden. Wir amüsierten uns köstlich über die pingelichen Gepflogenheiten einer – anderen Welt-!

Die Regatten wärend der nächsten Tage wurden zum Festival! Wir lebten im Überfluss, brauchten nirgendwo nichts zu bezahlen und genossen unsere Sonderstellung zwischen all dem üppigen Reichtum dieses exclusiven Clubs, ohne uns aber auch nicht im geringsten als geduldete Piraten-Hippies zu fühlen. Im Gegenteil waren wir tatsächlich die Originellsten und Autentischten in dieser abgehobenen Clique !

Vom Aga Khan wurden die Eigner oder Kapitäne einer jeden Yacht zu einem grossen Festmahl eingeladen. Chris bat Monique mit ihm zu gehen. Als sie zurück kamen waren wir alle neugierig zu hören und sie erzählten uns von der grossen, versnobten Show. Die geladenen Gäste trugen schwer an ihren Roben und kostbarem Schmuck. Das Essen selbst war zweitrangig, das Gesehenwerden war das wichtigere und da unsere beiden „Vertreter" systhemisch da natürlich nicht mithalten konnten, blieb ihnen die Rolle der stillen Beobachter und so amüsierten sie sich auf ihre Art. Aus ehrlicher innerlicher Überzeugung war das alles nicht unsere Welt, es fehlte ihr „Lebendigkeit", so schön auch die Frauen und Yachten waren, passten wir, eher als das andere Extrem, ganz gut in diesen Balance-Akt !

Knut war ein sehr umgänglicher Deutscher, der aus welchen Gründen auch immer, seine Heimat hinter sich liess und schon länger bei Chris angeheuert hatte. Er erzählte mir seinen Eindruck von uns Dreien, als wir zum ersten Mal an Bord kamen: „...was hat sich der Chris blos mit uns gedacht"! Monique erschien ihm wie eine Madonna mit ihrem Kind auf dem Arm und ich, auffallend in rot gekleidet, als „Sektenjünger"! Das ulkige an Knut war, abgesehen davon das er sehr gerne trank, dass er den Kutter nur dann verliess, wenn seine Hose eine scharfkantige Bügelfalte hatte und das war auf dem Boot nicht immer so einfach! Es gab für ihn tatsächlich keine andere Möglichkeit an Land zu gehen. Wenn er es dann tat mit kantiger Falte und sich im Rausch verlor, klaute er im Hafen unserer Insel einen Polizei- Jeep und kam mit einem Lächeln davon. Er war ein lieber gutmütiger Kerl.

Und dann begann das eigentliche Happening. Die wunderschönen Segelyachten tuckerten an die Startlinie, der Schuss fiel und langsam, bei wenig Wind, setzte sich der Pulk in Bewegung. Wir waren mittendrin und bald ganz hinten, da war für uns nichts zu machen was die Schnelligkeit anging. Auf einem anderen Dreimaster wirbelten die weissgekleideten Decksjungs aus Indonesien und Thailand nur so herum, um mit ihrem schweren Boot unter vielen Segeln in Bewegung zu kommen, aber es war der Mühe vergebens und wir waren nicht die Allerletzten ! Da war noch ein grosser, sehr schöner Neubau aus Palma de Mallorca, nach alten Plänen gezeich-net, wohl wegen seines Oldtimerlooks mit im Pulk, und die Eigner-Lobby an Bord, doch die Entäuschung des Eigners, der Millionen in den Bau gesteckt hatte, war gross, das Schiff lief einfach nicht.

Am nächsten Tag war der Wind noch seichter. Unser Kutter war voller Presseleute, Fernsehkamaras drehten -was das Zeug hielt-. Chris, der am Steuerrad stand, kommandierte die ganze Meute: „Kameras weg" !!! „auf" !!!, „an die Fallen" !!!, „die Segel heissen"! Die Leute hatten keine Ahnung, taten sich schwer, wärend Chris sie anfeuerte. Nachher brauchten

sie eine Verschnaufpause. Wir grinsten! Später fanden wir uns in Zeitschriften, Zeitungen und Fernsehsendungen wieder wie man uns erzählte. Der Sannyasin bekam noch eine Sonderspalte !
Wir dümpelten ohne Wind vor uns hin. Es war heiss. Wir zogen uns aus und sprangen alle splitternackt ins Wasser. Das war sehr erfrischend und ein -gefundenes Fressen- für die Presse. Solche spontanen Aktionen sind immer autentisch. Auf der grossen Abschiedfeier mit Preisverteilung bekamen wir vollkommen unerwartet den Preis für das –originellste- Boot. Wir wurden gefeiert und feierten uns im Piraten-look. Es war für uns alle ein einmaliges Erlebnis. Zum guten Schluss lagen alle Yachten in einem Nachbarhafen wo uns entdeckte noch einmal ein rauschendes Fest bereitet wurde. Knut hatte die beste Bügelfalte aller Zeiten, genoss den freien Ausschank, hinter einer Bude ein hölzernes Fass voller Wein, und rief mir zu: „Sarthi"!....und schon schoben wir beide das Fass in Richtung Schiff, legten eine zweite Holtzplanke als Gangway dazu und rollten das schwere Fass vorsichtig an Deck. So hatten diejenigen, die an Bord blieben, einen guten Umtrunk für die nächsten Wochen.

Wir kauften uns Tickets für die Fähre nach Genua und heuerten schon ein bischen traurig ab, nachdem uns Chris gebeten hatte doch für die nächste Zeit bei ihm an Bord zu bleiben! Adios ihr lieben Leute, schöner Kutter, Adios Capitano ! Wir haben uns nie wieder gesehen !

Die Bahnfahrt von Genua nach Barcelona hörte überhaupt nicht auf. Mein Orientierungssinn, auf den ich mich normalerweise gut verlassen kann, liess mich im stich; denn das die Strecke bald 1000 Kilometer lang war, das konnte ich mir nicht einmal im Traum vorstellen.

Und wieder landeten wir auf unserer Insel nach einer langen und lustigen Odysse. Unser Hafen, der zu den grössten Naturhäfen des Mittelmeeres zählt, hat am nördlichen Ufer viele kleine, entzückende Sommer- und Wohnhäuser. Viele liegen direkt am Wasser mit ihrem eigenen Bootssteg. Mich zog es immer sehr dort hin. Die Preise jedoch waren die teuersten der Insel! Wenn ich Lust hatte setzte ich mich in meinen Renault 4 R und tuckerte die Nordküste ab, immer mit dem hoffnungsvollen Hintergedanken, doch noch ein günstiges – Schnäppchen- zu finden. Da lag ein hoch eingemauertes Grundstück direkt am Wasser. Es war sehr romantisch. Es hatte ein wenig Baumbestand und war voller Müll; insbesondere Gartenabfälle der Nachbarn. Ich war sehr neugierig !.... ging flugs zu einem bekannten Immobilien-Agenten und fragte ihn unter anderem nach diesem eigenartigen Grundstück. Nun stelle man sich vor, was dieser amigo mir antwortete, „es sei vor einigen Tagen der Besitzer bei ihm gewesen und er wolle es verkaufen" !! Nach meiner Frage über die Herkunft dieses eingemauerten Anwesens, bekam ich allerdings zur Antwort, dass es ein französischer Friedhof gewesen sei, was natürlicherweise meine Begeisterung ein bischen eindämmte. Nach Recherchen die ich anstellte, wurden schon Ende des neunzehnten Jahrhunderts, genau 1896, alle Gräber total entleert, was mich von einigen Zweifeln schnell befreite. Der Preis war für die Lage sehr günstig und wir kauften es mit ganz viel Begeisterung und den tollsten Träumen unseres eigenen Häuschens am Wasser. Sarthi- the sailor –musste sich das einfach antun und Monique, die genauso begeistert von dieser Gegend war, machte mit ihrem „ja" und ihrem finanziellen Einsatz den deal komplett. Sie hatte inzwischen ihr Haus, in dem der Kräuterladen war, verkauft. Tage später sah man uns schon beladen mit Hacke und Schippe bei den Aufräumungsarbeiten. Gegen eine geringe Bezahlung halfen uns Freunde mit. Ailara war mit dabei und badete an unserem fast eigenen Strand. Ein kleiner Bootssteg gehörte mit zum Inventar. Am Müllhaufen konnten wir die Modeerscheinungen der letzten Jahrzehnte nachverfolgen. Wir bestellten einen Lastwagen mit Kran und Greifklaue, der uns mit mehreren Fahrten, all des zusammen getragenen Abfalls, entledigte. Endlich sah es nach einem sauberen Grundstück aus, das zum Wasser hin als Eingang ein altes großes Holztor hatte und von einer typischen Sandsteinmauer eingerahmt war.- Die wilden Büsche und Bäume wurden beschnitten, so dass schon ein richtiger Garten entstand. Zum Nachbarn hin pflanzten wir Zypressen. Diese kleine, zurückgezogene Oase entsprach so ganz meinem gusto. Monique, die sich vor ihrer Kräuter-Laden-Zeit, ihr Geld mit Zinnarbeiten verdiente, prägte ein Schild mit dem wörtlich übersetzten Namen „Fried-Hof" ins Spanische : „Patio de Paz". Im selben Moment wurde mir etwas bewusst, was mit dem Namen FRIED-HOF in Verbindung steht: >Ein Hof des Friedens<, ausgerechnet da, wo die Toten begraben sind und die Erinnerungen in „Ruhe sanft" verweilen. Ist es dann so, dass wir Menschen erst unseren Frieden finden, wenn wir unseren Körper verlassen haben? Wer sind denn –wir-, wer ist derjenige der seinen Körper verlässt oder gestorben wird? Ist es denn unsere Identifikation mit dem Körper, als eine „Person", die uns keinen Frieden gibt? Was ist falsch am Leben an sich; dass es nicht wirklich friedlich ist? Ist es der Körper, der immer dazwischen steht und sein natürlicher Drang ums Überleben uns nicht zur Ruhe kommen lässt? Wäre dann nicht, für diejenigen noch Lebenden, der Friedhof ein stiller „Tempel", ein gnadenvoller Platz der Rückerinnerung an den Frieden? Könnten wir das Wort „Frieden" nicht auch mit Gott, oder Essenz, Ursprung, Quelle, Stille, ewiges Leben, SEIN übersetzen?...genau das, was wir, jeder Einzelne von uns, in Wahrheit sind? Könnte man nicht sagen, dass sich gerade auf dem Fried-Hof eine Brücke vom NICHTSEIN zum SEIN spannt, von der Trauer zum Verstehen, von der Angst zu Gott?

Es gab dort noch keine klaren Vorstellungen von Baumöglichkeiten, es sei denn man versucht etwas unter der Hand hinzuzaubern. Ich machte Pläne, kleine und grosse.Langsam kamen wir wieder zur Ruhe und liessen es erst einmal dabei: >Patio de Paz<!

Da wir auch Cypressen in unserem Tal pflanzten, um uns vom giftspritzenden Nachbarn zu schützen, hielt uns dieser unverzüglich an, die Bäume wieder zu entfernen, weil sie zu dicht an seinem Land stünden und Nährstoffe seiner Obstbäume absaugen würden. Da das gesetzlich so geregelt war, ging uns auch dieser Versuch, uns mehr zu schützen, „flöten"!

Wir lebten unseren Alltag auch weiterhin im Tal mit den Obstbäumen, Gemüsegarten und der Arbeit die das mit sich bringt. Wir kauften uns eine gebrauchte, gut erhaltene –Furgoneta SAVA- ein Kleinstbus der ganz lustig aussah. Er war im Eigenbau, von dem Vorbesitzer, als einfachster Camping umfunktioniert worden, so dass wir Drei ganz gut schlafen konnten. Ich hatte wieder grosse Lust auf Reisen zu gehen und voller Begeisterung wurde unsere erste Camping-Reise mit dem Sava vorbereitet. Es war inzwischen Winter geworden und mein Ziel war es nun, zum ersten Mal die verlorene Heimat wieder zu besuchen. Die Vorfreude war sehr aufregend, nicht wirklich fassbar, nach so vielen Jahren nun zurück zu den Erinnerungen der Kindheit.

Es geschah auch zu jener Zeit, als Bhagwan in Oregon vor Gericht gestellt wurde und man auch alles unternahm, um den quer denkenden Quälgeist mitsamt seinem Gefolge los zu werden. Er bestieg seinen Privatflieger und wollte das Land verlassen, wurde aber zur Landung gezwungen und ins Gefängnis gesperrt. Er sah nun ohne seine Super- Roben anders aus und wurde wegen seines labilen Gesundheitszustandes natürlich bei weitem nicht so versorgt wie er es gewohnt war, wie sollte er auch bei soviel Unmut die ihm entgegengebracht wurde. Die Sannyasins organisierten sich weltweit, sammelten Unterschriften und übten sich in friedlichen orange/roten Protest-Märschen in den Zentren der grossen Städte, um die Freilassung ihres geliebten Meisters zu erreichen. In Hamburg und Berlin war ich mit dabei. Zum ersten Mal in meinem Leben marschierte ich mit. Unser Marsch in Berlin fiel aufs gleiche Datum wie die Machtergreifung Hitlers, wenn ich mich recht erinnere, was so einige im Publikum in Angst und Schrecken versetzte !

Schliesslich wurde er frei gelassen, sollte aber unverzüglich die USA verlassen. Erst einmal landete er in Uruguay, musste aber auch dort nach einiger Zeit wieder gehen, weil die „Yankees" dem Land sonst den Kredithahn abgedreht hätten, wie man sagte. In Schweden durfte er noch nicht einmal seinen Fuss auf den Boden setzen und schliesslich landete er auf Kreta, wo er für einen Moment ein bischen Ruhe fand, wärend ich an Felipe Gonzales, dem damaligen spanischen Präsidenten, einen Brief mit der Bitte um eine Einreise und Aufenthaltsgenehmigung schrieb, worauf ich natürlich keine Antwort bekam. Ich war sogar schon dabei, einen gut gelegenen Gutshof mit Strand als Bleibe für ihn in Augenschein zu nehmen ! Für wahr, das hätte unsere Insel verändert! Nun war Kreta ja nicht mehr so weit weg; Bhagwan in meiner Nähe zu wissen gefiel mir sehr, an den Ufern des gleichen Meeres ! Die Ortodoxe-Kirche revoltierte gegen ihn, bis es ihr gelang Bhagwan los zu werden. Schliesslich landete er wieder in Poona !

17. Reise: > 1. REISE > NACH STETTIN > UMZUG > KARMA YOGA > CHILEREISE

Die Odysse von Poona nach Poona hat ganz viel in Bewegung gebracht. All diese Ereignisse waren für seine Sannyasins ganz besonders aufwühlend und lehrreich. Von Bhagwan aus war das alles „Wachstum" um zu verstehen; sich mit NICHTS zu identifizieren. Die Welt der MAYA, der man in Oregon viel Aufmerksamkeit gewidmet hat, ist reine Illusion und um das zu erkennen gäbe es kaum eine bessere Gelegenheit als letztendlich der Zusammenbruch der Oregon-Kommune. Da die meisten Sannyasins der Illusion viel näher sind als dem „Erwachen", schwebten nun viele im „leeren Raum", hatten mit sich zu tun, um das alles zu verarbeiten, geschweige denn, es zu verstehen, es zu erkennen! Tausende suchten nach einer neuen Bleibe. Die Hoffnung auf Oregon, das „warme Nest zu Füssen des Meisters", war plötzlich nicht mehr!

Im tiefsten Winter beluden wir unseren Kleinbus und fuhren nach Hamburg zum Weihnachtsfest mit Muttern. Eine angenehme Geschwindigkeit für dieses Vehikel waren 90 km/h. Der kleine Diesel schnurrte easy vor sich hin, obwohl der Lärm eine Unterhaltung schwierig machte. Auf der Autobahn in Deutschland wagte ich es kaum aus der LKW-Schlange auszubrechen und wenn ich es tat, schien ich den Geschwindigkeits-Wahn der Eiligen zu unter-brechen und wurde heftig von hinten bedrängt. Ich merkte schon, dass wir aus einer anderen Welt kamen, war doch unser Kleinstbus für uns das aller Aufregenste und entpuppte sich nun hier als Aussenseiter! Bei dreispuriger Autobahn war es schon leichter!

In Bad Soden bei Frankfurt stand noch im Kellergewölbe eine alte Truhe, ein Erbstück meiner Grosstante. Wir fanden nach langen Umwegen das Haus und baten den Neubesitzer um Einlass und Abtransport der Truhe. Sie passte wie massgezimmert in den Sava und diente uns als Gepäck-Kiste. Obendrauf, mit Gurten festgehalten, schlief unser Mädel besser denn je.

Wir feierten Weihnachten, orderten die nötigen Reisepapiere und Hotelreservierungen für unsere Reise nach Stettin und eines morgens, noch ganz früh tuckerten wir los. Unser Auto hatte so gut wir keine Heizung. Draußen waren 25 Grad Kälte. Unsere Windschutzscheibe vereiste ständig. Zum Glück kauften wir uns ein Enteisungsspray, so dass Monique ständig mit der Spraydose herumfuchtelte. Wir waren in Pullover und Wolldecken eingemummelt, hatten aber trotzdem kalte Füsse und Hände. Die Sonne ging auf und beschehrte uns eine wunderschöne Landschaft. Alles war weiss von Schnee und dickem Rauhreif auf den Bäumen. Die Landschaft war märchenhaft schön und die Sonnenstrahlen erwärmten unsere Körper und Gemüter. Stahlblauer Himmel und klirrender Frost. Das hatte ich schon sehr, sehr lange nicht mehr erlebt und für meine Familie war das ein ganz neues Erfahren. Alles erinnerte mich schon an Pommern, auch an die Kriegs- und Nachkriegszeit. Als wir die Zohnengrenze passierten, erinnerten mich die Uniformen der DDR-Grenzposten an die des 2. Weltkrieges. Das alles zusammen kreierte schon ein echtes ambiente für meine Heim-Reise zurück in ferne Erinnerungen, die nun wieder Wirklichkeit werden sollten. Wir umfuhren teilweise die Autobahn des Berliner Rings bis wir an die Abzweigung mit dem Hinweisschild -STETTIN- kamen. Ich konnte es kaum glauben. Ist es tatsächlich war, das wir nur noch 100 KM entfernt waren? Welche Sehnsüchte musste ich wohl unterdrückt haben, die nun so langsam wieder zum Vorschein kamen! Das Strassenpflaster war schlecht und weshalb es auch pflegen, wer faehrt heute schon von Berlin auf der Autobahn nach Stettin? Die Strasse war fast leer. Die Spannung stieg. Ja, ueber dieses Pflaster fuhren einst die Eltern mit ihremn Horch nach Berlin, ins Theater, die Oper oder zum Einkaufen. Das alles waren wirklich vergangene Zeiten, denen ich jetzt wieder naeher kam. Mein Zustand war unwirklich und fremd. Ich war nicht mehr der fünfzigjährige Thomás-Sarthi, aber auch nicht der Siebenjaehrige. Ich träumte noch, bis hin in meine dreissiger Jahre in Chile, von der verlorenen Heimat und der Angst vor den Bombenangriffen. Die Heimat war, nach dem Krieg bis heute, weit weit verloren, ohne jegliche Moeglichkeit sie besuchen zu können und nun trennte mich keine Stunde mehr bis ich wieder da sein durfte !

Wir kamen an die zweite Grenze des kommunistischen Ostblocks. Die Polen mit ihren eckigen Militärmützen, genauso wie damals, als sie uns vertrieben, und das war nun 41 Jahre her ! Wir mussten unser Geld angeben und durften täglich nur eine bestimmte Summe ausgeben. Die Abfertigung war für mich wie un-wirklich, so, als beträte man, ein bischen ängstlich, eine unbekannte Welt in der man als verdächtig, vielleicht sogar als Feind angesehen werden könnte, und dann waren wir da, fanden das Inter-Hotel, den einzigen Platz wo wir als Ausländer übernachten durften. Beim Suchen des Hotels versuchte ich mich zu erinnern, fand aber keine mir bekannte Orientierung. Das Hotel war ein Neubau mit gutem Service. Die Angestellten, wie übrigends die meisten Polen die wir trafen, waren sehr offen und freundlich zu uns Westlern. Es war tatsächlich so, das wir uns beiderseitig aus einer anderen Welt kommend, empfanden, was uns wiederum gegenseitig neugierig und interessiert machte. Draussen vor dem Hotel waren immer Leute, die von uns Ausländern etwas wissen wollten, oder sie kamen ganz einfach um zu schauen, um ein bischen vom Westen schnubbern zu können.

Am nächsten Tag machten wir uns früh auf, um voller Entusiasmus meine alte Heimat neu zu entdecken. Mit einem Stadtplan suchten wir den Weg zu unserem Haus. Völlig verloren in der Erinnerung, war die Anfahrt bis zur Falkenwalder Strasse. Aber einmal da angekommen, fand ich mich sofort zurecht und ganz langsam näherten wir uns meinem Geburtshaus, bogen in unsere kleine Strasse ein, hielten in der nächsten Kurve an. Wir stiegen aus. Ich konnte es nicht glauben, da stand unser Haus doch tatsächlich vor mir! Tränen überkamen mich in Moniques Armen. Da kam noch einmal der ganze Schmerz des Heimwehs an die Oberfläche, erfüllte und erlöste zugleich alle, ueber Jahrzehnte angestaute, Spannung. Es hatte sich gelohnt hierher zu kommen. Ich fühlte mich geführt und erleichtert. Langsam näherte ich mich dem Haus. Alles war viel kleiner als in meiner Vorstellung und beim näheren Blick war dem Haus sein Alter deutlich anzusehen. Die verziehrten Dachrinnen hingen an losen Enden und der Holzgetäfelte hohe Giebel, schien ohne die nötige Farbe, morsch zu werden. Auch die Gartenanlage mit dem Baumbestand hatte sich völlig verändert. Ich nahm mir ein Herz, klopfte an und die neuen polnischen Bewohner nahmen uns sehr freundlich auf. Es lebten zwei Familien im Haus, die aus Ostpolen von den Russen vertrieben wurden und in das nun polnische Pommern ausgewiesen und umgesiedelt wurden. Rein marteriell war das sicherlich für viele nicht der schlechteste Tausch. Sie luden uns zu Kaffee und Kuchen ein und freuten sich sehr über unseren Überraschungsbesuch. Beide Familien waren Eigentümer über ihren jeweiligen Anteil des Hauses und mussten an den polnischen Staat ihr neues Eigentum bezahlen, was ja gar nicht dem Staat gehörte, sondern uns, dachte ich bei mir in einem stillen Moment. Aber immerhin gab es unter diesem Kom-munismus noch Eigentum, was den Menschen eine gewisse Sicheheit garantierte.

An dem Glas einer Vitrine in unserem ehemaligen Esszimmer haftete der Farbdruck einer goldgelben Sonnenblume unter tief blauem Himmel, genau mein Symbol in diesem , meinem Geburtshaus, war das für mich ein gutes Zeichen der Akzeptanz all dieser tiefen Umstände. Zum Abschied schenkten sie es mir, nachdem sie uns einluden für die Tage bei Ihnen zu bleiben. Ich fühlte mich wie in einer Liebesbeziehung.

Oben im Haus lebte Wanda mit ihren Eltern. Als ich ihr erzählte, dass dieses mein Geburtshaus ist, stockte sie ein bischen, vielleicht dachte sie, ich könne einen Anspruch aufs Haus geltend machen und sie meinte: „ es ist auch mein Geburtshaus"! Das half uns beiden zu mehr Verständnis. Ich erinnerte mich gut an die Zimmer und skizzierte mir das ganze Haus mit allen Massen auf ein Stück Papier. Unsere neuen Freunde halfen uns dabei. Sie riefen auch deutschsprachige Freunde an, um uns sprachlich besser verstehen zu können. Unser Garten war mit einem Treibhaus zum Gemüse- und Obstgarten umfunktioniert worden; denn Polen war sehr arm und jeder musste sehen wie er durch kam. Ich empfand das als eine sehr gesunde und autentische Sache im Vergleich zu früher, als es für uns ein „Lust-Garten" war, allerdings auch mit Obstbäumen. Da ich nun selbst, wie ein Hippie, in meinem bescheidenen selbt umgebauten Häuschen lebte, kam mir das alles sehr entgegen, obwohl die Erinnerungen das Alte suchten! Im Garten zeigten sie mir, auf meine Bitte hin, den Fliederbusch und Jasmin, den Mutti gepflanzt hatte und der noch als lebende Pflanze aus unserer Zeit stammte. Sie schenkten mir einen Ableger der heute in unserem Garten blüht und ganz „normal" für mich geworden ist. Gerade jetzt beim Aufschreiben denke ich, das es gut sei diesen beiden Büschen wieder mehr Aufmerksamkeit zu schenken, um das Lebendige Hier und Jetzt als Brücke zum Vergangenen wach zu halten. Sie luden uns ein, wieder zu kommen und bei Ihnen zu wohnen. Ich machte den Vorschlag, dann gute Farbe mitzubringen, um gemeinsam, den mit Holz getäfelten Giebel, neu zu streichen. Es waren schöne Gedanken in dem Moment, die uns Hoffnung auf ein Wiederkommen machten. Anschliessend suchte ich meine erste Schule, die Wilhelm Busch-Schule. Die Kinder freuten sich riesig und umringten uns mit grossen Augen und lachenden Gesichtern. Auch den Marktplatz fand ich wieder und die Häuser der Grosseltern und Urgrosseltern. Von Vaters Geschäftshaus war nichts mehr übrig, genauso wenig vom Hotel. Wir fuhren zum Yachtclub nach Gotzlow und fanden das Clubhaus im selben Zustand wie damals, nur war es jetzt zu einem Hotel umfunktioniert. Das Wiederfinden des Clubs machte mir überhaupt keine Schwierigkeiten, obwohl ich erst 5 Jahre alt war, als wir dort zum letzten mal an Bord gingen.

Generell empfand ich die Stadt, allerdings jetzt im tiefsten Winter, besonders grau. Die Häuserfassaden waren alle ungepflegt und vom Russ der Kohleheizungen überzogen und was die sichtbare Wohnkultur angeht gab es kaum Unterschiede, selbst die schönen alten Häuser und Villen wurden nicht „standesgemäss" bewohnt und verfielen! Es trafen hier zwei Welten, zwei Kulturen aufeinander; eine im Hochkapitalismus funktionierende deutsche Grosstadt, und nun bewohnt von einer kommunistisch konditionierten Bevölkerung, die nichts dafür konnte aus ihrer ostpolnischen Heimat vetrieben worden zu sein, um hier wieder neu angesiedelt zu werden. Der Kommunismus proklamiert die Macht dem Arbeiter- und Bauernstaat so, wie eine klassenlose „Armut" für alle; sollte das diktierte System nicht funktionieren! Aus der geschichtlichen Erfahrung konnte man hier den marteriellen Wohlstand für Arbeiter und Bauern vergessen. Die einzige „Oberklasse" bildeten die Polit-Bonzen, es konnte ihnen kaum besser gehen; und genau das spiegelte die Stadt wieder. Die Formen meiner Heimat waren die altgewordenen alten, aber mit Herz und Seele ausgefüllt von einer neuen, für mich fremden Welt, durchweg mit liebevollen, freundlichen Menschen.

Wir fuhren ostwärts über die Oder, und dann in Richtung Norden über Pribbernow nach Misdroy an die Ostsee. Auf der Suche nach dem familiären Gut fand ich nur noch drei Zypressen, die nun etwas unmotiviert herumstanden aber einst den Vorgarten des Gutshauses schmückten. Nichts, aber auch gar nicht war mehr da und im Geiste stellte ich mir vor wo die Scheunen und Ställe wohl gestanden haben mögen. Allerdings war die etwas abseits gelegene Gärtnerei noch mit ihrer alten Heizungsanlage im Betrieb. Auch fanden wir Reste des runden, tiefen Eiskellers, der nun voller Schutt lag und frueher zur Aufbewahrung, der aus den winterlichen Seen gesägten Eisbarren diente und so über den ganzen Sommer hielt. Die Kühlschränke waren noch aus Holz, isoliert und ausgelegt mit Zinkblech.

Auf dem Land hatte sich gegenüber früher kaum etwas verändert. Es gab ganz wenige Traktoren. Die meiste Feldarbeit wurde mit Pferden und schweren hölzernen Ackerwagen verrichtet. Auch hier war ich betroffen vom Wiederkehren der alten Erinnerungen. Es fühlte sich alles so an wie ein neues Ankommen und gleichzeitig wieder Abschied nehmen; nicht nur ein Adieu an den Verlust der Heimat, auch ein Abschied an die Kindheit, die heimatlich gesehen abrupt unterbrochen wurde und erst jetzt ihren Abschluss fand!

Auf der Weiterfahrt hielten wir in einem hohen Kiefernwald an und schnubberten die würzige Luft. Ich fühlte mich so wohl und spürte, dass die Kiefern immer die Kiefern waren, heute wie gestern und morgen ohne jegliches Zeitbewusstsein.Ich fand die Verbindung zum SEIN und konnte das menschliche Ungemach - aussen wie innen- hinter mir lassen! Diesen glücklichen Moment wollte ich symbolisch einfangen und mir mit nach Hause nehmen. Ich grub aus dem winterlichen Boden eine junge Kiefer aus, wohlwissend, das gerade bei Nadelbäumen eine Verpflanzung schwierig ist, aber heute steht sie Meter hoch in meinem Garten und hat sich an das Mittelmeerklima trotz einer nochmaligen Verpflanzung gewöhnt. Der Flieder, der Jasmin und die Kiefer haben mich bis heute begleitet.

Vor Misdroy bogen wir ab zur Laatziger Ablage, dort wo wir über zwei lange Sommer auf unserem Segelboot lebten; sogar vom hölzernen Bollwerk, an dem wir fest gemacht hatten, waren noch Reste da und die kleine Schiffsanlegestelle mit ihren verzierten Eisensäulen, die ein Wellblechdach trugen mit anschliessendem Lagerraum, waren noch wie früher. Die Abschussrampe für Probeflüge der V1 war noch zu erkennen. Der Weg von hier nach Misdroy, auf dem mich Muttern hinten auf ihrem Gepäckträger zu Schule radelte, wurde teilweise noch von den gleichen Bäumen eingerahmt. Die Schule in Misdroy fanden wir auch wieder. Hier war auch die Balten-Schule, ein höheres Internat wo auch die Söhne des pommerschen Landadels die Schulbank drücken mussten.

Dieses Ostseebad hatte natürlich nicht mehr den Flair vergangener Zeiten, aber die alten Strandvillen standen noch an der Kurpromenade. Durch den Kommunismus ist hier nicht viel passiert. Es gibt kein Überfluss, kein Konsum, kein Wachstum, an und für sich ganz gesunde Voraussetzungen für ein gesünderes Dasein und einen sauberen Planeten.! Nur darüber machte man sich hier wohl kaum einen Gedanken! Mir schien es, das Swinemünde heute ein wichtigerer Ostseehafen ist als Stettin. Eine neue Eisenbahnlinie verbindet die beiden Städte, die nun meinen alten Fahrradweg nach Mirsdroy überquerte und mir, in meinen Erinnerungen, einen Strich durch die Rechnung machte.

Die Rückreise nach Spanien, führte uns über Hamburg nach Norditalien, um an einem Treffen von Sannyasins teilzunehmen, mit der Idee, gemeinsam in der Toscana für DM 1.500.000.- ein altes Schloss zu kaufen. Doch das war viel zu teuer für ein runtergekommenes Gemäuer. Für uns war es sofort klar, das wir viel besser auf unserer Insel aufgehoben waren!

Noch vorher besorgte ich mir in Hamburg einen riesigen secondhand Dachgepäckträger, der das ganze Dach überspannte und mit tausenderlei Sachen beladen war. Zu jener Zeit gab es ausserhalb Spaniens viel günstigere Preise für Dinge die wir brauchten und die uns wichtig waren. So nutzten wir unseren Transporter zum Transportieren.

Wie immer verbrachten wir wenigstens 4-6 Wochen im Sommer auf dem Boot, das mir über den Winter viel Arbeit machte. Eine Lösung mit dem nachbarlichen Obstbauern wegen seiner Giftspritzerei und dem sommerlichen Motorenlärm seiner Bewässerungspumpen, war nicht in Sicht, so dass ich nun anfing mich ernsthaft um eine neue Wohnmöglichkeit zu kümmern. So schön das Plätzchen auch war, als frischer Familienvater änderten sich die Umstände, mir war die Familie viel wichtiger als alles andere. Ich hörte vom Verkauf eines Bauernhofes, der von der Lage her genau das Gegenteil zu meiner „kuscheligen Finca" im engen Tal war; denn er lag hoch oben in weiter Umgebung. Mein erster Besuch war enttäuschend. Das Wetter war regnerisch und grau, der Hof war schmuddellig und ungepflegt, so dass ich mich abwandte, allerdings hatte ich nur das Bauernhaus dieses Hofes gesehen, nicht die umliegenden Felder und Wälder! Der Zufall wollte es, dass ich einige Zeit später in der gleichen Gegend ein halbfertiges Wohngebäude, das von dem gleichen Bauern als Stall für seine Schafe benutzt wurde, zum Kauf angeboten bekam. Dieses Gebäude lag ungewöhnlich ruhig und abseits. Ich war begeistert, obwohl da ganz viel Arbeit auf mich zukam. Das Grundstück lag zudem wie eine Enclave inmitten in des Bauernhofes, den ich mir vor einiger Zeit angesehen hatte und konnte erst jetzt die gute Lage der vielen Felder erkennen.

Inzwischen war mein Obstgarten im Tal verkauft. Ich konnte nach allem Umbau einen guten Mehr-Wert erzielen und brauchte für das neue Stall-Gebäude nur so viel bezahlen wie einst für die Obst-Finca im Tal. Da war Geld übrig. Ich kaufte das neue Anwesen, zog zwischenzeitlich in das Bauernhaus eines Freundes und hatte nun Zeit und Geld, um mein neues Heim selbst auszubauen. Der Stress war zuweilen enorm, kamen doch Mauerarbeiten Tischlern, Klempnern, Elektrikern und Bauern alles auf einmal auf mich zu. Ich hatte durch meine Handwerker-Lehre, die Jahre auf dem Boot und der Ausbau des kleinen Hauses im Tal schon Erfahrungen gesammelt, aber vieles musste ich mir jetzt neu aneignen. Aber nichts von alledem, war eine „Hürde" für mich! Mein „Systhem" funktionierte und funktioniert auch heute noch genauso – antizyklisch- in vieler Hinsicht, und das bedeutete: mir meine Wünsche und Kreationen auch selbstschaffend zu erfüllen, um mir dadurch meiner Ansprüche bewusst zu werden und nicht mehr haben und schaffen zu wollen als mir physisch und psychisch möglich war. Das Resultat war dann allerdings, das die Ansprüche nur beschränkt verringert wurden, ich aber meinen Schaffensdrang und damit natürlich auch die Lust am Arbeiten entschieden steigerte, was aus sich selbst heraus einfach geschah und so mein alltägliches, praktisches Leben mit Erfolg und Freude erfüllte. Ehrlich gesagt konnte ich gar nicht so recht begreifen, was da mit mir vorging. Ich kam dadurch direkt an den „ Ursprung" heran: alles Marterielle selber zu erschaffen, ohne auf Hilfen von aussen, in welcher Form auch immer, angewiesen zu sein und doch auch offen dafür zu bleiben, Unterstützung anzufordern und anzunehmen, wenn die Umstände es erforderten. Mir war immer wichtig das Ursprüngliche von allem wahr zu nehmen, und mich von da aus führen zu lassen, wenn es ueberhaupt ein „Führenlassen" ist, sondern eher ganz einfach ein „Geschehenlassen"!

Trotz allen „Fliessens" sass mir so manches Mal der Stress im wahrsten Sinne des Wortes – im Nacken -, was sich dann natürlich auch auf unser Familienleben auswirkte. Der Aus- und Umbau zog sich über einige Monate hin. Ein Nachbaramigo half mir beim Fliesenlegen und Garagenbau. Die schon vorhandenen Fenster waren ausgeleiert und mussten alle gründlichst überholt werden. Die fehlenden Innentüren fand ich doch tatsächlich bei einem Tischler im Ort, der sie für den Vorbesitzer bereits fabriziert hatte aber nicht abgenommen bekam. Wir zogen ein. Mir kam das Haus mit seinen drei grossen Räumlichkeiten wie ein Schloss vor. Türen und Fenster des neuen Garagengebäudes, das ausserdem noch ein Fremdenzimmer, die Werkstatt und eine Vorratskammer hatte, suchten wir uns second hand und um das Wohngebäude baute ich mit der Zeit aus Holzbalken, Brettern und Ziegeln überdachte Terrassen. An den Kamin-Ofen schloß ich Zentralheizungskörper an und mit anfänglich 12Volt Sonnenenergie versorgten wir uns mit Strom. Wenn die Sonne nicht ausreichte um die Batterien zu laden, überdachte ich ein ganz in der Nähe liegendes Gartenhäuschen und installierte ein neues Diesel-Aggregat mit Generator, den ich über Fernbedienung vom Haus aus starten konnte. Etwas abseits vom Haus baute ich mir ein Plumsklo, das neben einem kleinen Dach nur noch mit Heidekraut-matten als Blickschutz bis heute funktioniert. Die alten Insel- Bauernmöbel waren zum grossteil unser Mobiliar, neben selbst gezimmerten Regalen, Tischen und Schränken. Das mittlere Zimmer hatte einen hohen Giebel, so dass ich einen ganz aus Holz gefertigten Zwischenstock einbauen konnte, der uns später als Kinderzimmer und auch als Schlafdiele diente. Dort, wo es mir zu dunkel war, baute ich Dachlichter ein.

Ein grosses Problem hatten wir mit den Ratten, die sich wohl über zig Jahre unter den Dachziegeln eingenistet hatten und sich dort aus alter Gewohnheit fleissig vermehrten. Wir versuchten ihnen mit Gift beizukommen und das Ergebnis war, dass die Maden der toten Rattenkörper uns aus den primitiven Dachfenstern fast in den Suppentopf fielen ! Erst über die Jahre gewannen wir den Kampf; denn die Ratten kehren immer an ihren Geburtsort zurück, um sich zu vermehren.

Ja, mein neues Haus war fertig zum Einziehen. Die drei grossen Räume, die zusammen über 100 m2 ausmachten, erweiterten förmlich meinen „Horizont". Es war sehr üppig in so viel Raum zu leben, nach Jahren auf dem Boot und dem viel kleineren Gartenhaus unten im Tal ! Die Räume wirkten kahl, doch mit der Zeit organisierten wir uns vom Müll und aus verfallenen Bauernhäusern typische Bauernmöbel. Es war gerade die Zeit in der die Einheimischen sich von ihrem alten Kram befreiten und sich modern einrichteten und das war genau der richtige Moment für uns zuzugreifen. Den Rest der Möbel zimmerte ich mir selbst und aus allem zusammen wurde ein gemütliches Heim so ganz im alten bäuerlichen Stil, in dem man sich so richtig wohl fühlen konnte. Allerdings hatte es vom Stil her nichts mit einem „ ordentlich, normalen bürgerlichen Haus" gemeinsam. Da kamen einmal Jornalisten und wollten eine kleine Reportage machen, wir hatten aber keine Lust uns zu „outen" !

Das Garagengebäude mit Werkstatt und Fremdenzimmer bot uns mehr Platz für Tausenderlei, um im Wohnhaus klarschiff zu haben. Auch das wurde mit viel Hilfe von Maurers-Leuten und Freunden fertig. Über die Jahre füllte sich das alles bis fast zum Platzen. Es ist unglaublich wieviel sich ansammelt, um vielleicht eines Tages gebraucht zu werden. In den Ortschaften wurde so viel weg geschmissen, da war viel brauchbares dabei !! Ganz im innern hatten mich natürlich immer noch die Kriegs- und Nachkriegsjahre im Griff, nichts da, von so vernünftiger Philosophie der erwachsenen, konsumierenden Jugend, die heute in einer kleineren Wohnung lebt und alles was länger als ein halbes Jahr ungebraucht die Wohnung belegt, ohne wenn und aber ausgemistet wird! Unser Lebensstil, wohl eher ein –Antikonsum-, konnte sich damit nicht anfreunden.

Eines Tages stand ich hoch oben auf einer Trockenmauer, blickte über mein kleines Anwesen hinweg auf die vielen umliegenden Felder des Bauernhofes, der weit über 30 Hektar ausmachte und alles in mir wühlte sich auf, platzte fast vor Freude……. „und wenn wir uns den ganzen Hof kaufen" ? Der Preis war sehr günstig, er wäre erschwinglich gewesen, wenn ich das kleine Kapital, von dem ich lebte, dafür einsetzen würde ! Dann hätte ich zwar keinerlei Zinseinnahmen mehr und müsste mit dem Hof als Bauer produktiv meinen Lebensunterhalt verdienen und das hiesse: Kühe, Milch,Butter, Käse usw. Mir kamen Zweifel ob es wirklich das ist was ich wollte und fragte vorsichtshalber in der Familie nach, ob irgendwo Interesse bestand sich zu beteiliegen, aber das ergab kein Echo!

Monique, die Ihren Vater nicht kannte und zu ihrer Mutter keinerlei Verbindung hatte, spürte plötzlich das Bedürfnis mit ihrer Mutter Kontakt aufzunehmen. Sie bekam eine freundliche Antwort von ihr aus einem Krankenhaus. Monique empfand aus dem Schriftbild des Briefes, dass es ihrer Mutter nicht gut ging und fragte vorsichtig an, ob es recht sei sie zu besuchen. So geschah es. Tochter und Mutter trafen sich wieder. Ihr Gesundheitszustand verschlechterte sich schnell, bis die Mama schliesslich starb im Beisein ihrer wiedergefundenen, geliebten Tochter. Das Testament, das natürlich schon vor ihrer Krankheit gemacht worden war, lautete auf Monique als Alleinerbin. Sie war völlig überrascht, wusste Monique ja nichts von Ihrer Mutter noch von irgendeinem Besitz ! Monique rief mich an mit der Frage:" Sarthi, suchst Du einen Socio für den Bauernhof"? „ Ja doch, wieso fragts Du"? „Akzeptierst Du mich zu 50% als Deinen Teilhaber"?.... und so kauften wir uns doch tatsächlich beide die finca, ohne grosse Klimmzüge machen zu müssen. Das fühlte sich wieder einmal sehr stimmig an, empfanden es als ein grosses Geschenk des Himmels! Wir waren ausser uns vor Freude und konnten es kaum glauben, nun die – Wächter- von die-sem Fleckchen Land zu sein. So, wie die grossen Räumlichkeiten des neuen Hauses uns -weitenden- geschah es nun auch mit dem Land, das wir im detail erst über längere Zeit entdeckten und eroberten. Da gab es ja so viel zu sehen und ich erkannte, das Besitz ein grosser „Meister" ist, um Verantwortung zu lernen, um dankbar zu sein, das auf uns die „Wahl" traf, Hüter sein zu dürfen. Auf der anderen Seite waren wir auch ein bischen stolz auf unsere Entscheidung und den Werdegang bis dahin.

Die Zeit auf der Insel hatte begonnen mich zum „Arbeiter" zu machen; denn ab jetzt gab es keinen Ausweg mehr. Ich liess mich voll auf diese Herausforderung ein; denn ein fast unüberblickbares Arbeitsfeld lag vor mir. Der Hof mit seinem Bauernhaus, Ställen und Heuböden war in einem bedauernswerten Zustand. Die Trockensteinmauern waren und sind immer noch vielerorts zusammengefallen, die Felder sollten bearbeitet werden, um die Böden ohne Chemie fruchtbarer zu machen. Der angrenzende Wald dehnte sich ständig über die umliegenden Felder aus. Überall sprossen Pinien, Eichen, wilde Oliven, Brombeeren und Margariten. Wir übernahmen einen uralten, kleinen Pasquali-Traktor mit Anbaugeräten der mir erst einmal über die Runden half. Auch gehörten Ziegen und Schafe mit zum Inventar, die mit uns Laien spielten wie sie nur wollten. Diese Tiere kannten die Finca viel besser als wir und versteckten sich so gut, das wir sie nicht finden konnten. Manchmal kamen wir blutend aus dem Dickicht benachbarter Wälder, um die Tiere wieder einzfangen die uns mit Leichtigkeit entwischt waren. Eine tolle Ziege gab uns viel Milch. Das Melken war aufregend und wenn wir Pech hatten tapste sie in den vollen Milcheimer und alles war umsonst. Monique machte Ziegenkäse. Wir legten ihn ein in Olivenöl. Mit den Schafen war es ein bischen leichter, bis auf die schwarze Mutter, die mit ihrem Tribu ganz eigene Wege ging, uns zum Narren hielt und uns mit ihren Verstecken zeigte wo die Finca auch noch war ! So zeigten uns die Tiere wo es hier lang ging und wir lernten schnell dazu. Es kam dann auch der Moment wo wir sie besser kannten als ihnen lieb war und wir sie austrixen konnten.

Das alles war ein wunderbares Spiel und hält an bis heute, obwohl wir nun gerade dabei sind uns zu verkleinern, um alles unserem Älterwerden entsprechend anzupassen.

Wir pflügen nicht die Böden, sie sind zu steinig mit einigen vor Härte strotzenden Felsbrocken zwischendrin. Wir grubbern die Felder, wie das hier so üblich ist und für eine Bio-Landwirtschaft auch viel günstiger weil die tieferen Bodenschichten mehr oder weniger erhalten bleiben. Weizen wurde gesäht, aber als ich ganz zufällig in Deutschland die Ähren eines konventionell angebauten Weizenfeldes sah, konnten ich es kaum glauben, das es solche super grossen Ähren auf so niedrigen Halmen überhaupt geben kann ! Ja, die Tricks der Moderne, der Chemie machens wohl möglich, dahinter konnte sich unserer Weizen aber meilenweit verstecken. Wir mähten, soweit es ging, mit Balkenmäher am Traktor und den Rest mit der Sense; luden das Korn mit Stroh auf den Hänger, schmissen uns hinterher oben drauf und liebten uns im piekenden Stroh. Monique mit ihrem grossen Strohhut, sie sah wunderbar aus, es gab keine bessere Kornmume. Die Dreschplätze hier sind runde, mit Sandstein-Blöcken eingerahmte gekachelte glatte Flächen – ERA – genannt, man könnte sich symbolisch an Kornkreise erinnern. So wie das Korn, das Getreide selbst, eines der ältesten Kulturpflanzen sind, badeten wir uns förmlich im -Ernte Dank-, karrten das Stroh auf die ERA und was man früher mit den Mulas machte, die eine grosse, gezackte Steinwalze übers Korn rollten, machte ich jetzt meine ewigen Runden mit dem kleinen Traktor. Das Korn trennte sich und fiel aus der Ähre auf den Boden.

Die ERAS waren immer in Luv der Sommerwinde gebaut, so dass nun, nachdem das Stroh abgeräumt war und genug Wind wehte, die Spreu vom Weizen getrennt wurde, indem wir mit alten Holzschaufeln das Korn in die Luft warfen, die leichtere Spreu mit dem Wind verwehte und das schwerere Korn zu Boden fiel. Wenn Muttern jeden Sommer kam, half Sie mit, den Weizen zu verlesen um es später dann in grossen tönernden „ tinajas" für den Winter zu speichern. Mit einer alten Handmühle mahlten wir recht mühevoll das Korn, um unser Vollkornbrot zu backen. Dieser ganze Prozess war eine -heilige-Handlung für uns und konnte wohl auch nur als solche so empfunden werden, weil wir ihn, in jedem Moment vollbewusst, mit Liebe begleiteten. Das ganze Bauern-Leben empfand ich als eine Verbindung zum Ursprung des Überlebens körperlichen SEINS an sich und darüber hinaus in ehrwürdiger Dankbarkeit dem SEIN gegenüber, weil man sich als bewusstes Glied im Werden und Vergehen der Schöpfung erfährt. Da wir all' dieses, eher als eine von uns frei gewählte Erfahrung erlebten; nicht als ein Muss zum Überleben, ist auch hier wieder das Spielerische gleichzeitig das Befreiende von der „ Last des Überlebens". Ganz langsam entstand das Alte neu. Wir arbeiteten von Sonnenaufgang bis Sonnenuntergang und fielen totmüde ins Bett.

Ailara ging in den Vorschul-Kindergarten. Es gab auch Partnerschwierigkeiten, besonders in den Momenten wo die Arbeitsauffassung und handwerkliche Kenntnisse und Vorurteile aufeinander trafen. Der Spanier funktioniert nun mal ganz anders als der Deutsche; denn das was für uns Deutsche Schnelligkeit, Perfektionismus und –eficacia- ernsthaft bedeutet, darüber lacht der Latainer eher; denn Spass an der Arbeit zu haben, mag er nicht verstehen und gibt es noch nicht einmal zu, wenn er wirklich den Spass hat, aber, hat er ihn wirklich ? ...ist für ihn die Arbeit nicht eine Strafe in dieser doch recht katholischen Kultur ? Es scheint wie ein „castigo" über ihm zu hängen, das Freude an der Arbeit zumindest zufrieden machen kann. Für sie ist das Nichts-Tun eher richtungsweisend, obwohl natürlich auch das Nichts-Tun eine Beschäftigung ist. Ich meine hier nicht das Tun als Zwang, sondern als Fluss des Geschehens an sich. Beide „Kulturen", die Deutsch-Nordländische und die Lateinisch- Südländische wirken sicherlich in ihren Extremen gegeneinander. Bei den Spaniern könnte man extrem katholische Konditionierung im Sinne von: „...im Schweisse Deines Angesichts sollst Du Dein Brot verdienen" erkennen und wenn das zum Trauma wird, macht sich jeder vor anstrengender Arbeit aus dem Staub. Bei den Deutschen herrscht eher diese Überheblichkeit vor, immer die Besten sein zu wollen; alles besser wissen zu wollen, und dazu gehört als Konsequenz, das auch unter Beweis zu stellen, „schaffen,schaffen Häusle bauen" ernst zu nehmen, vielleicht zu ernst, was auch Unheil anrichten kann, er verbeisst sich in sein Tun und kann darüber hinaus schnell ein freundliches Miteinander vergessen.

    Ich sollte lieber die Hände von solchen Vergleichen lassen, sie führen zu nichts, ändern nichts und man tut entschieden besser einfach zu akzeptieren WAS IST! Monique, in ihrem Arbeitseifer, gehört wahrhaftig nicht zu diesem, von mir empfundenen „lateinischen Typus", der natürlich durch eine gewisse witzige Leichtigkeit seine ganz bestimmte Intelligenz eher in ein légeres Miteinander inves-tiert, als in ein „perfektes Häusle oder Auto" wie bei uns Deutschen üblicher ist. Wir leben inzwischen in einer globalisierten Welt und das hat zumindest den europäischen Völkern mehr Freiheit und Verständnis -unter sich- gebracht. Der Deutsche ist mehr zum „Lebemann" geworden und der Latainer muss sich sputen, um an der Konsum-Lust teilnehmen zu können und er tut es ganz sicherlich, vielleicht mit zu viel Pump?

    Muttern wurde 80 Jahre. Alle zwei Jahre reiste Sie für zwei Monate nach Chile und jedes Jahr für einen Monat zu uns auf die Insel. Diesmal war Chile angesagt und so begab ich mich zum ersten Mal zusammen mit

Monique und Ailara auf die grosse Reise. Mutti lud uns ein und übernahm den grössten Teil der Reisekosten. Anfang Dezember feierten wir alle zusammen Ihren Achtzigsten in dem grossen Gutshaus von Bruder Klaus am Hang der Cordillera de los Andes oberhalb Santiagos. Auch Schwester Anke und Sven kamen aus Deutschland zur grossen Familienfeier. Mutti war sehr geschwächt, Sie hatte gerade einen leichten Typhus auskuriert und war noch wackelig auf den Beinen, aber trotzdem voll mit dabei und wie immer ein positives Steh-auf-Männchen. Es war für mich eine sehr schöne Zeit in Chile. Ich erlebte und erlebe dieses Land immer wieder als meine zweite Heimat und zusammen mit Sven ging es mir besonders gut. Meine Zuneigung zu ihm war für Monique ein bischen schwierig. Um das zu klären besuchte ich eine Psychologin, die einen Test mit mir machte, der sehr aufschlussreich endete und mir entschieden mehr Klarheit über mich selbst und meinen Beziehungen zu anderen Menschen brachte. Ich empfinde viel Nähe zu anderen Menschen, wenn Zuneigung gespürt wird um wirklich mit ihnen zu sein! „Das aber", so meinte die Psychologin, „sei gar nicht so einfach, weil die Anderen oftmals solche Nähe nicht zulassen können"!..... das heimliche „ Zölibat" unserer Zivilisation, unserer Moral, trennt eher, ängstigt sich vor Nähe; das sind wir so gewohnt, also Sarthi: nimm Abchied und „ gesunde" !

Mit Klausens Doppel-Kabinen-Pick-up fuhren wir in den kleinen Norden Chiles, schliefen draussen und aalten uns in der Schönheit der weiten Landschaft und den so autentischen Orten mit ihren Menschen.

Eines Tages, wieder zurück in Santiago, rief eine chilenische Freundin aus alten Zeiten an. Sie lebte inzwischen in New York und befand sich auch auf einer Besuchsreise. Für mich waren diese alten Zeiten in der Tat sehr weit weg, rückten aber spontan und mit Erstaunen näher, als sie mir andeutete, dass neben ihr am Telefon eine junge Frau stehe, die meine Tochter sei und sie gerne mit ihrem Vater sprechen wolle ! Das war und ist bis heute nicht so leicht zu verkraften, weil ich an der Ehrlichkeit einer Vaterschaft zweifelte, wurde sie doch schon geboren, als ich noch 2 Jahre in Chile lebte und niemals von der Geburt einer Tochter gehört hatte, und nun, auf einmal nach 20 Jahren ein Anspruch erhoben wurde. Trotzdem war da etwas das mich berührte und besonders dann, als ich ihre Stimme hörte. Es war die Sensation plötzlich eine Tochter geschenkt zu bekommen und das erfüllte mich mit viel Freude! Leider waren meine Ängste vor Missbrauch grösser und dann praktizierte >ausgerechnet ich< Trennungsbewusstsein und Abstand, genau das Gegenteil von Intimität, obwohl sie mir versicherte seit langer, langer Zeit ihren Vater kennenlernen zu wollen. Ihr Problem war, dass ihre Mutter schon seit ihrer Geburt, strikt dagegen war mit ihrem Vater Kontakt aufzunehmen und das aus Angst, sie könne ihre Tochter verlieren. Es war alles ein heilloses Ducheinander, es fiel mir schwer, das alles nachzuvollziehen und ich liess es auch dabei, allerdings mit einem komischen Gefühl in der Magengegend, so suchte ich mir bei unserem alten Anwalt und Freund Hilfe und das lief darauf hinaus, dass chilenische Frauen gerne Ansprüche an Gringos stellen, um versorgt zu sein. Der Familien-Therapeut Alejandro meinte: „dass ich in diesem Falle nur als Erzeuger, als Samenspender fungiere, da sei durch das Verhalten der Mutter keine Beziehung aufgebaut worden, wenn es denn so sei, und ich könne mich vollkommen frei fühlen"! Man kann hier schon erkennen, das mich diese Chilereise ganz schön in die Mangel nahm und ich mehr denn je bei meiner kleinen eigenen Familie Geborgenheit fand ! Klaus lehnte ein mögliches Treffen mit dem Mädchen in seinem Haus ab und so schien mir, das alles was ich unternahm, um mehr Klarheit zu bekommen, irgendwie dagegen wirkte und Widerstände aufbaute. Zum Schluss traf sich meine Schwägerin in einem Café mit ihr, was auch keine Neuigkeiten für mich brachten, aber vielleicht doch eine gewisse Ähnlichkeit ? Die Schwägerin konnte das nicht bestätigen und meinte: „man könne da viel hinein interpretieren"! Trotzdem fühlte ich mich nicht wohl mit dieser Situation und meinte: ...wenn es nun doch so sei, das ich der Spender-Vater bin, dann wäre meine Ablehnung der Tochter schweres „Geschütz" gegen mich selber, ich könne mich schuldig machen !

    Da war aber auch meine Familie mit Monique und Ailara ganz präsent, die mit meiner Vorgeschichte nichts zu tun hatten und auch nicht belastet werden sollten. Über die nächsten Jahre fand ein Treffen statt und ich freute mich mit ihr zusammen zu sein. Wir hatten ein gutes feeling ! Ein Bluttest zur anfänglich vagen Vaterschaftsbestimmung wurde von der Mutter abgelehnt mit dem Hinweis, dass sie als Mutter schliesslich wissen müsse wer der Vater sei! Kann man ihr das abstreiten ? Die Mutter war ungehalten über das Vorschnellen ihrer Tochter, ihren Vater kennenlernen zu wollen, und ängstigte sich um den Verlust der so geliebten Tochter, die sie ganz alleine und mit viel Opfern aufgezogen hatte ! Hin und wieder hatten wir Briefverkehr mit dem Ergebnis, das ich ganz offen für ein freundschaftliches Verhältnis, aber unter all diesen Umständen fern einer vaterschaftlichen Anerkennung bin.

Die Chilereise ging weiter. Wir machten Ausflüge von Santiago aus zu den Schwefelquellen im Hochgebirge bis hin zu weiten Sandtränden an der Pazifik-Küste. Es war immer wieder ein grosses Erlebnis in Chile sein zu dürfen, auch unter Berücksichtigung dessen, dass hier für mich vor vielen Jahren ein ganz neues Leben begann, nach den harten Kriegs-und Nachkriegsjahren war Chile für mich wie ein Paradies !

Dann machten wir uns alle auf in den Süden. Es wurde eine lange Reise. Monique und ich waren begeistert von wunderschönen handgewebten Decken, Teppichen und Tüchern. Überall besuchten wir die einheimischen Märkte und kauften ein. Alles roch nach dem – campo chileno- und der Schafwolle, und sie riechen bis heute ! Auf der Rückfahrt hatten wir in Pucon eine Panne mit dem Auto. Ich reparierte so gut es ging, wärend sich die Anderen in der Gegend umsahen. An einer Finca stand das Schild „ SE VENDE „ ZU VERKAUFEN ! Wir machten uns schlau und waren „Feuer und Flamme". Der Preis war für europäische Verhältnisse geschenkt ! Wir machten den Plan eines Gemeinschafts-Kaufes: Jedes Familienmitglied, ob jung oder alt, sollte anteilig an diesem Projekt beteiligt sein. Daraus wurde aber nichts, da der Besitz von Erbschaftsstreitigkeiten überschattet war und die Erben sich nicht einigen konnten. Der Witz aber nun war, dass sich Klaus, viele Jahre später, in Pucon niederliess und sich dort mit seinem Sohn ein wunderschönes Bungalow-Hotel aufbaute. So blieben wir alle bis heute in engster Verbindung mit dieser Gegend.

Unser Heimflug rückte näher. Wir kauften uns einen grossen runden Korb mit Deckel, um alle wollenen Einkäufe dort unterzubringen und bevor sie im Korb verschwanden, hingen wir noch einmal alles auf der Terrasse auf. Es sah aus wie in einer Boutique für chilenische Webarbeiten, die uns bis heute, im praktischen Alltag, über die Winter begleiten ! In Madrid angekommen fragte uns der spanische Zöllner nach dem Inhalt dieses aussergwöhnlichen Gepäckstückes, worauf Monique mit der grössten Selbstverständlichkeit antwortete: „cosas personales", die es ja auch waren!

Wieder daheim machten wir uns an die Arbeit auf unserem neuen Hof.

Wir brauchten Geld, um die vielen Renovierungarbeiten an den Gebäuden und auf den Feldern finanzieren zu können.

18. Reise: > DIE NEUE FINCA > MAUERFALL IN BERLIN > HEIRAT IN HAMBURG

So verkauften wir unseren Friedhof am Wasser mit gutem Gewinn und machten uns an die Arbeit. Abgesehen von unserem persönlichen Einsatz mussten Marterialien gekauft werden. Im primitiven Bauernhaus installierten wir Türen, einfachste Elektrizität, fliessendes Wasser, das aus den Zisternen nach oben in einen neu installierten Wassertank gepumpt wurde. Dann gab es noch die Butan-Gas-Flaschen und deren Installation für Küche und neuem Badezimmer, das im Bereich der alten Molkerei ausgebaut wurde. In die dicken Steinmauern brachen wir Löcher nach Norden, um neue Fenster und Licht in die Räume zu bringen. Zwischen den Feldern und besonders hin zu den öffentlichen Wegen, bauten wir die typischen Holgatter ein „ las barreras", die wir uns aus wildem Olivenholz zimmern liessen und die einer ländlichen Skulptur ähneln. Obwohl das nun schon Jahrzehnte zurückliegt, tun sie bis heute immer noch ihren Dienst, weil ich sie alljährlich fast zwei mal mit Dieselöl, gemischt mit altem schwarzen Motoröl übersprühe.

Auf einer Reise ins Baskenland mit unserer gelben SAVA-Furgoneta war ich auf der Suche nach einem kleinen, gebrauchten Traktor und fand im südlichen Catalonien einen, fast neu und zum halben Preis. Er wurde uns direkt an die Fähre in Barcelona geliefert. Um unseren Traktorkauf noch zu vervollständigen besuchte ich im Inland eine kleine Fabrik, kaufte dort eine Schaufel, die man hinten am Traktor an die Hydraulik anbaute und so ein wunderbares Werkzeug für tausenderlei Arbeiten auf dem Hof hat, so wie eine motorisierte grosse Schubkarre! Ich montierte sie vor der Verschiffung an den Trecker. Das überschritt aber das Längenmass der schon weit überhöhten Frachtrate für dieses doch kleine aber spezielle Gefährt und man liess mich nicht an Bord. So montierte ich die Schaufel etwas abseits wieder ab, verstaute sie in der Furgoneta und mit einem leichten Grinsen sah ich in das verwunderte Gesicht des Inspektors, konnte den Traktor einschiffen und hinterher die SAVA mit Monique am Steuer. Das sind kleine, erfolgreiche Geschichten, für den finanziell knapp situierten Sarthi, die in solchen Momenten den Alltag erhellen und Freude bringen.

Ein fast neuer Trecker für unser Land war für mich eine grosses Geschenk, ist es doch schon immer ein stiller Wunsch von mir gewesen Äcker zu bearbeiten, den frischen Boden zu riechen, zu sähen und zu ernten. Man konnte sehr gut mit ihm umgehen, er war leicht zu lenken, hatte grosse Stabilität durch seine dicken, überdimensionalen Reifen, drehte sich um die Mittelachse und der Antrieb ging auf alle 4 Räder. Er ist ein kleines Kraftbündel und hat sich bis heute bewährt ! Wenn mir das Motorengeräusch zu viel wurde, schrie etwas in mir: STOP !. Ich blieb stehen, schaltete den Motor ab und legte mich auf den duftenden, frisch gegrubberten Boden. Welch eine Wohltat ! Das war mir dann ganz wichtig, um innerhalb des begeisternden Schaffens die Verbindung zum SEIN nicht zu verlieren ! Ja, in solchen Momenten war ich wieder ganz bei mir, in dieser unbeschreiblichen Gegenwart, teilnamslos ohne Zeit und Raum.

Mit der Zeit begann eine Art Kampf mit einigen Pflanzen, die die Felder zu überwuchern drohten und mich bis zum heutigen Tage herausfordern. Dadurch das kaum Tiere die Felder abgrasten, noch grosser Landbau betrieben wurde, freute sich das „Unkraut", welches, Gott sei Dank nur bei wenigen Arten, alles andere –frech– zu überwuchern schien, in der grossen Freiheit nicht gefressen zu werden. Am häufigsten hatte ich es erst einmal mit einer schönen Margarite zu tun, eine meiner Lieblingsblumen, aber als ich feststellen musste, das ich samt Trecker in den fast 2 Meter hohen Stängeln verschwand, fasste ich den Entschluss diese Pflanzen einfach auszurotten; denn einige Felder waren schon von ihnen übersät und der Wind trieb die Samen Jahr für Jahr weiter und weiter. Durch die vorherige Viehwirtschaft wurde alles kurz gehalten, aber wer dann die Blütenreste frass hinterliess überall seinen Dung in dem die Samen noch besser gediehen. Mein Kampf ging über 6 Jahre und das in der Form, das ich jede einzelne Pflanze aus dem feuchten Boden zog, sie auf den Müll brachte oder selbst verbrannte. Es wurde fast schon zur Sucht, denn wo ich auch über die Jahre einen neuen Sprössling entdeckte zog ich ihn förmlich mit einem Lustgefühl aus dem Boden und als schliesslich nach diesen vielen Jahren keine mehr vorhanden war, fehlte mir diese Beschäftigung schon ein bischen. Nun gut, es war gelungen, bis ich auf die nächsten Eindringlinge traf, sie mir vornahm und wieder ging das Spielchen von vorne los und das bis heute! Tatsächlich wäre sonst dieses „Kultur-Land" zum überwucherten Brachland geworden mit Baumbestand; denn ich liess einige Felder, etwas abseits, unbeachtet liegen, die heute zugewachsen sind. Die Brombeere war und ist ein anders Problem. Am frühen Morgen zog ich mit der Kreuzhacke los, um jede einzelne Wurzel aus dem Boden zu hacken mit dem Ergebnis, dass immer ein bischen Wurzel im Boden blieb und später dann um so üppiger spross. Da war also mit Handarbeit nichts zu machen und das Abbrennen der Felder war ja schon längst wegen der Feuergefahr untersagt und wäre trotzdem nicht ausreichend gewesen, so griff ich, wohl oder übel, zur Giftspritze, um diesem Gewucher zumindest hier und da Einhalt zu gebieten. Mein schlechtes Gewissen liess meinen Kopf mehr leiden als die Beeren selbst, aber das Ordnungs- und Sauberkeitsempfinden zwang mich zu diesen Massnahmen. Gezielt eingesetzt konnte ich über die Jahre einen Erfolg verbuchen. Obwohl Familie und Freunde oft meinten, das ich mir damit nicht so viel Arbeit machen solle, konnte ich bis heute nicht davon lassen. Meine Verantwortung, dem von der Natur über Jahrhunderte abgerungenem Bauernland gegenüber, liess mich nicht ruhen, obwohl es momentan kaum bewirtschaftet wird, muss ich es so gut es geht als solches erhalten, das fühle ich so, als dankbarer „Wächter", dieses wunderbaren Fleckchens Erde !

Uns wurde schnell klar, dass diese Finca zur „Erbauung menschiichen Wachstums" funktionieren müsse.

Viele zugewanderte junge Menschen und Familien hatten mit uns zusammen den Wunsch eine eigene Schule zu gründen. Unser Bauernhaus bot sich geradezu dafür an. Mit befreundeten Lehrern organisierten wir Zusammenkünfte und dachten an eine freie Schule in der sich alle bekannten, alternativen Schulsystheme wiederfinden sollten, inklusive Bhagwans Meditationen für Lehrer, Eltern und Kinder. Das war natürlich viel leichter gesagt als getan; denn schon bei den ersten Zusammentreffen erschraken die meisten schon, und das nur, weil wir die ersten Minuten, Hände haltend, in Stille beisammen sassen. Die praktische Seite der Bauernhausbenutzung entsprach unser aller Vorstellung, so dass wir alle zusammen anpacken mussten, um das Haus klassenfähig zu gestalten. Da es an allem fehlte und nur das Gebäude noch ohne Strom, fliessendes Wasser und Toilette zur Verfügung stand, meinten nun einige, das wir uns mit ihrer Hände Arbeit bereichern würden, um das Haus wohnfähig zu machen. Ausserdem mussten die Lehrer von uns allen bezahlt werden und nur wenige waren bereit dazu. Einige weil sie wirklich nicht konnten und andere weil sie nicht wollten.

Es stellte sich für die Initiatoren schnell heraus, dass wir entschieden zu weit gegangen waren, uns einfach auf einer „anderen Ebene" bewegten, um in diesem Sinne etwas Gemeinsames auf die Beine zu stellen. In der Tat kamen wir zu dem Schluss, dass es für uns einfacher war, uns auch weiterhin mit normalen öffentlichen Schulen zufrieden zu geben die hier auf der Insel nicht die schlech-testen waren.

Unsere nächste Idee war etwas Gemeinsames mit Sannyasins zu unternehmen. Da Bhagwan-OSHO, nach OREGON und seiner anschliessenden Odysse, wieder im indischen Poona gelandet war, suchten viele seiner Jünger eine neue Bleibe. Wir hatten die Idee Teile unseres Landes günstig zu verkaufen auf dem sich jeder sein Häusli bauen konnte. Das Bauernhaus sollte als gemeinsames Zentrum dienen. Weiter wollten wir dann gemeinsamen BIO-Landbau mit kleiner Viehaltung besonders für den Eigenbedarf betreiben und eine Werkstatt für das Zimmern der typischen Holzgatter aus wildem Olivenholz einrichten. Mit ca. 4-5 Stunden täglicher, gemeinsamer Arbeit sollten ausreichen, um soweit wie möglich überleben zu können und für den Rest des Tages frei für eigene Bedürfnisse zu sein. Dieses Projekt scheiterte leider auch ! Nachdem nun die ersten Sannyasins angereist kamen, sich sehr begeisterten, gab es aber bei keinem die Möglichkeit das nötige Geld für Haus und Grundstück innerhalb der nächstmöglichen Zeit aufzutreiben ! Unsere Idee war wieder einmal zu „hoch" gegriffen. Hinzukam unser Unwissen über hiesige Land- und Bauvorschriften, die eine Landaufteilung einerseits und den Häuslibau andererseits fast unmöglich machten, so dass auch unsere Planung falsch eingeschätzt wurde !

Um so stärker fühlten wir uns nun frei, etwas eigenes auf die Beine zu stellen, obwohl sich das über die nächsten Jahre hinzog. Erst einmal liessen wir diesen anfänglichen Drang nach gemeinsamer Nutzung total hinter uns, diese Energie war „quemado"(verbrannt) und wir erlaubten uns in diesem weiten, eigenen Umfeld alleine zu sein was uns gut tat. Es gab viel körperliche Arbeit und handwerkliches Lernen und Tun, um den baulichen Zustand der Gebäude, Ställe und zerfallenen Gartenhäuschen zu renovieren, neben der aufwendigen Landarbeit des Hofes. Die Zeit flog dahin.

Im Sommer nutzten wir das Boot für mehrwöchige Törns rund um die Balearen. Ailara wuchs heran und kam in die Schule. Ihre Geburtstage wurden immer gross gefeiert. Ihre Klassenfreunde mit den Eltern freuten sich auf dem Lande zu sein. Wir bekamen wieder Lust auf Tiere, nachdem die Ziegen und Schafe längst verkauft waren. Sven half mir wärend seiner Ferienbesuche ein neues Dach auf ein kleines Gartenhäuschen zu bauen und das wurde dann mit grossem Hangar unser Hühnerstall. Und dann kam SIRIO, ein starker brauner Wallach-Percheron. Ein herrliches Pferd, das uns ganz viel lehrte. Er kam aus einer schlechten Kinderstube und hatte leider unberechenbare Allüren. Wir lernten auf ihm das Reiten und lagen anfangs so manches Mal auf dem Boden,. Mit ihm zu galoppieren war ein hochgenuss, man „schwamm" förmlich auf seinem voluminösen Körper, wenn er weit ausholend in rasender Eile über die Wege sauste. Einmal sah ich ihn bei stürmischem Nordwind, mit lang wehender blonder Mähne und der skulpturhaften Schönheit seines wuchtigen Körpers, wie ein Herrscher auf dem Feld stehen, in vollem Genuss des ihn durchwehenden Sturmes! Wir wollten mit ihm das Land bearbeiten und suchten über längere Zeit einen gebrauchten – collar de tiro – Kumt - auf deutsch, fanden aber keinen der über seinen starken Hals passte und bestellten schliesslich einen neuen. Ein amigo half uns, Sirio auf die Landarbeit zu trainieren, was sich als schwierig erwies, so dass es eher bei dieser romantischen Vorstellung, mit ihm arbeiten zu wollen, blieb; denn mit dem neuen Traktor war alles entschieden einfacher !

Schon über einige Zeit begegneten wir unterwegs einem VW-Bus mit freundlichen Menschen an Bord, es ergab sich aber keine Gelegenheit uns spontan kennenzulernen. Vielleicht war da eine gewisse Scheu, die öfter dann auftritt, wenn liebende Zuneigung geschieht. Als wir hörten, das – Tänze der Welt- auf einer Era angeboten wurden waren wir ganz schnell dabei. Ja doch, da stand der VW-Bus und Grete mit Hans brachten die ganze Runde Menschen in tanzende Bewegungen. Das Tanzen lud uns alle energetisch auf. So lernten wir uns kennen und tanzten in der nachfolgenden Zeit auf unserer Era. Es entwickelte sich eine tiefe Freundschaft mit Ihnen, den ewig Reisenden, die es aber immerhin fast 2 Jahre auf der Insel aushielten. Sie wohnten ganz nahe bei uns in einem winzigen kleinen Häuschen mit ihren 2 Kindern. Eines Tages ging ihre Reise weiter. Diesmal zog es sie über den grossen Teich nach Santa Fé wo sie sich mit indianischem Schamanismus beschäftigten.

Mein lieber Freund Dani, den ich schon damals in meiner Boots- Zeit für die Segelei begeistert hatte, leitete auf Ibiza eine der bekannten Discotheken. Er verdiente gutes Geld und kaufte sich ein schönes altes englisches Holzboot – Shanty – welches er hier und da nach seinem eigenen gusto umbauen liess und tauchte so eines Tages auf unserer Insel auf. Wir lagen längsseits, huschten von Boot zu Boot mit Freunden und Kindern und hatten eine schöne Zeit zusammen. Eine Oldtimer-Regatta war vom Hafen Palma de Mallorcas aus angesagt, sie fand unter der Schirmherrschaft von Don Juan, dem Conde von Barcelona, Vater des spanischen Königs Juan Carlos statt. Danis Boot war ein Renner und hatte in England schon viele Regatten gewonnen. Wir segelten nach Palma, schrieben uns ein und waren mit von der Partie ! Wir holten zwar keine Preise, waren aber bei diesem grossen sportlichen Event, so mitten drin, dabei ! Alle Teilnehmer und Crews bekamen ein besticktes rotes Polohemd vom feinsten, Burbarys als „ Passport" zum freien Eintritt in alle begleitenden Veranstaltungen der Regatta-Organisation, die ja immer sehr üppig und grosszügig abliefen. Uns war das manchmal zu viel. Ich verschenkte mein Polo an „Hungrige auf diese Trophäe", so dass wir beim Empfang im Castillo von Palma Schwierigkeiten hatten eingelassen zu werden, weil wir nicht die rote „Uniform" trugen. So standen wir am hintersten Ende in der Menge im Castiilo, als gerade Don Juan eintrat, flugs auf die Letzten, die nun die Ersten waren zu steuerte und uns sehr freundlich, ja impulsiv die Hände schüttelte und danach flugs durch die rote Menge aufs Podium schritt...... und erinnerte mich des Sprüchleins: „No hay mal que por bien no venga"!

Wieder daheim bereiteten wir das Gartenhäuschen, das vorher als Taubenschlag diente, zum Vermieten vor und bekamen auch schnell die ersten Gäste, es waren Freunde von Hans und Grete aus Berlin!

Nachdem das Bauernhaus zusammen mit einem Freund elektrifiziert worden war, Sonnenzellen an der Südseite des Hauses montiert wurden, aus der kleinen Molkerei ein grosszüges Badezimmer enstanden ist, eine Sickergrube für Küche und Bad, ein Wassertank hoch oben im 2 Stockwerk und eine Wasserpumpe in der Zisterne installiert worden war, besorgten wir uns aus zweiter Hand ein kleines, schnell und sehr laut laufendes, Dieselstrom-Aggregat und hatten so 220 V Stromversorgung im Haus zum Betrieb der Waschmaschine und Wasserpume bei gleichzeitigem Aufladen der Batterien und so war neben der Installation von vielen Türen und einigen Fenstern das Haus fertig um vermietet zu werden! Das waren dann unsere festen Einkünfte, um die Basiskosten zu decken. Der Arbeitsaufwand und auch die Finanzen stiessen an unsere Grenzen; denn das Haus bestand ursprünglich aus dicken Mauern, Fussböden und Dach, alten Fenstern, und war ohne Wasser, ohne Strom, ohne sanitäre Einrichtungen!

An alle Gebäude der Finca, und das waren so einige, baute ich Vordächer aus Holz mit Ziegeln, um uns im Sommer vor der Hitze und im Winter vor Regen, Nässe und Wind zu schützen. Inzwischen hatten wir ein weiteres Gartenhäuschen, das nur noch eine Ruine war und unter hoch wuchernden Brombeeren kaum zu finden war, wieder total renoviert und konnten es auch vermieten.

Es blieb über die Jahre kaum Zeit für irgend etwas anderes als Arbeit auf dem Hof, den herrlichen Sommerurlauben auf dem Boot, einige Reisen nach Hamburg und manchmal auch etwas weiter. Ich hatte noch nie in meinem Leben körperlich so intensiv und mit soviel Begeisterung und Hingabe gearbeitet was offensichtlich eine Wertschöpfung mit sich brachte, die momentan pekuniär nicht sichtbar war, weil ich natürlich kein Gehalt bezog. Die Inmobilienpreise in Spanien stiegen, genau ab dem Moment als wir die Finca kauften erheblich, was uns freute, unseren Kauf dankbar bestätigte, und uns zu weiteren Verbesserungen ansporte.

Für Monique war unser SIRIO zu schwer und irgendwie auch zu gefährlich wegen seiner Unberechenbarkeit. Sie wollte „feiner" reiten und kaufte sich die schwarze Stute PETRA, nahm Reitunterricht, und bald auch an Tunieren und Ausflügen teil. Um auch zu Hause mit dem Pferd üben zu können entstand hinter dem Haus ein Reitplatz. Um diesen Platz abzugrenzen besorgte ich mir alte Telefonmasten, die sehr gefragt und deshalb nicht leicht zu bekommen waren. Auf dem Weg zu einer verlassenen Geschütz-Festung an der Südküste entdeckte ich Telefonmasten hinführend zu dieser militärischen Anlage, die ohne Drähte waren. Bei der zuständigen Militärbehörde fragte ich an und man gab mir die Erlaubnis soviel Masten wir ich wollte abzusägen, was ich dann auch tat und mit einem Lastwagen nach Hause karren liess. Jetzt hatte ich endlich ausreichend Marterial für zukünftige Dächer und Gatter und sogar bis heute ist noch etwas übrig geblieben.

PETRA war auch für einen Wagen dressiert, so besorgte ich mir einen flotten kleinen Einspänner und das nötige Geschirr dazu und ab ging die Post! Auf Kinderfesten kutschierte ich die ganze „Bagage" übers Land. Es war für alle ein riesiger Spass! Wenn Besuch zu uns kam waren wir meistens mit der Kutsche unterwegs für kleine Ausflüge in die Umgebung. Der Hof liegt an einer der romantischten Strassen der ganzen Insel, die über viele Kilometer einspurig durch das grösste Waldgebiet der Insel führt und kaum befahren war.

Sven war mit seiner Freundin in Poona bei Bhagwan. Sie beide nahmen Sannyas, liebten sich, sie wurde schwanger, reiste zurück nach Deutschland, um sich gegen oder für das Kind zu entscheiden; denn beide waren jung und Sven fühlte sich noch nicht so ganz fertig um eine Familie zu gründen. Als er aus Indien zurückkam musste er ein bischen schlucken, als er seine Lina voll schwanger wieder sah! Einige Monate später wurde JOY zu Hause bei meiner Schwester Anke geboren. Im Mai 1989 fuhren wir nach Hamburg und machten mit der frisch gebackenen Familie einen herrlichen Ausflug in die Elbmarsch zusammen mit JOY der gerade 5 Monate alt war.

Unsere Ailara, inzwischen war sie schon 6 Jhre alt, entwickelte sich prächtig und war mit Freude beim Voltegieren- auf dem Rücken der Pferde machten sie die tollsten Übungen! Sie ging schon zur Schule und wurde jeden Tag mit dem Schulbus abgeholt.

Unsere Kleinfamilie lebte einen arbeitsreichen Alltag auf dem Lande mit Holzöfen im Winter und einem alten Küchenherd auf dem Monique die köstlichsten Gerichte brutzelte. Es war und ist urgemütlich, mit Meditationsmusik und immer wieder von neuem diese Achtsamkeit, um die Ur-Stille in unsere eigene Tiefe zu bringen, von daher unseren Alltag zu gestalten, im HIER und JETZT zu SEIN ! Wenn mir DAS gelang dann war ich happy, wenn nicht, fühlte ich mich schon ein bischen -triste-! Aber dann fragte ich mich: W A S IST ES WOHL das um diese Tristess weiss? Es müsste ja etwas sein das darum weiss; sich ´mal happy oder ´mal triste zu fühlen, also ausserhalb dieser beiden Erfahrungen stehen müsse, sonst könne es eine solche BEOBACHTUNG ja gar nicht geben..... und genau dieser BEOBACHTER ist ein Neutrum, das keine Selbstidentifikation mit IRGENDETWAS hat und vielleicht nur ein gütiges Lächeln über irgendeinen persönlichen Gemütszustand verspürt? Dann erkannte ich, dass dieser ZEUGE wie eine innere Stimme aus einer anderen Dimension, vielleicht dem SEIN, in mir schlummert, oder schläft und siehe da, gerade am Erwachen ist? Das ist ein grossartiges Erlebnis, so als würde sich ein Gitter öffnen und Last abfallen !

Sarthi, Du wirst immer geführt, obwohl Du meinst, das Du es bist der die Fäden –spinnt-, der sich sein eigenes Heil kreiert, seine Entscheidungen trifft und sich so im weltlichen Geschehen verstrickt, und sich oft als Opfer der Umstaende fühlt. Da müsste doch etwas sein, das ausserhalb solcher Erfahrungen steht. In dem Moment, wo jemand sich schuldig für ein „Vergehen" fühlt, ist das eine nach-folgende Erkenntnis, aber auch ein „Rückfall" in die Identifikation mit einer scheinbaren Fehlhaltung ! Dieses -ICH BIN KRANK oder ICH BIN GESUND- kann sich doch nur auf ein Körperempfinden beziehen, ein Gefühl das sich mit etwas identifiziert, mit einem sich Wohlfühlen oder einem sich Unwohl- fühlen, aber ein BEOBACHTER solchen Geschehens kann das nur zur Kenntnis nehmen; denn erst durch die Identifikation spürt der Körper den Schmerz oder die Freude, aber nicht ein wahrer BEOBACHTER; der frei von solchen – dualen – Empfindungen, Überzeugungen, Vorstellungen oder Konzepten ist; denn wie sonst könnte er ein BEOBACHTER sein?! Könnte es sein, dass ein solches „ Paradoxum"

vielleicht - Wahrheit- ist ?. So einfach wäre das?.... BEOBACHTER S EI N und mit ihm in ständiger Achtsamkeit!?
Es ist Vollmond. Ein sternenklarer Himmel wölbt sich über die die Insel. „Ich bin nur ein BEOBACHTER". Die Sterne erscheinen mir anders als sonst. Es ist da nicht das eher mental wahrgenommene Firmament mit den Tierkreiszeichen, dem Polarstern, der helle volle Mond mit seinen Kratern, es ist ein total gedankenloses unidentifiziertes SO SEIN, eine Wahrnehmung des GANZEN bis hinein in die tiefsten Tiefen des Universums und noch nicht einmal dieses, einfach nur S E I N !

So ging ich zu Bette und konnte nicht einschlafen. Der volle Mond hat immer seinen Anteil an unruhigen Nächten, aber dieses mal war es mehr. Ich war ein Nichts, weder der Sarthi noch sein BEOBACHTER. Da war auch nichts das sich für irgendetwas entscheiden konnte. Es gab keine Kontrolle und auch Niemanden der kontrolliert. Dieser etwas aussergewöhnliche Wachzustand zur Schlafenszeit raubte mir förmlich den Schlaf den mein „Welt-Ich" herbeisehnte, aber ich schlief nicht! Da war keine Freude die ich empfand, eher wohl eine versteckte Ängstlichkeit, als würde etwas aufgebrochen das so ganz das altbekannte Meine war und nun auf einmal bedeutungslos wurde. Da war aber auch nichts Neues, das man ergreifen könnte, da war ueberhaupt nichts. Gegen Morgen dann, vielleicht war ich hier und da einmal eingenickt, hatte ich das ungute Gefühl einer durchwachten Nacht, die mir nichts gegeben zu haben schien, jedoch nun, in einem etwas bewussteren Wachzustand, versuchte ich herauszufinden was in mir wärend der letzten 7 Stunden abgelaufen war und selbst dabei konnte ich nichts wirklich einordnen, vielleicht bis auf die Feststellung, dass der EGO-Sarthi infrage gestellt wurde, um Platz zu machen für einen BEOBACHTER Sarthi der gerade, vor dem Schlafengehen, geweckt worden war. Und wenn ich nun im normalen Wachzustand darüber nach-denke- (denken danach !) war ich doch überrascht wie eifrig der BEOBACHTER sich bemerkbar machte und das nicht als Denk-Prozess sondern als ein Versuch zur Integration, der als nächtliches Chaos empfunden wurde !-

Heute möchte ich meinen, das die häufigeren Lichtblicke ins SEIN auch ohne das Bewusstsein eines BEOBACHTERS möglich waren und erkenne ihn als „Katalisator", als Helfer zu SEIN. Die Wahrnehmung des Beobachters lassen S E I N geschehen! Ein Wunsch, nun solche Erfahrungen festhalten zu wollen, entpuppt sich als neuer Widerstand und verschliesst wieder die gerade geöffneten Tore durch ein Zurückfallen in diesen neueren Wunsch an sich, der aus sich selbst heraus zu einer Projektion in die Zukunft wird und die „heilige" Ebene des HIER und JETZT verliert !

Im Herbst fiel die Mauer ! Das war für mich als Pommer ein fast schon unwirkliches Ereignis. „ Die Liebe hats gebracht" und da kullerten die Tränen all über all in den deutschen Landen, bei den einen mehr als bei den anderen. Meine grosse Hoffnung war, dass beide, nun zusammenfindende Teile, sich gleichwertig, gegenseitig befruchtend umarmen und das Beste beider Systeme harmonisch zusammenfügen. Ich spürte ein besonderes Mitgefühl zu den Ostdeutschen, die durch den politischen Druck und ihre relative marterielle Armut in einer vollkommen anderen Welt lebten, vielleicht, bis auf die Unfreiheit, sogar einer ursprünglicheren als der Westlichen ? Ich kann sogar noch weiter zurück gehen bis hin zur Diktatur Hitlers, um die Last der Diktaturen für diese Menschen noch sichtbarer zu machen.

Die Blase des westlichen Kapitalismus fing an sich aufzublähen, als der Sowjetkommunismus mit seinen Sateliten-Staaten, Federn liess. Auf einmal war der gefährliche Rivale, Genosse Kommunist, im Osten verschwunden, begann der Kapitalismus mit allem Drum und Dran zu degenerieren. Für mich war ganz klar, dass jetzt unser westliches System geläutert werden müsse. Doch nichts geschah vom Bewusstsein her. Ostdeutschland wurde vom Kapital förmlich verschluckt und die Spekulationsblase in allen Bereichen kapitalistischer Machenschaften immer grösser. Ich sah in der Wiedervereinigung gleichzeitig eine Eneuerung – beider- deutschen Staaten. Die Oder-Neisse-Linie als NICHT-Grenze und gleichzeitig als friedliches Symbol europäischer Einigung. Dann schrieb ich an Kohl meine Bitte; die Gelegenheit zu nutzen, um die deutsche Fahne doch anders herum wehen zu lassen!

Das SCHWARZE: Sodass die beiden grossen Kriege, die SS, die Juden-Verfolgung, und die Diktaturen nicht mehr über uns hängen: es ist an der Zeit die Aufarbeitung des Vergangenen zu integrieren und hinter uns zu lassen; denn unter den neuen Generationen gibt es keine Schuldigen mehr ! Wir sind tatsächlich dabei das zu kapieren!

Das ROTE: Auch Symbol für das extreme Linke, den radikalen Kommunismus in der DDR und überhaupt im Ostblock, ist dabei sich selbst aufzulösen und wird in der neuen Demokratie politisch eher bis hin zur Mitte eingeordnet und dort gehört diese Farbe auch hin:menschlich sozial

Das GOLDENE: Die l i c h t e Gegenwart, das HIER und JETZT, die Überwindung der TRENNUNG, die Vision und Realisation des GEWAHR- S E I N S !

>Das Kanzleramt bestätigte den Eingang des Schreibens!<

Um dieses, für mich andere Deutschland, direkt erleben zu können, fuhr ich ein Jahr später nach Hamburg, um mit Muttern eine Reise durchs alte-neue Deutschland zu machen. Wir mieteten uns privat ein günstiges Wohnmobil und machten uns auf den Weg durch die mecklenburgische Seen-Landschaft nach dem alten/neuen Vor-POMMERN! Es war für uns beide wie ein Heimkommen, wenn auch nicht direkt nach Stettin aber so doch nach Pommern, jedenfalls was von diesem Land noch übrig geblieben war. Ich freute mich sehr, dass in diesem nordöstlichsten Bundesland, POMMERN im Namen mitklang. Ich trug mich tatsächlich mit dem Gedanken, als wir das Stettiner Haff auf Usedom erreichten, mich nach einem Grundstück am Wasser umzusehen. Vielleicht würde ich mir irgendwann einmal ein Holzhaus darauf stellen! Es blieb bei diesem Gedanken.

Wir besuchten Wolgast, dort wo Vatern sein Segelboot liegen gelassen hatte bevor wir auf die Flucht gingen. Ich erkundigte mich im Hafen nach dem Boot aber der einzige alte Hafenmeister, der sich noch hätte erinnern können war gerade verstorben. Weiter fuhren wir in die Seebäder auf Usedom, liefen über die langen weissen Sandstrände, dort wo hinter den Dünen die Wälder rauschen; alle diese Orte die wir zwei Generationen als Kinder besuchten und in Erinnerungen schwelgten. Die hölzernen Fischkutter, die mit Motorwinden aus dem Meer hoch auf den Strand gezogen wurden und immer noch nach Teer rochen. Die Fischer selbst, die pommersches Platt sprachen und auch Zimmer in ihren Häusern vermieteten. In den Badezimmern standen noch die hohen runden kupfernen Warmwasser-Beuler, die mit Holz befeuert wurden. In Zinnowitz fanden wir unser Schwabe's Hotel wieder, in dem wir einen Sommer verbracht hatten. Heute ist es zu einem 4-Sterne-Hotel renoviert worden.

In Stralsund fanden wir am Stadtwald das Haus von Tante Else, dort wo wir auf der Flucht für einige Wochen Unterschlupf fanden. Eine Frau stand am Gartentor. Sie begrüsste uns freundlich. Als sie erfuhr das unsere Tante früher dort gewohnt hatte, bat sie uns inständig mit ihr wegen eines möglichen Besitzanspruches in Verbindung treten zu wollen. Als sie aber erfuhr, dass die Tante auch nur Mieterin war, verlor sie ihre Hoffnungen.

Was mir im Osten besonders auffiel waren die alten Landstrassen, die sich als wunderschöne Baumalleen durch die Lande schlängeln. Die Kronen bilden einen grünen Tunnel. Die Natur ist hier noch viel grösser als die Strassen mit ihren Autos. Auf Rügen besuchten wir die Kreidefelsen, überquerten mit kleinen Fähren verwunschene Wasserstrassen und sahen hinüber nach Hiddensee. Ja,hier überall leben Deutsche, keine Polen wie am anderen Ufer der Oder, es war und ist ihre Heimat seit eh, sie mussten sie nie verlassen, erduldeten die Launen des Regimes, aber waren zu Hause. Für wahr, es war wie ein Wunder nun hier sein zu können nach über 40 Jahren der absoluten Trennung. Die vergangene Kindheit blühte wieder auf und ich empfand das umso stärker mit Muttern an meiner Seite!

Zurück fuhren wir an der Gaststätte vorbei, dort wo uns die Russen überrollten, weil wir mit unserem Lastwagen wegen der deutschen Panzersperren nicht mehr weiter in den Westen durch kamen. Diesmal war die Strasse frei auch für uns „Neu-Westler" und das war ein tolles Freiheitsgefühl.

Meistens schliefen wir im Camper nachdem wir uns herrliche Plätze ausgesucht hatten. Wir kamen an einem Gestüt vorbei auf dem gerade ein Reiterfest stattfand. 8-Spänner wurden geschickt mit ihren schönen Kutschen durch die Hindernisse gesteuert und alle anderen Disziplinen der Reitkunst wurden vorgeführt. Es war ein guter Reiseabschluss, um wieder in unsere „sanftenere" Atmosphäre der Grossstadt einzutauchen.

Fast jedes Jahr besuchte ich Olga in Tarragona, die ja weiterhin in Vaters Haus lebte um die Häuser vieler Deutscher, die abwechselnd in Spanien lebten, zu verwalten und zwischenzeitlich auch zu vermieten. Es war nicht so einfach für mich weil immer wieder uralte familiäre Konflikte von ihr aufgetischt wurden und ich mich ständig heraugefordert fühlte. Da war keine wirkliche Entwicklung zu erkennen, wir „sendeten" auf ganz unterschiedlichen Wellen; aber abgesehen davon spürten wir beide unsere Blutsverwandschaft, das Familiäre und irgendwie auch eine vertrauensvolle Zuneigung. Was mich mit Olga stark verband, war ihr pommersches Ur-Mütterliches, verwurzelt in der ländlichen Tradition, verbunden mit der Erde, der Landwirtschaft und der ländlichen, herzhaften Küche! Sie machte immer noch pommersche Leberwurst und backte einen köstlichen Butter-Mandel-Kuchen. Das Rezept dafür war ihr grosses Geheimnis und kam erst nach ihrem Tod in die Hände ihrer besten Freundin. Ich hatte das grosse Glück, dass sie es mir schon lange vorher verraten hatte und ich mich geehrt fühlte.

Vaters Grab-Nische war der einzige Platz auf der Welt, wo ich eines nahen Toten gedenken konnte und nutze so jede Reise, um mit dem Vater auf „DU" zu sein. Der Friedhof lag auf dem Land zwischen Olivenbäumen und er ist immer noch ein stiller Ort der Einkehr.

Mutter war wieder einmal zu Besuch im Sommer mit Anke und Sven, der sich von Lina, recht kurz nach der Geburt von Joy, getrennt hatte. Auch ein Besuch aus Chile war angesagt und so fuhren wir alle verkleidet auf unseren Inselflughafen, um sie bei ihrer Ankunft zu überraschen. Tatsächlich sahen wir alle sehr verändert aus, die Verkleidung schien gelungen! Mutti als eine alte ibizenker Bäuerin (was ihr, mit ihrem jugendlichen Elan, gar nicht so gefiel), Sven mit dunklem Bart und Lederweste sah aus wie ein smarter Macho-Rocker, ich auch mit Bart und Panama-Hut, eher wie ein Spekulant oder Zuhälter, Monique als elegante Dame. Ich glaube, dass Ailara von Klaus und Lynda erkannt wurde, als sie auf einem Gepäckwagen, als junges kaum verkleidetes Mädchen sass, der von Deva, Svens neuer Freundin, geschoben wurde. Wir hatten einen riesigen Spass und alles lief natürlich vor dem normalen Publikum ab.

Über Weihnachten waren wir in Hamburg mit Schnee und Kälte. Muttern war in Chile. Monique und ich wollten heiraten weil wir dann, in vieler Hinsicht, eine legalere Basis hatten und so geschah es dann auch in Hamburg-Altona! Anke half uns mit einem kalten Büffet, das wir fein säuberlich mit altem Porzellan und Besteck aus Mutters Schränken aufbauten und die nächste Familie und Freunde einluden. Es wurde zu einem bewegten Erlebnis, nachdem wir doch nun schon 10 Jahre zusammen lebten. Zurück auf der Insel merkte ich den Unterschied von vorher zu nachher. Alles war klarer in unserer Beziehung, wir hatten in einem Ritual – JA – zueinander gesagt und das zeigte seine Wirkung, im Bewusstsein einer tiefen, verantwortlichen Bindung. Ich hätte vorher niemals gedacht, dass solch ein „Ehepapier" eine so starke Wirkung haben konnte. Das ist die Kraft von Ritualen! Wir hatten zwar keine Ringe, fühlten sie aber wie in einer „inneren" Verbindung.

Es mag sein, das meine „spirituell-Mystischen" Erkenntnisse so Einigen ungewohnt erscheinen könnten; aber nein doch, in Wirklichkeit sind das für mich ganz normale Beschreibungen des wahren SEINs an sich, wenn es uns doch nur gelingen möge solches zu Erkennen, in jedem Moment, wahr zu nehmen. Es geht dabei gar nicht um – Mehr-, sondern doch nur um- DAS was IST- und sich DESSEN in seiner intimsten Identität GEWAHR zu SEIN. DAS ist die absolute Identität überhaupt die wir SIND und der wir uns bedingungslos hingeben können. Was nun die Worte:- Spiritualität, Mystik, Metaphysik, Ontologie, Gott, Religion usw.- angeht, so sind das doch alles nur Versuche um Kommunikationsmöglichkeiten zu finden; diesem SEIN Ausdruck zu verleihen und solche - als Sprachsymbole- für entsprechende Erfahrungen stehen, die in der wahren Wirklichkeit sprachlich gar nicht kommunizierbar sind !

Im Sommer waren wir wieder einmal mit Altair unterwegs und Ankerten in Buchten und Häfen um Ibiza und Formentera. Dabei begenete mir der Spruch: „ LLEVA TIEMPO A LLEGAR SER JOVEN"-Es braucht seine Zeit um wieder j u n g zu sein -...und das bringt Freude! Ich ahnte schon, dass es der letzte Törn auf dem Boot mit mir als Eigner sein würde und begann so langsam, mich um den Verkauf zu kümmern. Der jährliche Arbeitsaufwand von 4-6 Wochen und die Kosten wurden mir mit der Zeit zu viel. Mit Ailara und Monique hatten wir noch einmal herrliche Wochen auf dem Boot, besuchten alte, liebgewonnene Buchten und Häfen, trafen amigos, mieteten ein Auto, um versteckte Plätzchen wieder zu entdecken. Auf Formentera radelten wir durch die Dühnen- und Salinen-Landschaften, Pinienhaine hin zu den weissen Stränden, besuchten in Pujols alte Freunde, die ich noch von Chile her kannte und sassen in den alten Hippie-Stammkneipen.

Wie alle Inseln des balearischen Archipels ihren ganz persönlichen Charkter haben,so sind diese Pitiusen, die früher als eigenständiges Archipel standen und erst später, zumindest politisch, ins Balearische mit eingschlossen wurden, energetisch recht unterschiedlich sind. zu den weiter östlich gelegenen Inseln von Mallorca und Menorca. Mir ersheinen sie sensibler, durchlässiger, luftiger, weshalb sich ja auch dort ein ganz anderer Tourismus installiert hat, um halt „Pitiusisches" im Gegensatz zum „Balearischen"- aufzutanken, aber ganz offensichtlich tut das dem Balearischen von Mallorca und Menorca, in ihrer eigenen, vielleicht mehr erdgebundenen Qualität, keinen Abbruch!

19. Reise: > REBIRTHING SEMINARE - Verkauf von ALTAIR

Es war länger her, dass ich nichts mehr für mein „persönliches Wachstum" tat, abgesehen natürlich davon, das ich ständig versuchte deim SEIN nahe zu sein. Es ging mir gut und doch wartete da etwas auf mich was noch nicht greifbar war und siehe da, plötzlich hörte ich von einem „Rebirthing-Seminar" auf unserer Insel, geleitet von einem bekannten Therapeuten. Seit meiner ersten Rebirthing-Erfahrung vor nun fast 15 Jahren bei Bhagwan in Poona konnte ich keine Verbindung im Westen zu dieser Atemtherapie ausfindig machen; denn diese „Heilungsmethode" für innere Konflikte gefiel mir sehr. Monique und ich schrieben uns ein und machten mit! Das sollte der Anfang einer neuen Ära für uns beide werden! Die Rebirthing-Methode wurde ursprünglich von Leonard Orr in Kalifornien entwickelt und hat sich über die Jahre sehr erfolgreich verbreitet. Bhagwan durchleuchtete alle Therapien die aus dem Westen kamen und setzte sie dann, entsprechend seinem eigenen „erwachten" Verständnis, als „Neo-Therapie" in seinem Ashram ein. Ich wunderte mich darüber, dass ich über so lange Zeit keinen Zugang zum Original-Rebirthing bekommen hatte, aber JETZT war die Zeit reif! Wir beide fühlten uns innerlich aufgewühlt durch diese Atemtechnik und erkannten in dem gesamten Aufbau des Rebirthing-Seminars grosse Wachstumschanzen. Als Roland Fuchs am Ende des Seminars ein 15 tägiges Ausbildungs-Seminar auf dem Festland anbot schrieben wir uns beide ein.

Bei einigen Schiffsargenturen und über Annonzen bot ich Altair zum Verkauf an. Das tat sich gar nicht so leicht und zog sich über einge Zeit hin. Eine schweizer Freundin meiner Schwägerin Lynda liess verlautbaren, dass ihr Lebensgefährte Heiner schon über längere Zeit ein Segelboot suchte und so traten wir in Verbindung. Er war interessiert, reiste an und kaufte, obwohl ihm das Boot, als noch unerfahrener Segler, ein bischen zu gross erschien. Ich unterstützte ihn dahingehend, vorerst weiterhin „Hüter" des Bootes wärend seiner Abwesenheit zu sein, mit ihm gemeinsam die ersten Törns zu machen und mir das Mitsegeln durch Mithilfe an den Bootsarbeiten zu verdienen. Da sich das Umschreiben und ein Flaggenwechsel auf seinen Namen erst einmal als schwierig erwies, könne er erst einmal das Boot unter meinem Namen mit chilenischer Flagge fahren, bis zu dem Zeitpunkt an dem ich mich in Spanien als -Resident- eingeschrieben hatte, was mir bisher wegen der Chilenischen Flagge nicht möglich war. Um mehr Klarheit in meinen Aufenthalt in Spanien zu bekommen, war auch der Bootsverkauf ein wichtiger Faktor; denn mir wurde eine legale Einbürgerung immer wichtiger. Heiner war von Beruf her ein Konstrukteur, fand schnell heraus welche Verbesserungen an Altair zu machen sein und stürzte sich mit Elan in die Arbeiten. Ich hatte bei ihm so manches Mal das Gefühl, dass die konstruktiven Arbeiten am Boot, ihm eine grössere Herausforderung waren, als das Segeln selbst. Nachdem wir gemeinsam einige Insel-Törns gemacht hatten, begann er Chartergäste einzuladen, die für ihre Segelscheine Meilenbestätigungen als Praktikum vorweisen mussten und so ging Heiner mit ihnen sehr mutig auf Reisen. Teilweise wurde das Boot von ihm ordentlich „geknebelt", um bei starken, ungünstigen Winden doch noch den Abflugtag seiner Chartergäste zu erreichen. Ein anderer Segler hätte ihm erzählt, dass er die Wanten entschieden mehr spannen müsse was Heiner dann, für ein Holzboot weit übertrieben, tat wodurch der Druck auf den Rumpf über den Mastfuss stark erhöht wurde und der Rumpf anfing undicht zu werden. Gegen einen Stundenlohn bot ich ihm an über den Winter den Schaden zu beheben, wobei ich feststellte, dass auch der Werft ein grober Fehler unterlaufen war den ich beheben konnte.

    Heiner selbst war ein jugendlicher, freundlicher, sehr entgegenkommender Typ. Wir verstanden uns prima. Er richtete sich auf der Insel über mehere Sommermonate ein und schien sich, bis auf einige Ungelegenheiten, besonders solchen, wenn er sich an Bord in seinen Arbeiten förmlich vergrub, sehr wohl zu fühlen.

    Da ich nun schon über einige Zeit „Residente" in Spanien war und trotz alljährlicher, inständiger Warnungen versuchte Heiner vom Flaggen- und Namenswechsel zu überzeugen, war er sich über den Ernst der Lage eines Zollvergehens nicht wirklich bewusst. Er unternahm gar nichts bis eines Tages unter meiner Tür ein Schrieb vom Zoll mit dem Hinweis lag, dass das Boot Altair illegal im Lande sei und an „ die Kette „ gelegt werden würde.

Obwohl wir einen Kaufvertrag hatten, wurde dieser vom Zoll nicht anerkannt, eben weil das Boot auch weiterhin unter chilenischer Flagge segelte die auf meinen Namen registriert war. Da ich dem Zoll unseren Kaufvertrag vorgelegt hatte, berechneten sie auf den dort aufgeführten Verkaufswert die Zollstrafe. Ich erhob Einspruch und nach langem hin und her konnte ich Altair von einer Zollstrafe befreien und seinen Verkaufswert fast halbieren, um eine Art Verzögerungs-Zins zu vermindern. Heiner war sich keiner persönlichen Schuld bewusst und erwartete nun von mir, mich an allen anfallenden Kosten zur Hälfte zu beteiligen, so wie wir es bisher immer getan hätten, wie er meinte. Ich empfand seine Forderungen als ein Verdrehen der Tatsachen und als ein Fehlen von Verantwortung für sein eigenes Boot. Ich hatte das Gefühl, das er sich wohl als Eigner des Bootes fühlte, aber vielleicht unbewusst sich hinter mir versteckte. Das war zweifelslos das Ergebnis von dem Umstand, dass das Boot immer noch unter meinem Namen und Flagge lief. Ich konnte klar die „Verstrickung", die Unordnung in diesem Durcheinander erkennen, die mein anfängliches Angebot an Heiner – das Boot auch weiterhin unter meinem Namen segeln zu lassen – mit sich brachte und welchem Risiko ich mich bei möglichen Unfällen ausgesetzt hatte, war ich doch fälschlicherweise davon überzeugt, dass unser privater Kaufvertrag offiziell Gültigkeit hatte, aber in Wirklichkeit illegal war! Aus voller Überzeugung lehnte ich jegliche Kostenbeteiligung ab. Bei Heiner schlug das wie ein unerwarteter Blitz ein! Er war völlig ausser sich und kündigte mir total seine Freundschaft! Da ich zum ersten Mal in meinem Leben so etwas erfuhr, war es mir wichtig diese Geschichte, natürlich aus meiner Sicht, so ausführlich zu erzählen. Heiner zahlte den vom Zoll geforderten Betrag und bemühte sich nun ernsthaft um eine neue Flagge auf seinen Namen. Ich fühlte mich frei vom Boot und empfand von daher seine abrupte Trennung als Erleichterung, um den Verlust der Freundschaft war ich traurig. Um mich trotzdem irgendwie an diesem Ungemach zu beteiligen, hatte ich vor, Altair eine Roll-Reff-Anlage für die Genua zu schenken, um meinem Mitgefühl Ausdruck zu verleihen, um aber auf der anderen Seite die Verantwortlichkeiten nicht mehr zu verwischen. Jedoch durch Heiners abrupten Bruch wurde daraus auch nichts mehr. Heiner überliess mir gleich zu Anfang seines Bootsbesitzes die

ARIES-Selbststeuer-anlage, die er nicht brauchte. Ein anderer Segler, der auf grosse Fahrt gehen wollte suchte genau solche Anlage die hoch im Kurs stand. Da Heiner direkt keinen Kontakt mehr mit mir wünschte, gab ich ihm indirekt die Information weiter und gab ihm dafür die selbststeueranlage zum Verkauf zurück, damit er für die damalige Zollzahlung eine reelle Einnahme hätte, so dachte ich es mir jedenfalls. Der färe Preis für die gut funktionierende Anlage lag um die 3-4 tausend DM. Soweit ich mich erinnere verkaufte er sie für DM 500.-, welch Schnäppchen für den Käufer! Aus heutiger „therapeutischer Sicht" könnte man annehmen, dass Heiner gar keinen „Ausgleich" wünschte, um an seinem „beleidigten Opfer-Dasein" mir gegenüber festhalten zu können, nach seiner Sicht – von mir hintergangen und missbraucht worden zu sein-! Da er –für immer- unsere Freunschaft gekündigt hatte, musste diese Tatsache durch solche konstanten Projektionen gefüttert werden. Obwohl wir uns seit Jahren aus der Sicht verloren hatten, hält er bis heute an dem – für immer - fest, nachdem ich ihm doch noch einmal begegnete und offenen Herzens zusammen mit seiner freundlichen Partnerin begrüsste. Es bedarf viel Kraft „ Anti-Liebe" aufrecht zu erhalten, und wir uns dann über die Folgen zwischen-menschlicher Verstrickungen und daraus folgenden möglichen Krankheiten wundern!

> Es ist kurios für mich, das ich meine Geschichte mit Heiner ausgerechnet hier in einer Urwald-Lodge im Ekuatorianischen Amazonasgebiet, umgeben von Schweizer Abenteurern, aufschreibe.<

Im Herbst machten Monique und ich die 14-tägige Rebirtherausbildung in Castellon auf dem spanischen Festland. In der Tat, es war eine sehr intensive Erfahrung. Es geht bei diesen Therapie--Schulungen nicht nur um das Erlernen der Methoden, es geht um das persönliche Erfahren; denn nur so ist später eine therapeutische Arbeit überhaupt möglich; man muss DA DURCH gehen, um den Werdegang der Methode überhaupt integrieren zu können. Es „krämpelt" sich Inneres nach Aussen, Unbewusstes-Ungewusstes- Verstecktes-Verdrängtes kommt teilweise mit schmerzvollen Geburtswehen ans Tageslicht. Es kann anfangs ein wenig erschrecken und wenn man merkt, dass man solche Ängste ja überlebt, sogar vor einer grossen Gruppe wohl fremder aber unterstützender Menschen, dann HAL-

LELUJA- ich bin frei, schöne neue Welt ! Das Rebirthing-Atmen ist ein bewusstes verbundenes Atmen, das ohne Pause zwischen dem Atemrythmus des Ein- und Ausatmens in den Brustkorb, nicht in den Bauch, geschieht.Dieses Atmen zieht sich etwa über eine Stunde hin und kann eine Hyperventilation zur Folge haben – das Blut wird mit Sauerstoff „überfüttert" und kann sich körperlich als unangenehm und sogar beängstigend auswirken, weil es ungewohnt ist, aber in diesem Falle keine gesundheitlichen Gefahren in sich birgt, weil es bewusst gesteuert geschieht. Der ununterbrochene Luftstrom bewirkt die unterschiedlichsten Erfahrungen bis hin zum Erlebnis der eigenen Geburt(Rebirthing) oder „Licht"-Erlebnisse- und kann alles Erlebnisfähige und Erfahrbare abdecken, so dass ich mich beim Atmen in Situationen wieder finden kann die einmal schmerzhaft in meinem früheren Leben gewesen sind, diese, jetzt als erwachsene Person wieder erlebe und erkennen kann, dass die Ängste die jene Schmerzen mit sich brachten hier und jetzt vollkommen bedeutungslos geworden sind und mich durch solche Erkenntnis von ihnen frei machen kann. Der Teilnehmer wird wärend des Seminars an viele Gebiete des täglichen Lebens heran geführt und kann so spüren, wo bei ihm innerliche „Schmerzen" auftauchen, um sie durch die Atem-Sitzung aus der verdrängten „Tiefe" an die Oberfläche zu bringen. Genausogut kann ich ohne jegliche Vorstellung oder Erwartungshaltung in die Sitzung gehen und lasse geschehen was immer geschehen soll. Da die unbewussten, negativen Verhaltensmuster sich ständig wierholen, wie beispielsweise– elterliche Missbilligung- oder Empfindungen wie - Ohnmacht- Opfer- Rivalität- Rache – Insest – Kampf – Schuld – Missachtung – resultieren daraus unsere „Lebens-Lügen" wie solche: -Ich bin schlecht- Ich kann nicht – Keiner will mich – Ich gehöre nicht dazu – Ich bin dumm – Ich bin hässlich – Ich passe nicht -. Solche unbewussten Vorstellungen über einen selbst als Resultat ja so „menschlicher" Verhaltensmuster, gilt es zu erkennen und im besten Falle aufzulösen,zumindest bewusster werden zu lassen, um in die Rolle des BEOBACHTERS zu schlüpfen , der solches Verhalten dann „selbstbewusst" erkennen kann. Parallel zu diesen Atemsitzungen gibt es viele gemeinsame Übungen und Spiele, mit einem Partner oder auch alleine, die uns bei der

Arbeit unterstützend helfen, um durch auflockernde körperliche Bewegung und Tanz, Erfahrenes leichter zu integrieren.

Mit Sicherheit gingen Monique und ich anders aus dieser Schulung heraus als wir angetreten waren. Wir fühlten uns weiter und heller wie wohl jeder Mensch sich fühlen würde nach 14 tägiger bis in die Tiefen aufwühlender Arbeit. Wir waren nun „Rebirther" von der Schulung her, nicht von der Erfahrung, um nun von daher mit eigener Clientel arbeiten zu können. Als nächste Phase der Ausbildung war nun ein Zyklus von 10 individuellen Sitzungen mit einer Rebirtherin und danach weitere 10 Sitzungen mit einem Rebirther zu absolvieren, die jeweis 10 Wochen in Anspruch nahm. Einen guten Rebirther fand ich auf der Insel, eine Rebirtherin musste noch eine Weile warten.

Bhagwan hatte sich längst wieder in Poona angesiedelt nach seiner post –Oregon Odysse-. Die Oregon-Kommune löste sich langsam auf, aus der „Blase" ging die Luft 'raus. Der eigentliche Sinn spirituellen Wachstums hatte sich stark –marterialisiert-. Der Elan einflussreicher Sannyasins verlor sich in Ego-Trips. Die 95 psychedelisch bunt bemalten Rolls-Royce kamen schliesslich unter den Hammer. Was aus dem Rest der riesigen Investition in Land, Gebäuden und Inventar wurde, ist mir nicht bekannt, doch etwas neugierig bin ich schon und wäre ich einmal in der Gegend hätte ich Lust mir das alles noch einmal anzusehen.

Das Aufblühen der Kommune in Oregon war schon ein ausserordentliches, beispielsloses Experiment, ein Beweis dafür welche Energie durch eine >idea divina< frei werden kann. Auf politischer Ebene gibt es da die gruseligsten Parallelen, ganz zu schweigen von verrückten spirituellen Exzessen die teilweise tödlich ausgegangen sind. In Oregon war das „Spiel" eher anders herum: die führende Sannyas-Clique hatten ihrem Meister zuliebe, der selber gerne marteriellen Luxus genoss, die Kommune hoch getrieben und sich dann selbst in ihrem Erfolg, der mit Hilfe tausender „Arbeits-Bienen" erreicht worden war, „geaalt"!

Bhagwan wurde bedingungslos geliebt, so dass er im herkömmlichen Sinne keinen unternehmerischen Einfluss auf das Geschehen ausübte, seine lichte Präsenz reichte vollkommen aus, die sich dann durch seine Sannyasins manifestierte. Er war die essentielle Quelle überhaupt, da er aber gerade zu dieser Zeit, fast über 3 Jahre geschwiegen hatte, könnte man annehmen, dass wohl in praktischer Hinsicht die „ Regentschaft" eher bei der Führer-Clique lag, die sich wohl auch von allzu menschlichen Bedürfnissen leiten liess. Dazu kam der Rebell Bhagwan, der das „Faule" am amerikanischen System angriff wo er nur konnte und so die Aufmerksamkeit des amerikanischen Machtsysthems auf sich zog, mit dem nicht zu spassen ist. Die tiefen Ängste, dass „the american way of live" brüchig werden könnte und Schaden erleide, und solches gerade bei Bhagwans tiefsinniger und stimmiger Durchleuchtung, treibt das System gegen ihn auf die Barrikaden und versucht ihn schliesslich zu „kreuzigen"! Erstaunlich dabei aber auch war, dass sicherlich nur in den USA der Aufbau einer solchen Kommune möglich war, eben weil der „grosszügige" - american way of live- es zuliess, also so viele freie Möglichkeiten bis hin zur neuen Stadtgründung von „Rajneesh-Puram" zur Verfügung standen und genutzt wurden.

Meine Unlust, nach meinem einzigen Oregonbesuch, dorthin mal wieder zurückzukehren, besonders auch wegen der aggressiven Stimmung der amerikanischen Bevölkerung aus dem Umfeld der Kommune, fand ihre Bestätigung in dem weiteren Geschehen. Es war wirklich nicht mehr das, wozu es einmal angetreten war, statt eines „spirituellen" Ruhepols eine von aussen bedrängte, sich verteidigende, eher unruhige, disziplinierte Arbeitskolonne. Die Kommune selbst schien sich zu einer Blase entwickelt zu haben und erlitt schliesslich das Schicksal einer „Blase", sie platzt irgendwann einfach!

Bhagwan hatte sich inzwischen umbenannt. Er hiess nun „Osho" was uns allen sicherlich lieb war, so als beginne eine neue Epoche seiner Idee einer „Mysterien-Schule"!

Meine persönliche Zuneigung zu Osho, als mein spiritueller Meister, war nicht eingetrübt, wohl aber seine „göttlichen Fähigkeiten" die ich emotionell in ihn projizierte. Dieses „Göttliche" lag zu jener Zeit für mich in weiter Ferne, wie unerreichbar, so wie „Mensch" sich allgemein GOTT vorstellt. Es geht hier nicht um jenen religiösen GOTT, es geht allein ums SEIN ansich, das immer präsent ist in jedem SELBST und so war Er, OSHO, wieder „Mensch" geworden und somit begann auch eine neue Etappe in meiner Entwicklung.

Ein letzter Liebesbeweis war meine tiefe Trauer, als ich „zufällig" über seinen Tod erfuhr. Normalerweise hörte ich nie die Deutsche Welle. An jenem Tag war ich unruhig, ging zum Radio, das versteckt oben auf dem Schrank stand, drückte, ohne es zu wollen, die Kurzwellentaste und hörte im selben Moment den deutschen Nachrichtensprecher sagen:….dass der indische Guru Shree Rajneesh gestorben sei. Die Nachricht schlug bei mir wie eine Bombe ein. Es war der Verlust eines über alles geliebten Menschen. Ich machte mich sogleich auf den Weg zu Sannyas-Freunden ganz in der Nähe und dort trauerten wir gemeinsam.

Nach meinem Empfinden ist gerade im „armen" Indien die Lust auf glitzernden Reichtum, die dem Volk von den reichen und mächtigen Maharashas in ihren Palästen vorgespielt wird, fast schon eine kulturelle Prägung, eine „notwendige Illusion", die vielleicht die Armut erträglicher macht,wenn auch nur in Momenten wie beispielsweise in den „Bollywood-Kinos" oder leuchtenden Festen! So sehe ich auch Osho als Inder, der kein Hehl daraus macht marteriellen Luxus und Schönheit geniessen zu können. Der prunkvoll glitzernde Kronleuchter über dem Eingangstor seines Ashrams in Poona zielt in diese Richtung. Der Name „The gateless Gate" den er dem schweren Holztor gab, deuten trotz aller üppigen äusserlichen Schau, auf die Unwichtigkeit all dieser „Spielerein" hin, auch um uns klar zu machen, das Reichtum und Schönheit nichts „Anstössiges" hat, man es geniessen kann ohne davon abhängig zu sein. Gerade dieser „feine" Unterschied zwischen SEIN und Nicht-Sein ist für den Normal-Bürger durch Osho´s Aussagen so wiedersprüchlich und unakzeptabel, weil es über unseren rationalen Kopf unverstanden bleiben muss-„da geht ES einfach nicht lang"! Gleichzeitig gilt es, diesen marteriellen Überfluss der um ihn entstanden ist, als„Hürde" zu nehmen, es ist wie ein „Filter", wie ein „Schleier" den wir durchdringen und überwinden sollten, um unsere engen Vorstellungen von Heiligkeit und Schein-Heiligkeit, von falschen religiösen Empfindungen und Glaubensbekenntnissen, den tiefen Schuldgefühlen, die aus alle dem resultieren und den Menschen belasten, um alle diese Zusammenhänge zu erkennen, sie uns bewusster zu machen, um in den

„Genuss" des Gegenwärtigen zu schlüpfen. Seinen Sannyasins versucht er über alle diese provokanten Spielchen die Essenz allen SEINS näher zu bringen. Die Botschaft Oshos, und so einiger anderer „Gurus" mehr, ist über unseren westlich orientierten rationalen Verstand nicht fassbar. Glücklich sei derjenige der zu Ihm kam und mit seinem eigenen „Kopf unter´m Arm" heimkehrte! In dieser Erkenntnis ist alles ein göttliches Spiel, ein „LILA" wie die Inder sagen, zur Erbauung unseres Daseins. Die Einen gehen gegen Ihn in Opposition bis hin zur Agression, die Anderen verlieben sich, sie akzeptieren, verstehen und geben sich der neu gewonnenen Weite hin. Wer aber einmal in der Buddha-Hall sass und seinen Diskursen lauschte, die auch in vielen hundert Büchern nachzulesen sind, der könnte etwas „begriffen" haben!

OSHO: –GRENZEN-

„ Die menschliche Kapazität ist grenzenlos. Alle Grenzen sind unser Glaube und Überzeugungen, es gibt keine Grenzen. Der Mensch ist Teil der Unendlichkeit und dieser „Teil" ist gleich mit dem Ganzen – das ist das Gesetz höherer Mathematik. In der Welt niedrigerer Mathematik, ist der Teil niemals gleich mit dem Ganzen, der Teil ist offensichtlich kleiner als das Ganze.In der Welt höherer Mathematik ist der Teil gleich dem Ganzen, niemals kleiner als das Ganze, eben weil der Teil das Ganze ist. Genauso wie im Ganzen der Teil ist, ist im Teil das Ganze. In keinem Falle sind sie getrennt. Keine Grenze trennt den Teil vom Ganzen. Es ist EINE Realität aus der Sicht zweier Möglichkeiten"!

Ich muss zugeben, dass ich, einige Zeit später, auch Erleichterung darüber empfand, das die lebende Präsenz Oshos Abschied von der Welt genommen hat und ich mich so von seiner liebenden kontinuierlichen Gegenwart aus der Pflicht genommen fühlte, wieder mehr zu mir selber kam, ohne Ihn verloren zu haben. Oshos ständige „Aklamationen" dass nur ein lebender Meister Hier und Jetzt wirken kann, konnte ich nun selbst erfahren. Mit der Zeit entwickelte sich in mir eher die Zuneigung zu einem geliebten Freund auf beiden Ebenen unserer „scheinbaren" Realität, einmal der marteriellen, dual funktionierenden Raum-Zeit-Welt der Phänomene, und dann des SEINS an sich, das über- oder untergeordnet Alles enthält was zu sein in Erscheinung tritt und nicht in Erscheinung tritt – THE GATELESS GATE – Das torlose Tor!

Wärend ich meine Erinnerungen über die Rebirther-Ausbildung nieder schrieb, hatte sich wohl „OSHO" dazwischen „gemogelt"!-

Eine mir sehr auffallende Erfahrung bei einer der letzten Rebirther-Sitzungen mit Andrés auf der Insel war folgende. Ich ging mit einem fast abnormalem Hunger aus der Sitzung, kaufte mir ein frisches Brathähnchen, suchte mir dann auf schnellstem Wege einen ruhigen Platz im Wald und konnte es kaum abwarten dieses leckere Hähnchen mit „Haut und Haaren" aufzufressen. Meine Hände, Mund und Gesicht triefen vor fettiger Fresslust. Es war wohl das wildeste und köstlichste Mal meines Lebens! Wenn ich mich jetzt erinnere war es die letzte Sitzung, die in der 37° warmen Badewanne stattfand in der ich nackend mit einem Schnorchel im Mund und einer Pinzette auf der Nase auf dem Bauch unter Wasser lag und über eine Stunde lang atmete. Das körperwarme Wasser, kann – interino- Erinnerungen stimulieren. Was wohl in meinem Falle mit dem enormen Appetit nach der Sitzung geschah, war, dass ich nach meiner Geburt wohl grossen Hunger empfand, der nicht gestillt worden ist und ich –jetzt- meinen grossen Appetit endlich stillen konnte?! Es mag sein, dass solche Fälle von –Bewusstwerdung- spezifisch keine grossen neuen Erkenntnisse hervorrufen, aber ganz sicherlich wirken sie auf das ganze „Systhem" wie ein weiterer „Tropfen" im sogenannten „Selbst-Findungs-Prozess". Die ganze Rebirthing-Arbeit beruht auf einem sehr vollständig abgerundeten System, dass das ganze Spektrum menschlicher, alltäglicher Problematik berührt und so, sehr erfolgsversprechend, Lösungen bringen kann.

Maria-Magdalena, eine professionelle Rebirtherin kam vom Festland auf die Insel und hielt einige Konferenzen – zum Kennenlernen –ab. Monique und ich waren dabei und es entwickelte sich ganz spontan eine grosse Zuneigung zwischen uns Dreien. Wir schlugen vor ein kostenloses Rebirthing-Seminar auf der Insel für Sie als Einstieg zu organisieren und alle, alle kamen. Wir waren 65 Teilnehmer; der zur Verfügung stehende Raum platzte aus allen Nähten. Es war ein voller Erfolg! Maria Magdalena beschloss auf die Insel zu ziehen. Wir fanden für sie ein kleines, idyllisch gelegenes Bauernhäuschen mit Obst- und Gemüsegarten. Ihre beiden jüngsten Söhne kamen mit ihr. Roberto, der Älteste von ihnen, renovierte Mutters neues Häuschen sehr kunstvoll, riss Wände ein, baute ein grosses Fenster ein, erweiterte kleine Räume zu einem grösseren, so dass sich die Mutter dort sehr wohl fühlen konnte. Ich half ihm bei der Arbeit mit Tips aus eigener Umbauerfahrung und fühlte mich in seiner Nähe immer sehr happy. Meine Zuneigung zu Maria Magdalena übertrug sich auf ihre beiden Söhne.- Nun hatte ich auch eine Rebirtherin auf der Insel und konnte mit den noch fehlenden 10 Sitzungen beginnen, wärend sie sich sehr schnell an einem grossen Zulauf für Sitzungen und Seminare erfreuen konnte. Ihre Ausstrahlung berührte viele Menschen was sich an ihrem professionellen Erfolg als „Renacedora" wider-spiegelte. Wir waren glücklich mit ihr.

Unsere Tochter Ailara konnte unsere Hingabe an sie nicht verstehen und stämmte sich dagegen. Auf der einen Seite mag da wohl ein Verlust an Aufmerksamkeit ihr gegenüber mit im Spiele gewesen sein, >die Angst, die Liebe der Eltern zu verlieren<; doch spürte Ailara wohl auch, dass da eine gewisse „Manipulation"seitens Maria Magdalenas uns gegenüber im Gange war, was wir nicht sehen konnten oder wollten und was später mehr ans Tageslicht kam.

Nun denn, wir waren „high" mit ihr und boten ihr unsere Räumlichkeiten im alten Bauernhaus für ihre nächste, vier Wochen dauernde Ausbildungsschule an. Erst später merkte ich, auf was wir uns damit eingelassen hatten; denn das Haus musste total renoviert, der Kuhstall zum Seminarraum ausgebaut werden mit neuen Türen, Fenstern, Bad und Fussböden, elektrischer Sonnenenergie-Anlage und dazu kam die Gestaltung eines Camping-Platzes mit Duschen, Plumsklos auf einem wilden Feld neben unserem Haus, zwischen Pinienbäumen am Waldesrand. Dazu kam eine komplett neue Kücheneinrichtung zur Versorgung bis hin zu 40 Personen sowie einen Essraum, den wir unter unserer offenen Terrasse und dem Feigenbaum einrichteten. Auch die grossen Tische und Bänke zimmerte ich. Für alles das hatten wir ein knappes Jahr Zeit, wärend wir innerhalb dieses ganzen Um-und Ausbau-Prozesses das Seminar selber organisieren mussten. Wenn ich mich heute zurück erinnere war das – vom Kopf her –

von uns alleine fast nicht machbar; denn die Tiere und das Land wollten auch atendiert werden.

Aber wir schafften es mit nur wenig Hilfe, einmal weil wir das wenige Geld das uns zur Verfügung stand für den Einkauf der Marterialien verwenden mussten, so blieb für Lohnarbeit kaum etwas übrig und zum anderen musste ich mir selbst beweisen, dass meine eigenen Kreationen auch von mir selbst erledigt werden konnten und sollten. Diese, meine Lebens-Philosophie, band mich in eine Disziplin meiner Wünsche und Wunscherfüllung in der Hinsicht ein, dass ich immer nur in meinem eigenen persönlichen Möglichkeitsbereich handeln und wirken konnte und ein „Fremd-Anspruch" nur die Ausnahme war, mich also selbst in eine Autarkie zwang und auch nur in diesem Bereich mein Leben gestaltete weil ich davon überzeugt war und bin, das innerliche „Freiheit" immer nur in Unabhängigkeit und damit in Nicht-Identifikation mit äusserlichen Dingen und natürlich dem Ego geschieht !

Hinter diesem enormen Arbeitaufwand stand das beglückende Erlebnis, nun endlich eine Art Seminar-Zentrum auf die Beine gestellt zu haben, genau das, was wir ja von Anfang an wollten und nun, in totaler Überzeugung genau das Richtige zu machen, dieses Projekt mit Elan anpackten. Es mag kontrovers erscheinen, das eine solche „Hingabe" an die Arbeit, an die Gestaltung äusserlicher Dinge, ja sogar einer Identifikation mit ihnen, diese Herausforderung totalen körperlichen Einsatzes und Wunscherfüllung, einem „Freiheit" spüren lassen: aber –andere- segeln um die Welt, erklimmen die höchsten Gipfel unseres Planteten oder surfen auf 30 Meter hohen Wellen, um diese Totalität des „wirklichen" DA-SEINS zu erleben ! Es geht ja nicht ums Tun an sich, es geht ums Tun im Nicht-Tun, um Wu-Wei, wie es die Taoisten nennen, einfach spontan das ausführen was im Moment angesagt zu sein scheint, und sich aus dem So-Sein in Stille ergibt. Vor solchem Hintergrund ist ein Gelingen von beglückender Erfüllung!

Maria Magdalena bereitete inzwischen ihre Schule vor. Wir trafen uns und besprachen Einzelheiten, wärend ich nebenbei auch als Ihr Assistent jeden Monat einmal an einem verlängerten Wochenende in Katalonien an einem anderen Ausbildungsseminar teilnahm.

Wir entwarfen den Prospekt. Maria M. wollte mich auf Reisen schicken, um auf den anderen Inseln Konferenzen für unsere Schule abzuhalten und um Teilnehmer zu werben. Da erschrak ich; denn das war gar nichts für mich, da piekte sie in eine Schwachstelle, ich lehnte ab mit der Ausrede, dass ich wahrlich genug Arbeit hätte! Auf der anderen Seite spürte ich seitens Maria Magdalenas immer grössere -exigencias-, die teilweise unsere Möglichkeiten überstiegen und Stress erzeugten. Zweifelslos ist Maria M. eine hervorragende Therapeutin. Sie strahlt eine intensive, dynamische Energie aus und zieht die Menschen in Ihren Bann, aber ich spürte auch, dass Sie weniger Erfahrung in alltäglichem, praktischem Tun hatte, so dass sie unseren Einsatz nicht wirklich einschätzen konnte. Manchmal begann ich, mich hier und da ausgenutzt und überfordert zu fühlen. Die Teilnehmer-Werbung ihrer Schule überliessen wir ihr, obwohl sie meinte, dass das auch ein Teil unserer Organisation sei.

Schliesslich kamen über 20 zahlende Teilnehmer zusammen und weitere 15 Assistenten und Hilfen. Wir organisierten die Küche. Unsere Preisvorstellungen für eine bio-vegetarische Tagesverpflegung, die wir über andere, ähnlich funktionierende Zentren einholten, waren ihr viel zu hoch. Es entstand eine gewisse „Rivalität" zwischen Maria M. und uns als den praktischen Unternehmern, die wir für unseren Service und der zur Verfügung stehenden Infra-struktur den entsprehenden finanziellen Anteil haben wollten. Monique wollte die Küche mit Helfern übernehmen, was ihr wohl mit Recht abgelehnt wurde, wolle sie auch wärend der Schule weiterhin als Assistentin und Organisatorin funktionieren. Sie fühlte sich allein gelassen und fiel in ein „Loch". Die Küche übernahm schliess-lich ihr Sohn Roberto mit Freundin und Maria Angelica. So blieb ein Teil des „Kuchens" in ihrer Familie. Allerdings drückte sie den Verpflegungsplan für Roberto auf ein Minimum was er anfangs akzeptierte, jedoch später mit der Bitte zu uns kam , ihm einen Teil der Küchenmiete zu erlassen, was ich ablehnte und ihm anheim stellte doch mit seiner Mutter darüber zu verhandeln, was für ihn aber auch erfolgslos blieb. Das Gute an dieser Arbeit war, dass wir alle mit vollem Bewusstsein bei der Sache waren und mit viel Transparenz gemeinsam versuchten alle Widersprüche in Einklang zu bringen. Diese ganzen Vorbereitungen waren für uns schon fast mehr „ Wachstum" als das Seminar selbst. Auch Maria M. wirkte abgespannt und wurde krank. Sie sprach von Anfang an davon, dass dieses ein ganz besonderes Rebirthing-Ausbildungs-Seminar werden würde und in der Tat, so geschah es, aber sicherlich nicht ganz so wie sie es sich vorgestellt hatte. An Ihrem Krankenbett sitzend bat Sie uns zu verstehen, dass Sie alleine nicht die Kraft hätte um diese Schulung durchführen zu können. Sie hätte inzwischen Kontakt mit Veronica, einer Rebirtherin aus Barcelona aufgenommen, mit der Bitte Sie beim Seminar zu unterstützen. Es war wohl so, dass Maria M. in uns beiden nicht eine ausreichende Qualifikation erkennen konnte, um sich wärend der 4-wöchigen Schulung in Momenten von uns vertreten zu lassen. Mit Ihrem Gespür hatte Sie gar nicht so Unrecht, da fehlte uns noch Erfahrung und ausserdem war die therapeutische Arbeit aus meiner Sicht ganz Ihre Angelegenheit. Auch das grosse anfängliche Vertrauen zwischen uns hatte sich durch unsere Auseinandersetzungen geschmählert! Ich war sichtlich erleichtert als sie sich für Veronica entschied und so die Spannung entschärfte. Ein solches intensives Schulungs-Seminar, bei dem persönliches Wachstum (human growth) für jedenTeilnehmer an erster Stelle steht, ist eine grosse Hertausforderung. Es handeltete sich ja nicht um ein Universitäts-Studium bei dem unser Kopf mit Wissen vollgestopft wird, um nachher bei den Examen dieses selbe „Wissen" als verstanden bestätigt zu bekommen. Nein, ganz im Gegenteil ging es hier um tiefe persönliche, oftmals aufwühlende innere Erfahrungen und das erfordert sehr viel Einsatz bei der Arbeit mit dem Menschen selbst. Alles zusammen ist es ein Unternehmen in dem das Geben und das Nehmen im Einklang sind; nicht wie üblicherweise vor dem Hintergrund der Konkurrenz und Rivalität, sondern in Harmonie und Liebe unter dem Motto: Jeder gewinnt, es gibt keine Verlierer und in der Tat; das will gelernt sein! Ein Unternehmen ist immer ein „Tun", ist Energie und bewegt unter anderem auch Geld. Auch das ist, neben vielem Anderem, ein Thema der Schulung selbst. Die Teilnehmer zahlen, und nach Abzug der Unkosten teilt sich der Rest prozentual unter therapeutischer Schulungsleitung und der Organisation auf. Im Falle von Veronica gab Maria Magdalena einen Teil ihres Anteils an Veronica ab, forderte aber als Unkosten von der Organisation ein Mietauto; denn ein solches war die Bedingung Veronicas, um überhaupt am Seminar teilnehmen zu wollen. Ich war damit nicht einverstanden, das nun die Organisation solche Kosten übernehmen müsse und „torkelte" wieder einmal in meine innere Blockade und Ohnmacht, missbraucht zu werden. Ich erkannte, dass ich der fordernden Art Maria Magdalenas in meiner Ohnmacht nicht gewachsen war, fühlte mich miserabel und spürte Rivaltät Veronica gegenüber. Die Organisatation zahlte das Mietauto und Sarthi schluckte. Dieses ohnmächtige Gefühl ist absolute Kraft-und Machtlosigkeit, ich fühlte mich wie ausradiert, nicht mehr vorhanden, eine absolute Null!

Seit dem wir Maria Magdalena kennengelernt hatten kam bei uns auf allen Gebieten ganz viel in Bewegung. Wir gaben uns total hin, wollten uns aber auch nicht verlieren, was sich ja im ganzen Entwicklungs-Prozess der Schule widerspiegelte und uns hier und da ganz schöne Schwierigkeiten bereitete. Einmal war es die Hingabe an die „Meisterin", zum anderen eine Angst missbraucht und ausgenutzt zu werden und genau diese Angst sagte mir, das gewisse Verhaltensweisen unserer „ Meisterin" nicht einer MEIS-TE-RIN entsprachen, genau das was unsere Tochter Ailara wohl sah, aber wir an unserer Hingabe erst einmal nichts ändern konnten. Maria Magdalena als ausgezeichnete Therapeutin und starke Führungspersönlichkeit begrenzte sich auf der anderen Seite sehr durch Ihre subtilen Manipulationen ihren Mitmenschen und „follower´s" gegenüber. Ihr therapeutisches Wissen und Einfühlungsvermögen konnte Sie nicht wirklich auf Ihren Alltag übertragen. Ihr „Triumphieren" lag wohl eher auf ihrer persönlichen Ebene, was Ihr auch sichtlich Schwierigkeiten bereitete.

Ich möchte Sie hier nicht kritisieren noch bewerten, aber unser gemeinsames Miteinander hatte Spuren hinterlassen, es war ein wichtiger Abschnitt in meinem Leben.

Schliesslich begann das Seminar. Zusammen waren wir über 35 Personen. Es war sehr feierlich, und in positivem Sinne abgehoben. Wir Assistenten aus Venezuela, Spanien und Deutschland bildeten eine starke Gruppe innerhalb des Seminars und nannten uns- equipo A – und gaben so, unserer Präsenz gegenüber den beiden „Meisterinnen", einen Namen.

Das ewige menschliche Spielchen, das die östlichen Meister schlicht und einfach als „ Ego" bezeichnen, als getrenntes, persönlichen ICH! Genau das ist ja unsere „Sperre" zum „ SEIN". Es holt uns immer wieder ein, obwohl wir in solchen „Wachstums-Seminaren" versuchen, genau das Gegenteil zu lehren, was auch ertstaunlicher Weise meistens gelingt, weil sich wärend der „Unterrichtung", wenn die GNADE uns hold ist, sich das Ego wie in einem Lichtkanal verflüchtet und dem SEIN Raum gibt. Genau das ist der innerste Wert dieser therapeutischen Schulungen, den Teilnehmern das „ SEIN" durch s e i n in deren Wahrnehmung zu erwecken. Alles andere Erlernen der „Techniken" usw. ist zweitrangig. So ist also das Ziel einer solchen Gruppe die Lehre essentiellen SEINS durch s e i n, obwohl das alltägliche, äusserliche Tun, die sogenannte Logistik des Seminars zwischen allen Beteiligten mit allen Atributen der Egos behaftet sein kann. Unser „Assistenten- Equipo A" als spürbares Gegenwicht gegen die „übermächtige" Leidenschaft der beiden Seminarleiterinnen gehört zu solchen Ego-Spielchen, denen wir uns nur dann entziehen können wenn wir uns dem Hier und Jetzt, der Quelle des Gewahrseins, inne sind. „Erleuchtung" ist SEIN.

Das Phänomenale, das Körperliche hat uns natürlicherweise fest im Griff. Alles andere ist im „normalen Leben" un-vor-stell-bar, solange er nicht – berührt- wird, berührt von der unaussprechlichen Kraft essentiellen SEINS und das geht über einen Glauben an Gott ursächlich hinaus, obwohl ein solcher Glaube Berührung ist, ist er aber gebunden an eine Projektion hin zu Gott. Im Glauben ist Gott Berührungspunkt –nach da oben-, aber Gott ist wie wir sind, ohne Projektion - hier und jetzt -!

Die Teilnehmer und Assistenten füllten mit ihren bunten Zelten den kleinen Pinienwald, den wir als Camping-Platz vorbereitet hatten und sie leuchteten wie bunte Pilze in einem Märchenwald. Es gab Tische und Bänke, Gaslaternen für den Abend, 4 Freilandduschen sternförmig aufgestellt, sodass man sich –berühren- konnte. Der Duschplatz selbst war von Bambusmatten eingerahmt. Auf dem Feld nebenan in einer Ecke unter Bäumen stand das Plumsklo mit 3 Sitzen, die nur mit halbhohen Brettern unter sich und einem weißen leichten Vorhang nach aussen abgetrennt waren. Es wurde also Wert darauf gelegt körperliche Scheu, besonders in dem normalerweise so versteckten Intimbereich, entschieden zu lockern was so manchem anfangs schwer fiel, um später, durch die neu erfahrene „Freiheit" in diesem Bereich, übers ganze Gesicht zu strahlen. Auf unserer Terrasse standen gedrängt die Tische und Bänke, wo wir alle gemeinsam assen. Die Küche lief auf Hochtouren. Die Küchenmannschaft wirbelte nur so herum. Wir hatten einen grösseren Herd gekauft, eine Abzugsglocke und nur der Gaskühlschrank reichten bei weitem nicht aus! Alle Mäuler wurden 3-mal täglich mit guter vegetarischer Kost gestopft!

Bald merkte das Küchenteam, dass sie mit dem zugeteilten Geld nicht auskamen, was wir ja schon vorausgesehen hatten. Das Ergebnis schliesslich war, dass auf der Menü-Liste immer häufiger Gemüsesuppen auftauchten.

Es fällt mir noch ein, dass ich mich wieder einmal in ein Ohnmachtsgefühl treiben liess: Kurz vor Beginn des Seminars erfuhr ich, dass alle Teilnehmer ihre Unterwasser-Atem-Sitzung in der von mir dafür geschaffenen grossen Badewanne machen sollten, was mich völlig überraschte. Für Maria Magdalena, als erfahrene Therapeutin, war das ein absolutes selbstverständliches Muss, da es auf der Insel keine warmen Termalbäder oder ähnliches gab, mussten alle Schüler durch meine Badewanne! Das Problem nun war, dass unser Zisternen-Wasser stank und ich im wahrsten Sinne des Wortes mit meinem Latain und meiner Lust am Ende meiner Kräfte war. Es bedeutete nun, die grosse Zisterne leer zu pumpen, zu reinigen und 40 Tonnen frischen Wassers von einem Tankwagen auffüllen zu lassen. Ich weigerte mich entschieden und spürte in mir einen solchen Widerstand dem ich nicht Herr werden konnte, obwohl mich die Umstände und Anforderungen eines solchen Seminars dazu zwangen. Dieser unterdrückende Zwang, der zu erfüllen war aber nicht erfüllt werden konnte, weil ich fühlte, das bei meinem totalen Energie-Aufwand des letzten Jahres tatsächlich keine Kraft mehr übrig war, musste nun doch die ganze Arbeit wieder von mir geleistet werden; denn ich stellte ja die Infrastruktur als „Unternehmer" zur Verfügung. Genau in diesem Moment fühlte ich mich total ohnmächtig im wahrsten Sinne des Wortes und sank vor der strikten fast autoritären Forderung der beiden starken Frauen in tiefste Tiefen, ich fühlte mich missbraucht, ausgesaugt und überfordert. Da ich ähnliche Ohnmachtssituationen ja schon öfters in meinem Leben erfahren hatte, wird mir beim Aufschreiben solcher Momente klar, doch einmal nach dem Woher und Warum solcher Situationen zu fragen; denn letztendlich ist es ja die Aufgabe all dieser auto-biografischen Schreiberei mehr Licht in mein „persönliches" Dasein zu bringen. Genau jetzt war das ja ein idealer Moment mir dieser „Schwächen" bewusster zu werden. Ich konnte meine Willenstärke:> mir meine „Wünsche" s e l b e r erfüllen zu wollen< erkennen, was eine efiziente und total fokusierte Dynamik erfordert, der ich einfach mit viel Freude und Elan folgen muss. DAS ist mir dann wichtiger als alles andere, immer auch in dem tiefen Vertrauen, das mir übergeordnet Kraft und Schutz gibt. Dieses Geschehen ist ohne Angst und übermächtig, so als funktioniere ich wie ein Werkzeug einer höheren Macht! Diese meine Lebensart konnte ich nicht wirklich kommunizieren, noch sah ich irgendeinen Sinn darin, habe mich im Laufe des Lebens mehr um die Erfüllungen dieser kreativen Dynamik gekümmert als beispielsweise um eine dauerhafte hingebungsvolle Pflege menschlichen Miteinanders. Freundschaften waren mir sehr lieb, besonders auch dann wenn sie vertrauens- und liebevoller wurden. Das galt mehr in den früheren Jahren, als wir noch unreifer und abhängiger von unserer Umwelt waren, uns die körperliche Liebe noch stärker zur Erfüllung drängte und wir uns langsam vorwärts tasteten, um uns selber zu finden!

Mein mitmenschliches Dasein war auch schon manchmal mit Ängsten besetzt, es war da eine Scheu vor intellektuellen Auseinandersetzungen mit starken Frauen und Männern, denen sich das „Ego" im mündlichen Dialog nicht gewachsen fühlte, folglich empfand ich solche Gesprächsdiskussionen wie Ego-Schlachten; derjenige der die besten Argumente am flüssigsten in die Runde warf war für diesen Moment der Sieger. Ich war zu langsam und die besten Argumente fielen mir später ein. Das Langsamsein ist nicht wirklich so, es ist eine gewisse Scheu die mich im Langsamsein besetzt hält und mich so blockiert.

Mich manchmal ohnmächtig zu fühlen, ist Teil meiner Existenz in diesem Körper, seinen Genen, seiner Konditionierungen, seiner willensstarken, sich selbständig machenden Dynamik, verbunden mit all diesen unbewussten Ängsten unseres Gefühls des „Getrenntseins". Grenzen zu überwinden ist ein Akt der Gnade, nicht MEIN Wille, ES IST LIEBE!

Ich kann da auch noch einen grossen Widerspruch in mir selbst erkennen, einmal der kraftvolle –autarke- Anspruch, alles selbst machen zu wollen, was ja auf der anderen Seite eine gewisse Bedürfnislosigkeit voraussetzt, die aber in meinem Falle nicht so ganz real war; denn meine Wünsche zu immer neuen Kreationen sind gross! Das Resultat dann ist, dass ich mich aus Eigensinn in vieler Hinsicht überfordere, irgendwann an Grenzen stosse, die Kontrolle verliere und mich ohnmächtig fühle. In dem Bewusstsein darum, ist Ohnmacht nichts anderes als der Verlust von KONTROLLE!

Da war aber auch noch ein anderer Sarthi, der sich der süssen Hingabe erfreute und genoss, geliebt zu werden, sich selbst und die ganze Menschheit liebte und alles was da fleucht und kreucht unter dem Himmel.

Der Motor des Lebens, diese Spannung, die durch die Gegenpole- Ursache und Wirkung- YIN und YANG, in der Dualität des körperlichen Exstierens in Bewegung gehalten wird, hält uns alle als lebende Wesen im Bann, es geht ja gar nicht anders, es sei denn, die Wahrnehmung erhebt sich über das phänomenal Gesetzliche, sprengt die Grenzen hin zum Gewahr-SEIN und erlöst uns von dem immensen Druck persönlicher Identifikation.

Mir dieses Ohnmachtsgefühl noch klarer zu machen, es noch mehr zu analysieren, bringt mich zu der Überzeugung: >die Kontrolle verloren zu haben<,>keinen Ausweg mehr zu finden<,> am Ende zu sein<! Es ist eine sehr schmerzhafte Erfahrung, fast wie ein physischer Tod als tiefste Verwundung. Es ist aber auch ein Prozess das Ego in seiner Urkraft zu entdecken, sein enormes Leidpotential zu erkennen, um e s zu transformieren! Das Ego fühlt sich schutzlos, aber anstelle den Mut zur Transformation aufzubringen, also ins Licht zu gehen, saust es meistens wieder in die „Hölle", weil T r e n n u n g das Übel der Ohnmacht ist und nicht die LIEBE! Zum anderen kann mein Ego-Wille so kraftvoll im marteriellen Bereich sein, dass irgendetwas ihm Einhalt gebieten muss und wenn es keine Krankheit, kein Unfall oder fremde Agressionen sind, dann ist es wohl die Ohnmacht die bei mir anklopft: „ ...halt inne, sei s t i l l "! Ich wünsche mir wahrhaftig keine neue Ohn-machts-Situation, hatte Gott sei Dank auch nur

wenige in meinem Leben, aber sollte es wieder einmal auftauchen möchte ich mich daran erinnern- inne zu halten und still zu sein-!
Unser Schulungsseminar brachte bei jedem Einzelnen ganz viel in Bewegung. Ein Jeglicher auf seine Art ! Da war ein deutscher Teilnehmer, dem ich jedes Wort und jedes Detail übersetzen musste. Da ich zwar hinhöre, aber bei weitem nicht immer zuhöre und so auch nicht alles übersetzte wie er es gerne gehabt hätte, übte er ständigen Druck auf mich aus und das zog sich über die 4 Wochen hin. Mein dynamischer Arbeitsrythmus ging dadurch sogar noch verstärkt weiter, neben dem Job als Assistent, Organisator, Unternehmer und handyman für alles Drum und Dran, um unsere doch schon etwas anfällige, alternative Infrastruktur am Laufen zu halten. Das Zisternenwasser entpuppte sich als sauber, nur eine dünne obere Schicht roch ein bischen faul. Der „Himmel" half mir zum Guten; vielleicht sogar wegen meines autentischen NEINS !?

Maria Magdalena hatte die Zügel dermassen stark in Ihrer Hand, dass sich Ihre Partnerin Veronica zurückgesetzt fühlte und mehr aktive Teilnahme am Kurs einforderte was ihr aber nicht zugestanden wurde. Veronica muxte auf und begann ganz vorsichtig sich in unsere Assistenten-Clique einzuschleichen in Form von Einladungen zu Abendessen ausserhalb des Seminarbereiches an einige Assistenten. Damit fing ein Machtspielchen innerhalb der Seminarleitung an, das Maria Magdalena vielleicht in eine ähnliche Ohnmachtssituation brachte wie ich sie einige Tage zuvor erlebte.. Veronica organisierte zusammen mit uns Assistenten ein meeting mit Maria Magdalena, das natürlich völlig ausserhalb des eigentlichen Seminars ablief, so dass die Teilnehmer davon nicht berührt waren. Sie sass auf dem „heissen Stuhl" und wurde sehr feinfühlig aufgefordert ein bischen mehr von Ihrer Machtposition abzugeben um Veronica an der Seminarführung mehr teilnehmen zu lassen, was ja ursprünglich abgemacht war. Der Dialog wurde für Sie immer enger, weil Sie mit allen Tricks therapeutischer Kunst auszuweichen versuchte. Im selben Moment drehte sich das „Spielchen" um: Veronica zusammen mit der Assistenten-Gruppe waren nun die therapeutischen „Macher" um Maria M. zu therapieren, aber Sie konnte das nicht akzeptieren.

In mir kam der Wunsch hoch Ihr beizustehen, Ihr Kraft und Mut zu geben, um Ihren grossen Führungs-Anspruch los zu lassen. Das wäre in dieser Situation nicht nur gut fürs Seminar gewesen, es wäre eine grosse Erlösung für Sie selber gewesen. So traf genau das ein, was Maria M. von Anfang an pronostiziert hatte nämlich: „dass dieses für Alle ein aussergewöhnliches Seminar sein wird"! Was Sie aber sicherlich nicht erahnte, dass es Ihr selber Grenzen aufzeigen würde. Nun, Sie verschloss sich und verliess verbittert unsere Runde.

Solche Vorkommnisse sind nichts aussergewöhnliches. Sie beeinflussen ein Seminar mit aller emporkommenden Problematik auf jeglicher Ebene und sind oft ein schmerzlicher aber doch willkommener Beitrag für unser aller Verstehen hin zu Wachstum. Weder die Therapeuten, noch die Assistenten sind frei von dem Schmerz der Trennung und so ist alles was passiert willkommen im Hier und Jetzt, einfach im SO SEIN!

Was einen guten Therapeuten ausmacht ist seine Fähigkeit Brücken zu spannen zwischen Sein und Nicht-Sein. Maria M. war darin eine Meisterin wärend des Seminars, was Ihr Erfolg und Anerkennung brachte. Für sich selbst ist immer nur dann „Wachstum" angesagt, wenn man sich vom Erfolg äusserlicher Meisterschaft nicht einlullen lässt.

Nach langen 4 Wochen war es dann vorbei. Die Organisation der Abschiedsfeier übertrug Maria Magdalena an die Assistenten. Es war sehr feierlich was wir alle da auf die Beine stellten. Jeder Einzelne wurde wie in seiner höchsten „Blüte" geehrt und –frei- gelassen, die eigene und ewige Quelle zu erkennen, zu finden und in ihr zu s e i n.

Maria Magdalena nutze die letzten Momente, um mit Ihren treuen Assistenten die Rebirthing-Ausbildungs-Schule im nächsten Jahr in Andalusien zu besprechen. Monique und ich waren nicht mit dabei und hörten von diesem neuen Event auch nur so nebenbei.

Uns beiden reichte diese Erfahrung vollkommen, so war es klar, mit Maria Magdalena nicht weiter zusammenzuarbeiten. Einen Monat später bekam ich selber Lust für den nächsten Sommer ein Seminar zusammen mit Sven zu organisieren. Er sagte begeistert zu!

20. Reise: > INDIEN 2 > BABAJI > HEIMKOMMEN SEMINAR > AVATAR-TRAINING > NEUES Boot

Sondra Ray, eine der bekanntesten und welteit erfolgreichsten Rebirtherin aus den USA machte fast jährlich eine organisierte Reise nach Haidakhan, dem Ashram Babajis, nördlich von Delhi in Indien gelegen. Sven hatte im Vorjahr als Client an der Reise teilgenommen und war nun als Assistent wieder mit von der Partie. Babaji war der „Atem-Guru" der Rebirther-Bewegung, hatte aber schon vor Jahren seinen Körper verlassen. Der Ashram, den Babaji mit seiner Hände Arbeit mit aufgebaut hatte funktionierte weiter unter der Leitung einiger indischer Jünger. Es gab dort verschiedene Feste, die jedes Jahr gefeiert werden und grossen auch internationalen Zulauf geniessen. Sondras Reise hatte ein solches Fest zum Ziel, nachdem vorher noch andere indische Sehenswürdigkeiten besucht wurden. Ich war mit dabei.

Im Hotel in Delhi wunderte ich mich über die vielen Paar Schuhe die auf dem Gang vor einem Zimmer standen, bis mich die Neugier packte, ich an der Türe lauschte die angelehnt war, sie behutsam öffnete und da sass ein „ Heiliger" vor einer Gruppe von Indern und predigte ihnen sein Heil. Ganz flink erkannte er jemanden in dem leicht geöffneten Türschlitz bat ihn hinein, begrüsste mich und führte mich in ein weiteres Zimmer, setzte sich aufs Bett, wir strahlten uns gegenseitig an, er erzählte mir auf englisch seine Geschichte, wärend er einen bildschönen Jüngling anwies mir lekkere indische Süssigkeiten zu servieren. Er war ein Swami der mich einlud seinen Ashram in Kalkutta zu besuchen. Er selbst lebte seit 40 Jahren ausschliesslich von Milch und hatte in ganz Indien seine Anhänger, die er sporadisch im Lande besuchte, wie nun auch hier in Delhi. Welch andere Welt ist doch dieses Indien. Sie schöpfen aus Quellen, die uns Westlern unbekannt erscheinen, und im geheimen ahne ich ihre Wahrheit. Diese Gurus törnen mich an- DAS zu SEIN was ich BIN ....ohne m i c h -. Sie ermuntern durch ihre transparente Präsenz, da gibt es nichts mehr zu sagen, nichts mehr zu denken nur noch zu SEIN!

Unsere Indienreise ging los. Ich fühlte mich wohl behütet an der Seite von Sven. Im Hotel in Delhi hatten wir noch zusammen ein Zimmer, das änderte sich aber bis zum Schluss der Reise, weil ein „Assistent" nicht in „privatem Kontakt" mit einem Teilnehmer sein darf. So sind beim Rebirthing die strengen Regeln, aber das kann man ja auch verkraften! Wir besuchten einen kleinen Babaji-Tempel in einem, für die Inder sehr heiligen Ort. Gleichzeitig war dort auch eines der Haupt-Zentren der Hare-Krishna-Bewegung. Beim Rundgang dort angelte mich ein Jünger aus der Menge, lud mich in sein Büro ein, erzählte mir die dollsten stories und wünschte sich meine Mitgliedschaft verbunden mit einer lohnenswerten Geldspende. Ich muss gestehen, dass es gar nicht so einfach war, mich aus dem missionarischen Überzeugungsbann zu befreien; denn jedes, aber auch jedes Ausweichmannöver von mir wurde mit den allerbesten Gegenargumenten zunichte gemacht, denn sie wissen ja darum; wenn sie einen Suchenden vor sich haben!

Über Agra und dem Taj Mahal, einem Grabmahl für die Frau des Schahs Jahan aus dem siebzehnten Jahrhundert, ging es per Bus weiter gen Norden nach Haidakhan, dem Ashram Babajis. Irgendwo in der Wildnis machte der Bus halt, wir stiegen aus und liefen über einen schmalen Pfad hinunter zum Ashram, der 110 Stufen über dem Fluss liegt. Uns wurden Schlafräume zugeteilt. Jeder bekam eine Pritsche in einfachsten Räumen mit Zementböden. Die Küche hatte zwei grosse offene Feuerstellen, an Tische kann ich mich nicht erinnern, so auch die terrassenartigen Flächen wo wir auf Zementböden das Essen zu uns nahmen, das in grossen Schüsseln zum Servieren bereit stand. Früh morgens ging es die 110 Stufen hinunter zum Fluss wo wir uns in der morgendlichen Frische im Fluss wuschen und badeten. Die Frauen mit Kleidern, wir Männer immer in Hosen. Ich suchte mir Nischen, um der Belastung strenger Ahsram-Regeln soweit wie möglich zu entfliehen, aber ohne diese zu stören, bis mein persönliches Wohlfühlen und die Hingabe an spirituelle Übungen und Rituale in mir übereinstimmten! Dafür brauchten wir alle natürlich unsere Zeit, die uns am Morgen und am Abend mit dem ARATI-Gesang versüsst wurde. Mit jeder neuen Übung dieses heiligen Gesanges vertiefte sich meine Wahrnehmung HIER und JETZT und wurde so präsent, dass mir die Tränen vor Glückseligkeit liefen. Diese „wahrhaftige" Verbindung zum SEIN geschah mir immer wieder in Indien, wenn ich in der Präsenz lebendiger Ausstrahlung eines Gurus, als Mittler, war. Ganz viel Dankbarkeit brachte ich Babaji entgegen und da er nicht mehr in seinem Körper präsent war, beugte ich mich tief nieder vor einem Bild seiner jugendlichen Erscheinung.

Es war ja eine „Therapie-Reise" für internationale Rebirther mit Sondra Ray und so hatten wir täglich die unterschiedlichsten Übungen, Vorträge und auch des öfteren gemeinsame Atemsitzungen. Der Ashram war auf ihre jährlichen Besuchsreisen vorbereitet. Die Organisation klappte. Im Büro sass ein Mädchen die mich anstrahlte als sie von meiner Heimat-Insel erfuhr, lebte sie doch auch dort für einige Zeit und hatte noch einen Koffer abzuholen!

In einem anderen, ganz hoch gelegenen Babaji-Ashram in Chilianaula wurde jährlich ein grosses Fest gefeiert. Ein Bus brachte uns nach stundenlanger Fahrt dort hin, nachdem wir unterwegs an anderen Heiligtümern Stops einlegten. Das Feuer-Ritual war der zentrale Punkt dieses Festes und noch immer bewahre ich die heilende Asche in einem Schrein. Dort oben hatten wir einen wunderschönen weiten Blick auf den schneebedeckten Himalaya; die greifbare Ewigkeit lag ganz nahe vor mir, ich brauchte keine „Nischen" mehr, um mich wohl zu fühlen, um alles in jedem Moment zu akzeptieren – was ist – und so – wie ES ist – ohne persönliche Identifikationen mit Nichts, und so wurde die glückliche Präsenz des SEINS erfahren! Dort oben kaufte ich mir ein silbernes Amulet mit einem inneren beweglichen Rad auf dem kreuzweise vier Türkise eingearbeitet waren. Es begleitet mich auf allen Reisen. Zurück in Haidakhan gab es für uns noch einen persönlichen Darshan mit Muniraji und Shastriji, den beiden engsten Nachfolgern und Organisatoren der Ashrams. Mit Shastriji hatte ich ein Gespräch mit der Frage nach meiner näheren Zukunft. Ohne das er irgendetwas von meinem Leben wusste, empfahl er mir eindringlich Land- und Gartenarbeit in freier und wilder Natur. Kama-Yoga, die Meditationsrichtung Babajis, bestimmte, seitdem ich auf der Insel lebte, mein Leben und so konnte ich mit seiner Empfehlung leicht übereinstimmen. Muniraji fragte uns einzeln, wärend des Darshans, ob wir irgendwelche Wünsche hätten unter anderem vielleicht einen neuen Namen. Als ich an die Reihe kam, und vor ihm niederkniete meinte er: „ Du hast ja schon einen indischen Namen ! Willst Du noch einen"? Ich beantwortete seine Frage mit einem klaren „Ja"!....und im selben Moment klingelte das Telefon, er nahm den Hörer ab und unterhielt sich eine Weile. Mir war es in dem Moment so als beriete er sich mit Babaji über einen Namen für mich; denn in dem Moment als er den Hörer auflegte schoss es förmlich aus ihm heraus, er sah mich an und sagte: " Amar Singh"!...... als Sondra aufkreischte und keiner wusste warum. Nach dem Darshan kam Sie zu mir und erzählte mir, dass der Name >Unsterblichkeit< bedeute, was wiederum für mich >erlebtes SEIN< ist, des Seins gewahr zu sein. So hatte ich wieder einen „Aufhänger", der mich in die Freiheit einlud und gleichzeitig das Ego kitzelte.

Wenn man heute im normalen Leben , über Unsterblichkeit spricht, kann das mit viel Unverständnis aufgenommen werden, es ist fragwürdig für viele Menschen die mit allen diesen „spirituellen Geschichten" nichts am Hut haben. Ich möchte da in erster Hinsicht den Mann ansprechen, der seine hohe Kunst der Geistigkeit dem Verstand überlässt, sich in sachlichen Argumenten geradezu aalt, um blos nicht mit „Metaphysischem" in Verbindung gebracht zu werden, welches ihr mentales Gerüst ins schwanken bringen könnte, weil ihnen das Fassbare aus den Händen gleitet! Ich möchte aber auch diejenigen ansprechen, die sich auf einer spirituellen esoterischen Linie bewegen und gerne den „maestrito" spielen, das Ego benimmt sich dann ein bisschen –verkleidet-. Jedoch gibt es einen Trost; denn bei persönlicher Ent-Wicklung, hin zum „Unpersönlichen", kann man das hinter sich lassen. In jedem Lebensabschnitt verbergen sich Möglichkeiten und wer Ohren hat der höre, wer Augen hat der sehe und wer im Herzen wohnt der spüre.

Am heiligen Fluss Gautama Ganga namen wir noch an dem Ritual der Kopfrasur teil. Jedem wurde frei gestellt sich von einem Inder den Kopf rasieren zu lassen und so geschah es auch mit mir, der sich, ähnlich wie nach seiner Bartrasur vor einiger Zeit bei Ard Ried, kaum wiedererkannte. Diese äusserlichen Veränderungen, sei es durch spezielle Kleider oder Haare sind tiefe Einschnitte hin zu direkten Hier und Jetzt – Erfahrungen und zeigen mir, wie gebunden ich an äusserliche Gewohnheiten bin, die ja völlig in Ordnung sind wenn ich sie mir aus der Sicht des Beobachters anschauen kann, um über alles das herzhaft lachen zu können. Nur die Erfahrung solcher Moment-Aufnahmen lassen mich das erleben. Ein Helfer und Mitarbeiter Sondras meinte, als er mich kahl-geschoren sah:... „das ist ja Gandhi"! Ich wusste nicht so recht wie mir geschah; denn dieser Vergleich brachte zwei Seiten in mir zum Vorschein; er kitzelte wegen Gandhi mein Ego, um gleichzeitig zu erkennen: „...so alt bin ich schon"? Gleich zwei Egos bemächtigten sich meiner Mind! Um den kahlen Kopf über längere Zeit zu erhalten bedarf es nun der täglichen Rasur, die ich nach dem zweiten Tag breits aufgab.

Sven blieb noch in Haidakhan, um das traditionsreiche Feuerritual zu erlernen, wärend ich mich nach einigen Tagen der Rückreise auf meiner Heimatinsel wieder fand. Ich widmete mich nun ganz unserem zukünftigen Seminar, das Sven und ich im nächsten Sommer anbieten wollten. Es sollte eine Mischung aus aufbauenden Übungen der verschiedensten Traditionen sein die wir beide über die Jahre erlernt und erfahren hatten. Für mich war das eine grosse Herausforderung, etwas ganz Neues, ich musste mir Mut machen, fühlte mich als „Gruppenleiter" noch nicht so wohl in meiner Haut, alte Ängste – vor Publikum zu sprechen- machten sich bemerkbar. Wärend Sven in Haidakhan seine Feuer-Zeremonie lernte, bereitete ich den Prospekt für unser Seminar vor. Das machte viel Spass und erforderte natürlich, das inhaltlich das Seminar stehen musste bevor der Prospekt in den Druck ging. Ich durchlebte in der Prospektvorbereitung den ganzen Ablauf, um dann durch präzises Fokusieren die wichtigsten Themen mit wenigen Worten auf den Punkt zu bringen. Da es sich in erster Linie um ein Rebirthing-Seminar handelte war der Ablauf grundsätzlich vorgezeichnet. Aus einem Kinderbuch für Erwachsene entnahm ich zwei sehr schöne Zeichnungen zweier netter Jungens, die nach den Sternen griffen und den Eindruck vermittelten über unsere unbeschwerte, unschuldige Kindheit wieder in einen solchen Zustand heim gekommen zu sein, diesem Gespür, frei von jeglichen Gedanken, Vorstellungen, Ängsten und Bedrängnissen in der Wiege des SEINS zu schweben, genau das, was wir versuchten in dem Seminar, dieses Heimkommen zu vermitteln. Auf der Rückseite waren dann wieder diese beiden Jungens zu sehen, um mit dem Stern der Erkenntnis in seinem Arm, das Seminar ausklingen zu lassen, begleitet von den Zeilen:....>und wenn Du Deinen Stern gefunden hast bist Du all über all zu Hause und erleuchtest die Welt als der wiedergeborene Sohn<. Daraufhin bekam ich von einer Deutschen auf unserer Insel die „Schelte": „ ...wieso nur die Söhne, wo sind wir, die Töchter"? Sie empfand sich ausgeschlossen und das mit Recht von ihrer Position als Frau aus, und so wäre es im moderneren, angepassten Deutsch richtiger gewesen vom wiedergeborenen KIND zu sprechen! Da der Pospekt ja schon gedruckt und verteilt worden war konnte ich nichts mehr ändern, war mir aber ihrer „Einmischung" bewusst, ohne mich auf weitere Diskussionen einzulassen, es hätte die essentielle Botschaft vernebelt. Unter solchem Gesichtspunkt hätte es auch ein Mädchen und ein Junge auf dem Prospekt sein sollen, unsere Macho-Allüren hatten sich wieder einmal eingenistet, aber tatsächlich sind Gott-Vater und Sohn im biblischen Sinne männlicher Natur und wir beiden Seminarleiter auch.

Sven schien begeistert als er unseren Prospekt in Indien in den Händen hielt. Ich hörte von jemanden, das die Zeichnungen aus einem Buch stammen und ob wir Erlaubnis für deren Abdruck eingeholt hätten. Dem war nicht so. Mir wurde bewusst, dass der Prospekt für einen Wachstumskurs absolut klar und transparent sein müsse und nahm diesen Hinweis dankend an, um mich über den Verlag mit der Autorin in Verbindung zu setzen, mich für die Unterlassung entschuldigte und für diesen Ausnahmefall rückwirkend die Erlaubnis bekam. Dafür war ich sehr dankbar, bewegte ich mich doch auf einem Gebiet des copyrights von dem ich keine Ahnung hatte.

Viele Monate später befanden wir uns mitten im Semniar. Wärend ich mehr das Organisatorische delegierte und zur „Rechten" des Meisters Sven sass, funktionierte der Ablauf sehr fliessend von einer grundsätzlichen Struktur ausgehend, aber doch frei und flexible jedem Moment angepasst. Es macht viel Freude mit Menschen am Menschen zu arbeiten und dabei zu erkennen, dass mit jeder neuen Arbeit die wir zusammen machten, mehr und mehr Öffnung geschieht und die, anfangs noch verschlossenen Teilneh-mer, eine vollkommen neue und wache Ausstrahlug bekamen, deren sie sich oft erst später voll bewusst werden, wenn sie im täglichen Umgang auf einmal merken, dass sie Liebe spüren und sich von daher wieder neu erinnern an das Sein an sich ! Eine Teilnehmerin, die mit Ihrer Freundin angereist war, hatte psychische Probleme und war in ärztlicher Behandlung, was uns im Fragebogen nicht mitgeteilt worden war, um vorab zu entscheiden ob es angemessen für sie war an unserem Kurs teilzunehmen. Nun, sie war mit ihrem ganzen Entusiasmus begeistert dabei und als es an ihre Abreise ging, wollte sie nicht mehr weg von uns und meinte mit strahlendem Gesicht :"..ich bin hier heimgekommen ich bin total glücklich und bleibe bei euch. Ich habe meinen Stern gefunden"! Diese ihre Aussage war genau der Sinn unseres Seminars:HEIMKOMMEN, aber natürlich von ihr aus eine herrliche Projektion auf uns; ihr Heimkommen spielte sich im Moment ganz rührend im Aussen ab. Das Seminar war zu ende nun musste jeder Teilnehmer sein inneres Heimkommen mit sich nehmen, zurück und vorwärts in seine alte-neue Welt. Wir hatten unser Tun, sie in ihren Flieger zu kriegen und waren sichtlich gerührt und erleichtert von ihrem Abschied.

Zum Herbst fand eine Shamanengruppe von unserer Insel unter der Leitung von Jesus Miguel, der aus dem Norden Spaniens kam, bei uns statt. Jesus war ein strenger Meister, seine Teilnehmer liess er schwitzen. In einem Gespräch mit ihm konnte ich erfahren dass er persönlich mit Carlos Castaneda gelebt und gearbeitet habe! Für mich war das eine Sensation, begleiteten doch Carlos Castaneda die geheimnisvollsten Geschichten und Speku-lationen um seine persönliche Präsenz auf diesem Planeten. Alle seine Bücher hatte ich verschlungen. Jesus erzählte mir eine Anekdote: > Um diesen Carlos und seine Bücher hatte sich eine grosse Anhängergruppe gebildet die nichts anderes wollte als ihn persönlich kennenzulernen.Schliesslich kam endlich der Tag eines vereinbarten Treffens. Der Raum war voller Menschen und alle warteten auf sein Erscheinen, aber da kam keiner und sie wurden ungeduldig, wärend Carlos Castaneda bereits unter ihnen war, es aber keiner bemerkte. Nach einer Weile verliess Carlos wieder den Raum, wärend die Fan-Menge immer ungeduldiger auf ihren „ Meister" warte, bis sich schliesslich ein Organisator des Treffens meldete und sagte:" Carlos Castaneda war die ganze Zeit unter Euch und hat soeben den Raum wieder verlassen" < Ich hätte die Gesichter sehen mögen!

Unsere Mutter lebte inzwischen bei Anke in Hildesheim. Schwester Anke übernahm einen grossen Liebesdienst und konnte so ihre grossen mütterlichen Gefühle an der eigenen Mutti, Ihr zum Wohle, einbringen. Es tat dann schon weh, wenn ich Sie wieder einmal besuchte und jeder Abschied der Letzte sein könnte. Mutti stand dann oben auf dem Balkon und winkte mir zum Abschied zu. Da spürte ich schon echte Trauer. Obwohl wir als „Er-wachsene" unser eigenständiges Leben führen ist der Moment der Trennung von der Mutti doch immer wieder ein Bewusstwerden Ihrer Nähe, Ihrer Stärke Ihres Da-Seins, Ihrer LIEBE, aber noch war Sie da, ein stiller Trost um den Abschied leichter zu machen. Zu Ihrem 90zigsten trafen wir uns alle in Ihrem Haus in Hamburg und verlebten gemeinsam herrliche Tage wie in alten Zeiten. Mein Freund Piero aus Lanzarotte hatte an einem AVATAR-Kurs teilgenommen und vermittelte mir seine Begeisterung. Er lud mich zu einem solchen Kurs in Hamburg ein, d.h. er war mein Trainer und partizipierte so an meinem finanziellen Kursbeitrag, der alle meine bisherigen Seminare und Ausbildungsschulen an Höhe weit übertraf. Ich stimmte zu, nachdem ich mir die empfohlene Literatur über den AVATAR-Kurs und seinem Urheber Harry Palmer durchgelesen hatte. Ja, das war wohl etwas ganz Neues und schien bestens in meinen persönlichen „Wachstums-Trip" zu passen! Da wir alle zu Muttis 90zigsten in Hamburg waren, interessierten sich auch Bruder Klaus und Schwägerin Lynda für den Kurs und nahmen teil. Der Kurs geht etwa über 10 Tage und baut sich über genau vorausgeplante Übungen auf, deren Ergebnis einem Trainer dann als Erfahrungsbericht übermittelt wird, der dann entscheidet, ob man das Resultat dieser Übungen verstanden und integriert hat. Es gibt keinerlei Konfrontation, weder mit anderen Kursmitgliedern noch mit den Trainern. Jeder macht seine Übung ganz für sich und jede Übung baut auf die nächste auf, um dann, an Zwischen-Zielen, in bewusstere Ebenen zu kommen, die wiederum aufbauend auf noch bewusstere Ebenen zu einer Öffnung des GANZEN führen! Diese Übungen sind sehr intensiv und bringen einen vom ersten Moment an in andere, neue Bewusstseinszustände. Alles beginnt mit dem Wiedererkennen, Wiedererleben des FÜHLENS, bis man uralte Überzeugungen erkennt die negative Auswirkungen auf unser Leben haben. Durch eine sehr präzise Methode versucht man sie zu erkennen und aufzulösen, um diese dann durch eine neue bewusstere und positive Überzeugung zu ersetzen.

Ich muss gestehen, dass das alles schon viele Jahre zurückliegt und obwohl ich mich mit AVATAR intensiv eingelassen, den Meisterkurs absolviert und an einigen Basis-Kursen teilgenommen hatte, konnte ich auch das hinter mir lassen mit der Erkenntnis einen grossen Schritt weitergekommen zu sein -....mit den besten Empfehlungen an viele Freunde sich doch mit AVATAR einzulassen ! Die Kurse sind teuer, das Ergebnis ist unbezahlbar ! Es ist ein Geheim-tip und verändert Dein Leben ! Alles hier Gesagte stammt aus meinen Erinnerungen. Ich habe keine neuen Recherchen unternommen, um entschieden präziser über AVATAR berichten zu können, jedoch unter diesem Namen, einem Computer, Internet und -good will- kann man sich weltweit informieren, auch immer mit der Möglichkeit im ersten Drittel des Kurses mit Geld-Rückgabe-Garantie wieder aussteigen zu können !

Rückblickend wurde mir immer klarer wiewiet ich mich inzwischen von einem „normal-alltäglichen" Dasein distanziert hatte; nicht in dem Sinne wie ein zurückgezogener Eremit zu leben, wohl aber bewusst sich immer mehr mit diesem – neuen- Wahrnehmen einzulassen, es zu erleben es zu leben, so als sei ES schon ein Teil von mir, es gab gar nichts anderes mehr und verhalf mir gleichzeitig zu viel mehr Offenheit gegenüber allem was in jedem Moment geschah ohne das ich irgendetwas beurteilen oder bewerten müsse. Ich liess mich immer mehr von einer inneren Präsenz führen, wodurch sich mir alltäglicher Gesprächsstoff schon ein bischen mehr versagte. Da ist einfach nichts mehr zu diskutieren, wenn das SEIN präsent ist I Natürlich ging das tägliche Leben weiter, wurde grösstmöglich als Dienen am Ganzen aufgefasst und erfüllte sich von daher mit einer übergreifenden Energie.

Das war alles sehr unterschiedlich von dem was ich noch Jahre zuvor erlebte und auch nicht; denn Lichtblicke von diesen neuen, weiten Erkenntnissen gab es ja schon immer, wirklich sehr erleuchtend in jenen Momenten, aber sie wirkten auch beklemmend weil dieses zeitweise „Gefunkel" weit entfernt von meinem erfahrenden Alltag lag und mir so unerreichbar erschien. Da war dann – Kampf- angesagt, um solche high lights festzuhalten, aber je kämpferischer ich wurde desto unglaubwürdiger wurde ich mir selbst gegenüber. Das Gute am Kampf aber war, dass ich nicht aufgeben wollte zu erfassen, was für jeden Einzelnen von uns im Grunde genommen unvermeidlich und unausweichlich in uns schlummert; jedoch jenes Unerreichbare zu erreichen ist –leider- KEIN Willensakt, und da wir uns so –unwiderruflich- dem Willen verchrieben haben, fällt es so schwer dem SEIN auf die Schliche zu kommen, obwohl es ja genau bei uns -da selbst- angesiedelt ist.

Nicht unsere Lehrer in den Schulen, noch die Eltern, weder Präsidenten,Könige oder gar Päbste lehren uns auch nur annähernd etwas vom dem LICHT, von dieser wachen Präsenz; woher solls also kommen als nur von jedem Einzelnen aus sich SELBST heraus und da das anscheinend nicht allzu häufig passiert, könnten leicht berechtigte Zweifel aufkommen, was ist denn wirklich real, was ist die Wahrheit ? Da flüchten wir dann schnell und bequem in das altbekannte, vermeiden jeden Sprung ins Unbekannte und bleiben der grossen Massenbewegung treu – hier sind wir sicher!! Die Weisheitslehrer,unter anderen die indischen Gurus, erzählen uns nun, dass genau an diesem „Wendepunkt" die R e a l i t ä t überhaupt erst beginnt und alles andere Augenwischerei und Illusionen sind.

So wird meine Lebensreise von den vielen Abenteuern: der Geburt, Kindheit, Krieg, Flucht, Pubertät, Ausbildung, Ausland, Seefahrt, erstes vorsichtiges Erwachen immer mehr zu einer inneren Reise in der klaren Erkenntnis, das ein Grossteil meines „egozentrischen" Daseins immer sinnloser wird und die sich daraus folgende „Müdigkeit" andere Wege sucht, sich auf irgendeine Art zu erlösen, um mit sich selbst und dem WAS IST ins Reine zu kommen.

Das SEIN selbst ist weder bewusst noch unbewusst, um aber die Schwelle der –vermeintlichen-Trennung überschreiten zu können bedarf es bewusster Achtsamkeit! Und doch bleibt es eine ewige Balance zwischen gestern und morgen, innen und aussen, Wirklichkeit und Wahrheit, es sei denn wie die Gurus uns verheissen, dass wir angstfrei den Ich-Verlust überwunden haben!

Olga musste ins Krankenhaus. Sie hatte Probleme mit ihrem Verdauungsapparat und musste operiert werden. Das Ergebnis war Krebs. Ich besuchte Sie und war immer wieder überrascht mit wieviel Energie, Kraft und Geduld Sie Ihre körperlichen Probleme meisterte. Sie hatte immer Besuch und händelte alles mit viel Frische!

Im Juni besuchte ich Muttern bei Anke in Hildesheim. Es gab nichts Neues. Ihr Körper wurde immer kleiner und schmächtiger. Sonst war Sie voll da. Anke peppelte Sie hoch mit ihren Nahrungsergänzungsmitteln um Ihr das Leben im Körper so angenehm wie möglich zu machen, aber sicherlich auch um Sie noch so lange wie möglich bei sich zu haben!? Für mich stimmte das nicht so ganz, es sah so ein bischen nach unbewusst manipulierter Lebensverlängerung aus. Das ist mehr als verständlich, wenn die sehr mütterliche Anke Ihrer Mutti das, für sie allerbeste, geben möchte. Mit 91 Jahren war da wirklich keine Hoffnung mehr auf ein langes Leben, schon gar nicht in Ihrem kritischen körperlichen Zustand. Wir sollten Ihr nun den Freiraum zum stillen Hinübergehen zugestehen. Mein Abschied wieder einmal von der geliebten Mutti wurde immer schwerer.

Mit Heiner, Monique und Ailara gingen wir wieder einmal auf grosse Fahrt mit Altair. Rund um Mallorca war in diesem Jahr angesagt. Alte Erinnerungen kamen hoch als wir wieder einmal am Paseo Maritimo in Palma festmachten. Ein Eil-Telefonat aus der Schweiz erreichte Heiner in Puerto Andraixt. Sein Sohn hatte sich das Leben genommen. Das schlug bei uns allen wie eine Bombe ein. Heiner buchte eiligst einen Heimflug, wärend wir drei nun wieder allein auf unserem alten Schiff weitersegelten und wir fühlten uns wie in alten Zeiten. Für Heiner war das ein tiefer Lebenseinschnitt. Wir begleiteten ihn in Gedanken auf seinem schmerzvollen Weg zurück ins Hier und Jetzt der Geschehnisse.

Sven, mein Neffe, hatte zusammen mit seiner Mutter Anke in Poona Sannyas genommen. Eine Welle des Aufbruchs schwappte in den 80 ziger Jahren über die ganze Welt nach und von Poona. Somendra, ein Star-Therpeut in Energie-Arbeit erklärte sich eines Tages als erleuchtet und beanspruchte seinen Platz neben Bhagwan auf der Bühne –spirituellen Welt-Theaters. Bhagwan verwies ihn wegen seiner „Dreistigkeit" aus dem Ashram. Diese Story machte seine Runde und so bin ich hiemit ein weiteres Glied in der Kette des Ashram-Klatsches. Somendra hiess irgendwann dann wieder Miquel Barnet und liess sich in Norditalien mit einer Schar seiner Gefolgschaft in einer grossen gemieteten Villa nieder. Miquel Somendra arbeitete dort weiter als erfolgreicher Energie-Therapeut. Sven stiess zu ihm, blieb eine Weile, lernte dort seine zukünftige Frau Laura kennen, lebte und arbeitete in dieser Comunity. Mit der Zeit wurde es dort zu eng, der Zulauf grösser und Miquel Barnet erstand einen Gutshof in Frankreich. Viel Arbeit gabs dort. Sven leitete einen Arbeitstrupp der unterschiedlichsten Handwerksarbeiten. Er war sehr erfolgreich bei dieser Arbeit. Ich spürte, immer wenn wir einmal zusammen kamen, seine klare Autorität die er einsetzte, um seine Mannen zu deligieren. Er war „erwachsen" geworden und ging ganz in seiner Arbeit und in seinem Leben dort auf. Er wollte keine Minute missen dort zu sein. In dieser Atmosphäre spirituellen Wachstums liess er sich von Miquel mit Laura trauen. Es war eine interne Ashram-Heirat, keine offizielle, aber wohl deshalb besonders innerlich für die Beiden.

Jahre später, nachdem Sven schon längst zurück in Hamburg war und als eigenständiger Therapeut arbeitete, wurde die offizielle Hochzeit weit ausserhalb Hamburgs auf dem Land in einem Hotel-Therapie-Zentrum gefeiert. Familie und Freunde kamen zu Hauf, assen, tranken, wellnesten und schliefen irgendwo. Um für so eine Feier einigermassen gekleidet zu sein bemühte ich mich in einem Secondhand-Laden um ein Jacket, eine Weste und einen Schlips. Über der Gürtellinie, machte das einen angepassten Eindruck und in der Tat kam ich mir gleich wie– Kleider machen Leute- vor. Sven und Laura luden ein und wir waren ein bunter Haufen sehr lieber Menschen unterschiedlichster Couleur und im grossen und ganzen alle aus dem Bereich des -human growth Bewegung- Gemeinsame Spiele, Saunas und Spaziergänge rundeten die Feierlichkeiten sehr erfrischend ab.

Nun lebte ich schon einige Jahre ohne Boot. Ich spürte grosse Lust wieder ein bischen zu segeln und wenn es auch nur für die Insel reichte. Aufmerksamer als sonst sah ich mich um und hatte ehrlich gesagt keine Ahnung wo mich diese Suche wohl hinführt. Der Boss einer idyllisch gelegenen kleinen Privat-Marina war gleichzeitig der Bauer und Pächter des Hofes zu dem auch diese geschützte Bucht gehörte. Ganz langsam mit den einfachsten Mitteln bauten sie diesen Hafen aus, konstruierten sich einen eigenen Travel-Lift, der von dem alten Traktor des Hofes mannövriert wurde. Pepe der Boss meinte eines Tages:"... sieh´ Dir doch mal dieses Boot an! Es ist sehr günstig, liegt seit 6 Jahren an Land, bin aber gar nicht sicher ob es Dir gefällt"! In der Tat, es war ein plumper, unförmiger kleiner Motorsegler, der weit entfernt von meiner Vorstellung war. Ich konnte von Glück reden, dass ich es trotzdem wagte mir dieses Boot von oben und von innen anzusehen. Ich stieg die Badeleiter hinauf und war über die Grösse des Kockpits total überrascht und mehr noch, als ich die Luke zur Kabine öffnete; da breitete sich vor mir eine kleine aber gut bewohnbare Kajüte aus mit einem enormen Raumangebot für diese Bootsgröße von 6.40 x 2.45 Meter. Es gab sogar Stehhöhe für mich, Pentry, Abwasch, Pump-Klo, Aussen-Pinne und Radsteuerung innen und Kojen für 2 Erwachsene und 2 Kinder mit Tisch. Ich war begeistert vom Raumangebot und sogar der kleine Dieselmotor startete nach einigen Versuchen. Der Zustand des Bootes war miserabel. Es gab alles, aber nichts funktionierte wirklich! Wenn ich mich darauf einliess, musste ich mir wieder einmal die Ärmel hochkrempeln und neben dem sehr günstigen Kaufpreis viel Geld und noch mehr Arbeit investieren. Es reizte mich, ich griff zu, die plumpen Linien haben sich erstaunlich verschönert, wenn man nun Eigner ist und auch durch sein vorteilhaftes Innenleben! Ich hatte wieder ein Boot und freute mich wie ein kleiner Junge, der Rest würde sich schon ergeben. Ein grosser Lastwagen mit Kran hiefte den Motorsegler auf seine Pritsche und nachdem ich den von Bäumen überwuchernden schmalen Anfahrts-weg zu meinem Haus beschnitten hatte, nahm das Boot Einzug auf unserem Hof, wurde aufgebockt und schon ging die Arbeit los, die bis heute, 10 Jahre später, anhielt ! Das Boot stand neben dem Haus. Von innen war fast alles neu zu machen, von außen auch! Was ich auch anfasste ging kaputt. Im nächsten Frühjahr ging es ins Wasser, neu gestrichen und poliert, aber noch mit den alten Segeln. Über die Jahre dann wurde weiter erneuert und verbessert. Ich muss allerdings dazu sagen, dass befreundete Skipper von grossen, neuen und teuren Motoryachten, mir ihre Klage-Lieder über Bootsprobleme singen konnten. Die Haare stehen einem zu Berge. Vor diesem Hintergrund waren meine Reparaturen wirklich kleine Fische. Ich machte wieder an meiner alten Boje von ALTAIR fest und benutze ein Dinghy als Tender, das in Ufernähe an einem eingerammten Holzpfahl vor sich hin dümpelte.

Wir verbrachten allsommerlich eine herrliche Zeit auf dem Segler, wir waren wieder auf dem Meer, manchmal weit draussen, badeten in tiefem Wasser, ankerten in kleinen Buchten, erlebten auch starke Winde bei denen es manchmal eng wurde. So ein kleines Boot ist halt kein Hochseesegler wie ALTAIR, das spürte man schon. So kamen Ängste bei schlechter werdendem Wetter viel schneller hoch und das war auch gut so, glichen sie doch die Risiken durch größere Aufmerksamkeit und Vorsicht aus!

Freunde aus Berlin kauften sich ein Schlauchboot mit Aussenborder und verbrachten, wie schon seit Jahren, in einem unserer Gartenhäuschen ihre 4 wöchigen Sommerferien mit ihren beiden vitalen Jungens. Wir schipperten viel zusammen und trafen uns gegen Abend in stillen Buchten, machten Feuer am Strand und bereiteten die köstlichsten Gerichte. Auch Roberto und Mari Angelica waren mit ihrem kleinen Segler oft mit von der Partie. Gemeinsam umrundeten wir die Insel. Als Joy 10 Jahre alt war fragte seine Mutter Lina bei mir an, ob der Junge einen Teil seiner Ferien bei uns verbringen könnte. „Ja doch; wenn er Lust aufs Boot hat ist er immer dabei"!.... und so kam Joy mein Grossneffe und Sohn von Sven über einige Jahre jeden Sommer zu mir. Immer als ich ihn vom Flughafen abholte war seine Freude hier zu sein so gross, dass er am liebsten hier bleiben wollte. Er entpuppte sich eher als ein stiller Einzelgänger, konnte sich mit Musik oder einem Buch leicht zurückziehen. Er war dankbar und sehr anhänglich. Wir mochten uns und auf dem Boot fühlte er sich wohl. Das Segeln selbst war ihm zu langsam. Dann lag er mit seinen Kopfhörern auf dem kleinen Vorderdeck und träumte vor sich hin. Oft waren wir beide mehrere Tage unterwegs. Wenn der Wind zunahm und das Boot −Lage schob- fingen seine Augen an zu leuchten, er wachte auf, jetzt war endlich etwas los!

Die Koje füllte das ganze Vorschiff aus und war in der Mitte so breit wie das Boot selbst. Er schlief backbord und ich hoerte eine leise Stimme:" ...ich bin so weit weg, fühle mich alleine und kann nicht einschlafen, uns trennten fast 2,40 Meter Bett und das war zu viel für ihn, er krabbelte flugs nach Steuerbord zu mir und im nu schlief er ein.

Mit den beiden Jungens aus Berlin freundete er sich an und war auch oft auf Roberts Boot wenn wir im Pack lagen. Wenn dann seine Zeit um war freute er sich wieder auf zu Hause. Mit den Jahren änderte sich alles. Zum letzten Mal kam er hier tief traurig an; denn seine beiden besten Freunde aus Hamburg flogen zum Schüleraustausch nach Neuseeland. Bei ihm reichte das Geld nicht für diese Reise und so kam er diesmal recht verschlossen mit einem spannenden Buch unterm Arm hier an und verbrachte die meiste Zeit seiner Ferien in seinem Zimmer mit Buch und Musik, er hatte keinen Bock aufs Boot und war kaum am Strand. Es tat mir Leid. Dabei blieb es dann auch nachher. Die Pubertät nahm ihn in ihre Fittiche, wie immer das auch aussieht und veränderte ihn von seiner offenen und frischen Jungenzeit langsam hin zum reifenden, angepassten Jüngling. Das ist doch alles sehr bedeutungsvoll für einen so feinen und liebenswerten jungen Burschen.

Inzwischen studiert er Sportmanagement in München und hatte schon früh eine Freundin. Wegen seines Studiums und den unterhaltskosten hatte seine Mutter Streit mit Vater Sven, der so ganz auf seine Art, Vorstellungen vom Studium seines Sohnes hatte, die weder mit Joy noch mit Lina übereinstimmten. Ich erlaubte mir einen Schlichtversuch und schrieb an Joy unter anderem, >dass Väter ihre Kinder anders als Mütter lieben< und von daher auch andere, vielleicht strengere Ansprüche an den Sohn hätten was seine berufliche Ausbildung anginge, verbunden mit den Kosten die damit einhergingen, und Sven nicht bereit war nun solche im Sinne von Mutter/Sohn zu übernehmen. Oh, da stiess ich in ein „Wespennest" und hätte lieber die Finger davon lassen sollen, aber es war bereits geschehen und gab Lina so die Gelegenheit Luft abzulassen, was natürlich auch zu Projektionen führte, die mit dem eigentlichen Thema nicht mehr so viel zu tun hatten und vieles durcheinander wirbelten. Erstaunlicherweise war es die Liebe, die ich den Vätern als Vater-Liebe zugestand, die anders sei als Mutter-Liebe >eben Vater-Liebe< worüber sich die Mutter erbost „ins Zeug legte". Eigentlich sollte es da doch gar kein Missverständnis geben, es sei denn, dass sich die >Mutter-Liebe<, in diesem Zusammenhang, auf irgndeine Art hintergangen fühlte. Mütter lieben ihre Kinder bedingungsloser, das gelingt den Vätern nicht immer so einfach und doch wohl immer besser, gerade das ist ja das ausgleichende Element der Elternschaft, das sich „Yin und Yang" in harmonischem Miteinander befinden. Überhaupt LIEBE zu differenzieren erscheint mir doch sehr gewagt, aber in jenem Moment war mir so danach! Ich empfinde Lina als eine sehr kompetente, fokussierte, liebende und beschützende Mama, die recht gut weiss wo es lang geht und allen Respekt verdient.

Es ist gar nicht immer so einfach; mit unseren mitmenschlichen Beziehungen. Dazu möchte ich sagen, dass mir, was solche Probleme angeht, bisher alles ganz gut gelungen ist. Entweder bin ich ihnen aus dem Wege gegangen, oder besser noch, ich habe sie mir gar nicht erst kreiert; was man auch als Mangel an üblichen Problembewältigungen und Auseinandersetzungen sehen könnte und man sich vielleicht dadurch auch leichter in eine Aussenseiter-Position begibt ! Ein Ego der „Glücklicheren" ?

Im April 1998 nahm ich an einem weiteren AVATAR-Kurs in der Nähe Barcelonas teil, um gleich anschliessend mit meinem Freund und „Master" Piero nach Gardone am Garda-See in Norditalien zu einem AVATAR-Meister-Kurs zu fahren. Alle diese Kurse habe ich als profunde persönliche Wachstumserfahrungen erlebt. Nun war ich selber „Meister", bekam die entsprechenden Unterlagen die streng behütet werden mussten. Sie sollten nicht in unprofessionelle Hände fallen, um den streng strukturierten Kursablauf weder zu verfälschen noch irgendwie zu beeinflussen und sicherlich auch um den Kurs als solchen vor Missbrauch zu schützen. Ich durfte nun selber Ausbildungskurse geben, ich war lizensierter AVATAR-Meister oder Trainer und hatte so wieder einmal einen „Titel" um therapeutisch arbeiten zu können. Dabei beliess ich es und ordnete es in meinen persönlichen Prozess mit ein. Auf der anderen Seite bot mir eine Arbeit mit AVATAR ein gutes Einkommen; denn das Systhem, wohl typisch nordamerikanisch, baute sich, aus sich selbst heraus, erfolgreich und profitabel auf. Die Kursgebühren liegen in den Tausendern, von dem ein gewisser Prozentsatz, je nach Erfolg des fortgeschrittenen Trainers, an das Head-Office abgegeben werden musste. Den grossen Rest behielt der Trainer, so dass man von einem Klienten im Monat überleben konnte.

Den „realen" Gewinn, den man sich als Teilnehmer aus diesem Kurs mitnehmen konnte war in der Tat unbezahlbar. Der hohe Einsatz war fair play. Ein Kurs ging intensiv ueber 10 Tage. Für Leute allerdings, die das nur von aussen her betrachten, ohne sich persönlich einzulassen, war das alles völlig unverständlich. Wie sollten sie auch das >verstehen<?

Wenn überhaupt, identifizierte ich mich auch weiterhin als handy-man, als Bauer und konnte so mit der täglichen Arbeit das Beste aus der sprituellen Reise schöpfen. Das Geld war knapp, reichte aber doch immer irgendwie für alle „Wünsche", die sich geradezu wunderbar anpassten an DAS WAS IST! Ein anderer, sehr wichtiger Punkt war, dass ich mich sehr ungern an einen Terminkalender anpassen wollte. Ich lebte, zumindest in dieser Hinsicht, in höchstmöglicher äusserlicher „Freiheit" und wollte daran so weit wie möglich kompromisslos festhalten. „Fest-Halten" gilt hier nur im sprachlichen Gebrauch; denn an der inneren „Freiheit" ist nichts festzuhalten – sie ist-, und um das zu spüren ist es wichtig sich einen – Raum- dafür zu schaffen und dieser Raum hat sich wärend des Boots-Lebens aus sich selbst heraus ergeben. Es entsteht ein ganz neuer, fast unbekannter Raum der mit einem „gewöhnlichen Alltag" gar nichts mehr zu tun hat und doch präsent ist. Für mich war das DA-SEIN selbst Meditation, ohne sich dafür zu bestimmten Stunden im Lotus-Sitz zurückziehen zu müssen. Mir fiel es immer schwerer meine praktische Arbeit in Haus und Hof mit therapeutischem Engagement zu verbinden und ich war mir sehr bewusst, das Letzteres totaler Hingabe bedarf, um erfolgreich mit Menschen arbeiten zu können. Es wäre eine sehr positive Alternative für mich gewesen; denn die Beglückung sichtbarer Veränderung bei den Klienten verbunden mit der eigenen Hingabe an dessen Prozess, kann kaum durch etwas anderes ersetzt werden. Manchmal möchte ich meinen, dass hier, in meinem persönlichen Werdegang als Vorstellung, vielleicht etwas offen geblieben sein könnte aber die Tatsache, dass ich mich für das praktische Leben auf dem Land entschieden habe reicht vollkommen aus, um zu akzeptieren WAS IST ! Als ich am Ende meiner Reenkarnations-Therapie damals in Hamburg an den Scheideweg mit den beiden Hinweisschildern nach links – STADT –nach rechts – LAND- geführt wurde war meine Entscheidung so absolut klar fürs LAND und das es so lange dabei blieb, bis mir ein neues Hinweisschild erschien, mit beiden Pfeilen nach links und nach rechts, und der weisen Aufschrift – THIS WAY - !

21. Reise: > MUTTIS und OLGAS TOD > Shamanenseminar > Jahrtausendwende 2000

Olga, meiner Tante und zweiten Mutter ging es zunehmend schlechter. Der Darmkrebs schritt voran, Sie wurde mehrmals operiert liess sich aber auf keine Chemo-Therapie ein. Zu ihrem Geburtstag Anfang Februar besuchte ich sie in Vaters Haus in Segur und wir beschlossen, sie in ein Altersheim zu bringen. Es gelang uns glücklicherweise im nächsten Ort einen freien Platz für sie zu bekommen. Sie wollte nicht, konnte aber auf der anderen Seite nicht mehr alleine zuhause bleiben, um ihre persönlichen Bedürfnisse zu befriedigen, trotz der Hilfen ihrer sehr vertrauten Freundinnen und Bekannten. Im gleichen Moment bekam ich einen Anruf von Schwester Anke aus Hildesheim, dass es Muttern nicht so gut ging und ich doch besser kommen solle. Nun stand ich auf einmal zwischen diesen beiden Mütter-Frauen. Solche Situationen waren gar nicht – typisch – für mich, der – Himmel – verlangte Entscheidungen. Eile war geboten, um Olga in ihr neues Heim zu bringen. Das tat diesem Umstand nicht so gut, aber ich musste meinen Flug nach Hannover buchen. Mutti ging es besser, aber Olga fühlte sich überhaupt nicht wohl und wollte unbedingt zurück nach Segur wo es auch eine Unterkunft für alte Menschen gab welchen sie aber anfangs ablehnte weil die Betreiberin eine ehemalige Nachbarin von ihr war mit der sie nicht so gut konnte und nun wohl befürchten musste nicht so gut behandelt zu werden. Sie überwand solche Ängste und es ging ihr, was die Umgebung anging, wohl ein bischen besser. Über die Familie erfuhr ich plötzlich, dass Olgas Apartament, das direkt am Strand lag, nicht an die Kinder ihres Mannes, unseres Vaters, also an uns vererbt werden würde sondern an eine Cousine von uns, für die Olga schon seit langem eine grosse Zuneigung verspürte. In ihrem Testament allerdings ging das Erbe an ihren Mann oder dessen Kinder, an uns. Das war eine grosse Überraschung, nicht unbedingt des Besitzes wegen; denn es stand ihr ja frei mit Ihrem eigenen Vermögen nach Belieben umzugehen, dass sie es aber über die vielen Jahre für sich behielt und somit ein Geheimnis uns Kindern gegenüber daraus machte fand ich keine glückliche Löung für beide Teile, denn sie belastete sich physisch und psychisch was ihem körperlichen Wohlbefinden sicherlich nicht gut getan hat. Im Nachhinein war da immer etwas Unbekanntes zwischen uns wenn ich sie besuchte. Die Lösung lag nun auf der Hand. Ich erzählte Olga alles das am Telefon und nun war endlich ein Eis gebrochen, wir Kinder wussten nun von ihrem Geheimnis, sie konnte loslassen und meinte; das wir drei Kinder ja genug mit Vaters Erbe hätten, wenn nach ihrem Tod ihre Nutzniessung auf Vaters Besitz beendet sein würde.

Mir tat das alles undendlich leid; denn ich spürte ihre Schwäche, umarmte sie am Telefon mit Tränen in den Augen. Am nächsten Morgen schlief sie ein und konnte alles Körperliche hinter sich lassen. Vielleicht hat die „Erlösung" ihres Geheimnisses ihr den Frieden gebracht? Klaus, der aus Chile wegen Mutter angereist war, und ich flogen wieder nach Spanien um alles zu regeln. Olgas Asche verwehte der Wind über das Mittelmeer, begleitet von tausend Blütenblättern, an Deck eines kleinen Fischkutters den wir dafür angemietet hatten. Es war ein freier schöner Abschied. Danke Olga für Dein SEIN und so behalte ich sie in liebster Erinnerung. Viele Haushaltsgeräte und Möbel begleiten mich noch heute und Vaters Haus konnten wir direkt an einen Nachbarn verkaufen.

Beate, Svens Schwester meine Nichte, reiste viel, nachdem sie ihre Berufsausbildung absolviert hatte. Sie war ein burschikoser sportlicher Typ. Ihr war in ihren frühen Jahren die Freiheit ihrer Jugend wichtiger, als sich in feste Beziehungen mit Männern einzulassen. Aber auf einer Reise durch Neuseeland fanden sich die beiden Hälften einer saftigen Apfelsine und liessen sich nicht mehr los. Beate und Bernd heirateten im Juni 1999 in der Schweiz. Dort leben sie glücklich bis heute in ihrem neuen Häuschen und mit 4 wunderbaren Kindern.

Aus München bekamen wir eine Anfrage ob wir bei uns auf dem Hof eine Shamanen-Gruppe beherbergen könnten; und alle alle kamen mit ihren Zelten auf unserem Camping-Platz. Chris der „Häuptling", auch ein Schweizer, organisierte auf wunderbare Weise dieses Seminar. Jede Vorbereitung auf das nachfolgende – event - wurde in meditativer Stille und mit shamanischem Ritual durchgeführt. – DER WEG IST DAS ZIEL – kam mir sogleich, als ich als stiller Beobachter über die Tage dabei war. Die ritualen

Übungen steigerten sich mit jedem Tag und wurden immer abenteuerlicher bis hin zur Begegnung mit dem Tod. Jeder Teilnehmer suchte sich auf dem ganzen Gelände der Finca einen Grab-Platz. Kein Anderer wusste darum, als nur er selbst. Mit Hacke und Schippe zogen sie los, gruben sich irgendwo im steinigen und trockenen Boden eine Mulde in die sie hineinpassten, um sich mit Erde oder Zweigen soweit zu bedecken, das nur noch die Atemwege frei blieben. Dort sollte übernachtet werden, ganz allein und für sie in unbekannter Umgebung mit einer Flasche Wasser. Am Abend zogen sie los und waren teilweise kilometerweit von einander entfernt. Jetzt wurde es spannend; denn ganz plötzlich schlug das Wetter um. Mit Sturmböen fing es an und für die Jahreszeit völlig ungewöhnlichen Hagelschauhern mit Blitz und Donner ging es stundenlang weiter. Wir konnten nichts tun als abzuwarten, denn keiner wusste wo sie waren, hoffend, dass jeder das Beste aus dieser Erfahrung macht. Tatsächlich half ihnen das Unwetter sich mit dem Tod auseinander zu setzen, die Ängste zu spüren, um sich gleichzeitig mit aller Klarheit für das Leben zu entscheiden. Noch vor Mitternacht waren sie alle eingetrudelt und jeder erzählte seine spannende Geschichtebis tief in die Nacht hinein.

Zum Abschied schenkten sie uns verschiedene Pflanzen von denen der Zitronenbaum überlebte und uns bis heute mit leckeren Früchten beschenkt, die übers ganze Jahr knallig am Baum der vier Jahreszeiten hängen. Am Schluss luden sie uns noch in ihre Schwitz-Hütte ein, die mir, unter ihrer Leitung, besonders diszipliniert vorkam. Ich stiess an meine Grenzen und hatte auch noch das Pech als letzter ins Freie entlassen zu werden. Umsomehr küsste ich unter dem vollen Mond die duftende Erde aus Dankbarkeit der Enge und Hitze dem Temaskali entkommen zu sein. Die rituralen Vorbereitungen, die schon Tage vorher auf diesen event hin begonnen hatten, hatten wir nicht mitgemacht, so dass wir durch unsere Teilnahme direkt ins Zentrum des Zyklons geschubst wurden.

Muttern stand kurz vor ihrem 92 zigsten Geburtstag. Ich besuchte sie bei Anke in Hildesheim. Ihr körperlicher Zustand war kaum noch einer, ihre Haut voller offener Stellen und nur mit grössten Schwierigkeiten konnte sie noch mit unserer Hilfe ihren Körper bewegen. Geistig war sie wach und präsent. Ich litt mit ihr, wünschte Ihr Befreiung und so ergab sich der Moment wo ich Ihr ins Ohr flüsterte:" Mutti, Du darfst gehen, wir sind gut versorgt und ich bin jetzt hier um Dich zu begleiten"! Sie nickte ein wenig verhalten, so als sei es ihr noch gar nicht so bewusst gewesen das Sie nun Abschied nehmen könne als innere Bereitschaft ihr Leben los zu lassen was ihr früher, in Gesprächen, gar nicht schwer fiel. Der endgültige Moment ist ganz bestimmt anders als ich heute und zu jener letzten Zeit mit Muttern auch nur erahnen konnte, obwohl uns die Zeit zu überholen scheint und mich mit jedem Moment dieser End-Gültigkeit näher bringt.

Nach Mitternacht kam Anke zu mir ans Bett und sagte: „ Mutti ist gegangen"!....als Anke auf dem Klo war hätte sie statt des röchelnden Atmens nur ganz tiefe Stille empfunden, sie ging an Muttis Bett und fand Sie im FRIEDEN !

Die Trauer um den Verlust der geliebten Mutter ist herzzerreissend, das Bewusstsein aber um die Erlösung vom alten gebrechlichen und leidenden Körper zugleich erfrischend. In diesem „Dilemma" empfand ich mich wärend der nächsten Tage. Auf der einen Seite der unwiederrufliche Abschied von der mütterlichen Liebe der liebenden Präsenz die mir das Leben geschenkt hat, mich vom ersten Moment an behütet und beschützt hat bis hin zu Ihrem letzten Atemzug. Sie war immer DA wenn ich in Not war, mich beraten und beschenkt hat mit Ihrer Güte und Liebe; ....und dann, um mich in der Trauer nicht zu verlieren, dieses Wissen darum, dass Sie nun dort ist wo wir alle herkommen und hingehen werden, in das Reich des grossen Unbekannten, wo jeder Lebende sich vorzustellen vermag, wie es für ihn wohl wünschenswert wäre, bis auch die Wünsche und Hoffnungen sich in der Ewigkeit verlieren! Anke hatte den äusseren Bereich um Mutti´s Tod schon vorbereitet und so lag nun Ihr Körper unter einem feinen seidenen mit roten Rosen bestickten Tuch. Frische Rosen umrandeten das Bett. Eine Rose hielt Sie in Ihren gefalteten Händen und viele Kerzen brannten.

Am nächsten Tag wurde der Sarg gebracht. Ihr Körper wurde hineingelegt und draussen auf dem Flur, vor der Haustür im obersten Stockwerk sollte nun der Deckel auf den Sarg gelegt werden. Ich gebot Einhalt und küsste zum letzten Abschied Ihre kalte Stirn; es war noch einmal ein starker Abschiedsmoment für mich. Sie wurde nach Hamburg überführt. Zur

Trauerfeier verammelten sich unsere ganze Familie, auch diejenigen die aus Ihrer Generation noch übrig waren und die vielen innigen Freunde, die Sie über die letzten Jahrzehnte so liebevoll begleitet hatten. Ein spezieller Freund von Ihr, ein Pastor, hielt die Rede. Ihr Sarg verschwand unter einem Meer von Sonnenblumen. Alle die Lust hatten bildeten einen grossen Kreis um Ihren Sarg – und immer mehr wagten sich zu kommen und füllten das Rund. Laura spielte eine wunderschöne Melodie auf ihrer Querflöte. Mich durchschüttelte förmlich die Trauer ein letztes Mal. Die Vorstellung und das Wissen der End-Gültigkeit zerriss mich förmlich..... dann überkam mich eine nie geahnte S t i l l e , breitete sich über uns alle aus, so als umarmten wir uns in Dankbarkeit für das Erleben und die Akzeptanz des Todes!

Seit vielen Jahrzehnten nahm ich wieder einmal an solch beglückender Familienfeier teil, es war schön zu diesem innigen Anlass alle wieder zu sehen, sie zu umarmen, einfach um bei dem nachfolgenden Treffen in einem naheliegenden Restaurant, wo schon alles zum Essen und Trinken für uns vorbereitet war, mit Ihnen zu sein. . Ich fühlte mich sehr geborgen in diesem alten Familien- und Freundes Kreis, den ich in dieser Form seit meiner Jugend nicht mehr so erlebt hatte.

Muttis Körper wurde eingeäschert. Wir versuchten ihre Asche mit nach Spanien zu nehmen, um sie vom Boot aus ins Meer zu verstreuen, jedoch sind die deutschen „Vorschriften" dermassen eng, dass wir überhaupt keine Möglichkeit hatten persönlich an die Urne unserer Mutter zu kommen. Alles war verboten und abgeschottet. Eine ÜBER-Reglamentierung aus falscher Ängstlichkeit vor Missbrauch scheint diesen Staat zu überziehen und verhindert so jegliche lebendige, spontane Reaktion, die sich aus einem lebendigen Leben einfach so ergeben muss. Da ich inzwischen mehr lataninische Lebenserfahrung in mir trage als deutsche, kann ich mir, als – grenzenloser- Beobachter, die lataninische Art: offener und lebendiger, aber auch kaotischer, gut aneignen, da gibt es nicht so viel zu verhindern, zu vermeiden, im Keime zu ersticken, weil eine solche vorgestellte, total mental geplante Ordnung den natürlichen Gang der Dinge quasi verbietet, das spontan Lebendige wird einer Ordnung geopfert, die das Bestreben hat durch Kontrolle Macht auszuüben. Es ist nun nicht so, dass eine deutsche

Lebensart nur negativen Charakter hätte, aber unsere Geschichte hat ja zur Genüge gezeigt wo Kontrolle in Wahnsinn ausufern kann. Wir sollten uns dessen immer bewusst sein, was wir wohl auch sind; denn unsere Schuld trägt schwer und hat vielleicht dem Deutschtum, zumindest in zwischenstaatlichen Beziehungen, ein bischen mehr Milde gebracht. Dazu kommt, dass mein Deutsches als grundsätzliche Erfahrung über 55 Jahre zurück liegt und wir Deutschen die Verlierer zwei von uns angezettelten Weltkriege waren, die gegenüber den Kriegsgewinnern, einen tiefgehenden Lernprozess auslösten und damit doch viel Licht ins Dunkle brachten! So nahmen wir mit einer Seebestattung in der Lübecker Bucht vorlieb und selbst bei diesem Ritual musste die Urne mit einem, fast möchte ich sagen „gepanzertem" Wagen, auf das Motorboot an die Küste gebracht werden. Es war kalt, grau und ungemütlich, aber was konnte man auch für ein solches Ritual verlangen. Wir wurden mit Muttis Urne an einen genau festgelegten Punkt geschippert, dann ging es an Deck und ich bat, die Asche von uns allen austreuen zu lassen. Auch das war striktens verboten, der Urnendeckel durfte nicht geöffnet werden und soweit ich mich erinnere wurde die Urne von der Begleitperson versenkt. In guter Erinnerung habe ich, dass ganz in der Nähe ein Segelboot schipperte, das unserer ALTAIR sehr ähnlich war und mir so eine Verbindung zur Mutti brachte, die das Segeln ja so liebte. Ein anderes Erkennen war das Ostseewasser, dass in direkter Verbindung zu unserer Heimat Pommern stand und ich annehmen konnte, dass Mutti nun wirklich im weitesten Sinne des Wortes „heimgekehrt" war. In einem sehr gemütlichen hölzernen Restaurant assen wir zu Mittag und da sah ich oben auf einem Sims unter anderen Clubfahnen den Stander des Stettiner Yachtclubs stehen, der nun auf eine wunderschöne Weise den Lebenskreis unserer geliebten Mama schloss und Ihre letzte Ruhe sich mit Ihrer verloren Heimat verband. Die Ostsse, Ihre Ostsee, Wellen, Strand und Meer, Dünen und Kiefern-wälder waren Ihr Lebenselexier.

„ ADIÓS MAMITA, PARA SIEMPRE"!

Unsere Erbangelegenheiten waren geregelt; nur –liebe- Kleinigkeiten mussten wir noch unter uns verteilen werden, und selbst da kamen hier und da noch Schwierigkeiten ans Tageslicht. Es waren Erinnerungsstücke, die dem Einen wichtiger waren als dem Anderen, aber wertmässig vielleicht ein Ungleichgewicht schafften, was wiederum ausgehandelt werden musste. Das war auch gut so; denn wenn alles im Voraus geregelt, geplant und geordnet ist verhindert das wieder lebendige „Reibung" und ich darf wohl annehmen, dass kaum einer reibungslos aus Erbschaften hervorgegangen ist. Da gab es 3 silberne Kerzenleuchter unterschiedlicher Form und Größe aber einander doch sehr ähnlich. Einer wurde von uns beiden Brüdern bevorzugt. Anke hielt sich da total heraus, es war ihr gar nicht wichtig. „O.K." meinte ich zu Klaus, lassen wir eine Münze entscheiden. Er meinte dann: „dass er immer Pech mit solchen Lösungen hätte und mir den Leuchter gleich jetzt überlassen könnte"! „Nein", sagte ich, „vielleicht ist gerade jetzt der Moment die vorgefertigte Pech-Strähne zu erlösen, denke nicht an Dein Pech, denke an Dein Glück"!. Er akzeptierte dieses Spielchen, sein Glück gewann und er bekam den Leuchter. Wir alle fühlten uns reich beschenkt aus dem Nachlass der Mama. Geschenktes Geld ist – leichtes- Geld (dinero facil!) und kann einem schneller durch die Finger flutschen doch wenn man sich dessen bewusst ist agiert man vorsichtiger. Das Haus in Hamburg haben wir bis heute erhalten als Familiensitz in der alten deutschen Heimat. Wirklich ausgenutzt wird es nicht, trägt sich aber im grossen und ganzen selbst und jedes mal wenn einer von uns in Hamburg ist oder wir uns alle dort treffen haben wir viel Spass, aber auch viel Arbeit zum Erhalt des Hauses. Natürlich haben wir Sachen verändert und nach unserem gusto gestaltet, Muttis Präsenz aber haben Haus und Garten erquickt. Das alles zu erhalten, nach unserem Heimatverlust im Osten und unsere definitiven Auslandsaufenthalte, war uns ein traditionelles Anliegen, auch um unseren Wurzeln nicht allzu fern zu sein.

Mit dem gemeinsamen Haus kamen auch Meinungsverschiedenheiten auf. Klaus war da eher draussen vor, aber Anke und ich hatten zeitweise häftig miteinander zu tun; denn jeder beanspruchte die Wohnung nach seinem gusto wenn wir zusammen waren und sich Anke, von meiner Sicht aus, eher als -pingelige Glucke-, in einem ständigen körperlichen Entschlackungs –Prozess und Wasser-Spar-Massnahmen befand, fühlte Sie sich doch schon äusserst belastet wenn ich eine Minute länger unter der herrlich warmen Dusche im Keller stand oder der Bücklingsteller unabgewaschen im Abwasch stand, was zu Sticheleien und Reibungen negativer Art führte. Sie fühlte sich auf ihre Art verantwortlich für „Ihr" Zuhause und versuchte so ihre persönlichen, alleinstehenden Lebensgewohnheiten, natürlich so ganz auf Ihre deutsche Art, mit einzuschleusen. Aber es war weder ihr noch mein exklusives Zuhause und ohne sich dieser Tatsache bewusst zu sein, kreierten wir uns ständig neue Konflikte und zwar in solcher Form, wie sie mir bisher vollkommen unbekannt waren! Ich fragte mich manchmal: „Ist das der Sinn unseres gemeinsamen Erbes"? – Solches zieht sich nun über die Jahre hin und hat mir schon ein bischen die Lust genommen nach Hamburg zu reisen. Eine gute Lösung die ich vorschlug wäre, dass derjenige der das Haus für seinen Moment als Aufenthalt benutzt der „Hausherr" ist (nur ein Kapitän hält das Schiff auf Kurs) und die „Besucher" es sich wohl ergehen lassen.

Heute, nachdem wir schon das Jahr 2010 schreiben, scheint mir der Rückblick auf die letzten 10 Jahre, entschieden schwieriger mich zu erinnern...nicht das diese Zeit unbewusster vergangen wäre, im Gegenteil sie war sehr lebendig und trotzdem versuche ich herauszufinden was diesen Unterschied wohl ausmachen könnte.

Da erschienen mir drei Wahrnehmungen die das beeinflussen könnten. Einmal der Tod der Mutter Ende 1999. Neben der spontanen, heftigen aber relativ kurzen Trauer, spürte ich auch dass der Druck; den Eltern -der Mutter- ein liebes Kind zu sein, von mir abfiel. Das hängt natürlich von der persönlichen Konditionierung und Bindung an die Eltern ab. Es passierte neben der Trauer auch Befreiung und damit Erweiterung des eigenen Selbst. Wir drei Geschwister waren nun die Letzten, wir waren alleine in unserer Verantwortlichkeit und das mag in gewissem Sinne ein wenig Spannung aus meinem Leben genommen zu haben. Zum Zweiten hat die Jahrtausend-Wende in der Tat sehr viel Veränderung in jeglicher Hinsicht gebracht. Es ist so, als würde nichts mehr so funktionieren wie früher, und die letzten Jahrzehnte des vergangenen Jahrhunderts verschwinden in tiefster ja uralter Vergangenheit, fast schon bedeutungslos. Alles ist schnell-lebiger geworden, Informationen durch Kommunikation wurden globalisiert. 5000 Flieger sind ständig in den Lüften, alle 2 Sekunden starten Flugzeuge in irgendeimem Teil der Welt und transportieren zigtausende von Menschen-Körpern in alle Ecken des immer kleiner werdenden Planeten. Alles das wirkt auf mich fantastisch und beängstigend zugleich vor einer inneren Ahnung und Warnung: „wie lange kann das noch so weiter gehen"?....ist es nicht jetzt schon ein – Wahnsinn -? Und zum Dritten kommt mein Alter hinzu, das Zeitgedächtnis hat Löcher und diese Löcher sind vielleicht nichts anderes als:-mich interessiert das Alles gar nicht mehr so. So vieles wiederholt sich, wurde oft erfahren, so viel zerredet, es ist Zeit sich auszuruhen, s t i l l zu sein und dann.....früher oder später Abschied zu nehmen! Erinnerungen sind Vergangenheit und Vergangenheit ist nicht unsere Wahrheit -Hier und Jetzt- und wie Erich Kästner sagte:„mit jedem Pulsschlag wird aus heute gestern"! ....und so scheint mir, dass wir, die nun ins Alter kommen, endlich leichter im HEUTE leben können; denn es gibt nichts mehr zu hoffen, nichts mehr zu erinnern und um ÜBER der „Zeit" zu stehen: das Ewige wird nie enden, im Werden und Vergehen der DINGE.

Am frühen Morgen, noch im Dunkeln des ersten Tages unserer neuen tausendjährigen Zeitrechnung, machten wir uns auf den Weg zum höchsten Gipfel der Insel, um die erste Sonne des aufkommenden Jahrtausends zu begrüssen und einige Fotos zu machen. Wir erwischten sie nicht über der östlichen Kim des Meeres, wohl doch ein wenig später, als sie orangerot durch die flache Wolkendecke blinzelte. Dieses Foto beflügelte uns zu einem Dankeschön an die Insel und ihrer Menschen in der Lokalzeitung.

Nur zwei Wochen später ging es wieder einmal in mein geliebtes Chile. 6 Jahre waren inzwischen verstrichen. Diese Reise hat sich in meinen Erinnerungen rar gemacht; denn bis auf unsere typischen Ausflüge in die Berge, in den kleinen Norden, an die Küste und in den Süden kann ich mich nicht mehr so gut erinnern, zumal ich 3 Jahre später schon wieder dort war und deren Aufenthalt in bester Erinnerung habe.

Mich beschäftigt das AVATAR-Training auch weiterhin noch sehr. Es stand förmlich – auf der Kippe – mich doch noch mehr damit einzulassen und aktiver Trainer zu werden. Es begann damit, dass meine Nichte Anka gerne einen 10 tägigen Kurs machen wollte und ich sie als meine Klientin in einen neuen Kurs einbrachte. Das war mein erster Trainer-Job der erfolgreich war, uns energetisch sehr gut tat und ich viel Freude an ihrer

Begleitung empfand. Es überzeugte mich dennoch nicht, aus irgendeinem Grunde waren meine Widerstaende zu gross, um mich als Trainer nun intensiv mit allem Drum und Dran hauptberuflich damit einzulassen. Ich fühlte mich durch die Verantwortungs-Übernahme in meiner sogenannten „ Freiheit" begrenzt und dabei blieb es dann auch.

Über den Sommer schlug ich meine neuen Segel an und wir schipperten –ausdehnend- über die Monate. Weihnachten feierten wir mit der deutschen Familie in Hamburg.

Monique und ich machten endlich unseren Wunsch nach einer Furgoneta-Reise durch den Norden Spaniens war, eine Camping-Tour bis nach Galizien und zum Cabo Finisterre. Unser Autokauf war ja immer mit der Idee verbunden viele Reisen zu machen, indem wir die Vanette als einfachsten Camping-Wagen benutzten und daraus sollte nun endlich etwas werden. Unterwegs trafen wir oft die Pilger, die auf dem Jacobs-Weg unterwegs waren und die wir mit grosser Freude begrüssten, bis wir auch unterwegs waren für einen Moment parkten, um in diesen –energetischen und spirituellen Genuss – einer solchen Pilgerwanderung zu kommen. Seit dem lässt es mich nicht mehr los, zumindest eine Teilstrecke zu wandern. Ich freue mich immer noch darauf! Wir schliefen an den schönsten Plätzen, in den Bergen, am Meer oder in der Steppe. Es war nicht immer so einfach jeden Abend aufs Neue ein geeignetes Plätzchen zu finden. Wir besuchten Freunde, die sich in höheren Lagen ein altes Haus billig gekauft hatten, mit einigen Feldern dabei, und sich in fleissigster Eigenarbeit das Haus, als vorerst gedachtes Therapie-Zentrum, ausbauten, und die Felder biologisch anbauten. Sie waren mit ganz viel Freude und Entusiasmus bei der Sache, ähnlich wie wir auf unserer Insel, was einem ja immer so einen kleinen „Kik" des Verstehens und einer Bestätigung gibt! Ihr Ausblick ging in die weite Ferne, dehnte sich über 'zig Kilometer aus und ich genoss die schier unendliche Weite. Wir verliebten uns in diesen Platz, aber – Gott sei Dank – war ein herrliches Haus mit grossem Garten, das uns sehr gefiel, unverkäuflich! Als wir dann aber am eigenen Körper erlebten, dass es im Juni noch Nachtfröste gab und der Winter lang und kalt sei konnten wir einer Versuchung leichter widerstehen!

In Asturien gefielen mehr sehr die alten Häuser mit ihren hölzernen, überhängenden Balkonen und die kleinen ländlichen Getreide-Silos, die sich auf steinernen Säulen über den Boden erheben, um durch das Kapitell Ungeziefer wie Ratten und Mäuse von ihrem Getreide-Schmauss abzuhalten. Jedoch das, was ich in Galizien an alter, bäuerlicher Architektur suchte fand ich in Asturien; denn Galizien, von dem man uns so vorschwärmte, empfand ich in dieser Hinsicht architektonisch eher arm und das lag wohl auch daran, dass viele Galizier in alle Welt emigrierten, um später wieder heimzukehren und sich mit dem hart verdienten Ersparnissen ein modernes - Chalet – zu bauen und so sind nun einige Täler statt alter Bauernhäuser mit modernen Chalets übersäht, sicherlich zum Wohle ihrer Erbauer und Bewohner, aber zum Nachteil einer alten romantischen Idylle, so wie es sich der Sarthi gewünscht hätte. Wir liessen keinen Leuchtturm aus die überall an den exponiertesten Standorten entlang der ganzen Biskaya-Küste ihre Lichtsignale aufs weite Meer über die Horizonte hinaus senden und durch ihre, teilweise gewagte Klippenlage, eine grosse Anziehungskraft auf mich ausüben. Sie sind die Wegweiser in oft unbekannten Gewässern, sie geben den Fahrensmännern Sicherheit und Orientierung in der weglosen Weite der Meere. Sie sind ein Dankeschön der Seefahrer an die Küstenwachen, sie sind Symbol für ein hilfsbereites und freundschaftliches Miteinander. Sie sind stark, trotzen den Wellen, den Stürmen und verdienen höchste Achtung! Ich weiss wovon ich rede. !

In Santiago de Compostela endet die spirituelle Pilgerreise des Jacobsweges. Der Dom dankt es den Pilgern die oftmals wochenlang unterwegs waren. Wer dann noch weiter will wandert bis zum Cap Finisterre, das Kap am Ende der Erde, eines der exponiertesten Küsten wo sich der grosse Atlantik mit der Biscaya trifft und die Mächte stürmisch aufeinander prallen. Es ist dann wohl üblich, hier seine Wanderstiefel zu verbrennen. Direkt neben dem weit bekannten Leuchtturm fanden wir in der Steilküste eine kleine Terrasse auf der wir unseren Van parken konnten, um zu übernachten. Es wurde zu einem aufwühlenden Erlebnis. Die Abendsonne strahlte orange-rot durch einige Schlitze des tief grau verhangenen Himmels und sandte ihre Lichtreflexe aufs schäumende dunkle Meer. Die Küste des Todes – la costa de la muerte – wird sie genannt. Moniques Handy klingelte und wir bekamen die Nachricht vom Tod einer lieben Freundin, die mit viel Würde ihren zweiten Krebsangriff akzeptierte und im Bewusstsein ihres nahen Todes die letzten Lebensmomente mit Freude und viel Licht genoss. Die Brandung unten gegen die Steilküste erschütterte manchmal das ganze Felsmassiv. Wir waren aufgewühlt wie das Meer und empfanden den Moment wie in einer fremden Welt, als Wegbegleiter der Gegangenen!

Im Hafen von Vigo erinnerte ich, als ich vor vielen Jahren auf einem Auswanderer-Dampfer mit dem Ziel nach Buenos Aires hier Stop machte, um spanische Saisonarbeiter über den grossen Teich nach Brasiliens Puerto Alegre zu schippern. Hier wurde unser Schiff von Hamburg kommend voll. Es war damals meine billigste Rückreisemöglichkeit von Deutschland nach Chile, als wir mit unserem neuen kleinen Geschäft in Santiago begannen.

Wir waren neugierig auf Portugal, das gleich nebenan lag und liessen uns mit der Fähre über den Minho setzen, um für einen Tag in Portugal gewesen zu sein. Es ist doch immer ein neues Erlebnis nach einem Grenzüberschritt, sich plötzlich in einer anderen Kultur, anderen Sprache, fremden Gewohnheiten usw. wieder zu finden.

Unsere Rückreise ging über Rioja, dem Land des guten Rotweines, es war gerade die Rebenernte, direkt zu Vaters Grab in Katalonien, wo mich eine frohe Botschaft erreichte: „…wir sollten nichts zu ernst nehmen, schon gar nicht den Tod, er hat nichts tragisches noch ängstliches an sich, er ist einfach – u n p e r s ö n l i c h - "! Da stehe ich vor der Nische des Vaters, nachdem ich mir selbst Einlass erlaubt hatte. Der Friedhof war geschlossen und ich kroch durch ein Loch unter dem Zaun hindurch und erfuhr just dort, von nirgendwo, diese message. Glücklich strahlend umarmte ich nachher Monique. Das Alles sollte wohl so sein! Aus Dankbarkeit und in Erinnerung an diesen Moment buddelte ich mir auf einem wilden Nachbargrundstück eine kleine Pinie aus, wohl wissend, dass es schwierig sei sie am Leben zu erhalten. Zu Hause überlebte sie eine Weile, solange bis der Tod auch sie welckte und so blieb ich ohne Kümmernisse!

Wir besuchten noch einen Freund der ein altes Weingut besass,
dass ziemlich abgewirtschaftet war als er es erbte. Die Jahrhunderte alte Gebäude wurde von ihm mit viel Hingabe über Jahre renoviert und

gleicht heute einer alten Burg, die wie aus einem Traum erwacht ist. Wir schätzen seinen Wein sehr und deckten uns üppigst ein.

Über den Sommer kam die grosse Familie auf Urlaub zu Besuch. Wir segelten viel und freuten uns am Zusammensein. Eine Segelyacht wurde von einer Frauengruppe gechartert. In einer idyllischen Ankerbucht fiel ihnen der Motor aus, trotzdem hievten sie. vollkommen unseemännisch, ihren Anker, bevor sie nochmals versuchten den Motor zu starten. Das ging schief und als wir einliefen lag das Boot schon auf den Felsen am Strand! So etwas ist immer ein Ereignis und erinnert an das Sterben. Die Leute fingen an zu plündern. Da die Besitzer der Boots-Charter-Argentur Freunde von Gustavo, dem ältesten Sohn von Monique aus erster Ehe waren, half er ihnen, leihte sich unsere Furgoneta um möglichst alles vom Boot zu retten was noch zu retten war. Wärend Gustavo die vollbeladene Furgoneta bei uns zu Hause ablud hielten wir auf dem Wrack Wache. In der Bucht lag auch ein kleines französisches Segelboot mit jungen Leuten an Bord, die sich so einiges unter die Finger gerissen hatten, so dass wir mit viel Diplomatie versuchten die geklauten Sachen von ihnen zurückzubekommen. Nach längeren Verhandlungen hatten wir schliesslich Glück!

Die havarierte Yacht wurde von einem Schlepper und dicken Stahltrossen vom Strand in tieferes Wasser ausserhalb der Bucht gezogen und versank dort. Nacher versuchten noch Abenteurer den Mast mit dem Rigg aus der Tiefe zu bergen, was ihnen misslang.

Einige Monte später kamen Gustavos amigos mit einem grossen Van von der Nachbarinsel um das gerettete Boots-Marterial abzuholen und das war eine ganze Menge! Gustavo warnte mich im voraus vor deren Geiz und das mit Recht; denn sie brachten kaum ein Dankeschön über ihre Lippen für unser aller Mühe, aber wie der „Himmel" es will, nahm ich mir auf sein Anraten hin schon voher einige Kleinigkeiten, die ich gut für mein Boot gebrauchen konnte und so endete auch dieses Episode „stimmig" für uns alle.

Da ich gerade Gustavo erwähnt hatte, ist dieses vielleicht ein guter Moment, um über die drei Kinder von Monique aus ihrer ersten Ehe zu sprechen. Am Anfang unserer Beziehung waren ihre Kinder schon mehr oder weniger selbständig, so um die Zwanzig und Sonja ein wenig jünger.

Anfangs waren sie für mich nicht so präsent als Familienzugehörig. Es war nicht meine Familie, aber es war – auch- Moniques Familie, was mir erst mit der Zeit bewusster wurde. Monique war nicht nur die Mutter unserer Tochter, sonder auch die Mutter von Gustavo, Maria Jose und Sonja. Ich bekam das in meiner anfänglichen Ignoranz immer mehr zu spüren und musste regelrecht lernen damit umzugehen, dieweil es für ihre drei Kinder ja auch eine grosse Umstellung war, nun mit einem anderen Mann an der Seite ihrer Mutter, der gleichzeitig der Vater ihrer Halbschwester war, in Vebindung zu kommen.

22. Reise: > CHILE REISE mit AILARA

Monique hatte das alles bestens im Griff und verstand es, bei eventuell auftretenden Zweifeln, immer hilfreich zu sein und solche aus dem Weg zu schaffen. Alles brauchte seine Zeit! Inzwischen haben sie alle ihre eigenen Familien mit fast schon erwachsenen Kindern und sind damit, wie es den jungen Familien ja heute so geht, voll beschäftigt und eingespannt. Wir alle bilden zusammen unseren Familien-Clan und haben, wenn wir zusammen sind, viel Spass und eine gute Zeit. Natürlich spüre ich auch mal eine gewisse Distanz wenn ihre „Bluts-Familie" im eifrigen latainischen Miteinander sind! Das mag auch aus dem Völkischen herrühren, die Deutschen sind halt keine Spanier und die Spanier keine Deutschen. Kultur, Sprachen, Klima formt die Völker und das ist gut so! Unsere Tochter empfindet die Drei als ihre grossen Geschwister und da sie das „Kücken" ist wird sie verwöhnt.

Da Bruder Klaus sein autentisches altes Gutshaus am Fusse der Cordillere in Santiago verkauft hatte, wollte ich noch einmal nach Chile, um von diesem herrlichen Platz Abschied zu nehmen, beim Umzug in den Süden Chiles zu helfen, um anschliessend eine lange gemeinsame Reise mit ihrem Doppel-Kabinen-pick-up 4x4 in den Norden Chiles und dann über Argentinien zurück in den Süden Chiles zu machen. Ailara und ich sassen im Flieger, als er sich recht schnell nach der Überquerung der hohen, schneebedeckten Anden in das Hochtal von Santiago absenkte und mir die Freude, nun wieder nach Chile zu kommen, Tränen in die Augen trieb. An der Seite meiner Tochter war mir dieser Besuch ein besonderes Anliegen, Ihr –mein – Chile zeigen zu können. Zu meinem Erstaunen hatten Klaus und Lynda praktisch noch gar nichts für ihren grossen Umzug vorbereitet und so packten wir alle mit an, um einige Lastwagen voller Sachen in den Süden zu schicken. Nach einigen Tagen verliess mich der Spass am Umzug und begann den Toyota-pic-up für unsere grosse Fahrt vorzubereiten. Eine Abdeckplane wurde noch gekauft, die uns später aber nicht wirklich vor dem Wüstensand der Atacama schützte; denn der feine Staub drang bis in die äussersten Ecken unserer Essens-Kisten und Ausrüstungsgegenstände ein. Die Panamericana zieht sich endlos lang durch den weiten Norden Chiles hin. Es ist ein gewaltiges Erlebnis durch diese weite und trockene Landschaft zu fahren, in sandige Seitenwege auszuweichen, um sich in der Stille dieser Wüste zu verlieren, sich dem SEIN übergeben! Meine Wahrnehmung hat in solchen Momenten viel Ähnlichkeit mit dem Segelboot auf hoher See. Da passiert, ohne ein persönliches Zutun, eine ganz intime innerliche Verbindung durch das sichtbare Universum hin-durch hin zum SEIN, bis hin zum Nichts das Alles ist! Als Erfahrung unaussprechbar. Wenn diese SEIN sein anfangs eher in Momenten geschah, entwickelte sich dieses Erleben zu immer mehr Gewissheit die ich mitnehmen konnte bis hin auf den Marktplatz des Lebens, wenn auch nicht immer so – wundersam – erlebt, aber doch in autentischer Realität !

Diese Landschaft ist einfach imposant. Sie strahlt eine friedliche Stille aus, fast unberührt, wie ein Tempel voller Licht und Weisheit, aber fast auch schon zu viel für einen sich „begrenzt" fühlenden Menschen.

Wir waren in Antofagasta und Copiapo, fuhren durch Gassen mit bunt bemahlten hölzernen Häusern, die noch aus den reichen Zeiten der Salpeter-Minen stammten. Das Holz wurde damals aus den USA importiert. Die Salpter-Epoche war vorbei, als die Deutschen 1918 den Kunstdünger entwickelten. Nur vereinzelte Minen arbeiten heute noch, die vielen anderen rosten vor sich hin, sind Zeugen einer vergangenen Zeit. Unser nächstes Ziel war San Pedro de Atacama, das heute viel touristischer ist, voller lustiger Restaurants und ausgebuchten Hotels jeglicher Couleur. Die alten Gärten der Oase Toconao waren ungepflegter als früher und teileise verlassen. Mitten im Salar de Atacama übernachteten wir in unseren Zelten, oder schliefen draussen unter dem unendlichen unbeschreibbarem klaren Sternenhimmel, der wie Sternschnuppen auf uns hinunterfiel. Zum ersten Mal sah ich den Lago Miscanti, ein Diamant in dieser grandiosen Landschaft.

Ich sprach mit einem jungen Chilenen der Fotos mit einer uralten Leica machte, die mich richtig antörnte. „ Wo hast Du diesen Aparat her"? „ Von meinem Großvater „, sagte er; „ sie macht tolle Fotos und ist wie neu"! Ich beglückwünschte ihn und erinnerte mich an meine Leica, die ich vor meiner ersten Abreise nach Chile gebraucht in Hamburg gekauft hatte, sie war ein noch älteres Modell.

Wir fuhren hoch zum Tatio, zu den heissen Geysirn auf 4500 m Höhe und übernachteten in den Laborräumen einer alten Mess-station eines chilenischen Instututes. Ich hatte eine schlimme Nacht. Es war saukalt und ich jappte nach Luft. Umso freundlicher empfing uns die Sonne am nächsten Tag und frühmorgens waren wir schon bei den Geysirn, die dampfend vor sich hin blubberten. Bald waren auch die ersten Touristen vor Ort, die mit Jeeps und Kleinbussen von San Pedro hier hinauf gefahren wurden. Etwas abseits gab es einen heissen Teich. Im schmuddeligem Wasser badeten sich eher die Einheimischen, die besser wussten was ihnen gut tat, wärend sich andere in dem fast kochenden Wasser der Geysirn ihre Früstücks-Eier kochten.

Unterweg trafen wir auf wilde Lamas und Vicunyas, auch auf eine Hirtin, die aehnlich wie die Tiere, sich schnell vor uns versteckte. „Wo mag Sie wohl wohnen"?, fragte ich mich! Später kamen wir an eine kleine verlassene Schwefel-Mine, die früher im Tagebau abgebaut wurde. Ein alter Mann lebte noch dort, vermietete Betten an abenteuerliche Durchreisende und bot uns mit gütigem Lächeln einen Tee an. Er lebt schon seit Jahrzehnten dort und arbeitete in der Mine. Nachdem sich der Abbau nicht mehr lohnte, schenkte sein Chef ihm die Mine und so blieb er dort und freute sich über jeden der zu ihm kam.

Wir fuhren zurück nach San Pedro, besuchten noch einmal das Museum vom Padre le Paix, fuhren weiter nach Chiu Chiu durchs Loa-Tal, fanden noch einige Türkise zwischen alten Fundstätten die nur wir aus früheren Reisen kannten, besuchten Calama und machten eine Führung durch die Kupfermine Chuquicamata und landeten schliesslich wieder in San Pedro, um von dort auf die Passstrasse quer über die Cordillere nach Argentinien zu kommen. Wir waren einen ganzen Tag lang unterwegs, um die fast 500 KM über die Hochanden zu bewältigen. Es war eine einsame, stille Tour, vorbei an kleinen Gewässern wo wir rosarote Flamingos, trotz unseres achtsamen Daseins, aufscheuchten. An der Grenzstation standen schwer beladene, riesige Trucks mit Hängern, warteten auf ihre Abfertigung, assen und tranken im Restaurant und mussten teilweise grosse Reparaturen an ihren kraftvollen Motoren vornehmen. Da oben war eine ganz besondere Stimmung. Es war eine, mir vollkommen unbekannte Handelsstraße über Land zwischen Argentinien, Paraguay, Brasilien und Uruguay mit Chile, Bolivien und Peru. Der Warentransport war dem einfachen Leben dieser weit entfernten Regionen angepasst. Alles hatte einen Hauch demütiger Zeitlosigkeit, weit weit entfernt aus der Sicht eines normalen Westeuropäers. Für die Menschen hier war das alles ein ganz üblicher Ablauf.

Ich war immer auf der Suche nach solchen Erfahrungen, dort wo mich die Umstände einer vollkommen fremden Umwelt aus meiner – persönlichen-Vergangenheit, mit all ihren Prägungen, förmlich heraus katapultierte, um diesen wunderbaren „Moment des SEINS" im Hier und Jetzt zu spüren. Auf einer solchen urigen und in der Tat unbequemen Reise passieren so viele –lichte- Momente, die ich in ihren Einzelheiten kaum wiedergeben kann. Mir war und ist es immer wieder ein Anliegen solche Erinnerungen meiner Lebensreisen aufzuschreiben, die etwas Tieferes bewegt haben und bin so dem Bla Bla des Alltäglichen nicht „ auf den Leim" gegangen. Unser Leben ist immer eine Reise die irgendwo, irgendwann in Raum und Zeit beginnt und wieder zu Ende geht. Abgesehen von dem gelebten Leben ist da noch etwas, das uns dessen bewusst werden lässt, das Gewahrsein, das nur wir Lebenden wahrnehmen können, das aber weit über körperliches Leben und Sterben hinausgeht!

Die Grenzstation lag hinter uns und nun ging es über staubige Strassen mehr bergab als bergauf. Gegen Abend erreichten wir Salta und bewunderten einen neu gebauten Bungalow, der sehr rund und harmonisch, eingebettet in ein grünes Tal nahe der Strasse stand. Neugierig geworden über die schöne Architektur des Hauses hielten wir an, machten Fotos und sprachen mit einem Mann der in der Nähe des Hauses im Garten arbeitete. Das Haus war zu vermieten und wir zogen für eine Nacht ein, unser erster glücklicher Luxus auf der ganzen Tour. Wir genossen es sehr!

Unsere Reise ging dann weiter auf argentinischer Seite, also am Osthang der Anden vorbei in Richtung Süden. Da ich mit den Argentiniern, besonders mit den Portenyos aus Buenos Aires mein „Tun" hatte, versuchte ich diesmal alle diese alten, für mich negativen Erfahrungen, inter mir zu lassen, um ganz unvoreingenommen diesen Menschen zu begegnen. In San Juan allerdings holte mich das Alte wieder ein; sprang doch mitten im Zentrum der Stadt ein Mann auf unser Trittbrett, gab sich als Polizist in Zivil aus und wollte uns einen Strafzettel verpassen, weil Klaus keinen Sicherheitsgurt angelegt hatte, was zu jener Zeit in diesen Ländern noch gar nicht so üblich war. Klaus weigerte sich und so schaukelte sich die Agressivität dieses Mannes immer höher. Wir drängten Klaus die $ 20.00 zu bezahlen, um Ruhe zu haben, aber er weigerte sich weiterhin, fühlte sich betrogen, was seinen Gerechtigkeitsinn anstachelte. Als die Sache drohte gefährlich zu werden, reichten wir dem Mann die $ 20.- hin, er sprang augenblicklich vom Trittbrett, rannte davon und verschwand in der Menge.

Um über die Argentinier nicht negativ zu urteilen, sind solche Einzelfälle nicht zu verallgemeinern, trotzdem bleibt ein bitterer Beigechmack! – sorry !-

Über Mendoza fuhren wir weiter bis Zapata, um von dort über einen Anden-Pass zurück nach Südchile zu kommen. Nach unserer Überquerung der Anden im hohen Norden hatte die Reise auch landschaftlich auf argentinischer Seite nicht allzuviel zu bieten und so kamen wir im chilenischen Villarica/Pucon in Lyndas und Klausens neuem Heim glücklich an, schüttelten uns den Staub aus den Gliedern und von den Klamotten, nach dieser langen abenteuerlichen Tour. Ailara war voll mit dabei. Sie fotografierte viel mit ihrer Nikon die sie sich vor der Reise mit selbstvedientem Geld gebraucht gekauft hatte, so auch ich, der fleissig mit seiner neuen Sony-Video-Kamera filmte. Sie sass auch öfters am Steuer und lenkte den Pik up so sicher und gut, dass wir relaxen konnten.

In der Nähe Pucons gab es Thermal-Bäder. Eines lag so tief im Urwald, dass es bei schlechtem Wetter nur mit dem Unimog erreicht werden konnte. Einmal dort angekommen, kamen wir wegen schlechten Wetters für 2 Tage nicht wieder zurück. Auch die Telefonverbindung funktionierte nicht, so dass die Familie sehr beunruhigt war, weil unser Trip in dieses abgelegene Bad nicht geplant war und sie nicht wussten wo wIr waren! Der Besitzer dieses urigen Thermalbades war ein Kanadier. Eine schwere Knochenkrankheit begann ihn langsam zu verkrüppeln. Seine Entscheidung, sich im Süden Chiles anzusiedeln, liess ihn gesunden. Sein enormer Einsatz, sein Tatendrang aus dem Nichts dieses Paradies zu erschaffen, gab ihm seine

Kraft und seine Energie zurück. Er zimmerte sich aus Holz alle Gebäude mit vielen Zimmern, einem grossen Therapie-Saal, Küche und Essraum in rustikalstem Stil. Draussen waren verschiedene Naturstein-Becken und bildeten eine Einheit mit der üppig grünen Natur drum herum.

Auch eine deutsche Familie siedelte hoch in den Bergen, wo sie sich ein Grundstück kauften, Gemüse anbauten, Pferde hielten und mit Touristen Ausritte machten. Sie heuerten junge Helfer aus Deutschland an, die gegen Kost und Logie beim Bau der Gebäude und dem Erhalt des Hofes mithalfen. Das fühlte sich für mich wie in alten Zeiten an, als die ersten deutschen Siedler um 1850 nach Chile kamen und die chilenische Regierung ihnen das Land schenkte um es urbar zu machen und sie es dann über Generationen zu grossen Gütern, in Chile heissen sie Fundos wachsen liessen. So findet man überall verstreut riesige Landwirtschaften mit deutschstämmigen Familien wie auch sehr ähnlich im Süden Brasiliens, in Paraguay, Uruguay und Argentinien. Es gibt Ortschaften, in denen mehr deutsche Namen zu finden sind als Einheimische. Wir besuchten auch Valdivia, dort wo vor bald 35 Jahren Altair gebaut wurde, und entdeckten Schwester-Schiffe neueren Jahrganges.

Meine Nichten und Neffen lebten mit ihren Kindern schon länger auf dem gleichen Land auf dem Lynda und Klaus nun auch in ihr gemütliches Holzhaus einzogen. Auf dem gleichen grosszügigen Grundstück hoch über dem Villarica-See steht auch ihr Cabaña-Hotel, dass sie gemeinsam bewirtschaften und so ist dort fast eine kleine Familien-Kommune entstanden. Das sieht gut aus, hört sich prima an und ist auch so!

Meine Chile-Zeit ging zu Ende und mit einem grossen Dankeschön für diesen intensiven und erlebnisreichen Aufenthalt sass ich wieder im Flieger auf meinem Weg zurück nach Spanien. Ailara blieb noch ein Weilchen. Sie wollte den weiteren Süden Chiles nun ganz alleine erkunden und reiste weiter nach Puerto Montt, Chiloe und tiefer hinein in die einsame Fjordlandschaft Patagoniens. „Hut ab" meine Süsse für den Mut mit Deinen 21 Jahren, so konnte sie nun auf ihre ganz eigene Weise, ohne Familie, ohne den Pappi ihr Chile erkunden. Sie tauchte Wochen später, übers ganze Gesicht strahlend, wieder auf unserer Insel auf.

23. Reise: > INDIEN 3 > RAMESCH BALSEKAR - ADVAITA > OSHO – Ashram, Poona

Von Freunden hörten wir, dass sie sich in einem Bergstädtchen bei Murcia alte Häuser zu sehr günstigen Preisen gekauft hatten und einige schon dabei waren diese zu renovieren. Als Preisvergleich zu alten Häusern hier bei uns auf den Inseln war es wie ein Geschenk! Ich wurde neugierig und ein Drang zu Erneuerung, der mich wohl nie los lässt, brachte uns beide auf den Weg dorthin. Kurz nach Weihnachten, wir waren auf einer Nachbarinsel bei Moniques Kindern, schifften wir uns nach Denia ein, mieteten uns dort ein Auto und mit viel Illusion näherten wir uns dem Städtchen. Auf dem Weg gönnten wir uns in einem kleinen Thermal-Bad eine Ruhepause. Ich stellte mir ein grösseres altes aber reparaturbedürftiges Herrenhaus vor, musste aber, einmal dort angekommen, feststellen, dass alles Angebotene kleine dunkle Höhlen waren! Wir suchten noch weiter, konnten aber nichts finden. Den Vorteil den einige Häuser hatten die am Hang lagen, war ihr Blick durch die kleinen Fenster weit weit in die Ferne!

Zwischendurch knatterten Jugendliche mit ihren lauten Mopeds durch die engen Gassen, wir mussten uns die Ohren zu halten! Meine anfängliche Illusion von diesem Ort löste sich schnell in Luft auf.

Wir fuhren weiter und nutzten die Gelegenheit, um die Küste südlich von Murcia abzuklappern. Es war alles mit Touristen-Wohnungen zugebaut. Es gab kaum ein Stückchen Land was auch nur im Entferntesten unserer Insel ähnelte. Da es Winter war, hatten wir unsere Schwierigkeiten, um überhaupt ein offenes Hotel oder Hostal zu finden. Meine von mir vorgestellten Erwartungen wurden nicht erfüllt, trotzdem hatten wir viel Spass auf der Reise; denn es ist herrlich, einfach unterwegs zu sein, besonders dann, wenn alle Erwartungen abgehakt werden konnten, wir uns frei fühlten Hier und Jetzt . Dankbar und sehr zufrieden kehrten wir heim und wussten ES wieder einmal zu schätzen in welcher Freiheit und Unabhängigkeit wir auf der Insel lebten. Dieser ganze Ausflug aufs Festland, das Suchen nach einer Neuorietierung hatte damit zu tun, dass ich mich schon seit einiger Zeit mit meinem Älterwerden beschäftigte und noch keinen Ausweg aus der Vorstellung gefunden hatte, dass es auf die Dauer mit unserer 30 ha. grossen Finca, mit 2 Wohnhäusern, mehreren Gartenhäusern, Seminarraum und Stallungen, sowie unseren Sommerseminaren mit Camping-Platz und Küche nicht so weiter gehen konnte. Da war zu viel körperliche Arbeit angesagt, jeden Tag von morgens bis abends. Wir müssten uns verkleinern, oder alles verkaufen, um –leichter- zu werden. Mir selbst wurde es immer wichtiger und es drängte mich zu Entscheidungen. Diese Entscheidungen nahmen eine sehr lange Zeit in Anspruch. Wir probierten uns aus, spielten viele Möglichkeiten durch und eine von diesen war unser Trip nach Murcia, der mir zu verstehen gab, nun doch auf unserer Insel zu bleiben und das war eine ganz wichtige Entscheidung. Da Monique 9 Jahre jünger ist, war ihr Bedürfnis nach einer Verkleinerung oder einem Wechsel bei weitem nicht so ausgeprägt, so dass ich damit alleine stand und kaum eine Unterstützung von ihrer Seite bekam. Das fühlte sich dann für mich wie eine doppelte Belastung an, einmal mit mir selber klar zu kommen und zum anderen eine ermüdende, von mir ungewollte Übergangszeit akzeptieren zu müssen. Nach vielen Überlegungen kamen wir zu dem Schluss, grundsätzlich auf dem Hof zu bleiben; denn es gab für uns wahrlich nichts anderes und besseres, dass uns diese natürliche und ruhige Lebensqualität ersetzen könnte. Innerhalb der Finca waren allerdings grosse Veränderungen angesagt, die aber erst durchgeführt werden konnten, wenn wir das Glück hatten Grundstücke abgrenzen zu können, um diese so zum Verkauf anzubieten. Da gesetzlich eine Aufteilung nicht möglich war, wir aber ursprünglich unterschiedliche Grundbucheintragungen (escrituras) vorweisen konnten, die aber durch einen Fehler des Kataster-Amtes gelöscht waren, kann man sich also vorstellen welche Arbeit auf uns zukam und uns über viele Jahre und mit viel Geduld beschäftigt hielt. Das war dann der Preis den wir zahlen mussten für unsere Entscheidung, hier auf dem Hof zu bleiben.

Um diese mühsame Angelegenheit abzuschliessen, greife ich jetzt in der Zeit vor; denn es ist uns tatsächlich gelungen alle die von uns gewünschten Möglichkeiten der Aufteilung zu realisieren! Später noch einmal, alles zu seiner Zeit, komme ich auf dieses Thema zurück! Ich hatte von

Anfang an das Vertrauen und somit ein gutes Gefühl; denn die Entscheidung hier zu bleiben berührte uns beide sehr und fühlte sich stimmig an. Ich wusste -ohne zu wissen- und von daher floss alles zwar schleppend aber zum gewünschten Ergebnis.

Eine liebe Freundin, die nach der Trennung von ihrem Partner in ein Kloster nach Norditalien ging, um nach dieser spirituellen Erfahrung wieder in das weltliche Leben zurückzukehren, kam nach vielen Jahren der Abwesenheit mit ihrem neuen Partner auf die Insel und besuchte uns überraschenderweise. Wir waren auf gleicher Welle! Es macht viel Spass solche Menschen zu treffen, ist es doch eher selten solches Glück zu haben. Einige Tage später fand ich auf unserem Gartentisch die Fotocopie eines kleinen Heftchens mit dem Titel: „ THE INFAMOUS EGO" und einem Gruss von den italienischen Freunden: „ may be You will like it"! Whooww, welch ein Geschenk !..... es sollte mein/unser Leben verändern! „ALLES WAS IST, IST BEWUSSTSEIN! In diesem autentischen-originalen Zustand, nenne ES Realität, nenne es Gott, nenne es das Absolute, nenne Es das Nichts, gibt es keinen Grund sich über irgendetwas bewusst zu sein. Also ist ruhendes Bewusstsein sich seiner Selbst nicht bewusst. Es wird sich nur dann selbst bewußt, wenn das plötzliche Gefühl von – ICH BIN – erscheint. ICH BIN ist das inpersonelle Empfinden sich bewusst zu sein und das findet statt wenn ruhendes Bewusstsein zu tätigem Bewusstsein wird, wenn potenzielle Energie zu manifestierter Energie wird! Das sind keine zwei Dinge; denn nichts Getrenntes kommt aus potentieller Energie"!

Dieses ist der erste Absatz des Büchleins. Es manifestiert in unbeschreiblicher Klarheit und Einfachheit das   S E I N. Diese ursprüngliche Quelle ist intellektuell-verstandesmässig unerreichbar; denn selbst das Bewusstsein ist sich dessen nicht bewusst und genau da ist der Sprung ins Nichts. Bei meiner Avatar-Ausbildung konnte ich diesen feinen Unterschied erkennen und wir nannten es – GEWAHRSEIN – ein sehr tief greifendes Wort was dem Wahrnehmen puren SEINS nahe kommt, aber es ist und bleibt nur ein Wort für das Unaussprechbare! RAMESH, der Autor dieser Schrift, nennt es: das Bewusstsein im Ruhezustand und im selben Moment wo das plötzliche Gefühl – ICH BIN – erscheint, geschieht SCHÖPFUNG und ist sich seiner Selbst bewusst. Das ist Bewusstsein in Bewegung.

ICH BIN ist ohne persönliche Identifikation........ich las weiter und weiter. Es gab Passagen, die ich nicht –verstand- auch nach wiederholtem Lesen nicht! Da tat sich eine ganz andere, ganz neue Welt in mir auf, so erschien es mir anfangs. Jedenfalls war es so, dass ein Grossteil kuntebunter spiritueller Lehren, Gurus, Bücher, Methoden, sich im tiefsten Erfassen dieses Büchleins erledigten. Nur wenige grundlegende Einsichten des –ADVAITA- des Nicht-Dualen, jenes Wissen das uns schon durch die Veden (Vedanta) und heute über -RAMA KRISHNA- überliefert worden ist:

- Die Wirklichkeit ist einfach nur der Verlust des EGOS.
- Zerstöre das EGO in dem du nach seiner Identität suchst.
- Deine Aufgabe ist ES zu SEIN und nicht dieses oder jenes zu sein.
- Du zwingst dir Begrenzungen auf und kämpfst dann darum
  sie zu überwinden.
- Es geht nicht um das Werden, sondern um das SEIN.
- Alles ist vorbestimmt.
- Die Wirklichkeit liegt jenseits des Verstandes.

NISARGADATTA MAHARAJ :

- Die Welt existiert nur in Deinem Denken.
- Zeit entsteht mit dem Gefühl – ICH BIN -, damit fängt alles an.
- Religiöse Traditionen basieren auf Konzepten. Wenn die Konzepte
  aufgegeben werden herrscht STILLE.
- Die höchste Religion ist die Selbsterkenntnis. Sie ist ein
  ununterbrochener SEINS-Zustand, f r e i von Furcht.
- Erst nach dem Empfinden – ICH BIN – folgt die Idee:
  „Ich bin dies" oder „ich bin das".
- Das Individuum, die Welt und das höchste Selbst sind
  allesamt Konzepte.
- Ohne Dualität existiert keine Welt.
- Bewusstsein kann nur das beobachten was sich verändert,
  D A S was e w i g ist, kann nicht vom Bewusstsein beobachtet
  oder erfasst werden.
- Wenn Du versuchst das Selbst zu erreichen, bleibst Du von
  ihm getrennt. Du bist bereits das SELBST, es kann keine Rede
  davon sein, E S zu erlangen.

RAMESH S. BALSEKAR :
- The real problem is...... das wirkliche Problem ist doch: wie komme ich zu der total unabhängigen Akzeptanz, da „DU" niemals derjenige bist der t u t, der der MACHER ist, sondern das Tun geschieht einfach.
- Unser Widerstand ist das EGO, und das EGO, ich mache keinen Witz, wird nicht so leicht aufgeben!
- Aber der Wunsch, das EGO ausgeschaltet zu haben, ist genau das; es am Leben zu erhalten.
- Sehen Sie, und genau das ist der Witz, das EGO ist göttliche Hypnose!

Ich hatte auf einmal das Gefühl, mich, in dieser Suche nach ETWAS, das uns alle in Bewegung hält, ja uns leben lässt, aber vom Denken her nicht greifbar zu sein scheint, auf entschieden sicherem Boden zu bewegen. Aus dem Ahnen um ETWAS wurde ein GEWAHRSEIN von dem was ist, Hier und Jetzt!

In meinem Entusiasmus und der Neugier über Ramesh Balsekar mehr zu erfahren, war er mir bislang doch völlig unbekannt, ging ich auf die Suche im Internet, erfuhr dort, dass er in Bombay lebte und man ihn besuchen könnte. Als dann auch noch ein Bild von Ihm auftauchte war ich zu Tränen gerührt, schrieb Ihm einen Brief worauf ich nie eine Antwort erhielt. Erst viel später kam seine Tochter Yaya auf mich zurück mit der Bitte diesen Brief in Zusammenhang eines Buches veröffentlichen zu dürfen.

Monique und ich lasen Seine Schriften – hin und zurück – und nun, mit der Möglichkeit eines Besuches in Bombay, reifte langsam in uns die Reise dorthin. Im Brief an Ramesh erzählte ich Ihm in groben Zügen meine Geschichte, immer vor dem Hintergrund, seine Message verstanden zu haben, wie ich mich fühle und wo ich stehe. Ich gab mich Ihm in spiritueller Hinsicht hin, so wie ich es immer gegenüber den Meistern tat, die ich mir als solche auserkoren hatte. Da war dann nichts in mir was irgendwelche Widerstände gegen solche ursprünglichen Botschaften hätte hervorbringen können, vielleicht aber gegen äusserliches Drum und Dran.

Heute kann ich wohl sagen, dass es nicht wirklich die Hingabe an den Meister ist, sondern die Hingabe an das SEIN selbst, das mir durch den

GURU zugeflüstert wurde. Ich beendete diesen Brief mit dem Wunsche Ihn in Bombay zu besuchen wenn der Moment dafür gekommen sei.

Monique war ähnlich angetan, hatte aber bis jetzt mit Indien und den Gurus nicht so viel -am Hut-! Aus dem Internet suchte ich mir günstige Unterkünfte in Bombay, reservierte und dann.... nach einer Weile sassen wir auch bald im Flieger, erst einmal nach Barcelona, um über Frankfurt direkt nach Bombay zu kommen. Wir waren zu spät und verpassten den Anschlussflug nach Frankfurt. Moniques Flughafen und Reise-Erfahren, durch Ihre vielen Flüge zu therapeutischen Kursen, besorgte uns mit viel Geschick einen Flug mit EL AL über Tel Aviv nach Bombay und so landeten wir ganz unverhofft im israelischen Palästina, der Wiege des Christentums. Die Passagier-Kontrolle war enorm. Es blieb kein Körperteil unangetastet, sogar die Schuhe und ihre Absätze wurden durchleuchtet, obwohl wir ja nur Transitgäste waren. Es wimmelte von gläubigen ortodoxen Juden in ihren schwarzen Roben, Hüten und Zöpfen. Das alles wirkte schon ein bischen femd, ja vielleicht sogar beängstigend auf mich. Man spürte den Druck, unter dem dieses Land zu ständiger Aufmerksamkeit gezwungen war. In jedem Moment könnte irgendwo ein Anschlag passieren. Auf den Flughäfen wird diese Spannung besonders zu spüren sein. Die Israelis waren Kummer gewöhnt. Weiter gings mit EL AL nach Bombay. Die Flugroute war nicht direkt, man umging aus Sicherheitsgründen Arabien und so flogen wir mitten übers rote Meer und weit über den indischen Ozean nach Bombay.

Wieder war das Chaos auf Bombays Strassen gross. Diese Stadt hiess nun MUMBAI. Viel Verkehr, viel Smog, aber alles floss auf seine ganz eigene indische Art. Nicht weit vom teuren Taj Mahal-Hotel entfernt bezogen wir Quartier in einer einfachen Pension. Nach einer Ruhepause mit erfrischender Dusche machten wir einen Gang durch die nähere Umgebung und stiegen gegen Nacht quasi über schlafende Körper der vielen Menschen die auf der Strasse übernachteten, so, als sei es ganz normal für sie. Am nächsten Morgen war Ramesh angesagt. Mit einer Moto-Rikscha tuckerten wir in eine bessere Gegend Mumbais, der Fahrer wusste schon wo es hinging und hielt vor dem Singala-Haus, in dem Ramesh ganz oben in seiner, für indische Verhältnisse grosszügigen Wohnung, lebte. Alle

Besucher warteten vor 9°° Uhr unten auf der Strasse, bis jemand kam und uns einlud nach oben zu kommen. Es gab einen kleinen Fahrstuhl und Treppen über drei Stockwerke. Die Leute rasten zum Fahrstuhl, andere die Treppen hinauf, um oben angekommen, den besten Platz im kleinen Zimmer zu erhaschen, dort wo Ramesh zu sprechen pflegte. Vielleicht waren wir zwischen 15 und 20 Personen die sich auf engem Raum bis zum Flur hinaus drängten. Wir beide als Neulinge, waren überrascht über den „Sturm" auf einen Platz in der Nähe des Meisters und bekamen, als neue Gäste, einen Platz Ihm gegenüber auf Stühlen zugewiesen.

Er kam still aber erfrischend in weißer Kleidung herein, grüsste freundlich und nahm auf seinem Sessel in einer Ecke des Zimmers Platz. Ich war erfreut über seine Nähe und überrascht über die Einfachheit und Schlichtheit dieses Momentes. Es berührte mich, angekommen zu sein. Nun sass ich tatsächlich Ramesh gegenüber, Monique in der ersten Stuhlreihe, ich hinter Ihr in der Zweiten. Sie wollte gleich mit ihm sprechen, ich brauchte noch meine Zeit! In der ersten Reihe mit 4 Stühlen sprach er der Reihe nach die Besucher an, fragte als erstes; wo man her kommt und was man so macht. Daraus ergab sich alles Weitere. Seine Antworten und Fragen drehten sich im engeren und weiteren Sinne um die Grundwahrheiten seiner Lehre, dem ADVAITA, so wir er, Ramesh, es verstand, oder besser gesagt, wie er ADVAITA, als Lehre des Nicht-Dualismus, wahrnahm. Moniques Englisch war nicht so erbauend, um ein Gespräch fliessend führen zu können. Sie blieb an einer Vokabel stecken und ich sprang ein, worauf Ramesh mich lachend aus der Reserve lockte und meinte:....oh !...there are You ! .... denn ich half Monique nicht von Anfang an als Übersetzer. Der erste Morgen verging. Seine Themen räumten grundsätzlich mit den meisten Zweifeln seiner Zuhörer auf. Es war eine Wonne DA zu sein. Seine Worte bewirkten ganz viel Klärung aus dem Labyrint spiritueller Möglichkeiten und Richtungen. Es war aber ich selbst, der diese lange Reise unternommen hat um endlich hier angekommen zu sein und dann geschieht ganz viel Offenheit für den Moment des total gegenwärtigen DA SEINS, eine zeitlose Bereitschaft Gnade zu spüren. Ich konnte einen Schlussstrich ziehen und so gut es ging bis heute dabei bleiben. Am Ende des Treffens, vielleicht könnte man es auch Satsang nennen, obwohl dieser Begriff nicht in Erscheinung trat, gab es noch ein gemeinsames Singen, einige verneigten sich vor Ihm, ich berührte mit Tränen in den Augen seine Füsse. Monique dankte auf ihre Weise und war zufrieden. Die einzelnen Gespräche mit Ramesh wurden aufgezeichnet und an den jeweiligen Interessenten auf einer CD gegen eine Kostenbeteiligung verteilt.

Die weite Reise zu dieser ersten Begegnung hatte alle Erwartungen erfüllt und noch viel mehr. Jeden Morgen besuchten wir Ramesh und saugten quasi seine Worte in uns auf. Sicherlich ist die Mind daran beteiligt, aber in Wirklichkeit waren es nicht die Worte, sondern DAS was sie zu übermittelten versuchten. Rein intellektuell stossen Besucher bei ADVAITA schnell an ihre Grenzen, besonders dann, wenn sie auf jenem Trip sind, dem „Meister" auf die „Schliche" kommen zu wollen. Anfangs sind solche Gespräche lebhaft, auf die Dauer wirds langweilig, weil Non-Dualismus vom Ratio her einfach nicht zu „verstehen" ist!......und das erzähle ´mal einem westlich orientierten Verstand!

Nach einer Woche verabschiedeten wir uns für eine Zwischen-Tour nach Poona und Goa. Ich musste, für mein Heil, Oshos Ashram besuchen. Da war damals für mich einiges offen geblieben. Es lag nun schon 24 Jahre zurück, aber der Kreis sollte sich schliessen und ich war im Frieden. Der Ashram lief auch nach Oshos Tod sehr gut weiter und ist wohl immer noch eines der grossen Therapie-Zentren. Der Meister ist durch Bilder, Videos und seiner Stimme über Tonträger überall präsent. Der Ashram ist „weltlicher und normaler" geworden. Viele Gruppen werden angeboten und die Architektur der Gebäude durch einen schwarzen Anstrich verändert. Die Anlagen sind grosszügig, das Essen ist wunderbar und zwischenmenschliche Beziehungen im Allgemeinen liebevoller und echter. Der Trip, sich gegenseitig die Egos zu zerstören war wohl abgelaufen. Das tut gut; denn wann wohl wurde es je zerstört? Die „Identifikation" mit einem Ego ist doch das „Problem"!

Ich machte nur eine Gruppe mit. Die Therapeuten trugen schwarze Kleidung wenn sie therapierten und wenn nicht, dann die dunkelrote Robe, die nun gleich für alle Besucher war. Bei einer netten „Ma" nahm ich eine Einzelsitzung. Es ging um meine zwischenfamiliären Beziehungen. Verschiedenfarbige Wollfäden halfen mir beim Auslegen für die Verbindungen zu den für mich bedeutungsvollsten Familienmitgliedern und auch für wichtige nahe Personen. Für jede dieser Personen wählte ich, die für mein Empfinden passende Farbe aus und legte nun diesen Wollfaden in solcher Form auf den Boden die mir intuitiv kam, und so ergab sich, den einen Faden über- oder den anderen nebeneinander, eine endgültige farbige Figur, die ohne jede Absicht die Form eines Herzens und gleichzeitig die Form eines vierblättrigen Kleeblattes annahm. Damit war ich zufrieden. Die Therapeutin interpretierte das als positive Lösung. Bei heutiger Betrachtung hat diese Therapie, mit äusserster Vorsicht, eine gewisse Ähnlichkeit mit der „Familienaufstellung" Bert Hellingers.

Wir zogen in ein Dienstboten-Zimmer einer riesigen, alten, palastähnlichen Villa, ganz in der Nähe des Ashrams um und tummelten uns einige Tage im Ashram, in den gepflegten Gärten und einem riesigen natürlichen Pool. Zum ersten Mal konnte ich auch Oshos Privaträume, seine Bibliothek und das Allerheiligste: einen rundlichen Marmorraum mit dem Gedenkstein seiner Urne besuchen. – never born, never died -.Dort fand eine spezielle Meditation statt, an der wir beide als Abschied teilnahmen. Am nächsten Morgen sassen wir im Bus nach Goa und verbrachten dort einige schöne Tage in Strandnähe entdeckten im nahen Urwald eine spirituelle Hippie-Kommune und liessen uns von jungen Nepalesen den Gaumen verwöhnen, die im nahen Restaurant arbeiteten.

Zurück in Mumbai mieteten wir uns ganz in Ramesh´Nähe bei einer indischen Familie ein und brauchten nur um die Ecke zu gehen, um seinen Worten zu lauschen. Durch meine, nun schon jahrelange Reise zu mir selbst, einfach HEIM kommen, fiel mir die Weisheit des ADVAITA förmlich in den Schoss, ES nicht nur zu „verstehen", sondern ES zu SEIN. Alles vorher Gewusste und Erfahrene rückte mehr und mehr in den Hintergrund, gab Raum für das SEIN an sich. Viele lose Fäden, die sich wie lebende Tentakel in alle Richtungen wanden, um irgendwo, irgendwie Halt zu finden, so wie es wohl vielen von uns „Suchenden"so geht, um diese Sensation des SEINS für immer wach zu halten, bis es uns immer wieder entgleitet und trotz aller „Mühe" nicht gelingen mag ES wieder einzuholen und diese „Tentakel" wieder von neuem ihre Suche nach dem endgültigen Zuhause aufnehmen. Das alles geschah und geschieht mir immer wieder. Dank

Ramesh konnte ich wieder tief durchatmen alles wurde still. Da war auf einmal keiner mehr, der etwas suchte, der etwas wollte. Ich, Sarthi, stand mir nicht mehr im Wege, durch mich passierte gar nichts mehr, alles war eine sonnenklare Freiheit, die mit einer Person nichts mehr zu tun hatte. SEIN ist unpersönlich. Jede Identifikation löst sich auf und damit auch alle Widerstände, Urteile und Konzepte. Diese SEINS-Bewusstheit lehnt nichts ab, akzeptiert alles was ist. Ramesh gibt uns Westlern die Hilfe: den Verstand nicht abzulehnen, sondern ihn zu erkennen als das was er ist; ein gutes Werkzeug um den Body-Mind-Organismus, den Körper am Leben zu erhalten, und erkennt in dem Gebrauch des Verstandes, der mind, eine WORKING MIND und eine THINKING MIND, um so mehr Verständnis dafür zu erhalten, wie wir die Mind als Zeuge/ Beobachter gebrauchen können. Der -arbeitende- Verstand erleichtert uns den Alltag in allen seinen Nuancen, in der Schule, im Beruf, in der Familie im sozialem Umfeld, der –denkende- Verstand zweifelt, hinterfragt, urteilt und trennt uns dadurch, von dem was wirklich hier und jetzt ist! Ein spirituell „Suchender" ist mehr mit der >thinking mind< identifiziert, weil er ein Ziel sucht, obwohl alles S E I N einfach ist, da ist kein Raum mehr für ein Ziel. Ein „Suchender" identifiziert sich persönlich mit sich selbst auf seiner Suche nach einem von ihm getrennten Ziel und kann es so niemals erreichen. Ramesh zu zuhören war nicht euphorisch, da war einfach ein Mitschwingen im SEIN, in jedem Moment, anspruchslos und leicht! ADVAITA bedeutet - nicht zwei - und das ist eine Aufforderung aus der Identifikation mit dem - „Systhem-Motor", der spannungs- geladenen Dualität, die das Leben ja selbst ist, insofern auszusteigen, als dass das Empfinden oder die Wahrnehmung des SEINS zur essentiellen, ursprünglichen Präsenz selbst wird. Wenn man das direkt von den Lippen eines „Advaita-Meisters" ablesen kann und sich diesem Geschehen total hingibt, dann passiert „E i n s – Werden" mit dem Guru, nicht auf der persönlichen Ebene, da wäre es unmöglich.

Wenn ich versuche meine Begegnung mit Ramesh in Worte zu fassen, ist dieses nun das bestmögliche was ich aus meiner Feder bringen kann, weil mir, weil uns nur Worte zur Verfügung stehen die natürlich eng mit der -thinking mind- verbunden sind. Unsere Sprache ist eine wunderbare

Kommunikationsmöglichkeit im dualen Dasein und stösst schnell an Grenzen wenn sie „nicht-duale Wahrnehmung" beschreiben möchte, es ist ein Widerspruch in sich, aber auch der ist ein Teil des Ganzen.

Ich hatte immer noch nicht mit Ramesh gesprochen. Unser letzter Tag näherte sich. Im Blumenladen besorgte ich mir einen grossen Strauss bunter Blumen. Er wurde neben Ramesh auf ein Regal gestellt, wo immer Blumen standen.heute war mein Tag; denn zum Abschied kamen wir in die erste Stuhlreihe, Ihm direkt gegenüber und ganz nah. Da sass auch ein sehr aufgewecktes aber äusserst kritisches Mädchen aus Delhi, die schon seit zwei Tagen die Besuchergruppe mit ihren intellektuellen Zweifeln und Fragen an Ramesh in Atem hielt. Sie setzte sich wieder in die erste Reihe auf den ersten Platz, um ihr „Spielchen" fort zu führen. Ich sass auf dem letzten Platz und ganz schnell wurde sie von einem Hausfreund aufgefordert mit mir den Platz zu tauschen. Nun war ich –endlich –wirklich ´dran. Ramesh stetzte sich und nahm mich freundlich ins Visier. Nach den ersten Worten lockerte sich meine Spannung. Erst einmal fühlte ich mich in der Dualität gefangen d.h. identifiziert mit MIR, -gegenüber- einem DU. Wir kamen in ein sehr offenes, ja lustiges Gespräch. Es machte mir richtig Spass, und Ihm offensichtlich auch. Was wir so sprachen war eher nebensächlich. Wie wir aber kommunizierten war für mich eine grosse Freude und das ging so eine gute Weile. Ob ich noch einmal zu Ihm kommen wolle, beantwortete ich: das wüsste ich jetzt noch nicht, worauf ein unbehagliches Raunen durch die Besucherschar ging und Ramesh mich verschmitzt, verständnisvoll anlächelte.

Der Morgen wurde mit den nächsten beiden abschiednehmenden Besuchern so ausgefüllt, dass die Inderin aus Delhi, zumindest an diesem Morgen, nicht mehr „ans Ruder" kam. Heute war der Techniker, der die persönlichen Gespräche mit Ramesh auf CD aufnahm, nicht da, so dass keine Aufnahme von den Tagesgesprächen gemacht werden konnte. A Dios gran amigo Ramesh!

Der Rückflug war sehr interessant für mich, flogen wir doch über Persiens Wüsten und gen Norden über später schneebedeckte Gebirgsketten zum Kaspischen Meer und weiter übers Schwarze Meer, über Ost- und Zentraleuropa nach London und Madrid. Diese weiten Einsamkeiten Persiens, die mir wie Landschaften auf fremden Planeten erschienen und wo möglicherweise die Atomanlagen Irans versteckt liegen, um uns Westlern Angst einzujagen, war mir eine vollkommen fremde und unbekannte Welt-Ecke und meine Phantasie liess mich durch diese Einsamkeiten reisen.

Wieder zurück auf unserer Heimat-Insel konnten wir die starken Erlebnisse dieser Reise erstaunlich gut in unseren Alltag integrieren, Advaita hatte Wurzeln geschlagen und „leicht-füssiger" gingen wir durch die ZEIT. Es stand noch viel an in diesem Jahr, aber erst einmal richteten wir uns wieder zuhause ein.

Auf allen diesen Reisen,neuen Erfahrungen, spürte ich tiefe Veränderungen, die aber nicht darüber hinwegtäuschten, dass ich der bleibe der ich nun einmal bin, mit meinen Veranlagungen, Erb-Anteilen und Konditionierungen, kurz mit einem solchen Charakter. Es scheint sich ja nichts zu verändern an dem Sarthi,...... oder doch? Ganz offensichtlich hat meine Wahrnehmung des Hier und Jetzt an Klarheit und vor allen Dingen an Ehrlichkeit gewonnen. Die vielen Ängste, die das Leben prägen, stehen einer augenblicklichen Präsenz nicht mehr im Wege und eine grössere Offenheit bedarf keines Schutzes mehr. Widerstände aller Art die immer wieder zu grossen Zweifeln führen, sind viel öfter verschwunden und der alte Thomás- Sarthi braucht sich nicht mehr so zu verstecken, wie einst Adam, der sich seiner Nacktheit schämte, nachdem Gott Sie beim Essen der verbotenen Frucht vom Baum der Erkenntnis erwischte. Da fing, alttestamentalisch gesehen, alles an was wir bis heute als „Trennung" leben und nur mit den grössten „Klimmzügen" versuchen, uns daraus zu befreien! Mir scheint, dass die ganze Bibel ein Versuch der Wiedergutmachung: -zurück zur EINHEIT- ist. Und doch versteckt sich der Sarthi immer noch vor allzu viel „Öffentlichkeit", wenn es darum geht, sich aus dem Innersten öffentlich mitzuteilen, und das kann er gut für sich verstehen, weil keine Sprache D A S vermitteln kann! Das Schreiben fällt ihm entschieden leichter. Dieser, mein „Lebens-Reisebericht", macht mir viel Spass. Es zieht sich nun über viele Jahre hin und ich kann mir kaum vorstellen, dass es zu Ende geht,mir fehlen nur noch 6 Jahre bis heute !

Die Balearen unterscheiden sich ganz erheblich untereinander. Wenn man überall einmal gelebt hat und genügend Sensibilität entwickelt hat, um die Landschaften und energetischen Unterschiede zu spüren. FORMENTERA hat ihren ganz besonderen Reiz. Sie ist für mich die urwüchsigste Insel, sie ist am weitesten weg von der „rush-hour" der Welt, da ist nichts zu viel, vielleicht bis auf den immer stärker werdenden Tourismus, der logischerweise gerade das sucht, was immer seltener zu finden ist und so strömt die modernere Jugend, wie auch Alt-Hippies auf dieses Kleinod, um von der „Stille" zu erhaschen, was noch übrig geblieben ist. Da die wahre Stille ja in uns ist- immer dann wenn wir bereit sind sie zu entdecken- hilft doch so manches Mal die äussere Umgebung, um sich wieder einzuklinken. Formentera ermutigt dazu, mit der einzigen Einschränkung, dass ich jahrelang nicht mehr dort gewesen bin! IBIZA fällt aus dem Rahmen. Ihre beschwingte, luftige Energie zog einst Hippies aus der ganzen Welt an und ist immer noch globaler Treffpunkt, nun allerdings, neben Alt-Hippies, die sich bis heute nicht von ihrer Lieblingsinsel trennen konnten, viele Künstler und betuchte Aussteiger, die die bohemienhafte Atmosphäre dieser freundlichen Insel lieben. Es ist viel gebaut worden, nicht nur in den kleinen Städten, auch auf dem Land zwischen Hügeln und Pinienwäldern leuchten die weißen Häuser. Die Altstadt ist voller Boutiquen, Bars und Restaurants und gilt als quirlender Treffpunkt vieler Menschen jeglicher Coleur. Einige Ecken sind beliebter Treffpunkt, sich, um sich selbst drehender, heisser Gays. MENORCA ist wohl das krasse Gegenteil zu Ibiza. Die Menschen sind verschlossener, sehr eigen und leben ihre Inseleinsamkeit introvertierter, vielleicht auch bewusster, weshalb sie sich bis heute aus dem super-aktivem Tourismus-Geschäft etwas mehr herausgehalten haben, obwohl auch sie die sparsame, geldbewusste katalanische Mentalität in sich tragen und gewisse Kreise eher heute als morgen wunderschöne, noch unberührt gebliebene Badebuchten mit Siedlungen und 5 Sterne-Hotels vollstopfen würden. Die Ernennung von der Unesco zum Biosphären-Reservat hat dem kapitalhungrigen System hoffentlich endgültig den Wind aus den Segeln genommen und mit dem weltweit wachsenden Umwelt- und Klimabewusstsein steht Menorca heute ganz gut da. Neben meist flach gehaltenen Touristen-Siedlungen, die sich auf gewisse Zonen konzentrieren, gibt es die weit über die ganze Insel verbreiteten –predios-; das sind recht grosse Höfe die immer noch verhältnimäßig aktiv mit

Milchwirtschaft betrieben werden. Der Menorquiner ist arbeitssam, fleissig und seinem Campo verbunden. Neben dem Tourismus werden Käse, Lederwaren, Modeschmuck und heute auch wieder Yachten produziert. Menorca ist hügelig, in der kalten Jahreszeit sehr grün und immer noch sehr ursprünglich. Der Tramontana Wind und Sturm aus dem Norden bestimmt das rauhere Klima gegenüber den Pitiusen und auch der Hauptinsel Mallorca. MALLORCA ist nun ein ganz anderes Kapitel, hat kaum noch Inselcharakter von seiner Grösse her, wenn man es mit den umliegenden kleineren Inseln vergleicht. Dieses Mallorca ist fast schon ein Kontinent für sich und bietet alles was des Menschen Herz begehrt. Ein ausgeglichenes Klima, recht angenehme Wintermonate, eine wunderschöne Berglandschaft im Norden, die die Insel, mit ihren grossen Agrarflächen im innern, vor der Kälte Europas massgebend schützt, sie ist zum „Florida" vieler fröstelnder Nordeuropäer geworden. Der Mallorquiner ist lässiger und kann sich das auch leisten, weil die Insel sehr üppig ist, mit besseren Böden, weniger Steinen und allgemeinem Wohlstand.

Palma, die Insel- und Provinzhauptstadt hat schon ein anderes Kaliber als die Staedchen der anderen Inseln, ist aber gut überschaubar und läd ein zum Bummeln. Die Insel Mallorca hat den Vorteil, dass sie –noch Insel ist- und so von der Festland-Energie weitgehenst verschont bleibt, aber sie ist schon ein „Kreuzfahrt-schiff" der Superlative und die Heimat für zigtausend Ausländer geworden, voran die Deutschen, die den grössten Anteil haben. Palmas Flughafen ist über den Sommer eines der grössten Europas. Täglich gehen mehrere Direktflüge in die grösseren europäischen Städte. Mittelmeer-Ambiente bekommt man hier wohlwollend zu spüren. „Promis", Wohlhabene und Normalbürger geben sich ein Stelldichein. Jeder hat sich auf seine Art sein zweites Zuhause, sein kleines Paradies geschaffen. Es gibt wunderschöne Anwesen überall verstreut und vollgestopfte Yachthäfen umringen die Insel wie eine Perlenkette. Trotz des enormen Touristen-Rummels hat die grosse Insel auch noch viel Ursprünglichkeit bewahrt, wenn man die touristischen Hochburgen meidet und sich in die „Wildnis" wagt.

Ich fühle mich auf allen 4 Inseln sehr wohl und weiss von der speziellen Güte jeder Einzelnen, die jede für sich ein eigenes Universum ist. Einsiedelein und Klosteranlagen liegen verstreut im Gebirge und blicken mahlerisch durch Pinien- und Eichenwälder aus der Höhe aufs weite blaue Meer. Es ist sehr verständlich, dass diese Insel mit ihrem gemässigten Klima wie ein Magnet auf die schlechtwetter gebäutelten Nordländer wirkt.

Neben unserem Inselalltag, der immer mit viel praktischer und meistens freudiger Arbeit ausgefüllt war, verspürten wir Lust zum Reisen und diesmal zog es uns nach Deutschland hin zu Mutterns Haus in Hamburg, als Stützpunkt zu einer weiteren Autoreise in die verlorene Heimat Pommern. Wir mieteten ein Auto und fuhren erst einmal nach Limburg an der Lahn, um Madre MERA zu besuchen, die in der Nähe, in den umliegenden Gebäuden einer alten Burg, ihren Ashram eingerichtet hat. „ Sieh´mal einer an"; -dachte ich: „selbst im kühlen Deutschland lassen sich indische Gurus nieder!" Der Besucherstrom gab der offensichtlichen Not-Wendigkeit Ihres Daseins Recht! Als Erstbesucher wurden wir priviligiert empfangen und eingelassen und dann sassen wir andächtig, inmitten einer grossen Besucherschar auf güldenen Stühlen in stiller Erwartung auf die schöne, anmutige Meera die nun eintrat, sich freundlich verneigte und sich schweigend auf ihren Platz begab. Der Reihe nach sassen wir Besucher ein kleines Momentchen vor Ihr, es gab einen kurzen Augenkontakt und vielleicht ein zarte Berührung mit Ihrer Hand. Alles geschah in tiefstem Schweigen. Dankbar für diesen Moment ging ich zurück auf meinen Stuhl und ganz langsam überkam mich tranceartig ein unglaubliches Gefühl der STILLE, die mich in ein Nirgendwo entliess, so dass eine bewusste Teilnahme an all diesem äusseren Geschehen nicht mehr da war. Es war wieder einmal diese tiefe innere STILLE die diesen ursprünglichen SEINS- Zustand einfach s e i n liess. Ich erinnere mich wieder an OSHO, als er uns in einem seiner hunderten Diskurse wissen liess; „dass die lebende Präsenz eines „erleuchteten" Meisters als Energieübertragung der direkte Weg zur Erkenntnis des SEINS sei!"

Man kann sich nun fragen: was ist es denn, dass die Menschheit an solchem Gewahr-Sein nicht bewusst teilhaben lässt, ist ES doch eine „ewige Präsenz" hier und jetzt und scheint einfach nicht -fassbar- zu sein, obwohl E S ja das Leben selbst ist!? Es hat vieler Abenteuer, auch leidvoller bedarft, um mich in der Wahnehmung des Seins, dem Gewahrsein zu festigen, einfach weil das systhemisch Unbewusste und Ungewusste absolut vorherrschend unter uns Menschen ist, so als sei irgendwann – irgendwie – irgendwo – irgendetwas „falsch" gelaufen; denn ob wir es wahr haben wollen oder nicht, E S ist immer präsent! Die Bibel nennt es den Sündenfall und die Schöpfungsgeschichte ist doch eine wunderbare Parabel auf den „Ursprung" des EGO. Die Stadt Limburg hat uns sehr gut gefallen, wir liessen es nach einem gemütlichen Rundgang hinter uns und machten uns auf den Weg nach Hildesheim, um Schwester Anke abzuholen zu unserer gemeinsamen Fahrt nach Stettin.

Es ist immer wieder diese ganz spezielle Situation in dieser Stadt zu sein, einer fremd gewordenen, doch immer noch geliebten Heimat nach so vielen Kreuz-und Querzügen durch die Welt. In einem kleinen Hotel mitten im Park, in ganz zentraler Lage, fanden wir Unterkunft. Monique und ich gingen noch ein bischen Bummeln und kehrten in einer kleinen Kneipe ein, schnüffelten Stettiner ambiente, heute, hier und jetzt. Wir fühlten uns wohl! Am nächsten Tag war Neu-Westend angesagt, unser Geburtshaus und die Häuser der Väter und deren Väter, wie schon einige Male vorher. Das war immer wieder aufregend und so als sei ich Zeuge einer anderen Zeit, die viel mehr war als ein Leben.

Wir blieben draussen, vor den Häusern und spürten doch eine ganz fremde Energie. Wiedergeben kann man das gar nicht. Vielleicht wird einem die Entwurzelung bewusst, die uns zwar überall als Freunde sein lässt, aber man ist nirgendwo zuhause, weder im „aussen" noch im „innen", so wie vogelfrei und das erlebe ich bewusst nur wenn ich hier bin, als Zeuge meiner eigenen Situation, an die ich mich ja gewöhnt hatte und die erst hier tiefer hinterfragt wird. Aber siehe da, ich fühle mich nicht als Opfer, vielleicht ein bischen Nostalgie. Ich bin dankbar für D A S was IST; denn ich konnte, durch alle diese Lebensumstände, wie ein Kücken aus der Schale kriechen und mich wie eine Zwiebel Schicht um Schicht pellen, wenn auch so manches Mal mit Tränen und das hat ja eine Zwiebel so an sich. Ich kann mir kaum vorstellen was wohl aus mir geworden wäre, wenn es keinen Krieg und keinen Verlust der Heimat gegeben hätte; denn gerade die „Entwurzelung" ist ein Riesenschritt in die Freiheit, ob gewollt oder nicht; denn so geschah E S einfach! Da sah ich, als ich sinnend vor unserem Haus stand, das sich unten vor einem Garagengebäude, das nicht aus unserer Zeit stammte, ein alter Mann langsam bewegte. Ich glaubte mich wieder an ihn erinnern zu können aus der Zeit meines ersten Besuches, aber er war so alt geworden, so viel älter, genau wie ich auch, da war keine Lust mehr da, ihn wieder zu treffen zu wollen oder gar ins Haus eingeladen zu werden. Das war vorbei, jene Zeiten waren abgelaufen, einfach so! Ich ging aber noch einmal durch den Wald, um von hinten einen Blick aufs Haus werfen zu können und sammelte ein Paar leere Bucheckern auf als Erinnerung. Das wars dann auch!

Wir fuhren weiter aufs Gut in Pribbernow und fanden nun auch die alte Gärtnerei verlassen. Neu war meine Entdeckung der runden Zypressen, die damals im Vorgarten des Gutshauses standen, ich brach einen Zweig, der jetzt gepresst in einem der dicken Bücher im Regal steht. Wir waren dann noch an der Laatziger Ablage, dort wo wir auf unserem Boot zwei lange Sommer verbracht hatten. Von Misdroy nach Swinemünde war ein Katzensprung. Wir setzten mit der Fähre über die Swine und fuhren soweit wie möglich von Polen aus an die deutsche Grenze, die nur für Fußgänger offen war, um unsere Freunde aus Berlin zu besuchen, die sich in Aalbeck für ein Paar Tage eingemietet hatten und verlebten schöne Stunden mit ihnen am Meer und überall.

Zurück fuhren wir über Wolgast, einem kleinen Hafenstädtchen, das an der Peene liegt. Meine Neugier galt unserem alten Segelboot, das Vater noch vor dem Einmarsch der Russen dort liegen liess. Mit Spannung durchforschte ich die Bootshäfen; vielleicht liegt sie ja irgendwo, die „Inghello"? Es blieb aber bei dem Traum und so forschte ich weiter bei dem Hafenmeister, der aber jüngeren Jahrganges war und mir erzählte, dass der alte Hafenmeister hoch in den Achtzigern kürzlich verstorben sei und damit die letzte Möglichkeit, vielleicht doch noch etwas über den Verbleib des Bootes zu erfahren. So fuhren wir weiter bis zu dem Teil unserer damaligen Flucht, wo uns die Russen erwischten und dann durch Mecklenburg zum Priwall bei Travemünde, um einen alten Freund aus Chile wieder zu treffen, Sohn einer alten Mecklenburger Adelsfamilie, die möglicherweise ihr Gut nach der Wende zurück bekamen. Nach langem Durchfragen bekam ich Hinweise, hatte aber bald keine Lust mehr.

Was mich in meiner Jugend beeindruckte, wenn ich auf dem Priwall war, dass dieser schmale Küstenstreifen das einzige Mecklenburger Land auf westdeutschem Boden war und ich mich hier immer der Heimat näher fühlte. Am Ende des Strandes war eine dicke Stacheldraht-Rolle und dahinter kam, fast schon feindlich, das DDR-Gebiet! Niemandsland ! Als ich dann über die Grenze hinweg gen Osten in die Ferne schaute, entdeckte ich weit hinten zwischen Eichenkronen ein Gehöft. In Chile entdeckten wir, dass gerade dieser Hof der alte Wohnsitz meines Freundes war. Dieser Zufall verband uns mehr.

Solche Reisen in die Vergangenheit, besonders wenn sie so ausgeprägt wie diese waren, lassen alle möglichen Erinnerungen aufsteigen, die sich sehr real anfühlen.

Wir blieben noch einige Tage in Hambug und landeten schließlich wieder auf der Insel. Die Frage nach unserem zukünftigen Verbleib bewegte mich schon längere Zeit. Wir hatten ja schon zwei Mal unsere Fühler ausgestreckt und sind danach immer heimatlicher auf unserer Insel geworden. Es ging jetzt nicht mehr darum hier „auszubüchsen", sondern vielmehr tauchte die Frage auf; in welcher Form können wir uns verkleinern, und sind wir bereit Land und Haus zu verkaufen. Monique brauchte Zeit, ich, mit 9 Jahren älterl und verantwortlicher Wächter für Häuser und Hof ging forscher an die Sache heran! Tagelang sassen wir über Plänen, um das Puzzle der unterschiedlichsten Escrituras zu lösen. Das war höchst kompliziert, aber es ergaben sich schliesslich recht gute Möglichkeiten der Aufteilung, die an sich von Amts wegen fast unmöglich erschienen. Wir hatten aber das Glück, durch die Existenz verschiedener Escrituras, die wir teilen und zusammenfügen konnten. Das alles dauerte Jahre. Die Inseln schützen sich immer mehr, überall gibt es Einschränkungen, die mit immer mehr Inspektoren überwacht werden, so dass die grosse Freiheit, der sich Spanien früher rühmen konnte, entschieden eingeschränkt wurde und das gilt nicht nur hier, sondern ist weltweit zu einer Notwendigkeit geworden. Das Umweltbewusstsein wird gottlob immer grösser und noch lange nicht gross genug, um die Probleme wirklich zu lösen die da auf uns zukommen. Im Grunde genommen ist ständiges wirtschaftliches Wachstum, das unserem Wohl - Stand so wichtig erscheint, vollkommen ungeeignet um unseren Planeten und die Menschheit zu schützen. Nicht immer mehr und mehr und mehr im Äusseren, im Konsum, in Bequemlichkeit, sondern eher immer weniger und das mit grosser Klugheit, Fairness und der Unterstützung unserer heutigen elektronischen Technik, sind angesagt. Nicht mehr so viel selbstverständlich gewordener Wohlstand im äuesseren Lebensbereich, mehr Wohlstand im Innen täte der Menschheit wohl besser, besonders in den Konsumländern ist grosses Umdenken angesagt. Inwieweit unser demokratisches System in der heutigen Form da noch mithalten kann, könnte man in Frage stellen. Es ist zu langsam zu uneffektiv, zu unehrlich, zu korrupt und interessenorientiert, es verliert zu viel Energie in parteipolitischem Gerangel und Machthunger. Für eine Änderung ist es für den heutigen Moment wohl noch zu viel verlangt, es wird sich wohl ergeben müssen, vielleicht erst dann, wenn uns „das Wasser bis zum Halse steht"! Auf der anderen Seite können wir „Westler" froh darüber sein die schlimmen Diktaturen des zwanzigsten Jahrhunderts hinter uns gebrtacht zu haben, aber es reicht nicht aus, um die Problematik der Überbevölkerung und Umweltverschmutzung hier und heute zu lösen. Da werden grosse internationale Konferenzen publizistisch hochgejubelt und zumindest der Versuch unternommen durch Einschränkungen die Umwelt zu schützen, aber im nächsten Moment reist die Kanzlerin nach China, um – umjubelt- ein neues VW-Werk einzuweihen!

Unser Dilemma ist, dass nur weltweite und gemeinsame Lösungen möglich sein werden, aber da sind wir noch lange nicht und das könnte wohl nur bei globaler „Erleuchtung" funktionieren: „Welch eine Anmassung"; mögen sich nun die Zweifler mokieren und vielleicht haben sie Recht; denn wer von uns weiss es schon wohin die globalisierte Menschheit mit ihrem komplexen Menschsein wohl steuert? Den Kopf, auf Grund dessen, in den Sand zu stecken, nützt uns auch nichts; denn unser Dasein selbst ist Teil des GANZEN und impliziert alle unsere existentiellen Möglichkeiten. Solange ein Gewahrsein nicht auf eine gewisse Mehrheit überschwabt, schweben wir mit jedem weiteren Tag in höchster Alarmstufe, wie auch immer das aussieht!

Unter diesem Gesichtspunkt hatten wir natürlich vollstes Verständnis dafür, was aus Umweltgründen uns bei der Aufteilung unseres Hofes im

Wege stand, zu akzeptieren, es blieb uns auch gar nichts anderes übrig, jedoch hat Zustimmung und Verständnis eine ganz andere Energie, als das Gegenteil, nämlich sich als Opfer zu fühlen. Das Endergebnis aller unserer Bemühungen war besser als erwartet und so stellten wir Teile dieses Puzzles zum Verkauf.

Dann überlegten wir uns, in welchem Haus wir zukünftig leben wollten. Wir fingen an am alten Bauerhaus ein wenig umzubauen, um uns den Entschluss, wo wir definitiv bleiben wollten, leichter zu machen, um uns einfühlen zu können; denn beide Häuser brauchten in der Tat eine Rund-um-Renovation.

Bruder Klaus und Lynda kamen über die letzten Jahre für 3-4 Monate im Sommer von Chile zu uns und mieteten sich im Bauernhaus grosszügigst ein. Diesen Sommer kamen zwei ihrer Kinder mit ihren Familien aus Chile zu Besuch.

24. Reise: > THAILAND und BIRMA > Brüderliche Differenzen ?

Es war prima gelöst, das Haus war gross genug und alle genossen die Insel, die Strände, das Meer und die lieblichen mediterraneren pueblos. Ich hatte gesundheitliche Probleme, war also nicht so gut´drauf und konnte nur wenig mit ihnen sein.

Mit Klaus hatte ich ständig, eher Diskussionen, als Gespräche; denn wir kamen in spiritueller Hinsicht nicht überein! Was ihn in jahrelange Depressionen trieb konnte ich nicht als Wahrheitsfindung akzeptieren. Er war und ist ein grosser Denker und hat sich zum Ziel gesetzt, als seine Erfüllung; die menschheitliche Erlösung überhaupt zu finden und, obwohl er die Religionen, die östlichen und westlichen Meister gründlich studiert hat, reicht ihm das alles nicht. Er ist dabei sich sein eigenes Konzept zu kreieren, das anders sei, als alles bisher Gedachte und Gesagte. Seine Sichtweise war in etwas folgende: „...träumt nicht von höheren Wesen oder anderen Wahrheiten, noch nicht einmal von Gott, all das sind Illusionen, die einzige Wahrheit ist unsere jetzige Wirklichkeit, also: unser Allag!!! >Diese Totalität ist irgendwie wunderbar, dachte ich bei mir...<.. „es gibt keine andere Wahrheit als unsere Wirklichkeit, bemüht euch nicht um eine andere Wahrheitsfindung, es gibt sie nicht; das ist alles Unsinn und hat seit Jahrtausenden nicht funktioniert, der Menschheit keinen wirklichen Fortschritt gebracht"!

Das ist natürlich ein Standpunkt und in vieler Hinsicht das Gegenteil von meinem damaligen Verständnis. Für Klaus fallen Wahrheit und Wirklich zusammen. Es war ein grosser „Durchbruch" für ihn, das zu erkennen! Alle meine Vorstellungen und Konzepte und Überzeugungen würden dann nicht so stimmen, nachdem ich Jahrzehnte auf der „Suche" war und WAHRHEIT fuer mich eine andere Qualität hat als die alltägliche Wirklichkeit in der wir glauben zu leben.

„Es gibt keine Trennung von irgendetwas wie er meinte, obwohl er doch selbst –leidend- war und aus meiner Sicht also–getrennt- von der „Wahrheit" war; denn deshalb empfinden wir ja das Leid und sind auf der

Suche nach Erlösung von jener Trennung! Dann wäre jene, seine Wirklichkeit, eine phänomenale Wirklichkeit, aus der Sicht des Getrennt-Seins, so wie normalerweise die Welt mit Ihren hunderttausend Dingen als etwas Reales, Dinghaftes wahrgenommen wird und nicht als eine Erscheinung im SEIN. Das Paradox ja nun ist, dass genau dieses Erkennen: der phänomenalen, bedingten äusserlichen, endlichen Wirklichkeit, Illusion (Maya) ist, nicht wirklich real ist. Nur die „Wahrheit", die wir meinen nicht zu kennen, die wir aber SIND, ist real. Also kann von da aus die WAHRHEIT nicht die (Maya)-Wirklichkeit sein, wohl aber in ihr als Erscheinung auftreten.

Gott dient dem Menschen als Projektionsebene hin zum SEIN und so lange wir Gott ausserhalb unserer selbst sehen, sind wir durch unsere identifizierte „Indivi-dualitaet" getrennt und von daher wiederum auf der Suche bewusst oder unbewusst nach der EINHEIT; dem SEIN selbst!....ein circulo vicioso!?

Klausens „Befreiungsformel" > Wahrheit = Wirklichkeit < diese, seine Erkenntnis, hat mich tief berührt und fordert mich heraus: Wenn also - WAHRHEIT = WIRKLICHKEIT - ist, dann setzt das für mein Verständnis voraus: „was ist es denn, das als Wirklichkeit wahrgenommen wird um WAHRHEIT zu sein? Die Menschheit, bis auf wenige Ausnahmen, erfährt doch als Wirklichkeit dasjenige in dem wir zu leben glauben, so wie uns das Weltgeschehen alltäglich begegnet. Es ist auch Teil der Schöpfung, impliziert aber zuleich die ständige Suche nach der Quelle der Schöpfung, also nach der Wahrheit, die wir hinter dieser Wirklichkeit erahnen! Da sind also immer zwei; der Suchende, das Getrennt-Sein, als das Opfer des Nicht-Einen, und dann das Erwachte, nennen wir E S das Göttliche in uns!. Diese „getrennte" Wirklichkeit ist nicht Wahrheit. Wird aber die Wahrheit, das SEIN selbst, als Wirklichkeit erkannt, dann findet eine >Umpolung< der normal wahrgenommenen,„getrennten" Wirklichkeit statt. Diese verliert im selben Moment ihre Bedeutung, sie verschwindet einfach, sie ist Wahrheit geworden, das E I N E, kein Gegenüber, nicht zwei! Die Wahrnehmung der phänomenalen Welt hat die Identifikation mit sich selbst verloren, sie ist Wahrheit geworden, ganz genau so, wie ALLES wahrhaftig ist.

In diesem Sinne war es mir ein ehrliches Bedürfnis Klausens „Befreiungsformel" für mich zu klären; denn ich spüre, dass nach meinem Verständnis zweierlei Auffassungen Gültigkeit für den Einen oder den Anderen haben könnte. Natürlich sind das alles geistig-mentale Versuche „Essenzielles" in Worte zu fassen, was nie wirklich erfassbar ist, aber es ist ein Versuch mehr, sich mit dem göttlichen Spiel > LILA < einzulassen. Die Wahrnehmung umgepolter Wirklichkeit ist WAHRHEIT!

Auch die Bedeutung von – HIER und JETZT – ist zweierlei auslegbar, von welchem Standpunkt aus wird das Hier und Jetzt erfahren? Vom mentalen, rationalen Standpunkt aus ist Hier und Jetzt ein Wortsymbol das jeden Moment gelebten Alltags festhält und als Momentaufnahme fixiert, während der nächste und nächste und nächste Moment, immer wieder neu, immer wieder anders in Erscheinung tritt, sich „horizontal" hintereinander reiht, mit viel Aufmerksamkeit bedacht wird und das führt unweigerlich zu mentalen Unerträglichkeiten, hat aber im Sprachgebrauch die grundsätzliche Bedeutung: einfach präsent zu sein.

Dagegen ist Hier und Jetzt vom S E I N sein her eine völlig andere integrale Wahrnehmung des Momentes; es reiht sich nicht Moment an Moment, es ist im Bewusstsein des HIER-Seins eine fliessende, total entspannte, „vertikale" Wachsamkeit der Präsenz, die vor dem Hintergrund des Gewahr-Seins geschieht. Es steht kein Wollen dahinter, kein Wunsch, keine Erfahrung, es ist >All-Eins-Sein<, einfach rund, unproblematisch, segensreich, es ist Gnade!

Vielleicht schreibe ich hier etwas, über das schwer zu schreiben ist, das vielleicht schwierig zu verstehen ist, das vom Kopf her kaum verstanden werden kann, das weit hinter oder vor unserem Alltag angesiedelt ist. Aber ist nicht gerade das, dieses scheinbare Getrennt-Sein der Punkt unseres gebeutelten Menschseins? Das ist auch der Stoff aus dem alle Religionen gemacht sind, und noch besser, es ist schlicht und einfach – GOTT – nicht wirklich der Gott, den wir uns irgendwo da draussen vorstellen, nein der Gott in uns, als tiefste Wahrnehmung des SEINS, das Aller-Intimste, das ohne MICH/MEIN ist, das ganz einfach l i e b t und ganz s t i l l ist!

LIEBE ist EINS-SEIN; ist Aufhebung jeglicher Art von Trennung in körperlicher, mentaler und geistiger Hinsicht und das impliziert Spiritualität,

Kreativität, Sexualität als >Schöpfungsakt<, als Wahrnehmung des GOTT-SEINS: LIEBE ist ohne ICH, ist unpersönlich, ist f r e i – sein, ist S E I N!

In mir spürte ich noch immer den Wunsch BIRMA zu besuchen. Es zog mich stark dorthin, nachdem mir in der Reinkarnations-Therapie, vor mehr als 20 Jahren, mein Leben als junger buddhistischer Mönch, als Wächter eines Klosters in Nord-Birma erschienen war. So bereiteten Monique und ich unsere Reise vor, die uns erst einmal nach Thailand führte. Unsere Tochter Ailara war für den ersten Teil der Reise nach Thailand mit von der Partie. Bangkog überraschte mich freundlich, da ich meistens ablehnende Meinungen hörte. Wir durchstöberten die Stadt, die Märkte, besuchten Tempel und genossen den Fluss, den wir in alle Richtungen und immer wieder neu durchschipperten, stiegen aus, verloren uns in grossen Märkten die schon ausserhalb der Stadt lagen. Tai-Masagen waren angesagt und in den grossen Einkauf-Passagen wurden Marken-Klamotten, original oder auch nicht, zuhauf angeboten; denn viele westliche Marken-Artikel wurden hier fabriziert und fanden ihre Schlupfwinkel auf dem freien Markt. Man kann sich über die horrenden Preise der „Markenartikel" im Westen nur wundern, werden sie doch hier mit Billigst-Löhnen hergestellt!

Bis auf einige konzentriert touristische Zentren spürte man wenig Tourismus. Die Thais haben die Oberhand. Die Königstreuen, und davon gibt es viele, tragen ihre gelben Polos. Der Buddhimus ist tief im Land verwurzelt. Die vielen Tempel laden zur STILLE ein. Mitten zwischen den Hochhäusern fiel mir eine gepflegte alte Villa mit parkähnlichem Garten auf und bei näherem Hinsehen beherbergte sie eine bekannte Kochschule. Ailara hatte grosse Lust an einem Kochkursus teilzunehmen und da sie kaum englisch sprach, machte auch ich als Dolmetscher kostenlos mit. Ailara ist professionelle Köchin und konnte so ihre Kenntnisse internationaler Küche erweitern.

Uns interessierte die Inselwelt im Nationalpark – Ko Tarutao – ganz im Süden der Andaman See. Wir besuchten noch die schwimmenden Märkte. Sie sind malerisch bunt und durch die vielen Boote voller Obst und Gemüse immer in Bewegung. Eine Rundfahrt, mit ihren fürchterlich lauten und rasanten, selbstgezimmerten Speed-Boats, liess uns die Ohren sausen. Diese schmalen, langen Holzboote haben hinten einen alten Automotor von 50 PS oder mehr, befästigt auf einem drehbaren Punkt, mit lang nach hinten ins Wasser ragender Propellerwelle. Zum Steuern musste der ganze Motor mit Welle über diesen ausbalanzierten Punkt bewegt werden, was wohl einigen Kraftaufwand bedarf.

Zurück in Bangkog kauften wir uns gleich Bustickets in den Süden. Ziel dieser Fahrt war KRABI, um von dort wieder mit einfachsten Transportern und einem Speedboot zur RAI LEH Bucht überzusetzen. Hier endlich ruhten wir uns aus. Wir waren wieder in wilder Natur, so wie wir immer leben. Hier war internationale Jugend, die sich in den Kletter-Schulen an den zerklüfteten Steilküsten ausbilden ließen. Ein herrliches jugendliches Treiben, tagsüber hingen sie überall waghalsig an den Steilhängen und abends traf man sich in den grosszügigen Freiluft-Bars am Strand oder zwischen blühenden Gärten und Palmen. Schmale Ausflugsboote boten sich zu Rundfahrten innerhalb dieser bizarren Felseninseln an. Zum Baden suchten wir uns zwischen den Felsen versteckte Ecken, um wie gewohnt nackend zu baden.

Nach einigen erholsamen Tagen ging es weiter in den Süden, allerdings schon ein bishen komplizierter, um uns in PAK BARA nach KO TARUTAO einzuschiffen. Uns empfing eine ganz ruhige Insel mit herrlichem, kilometerlangem Sandstrand, Bergen und Höhlen. Hier war auch die Administration des Kotarutao-National Parks, mit einfachen aber geräumigen Gästezimmern, einem Restaurant und vielen Affen, die überall herumströmerten. Wir waren fast alleine, neben dem Service-Personal und den Rangers. Wir Insulaner konnten wohl das Inselleben nicht wirklich hinter uns lassen und erfreuten uns an den langen einsamen Strandwanderungen und Ausflügen in das Inselinnere voller tropischem Urwald.

Als ich wieder einmal den kleinen Hafen besuchte, lag dort ein Katamaran vor Anker mit Skipper, Frau und Kindern. Dieser Anblick machte mich happy.

Ein kleines, völlig überladenes Motorschiff brachte uns zur Insel KO ADANG. Als mehr Wind aufkam mussten wir mit unserem Körpergewicht das Boot trimmen, indem wir uns an Deck setzten, mit den Beinen aussenbords, um die gefährlich werdende Schieflage auszubalanzieren. Auf KO ADANG gab es zu unserer Verwunderung nagelneue Gästebungalows zu einem Werbepreis. Ailara verdarb sich den Magen bei unserem Abendessen am Heiligen Abend. Wir wanderten auf Pfaden über die Insel. Monique verlief sich und wir bangten um Sie; denn es wurde schon dunkel als sie endlich auftauchte. Sie kam vom Pfad ab, gelang an die Küste und -kämpfte- sich die teilweise sehr unwegsame Küste entlang in Richtung Osten, so hatte Sie Ihr Abenteuer für sich, was ihr hier und da schon mal häufiger passierte; denn ihr Orientierungssinn war nicht der sicherste. Die Insel KO LIPE lag gegenüber. Sie gefiel mir sehr, erinnerte sie mich doch an alte Zeiten auf IBIZA, war aber noch viel ursprünglicher. Auf diese kleine Insel haben sich alle Einwohner des Archipels zurückziehen müssen, wenn sie nicht aufs Festland wollten, nachdem das ganze Inselgebiet zum National Park erklärt worden war; denn bis auf die Ranger und ihr –Equipo- sollten die Inseln unbewohnt bleiben. Ich fühlte mich dort sehr wohl. Alles war einfach. Viele Artesanos boten ihre Arbeiten an und moderne Hinweisschilder wiesen auf Fluchtwege bei eventuellen Tsunamis hin. Wir waren gar nicht so weit weg von Sumatra! Auf nahen anderen Inseln fühlten wir uns wie Robinson und durchstreiften menschenleere Strände und Küsten. Diese Sensation des All-Eins-Seins kitzelte im Bauch, wir tauchten mit Brille und Schnorchel, erforschten Korallenriffe mit leuchtend bunten Fischen.

Schon vor unserer Abreise aus Bangkog mit dem Bus hatten wir Rückflugtickets nach dorthin gekauft, liessen sie aber „sausen", um unsere Zeit auf den Inseln zu verlängern. Wir hatten Glück; denn ein Vip-Bus, nur mit uns Dreien als Passagiere brachte uns schliesslich nach Bangkog zurück. Ein bischen traurig verabschiedeten wir Ailara, die nun zurück nach Spanien flog, weil sie ihre Reise nach Argentinien und Chile antreten wollte. Doch Sie hatte grosses Pech; denn die Fluglinie -Air Madrid- machte Pleite, sie verlor ihre lang angesparte Flugreise und musste nun zuhause bleiben!

Unsere Reise sollte uns jetzt ans eigentliche Ziel nach BIRMA-MYANMAR bringen. Das Büro in Bangkog, um das Einreisevisum nach Myanmar zu beantragen, machte auf mich sofort den Eindruck einer Miltär-Diktatur, und erinnerte mich an die DDR- Zeiten. Wir bekamen ein 4 Wochen Visum, länger gab es nicht und flogen nach YANGON früher RANGUN, fanden unser vorbestelltes Hotel mitten in der Stadt und bezogen hoch oben ein hölzernes

Zimmer auf dem Dach mit kleiner Terrasse. Besser konnten wir es kaum treffen. All das entpricht immer unseren Ansprüchen, als Rucksack-Touristen, einmal weil wir es finanziell nicht anders konnten, aber in erster Linie es auch nicht anders wollten. Unser Tourismus vermittelte uns entschieden ursprünglicheres Dabei-Sein, so wie wir es immer gewohnt waren. Wir wollten das Leben dort spüren, miterleben und tauchten so in die Lust und Launen der Menschen und ihrer Kultur ein. Hautnah wollten wir besonders dieses Land erfahren und begegneten ihm offenen Herzens, hakten uns ein in ihre natürliche Demut, wir reichten uns die Hände, sie nahmen uns förmlich mit.

Da gibt es natürlich auch einen anderen Tourismus, der in den wenigen teuren Hotels absteigt und in erster Linie an der reichen Kultur dieser Länder seinen gusto findet. Besonders organisierte Reise-Gruppen findet man hier und da an den exponierten Kulturstätten wieder, die ihren gewohnten Lebensstil und Komfort auf solchen Reisen nicht unbedingt aufgeben wollen und nach unserem Verständnis, aus einer anderen Welt kommen, eben total aus dem Westen, wie soll es auch anders sein, wir kommen ja auch von dort!

Birma ist bettelarm. Wenn ich schon auf meinen vielen Reisen, vergleichsweise zum Westen, viele arme Länder gesehen habe, so trifft Birma ein noch häftigeres Schicksal. Das direkt erleben zu dürfen, bei unser aller Konsumwohlstand, aber auch bei meinen eigenen Erfahrungen der Kriegs- und besonders der Nachkriegszeit, hat mich innerlich tief betroffen gemacht. Ich kam zurück an meine Wurzeln, mein Herz öffnete sich der Liebe wie ich sie nur selten so natürlich erleben durfte. Monique empfand sehr ähnlich, obwohl wir beide ja auch aus ganz anderen Kuklturkreisen kommen. Wir empfanden dieses Land wärend der ganzen Reise als eine intime Liebesaffäre.

Mit welcher Einfachheit sie überlebten und mit welcher Hingabe Sie Ihr Schicksal trugen, liess mich vor Scham erröten, wenn ich an die hochgejubelte Problematik unser modernen Konsumgesellschaft denke, an unseren -nimmer enden wollenden Müll-, an die Umweltverschmutzung, an die Wegwerfgesellschaft, die meist unzufrieden nach immer mehr und mehr giert, wobei die rasante technische Entwicklung ihnen allen immer von neuem die Mäuler stopft, z.B. die Handys: flacher-schneller-bunter. Wie wir uns aufgeilen an immer wieder neuen Errungenschaften, uns abhetzen, Supermärkte jeglicher Kategorien in denen nichts mehr fehlt, die totale Wohlstandsgesellschaft und selbst da gibt es viele Menschen, die sich diesen Standart nicht mehr leisten können, an der Armutsgrenze lebend versuchen über die Runden zu kommen. Sicherlich, von dem westlichen Standpunkt aus mag das so sein, weil uns ständig die Vergleichsmöglichkeiten sichtbar ins Gesicht springen aber was wissen wir schon von Armut? Nun ist es nicht so, daß ich Armut unterstütze, aber zweifelsos generiert sie zumindest in Birma ein humildes Miteinander, das in der Tat eine ganz andere Qualität und Dynamik hat als jenes Miteinander wie wir es bei uns täglich erfahren. Es sind ganz andere Welten und genau diese Wahrnehmung liess uns hier eintauchen. Als wir auf dem Schiff flussabwärts mit „normalen" Touristen zusammen kamen, hörten wir ihr Gestöne über die Verhältnisse in diesem Land, sie konnten es nicht fassen, sie waren weit weg vom Geschehen Hier und Jetzt. Sie versuchten ihren eigenen Lebenswandel in diese ganz andere Welt zu verpflanzen und wirkten sehr verwirrt, es konnte ihnen nicht gelingen!

Unser „Geheimnis" des Eintauchens hier lag natürlich an unserem eigenen Lebensstiel im Westen. Wir lebten nicht notgedrungen wie die Birmesen, lebten aber freiwillig, aus einer inneren Not-wendigkeit- heraus, ein bischen mehr im Abseits des ungeheuerlich verstrickten westlichen Systems. Ich sage >ungeheuerlich< weil mir selbst, gerade hier in Birma, diese wirkliche >Ungeheuerlichkeit< als solche bewusst wurde, diese, unsere Selbstverständlichkeit, verbunden mit all den Ängsten die unser Lebensstiel mit sich bringt; solches vielleicht einmal zu verlieren! Momentan sind wir ja mittendrin im wackelnden Kapitalismus! Die Birmesen stressen sich nicht, sie haben die Hingabe an >DAS WAS IST < leichter erfahren, der intensive Glaube an den Buddhismus lässt Sie eine ganz andere Qualität des S E I N S erfahren, nicht ausschliessliches Streben nach marterieller Existenz im Stress der Wohlstandsgesellschaft, nein, das DASEIN im Hier und Jetzt, auch schon deshalb, weil Sie gar keine andere Chanze haben. Es ist mir auch klar,würde man Ihnen andere Möglichkeiten eröffnen, worauf ja viele warten, würden Sie auf ihre Art auch zugreifen und hätten die besten Chanzen uns nachzueifern, als touristisch kaum erschlossenes Land. Wir können das Rad der Entwicklung kaum zurück drehen, wir müssen es aber entschieden zum weltweiten Einschränken abbremsen, ausgleichnend mit viel mehr Bewusstsein reduzieren, um so in eine >stillere< (Über) - Lebensqualität zu kommen, ohne das sie aus der – Not der Armut- geboren wurde. Unsere WIRKLICHKEIT sieht halt anders aus, jedoch ist das ein guter Grund, sie als Herauforderung anzunehmen; denn eine nicht allzuferne Zukunft könnte uns das Fürchten lehren!

Wir waren in MYANMAR, nicht mehr in BIRMA. Wir waren in YANGON nicht in RANGUN; einem Land, das seit 1962 von den Militärs regiert wird und jahrelang vom Rest der Welt boykottiert wurde und wird, selbst auf Wunsch der Opposition, die von Aúng San Sun Kyi angeführt wird, um das Regime auszuhungern, was ihnen aber bis heute, trotz einiger Revolten, nicht gelungen ist. Nicht alle Oppositionellen stehen wegen des Aufrufes zum Boykott hinter Ihr; denn das Land ist wirtschaftlich am Boden und das natürlich zum grossen Leid der Bevölkerung. Wir haben uns politisch nicht eingelassen, wir wollten einfach mit den Menschen sein, in jedem Moment, und konnten nicht besser belohnt werden. Sie haben „Hunger" auf Kontakt zur Aussenwelt, wollen von uns hören, uns anfassen und mit uns Lachen. Myanmar war wohl nie ein leicht zu regierendes Land gewesen. Die vielen unterschiedlichen Volksgruppen liessen sich nur schwierig zusammen fügen. Yangons Strassen waren bespickt mit Händlern und so gab es auch hier einen gewissen Konsum, der minimalste der gerade zum Überleben reicht. Alles, was zum täglichen Bedarf nur irgendwie nutzbar war, wurde hier angeboten und obwohl die Waren das einfachste vom einfachen waren, hatte doch jedes Stück seinen eigenen Wert und mehr gab es nicht, und mehr wussten sie auch nicht! Da sass eine ältere Frau, grau-weißes Haar umrandete ihr schönes Gesicht; sie verkaufte kleine Strohbündel, die sicherlich zum Töpfe schruppen zu benutzen waren. Sie sass da, zwischen all den anderen, ganz ruhig und still lächelnd, mit wachen Augen und Sie zog mich so an, dass ich Sie darum bat einige Fotos von Ihr machen zu dürfen. Am nächsten Tag liess ich sie vom Memorystick kopieren, zog wieder hinaus in die Stadt, um die freundliche Frau wieder zu finden. Sie war nicht mehr da und so habe ich heute noch die Fotos bei mir und frage mich, ob das so wohl besser sei, vielleicht kann sie mir mehr geben als ich Ihr mit den Fotos!?

Ein langer Gang durch die Strassen führte uns zum Hafen, dem Teil einer Stadt, der mich immer anzieht. Der grosse Fluss IRRAWADDY, der MYANMAR von Nord bis Süd durchströmt und schiffbar ist, in einem weiten Delta in die ANDAMANN-SEE und den GOLF VON BENGALEN mündet, verbindet Yangon durch einem Nebenarm, dem Twante-Kanal mit dem Delta, und ist schiffbar bis hin zum Meer, sodass durch den – inner water way- das ganze Land mit Schiffen befahrbar ist. Über Landungstege, wie in uralten Zeiten, werden die vielen Flussschiffe be- und entladen. Da sieht man keine modern verpackten Möbel oder sonstige Haushaltsgegenstände; nur Säcke oder mit dicken Baumwollstoffen umnähte „ Klumpen" die von vielen barfüssigen, robusten, jungen und alten Männern hin und her geschleppt wurden. Ganz ruhigen Schrittes, wie in tiefer Meditation, verrichten sie ihre harte Arbeit und als einige von Ihnen uns mit dem Fotoaparat erblickten, ihre Last bereits abgelegt hatten, freuten sie sich riesig, ihre lachenden Gesichter auf der Mattscheibe der Kamera wieder zu sehen. Wir fühlten uns alle wie Kinder, und wie überall in MYANMAR, wenn wir uns mit diesen offenen und unschuldigen Menschen trafen, war dieses –freie Fliessen- da, eine echte Liebesaffäre! Viele, wunderschön geformte Teakholzboote mit ca. 8 – 10 Metern Länge, lagen am Ufer, nahmen kleinere Lasten auf oder dienten als Fähren hinüber zum anderen Flussufer. Gerne hätte ich so ein robustes Teak-Holz Schiffchen bei mir auf der Insel und machte mir schon Gedanken einen Bootsbauer aufzusuchen. Es gab auch grössere Dampfer und einige Kräne um sie zu beladen.

Der Eindruck des Hafens, wie auch viele Bezirke der Stadt wirkten auf mich wie vor 100 Jahren vergangener Zeiten und wenn ich solche Momente hautnah erlebe und selbst ein Kriegskind bin, verbinde ich mich wieder mit äusserlichen Ursprüngen, die eine ganz andere innere Dynamik aufsteigen lassen. Der Gipfel des Tages war, als wir dann die Hafenstrasse weiter und weiter wanderten, vor einem kolonialen Prachtbau stehen blieben und das alte, einst verfallene und wieder neu erstandene STRAND HOTEL vor uns sahen. Der Kontrast des vorher erlebten zu diesem feinen Luxus hätte nicht grösser sein können, so dass ich kaum wagte dort einzutreten. Die Freude war gross als wir uns in der Hotelbar wieder fanden und der Barkeeper auch ein Birmane war, der eine professionelle Ausbildung absolviert hatte und sich bildungsmässig zwar von den Schauerleuten und Strassenhändlern unterschied, aber den gleichen liebevollen „drive" drauf hatte. Das war schon bedeutungsvoll; denn oft ist das Personal von 900.-$- Hotels versnobter als die reichen Gäste selbst.

Ich komme nicht herum auch zu erwähnen, dass solch ein gediegener Wohlstand gerade im Kontrast zu dem, was direkt vor der Tür abläuft, eine Herausforderung an meine „Flexibilität" war; denn offen gestanden gefiel mir beides und ich konnte mich wieder an die guten Zeiten unserer westlichen Zivilisation erinnern. Dieses Hotel stammte aus der Kolonialzeit, der Zeit in der die Engländer hier das Sagen hatten und das machte sich architektonisch überall bemerkbar, ähnlich wie in Indien und all den anderen Ländern die sich ENGLAND - GROSS BRITANNIEN – DAS COMMONWEALTH – UNITED KINGDOM – einst untertan gemacht haben. Es waren auch die Engländer die dem Land den Namen BIRMA gegeben hatten und der Hauptstadt RANGUN und ohne Zweifel einer gewissen Schicht Wohlstand gebracht haben, wovon natürlich am meisten das Mutterland profitierte. Es sind fast 50 Staaten, die unter Britischer Herrschaft standen, sich inzwischen zwar verselbstständigt haben aber auch weiterhin zur Organisation des Commonwealth gehören deren Oberhaupt die Britische Königin bezw. König ist. Der Name MYANMAR und YANGON waren die Bezeichnungen vor der Kolonialzeit!

Nostalgische Erinnerungen an jene Zeiten des „Empire", aber auch für mich „nostalgische" Erinnerungen hier und heute in BIRMA/MYANMAR an ursprünglicheres MENSCH-SEIN!

Von der Dachterrasse unseres Zimmers sahen wir die goldenen Türme der SULE PAYA, einem uralten Tempel mitten auf der grössten Kreis-Verkehrs-Insel der Stadt und dorthin liefen wir, es war unser erster Kontakt mit der tiefen Religiösität der Menschen hier. Der THERAVADA BUDDHISMUS einigt in gewisser Form die vielen, sehr unterschiedlichen ethnischen Stämme des Landes. Aus jeder Familie kommt zumindest ein Novize als Buddhistischer Mönch zwischen 10 und 20 Jahren in die religiösen Schulen. Es wimmelt quasi von rotgekleideten Jungens, die besonders auch aus den ärmeren Kreisen in den vielen Klöstern und Schulen unterkommen, dort leben, ihre Schulausbildung bekommen und die heiligen Schriften studieren. Ihre Grundausstattung ist das rote Gewand, die Bettelschale, mit der sie barfüssig morgensfrüh durch die Wohngegenden laufen, um ihre tägliche Gabe zu empfangen, die alle Menschen mit Freude und Ehrerbietung geben. Es ist ein uraltes Ritual und gewohnte Selbstverständlichkeit unter ihnen. Für jede Familie ist es eine grosse Ehre, wenn einer ihrer Söhne, in bescheidenem Masse auch Töchter, Buddhistische Novizen sind. Es ist eine Freude, diesen vielen kleinen Mönchen einzeln oder auch in grösseren Gruppen zu begegnen. Des Öfteren wurden wir eingeladen an Schulungen und Studien teilzunehmen. Die Lehrer waren begeistert uns einladen zu dürfen.

YANGONs „Heiligtum" ist die SHWEDAGON PAYA, ein riesiger Tempel mit vergoldeter Stupa, die im Sonnenlicht die Menschen blendet. Für die BIRMANEN ist sie das Heiligste überhaupt. Es ist wunderschön sich hier lange Zeit aufzuhalten, einfach DA ZU SEIN mit den Menschen, den Mönchen und der üppigen Architektur. Ich war neugierig in welcher Form die Stupa und die vielen anderen Tempelnischen wohl vergoldet waren und entdeckte Mosaik-Steinchen in denen das Blattgold wohl eingebrannt war, aber auch hölzerne Verziehrungen, die, so schien mir, mit einer goldenen Farbe angestrichen waren, ohne zu oxidieren, wie das bei den geläufigen Goldfarben aus Messingpulver bei uns im Westen üblich ist. Ich ging dem nach und fand mich in grossen Werkstätten und Büroräumen innerhalb des Tempels wieder, bekam dort die freundlichste Auskunft und Empfehlung an ein Farbengeschäft mitten in Yangon, wo sie mich fast wie einen „Heiligen" empfingen, als ich ihnen das Empfehlungsschreiben vom „Chef"-Büro der SHWEDAGON PAYA vorlegte. So erhielt ich echte Goldfarbe, die ich trotz vieler Anfragen im Westen nie bekommen konnte. Wir sahen uns die alten Werkstätten an, beobachteten wie massive Goldbarren mit grossen Hämmern platt geschlagen wurden, wo Tischler neue Ornamente schnitzten und Buchbinder ihre Bücher banden. Alles passierte ohne Maschinen; mit Händen und Füssen wurde in faszinierender Schnelle gearbeitet. Jeder griff sass, keine Bewegung war zu viel oder zu wenig. Wir liefen zurück in den Publikumsteil der Tempelanlagen. Da kniete ein braungebrannter Mann mit langem Bart und Haaren, sah in den Himmel und schien vollkommen fasziniert von diesem Moment zu sein. Viele Pilger aus dem ganzen Land meditierten in voller Hingabe. Für mich war das alles wie ein DANKE an das SEIN, an dieses LICHT, an die unendliche STILLE, die ohne Gedanken, ohne Wertung immer wieder ein Aufruf an ein er-INNERN ist, was wir verloren zu haben glauben, was der gesamten Menschheit gleichsam geschieht und ohne Unterschied in allen Teilen der Welt immer wiederkehrt, immer präsent ist. Es ist offensichtlich die wahre EINHEIT, die in uns LIEBE erblühen lässt.

Die SWEDAGON PAYA liegt ein bischen ausserhalb der Stadt und, obwohl wir den ganzen Tag in grosser Hitze auf den Beinen waren, entschieden wir uns zurückzulaufen, vorbei an grossen alten Villen englischer Kolonialzeit, die fast alle irgendwie bewohnt waren, sich aber in einem erbärmlichen Zustand befanden. Wieder kam dieses „Nostalgie-Weh" in mir hoch, gleichzeitig aber auch, wie die „Herrscher des Empire" hier wohl „königlich" gelebt haben. Sicherlich gab es damals mehr Ordnung und Wohlstand, die aber in erster Linie den Kolonial-Herren zu gute kamen; denn sonst sehe es heute hier anders aus! Ich erwische mich schon wieder in dieser „Zwitter-Situation" zu verweilen: von dem üppigen Leben in der Kolonial-Zeit, der arroganten und präpotenten Besatzungsmacht, die hier in Saus und Braus gelebt hatten, die Rohstoffquellen ausbeuteten, um diese mit hohen Renditen der Welt zu verkaufen. Die Einheimischen waren in erster Linie billiges Dienstpersonal aber trotzdem hatte diese Zeit ihr ganz besonderes Flair; denn es ist zu bedenken, dass das Leben um die vorletzte Jahrhundert-Wende einen anderen Rhythmus, eine andere Dynamik hatte, es waren Zeiten der Eroberungen, meistens unter der Herrschaft König-Kaiserlichen Adels und industrieller „Gründerjahre".

Die Markthallen Yangons waren voller Waren, die in Körben und Säcken unterschiedlichster Herkunft und Art feilgeboten wurden. Vieles davon war mir unbekannt, so dass sich die Neugier, neues zu erfahren, Immer mehr steigerte. Es gab kaum Touristen, alles war einheimisch bis hin zu den Nähstuben, wo die Frauen an ihren alten Singer-Naehmaschinen sassen und fleissig in die Pedale traten, um bunte Stoffe unter die Nadel zu schieben. Monique hatte sich in Schnitte alter, typischer Blusen der Landfrauen verliebt und liess sich einige schneidern. Schöne handgewebte Tücher und Decken, meistens aus Baumwolle, die, soweit ich mich erinnere von den KACHIN, aus dem hohen Norden, hergstellt wurden.

Wir buchten Flüge zum INLE-SEE, der schon eher ein touristisches Ziel ist. Eine Fahrt mit dem Bus hätte auf den schlechten Strassen ein Vielfaches an Zeit und körperlicher Anstrengung erfordert, ich war nicht mehr der Jüngste! Herrliche, lebendige Tage verbrachten wir am und auf dem See, besuchten die unterschiedlichsten Werkstätten, Märkte und die schwimmenden Gärten, beobachteten die Fischer, die auf dem Heck ihrer wackeligen Einbäume standen und mit viel Geschick ein Bein um den Ruderriemen schlangen, den sie oben mit den Händen hielten und sich so mit dem Bein rudernd fortbewegten. Das war ein friedliches und idyllisches Schauspiel. Sie fischten mit einer Art Reuse, die grösser war als ihr Bootchen. Unser Wassertaxi hatte viel Ärger mit dem Motor, wärend uns ein freundlicher Mönch, der in einem anderen Boot unterwegs war, zur Hilfe kam und uns zum Abschied das typische rote Bändchen um das Handgelenk band.

Am See lag ein groesses Kloster mit vielen Novizen. Ein Mönch führte uns in die Gewohnheiten des Klosterlebens ein, zeigte uns die Einrichungen der Klosterschule und die Lebensräume der Novizen. Ich empfand das alles unverfälscht, wunderbar praktisch, rustikal und natürlich. Sie beschenkten uns mit Früchten und die jungen Mönche wagten neugierige Blicke zu uns herüber. Im Allgemeinen waren sie sehr zurückhaltend. Für sie ist ihr Leben, der Tradition folgend, völlig normal. Für uns „Westler" ist es eine aussergewöhnliche Freude so viel Jugend, gemeinsam in ihren roten Roben, in Alltag zu beggenen. Das Studium ihrer heiligen Schriften ist an den Klosterschulen vorrangig; dem Schreiben und Rechnen, so dass sie schon früh in ihr religiöses Leben nicht nur eingeweiht werden, sondern auch über Jahre diese Einweihung leben dürfen was dem ganzen Volk so viel Tiefe verleiht. Es ist faszinierend, weil es genau das Gegenteil unserer westlichen Lebensauffassung und Kultur ist. Hier ist kein Wachstumsdruck, kein Mobbing, die Kinder spielen mit den einfachsten Sachen und sie fallen dir in die Arme wenn du dich ihnen öffnest! Da sind keine Ängste vor Verlust, die uns so in Atem halten, da ist nicht viel zu verlieren, weil ihr Leben nicht in der Zukunft ist, sondern hier und jetzt in jedem Moment.

In einem Hotel fand ich sehr gut gefertigte Klappstühle, die im Design und vom Marterial her alle meine bisherigen Erfahrungen übertrafen und dachte schon an einen –deal- mit den Stühlen im Westen, doch trotz vieler Recherchen gelang es mir nicht mit dem Hersteller in Verbindung zu treten wofür ich im Nachhinein dankbar bin!

Wir machten kleine Trecking-Touren, mieteten uns Fahrräder und besuchten einen Einsiedlermönch, der schon seit Jahren in einer Höhle lebt. Eine kleine, dunkle Nische diente ihm als sein ganz persönlicher Meditationsplatz, den wir einzeln aufsuchen durften, um uns in den Reigen ewigen SEINS einzuklinken. Die Energie stiller Andacht, wie aber auch das lebendige Hier und Jetzt wurde uns hier mit grosser Leichtigkeit vermittelt. Der Mönch beantwortete lächelnd und mit viel Klarheit alle Fragen der Besucher. Zurück wurden wir mit einem typischen zweirädigem Pferdekarren kutschiert, die hier viel für den Personenverkehr als Taxi funktionieren. Dann gibt es noch entschieden wuchtigere Karren, es waren Ackerwagen die von Ochsen gezogen wurden und mich um Jahrhunderte zurück versetzten. Unsere Zeit am Inle-See ging vorüber. Frühmorgens, es war noch kalt, nahm uns ein offener Pritschenwagen bis zur nächsten Bahnstation mit. Wir fuhren mit einer alten, noch von den Engländern gebauten Eisenbahn nach KALAW. Die Waggons schaukelten auf den nicht mehr ganz festliegenden Gleisen dermassen, das man meinen könnte; der Zug springe in jedem Moment aus den Gleisen. Ein buntes Treiben, zwischen Säcken voller Obst und Gemüse im Wagen und ausserhalb auf den Gleisen und Bahnhöfen begleitete die langsame romantische Fahrt vorbei an trockenen Hochebenen, an Flüssen mit Gemüsegärten, durch Hügel und über atemberaubende Brücken, die tiefe Schluchten überqerten.

KALAW war mir durch ein entzückendes Buch bekannt, das ich kurz vor der Reise gelesen hatte, auch deshalb wollte ich diesen Ort besuchen und ging gleich auf Spurensuche was mir auch gelang, zumindest in meiner Vorstellung! Wir durchwanderten die ganze Umgebung und fanden auch hier wieder die alten teakhölzernen Sommervillen der Engländer, die in der heissen Sommerzeit der drückenden Hitze RANGUNS entflohen und hier oben im kühleren KALAW ihre Erholung suchten.

Auch hier wieder empfand ich diesen grossen Gegensatz wärend der Kolonialzeit, zwischen den mächtigen Engländern und den Birmanen, die heute wie damals ihr bescheidenes eher demütiges Leben führen was einfach der Kultur der hiesigen Menschen entspricht. Meine Sensibilität zu diesem Empfinden liegt wohl auch an meinem Alter und der Art zu leben, in die ich, seit dem Verlassen Chiles, einfach so – geschlüpft - bin; denn wahrlich kann ich heute nicht mehr allzuviel mit den ständig wechselnden, nervös schillernden, geräuschvollen und verzerrten Umständen der letzten „Neuzeit" etwas anfangen, sie scheint mir absurd! Ich bewege mich auf den Spuren der ROMANTIK, auch vor dem Hintergrund von dem was WIRKLICH IST.

Von KALAW aus wagten wir eine abtenteuerliche Busfahrt nach MANDALAY. Für 150 km brauchten wir einen geschlagenen Tag. Dauernd gab es Pannen jeglicher Art, die aber immer wieder irgendwie behoben wurden. Der ganze Fussboden im Businnern war mit alten ölleckenden Motoren beladen, so dass die Fahrgäste recht kompliziert über sie hinwegsteigen mussten. Dicke Mamis mit ihren Babys, Gemüsesäcken, Hühnern und noch mehr Kindern stiegen ein und stiegen aus. Die Strasse war extrem staubig und was keinen Platz mehr im Innern des Buses hatte wurde auf den Dackgepäckträger gehievt, so auch zwei junge Burschen. Als sie uns als Mitfahrer sahen erstaunten sie, wohl selten sah man „Westler" auf so einer Fahrt. Sie sahen schüchtern weg. Der Schaffner, ein junger, gewiefter Kerl mit Autorität, verfrachtete sie aufs Dach. Der Fahrer und er waren die absoluten „Herrscher" in diesem Vehikel, wie das in diesen Ländern oft so üblich ist. Ich wartete schon vorsichtig auf den Moment; was er wohl mit uns vorhatte. Aber genau das Gegenteil war der Fall!! Als der beste Platz, direkt an der Tür frei wurde, bot er mir diesen Platz an und überschüttete mich im wahrsten Sinne des Wortes wärend der ganzen Fahrt mit Liebe. Er konnte sich nicht einkriegen mir zu zulächeln, mich zu berühren und mit mir irgendwie zu sprechen. Wir beide waren ganz high. Mit den uralten Geldscheinen, sauber zusammengefaltet, bildete er in einer Hand einen Fächer. Das war seine Geldbörse. Mit Leichtigkeit und viel Geschick organisierte er die ganze Fahrt. Der Bus hielt überall da an wo jemand ein-oder austeigen wollte. Am offenen Fenster hielt ich mich oben an der Dachrinne fest. Plötztlich berührte mich mit ganz viel Feingefühl, zart und vorsichtig zugleich eine Hand zum Grusse. Ich freute mich sehr und drückte sie, und dann noch eine. Es waren die beiden Burschen oben auf dem Dach. Alle diese vielen –kleinen- Begebenheiten mit den Menschen hier waren in Wahrheit ganz –grosse- und ich spürte eine innigliche Verbundenheit, ob alt oder jung, ob Frau oder Mann, es gab keine wirklichen Widerstände, keine Schranken, es geschah einfach so !

Unterwegs standen vereinzelt riesige Bäume. Auf meine Frage: weshalb sie Nummern trugen, sagte man mir, es seien Teak-Bäume, die alle im Besitz der Regierung sind, obwohl sie auf „privatem" Grund standen. Zum ersten Mal sah ich diesen Baum, dessen Holz qualitativ so hochwertig ist und deshalb schon immer eine wichtige Einnahmequelle für Birma und heute für das Militär-Regime ist, weshalb jeder Baum im Land kontrolliert und ausgebeutet wird. Was dem Engländer zum Wohlstand verhalf, dient heute den Generälen zur Finanzierung ihrer Staatsmacht; denn aus der prägnanten Wirtschaftslage des Landes sind keine grossen Steuern einzunehmen.

Der Kraftstoff wird direkt an der Straße von armen Leuten aus Plastik-Kannistern angeboten und verkauft. Ein alter, gebrauchter Kannister hängt wie eine Fahne an einer gebogenen Stange und pendelt im Wind, als Zeichen: >Hier ist eine Tankstelle< Auch das funktioniert! Kurz vor MANDALAY machten wir Stop an einer grossen Werkstatt. Hier lud man die Motoren aus, um repariert zu werden. Gleich neben an war ein Blechklempner, ein Wagen- oder Karosserie-Bauer, würden wir wohl sagen. Da stand doch der Rest einer uralten Buskarosserie, deren Struktur noch aus Holz gefertigt war, um sie dann mit teilweise vorgeformten Blech zu überziehen. Die Männer waren fleissig dabei das alte Gefährt wieder flott zu machen. Zu bewundern war die Geduld und ihre handwerklichen Kenntnisse. In der Tat, das war noch echte Handwerksarbeit.

MANDALAY war gar nicht unser Fall. Da wir uns nicht zielgerichtet auf Sehenswürdigkeiten konzentrierten, ist uns wohl in dieser Hinsicht auf der ganzen Reise so einiges „verloren" gegangen, besonders wohl was MAN-

DALAY und Umgebung anging, wie man uns später erzählte. Da es oft lange Stromausfälle gab, standen auf den Strassen riesige Dieselgeneratoren die stundenlang liefen, einen enromen Krach machten und die Luft verpesteten. Genau unter unserem Hotelzimmer stand so einer. Wir wagten es noch einmal für eine weitere Nacht und zogen von dannen. Wo ich aber unbedingt hin wollte war nach AMARAPURA mit der alten Teakholz-Brücke U BAIN die einen Kilometer lang über den See TAUNGTHAMAN führt. Sie wurde 1849 aus über 1000 Teakholz-Pfeilern erbaut, die bis heute unangetastet im See stehen und die Brücke tragen. Diese 160 Jahre alte Teakholzbrücke ist Birmas beste Qualitäts-Garantie dieses noblen Holzes. Die Brücke wurde nie gestrichen noch gepflegt. Noch heute wandern täglich viele Menschen von einem Ort zum anderen. Es ist ein Spazieren, ja ein Lustwandeln von Jung und Alt, Novizen und Mönchen, Einheimischen und einigen Touristen. Im flachen, grün-braunen Uferwasser des Sees tauchen Jungens nach Muscheln und bewegen sich wie die Delfine, nur das anstatt der Rückenflosse der nackte Po aus dem Wasser auftaucht.

AMARAPURA bedeutet: die Stadt der Unsterblichkeit, was mir sicherlich auch ein Grund war hier her zu kommen. Unsterblichkeit verbindet mich immer mit dieser inneren Aufmerksamkeit des Gewahr-SEINS, es ist eine Desidentifikation mit dem persönlichen Körper, nicht als etwas Gedachtes sondern als Glücksgefühle der totalen Abnabelung von dem was uns als nicht wahr erscheint. Was uns neben dieser „Ur-Brücke" auch noch anzog, war ein grosses Kloster MAHA GANAYON KYAUNG in dem tausende junger Mönche leben. Auf dem weiten, mit alten Bäumen bestandenen Innenhof kamen wir uns ein bisschen verloren vor. Nur wenige Menschen waren zu sehen, die vielen Mönche waren im Unterricht. Jemand verwies uns auf eine Treppe, wir gingen hoch, klopften an und standen in einem riesigen leeren Raum aus vier Wänden, Fenstern und einem Dach. In der Mitte sassen im Kreise einige Mönche und besprachen etwas. Es war die „Cupula" des Klosters. Ein Mönch stand auf und begrüsste uns sehr freundlich und bot sich als Klosterführer an. In der Tat, das war ein ausführlicher Rundgang. Zwischendurch standen wir auf einer Terrasse über dem See und hörten uns gegenseitig sehr aufmerksam zu. Er wollte vom Westen wissen, wir vom Osten, wärend wir alle drei über das LILA das –

göttliche Spiel- schmunzeln mussten. Nachher zeigte er uns die grosse Küche, in der riesige, vom Holzfeuer geschwärtzte Töpfe an Ketten über dem Feuer hingen, in denen das Essen gegahrt wurde. Dann sahen wir die Vorratskammern, die jeden Tag mit grossen Mengen Reis und Gemüse wieder aufgefüllt werden mussten. Dieser Klosterbesuch war eine innige Begegnung mit Menschen wie Du und ich, und doch aus einer vollkommen anderen Welt, wie ein „intimes" Verstehen!

Am anderen Ende der Brücke lag ein kleiner Ort in dem viel Kunst-Handwerk angeboten wurde. Hier tafen wir auch unsere Insel-Amigos von den Balearen wieder und assen gemeinam.

Unsere Reise ging am nächsten Tag früh morgens weiter, als uns ein kleines offenes Pritschen-Taxi zu Anlegestelle am IRAVADI-RIVER karrte. Die Sonne ging gerade auf als das Schiff ablegte. Hier fanden wir neben einigen Birmanen auch viele West-Touristen. Die Schiffe waren für unseren Tourismus ausgelegt und dementsprechend hoch im Preis. Die Reise ging über den ganzen Tag flussabwärts, vorbei an goldenen STUPAS und kleinen Siedlungen wo Einheimische in mahlerischen Hütten an teilweise grünen Ufern lebten, mit ihren schaukelnden hölzernen Booten fischten und mit den typischen zweirädigen Ochsenkarren Waren transportierten. Der Fluss hatte zu dieser Jahreszeit nur wenig Wasser und die Strömungen veränderten ständig das Fahrwasser, so dass an manchen schwierigen Stellen ein Seemann vorne am Bug sass und mit einer langen Bambusstange die Wassertiefe lotete, um mit einem ganz speziellen, wohlklingenden Sprechgesang seine Messungen dem Kapitzän mitzuteilen, der oben draussen auf der Schiffsbrücke stand. Ich war glücklich auf dem Schiff und träumte von vergangenen Abenteuern, aber auch davon in einer dieser Hütten am Ufer eine gute Weile leben zu wollen!

BAGAN erreichten wir gegen Abend. Mit dem Taxi suchten wir uns eine günstige Bleibe, etwas abseits der teuren Touristen-Hotels, die wir noch nicht einmal sahen. 4400 Tempel errichteten die Könige von BAGAN über eine Zeit von 240 Jahren von 1047 bis 1287. Bis heute stehen die aus Backstein gemauerten und mit Zierrat verputzten Gebäude. Seit dem Einfall der MONGOLEN 1287 liegt diese weite Tempel-Ebene verlassen da und hat sich bis heute erhalten. Es ist ein schier unüberschaubares archeologisches

Gebiet im Herzen Myanmars. Tagelang durchstromerten wir zu Fuss, per Pferdewagen-Taxi und Fahrrad das weitläufige Gebiet, bis wir jeden Abend totmüde in die Betten fielen und uns von der Grandiosität des Geschauten in den Träumen begleiten liessen. Viele Tempel sind renoviert. Goldene Buddha-Figuren begleiteten uns tausend Mal.

Eine junge Mädchengruppe näherte sich uns, sie lachten und freuten sich, sie wollten uns nicht gehen lassen. Am Strassenrand lebten Kunsthandwerker mit ihren Familien in Hütten. Ein rührender Vater schnitzte einen typischen Ochsenkarren autentisch in Miniatur. Ich war begeistert, kaufte ihn, aber es fehlten ja noch die Ochsen!...die er uns tatsächlich noch über die ganze Nacht schnitzte. Heute steht der Karren mit seinen beiden Ochsen oben auf einer Schmuckvitrine in unserem Wohnraum.

Wir fuhren mit einem Pick-up-Pkw als Pritschen-Taxi in einer wahrhaft höllischen Fahrt zum MONTE POPA. Die Reifen waren ohne Profil, die Pritsche überladen, die Teerstrassenränder tief abgebrochen, so dass bei manchem Ausweichmannöver die Hinterräder abrupt abrutschten....aber wir kamen tatsächlich unbeschadet an und bestiegen die unzähligen Stufen hinauf zum Tempel hoch oben in 730 m Höhe des steil abfallenden Felsens. Er ist auch ein Tempel für die NATS und wohl das Zentrum für die NATS-CELEBRATIONS. Die NATS sind die Geister Pre-Buddhistischer Anbetung, die parallel zum Buddhismus bis heute sehr gewürdigt und angebetet werden.

Sonnenuntergänge hoch oben auf den Tempeln, ein fürstliches Essen in einem Luxusrestaurant über dem Fluss, ein Tempelbesuch mit einem riesigen Gong der durchs Universum hallt und heute noch in meinen Ohren klingt (könnte ich doch so einen Gong bei mir zu Hause haben!!) waren der Abschied von BAGAN.

Ein Flieger brachte uns an einen Strand in NGAPALI am GOLF von BENGALEN. Hier gab es nur teure Hotels und die Einheimischen gingen uns eher aus dem Wege oder bettelten. Der Tourismus hat sich hier mit allen seinen Begleiterscheinungen etabliert. Am palmenumsäumten Strand wurden Fische getrocknet und Boote repariert. Die Luxushotels wirkten fehl am Platze. Wird das die Zukunft eines vom Militär-Regime „befreiten" Landes sein?

Hoch über YANGOON, einem letzten Drink in einer europäischen Bar, die uns im erlebten BIRMA fast unwirklich erschien, und mit fernem Blick auf die im Lichte strahlende goldene SWEDAGON PAYA, sagten wir MYANMAR adieu und flogen über BANGKOG wieder heim auf unsere Insel.

Zufrieden, und immer wieder diese Sehnsucht, irgendwann einmal auf eine „gesunde heile Welt" zu stossen die im aussen kaum zu finden ist, aber tief drinnen bei jedem von uns, wenn auch verdeckt, wahrgenommen wird ! Das Reisen, wie wir ja alle wissen, wirkt verjüngend, erfrischend und erneuernd. Es ist ein STOP in unserer Alltäglichkeit, regeneriert Körper, Geist und Seele. Das erfordert aber auch zeitqualitativ eine richtige Entscheidung zu treffen.Nun aber: was ist eine–richtige-Entscheidung? Kommt eine solche wirklich von mir, oder liegt sie sozusagen in der Luft, wird erfasst durch die Umstände meines individuellen SEINS und drängt sich dem Bewusstsein förmlich auf? Dann wäre ja eine solche „Ent-Scheidung" wörtlich genommen eine Aufhebung der „Scheidung", oder einer Trennung, es wird k l a r, die Richtung stimmt, der Impuls irgendwohin ist stimmig. Wenn sich eine >Ent-Scheidung< manifestiert ist sie immer richtig, sie ergibt sich einfach aus dem So Sein des Momentes.

Verzeiht mir diese manchmal kompliziert erscheinenden Ausflüge und Wortspiele, aber es ist gar nicht so leicht, nein eigentlich unmöglich EINHEIT zu beschreiben, aber die Schrift hat auch ihre Geheimnisse und es macht Spass, sie hier und da mal zu entdecken!

Im nächsten Sommer kamen wieder Freunde und mieteten unsere Gartenhäuschen, aalten sich sonnenhungrig an wunderschönen Stränden und badeten im türkisblauen Mittelmeer. Zu Gast war auch ein Schauspieler und Musiker, der sich mit seiner Familie an die äussersten Ecken des Strandes zurückzog. Ein Enkel Moniques kam von einer Nachbarinsel zu Besuch und wollte mit seiner Omi und unserem einfachen Landleben, den Ponies und Katzen eine engere Freundschaft schliessen. Als er wieder zuhause war, kehrte er selbstbewusst den „dicken Mann" heraus, er hatte die Freiheit -ohne die Eltern- erfahren und zeigte ihnen nun was Sache ist! Bruder Klaus und Lynda waren auch wieder über den Sommer bei uns. Wärend Lynda früh morgens den Strand und das Meer genoss, zog sich Klaus mehr in seine Schreibe-Welt zurück, die ihn immer extremer in Anspruch nahm, nicht gerade zu unser aller Freude! Seine philosophisch, intellektuelle auch intuitive Selbstanalyse schien sich für mein Empfinden im Kreise zu drehen. Manchmal diskutierten wir recht gegensätzliche Ansichten, was sich ständig in ähnlicher Form zu wiederholen schien.

Im Herbst trafen wir uns alle in Mutterns Haus in Hamburg zu gemeinsamen Reparaturarbeiten. Auch dort machten wir uns manchmal gegenseitig an, aber immer ohne ein für mich erstrebenswertes positives Ergebnis, ohne Gemeinsamkeiten, so, als seien wir in unseren philosophisch-spirituellen Überzeugungen die grössten Rivalen, obwohl ich das in der Tiefe meines Herzens nicht wirklich spürte und fast schon süchtig nach brüderlicher Milde, Achtung und Verständnis war. Ich bemühte mich regelrecht darum, aber alles war immer anders bei ihm und wenn ich versuchte ihm seine eigenen Wiedersprüchlichkeiten deutlich zu machen, konnte er meistens mit viel Geschick die „Kurve kratzen"! Manchmal empfand ich seinen potenten Führungsanspruch als Erstgeborener, der sich strikt an seine Vorstellung: „doch irgendwie ein Auserwählter" zu sein, halten musste und ständig damit beschäftigt schien, dieser „Vormachtstellung", seinen Überzeugungen, seinen Vorstellungen, zu genügen. Er duldete keine Abweichungen von seinem „Systhem" in der Hoffnung einmal den „grossen Wurf" machen zu können, ohne aber zu erkennen, dass der „grosse Wurf" schon längst geschehen ist!! Ich spürte einfach, dass all das, so oft unsinnige „Gequatsche", meistens „Hirngespinste" sind, ich kämpfte gegen das Kämpfen, gegen das was nun wohl „rechtens" sei! So empfand ich ihn in seiner Gedankenwelt, in der er unser irrationales Leben rational erfassen wollte, eine gewisse Perfektion in seinem Drang nach Objektivität suchte, weil uns die Unendlichkeit subjektiver Vielseitigkeit einfach keine Chanze einräumt, um das Leben an sich rational verstehen zu können. Das mag auch der Grund seiner langen Depression gewesen sein. Natürlich frage ich mich auch, wo bei mir wohl der „Haken" ist; denn seine Art zu denken hat durchaus etwas ungewöhnlich Neues, das ihn fasziniert und ich ihn manchmal in dieser seiner Faszintation verstehen kann. Nun könnte man mir auch nachsagen, dass ich ähnlich „gestrickt" bin, aber doch von einem anderen Standpunkt ausgehe; besser noch: wir sind alle ähnlich gestrickt, jeder sucht „sein Heil"; die Schwierigkeit liegt

>in unserem persönlichen Heil< nicht im Heil an sich! Was bleibt mir anderes übrig als zu versuchen in Worten auszudrücken was mich innerlich bewegt und dazu noch in einer Art Autobiografie, die ja wortgewaltiger nicht sein kann, wie jedes Buch überhaupt auch. Alles das hat mit der Wahrnehmung des „SEINS" wenig zu tun, es ist sogar eher ein Ausdruck des Nicht-SEINS (not to be) das uns helfen kann genau DAS zu erkennen. In diesem Sinne redeten wir beiden Brüder aneinander vorbei, was dem Klaus anscheinend wohl tat, er schien Freude an der nicht übereinstimmenden Aus-ein-andersetzung zu haben, vielleicht kitzelte es ihm im Kopfe, seine absolut exklusiven Anschauungen wie einen Schatz in sich zu tragen, wobei ich mir wünschte, dass es ihm im BAUCH kitzeln möge! Wenn wir dann gemeinsam das Balkongitter pinselten war der brüderliche Hausfrieden wieder spürbar, obwohl ich nie wusste was in ihm vorging, aber wer weiss das schon unter uns Allen?

Wärend ich all das aufschreibe bin ich in der Zeit schon drei Jahre voraus, immer ein bischen näher am Ende meiner Lebensgeschichte und kann gar nicht so schnell schreiben wie mir die Erinnerungen kommen. Zwischendurch allerdings entstanden lange Pausen des Schreibens und so zieht es sich über viele Jahre hin.

Unsere Tochter Ailara bekam im Sommer einen Job als Köchin (Smutje) und Deckshand(Matrose) auf einer Motoryacht. Aber sie tat sich schwer als das „Schlusslicht" in der Bedienungshirachie an Bord behandelt zu werden. Das war dann der Preis für eine gute Bezahlung.

Im Spätherbst machten wir wieder einmal eine Wanderung ganz besonderer Art. Hinter dem grössten Badestrand der Insel mit weissem Sand und Dünen liegen zwei „barrancos", das sind tief eingeschnittene Flusstäler, sogenannte Urstromtäler, durch das sich in Ur-Zeiten das Wasser aus dem Innern der Insel zum Meer schlängelte. In einem dieser, heute vollkommen abgelegenen Täler, steht eine alte Wassermühle, sehr ungewöhnlich für diese Insel, deren altes Gemäuer so langsam am Verfallen ist. Es mutet wie im Märchen an, wenn man dort verweilt. Die alte Architektur ist bezaubernd, grüne Rankplanzen erobern durch offene Fenster das Innere des Hauses. Reste von riesigen Mühlsteinen findet man auf zwei Etagen, die von einer, heute versiegten Quelle, aus der steilen Felswand hinter dem Haus, angetrieben wurden. Alles ist verwinkelt und selbst im verwilderten Garten findet man hier und da einmal eine leuchtende Frucht an alten, wild gewordenen Obstbäumen hängen. Hier ist die Zeit stehen geblieben und lässt sich SEIN.

25. Reise: > REISE NACH ECUADOR -> grosser Familienbesuch

Meine Nichte Lara lebt in Quito mit ihren 5 Kindern und ihrem sehr fleissigen und hoch interessierten chilenischen Mann. Trotz der Deutschen Schule in Quito hatte sie das grosse Bedürfnis mit ihren 5 Kindern Europa, Deutschland, die Schweiz und Spanien zu besuchen. Klaus und Lynda unterstützten sie bei ihrem dreimonatigen Vorhaben und so verbrachten sie gemeinsam die ersten Wochen in unserem Hamburger Haus. Soweit es möglich war wurden die Kinder für 6 Wochen eingeschult, befreundeten sich und verbesserten ihr Deutsch, wärend Klaus und Lynda nachmittags mit ihnen allen in Hamburg unterwegs waren, wo es viel Interessantes zu sehen gab. Fürwahr, es war eine ausgefüllte Zeit. Im August kamen sie alle zu uns und wohnten im alten Bauernhaus. Wir hatten uns viele Jahre nicht gesehen und es war eine Freude die Kinder zu erleben, wie sie dieses Europa in sich aufsaugten, überall nur staunten und wie sie mit so viel Liebe den Menschen begegneten. Hier bei uns war high life, Hochsommer am Mittelmeer! An die Hitze waren sie aus Ecuador gewöhnt, aber die nahen Strände und das herrliche Wasser war ein Hochgenuss für sie. Aus Deutschland kamen auch Sven mit Familie und Anke angereist. Gyan wünschte sich zu seinem Geburtstag ein Verkleidungsfest. Unser Familientreffen umfasste fast 25 Personen und alle machten mit. Gyan schlüpfte in die Rolle eines armen, südamerikanischen Strassenjungen und spielte seine Rolle so perfekt, dass sein Vater, der auch für 14 Tage aus Ecuador zu uns kam, sich über die Echtheit des Schauhspieles seines Sohnes erschrak und ihn bat aufzuhören was ihm anfangs nicht gelingen wollte. Der Vater wollte seinen Sohn nicht in diesem, schon manchmal typischen, südamerikanisch-städtischem Umfeld wissen oder sich nur vorstellen, weshalb er sich alle erdenkliche Mühe gab, um mit vollem Einsatz seiner grossen Familie ein wohlhabenes zu Hause in Quito zu bieten. „Hut ab Juan", es ist Dir gelungen!

Das Fest war aussergewöhnlich fröhlich und ausgelasen. Jeder Einzelne spielte auf seine ganz eigene Art mit. Als Gyan mit seinem Betteltopf herum ging und um Almosen bat, legte ich ihm ein kleines Goldstück hinein, das war dann sein „OSCAR" für die beste Rolle!

Meine Begeisterung für diese Familie war so gross, dass Monique und ich endlich ihre schon jahrelang geäusserte Einladung nach Quito annahmen und sassen eineinhalb Jahre später im Flieger nach Ecuador. Das Flugzeug war voller Ecuartorianer, von denen die meisten aus Spanien wieder heim flogen, weil es für sie in Spanien keine Arbeit mehr gab. Die Not ist in der Fremde schwerer zu ertragen, als in der Heimat, zumal Spanien die Heimflüge finanziell unterstützte und schlug damit „ zwei Fliegen mit einer Klappe" zum wohle aller; denn das Land hatte so, weniger Arbeitslose die auf soziale Hilfe angewiesen wären, und die Gastarbeiter hatten eine sehr günstige Heimreise.

In Guyaquil machten wir Stop. Unsere ersten zwei Wochen wollten wir Ecuador bereisen, um anschliessend die Familie in Quito zu besuchen. Wir hatten Glück mit dem Klima, das hier normalerweise tropisch feucht-heiss ist. Der Himmel war bedeckt über die Tage und als einmal die Sonne durch kam, wussten wir was es mit dem hier schwer erträglichen Klima auf sich hatte. Der „MALECON 2000" ist eine neue, sehr schön gestaltete kilometer lange Uferpromenade mit Gärten, Restaurants und kleinen Läden. Hier tummelte sich die ganze Stadt. Auffallend viele junge Paare suchten sich ein Plätzchen und es fühlte sich für mich so an wie bei uns vor mehr als 50 Jahren, wie sie da so sassen, oder Händchen haltend spazierten, sich schüchternen Blickes verliebt ansahen; so wie wir in alten Zeiten, als die Welt noch anders funktionierte. Auf der ganzen Reise spürte ich viel Nostalgie, wie diese Menschen, oftmals unberührt von der modernen, hektischen „Globalen Welt", ihr Leben in einfachster Form lebten. Es war nicht so unglaublich arm wie in BIRMA, es war uns näher, schon wegen der Sprache und spanischen Kultur, die gemischt mit den hoch anerkannten „nativos", den Quitchua, ein gesundes, freundliches Miteinander erkennen liessen.

Ein Tagesausflug an die Pazifik-Küste mit Strand, Liegestuhl, Umkleide-Zelt und Fischrestaurant genossen wir sehr. Eine Strandwanderung zu den Fischern, die ihre Ausleger-Boote mit gemeinsamer Hilfe auf rollenden Rundhölzern hoch auf den Strand zogen, nachdem sie mit dickem, vergilbtem Segeltuch in Küstennähe kreuzten, Netze und Angelleinen gemächlich hinter sich her zogen.

Ja, vor fast 40 Jahren segelte hier am fernen Horizont ALTAIR gen Norden vorbei, um in einem der nächsten Häfen in SALINAS am 19.Januar 1972 um 15.45 Uhr fest zu machen. Am 25.Januar 1972 um 24.00 Uhr warfen wir die Leinen los und segelten auf Kompass-Kurs 310° gen Westen, den Galapagos Inseln entgegen, die wir am 30. Januar erreichten und um 09.35 Uhr den Anker in der WRECK-BAY fallen ließen. Natürlich hatte ich diese genauen Daten nicht mehr im Kopf, sie mir aber später zu Hause aus dem Logbuch gesucht. Alles zusammen waren es in diesem Moment sehnsüchtige Erinnerungen! Gedanken versunken lag ich in meinem Liegestuhl und konnte kaum glauben, dass all dieses Erleben in nur einem Leben geschieht, war alles Vergangene doch so nah und das Heute so fern und fast unglaubwürdig. Am Strand zogen Verkäufer mit ihren lustigen, bunten Wägelchen vorbei, verkauften Eis und typisches ekuatorianisches Essen. Am Ende des Strandes gab es dann auch schon modernere Bauten mit Ferienwohnungen und einem Hotel. Das moderne Guyaquil gab sich hier sicherlich ein Stelldichein!

Guyaquil hatte keine U-Bahn, aber die Stadtherren haben das Verkehrsproblem auf eine andere Art mit Bussen geregelt, die innerhalb der breiten Strassen in der Mitte ihre eigene Fahrbahn hin- und zurück mit richtigen Bahnhöfen hatten und waren die Strassen nicht breit genug, um den normalen Verkehr nicht zu behindern, machte man die Buslinie einseitig und platzierte in der nächsten Parallelstrasse das Rück -„gleis". Der Verkehr floss prima.

Da die Überlandstrassen oft sehr kurvenreich und nicht der besten Qualität waren, versuchten wir lange Busreisen möglichst zu vermeiden. Um in den Süden zu kommen hätten wir uns ewig durchrütteln lassen müssen. Endlich machten wir nach langem Suchen eine kleine private Fluglinie aus, die uns über die ausgedehnten künstlichen Muschelbänke zwischen den MANGOVE-Wäldern nach LOJA flogen, um von dort dann gleich weiter mit dem Bus nach VILCABAMBA zu fahren. Im Hotel wusste man nichts von unserer Reservierung, sie waren voll ausgebucht und verwiesen uns an eine andere Bleibe, obwohl die Besitzer OSHOs Sannyasins waren, konnte man wohl nicht immer die Aufmerksamkeit des HIER und JETZT bei seinen „followers"voraussetzen. Trotzdem freute ich mich, in dieser fernen Ecke der Welt unsere „spirituelle Familie" wieder zu treffen. Offensichtlich war aber ihre Energie abgesackt, das Hotel stand schon seit langem zum Verkauf. Sie waren müde geworden und zogen zwischenzeitlich als Musiker durch die Welt, was ihnen entschieden mehr Spass machte. Ihr Hotel war sehr lustig, bunt bemahlt mit einem gemütlichen Innenhof und viel verbautem Holz. Das ambiente des Hotels lag uns sehr und entsprach ziemlich dem was wir uns von VILCABAMBA vorgestellt hatten, nämlich einem Städchen das in gewisser Weise Ähnlichkeit mit dem alten IBIZA hatte, dort wo einst die Hippie-Welt blühte. Viele Alt-Hippies hatten sich hier angesiedelt, die vor langer Zeit hier ihr Rückzugsplätzchen fanden, sich günstig Grundstücke kauften und zu Häuslebauern wurden. Dazu gehörten auch die Sannyasins vom JARDIN ESCONDIDO-Hotel. Vornehmlich waren es wohl Nordamerikaner, die hier ihr „IBIZA" fanden. Natürlich fühlte ich mich hier sau wohl und war überrascht von der alten kolonialen Architektur ganzer Straßenzüge.Ein gewisser alternativer Tourismus blühte hier und hoch auf den umliegenden Hügeln mieteten wir uns in einem von Deutschen geführten Hotel ein, das aus ganz verstreut liegenden Holzhäusern bestand, die mitten in einer gepflegten Gartenanlage mit fernem Blick, weit nach unten auf VILCABAMBA, lagen. Autotouristen aus aller Welt mit ihren sehr individuell ausgeklügelten Camping-Wagen machten hier Stop auf ihren Fahrten in den Süden zum nahen PERU, oder von dort kommend weiter in den Norden. Es waren erstaunlich viele unterwegs, teilweise ganze Familien mit Kindern, die unterwegs fast günstiger lebten als in einer Großstadtwohnung auf Miete.

 Wir wanderten kilometerweit in Hochtäler, immer am Fluss entlang und kamen zu einem sympatischen Engländer, der sich hier ganz abgelegen in der Wildnis und mit eigenen Händen seine Touristen-Lodge aufgebaut hatte. Manchmal war ihm der Arbeitsdruck zu viel, er vernachlässigte seine Hotelanlage, zog sich zurück, um sich an DAS zu erinnern, weshalb er einst vor Jahren aufgebrochen war. Mir ging es auf meiner insel manchmal ganz ähnlich; denn die Lust in Freiheit zu leben entwickelt ungeahnte Energien, die sich dann wieder in neue Bindungen stürzen, uns abhängig machen. Es ist der ewige Kreislauf zwischen w o l l e n und SEIN. Dieses Spannugsverhältnis scheint das Leben überhaupt zu sein. So einige Alt-Hippies scheinen ihres anfänglichen, jugendlichen Freiheitsbedürfnisses müde geworden zu sein, die Verinnerlichung ist meistens nicht stark genug, um den EGO-Trip zu überholen und in gewissem Sinne hinter sich lassen. So bleiben fast alle Erleuchtungs-Sucher irgendwo auf der Strecke. Es scheinen besonders diejenigen zu sein, die sich durch den Drogenkonsum die „Autobahn in den Himmel" erhofften. Die frische Jugend zieht nach und schwärmt meistens von anderen Spielchen. Das Leben im aussen stellt ständig neue Anforderungen, die uns hindern, aber auch immer wieder neu anspornen; alles Geschehen als Einladung zu erkennen, um das unvermeidbare SEIN zu erforschen und darüber hinaus in ihm zu s e i n.

Eine nordamerikanische Ärztegruppe mietete sich im Hotel ein. Sie behandelten kostenlos alle Krankheiten bis hin zu chirugischen Eingriffen. Eine gute Tat und so reisten sie in andere Länder und Orte und dienten all denjenigen die Hilfe brauchten.

Wir mieteten uns Pferde und liessen unsere Körper recht schmerzvoll durchrütteln. Es gelang mir einfach nicht mit dem Pferd rytmisch in Einklang zu kommen und so sackte mein Hintern nach unten, wärend der Rücken des Pferdes mich anheben wollte und das tut auf längerer Strecke weh!

Ein bekannter Astronaut, er gehörte wohl zur ersten Mondlandung, lebte hier etwas zurückgezogen. Man konnte einen date mit ihm vereinbaren. - Also eine sehr bunte Palette von Menschen aller Richtungen und Nationalitäten haben sich in diesem „Tal des ewigen Lebens" eingefunden und es schien so zu sein; denn viele wurden älter als 120 Jahre! Woran dieses Phänomen wirklich lag konnte keiner sagen, aber jeder spekulierte auf seine Weise: das Wasser, das Klima, die Höhenlage, der ruhige Lebensstil usw.!

An den flachen, alten Häusern gefielen mir, wie schon immer, die runden typischen Dachziegel, die schwer auf den vorgebauten Holzpfeilern ruhten und so eine kleine Vor-Terrasse bis zur Eingangstür bildeten. Durch das Alter, teilweise schon schief und krumm geworden, gab es teilweise noch ganze Strassen dieser Bauten, die mich in ferne Vergangenheit zurück versetzten.

Grosse Naturparks in der weiteren Umgebung boten Tagestouren an, wir liessen es aber gemütlicher in Ortsnähe angehen. Unser tolles Hotel wurde zu teuer und lag auch zu weit weg, so dass wir uns viel billiger in einer heruntergekommenen staatlichen Touristenherberge einmieteten, was in Ordnung war.

Unsere Zeit hier war abgelaufen. Wir sassen im Bus nach CUENCA, weiter nördlich gelegen, fanden ein Hotel im Zentrum und durchstöberten die nächsten Tage die Stadt. Gerade unter unserem Hotelfenster fanden sich jeden Morgen ´zig junge Burschen ein und warteten auf Arbeit, die ihnen immer wieder neu von suchenden Arbeitgebern angeboten wurden. So einfach geht das, ohne aufwendige Arbeitsämter, es war eine Arbeits-Börse mitten auf der Strasse!

Typische alte Kolonialhäuser fanden sich überall, die oft luxuriöse Hotels oder Restaurants beherbergen. Das Wunderbare an diesen Ländern ist ja, dass sie ihre autentische Kultur soweit wie irgendmöglich erhalten haben, das der Indio, der Native voll anerkannt ist und in seinem -So Sein- geachtet und unterstützt wird und nicht so wie in den anderen, einst von den „Weissen" eroberten Ländern, in denen die Eroberer immer noch die Herrschenden sind und wenn es hoch kommt ihnen ein Reservat zur Verfügung stellen, in dem sie total entwurzelt sind, oder sie leben als Menschen zweiter Klasse in den Armenvierteln, den Callampas, den Favelas ohne jegliche Chance einen Anschluss zu finden. Man könnte sich auch fragen: „wäre ein Anschluss an die heutige, moderne Welt überhaupt wünschenswert"? „Ja doch Sarthi, sie ist doch das Vor-Bild für uns Alle, da wollen wir doch alle hin, da sind wir doch alle"! Europa hat sich doch ganz Amerika −untertan- gemacht und herrscht indirekt durch die Einwanderungen immer noch in den meisten südamerikanischen Ländern, weshalb gerade in Equador die Gleichstellung der „Einheimischen" so bewundernswert ist.

Monique schenkte uns einen individuellen Ausflug mit Jeep und Führer in den Naturpark CAJAS. Wir genossen diese urige, weite Landschaft und die vielen kleinen Beobachtungen die uns von dem „Guia" näher gebracht wurden. Sogar eine alte verlassene deutsche Bierbrauerei schimmerte mit ihren typischen roten Backsteinen durch das überwuchernde Grün und in den Ruinen fand ich verrostete LANZ-Motoren und eiserne Kessel. Ich hatte solchen Druck auf dem Darm, dass ich mich schnell von dannen stahl und ganz ruhig in einer ehrwürdigen Ecke alten Gemäuers mein „Geschäft" erledigte, um mich heiter und erleichtert den anderen Beiden wieder anzuschliessen. Die Heimlichtuerei entstand dadurch, weil es striktens verboten war die Ruinen zu betreten und natürlich mehr noch, sie zu beschmutzen. Solch altes, verfallenes Gemäuer hat mich immer angezogen, vermischen sie doch die Zeit zwischen heute und gestern und werden im JETZT erlebt. Es ist wie eine tiefe Achtung an die Alten, an das Geschehen, an die Fülle des Lebens die zeitlos ist. Wir befanden uns ständig in 4500 Metern Höhe, der Atem ging schwer und der kalte Wind blies fast durch uns hindurch.

In CUENCA besuchten wir gegen Abend öfters die Restaurant-Bar EL CAFECITO, von einem Chilenen geführt und so war mein erster Drink; ein PISCO SOUR, wie in längst vergangenen Zeiten, damals in Chile. Es war ein sehr intimer und netter ambiente. Hier trafen sich Rucksack-Touristen aus aller Welt und wöchentlich einmal kamen auch modernere Einheimische zum Fest: „LA CAZA DE LOS GRINGOS" >Die Jagd auf die Ausländer<. Bei der Stadtrunfahrt mit offenem Doppeldecker-Bus kam häufiger die Durchsage: „ bitte die Köpfe einziehen" und dann schliff das Strom-oder Telefonkabel über die seitlichen Fenster. Die neuere Katedrale SAN FRANCISCO ist ein imposanter Backsteinbau, noch unverputzt, aber mit leuchtenden blau-weissen Kuppeln. Vor der Kirche sassen wir oft auf Bänken in einem Park und liessen uns von frechen Jungs die Schuhe putzen. Nebenan sass einer von Ihnen, feiner angezogen, und von ihm meinten die anderen:"er putzt keine Schuhe mehr, er geht mit Männern"! Worauf er mit einer lässigen Handbewegung antwortete:" Hört Euch nicht dieses Gefasel an"! Am Abend gab es ein grosses Fest im Park-Pavillon und wir tanzten mit.

Der zweite Teil unserer Reise begann. Wir sassen im Flugzeug nach QUITO, wo uns die Familie schon erwartete.Wiedersehen, grosse Freude, Abendbrot im Esszimmer, 'rein in unser schönes Schlafzimmer und ....ins

Bette Monique! Meine Nichte LARA lebt mit ihrem Chilenischen Mann Juan und 5 Kindern ausserhalb QUITOS in einem abgegrenzten und bewachten Villenviertel, das man hier Condominio nennt. In ihrem grosszügigen Haus mit Garten und Terrassen konnten wir uns wohl fühlen. Die Kinder waren vormittags in der Schule und wurden direkt vor der Haustür von Schulbussen abgeholt und angeliefert. Die PASCHA-MAMA-Schule (MUTTER ERDE – Schule), die wohl ähnlich den MONTESORI-Schulen funktioniert, war eine halbe Stunde Busfahrt entfernt und lag in wilder Natur direkt am Berghang mit einzeln stehenden Klassenzimmern. Es ist eine wunderschöne Anlage, die ihrem Ruf als alternative Schule alle Ehre macht. Vorher waren sie alle an der DEUTSCHEN SCHULE , die in ihrer Grosszügigkeit und Modernität ihres Gleichen sucht, aber die jüngeren drei Sprosse hatten wohl mit der allzu deutschen Art ihr Tun und fühlen sich bei PACHA MAMA wie in Mutters Schoss. Zum Condominio gehört ein Sportclub, mit Tennisplätzen, Pool, Saunas, Liegewiesen usw. Ich bekam eine Gästekarte und fand dort zwischendurch Sport und Spiel. Mit Juan war ich in der Sauna, wir beide > en peloltas < wie gewohnt, obwohl die Hiesigen in der Badehose schwitzten. Über die Jahre entwickelte sich Juan zusammen mit einem Freund zu einem erfolgreichen Unternehmer. Sie entwickeln Computer-Programme die grossen Firmen die Abwicklungsarbeiten entschieden erleichtern. Lara begleiteten wir gerne bei ihren Einkäufen und wir staunten über die Mengen, die eine sieben köpfige Familie plus Besuch und Hausmädchen so weg futtern.

    Lara hatte für Monique in einem sehr schönen Therapie-Zentrum ein zwei tägiges FAMILIEN-AUFSTELLUNGS-SEMINAR organisiert was gut besucht war. Juan wurde ein wenig neidisch auf den Erfolg seiner Frau. Er, als smarter Geschäftsmann, mochte ihre neue Eigenständigkeit nicht wirklich, obwohl er ihr manches Mal vorwarf, leider der alleinige Ernährer der Grossfamilie zu sein. Das scheint typisch bei so manchem Mann zu sein. Sie haben noch Schwierigkeiten mit emanzipizierten Frauen. Der „Macho" könnte an Macht verlieren und sie täten gut daran ihre versteckten femininen Anteile ein bischen zu kitzeln! Ihre unbewussten Ängste – vielleicht als zu weiblich abgestempelt zu werden- verhindert das wohl noch. Vielleicht ist das ein unnötiger Druck der unbewusst auf uns Männern lastet und von Generation an Generation weitergegeben wird. Das „Super-Macho-Tum" ist sicherlich eine Kompensation zu diesen Ängsten. Auf der anderen Seite gibt es heute doch schon diese wunderbaren Väter, die sich vollkommen integriert um ihre Familien kümmern und so ihre berufstätigen Frauen entlasten. In Südamerika werden noch vieler Orts, auch von der Mittelschicht, alte Familien-Traditionen praktiziert und unterscheiden sich auffällig vom modernen europäischen Verständnis. Juan ist das Familienoberhaupt, unbestritten im klassischen Stil. Von der Ordnung her, einschliesslich der Kindererziehung, scheint das vorzüglich zu funktionieren. Nur e i n Kapitän steuert das Schiff! Allerdings sickert die „ Moderne" überall durch und so erfordert strenge Disziplin im alten Stil eine ständige, höchst anstrengende Gradwanderung, die zweifellos zu spüren ist und nicht unbedingt von Vorteil war. Die Kinder „sprühen" Lebendigkeit. Es ist eine Wonne mit ihnen zu sein und sicherlich ist es auch ein gutes Zeichen, dass solche eher klassische Erziehungsmethode nicht die schlechteste zu sein braucht. Juan ist äusserst fleissig, er muss schon Geld verdienen, um eine solche Grossfamilie in heutigen Zeiten durch zu bringen Er fühlt sich dadurch wohl auch im Recht, sein „Zepter" zu schwingen. Ohne Zweifel spürte man Spannung im Haus, alle waren „auf der Hut" wenn Vater heimkehrte. Es erinnerte mich lebhaft an meine eigene Kindheit und Jugend. Ordnung herrschte auf Kosten natürlichen Da-Seins! Lara meisterte das so gut sie konnte. Sie ist eine wunderbare Frau.

Unser neues Ziel war der AMAZONAS. Ein Bus brachte uns gen Osten durch gebirgige, immer grüne, üppige Landschaften, hin zu versteckt liegenden Strohhütten, die wir mit Kanus erreichen konnten. Am Abend hatten wir es dann geschafft. Wir nahmen Quartier in RUNA HUASI, eine Unterabteilung der LIANA LODGE. Hier war es billiger und viel autentischer. Eine QUICHUA-Familie betreute uns mit einfachstem heimischen Essen, dem Gemüse aus der Gegend, la YUKA und VERDE. Wir machten Touren durch den Ur-Wald und sahen so gewaltige Baumriesen, deren Stämme alle meine Vorstellungen übertrafen. Wanderungen führten uns zu Pfahlbauten, dort wo die QUICHUAS lebten, kochten und schliefen. Ihr selbst gebrauter Schnaps LA CHICHA, eine milchige Fermentation aus YUKA wurde uns angeboten. Anschliessend überquerten wir Flüsse um in einer kleinen Ortschaft ein Frauenfussballspiel mit vielen Nativen, Tanz, Musik und CHICHA zu beklatschen. Hier waren wir mittendrin in der urigen Welt der QUICHUAS, es war genau das was wir spüren wollten. Nicht weit entfernt gab es ein fünf Sterne Hotel für Exclusiv-Reisende und so mischt sich heute schon alles bis in die letzten Winkel des Planeten.

Zurück in Richtung QUITO trafen wir uns mit der ganzen Familie in einem wunderschönen Termalbad hoch oben in den Bergen, fuhren anschliessend nach OTAVALO auf einen – viel bunten – Markt, wo es an – artesania- alles zu kaufen gibt was Ecuador anzubieten hat. Ich holte mir dort eine starke Diarrea wobei mir wieder einmal bewusst wurde, wie wertvoll ein gut funktionierender, gesunder Körper ist! Leider hielt dieses leichte Unwohlsein noch länger an und eine Untersuchung verwies auf Lambias, die man sich in diesen tropischen Breiten schon´mal holen kann.

Seit Jahren unterstütze ich ein Kind in Ecuador und hatte grosse Lust den Jungen kennenzulernen. Die Organisation tat alles Notwendige und schliesslich sassen wir beide, mit dem Fahrer eng zusammengedrängt, vorne in einem uralten Kleinbus und fuhren eine waghalsige kurvenreiche Strasse vom hohen ALTIPLANO, dort wo QUITO liegt, hinunter nach SANTO DOMINGO DE LOS COLORADOS, dort wo die Ebene hin zur Küste beginnt. An dieser gefährlichen Strasse, die teilweise an imposanten Steilhängen entlang führt, wurde kräftig gebaut und da kein Platz zum weiteren Ausbau der engen Kurven zur Verfügung stand setzte man brückenartige Stahlgerüste ein um die Kurven über die steil abfallenden Schluchten zu überbrücken. Wir sahen die waghalsigsten Überholungsmannöver selbt von voll besetzten Bussen!!! Die üppig grüne Landchaft war eindrucksvoll und nach Stunden aufregender Fahrt und durchgeschütteltem Körper kamen wir heil an. Sie gaben uns ein Zimmer in einem noch nicht voll funktionierenden Jugendzentrum für „chicos de la calle". Man empfing uns liebevoll und zeigte uns viele Stationen und Einrichtungen der Hilfsorganisation AYUDA en ACCION – FUNDACIÓN PROYECTO SALESIANO – die sich hier angesiedelt haben. Kinder spielten für uns Fußball, machten Musik, sangen, tanzten und zeigten uns Gymnastik-Übungen. Alles wurde rührend für unseren Besuch arangiert und ich fühlte mich, wie selten in meinem Leben, so geehrt. Wir wurden rundherum verpflegt und schliesslich kam der Moment des Kennenlernens mit meinem „ahijado" TITO. Wir fuhren ins Zentrum der Stadt. Auf dem Parkgelände vor dem Rathaus hatte TITO´s Vater einen Schuhputzstand. Wir begrüssten seinen Vater der in rührender Zurückhaltung uns an seinem Stand willkommen hiess; und da kam schon TITO an und wusste nicht so recht was nun zu tun war. Ich begrüsste ihn wie einen verschollenen Sohn und musste meine Tränen zurückhalten. Es war für mich ganz unerwartet ein sehr bewegender Moment mit viel Publikum drum herum, die natürlich auf diesen Moment vorbereitet waren. TITO´s Pappi schloss seinen Schuhputzstand, wärend wir uns beide, jung und alt, näher beschnubberten. Die Organisationsleiter, unsere ständigen Begleiter, schienen ihre Freude an uns zu haben. Wir stiegen dann alle miteinander in den Kleinbus und fuhren weit ausserhalb der Stadt in eine Siedlung wo TITO mit seinem Vater ein äusserst bescheidenens Häuschen hatten. TITOS Mutter bereitete uns allen ein Curry-Huhn mit Reis. Die Küche war so klein, kleiner ging´s nimmer. 2 alte Sessel standen in der Ecke. Alles zusammen war es ein liebes Miteinander. Ich war dankbar für diese familiäre Gastfreundschaft. Mir war so, als sei ich erst jetzt im autentischen Ecuador angekommen. Die Menschen leben mit einem Minimum. Sie haben gerade ein Dach über dem Kopf, ihr Bett und eine Kochecke. Der Televisor fehlt natürlich nicht! Es gab Musik, Coca Cola und Tito spielte Fußball mit seinen Freunden und weihte den Ball ein, den ich ihm mitgebracht hatte.

Am nächsten Tag gab es ein großes BINGO-Fest im Zentrum, an dem alle betreuten Kinder mit ihren Familien teilnahmen. In sengender Sonne sassen wir an den Tischen, als ich auf einmal feststellte, dass meine Video-Kamera nicht mehr da war. Über den Lautsprecher begann eine Suchaktion mit sofortigem Erfolg; ich hatte sie am Wasserhahn liegen lassen, nach einer Erfrischungsdusche über den Kopf und das T-shirt! TITO gewann im BINGO für zwei Personen einen 1 tägigen Aufenthalt mit piscina und Wellness im Luxus-Hotel der Stadt. Mit seinem Papa, den er über alles liebte, wollte er diesen Tag verbringen.

Auf der Rückfahrt nach QUITO im Auto eines Koordinatoren der Organisation sass neben mir ein farbiger Junge, der ganz verstört war und kaum ein Wort redete. Er hatte eine extrem schwierige Kindheit und Jugend hinter sich und sollte nun im Quitoer Zentrum eine neue Bleibe finden. Dort angekommen erklärte uns der Zentrum-Leiter den Tagesablauf der Jugendlichen und natürlich auch die Schwierigkeiten für die Begleitpersonen; diesen freien und wilden Strassenjungen ein wenig Ordnung und Disziplin beizubringen. Es war nötig, schon alleine um die Räumlichkeiten des Zentrums einigermassen in Takt zu halten.

Diese vielen, weltweiten und unabhängigen Hilfsaktionen geben ohne Zweifel viel Beistand denjenigen, die in ihren Genuss kommen. Der Anspruch und das Mass kommt meistens aus der Welt unserer „weißen Zivilisation", die wahrlich nicht als Beispiel genommen werden kann, obwohl sie solchen Anschein erwecken möchte, weil durch ihr Handeln und globalem Führungsanspruch viel Unheil angerichtet wurde und wird und dann aus unbewussten Schuldgefühlen solche „Rettungs-aktionen" gestartet und liebevoll unterstützt werden. Durch das Aufpfropfen unseres Lebensstils mit dem Anspruch und der Arroganz, der Alleinrichtige zu sein, stellen wir vielerorts die ureigenen Kulturen dieser Völker in Frage, immer auch vor dem Hintergrund wirtschaftlicher Ausbeutung. – Ohne die gut gemeinten Aktionen bewerten zu wollen, ist das alles doch wieder ein Spiegel unserer eigenen Hilfslosigkeit!

OSHO, in einem seiner tausend Diskurse, hatte Mutter THERESA von CALCUTTA ins Visier genommen: er hat auch hier – beide Seiten – beleuchtet und das Wort >Helfersyndrom< benutzt, um zu unterscheiden: „Ob da ein „Wunsch" der Ursprung zum Helfen ist, oder aber echtes, liebevolles Mitgefühl. Der Wunsch -zu helfen- beinhaltet die gleiche Energie, wie auch ein Wunsch –weh- zu tun. Wunsch ist immer zukunftsorientiert und das bringt Spannung und Ängste mit sich. Wunsch ist immer ein EGO-Trip, Du fühlst Dich >heiliger< als die anderen, Du bist >weiser> als die anderen, Du >weisst< und die anderen wissen nicht, Du >hilfst< und die anderen helfen nicht"!

Ich „denke" mal; die Hilfsorganisationen wirken natürlicherweise sowohl vom Wunsche her, wie auch vom liebevollen Mitgefühl, es ist ganz einfach DAS was IST, und das tut allen gut!

Die Reise zu TITO und seiner Familie war beendet. Freundlicherweise brachte man uns bis zu unserer Haustür, die doch weit ausserhalb der

Stadt Quito lag. Wir waren dankbar für soviel Entgegenkommen und Einsatz, den Kindern gegenüber und sogar uns –Kindern –gegenüber. AYUDA EN ACCION funktioniert prächtig.

Unsere Ecuador-Reise war zu Ende. Als wir auf unserer Insel landeten war es schon dunkel, Anfang März, es war kalt und feucht. Wir gingen nicht mehr in unser altes Haus zurück, wollten den Sprung ins neue Heim gleich jetzt vollziehen, obwohl neben einem Bett und der Küche noch nichts vorhanden war. Es war nun der Start zum grossen Umzug. Gott sei Dank geschah das alles innerhalb der gleichen Finca und mit eigenen Transportmitteln. Alles entpuppte sich als ein enormer Arbeitsaufwand, der sich über viele Monate hinzog, aber viel Spass machte, einfach weil viel neue Kreativität angesagt war. Man kann sich kaum vorstellen wieviel Gerümpel sich in beiden Häusern, Ställen, Werkstatt und Garagen über mehr als 20 Jahre angesammelt hat. Alles war voll. Da wir anfangs viel freien Raum hatten, wurde dort alles abgestellt was nicht niet und nagelfest war. Und das nicht nur von uns alleine, auch die Familie und Freunde beteiligten sich mit Wonne am Vollstopfen der leeren Räume, und nun mussten wir alles auf fast die Hälfte reduzieren- und immer noch war und ist viel zu viel da, und das bei den immer noch grosszügigen Räumlichkeiten, die uns zur Verfügung stehen. Ich frage mich ein bischen verschämt vorwurfsvoll: Entspricht das wahrhaftig meiner Wahrnehmung des SEIN´s an sich?.....und antworte mit: „na klar!...-so ist es-, nur lasse Dich davon nicht einlullen, Sarthi"!! Natürlich gehört zu einem relativ alternativem Leben zurückgezogen auf dem Land, handwerklich vielseitigst beschäftigt, auch eine komplette Ausrüstung und entsprechende Marterialien, die dann, wie vom Himmel geschickt, in breiter Auswahl jeder Zeit dankbar zur Verfügung stehen!

Es ist vollkommen in Ordnung -die Fülle- zu leben, besser noch in der Fülle zu s e i n und alle Kosequenzen die DAS mit sich bringt zu erleben, zu erfahren, zu akzeptieren und sicherlich manchmal auch zu verwünschen! Es ist doch unser aller „Lernprozess", unter welchen Voraussetzungen und Umständen sich das auch immer gestaltet. Alles was geschieht ist eine Aufforderung des SEINS sich DEM was IST gewahr zu sein, oder:

„Lass, durch erlebtes Leben,
vom SEIN Dich erwischen"!

Eines Tages, es war nun schon vor 33 Jahren, warf ich auf dieser Insel meinen Anker, fand mein Häuschen mit Garten. Langsam schlug ich Wurzeln, wurde tatsächlich sesshaft und wuchs vom „vagabundierenden" Hippie in eine andere, neue Welt, die auch weiterhin systemfremd war, aber durch die neue Familie normalere Anforderungen an mich stellte. Meine „Macher"-Energie hielt mich bis heute auf Trap und erschuf so, aus sich selbst heraus, ohne das ein besonderer Wunsch oder Ziel dahinter stand, einen Besitz! Wir entfremdeten uns ganz langsam von der Zeit davor, die Lehr-Zeit mit OSHO trug auch sehr viel dazu bei. Wir drifteten zu einigen amigos langsam immer mehr auseinader, ohne uns aus den Augen zu verlieren. Ich fühlte mich in einer Rolle „freien und ungebundenen Mönchstums" recht wohl, und gönnte mir nun, mit dem Umzug in die ausgebauten Ställe, Garagen und Strohdielen, einen angemessenen „Alterssitz", in der Hoffnung den Rest der Finca irgendwann verkaufen zu können. Ich spürte auch mit zunehmendem Alter immer mehr die Nähe meiner „Kinderstube" die mich in der Kindheit geprägt hatte und erinnerte mich wieder an unser Wohlergehen jener Zeit.

26. Reise: > CHILEREISE > Lyndas Abschied - Krebs

Noch in Ecuador erreichte uns die Nachricht von Lyndas Krebsdiagnose in Chile. Das erschütterte mich, ich empfand es als Todesurteil und wusste gar nicht so richtig warum? Lynda war für mich immer die sprühende, liebevolle Lebensenergie, die pure Weiblichkeit an sich. Die knallharte Diagnose passte gar nicht zu Ihr in meiner Vorstellung, irgendetwas stimmte da nicht! Ich war im ersten Moment so aufgewühlt, dass es mir schwer fiel diese Nachricht an Monique und später an meine Schwester in Deutschland weiterzugeben. Lynda wurde operiert, schwächelte aber noch Monate danach. Sie wollte von normal medizinischer Behandlung nicht viel wissen, nahm Ihre Heilung selber in die Hand und versuchte mit einer starken Diät den Krebs auszuhungern. Ihr schon geschwächter Körper hielt aber die Hungerkur nicht durch, Sie wurde zu schwach und die Diät wurde abgebrochen. Metastasen breiteten sich aus und die Krankheit eroberte immer mehr Ihren Körper.

Im Herbst entschloss ich mich auf Wunsch der Familie nach Chile zu reisen, um Sie alle zu begleiten. Auke, meine Nichte, lebte in Santiago ausserhalb der Stadt in einem gemütlichen Holzhaus im grünen Tal und war immer der Anlaufpunkt ihrer Eltern und Geschwister, die ja im Süden Chiles lebten. Lynda lebte hier mit Klaus in der Erwartung, dass Sie gesunden möge. Alternativ taten sie alles nur erdenklich mögliche, aber der Krebs war nicht mehr aufzuhalten.

Für mich war es eine traurige aber sehr wache Zeit. Ich konnte ihr langsames Gehen mit erleben.

Ich selber trug den Krebs seit Monaten in mir, der mich erstaunlicherweise, bis auf den ersten Moment, nicht erschreckte, und um nicht in den Sog mitleidiger Ängste der Familie und Freunde zu kommen, behielten, Monique und ich, das erst einmal für uns. So begleitete ich Lynda auf Ihrer letzten Reise sehr mitfühlend und bereit, ohne Angst, das Sterben, den Tod zu akzeptieren. Wir lebten alle zusammengefärcht in Aukes Häuschen. Ich spürte ganz viel Liebe, Hingabe und Beistand. Es war ein aussergewöhliches, wunderbares Er-Lebnis, das uns alle in den tiefsten Wurzeln berührte. Ich fühlte mich wie selten dem SEIN verbunden und dankte Lynda und ihrer ganzen hingebungsvollen Familie für diesen Abschied.

Wie das Schicksal so spielt hatte auch Franz, mein alter Freund und Teilhaber aus unserer gemeinsamen Chilezeit eine Krebsdiagnose; und schliesslich die Letzte aus unserem chilenischen Vierergespann, Sabine mein „Ex-Frauli" nun kürzlich auch, allerdings ohne das sie von mir wussten. Ich empfand es noch nicht als Geheimnis, mein eigenes „Ding" für mich zu behalten. Tatsächlich wollte ich alle Anderen meinetwegen nicht belasten und mich selbst auch nicht von der „Last" der Anderen. Meine Angstfreiheit erlaubte mir diesen freien Raum. Ich nenne uns heute das „Vierergespann"; denn, von mir so empfunden, waren es engere, ja innigliche Beziehungen, die nun innerhalb eines Jahres von der gleichen Krebsdignose betroffen waren.

Im Süden Chiles, in Pucon war dann Lyndas letzter Abschied. Viele,viele Menschen kamen. Ich freute mich über diese grosse Anteilnahme. Ganze Schulklassen trafen ein, um ihren Mitschülern, den Enkeln der geliebten Omi Lynda beizustehen. Ein neuer, moderner Friedhof nahm Ihren Sarg unter üppigem Blumenschmuck auf. Die offene Grasnarbe wurde wieder ausgefüllt und übrig blieb ein kleines Namensschild mit Blumenstrauss.

Lyndas Nachlass wurde entrümpelt, an die Kinder verteilt und verschenkt. Sie war die Erste aus unserer Generation die gegangen ist, ziemlich kurz nach unserem Onkel, jüngster Bruder unseres Vaters. So reiht sich Leben an Leben, Generation an Generation und wenn wir Namen und Bindungen vergessen, bleibt zeitlos ewiges Leben.

Mein Rückflug ging direkt von Santiago nach Madrid. Ich flog diagonal über Brasilien und erlebte eine imposante und turbulente Wolkenbildung über diesem kräftigen und grünem Land. Man spürte die Tropen sogar hier oben in 12.000 Metern Höhe. Das war nun bis heute mein letztes grosses Reise-Abenteuer.

So langsam komme ich mit meinen „Lebens-Reisen", im HEUTE an. Ich stehe kurz vor meinem 75 zigsten Geburtstag und schaffe es wohl, dieses Schreiben, das sich über viele Jahre hingezogen hat, zum Ende zu bringen, aber ganz soweit ist es noch nicht, ich stehe am Anfang des Alters, obwohl wir nichts übers Ende wissen, ist es doch in diesem Alter so sicher wie nie zuvor! Die Gegenwart ist jetzt noch viel präsenter im besten Einvernehmen mit DEM WAS IST.

Nun war es Zeit mich um den eigenen Körper zu kümmern. Ein halbes Jahr vorher war meine nun zweite Biopsie der Prostata positiv ausgefallen, also ein Carcinum. Ich begann eine homöopathische Fernbehandlung über Dr. Banergi aus Indien. Anstelle der drei Mittel übersandten sie mir gleich eine komplette Hausapotheke, die sie sich gut bezahlen liessen, neben den halbjährlichen Behandlunskosten. Ich war guter Dinge, aber da war im Hintergrund deren Geschäftsidee, die mir ein bischen das Vertrauen zu ihnen nahm. Meine hiesigen Urologen glaubten natürlich nicht an diese Heilungsmethoden, aber da ein Prostata-Krebs in der Regel ein langsam wachsender ist, brauchte ich mich nicht zu übereilen. Einer riet mir zur Total-Operation, ein anderer zu äusserlichen Bestrahlung, der Nächste zur Hormontherapie, die einer chemischen Kastration gleichkommt. Es gab aber noch andere Methoden, die eine gute Heilung versprachen, aber hier in Spanien nur privat behandelt werden konnten mit den entsprechenden Kosten.

Ende Januar konnte ich nun nach halbjähriger homöopathischer Behandlung weder eine Besserung noch eine Verschlechterung erkennen. Der Vorteil bei Prostataerkrankungen ist ein Prostata spezifisches Hormon das sich als PSA-Wert im Bluttest widerspiegelt und so, abgesehen von Ausnahmen, die Krankheit erkennt und den Heilungsprozess sichtbar begleitet.

Ich nahm das Ruder meiner Krankheitsgeschichte auch weiterhin selber in die Hand, machte mich im Internet schlau, kontaktierte Kliniken und Ärzte in Deutschland und Spanien. Das war eine spannende Zeit. Ich nahm Verbindung über Krebsforen zu anderen Patienten auf. Das Einholen von Informationen jeglicher Art übers Internet funktioniert einfach wunderbar. Mir schien es so, dass ich über alternative Heilmethoden besser informiert war als die Urologen, die, jeder auf seine Art, seine eigene persönliche Überzeugung hatten und ich mit ihnen äusserst delikat umgehen musste, um nicht ins „Fettnäpfchen" zu treten. Sie hatten aber Verständnis, es gab keine Probleme.

Schliesslich entschloss ich mich für eine HIFU-ABLATHERM- Behandlung in einer Hamburger Klinik, die mir am wenigsten agressiv erschien, musste aber absagen weil mir ein pre-operativer Eingriff zur Prostataverkleinerung angeraten wurde. Dieser Eingriff schien mir aber schwerwiegender zu sein als die eigentliche Behandlung.

Über meine Krankenkasse war nur eine Radio-Therapie möglich, die ich aber umgehen wollte und so erfuhr ich übers Internet-Forum von einem Arzt in Berlin, der eine ambulante BRACHI-THERAPIE anbot, die ich dann Anfang Mai in Berlin durchführen liess. Nun bin ich im Heilungsprozess, der gut vorangeht mit verhältnismässig wenig und ertragbaren Nebenwirkungen.

Da schon wieder einige Zeit vergangen ist, greife ich vor und kann sagen, das meine PSA-Werte fast auf null gesunken sind und bis heute stabil sind. - Ich möchte aber noch meinen Zustand schildern als der Urologe mir den Prostata-Krebs bestätigte. Das Egebnis meiner zweiten Biopsie war Krebs.

Als Monique und ich zum Urologen fuhren, stand natürlich diese Frage in der Luft! Mehr wussten wir nicht, aber die Gewissheit, dass ein Ergebnis schon auf dem Papier stand, stand ja fest, nur welches?....Jetzt wusste ich es. Es war mir so als entschwünde ich in eine ganz „andere Welt", etwas erschreckt, aber das wars dann auch! Später fand ich heraus, das diese „andere Welt" der Tod war. Was mich seltsamerweise beruhigte. War DAS ein nie dagewesener Zustand?.... oder nicht? Verschmolz das alles nicht in etwas „Unpersönlichem", so wie ich es schon so manches Mal vorher erfahren hatte? Nein, es war anders, es war total echt und autentisch, soweit schien ich bisher in meinem Leben noch nicht vorgedrungen zu sein! Wenn ich versuche diesen Zustand hier in Worte zu fassen, so erscheinen mir die Worte weit weg von dem was wirklich IST. Alles war ganz – einfach- und wurde ohne Angst erfahren, besser noch, die „Angst" hatte keinen Raum in dem sie sich ausdehen konnte. Ich konnte Abschied von allem, was mich bisher beschäftigt hatte, empfand Erleichterung mich von der „Schwere" der Erde lösen zu können, von allem Drum und Dran was mein Leben zu sein schien. Ich finde mich wieder am Anfang:

> EIN JUNGE DER AUSZOG DAS FÜRCHTEN ZU VERLERNEN <

War diese Erfahrung nun das Erleben hin zu einem Erwachen? Musste eine Krebserkrankung auftauchen, um endgültig darüber Klarheit zu erlangen, wirklich „heimgekommen" zu sein? Ist die Angstfreiheit vor dem Tod das endgueltige Angekommen-SEIN ?...aber WO -angekommen- denn? Ist da ein Ziel?....oder ist ES ganz einfach >DAS WAS IST ?<, so wie es schon immer war und ist und sein wird?

Die kleinen Ängste des Alltags sind eng mit dem Körperlichen verbunden, und sind Momentaufnahmen, sind Aufwacher, sind Instinkte, helfen uns wachsam im täglichen Überleben zu sein, kommen und gehen. Die grossen Ängste aber können uns das Leben zur Hölle machen. Sie scheinen tief drinnen fest zu sitzen und haben ihren Ursprung in fern erlebten Ereignissen der Schwangerschaft-Geburt –Kindheit- Jugend und auch später noch als Erwachsene, oder kommen gar aus Untiefen vergangener Familientraditionen und fernen menschheitsgeschichtlichen Ereignissen? Wenn es uns gelingt, diese wohl schicksalshaften tiefen Verletzungen zu erkennen, um sehen zu können, dass wir solche ja gar nicht sind, es lediglich Erfahrungen in der Erinnerung sind, besteht die Möglichkeit unser Opfer-Dasein zu erlösen, ein Gefühl der TRENNUNG zu entmythisieren!

Es gehört schon Abenteuerlust dazu sich in ein Unbekanntes vorzuwagen, es lieben lernen, dann hat das Alte keinen Raum mehr und verliert an Atraktion für das sich ständig wiederholende Sprudeln der Gedanken. Die ANGST verliert immer mehr an Macht über mich, weil einfach Dasjenige, das Angst hatte, verschwindet; und mit Ihm ein EGO, die Quelle der Angst! Darum ging es mir im Leben, obwohl das EGO seinen natürlichen Anteil hatte als Überlebens- Strategie!

Heute vor 75 Jahren begann meine Lebensreise durch
die Zeit. Er-Innerungen kamen, wurden über viele
Jahre aufgeschrieben, und gingen wieder, so, als sei ein ICH
nur noch Zeuge des Geschehens, nicht mehr indentifiziert
mit Formen und Namen, mit Tun und Handeln. Der ALL-Tag
zieht weiter seine Bahnen, wird auch wieder zur Er-*Innerung*
und wenn der Beobachter Zeuge bleibt, vereint er sich in
stillem Gewahr-Sein:
....*und so verbindet ES sich mit einem Wissen*

das nicht mehr gelernt zu werden braucht,
das einfach DA ist,
intuitiv gespürt wird
und jeder Zeit abrufbar ist!

Heute feiere ich meinen achtzigsten Geburtstag und habe 5 Jahre gebraucht, um Geschriebenes zu rezensieren und für seine Veroeffentlichung bereit zu sein. „......es ist eine sehr lange Zeit, die unsere Körper doch leben und ich bewundere die Natur wie das alles so wunderbar funktioniert. Nun ja, das Alter ist doch etwas sehr besonderes, man weiss das erst, wenn man dort angekommen ist. Dieses UR-SEIENDE „surge" in der >ewigen Gnade in dem WAS IST< und kann gar nicht anders als sich DEM hinzugeben, obwohl ich da auch viel Leere spüre, die gelernt sein muss, mit NICHTS auszufüllen, und selbst das ist noch zu viel gesagt. Ein neutrales Vacuum, ein NEVER BORN - NEVER DIED, ein TO BE or NOT TO BE schiesst uns in eine unendliche Weite, die als bedingungslose LIEBE in tiefer STILLE ganz einfach ein SO SEIN ist.

Wenn wir diese ewige Gnade in einem UR-SEIENDEN wahrnehmen können hat sich das Mensch-SEIN erfüllt und der Tod ist kein Abschiednehmen vom SEIN wohl aber vom Körper, der ihn leben lässt, der sein Ego voll auskostet in Freud und Leid, in Liebe und Hass, in oben und unten und wenn wir erkennen, dass alles das >SO IST WIE ES IST< und gar nicht anders sein kann, dürfen wir uns f r e i fühlen von dem Druck und der Last unserer persönlichen Identifikationen, und damit unseren Illusionen!

27. Reise: > GRACIAS A LA VIDA, QUE ME HA DADO TANTO........!!!

Es ist mir ein Bedürfnis all Derer zu gedenken und zu danken, die mich begleitet und inspiriert haben:

MONIQUE und AILARA,
die wir uns in Liebe gefunden haben und uns ergänzen.
Der MUTTER
für ihr Vorpreschen ins Unbekannte, Ihrer Liebe, Fürsorge und Hilfe.
Dem VATER
für seine Liebe und Grosszügigkeit, auch wenn er sie durchs Kriegsgeschehen nicht immer leben konnte.
Dem BRUDER,
der für mich, wie ich für ihn, immer ein Rätsel war und wir trotzdem fest zusammen gehören.
Der SCHWESTER,
die wir uns liebend beglücken und manchmal auseinander driften.
DEDDA,
für ihre tiefe mütterliche Führsorge und Liebe.

Der GANZEN GROSSEN FAMILIE,
wo jeder Einzelne seinen ganz eigenen Platz einnahm und einnimmt und ich unsere Blutsverwandtschaft spüre!

Den FREUNDEN:
Frank, Renate, Happy, Peter, Claus-Peter, Bärbel, Stefan, Sybille, Robert, D A G, Klaus, Otto, Gustavo und viele Andere mehr.

Alle die LEHRER und MEISTER, die mir auf meinem Weg „das Fürchten zu verlernen" oder „der Suche nach dem SEIN", durch ihre lichte Präsenz beigestanden haben:

Die Schöpfungs-Geschichte - das Paradies, Jesus, Buddha, Osho, Jiddu y Ug Krishnamurti, Babaji, Ramana Maharshi, Nisagardata Maharaj, Ramesh Balsekar, die Sufis, Seneca, Meister Eckehart, Hermann Hesse, J.Gebser. S.Freud, Madre Meera, "Rebirthing", "Avatar", "Der kleine Prinz", Carlos Castaneda, Khalil Gibran, „Ein Kurs in Wundern", „Das unpersönliche Leben", „Kollision mit der Unendlichkeit", Eckhart Tolle, Toni Parsons und viele mehr! ....vielleicht auch mir selbst ?

Alle die Musiker und Komponisten, die heute, gestern und noch davor Ihr Dasein in Töne woben, und mir so halfen Zeitlosigkeit zu spüren.

...und dann das weite, unergründliche Meer, das über den Horizont hinaus die Unendlichkeit berührt und uns im Ursprung s e i n lässt.

...und noch etwas:
>MEINE INSEL< ist die Östlichste der Balearen - *the first sun of Spain* - Menorca

www.ingramcontent.com/pod-product-compliance
Lightning Source LLC
Chambersburg PA
CBHW071357230426
43669CB00010B/1378